PIERRE FATUMBI VERGER

Ewé

O uso das plantas na sociedade iorubá

Ilustrações
Carybé

Apresentação
Jorge Amado

2ª edição

Companhia Das Letras

Capa
Oga Mendonça

Ilustração de capa
Carybé

Ilustrações de plantas
Royal Botanic Gardens Kew

Assessoria editorial
Maria Emília Bender

Edição
Laura Bacellar

Preparação
Laura Bacellar e Mário Vilela

Revisão
Marina Saraiva, Huendel Viana e Valquíria Della Pozza

Revisão dos nomes das plantas
Lúcia Rossi

Revisão do iorubá
Doig Simmonds, Dami Falade e Julia Lühning

Dados Internacionais de Catalogação na Publicação (CIP)
(Câmara Brasileira do Livro, SP, Brasil)

Verger, Pierre Fatumbi, 1902-1996
Ewé : O uso das plantas na sociedade iorubá / Pierre Fatumbi Verger ; ilustrações Carybé ; apresentação Jorge Amado. — 2ª ed. — São Paulo : Companhia das Letras, 2025.

Bibliografia.
ISBN 978-85-359-3833-3

1. Etnobotânica — Benim 2. Iorubá (Povo africano) — Etnobotânica 3. Medicina mágica e mística — Benim 4. Plantas medicinais — Benim I. Carybé. II. Amado, Jorge, 1912-2001. III. Título.

25-299952.0 CDD-966.8300496333

Índice para catálogo sistemático:
1. Plantas medicinais : Iorubá : Povo africano : História
966.8300496333
Cibele Maria Dias – Bibliotecária – CRB-8/9427

EDITORA SCHWARCZ S.A.
Rua Bandeira Paulista, 702, cj. 32
04532-002 — São Paulo — SP
Telefone: (11) 3707-3500
www.companhiadasletras.com.br
www.blogdacompanhia.com.br
facebook.com/companhiadasletras
instagram.com/companhiadasletras

Sumário

RECEITAS MEDICINAIS E MÁGICAS

ANEXOS

Apresentação

Jorge Amado

Ainda há poucos dias alguém me perguntou, muito a sério, se Pierre Verger realmente existia ou se era mais uma invenção baiana. Quem sabe, talvez, a tentativa de explicar o sincretismo de nossa cultura, de repente representada não mais por uma divindade e, sim, por um ser humano.

Nascido na França e, segundo consta, de família aristocrática, cidadão do mundo, fotógrafo dos confins do mundo, de Pequim a La Habana, jovem aventureiro nos caminhos do conhecimento e das emoções. Depois doutor em ciências no Centre National de la Recherche Scientifique da França ao lado de Roger Bastide, um sábio.

Na África, quem quiser saber dele deve perguntar por Fatumbi, título que lhe deram ialorixás e babalaôs e que ele incorporou a seu nome, pois a personalidade do professor e do pesquisador, homem da Universidade e do livro, se fizera mais rica de humanismo, e ele tornou-se homem igualmente, ou, sobretudo, do peji, da camarinha, da roda-de-feita. Na África, ensinou e aprendeu não apenas a rota completa dos navios negreiros, ainda mais a trajetória do mistério. Fez-se feiticeiro: Pierre Fatumbi Verger.

No terreiro do Axé Opô Afonjá, Mãe Senhora, a inesquecível, sentada em seu trono de rainha, proclamou-o Ojuobá, os olhos de Xangô, aquele que tudo enxerga e tudo sabe. Nas casas de santo da Bahia fez-se figura familiar, o mestre de todos nós, o igual de cada um no respeito e na cordialidade da vibração dos atabaques. Professor, pesquisador, fotógrafo, escritor, na Bahia ele é Pierre Fatumbi Verger Ojuobá.

Na Bahia se completou o sincretismo do conhecimento e da vida. A mistura do francês da rua Cardinal Lemoine, em Paris, com o africano de

Dakar, Porto Novo, Oyó, resultou no baiano definitivo e único, aquele que de tão extraordinário mais parece uma invenção.

Não é uma invenção a mais pois ele existe, trabalha, escreve, corre mundo. Feiticeiro, decerto. Não há como esconder, como negar. Mãe Senhora costumava dizer à Zélia, com um sorriso de amizade: “Cuidado com Verger, ele é feiticeiro, tem poderes”. Tem poderes, sabe das coisas.

Nota da edição

Para aqueles que entram em contato com o iorubá pela primeira vez, talvez seja interessante saber que este idioma originário da África ocidental, de regiões que hoje fazem parte das repúblicas da Nigéria e do Benin, é uma língua milenar, com relatos de muitos séculos de história antes da chegada dos europeus à capital de seu reino, Ilé-Ifé. Ao lado do hauçá, o iorubá é uma das mais importantes línguas da Nigéria, sendo falado por aproximadamente 25 milhões de pessoas naquele país e por milhões de descendentes de escravizados africanos em países onde houve algum espaço para a cultura iorubá sobreviver, como no Brasil, na forma conhecida como nagô, e em Cuba.

Além de antiga, a língua iorubá é oral — tendo sido grafada no papel pela primeira vez apenas no século XIX, pelos etnólogos britânicos que chegavam à África para estudá-la — e tonal, sendo necessário "cantar" suas palavras corretamente para se expressar por meio dela. Tais características abrem um formidável campo de estudos e algumas dificuldades.

O fascinante de uma língua oral tão antiga são seus mecanismos para a transmissão de conhecimentos, estruturados na forma de cantos, fórmulas e narrativas repetidas de uma geração para outra. O professor Pierre Fatumbi Verger conseguiu registrar um desses tipos de mecanismos, as fórmulas e encantações usadas para a cura de males físicos e espirituais pelos babalaôs iorubás, penetrando em uma área da cultura pouquíssimo acessível a europeus e até hoje fechada para os não iniciados. Seu trabalho fornece uma preciosa base para futuras pesquisas tanto das plantas medicinais iorubás como daquela cultura em um sentido mais amplo.

As dificuldades em lidar-se com uma língua tão diferente das europeias são chegar-se a um acordo quanto aos símbolos que melhor possam transmitir suas características em um alfabeto latino e levar os relatos calcados na oralidade ao meio escrito, uma transcrição que mais se assemelha a uma tradução. O professor Pierre Fatumbi Verger coletou as fichas que deram origem à presente obra por mais de quarenta anos, o que significa que alterações de estilo são inevitáveis. No entanto, é importante perceber que os jogos de palavras tão bem descritos pelo autor são essenciais às fórmulas e que as metáforas e variações sutis de sentido fazem parte da língua, convidando o leitor a uma interpretação imaginativa de seu significado.

Para que seja possível uma leitura dos sons dessa língua de certa forma tão presente em nosso cotidiano, damos a seguir um guia resumido de pronúncia do iorubá.

GRAFIA	PRONÚNCIA	GRAFIA	PRONÚNCIA
A	A	M	Mi
B	Bi	N	Ni
D	Di	O	O
E	E	Ọ	Ó
Ẹ	É	P	Pi
F	Fi	R	Ri (R brando)
G	Gui	S	Si
GB	Gbhi	Ṣ	Xi
H	Hi (aspirado)	T	Ti
I	I	U	U
J	Ji	W	Wi (como em inglês)
K	Ki	Y	Ii
L	Li		

Em combinação com o "n" temos ainda as vogais nasais, que se pronunciam:

AN	ÓN
EN	ÉIN
IN	IN
ỌN	ÓN
UN	UM

Os sinais de acentuação, por outro lado, são uma indicação do tom daquela sílaba, um dado tão importante quanto a pronúncia para a compreensão da palavra. O acento agudo (´) representa a subida de um tom musical quase inteiro em relação ao "neutro" e o grave (`), uma descida equivalente. Se a pessoa fala em ré, por exemplo, as sílabas sem acento devem ser ditas em ré, as com acento agudo em mi e as com acento grave em dó. Vogais longas são grafadas duplamente, como na palavra *ààrin*, e a ondulação de tom que por vezes ocorre durante a sua pronúncia aparece como dois acentos diferentes, como na palavra *erèé*.

As palavras a seguir, por exemplo, dependem unicamente do tom para se distinguirem:

ọkò — carro, espada
ọko — marido
ọkó — enxada

O título *Ewé* (folha), portanto, deve ser lido como "euê" com uma subida de tom ao final.

Agradecimentos

Um sem-número de pessoas colaboraram para que esta obra fosse publicada, cito aqui apenas as que posso neste espaço: os serviços botânicos do Departamento de Reflorestamento de Ibadan e do Instituto Francês da África Negra (IFAN), de Dakar, que fizeram as primeiras identificações; o professor Portère do Museu de Paris que as confirmou; o doutor Burkill e todo o pessoal do Jardim Botânico Real de Kew, Londres, pela identificação das plantas e as ilustrações cedidas; Ulli Beier, por ter publicado meu primeiro livrinho sobre as plantas iorubás na Nigéria, apresentado na época pelo professor Akinjogbin; Théodore Monod, que me convidou a pesquisar na África; os amigos Carybé e Jorge Amado; a saudosa Maria Bibiana do Espírito Santo, Mãe Senhora, ialorixá do Ilê Axé Opó Afonjá; Balbino Daniel de Paula, babalorixá do Ilê Axé Opó Aganju; o finado professor Alexandre Leal Costa; Araba de Ifé, chefe supremo do culto de Orumilá na África; Oluwe Ojo Awo, meu mestre; o babalaô Iroko, meu *ṣerifa*; os babalaôs Babalolá, Aworinde e Adeṣokan, que me contaram tantas histórias de Ifá; Adefolalu Adeyanju, que me ajudou a recolher e transcrever os primeiros dados recolhidos em campo; Solange Bernabó, que traduziu minhas fichas de campo do inglês para o português; Fábio Araújo, que fez a revisão da nomenclatura científica; Eliana Miranda, pelas inúmeras leituras de meu texto; Ayodele Faṣoyin, pela revisão do iorubá; Dione Araújo; Olga Regis do Alaketo; José Flávio Pessoa de Barros; Jean Marc Bonneau; o doutor Decanio e Isabel pela carinhosa cura realizada à base de "*ewé* brasileiras"; a professora Letícia Scarolino Scott Faria e o professor Luciano Paganucci Queiroz por sua ajuda na obtenção dos nomes vulgares e científicos das plantas; a Organização Odebrecht, sem o patrocínio da qual não teria sido possível a publicação deste livro.

Prefácio

Aprendi muito rapidamente a não fazer perguntas inúteis, talvez por timidez ou por falta de curiosidade ou, ainda, em razão de uma certa dificuldade em compreender o sentido das explicações que me eram dadas. Eu tinha também uma tendência a não me interessar por coisas que, durante minha infância, pareciam apaixonar meu círculo familiar: o roubo da *Mona Lisa*, a inundação de Paris em 1910, o naufrágio do *Titanic*, fatos tidos como sensacionais que figuravam entre as questões da Europa.

Esta diferença congenial não era precisamente a qualidade mais requerida de um pesquisador, mas a sorte fez de mim um diretor de pesquisas no Centre National de la Recherche Scientifique de Paris!

Parece paradoxal que esta falta de curiosidade possa ter contribuído para a publicação de uma obra sobre a utilização medicinal e mágica das plantas entre os iorubás. De fato, minha indiferença não fingida a respeito do saber guardado pelos adivinhos babalaôs e curandeiros *onisegun* foi o fator não premeditado que me trouxe o sucesso neste campo.

Tive a chance de, a partir de 1948, poder fazer numerosas viagens alternadas ao Brasil e à África. Isso me proporcionou uma acolhida favorável em certos terreiros de candomblé da Bahia e minha integração entre os praticantes das religiões tradicionais da África. Que eu frequentasse esses ambientes sem fazer perguntas indiscretas e desse notícias sobre o que se passava no outro lado do Atlântico interessava de uma parte e de outra.

Pude também mostrar na África pranchas com amostras de plantas brasileiras conhecidas no ambiente do candomblé por denominações nagô-iorubá, o que facilitava a constituição de pranchas de herbário dessas mesmas plantas na África, assim como de numerosas outras utilizadas para trabalhos medicinais e mágicos por meus amigos iorubás.

Minha iniciação como babalaô na cidade de Queto, hoje na República do Benin, África Ocidental, em 1953, facilitou e oficializou minhas pesquisas, mesmo porque tomar conhecimento do uso das plantas para a preparação de receitas, remédios e "trabalhos" tradicionais constituiu para mim não somente um direito, mas uma obrigação. As plantas eram-me entregues por meus confrades babalaôs acompanhadas de seus nomes iorubás e de frases curtas chamadas *ọfọ̀*, as quais enunciam, em termos muitas vezes poéticos, suas qualidades.

No princípio foi o aspecto literário do conjunto desses *ọfọ̀* que chamou a minha atenção. Em 1967 eu já havia recolhido vários milhares dessas fórmulas e, graças à iniciativa de Ulli Beier e do professor Akinjogbin, o Institute of African Stories da Universidade de Ifé publicou oitenta desses curtos poemas em uma brochura, *Àwọn ewé Ọ̀ṣanyìn* [As folhas medicinais dos iorubás].

No decorrer da coleta de plantas pensei, durante certo tempo, que meus colegas babalaôs estivessem troçando de mim, pois em diversas ocasiões recebi amostras de uma mesma planta com nomes iorubás diferentes. Mas houve um momento em que me dei conta de que as curtas frases *ọfọ̀* que definiam a ação esperada da planta em questão comportavam um verbo geralmente monossilábico que figurava no nome da planta, servindo assim para auxiliar sua memorização, e que este "verbo atuante" da encantação pronunciada também era uma das sílabas do nome da planta utilizada.

Desse modo, caso a sílaba necessária para que um trabalho ou uma ação se cumprisse não figurasse no nome da planta, este era substituído por outro nome onde a sílaba (verbo atuante) estivesse presente e, por consequência, outro nome era dado à mesma planta.

Descobrir a existência do verbo atuante no nome das plantas e nos *ọfọ̀*[1] foi para mim semelhante à *Eureka* de Arquimedes. O presente livro é um extrato do que meus mestres e confrades babalaôs tiveram a boa vontade de me ensinar durante os numerosos anos em que vivi na África.

Introdução

Esta pesquisa foi realizada na África, num universo cultural baseado na oralidade, onde a importância dos valores de transmissão oral é diferente da dos de uma civilização baseada em documentos escritos.

O estudo foi feito principalmente entre babalaôs, que na comunidade iorubá fazem a adivinhação segundo um sistema denominado Ifá, baseado em 256 signos chamados odus, sob os quais estão classificados os remédios tradicionais e os "trabalhos" tratados na presente publicação.

Estes 256 odu Ifá são signos duplos derivados de dezesseis signos simples,[1] que fazem par tanto consigo próprios para formar os dezesseis odus primários,[2] quanto com cada um dos outros dezesseis signos simples para formar os 240 secundários.[3]

O primeiro desses odus secundários, resultado da associação dos dois primeiros signos simples *ogbè* e *ọ̀yẹ̀kú*, chama-se *ogbè alámùúlù*, "*ogbè*-dono-da-variedade" ou "*ogbè*-dono-da-diversidade".

Durante a preparação de uma fórmula, o babalaô estabelece uma ligação entre o remédio e o signo de Ifá, sendo esse último desenhado por ele no pó, *ìyẹ̀ròsùn*.[4] A ligação é feita através de elos verbais entre o nome da planta, o nome da ação medicinal ou mágica dela esperada e o odu, signo de Ifá no qual é classificada.

Tais elos verbais são essenciais para ajudar o babalaô a memorizar as noções e conhecimentos transmitidos por tradições orais, tendo assim um caráter coletivo e não individual.

Sistema de adivinhação na tábua de Ifá

A transmissão oral do conhecimento é considerada na tradição iorubá como o veículo do axé, o poder, a força das palavras, que permanece sem efeito em um texto escrito. As palavras, para que possam agir, precisam ser pronunciadas. O conhecimento transmitido oralmente tem o valor de uma iniciação pelo verbo atuante, uma iniciação que não está no nível mental da compreensão, porém na dinâmica do comportamento. É baseada mais em reflexos que no raciocínio, reflexos estes induzidos por impulsos oriundos do fundamento cultural da sociedade.

O conhecimento é transmitido do babalaô ao *ọmọ awo*, do mestre ao discípulo, através de sentenças curtas baseadas no ritmo da respiração.[5] Sendo repetidas constantemente, tornam-se estereótipos verbais que se transformam em definições aceitas com facilidade.

Segundo Jean-Pierre Vernant,[6] o mesmo se dava entre os antigos gregos, cujas regras de composição poética requeriam o conhecimento prévio de uma técnica de dicção que empregava expressões tradicionais, compostas de esquemas de palavras já estabelecidos. Também os antigos chineses, segundo Marcel Granet,[7] possuíam uma literatura que se baseava em expressões convencionais. Mesmo artistas mais originais, quando queriam provar ou explicar, narrar ou descrever, usavam histórias estereotipadas emprestadas da sabedoria popular.

O uso de expressões estereotipadas não significava que pensassem de forma primária, mas que a forma correta de expressar as ideias era inseri-las em fórmulas conhecidas das quais elas tomavam toda a força de influência.

Mais adiante veremos a importância do elemento melódico dos tons da língua iorubá nas sentenças mágicas, onde assonâncias e aliterações têm um papel destacado.

CLASSIFICAÇÃO

Fazia-se indispensável também conhecer os nomes científicos das plantas, razão pela qual recolhemos espécimes e os submetemos a várias entidades, tais como o departamento de botânica do IFAN em Dakar, o herbário do Departamento Florestal de Ibadan, o professor Portère do laboratório etnobotânico do Museu de História Natural de Paris e, finalmente, o professor H. M. Burkill do Jardim Botânico Real de Kew, Londres. Este último, sentindo-se atraído pelo humor de algumas das fórmulas de emprego de plantas publicadas na brochura *Àwọn ewé Ọ̀ṣanyìn*, incluiu-as na obra *Useful Plants of West Tropical Africa*, da qual dois dos cinco volumes previstos já foram publicados.

Levantamos que os 3529 nomes iorubás correspondem a 1086 nomes científicos. As razões desta discrepância se devem à diferença de critérios de classificação utilizados pelos iorubás e pelos botânicos ocidentais e serão melhor explicadas mais adiante. Mas conhecer os nomes científicos das plantas utilizadas pelos iorubás não é suficiente para avaliar sua riqueza. Não fizemos experimentos para comprovar sua eficiência, mas temos certeza de que uma pesquisa sobre seus efeitos medicinais daria indicaçoes úteis de seu valor farmacológico.

Não é esta a meta dessa publicação, que tem um enfoque etnológico e não médico. Aqui apontamos somente quais são as plantas usadas na farmacopeia iorubá para que tipo de trabalho medicinal (ou mágico) são empregadas. Suas virtudes e valor medicinal não são fáceis de descobrir, uma vez que raramente uma receita faz uso de apenas uma planta. Em geral, cada prescrição comporta de três a seis plantas diferentes. Uma só planta talvez possa ser comparada à letra de uma palavra: sozinha não tem significação, associada a outras contribui para o significado da palavra.

Ao coletar alguns milhares de receitas, selecionamos 447, as quais foram distribuídas em seis categorias:

a) 219 receitas de uso medicinal (*oògùn*), no conceito da medicina ocidental.
b) 31 receitas relativas à gravidez e ao nascimento (*ìbímọ*).
c) 33 receitas relativas à adoração das divindades iorubás (orixá).
d) 91 receitas de uso benéfico (*àwúre*).
e) 32 receitas de uso maléfico (*àbìlù*).
f) 41 receitas de proteção contra as de uso maléfico (*ìdáàbòbò*).

Entretanto não é fácil classificar todas as receitas por categoria. Por exemplo, um *afọ̀ràn* para fazer com que as pessoas esqueçam um caso no tribunal é um *àwúre* para uma das partes, mas ao mesmo tempo um *àbìlù* para a outra.

É também difícil traçar uma linha de demarcação entre os assim chamados conhecimento científico e prática "mágica". Isso ocorre devido à importância dada, em uma cultura tradicionalmente oral como a iorubá, à encantação, *ọfọ̀*, pronunciada no momento de preparação ou aplicação das diversas receitas medicinais, *oògùn*.

Se para a medicina ocidental o conhecimento do nome científico das plantas usadas e suas características farmacológicas é o principal, em sociedades tradicionais o conhecimento dos *ọfọ̀*, encantações transmitidas oralmente, é o que é essencial. Neles encontramos a definição da ação esperada de cada uma das plantas que entram na receita.

Existem várias plantas cuja presença, à primeira vista, parece ter somente um caráter simbólico mas que, na realidade, tem valor terapêutico. Este é o caso de duas plantas aquáticas, *ojú oró* (PISTIA STRATIOTES, Araceae, a alface-d'água) e *òṣíbàtà* (NYMPHEA LOTUS, Nymphaceae, o lótus), que em seus *ọfọ̀* evocam a ideia de superioridade e dominação nas frases que seguem:

Ojú oró ni í lékè omi.
Ojú oró está sobre a água.

Ọ̀ṣíbàtà ni í lékè odò.
Ọ̀ṣíbàtà está sobre o rio.

Seguidas da prazerosa menção:

Fìlà ni í lékè orí.
O boné está sobre a cabeça.

E uma ainda mais lisonjeira:

Ti Ọba ni í lékè ori.
O rei está acima de todos.

Durante muito tempo acreditamos que essas duas plantas fossem usadas apenas por razões simbólicas, mas recentemente lemos em um artigo escrito pelo professor Jean-Marie Pelte[8] que no *ọ̀ṣíbàtà* encontram-se elementos sedativos.

À primeira vista é difícil perceber nas receitas qual é a parte mágica (que mais respeitosamente deveremos chamar de axé, poder), e quais as virtudes testáveis experimentalmente dessas plantas. Devemos ter em mente que, na língua iorubá, frequentemente existe uma relação direta entre os nomes das plantas e suas qualidades, e seria importante saber se receberam tais nomes devido às suas virtudes ou se devido a seus nomes determinadas características foram a elas atribuídas, como um tipo de jogo de palavras (ou, mais respeitosamente, *ọfọ̀*).

Essas encantações-jogos de palavras têm uma grande importância nas civilizações de tradição oral. Sendo pronunciadas em orações solenes, podem ser consideradas como definições e com frequência são as bases sobre as quais o raciocínio é construído. Servem também como conclusão e prova final nas histórias transmitidas de geração a geração pelos babalaôs, e expressam ao mesmo tempo o ponto de vista da cultura iorubá e o senso comum de seu povo.

No caso de nosso estudo, o importante é saber se a interpretação corresponde à realidade e se as qualidades atribuídas às plantas baseiam-se em suas verdadeiras virtudes. Como dissemos antes, deixamos aos especialistas o estudo da validade de nossas suposições, ficando nossa parte restrita à enumeração das folhas usadas pelos babalaôs e curandeiros e a dar alguns detalhes sobre a preparação dos vários ingredientes, assim como sobre o texto das encantações pronunciadas por eles durante esta tarefa.

Nessas encantações, os nomes de folhas são acompanhados de duas ou três linhas descrevendo suas qualidades naquele caso em particular. A uma certa folha podem ser atribuídas virtudes diferentes segundo sua associação com um ou outro conjunto de folhas, pois elas entram na composição de diferentes preparações medicinais.

A despeito da diversidade de qualidades relacionadas às folhas segundo suas várias associações, existe uma certa constância em seu simbolismo.

Sabemos, por exemplo, que entre as folhas há quatro conhecidas como *àwọn akọ ewé mẹ́rin*, as quatro folhas masculinas (por seu trabalho maléfico): *ewé iná* (URERA MANII, Urticaceae), *ewé ààràgbá* (BRIDELIA ATROVIRIDIS, Euphorbiaceae), *ewé èsìsì funfun* (TRAGIA BENTHAMII, Euphorbiaceae), *ewé olóyin* (STRIGA ASIATICA, Scrophulariaceae); e quatro outras tidas como antídotos, bondade: *ewé ọ̀dúndún* (KALANCHOE CRENATA, Crassulaceae, a folha-da-costa), *ewé tẹ̀tẹ̀* (AMARANTHUS HIBRIDUS subsp. INCURVATUS, Amaranthaceae, a cauda-de-raposa), *ewé rinrin* (PEPEROMIA PELLUCIDA, Piperaceae, o jabuti-membeca) e *ewé ikúpẹ̀rọ̀* (DICHROCEPHALA INTEGRIFOLIA, Compositae).

A AÇÃO DAS PLANTAS E A PALAVRA ATUANTE

1. A eficácia da palavra

SISTEMA IORUBÁ DE CLASSIFICAÇÃO DAS PLANTAS

O sistema iorubá de classificação botânica, por ser diverso do elaborado por Lineu, usa diferentes características para a identificação e classificação das plantas. Na terra iorubá, a nomeação das plantas leva em conta seu cheiro, sua cor, a textura de suas folhas, sua reação ao toque e a sensação provocada por seu contato, entre outras.

Pluralidade de nomes científicos para um só nome iorubá

É comum que um só nome iorubá corresponda a vários nomes científicos. Aqui estão alguns exemplos:

Ahọ́n ẹkùn, "língua-de-leopardo", é o nome dado a folhas cuja superfície se mostra áspera, apesar de sua forma ser diferente. De acordo com a classificação científica, elas são a HIBISCUS SURATTENSIS, Malvaceae; a HIBISCUS ASPER, Malvaceae (o cânhamo-brasileiro); a TETRACERA sp., Dilleniaceae; e a ACANTHUS MONTANUS, Acanthaceae (o falso-cardo).

Amùjẹ̀, "estanca-sangue", chamada *amùjẹ̀ ńlá*, "estanca-sangue grande", no caso da HARUNGANA MADAGASCARIENSIS, Rhizophoraceae, *amùjẹ̀ wẹ́wẹ́*, "estanca-sangue pequena", no caso da BYRSOCARPUS COCCINEUS e da CNESTIS LONGIFLORA, ambas Connaraceae, são plantas com propriedades coagulantes.

Bòbó àwòdì é o nome dado tanto à SOLANUM DASYPHYLLUM, Solanaceae, quanto à CAPPARIS THONNINGII, Capparaceae, devido à semelhança da forma de seus frutos, que se parecem com a berinjela.

Bùjé é o nome dado a plantas que são usadas na preparação de tatuagens e de tintura preta para cabelo, classificando-se como MORELIA SENEGALENSIS, Rubiaceae; ROTHMANIA WHIFFIELDII, Rubiaceae; ROTHMANIA LONGIFLORA, Rubiaceae; KEETIA LEUCANTHA, Rubiaceae; e SORINDEIA WARNECKEI, Anacardiaceae.

Dágunró, "para-guerra", é o nome dado a plantas espinhosas de três famílias diferentes: *dágunró gogoro*, "alta", para a ACANTHOSPERMUM HISPIDUM, Compositae (carrapicho-rasteiro); *dágunró kékeré*, "pequena", para a ALTERNANTHERA PUNGENS, Amaranthaceae (erva-de-pinto); e *dágunró ńlá*, "grande", para a TRIBULUS TERRESTRIS, Zygophyllaceae.

Èékánná, "garra", é o nome dado a plantas que possuem espinhos, como *èékánná adìyẹ*, "garra-de-galinha", para a PORTULACA QUADRIFIDA, Portulacaceae; *èékánná ẹkùn*, "garra-de-leopardo", para a ARGEMONE MEXICANA, Papaveraceae (o cardo-santo); *èékánná magbo* para a SMILAX KRAUSSIANA, Smilacaceae; e *èékánnásẹ̀ adìyẹ* tanto para a STRYCHNOS SPINOSA, Loganiaceae, quanto para a ZIZIPHUS MUCRONATA, Rhamnaceae.

Èèmọ́ é um nome composto a partir do verbo *mọ́*, "grudar", e as várias plantas assim designadas possuem frutos aderentes, que grudam no pelo dos animais e nas roupas. São elas a DESMODIUM CANUM, Leguminosae Papilionoideae; a CENCHRUS BIFLORUS, Gramineae; a SETARIA VERTICILLATA, Gramineae (capim-de-cabra); a PUPALIA LAPPACEA, Amaranthaceae; e a POUZOLZIA GUINEENSIS, Urticaceae.

Èsìsì é a denominação dada a plantas cujas folhas e frutos são cobertos por pelos urticantes, como a CNESTIS CORNICULATA, Connaraceae; a CNESTIS FERRUGINEA, Connaraceae; a MUCUNA PRURIENS, Leguminosae Papilionoideae (pó-de-mico); a TRAGIA BENTHAMII, Euphorbiaceae (urtiga-branca); a URERA MANII, Urticaceae; e a SIDA URENS, Malvaceae (guaxima). O mesmo nome é dado também à LAPORTEA AESTUANS (cansação) e à LAPORTEA OVALIFOLIA, ambas Urticaceae, plantas não urticantes mas cujas folhas têm forma semelhante à das folhas de urtiga.

Ewúro, "folha amarga", é o nome das folhas de sabor amargo pertencentes a várias famílias, como a VERNONIA AMYGDALINA (alumã), a VERNONIA ADOENSIS, a VERNONIA COLORATA e a STRUCHIUM SPARGANOPHORA, todas

Compositae; a SOLANUM WRIGHTII e a SOLANUM ERIANTHUM (fruta-de-lobo), ambas Solaneae; e a LUDWIGIA OCTOVALVIS, Onagraceae (cruz-de-malta).

Ìlasa é o nome dado a plantas que possuem em comum características mucilaginosas, como a ABELMOSCHUS ESCULENTUS, Malvaceae (quiabo), por seus frutos; a URENA LOBATA, Malvaceae (guaxima-roxa), por suas sementes; e a TRIUMFETTA RHOMBOIDEA, Tiliaceae (carrapicho-da-calçada), por suas folhas.

Oróbẹ́ja, "veneno-pega-peixe", é como são conhecidas a TEPHROSIA VOGELII, Leguminosae Papilionoideae, e a DIOSPYROS PHYSOCALYCINA, Ebenaceae, plantas cujas folhas e vagens são usadas para deixar lentos os peixes de rios e lagos.

Ọ̀dúndún é o nome dado à KALANCHOE CRENATA, Crassulaceae (folha-da-costa) e à EMILIA COCCINIEA, Compositae (pincel), sendo esta última também chamada de *ọ̀dúndún etìdọ̀fé*, *ọ̀dúndún olókun* e *ọ̀dúndún odò*. A *àbámọdá* ou BRYOPHYLLUM PINNATUM, Crassulaceae (milagre-de-são-joaquim) é também conhecida como *ẹrú ọ̀dúndún*, "escravo-de-odundun".

Patọnmọ́, "mantém-as-coxas-fechadas", é o nome dado a plantas cujos folíolos se fecham ao menor contato. É aplicado à MIMOSA PUDICA, Leguminosae Mimosoideae (dormideira); à MIMOSA PIGRA, Leguminosae Mimosoideae (unha-de-gato); e à BIOPHYTUM PETERSIANUM, Oxalidaceae.

Ṣaworo, "sininho", é o nome dado à TRILEPISIUM MADAGASCARIENSE, Moraceae; às CARDIOSPERMUM GRANDIFLORUM (ensacadinha) e CARDIOSPERMUM HALICACABUM, Sapindaceae; e à CROTALARIA sp., Leguminosae Papilionoideae, todas plantas com frutos cujas sementes ficam soltas na vagem e chocalham quando sacudidas.

Pluralidade de nomes iorubás para um só nome científico

Se há vários nomes científicos para um só nome iorubá, o inverso também é verdadeiro. Seguem alguns exemplos:

A BRIDELIA MICRANTHA, Euphorbiaceae, corresponde a três nomes em iorubá: *àsá*, usada numa proteção contra os inimigos (*ìdáàbòbò lọ́wọ́ ọ̀tá*) com o *ọfọ̀ Àsá l'ó ní k'íbi k'ó máa sá fún mi*, "*Àsá* diz que o mal deve fugir [*sá*] de mim"; *ìrà*, cuja casca, em casos de gravidez que supostamente se prolongam de um a três anos (*oyún ọrún*), é usada com o *ọfọ̀ Èèpo ìrà k'ó rá ọmọ náà wá*, "Casca de *ìrà*, faça a criança se arrastar para fora" (fórmula 249); e *fọnú fọnú*, usada numa receita para eliminar vermes (*oògùn ejòonu*), com o *ọfọ̀ Fọnú fọnú bá wa fọ ejòonu*, "*Fọnú fọnú*, leve [expulse] os vermes para fora".

A Flabellaria paniculata, Malpighiaceae, também tem três nomes em iorubá: *àjídèrè*, "acordando-segura-fortuna", usada para obter honrarias e glória (*àwúre ọlá níní*) com o *ọfọ̀ Ewé àjídèrè di ire gbogbo wá*, "Folha de *àjídèrè*, despache todas as coisas boas para cá" (fórmula 319); *àpònkólo*, usada em trabalhos para obter virilidade (*arẹmọ*) com o *ọfọ̀ Àpònkólo kó ọmọ wáyé*, "*Àpònkólo*, traga crianças ao mundo"; e *lagbólagbó*, usada em trabalhos para alcançar boa sorte (*àwúre oríire*) com o *ọfọ̀ Lagbólagbó la ònà're fún mi*, "*Lagbólagbó*, abra a estrada da boa sorte para mim".

A Ipomoea hederifolia, Convolvulaceae (jitirana), tem dois nomes em iorubá: *etí ológbò* e *kawó kawó*. *Etí ológbò*, "orelha-de-gato" (por causa de sua forma), é usada para obter dinheiro (*àwúre owó*) com o *ọfọ̀ Etí ológbò, l'ó ní ẹ́ máa gb'ówó wá*, "*Etí ológbò* disse que você traz dinheiro [para mim]"; para proteger contra a morte (*ìdáàbòbò l'ọ́wọ́ ikú*) com o *ọfọ̀ Etí ológbò l'ó ní k'ó gbó*, "*Etí ológbò* disse que ele deverá chegar à velhice"; e ainda para atrair a simpatia das pessoas (*àwúre ìfẹ́ràn ènìyàn*) com o *ọfọ̀ Etí ológbò l'ó ní gbogbo yín fẹ́ràn mi*, "*Etí ológbò* diz que todos vocês devem me amar" (fórmula 350). A *kawó kawó*, "contadinheiro", é usada em duas preparações para conseguir dinheiro (*àwúre owó*) com seus respectivos *ọfọ̀ Kawó kawó ò ní jí kí ó má kawó*, "*Kawó kawó* diz que eu realmente deverei contar dinheiro", e *Kawó kawó kìí jí k'ó má kawó*, "*Kawó kawó* nunca acorda sem contar dinheiro".

A Jateorhiza macrantha, Menispermaceae, tem cinco nomes em iorubá: *àlọ̀ eléwé oníka mẹ́ta*, "folha-dona-de-três-dedos" (devido à sua forma), usada para encontrar trabalho (*àwúre ìmú'ni rísẹ́*) com o *ọfọ̀ Àlọ̀ eléwé oníka mẹ́ta ni ó pé kí wọn ó fi ire tèmi lọ̀ mí*, "*Àlọ̀ eléwé oníka mẹ́ta* disse que eles sugerem sucesso para mim"; *àlọ̀ eléwé ńlá*, "dono-da-grande-folha", usada para conseguir um título de chefe tribal (*ìmú'ni joyè*) com o *ọfọ̀ Àlọ̀ eléwé nlá l'ó ní ẹ f'ire ńláa tèmi lọ̀ mí*, "*Àlọ̀ eléwé nlá* disse que você sugere grande honra para mim"; *àlọ̀ọ̀fọhùn*, "moer-e-não-falar", usada para se obter vitória contra um inimigo (*àwúre isẹ́gun ọ̀tá*) com o *ọfọ̀*

Àlọ̀ọ̀fọhùn má jẹ́ kí ọtá mi fọhùn, "Àlọ̀ọ̀fọhùn, não deixe meu inimigo falar"; *nàmùnàmù,* "completamente", usada para se ganhar um processo na justiça (*àwúre afọ̀ràn*) com o *ọfọ̀ Nàmùnàmù mo mú ọ̀ràn yìí jẹ,* "Eu pego este processo e o como completamente"; e *bóró,* "vindo-facilmente", usada para que as mulheres grávidas tenham um parto suave (*awẹ̀bí*) com o *ọfọ̀ Bóró l'ó ní k'áya máa bí bóró, "Bóró* disse que a minha mulher terá criança facilmente".

A Campylospermum flavum, Ochnaceae, corresponde a três nomes em iorubá: *ajíbẹ́po,* "acordando-procura-o-azeite-de-dendê", usada para obter proteção contra as feiticeiras (*ìdáàbòbò l'ọ́wọ́ ìyàmi òsònròngà*) com o *ọfọ̀ Ajíbẹ́po ni bẹ̀ ajẹ́, "Ajíbẹ́po* implora às feiticeiras";[1] *fèsọṣẹ̀jẹ̀,* "fazer-sangue-com-uma-fruta", usada para ajudar a mulher a engravidar (*ìmóbìnrin lóyún*), com o *ọfọ̀ Fèsọṣẹ̀jẹ̀ k'ó s'ẹ̀jẹ̀ d'ọmọ, "Fèsọṣẹ̀jẹ̀* faz o sangue se tornar uma criança" (fórmula 235); e *fẹ̀jẹ̀ ṣẹ̀hìn,* "com-sangue-faz--as-costas", usada para tratar dores nas costas (*oògùn ẹ̀hìn dídùn* com o *ọfọ̀ Fẹ̀jẹ̀ ṣẹ̀hìn bá mi wó ẹ̀hìn sàn, "Fẹ̀jẹ̀ ṣẹ̀hìn,* ajude-me a curar as minhas costas" (fórmula 12).

A Pleioceras sarteri, Apocynaceae, também corresponde a pelo menos três nomes iorubás: *èfò,* usada para proteger as pessoas contra acidentes, particularmente motoristas que, ao usá-la, supostamente são levados de volta para casa sãos e salvos (*ìdáàbòbò l'ọ́wọ́ ìjànbá*) com o *ọfọ̀ Èfò gbé mi fò nínú ibi, "Èfò,* afaste-me do mal [acidente]" (fórmula 433); *dàgbà,* "para-ficar-velho", ou seja, continuar vivo, também usada para agradar as feiticeiras (*wíwá ìyọ́nú ìyàmi*) com o *ọfọ̀ Ewé dàgbà ní dorí ìyàmi àjé,* "A folha de *dàgbà* sempre guia as feiticeiras [para proteger-me]" (fórmula 274); e *ológbòkíyàn,* "o-gato-saúda-as-pessoas", usada para obter dinheiro (*àwúre owó níní*) com o *ọfọ̀ Ológbòkíyàn gbówó wá, "Ológbòkíyàn,* traga dinheiro para cá" (fórmula 297).

A Raulwolfia vomitoria, Apocynaceae, corresponde a pelo menos sete nomes em iorubá. A maioria dos trabalhos que se espera desta planta destina-se a acalmar a loucura (*oògùn wèrè*). Os *ọfọ̀* dos quatro primeiros nomes tem este propósito: *Apawèrè pa wèrè yìí sàn, "Apawèrè,* mate [e cure] esta loucura", *Awowèrè bà mi wò wèrè mi yìí sàn, "Awowèrè,* ajude--me a sarar de minha loucura"; *Dódó [dúdú] l'ó ní k'ó dúdú l'ára rẹ̀ k'ó má ṣe wèrè mọ́, "Dódó,* que a loucura que enegrece o corpo dele nunca o deixe ficar louco outra vez"; e *Irá igbó bá wa gbé wèrè yìí lọ*, "*Irá igbó*, carregue esta loucura para longe dele". Com o nome *òórá*, a planta é usada em trabalhos para que um processo judicial pendente seja esquecido (*àwúre afọ̀ràn*), com o *ọfọ̀ Òórá l'ó ní k'ọ́rọ̀ náà k'ó rá*, "*Òórá* diz que o processo deve desaparecer". Já como *asofẹ́yẹjẹ*, "fruta-que-deve-ser-comida-pelo-pássaro", é usada para agradar as feiticeiras (*ìyọ́nú ìyàmi*) com o *ọfọ̀ Àsofẹ́yẹjẹ má fi èso fún ẹlẹ́yẹ jẹ*, "*Àsofẹ́yẹjẹ*, não dê a fruta para ser comida pela dona do pássaro [a feiticeira]" e como *olóràgbó*, "comprador-da-floresta", é usada em diversas receitas contra a varíola (*oògùn ilẹ̀ẹ́gbóná*) com o *ọfọ̀ Olóràgbó k'ó ra lámọrín kúrò l'ọ́wọ́ ilẹ̀ẹ́gbóná*, "Que o *olóràgbó* possa resgatar essa pessoa das mãos da varíola".

Esses exemplos mostram que, em iorubá, a diversidade de nomes de plantas correspondendo a uma única espécie científica deriva da necessidade de ter no nome da planta uma sílaba que possa ser usada como o verbo atuante da encantação.

O VERBO ATUANTE NOS *ỌFỌ̀*

"Na cultura africana tradicional, saber o nome de uma pessoa ou coisa significa que elas podem, até certo ponto, ser controladas", explica o professor Robin Horton.[2] Consequentemente, entre os iorubás a preparação de remédios e trabalhos mágicos deve ser acompanhada de encantações (*ọfọ̀*) com o nome das plantas, sem as quais esses remédios e trabalhos não agiriam. Conforme já foi dito, a transmissão oral do conhecimento é considerada o veículo do axé das palavras, que permanecem sem efeito em um texto escrito. Palavras, para que possam agir, devem ser pronunciadas. Entre os iorubás, os *ọfọ̀* são frases curtas nas quais muito frequentemente o verbo que define a ação esperada, o verbo atuante, é uma das sílabas do nome da planta ou do ingrediente empregado. Tal é o caso de uma receita para tratar de dor nos flancos (*oògùn ìhà dídùn*) (fórmula 15), na qual se usam folhas de *ọ́ọ́yọ́ àjẹ́* (Corchorus aestuans, Tiliaceae, o caruru-da-bahia) e *awùsá* (Pluienetia conophora, Euphorbiaceae), penas de *agbe* (galinhola azul africana) e de *àlùkò* (galinhola vermelha africana). Durante a preparação desse remédio, deve-se pronunciar o seguinte *ọfọ̀*:

Ọ̀ọ́yọ́ àjẹ́ wá yọ àrùn kúrò n'íhà
awùsá sa àrùn ìhà lọ
agbe gbé àrùn ìhà kúrò
àlùkò kó àrùn ìhà lọ

Ọ̀ọ́yọ́ àjẹ́, ajude-me a remover a doença do flanco.
Awùsá, pegue a doença do flanco e a leve embora.
Agbe, carregue a doença do flanco.
Àlùkò, leve a doença do flanco.

Em cada verso, o verbo atuante é repetido em uma das sílabas do nome da planta ou do objeto empregado. Se nesse exemplo alguns dos tons não parecem corretos, devemos lembrar que os iorubás por vezes usam trocadilhos e jogos de palavras, uma questão sobre a qual falaremos mais adiante. Veremos abaixo mais alguns exemplos de *ọfọ̀* em que os tons são mais respeitados.

Em seu livro sobre Ifá, William Bascom[3] nos dá um exemplo do mesmo gênero e faz as seguintes observações: "um tipo particular de trocadilho contribui para dar uma conexão interna [a essas palavras]. Esses trocadilhos são de natureza mágica e neles o nome do objeto sacrificado lembra palavras que exprimem o resultado desejado". O autor menciona um trabalho feito para encontrar onde ficar, *tedo* (*ìwòrì méjì*). Ele indica a oferenda a ser feita e a encantação apropriada: um pilão (*odó*) é usado para encontrar onde acampar (*dó*); folhas de *tẹ̀tẹ̀* para encontrar onde descansar (*tẹ̀*); folhas *gbégbé* para encontrar onde morar (*gbé*).

Tais tipos de *ọfọ̀* são muito numerosos. Aqui seguem mais alguns exemplos. Numa receita para acabar com a tosse (*oògùn ikọ́*), devem-se pilar folhas de *ọ́jà* (Quassia undulata, Simaroubaceae), misturá-las com suco de *òrombó wẹ́wẹ́* (Citrus aurantifolia, Rutaceae, a lima-da-pérsia), tomar três colheres dessa preparação todas as manhãs e pronunciar o *ọfọ̀*:

Ọ́jà já ikọ́ kúrò l'ọ̀rùn.
Òrombó bó ikọ́ kúrò l'ọ̀rùn..

Ọ́jà, arranque [*já*] a tosse da garganta.
Òrombó, descasque [*bó*] a tosse da garganta.

Frequentemente, o verbo atuante de uma preparação é o mesmo para todas as folhas nela empregadas, e a mesma sílaba é encontrada em cada um dos nomes. É o caso, por exemplo, de uma receita para tratar lepra (*oògùn ẹ̀tẹ̀*) (fórmula 202), em que a sílaba *pa* é encontrada nos nomes das folhas *ikí pupa*, *ọparun* e *òrúpa*, e na encantação, que também é a mesma para as três: *bá mi pa àrùn ẹ̀tẹ̀*, "ajude-me a matar a lepra".

O mesmo acontece com uma receita para tratar convulsões (*oògùn gìrì*) (fórmula 204). A encantação se baseia na sílaba *sá* das diferentes plantas invocadas para fazer a doença "correr" (*sá*).

Em um trabalho para se chamar a boa sorte (*àwúre oríre*) deve-se usar *ajìfà bí àlá* (Ipomoea cairica, Convolvulaceae) e folhas de *àfà* (não identificada), às quais se adicionam *afárá oyin* (favos de mel), queimando-se tudo até se obter um pó preto, que é misturado com azeite de dendê e lambido por aquele que deseja a boa sorte. O verbo atuante é *fà* (*rere*), "para trazer boa sorte", uma sílaba incluída em todos os nomes dados.

Já em um trabalho para se conquistar o coração de uma mulher (*àwúre ìfẹ́ràn obìnrin*) (fórmula 337), o verbo atuante nos diferentes versos é *mú*, "capturar", uma sílaba incluída nos nomes das plantas usadas mas acentuada de forma diferente.

Essas diferenças de tons às vezes aparecem nas encantações pronunciadas durante os trabalhos em que a folha *ìrẹ̀* (Holarrhena floribunda, Apocynaceae) intervém. Assim, para curar alguém da varíola (*oògùn ilè-ẹ̀gbóná*), deve-se desejar *Ìrẹ̀ má jẹ́ kí ó rẹ̀ mí*, "*Ìrẹ̀*, não deixe a varíola me encontrar fraco [*rẹ̀*]". Mas caso se deseje obter os favores de uma mulher, o *ọfọ̀* será *Ìrẹ́ ní kí ẹ bá mi rẹ́*, "*Ìrẹ́* diz que você faz amizade [*rẹ́*] comigo". O tom do verbo atuante é baixo no primeiro caso (*rẹ̀*) e alto no segundo (*rẹ́*).

O nome da folha *lámúlé* (Cassia arereh, Leguminosae Caesalpinioideae) relaciona-se tanto com a ideia de manter alguém em casa, *múlé* (*wá*), quanto com a de pegar um ladrão, *mú olè*. Assim, é usada para fazer com que uma mulher infiel fique em casa (*ìidá obìnrin dúró s'ílé*) com o *ọfọ̀ Lámúlé bá mi mú obìnrin tèmi wálé*, "*Lámúlé* traz a minha esposa para casa", e também para a proteção contra ladrões (*ìdáàbòbò l'ówó olè*) com o *ọfọ̀ Lámúlé ba mi mú olè s'ílè*, "*Lámúlé*, prenda o ladrão para mim".

O elo entre o nome da folha e a ação esperada, invocada através do *ọfọ̀*, não se limita apenas ao verbo, mas pode aparecer em uma frase curta ou longa. Em um trabalho feito para se ter sangue vigoroso, que se expressa em iorubá por *ìmú ẹ̀jẹ̀ pọ̀ l'ára*, "para ter muito sangue no corpo", devem-se empregar as folhas de *apẹ̀jẹ̀* (não identificada) e *amùjẹ̀* (HARUNGANA MADAGASCARIENSIS, Rhizophoraceae), torrá-las até se obter um pó preto, adicioná-lo a um acaçá e misturar com água. Deve-se então tomar o preparado após dizer:

Ewé apẹ̀jẹ̀ pè ẹ̀jẹ̀ púpọ̀ wá si ara mi.
Ewé amùjẹ̀ mú ẹ̀jẹ̀ wa sí ara mi.

Folha *apẹ̀jẹ̀*, chame muito sangue para dentro do meu corpo.
Folha *amùjẹ̀*, traga sangue para o meu corpo.

Trata-se, aliás, de um caso de falsa etimologia, pois *amùjẹ̀* pode também ser traduzido como "estanca-sangue", "bebe-sangue" ou "traz-virtude", e a planta está provavelmente sendo usada de forma equivocada em uma receita para "melhorar o sangue" em caso de anemia.

Em um trabalho de proteção contra os inimigos (*ìdáàbòbò lọ́wọ́ ọ̀tá*) (fórmula 446), pronuncia se o *ọfọ̀ Amọ́wọ́* (que significa "tire-a-mão-do-corpo") *ayé kúrò wá mọ́wọ́ ọ̀tá kúrò l'ára mi*, "*Amọ́wọ́ ayé kúrò*, venha e tire as mãos do inimigo de meu corpo".

Para deixar leve o corpo de uma grávida, esta deve lavar-se com a preparação dada na fórmula 231, pronunciando a encantação *Ewé amára fúyẹ́* ["faça-o-corpo-leve"] *bá wá mú ara fúyẹ́*, "Folha de *amára fúyẹ́*, ajude-nos a deixar o corpo leve".

O verbo atuante da fórmula encantatória também pode ser encontrado em mais de uma sílaba do nome da planta. Um exemplo: quando *pèrègún* (DRACAENA FRAGRANS, Agavaceae, o coqueiro-de-vênus-nativo) é usada em trabalhos para se obter boa sorte (*àwúre oríre*), o elo é criado a partir de *pèrè*, com o *ọfọ̀ Pèrègún pe rere wá*, "*Pèrègún*, chame a sorte [*rere*] para cá" (fórmula 333); mas quando é usada em trabalhos para agradar as feiticeiras (*wíwá ìyọ́nú ìyàmi*), o elo se baseia em *gún*, com o *ọfọ̀ Pèrègún ó ní kí ayé mi ó gún*, "*Pèrègún* manda que a minha vida seja reta [*gún*]" (fórmula 275).

Plantas e nomes de origem estrangeira

O sistema de elos entre o nome de uma planta e o verbo atuante baseado em uma sílaba de seu nome aplica-se também a algumas plantas que foram introduzidas mais ou menos recentemente na África e cuja denominação deriva de palavras estrangeiras.

Ilémú (CITRUS AURANTIFOLIA, Rutaceae, a lima-da-pérsia), derivada de *lime* em inglês ou de lima em português, é usada em um trabalho para obter dinheiro (*àwúre owó*) com o *ọfọ̀ Ilẹ́mú mú owó wá*, "*Ilémú*, traga dinheiro".

O fumo, *tábà*, cujo nome deriva da palavra inglesa *tobacco* (NICOTIANA TABACUM, Solanaceae), é usado como remédio contra o inchaço do corpo (*oògùn ara wúwú*) ou contra convulsões (*oògùn gìrì*), com o *ọfọ̀ Tábà ta àrùn dànù*, "*Tábà*, empurre [*ta*] a doença para fora" (fórmula 205).

Para *ráwáyé* (COCHLOSPERMUM TINCTORIUM, Cochlospermaceae), derivada de *rawaya* em hauçá, os elos se baseiam em diferentes sílabas de seu nome. Em um trabalho para obter dinheiro (*àwúre owó níní*) deve-se pronunciar o *ọfọ̀ Ráwáyé bá mi wá owó tèmi fún mi*, "*Ráwáyé*, ajude-me a conseguir o meu dinheiro" (fórmula 298). Já em um trabalho feito para se permanecer no mundo (*ìpẹ́ l'áyé*), o *ọfọ̀* é *Ráwáyé gbogbo wa l'a ó yè*, "*Ráwáyé*, todos nós [*àwa*] devemos ficar vivos [*yè*]".

O nome *gúábá* deriva do português goiaba (PSIDIUM GUAJAVA, Myrtaceae), fruta levada do Brasil. Suas folhas são usadas para tratar irritações da garganta e da boca (*oògùn ìgbàlódé*) e seu *ọfọ̀* aparece com uma leve nasalização da primeira vogal: *Gúábá ìkokò má mà gun abà*, "*Gúábá*, que a hiena não possa subir na minha cabana [*gun abà*]".

A *ojúùsájú* (PETIVERIA ALLIACEAE, Phytolacaceae) também foi levada para a Nigéria do Brasil, sendo aqui conhecida como erva-de-alho, erva-da-guiné, raiz-da-guiné ou simplesmente guiné, nome dado antigamente a toda a costa ocidental da África. Em iorubá, *ojúùsájú* significa favoritismo, parcialidade, respeito por uma pessoa. Seus *ọfọ̀* podem basear-se tanto em *ìsájú*, "favor", quanto em *ìsaájú*, "que-precede". Devemos lembrar que em certas partes da Nigéria, como Oshogbo, a pronúncia do *s* assoviado quase não se diferencia do *s* chiado. Outros *ọfọ̀* derivam da sentença *sà ojú*, "curar os olhos". Vejamos três exemplos de *ọfọ̀* baseados nesses elos possíveis.

Em um trabalho para obter a compaixão das feiticeiras (*ìyọ́nú ìyàmi*), o *ọfọ̀* é *Ojúùsájú l'ó ní kí ẹ f'ire gbogbo ṣe ìsájú mi*, "*Ojúùsájú* diz que você me fará um favor [*ìsájú*] ou me trará boa sorte". Já em um trabalho para se ter boa sorte (*àwúre oríre*), o *ọfọ̀* é *Ojúùsájú mú rere ṣe ìsájú mi*, "*Ojúùsájú*, favoreça-me [*ìsájú*] com a sorte" (fórmula 332). Em uma receita para tratar a dor nos olhos (*oògùn ojú dídùn*), o *ọfọ̀* é *Ojúùsájú bá mi sà ojú jọ*, "*Ojúùsájú*, cure os meus olhos [*sà ojú*]" (fórmula 163).

Um caso interessante é o da *àgbàdo*, nome iorubá do milho (Zea mays, Gramineae), planta originária da América e introduzida na África em tempos recentes. As várias partes do milho entram na composição de trabalhos pertencente sobretudo ao campo mágico. As folhas (*ewé àgbàdo*) são usadas em um trabalho para trazer boa sorte (*àwúre oríre*), que se classifica no *odú ìwòrì òfún*, também chamado *ìwòrì àgbàdo*. Seu *ọfọ̀* deriva do seguinte provérbio:

Oríire ni t'àgbàdo.
Àgbàdo rìn hòhò d'óko.
Ó kó rc bọ̀ wá 'lé.

O milho tem boa sorte.
O milho vai nu para o campo.
Ele pega a boa sorte e volta para casa com ela.

Um outro provérbio é:

Kíni àgbàdo á mú bọ̀? igba ọmọ
kíni àgbàdo á mú bọ̀? igba aso.

O que o milho traz para casa? Duzentas crianças.
O que o milho traz para casa? Duzentas roupas.

São alusões à semente de milho plantada no solo, que mais tarde produz pesadas espigas, envoltas em palha, trazendo opulência e riqueza.

Também as folhas do milho são usadas em um trabalho para se obter favores de feiticeiras (*ìyọ́nú ìyàmi*), sendo queimadas com *ewé ata kórùńkọ* (Capsicum annuum, Solanaceae, o pimentão), *ewé sìnkín-rínminì* (Barleria sp., Acanthaceae) e *ẹyẹlé* (um pombo) até se obter um pó preto a ser tomado com acaçá frio todos os dias. O *ọfọ̀* dessa preparação é:

À-rìn-yọ̀ mà ni t'àgbàdo
Ata kórùńkọ 'kìí bínú àjé
Àjé kìí bínú sìnkínrínminì
Ẹyẹlé kì í bí onílé nínú.

O milho caminha com alegria.
Ata kórùńkọ não odeia a feiticeira.
A feiticeira não odeia *sìnkínrínminì.*
O pombo não provoca o ódio do dono da casa.

A espiga de milho inteira, *odidi àgbàdo*, é usada em uma receita para ajudar a mulher a ter um bom parto (*awẹ̀bí*), classificada no odu que trata do nascimento de crianças, conforme já foi mencionado, *ogbè òtúrúpọ̀n* ou *ogbè tún ọmọ pọ̀n*, "ela-coloca-uma-criança-nas-costas-novamente". A espiga é moída com *ewé ahárá* (Momordica cabraei, Cucurbitaceae), *ìyèré* (Piper guineense, Piperaceae) e *kán-ún bílálà* (potássio concentrado) numa preparação que a mulher deve tomar com acaçá quente todas as manhãs, pronunciando o seguinte *ọfọ̀*:

Àgbàdo bá wa gbé ọmọ wá lẹ̀
Ewé ahárá má jẹ́ kí oyún ó há
Kán-ún bílálà la ònà f'ọ́mọ.

Milho, ajude-me a fazer a criança descer.
A folha de *ahárá* não deixa que a gravidez atrase.
Potássio concentrado, abra o caminho para a criança.

O sabugo de milho (*pòpórò àgbàdo*) é usado em trabalhos para se sair vitorioso de uma luta (*ìṣẹ́gun ìjàkadì*), classificado no odu *ọ̀ṣẹ́ méjì* ou *ọ̀ṣẹ́ oníjà*, "*ọ̀ṣẹ́*-que-gosta-de-briga", cujo modo de preparo é descrito na fórmula 312. O *ọfọ̀* desse trabalho é:

À ńsáré nú ẹ̀kan bá mi gbé ọ̀tá ṣubú.
Pòpórò àgbàdo kì í bá olóko dìmú jà.
Atatú ni ti gbẹ́gi.

O sabugo de milho nunca briga com o fazendeiro.
[Que o inimigo seja tão fraco nas mãos do lutador quanto o sabugo nas mãos do fazendeiro.]
Gbẹ́gi não pode ser derrubado.

A expressão *ńsáré nú ẹ̀kan* é o início do seguinte provérbio:

A ńsáré nú ẹ̀kan kì í ṣasán bí ènìyàn kò lé ǹkan, ǹkan ń lé olúwarẹ̀ ni.

Nós não corremos no capinzal cortante em vão; se corremos atrás de alguma coisa [é porque] alguma coisa [perigosa] está correndo atrás de nós.

O milho gerou provérbios também em outras línguas. Os hauçás o chamam de *tofa* e os fulanis de *soyo*.[4] Seus respectivos provérbios são: "Você deve andar ao redor e não através de um campo de *tofa*" e "Um homem precisa de sapatos para andar no *soyo*", enfatizando a urgência do que possa levar alguém a correr (descalço) por um milharal.

A palha (*háríhá*) que envolve a espiga de milho é usada em uma receita para ajudar a mulher grávida a sentir o corpo leve (*ìmú ara fúyé ou ìmú ara gẹ̀gẹ̀*) (fórmula 230), classificada no odu *ogbè òtúrá* ou *ogbè aláṣọ funfun*, "*ogbè*-dono-da-roupa-branca", em alusão à palha que envolve o milho. Seu *ọfọ̀* é:

Ahárá l'ó ní kí ara fúyẹ́.
Ara gẹ̀gẹ̀ ni ti háríhá.
Ẹ̀ẹ̀rù lọ ru ara fúyẹ́.

Ahárá diz que o corpo deve ficar leve.
Háríhá tem o corpo leve.
Ẹ̀ẹ̀rù, vá e deixe o corpo leve.

E por fim os grãos de milho torrados (*àgbàdo súnsun*) são usados em trabalhos para fazer um processo judicial cair no esquecimento (*àwúre afọ̀ràn* ou *ìdáàbòbò l'ọ́wọ́ ẹjọ́*), pertencendo ao odu *ogbè òtùrá* ou *ogbè kòléjó*, "*ogbè*-não-tem-processo-na-justiça". Para obter-se tal resultado, queimam-se diversos ingredientes, colocando-os dentro de um *ṣẹ́rẹ́*, um tipo de chocalho, juntamente com vinte grãos de milho, trinta de feijão e outras sementes. Este *ṣẹ́rẹ́* deve ser sacudido todas as manhãs, acompanhado do *ọfọ̀*:

Àṣẹ-múrá l'ó ní kí gbogbo ẹjó mi yìí ó rá.
Kí wọn ó má bi mí mọ́.
K'óràn náà má hù mọ́.
Àgbàdo tí a bá sun kì í hù.
Èrèé tí a bá sun kì í hù.
Ọkà bàbà tí a bá sun kì í hù mọ́.
Ataare sísun kì í hù.
Jẹ́njókọ̀ó l'ó ní k'ọ́ràn náà ó jókòó.
Kí wọn ó má rántíi rẹ̀ mọ́.

O-poder-do-desaparecimento disse que todos os meus processos [na justiça] desaparecerão.
Que o caso [na justiça] não apareça mais.
O milho torrado não cresce.
O feijão torrado não cresce.
O milho-da-guiné torrado não cresce
Jẹ́njókọ̀ó ["deixa-me-sentar"] disse que o caso vai assentar.
Eles não vão mais lembrar dele.

Ou seja, o processo na justiça não irá progredir, da mesma forma como os grãos não podem germinar depois de torrados.

Este *ọfọ̀* pode estar relacionado à maneira pela qual o milho importado da América do Sul se disseminou na terra iorubá. Conta-se que o proprietário do primeiro campo onde as sementes foram plantadas vendeu o produto de sua colheita apenas depois de torrado, para que ninguém mais pudesse cultivá-lo. Um de seus empregados, porém, conseguiu enganá-lo: alimentou algumas galinhas com milho cru e as enviou a fazendeiros de outros lugares. Estes imediatamente as destriparam e plantaram as sementes contrabandeadas. Dessa maneira, o cultivo do milho pôde se espalhar por toda a terra iorubá.

OS SIGNOS ODUS DE IFÁ

Todas as receitas e trabalhos mágicos feitos com plantas são classificadas pelos babalaôs em 256 signos (odus) de Ifá, o que com frequência estabelece elos entre os nomes das receitas, os nomes das plantas e os nomes dos odus de Ifá, sobretudo com o segundo nome dado a cada odu.

Um babalaô raramente emprega os nomes dos odus em sua forma original, dando preferência aos nomes derivados dele foneticamente, às vezes por acréscimo de um prefixo e um sufixo, que lhe conferem uma significação particular. Dessa maneira o babalaô tem maior facilidade para encontrar o simbolismo e o contexto das histórias (*itàn*) e remédios classificados naquele odu. Eis alguns exemplos:

Ogbè òdí pode também ser chamado de *ogbè dínà dínà*, "*ogbè*-bloqueia-o-caminho", ou *ogbè dìmúdìmú*, "*ogbè*-agarrou".

Ìrosùn ògúndá pode ser chamado de *ìrosùn gẹ́dá*, "*ìrosùn*-casa-de-rato" (*gún ẹdá*).

Ọ̀wọ́nrín ọ̀sẹ́ pode ser chamado de *ọ̀wọ́nrín wẹsẹ̀*, "*ọ̀wọ́nrín*-lava-pés".

Ọ̀bàrà ìrosùn pode tornar-se *ọ̀bàrà kosùn*, "*ọ̀bàrà*-esfrega- *osùn*" ou "*ọ̀bàrà*-não-dorme".

Ògúndá òdí também pode ser denominado *ògúndá gédìí ìgbín*, "*ògúndá*-corta-o-fundo-do-caracol", em alusão à tranquilidade, uma vez que o líquido que flui da concha do caracol é usado na preparação de um tranquilizante.

Ògúndá ọ̀sá também é chamado de *ògúndá másàá*, "*ògúndá*-não-corre, ele-é-corajoso", sendo também chamado *ògúndá má ṣ'ojo*, "*ògúndá*-não-é-covarde".

Òfún ọ̀sá é chamado também de *òfún sàlósùn*, "*òfún*-esfrega-com-giz" ou "*òfún*-esfrega-com-pó-vermelho-de-*camwood*"; pode ser chamado ainda de *òfún sawo*, "*òfún*-aplica-um-remédio".

Ọ̀yẹ̀kú ọ̀wọ̀nrín pode ser chamado de *ọ̀yẹ̀ wọ́n rin mì*, "*ọ̀yẹ̀*-se-quebra-em-pequenos-pedaços-de-ferro-e-os-engole".

Ìká ódí pode ser denominado *nkálá nkádìí*, "colhendo-o-quiabo colhendo-as--nádegas", em alusão à anedota de um camponês que, colhendo quiabos no campo e sentindo-se incomodado por comichões, coça as nádegas e provoca o comentário irônico do vizinho: "em lugar de colher os quiabos, ele colhe as nádegas".

Nos trabalhos para se obter favores de feiticeiras (*ìyọ́nú ìyàmi*), o odu *ọ̀sá méjì* torna-se *ọ̀sá ẹlẹ́yẹ*, "*ọ̀sá*-dono-do-pássaro", e *ogbè ògúndá* torna--se *ogbè ìyàmi*.

Entre as 69 fórmulas que nos foram dadas para obter favores de feiticeiras ou agradá-las, dezessete se classificam no odu *ọ̀sá méjì*, também chamado *ọ̀sá ẹlẹ́yẹ* por ser *ẹlẹ́yẹ* outro nome dado às feiticeiras e o odu sob o qual elas, *ìyàmi òṣòrọ̀ngà*, vieram ao mundo. Onze das fórmulas classificam-se no odu *ogbè ògúndá*, também chamado *ogbè ìyọ́nú*, "ele--ajuda-[alguém a ser]-agradado", ambos tendo elos com *ìyọ́nú ìyàmi*. Vejamos três destes trabalhos:

Pertencendo ao odu *ọ̀sá ẹlẹ́yẹ*, temos um trabalho cujo modo de preparo é dado na fórmula 271, acompanhado do *ọfọ̀*:

Àjẹ́ ń ké kára kára.
Wọ́n ní ẹyẹ ọ̀rọ̀ ló wọlú.
Àkàrà oṣó kì í jẹ́ kí àjẹ́ kó pa oṣó.
Àjẹ́ kòbàlé ó ní kí ẹyẹ ó má bà lé mi.

Feiticeiras gritam alto.
Elas dizem que o pássaro do mal já entrou na cidade.

O acará do feiticeiro não deixa as feiticeiras matarem o feiticeiro.
Feiticeira-não-se-empoleira-em-mim diz que aquele pássaro [da feiticeira] não se empoleirará em mim.

Pertencendo ao odu *ogbè ìyọ́nú* temos uma receita que manda moer as folhas *ewé ìgbàgbà* (Solanum sp., Solanaceae), *ewé ọ́yó* (Corchorus olitorius, Tiliaceae, a juta) e *ewé ẹ̀kùkù* (Cynometra mannii, Leguminosae Caesalpinioideae), misturá-las com *òrí* (butyrospermum paradoxum, subsp. parkii, Sapotaceae, o limo da costa) e esfregar a preparação no corpo, pronunciando o *ọfọ̀:*

Ogbè ìyọ́nú jẹ́ kí inú àjẹ́ yọ́ sí mi.
Ìgbàgbà gbà mí l'ọ́wọ́ àjẹ́.
Ọ́yọ́ ní kí wọn ó yọ́nú sí mi.
Ẹ̀kùkù ó ní kí ibi wọn kù dànù.

Ogbè ìyọ́nú, permita que as feiticeiras fiquem satisfeitas comigo.
Ìgbàgbà, tire-me das mãos da feiticeira.
Ọ́yọ́ disse que elas ficarão satisfeitas comigo.
Ẹ̀kùkù disse que a maldade delas vai sumir.

Por fim, pertencendo ao mesmo odu *ogbè ìyọ́nú*, temos uma receita que manda colocar em um prato as folhas *ewé ojúsájú* (Petiveria alliacea, Phytolacaceae, a erva-de-alho), *ewé ọyọ́yọ́* (Corchorus olitorius, Tiliaceae, a juta), *ewé àànú* (vitex thyrsiflora, Verbenaceae) e *ewé agogo ògún* (Heliotropium indicum, Boraginaceae, a crista-de-galo), adicionar *odidi ataare* (Aframomum melegueta, Zingiberaceae, o amomo) e dois ovos (*eyin adìyẹ*), despejar mel (*oyin*) por cima e fazer a adivinhação com *obì ifin* e *obì pupa* (Cola acuminata, Sterculiaceae, a coleira) para saber onde o trabalho deve ser deixado. Devem-se então colocar as nozes de coleira em uma rodilha (*òṣùká*) feita de uma jarda de tecido branco (*aṣọ ìdásà funfun*). Durante a preparação, pronuncia-se o *ọfọ̀*:

Ewé ojú sájú l'ó ní k'ẹ́ máa fi ohun rere ṣe ṣájú mi.
Ọyọ́yọ́ l'ó ní k'ẹ́ yọ́nú sí mi.

Ewé àánú l'ó ní k'ẹ́ ṣàánú mi.
Ewé agogo ògún l'ó ní k'ẹ́ ẹ máa da're t'èmi sí mi.
A kìí máa lá'yin k'á rojú.
Òfùn ní kí ẹ máa fún ní rere.
Osùn ní kí ẹ máa fi rere sùn mí bọ̀.

A folha de *ojú sájú* disse que você trará coisas boas para mim.
Ọyọ́yọ́ disse que você tem boa disposição para comigo.
A folha de *àánú* disse que você está contente comigo.
A folha de *agogo ògún* disse que você lançou minha fortuna para mim.
Não ficaremos tristes se lambermos mel!
Òfùn disse que você me dará fortuna.
Osùn disse que você chegará com fortuna para mim.

Ìrù ẹkùn, "cauda-de-leopardo", é ao mesmo tempo o nome de uma planta (DRACAENA LAXISSIMA, Agavaceae) e um circunlóquio usado a fim de indicar determinado odu de Ifá demasiado perigoso para ser pronunciado. Respeitando essa proibição, diremos apenas que é formado pelos décimo quarto e décimo quinto signos simples.[5] Uma pessoa nascida sob tal signo deve esperar má sorte na vida.[6]

Outros nomes dados a este odu são: *ìrẹtẹ̀ ẹkùn firù n'alẹ̀*, "*ìrẹtẹ̀*-leopardo-que-bate-com-a-cauda-no-chão", aludindo a um temperamento nervoso e perigoso; *ìrẹtẹ̀ dúdú*, "*ìrẹtẹ̀*-preto", e *ìrẹtẹ̀ fa tútù tó yìnyín*, "*ìrẹtẹ̀*-traz-vida-fria-como-granizo", nomes não muito encorajadores. Em contrapartida, também é chamado de *ìrẹtẹ̀ alájé*, "*ìrẹtẹ̀*-dono-da-riqueza", pois tudo é ambivalente e mesmo os mais terríveis signos de Ifá contam com um lado benéfico.

A planta *ìrù ẹkùn*, mencionada acima, é uma "árvore da floresta que mede até doze metros de altura, com um tronco macio e poroso, cuja seiva dizem cegar as pessoas. As folhas são usadas medicinalmente.[7] Quatro de seus usos foram-nos passados pelos babalaôs, incluindo três receitas de trabalhos mágicos. Todas as receitas que empregam *ewé ìrù ẹkùn* são classificadas no odu *ìrù ẹkùn*. Assim, para envolver alguém em um processo judicial (*ìfi ènìyàn séjọ́*, fórmula 384), deve-se pronunciar o seguinte *ọfọ̀*:

Ìrù ẹkùn wá lọ rèé mú lágbája.
Bomubómú wá lọ rèé bò ó lójú.
Kánkán l'ewé iná jómọ.
Ọjọ́ ọmọdé bá wá ọ̀yínrín ayé ni í rí t'ọ̀run.
Àdí wá lọ rèé di lágbájá.

Ìrù ẹkùn, agora vá e pegue fulano.
Bomubómú ["tira-tampa"], agora vá e cubra o rosto dele.
A folha *iná* ["folha-de-fogo"] queima a criança na hora.
No dia em que a criança procura *ọ̀yínrín* ["problema"] na Terra, ela acha o do além.
Àdí ["azeite de caroço de dendê"], vá e amarre fulano.

Em um trabalho para se conseguir muito dinheiro (*àwúre owó níní*) (fórmula 299), a influência benéfica do outro nome deste mesmo odu, *ìrẹtẹ̀ alájé*, "ìrẹtẹ̀-dono-da-riqueza", é chamada a atuar com o *ọfọ̀*:

Gbogbo ara l'aṣẹ́fun fi í ṣajé.
Ahọ́n ẹkùn ló ní kí ire mi kí ó máà wọ́n.
Ìrù ẹkùn ló ní kí wọn ó d'ẹrù ire wá fún mi.

Aṣẹ́fun sempre faz fortuna com o corpo todo.
Ahọ́n ẹkùn ["língua-de-leopardo"] disse que a minha fortuna não será pequena.
Ìrù ẹkùn disse que trará montes de riqueza para mim.

Para que uma parturiente dê à luz facilmente (*ìmú obìnrin bímọ*) (fórmula 234), o *ọfọ̀* a ser pronunciado é:

Ìrù ẹkùn wárà wàrà kìí gbé inú ẹkùn mọ́jú.
Àgélété l'ó ní kí ọmọ náà máa sáré tete bọ̀ wá.

Wárà wàrà ["rápido-leopardo"] nunca fica dentro do leopardo até a madrugada.
Àgélété diz que a criança deve correr para cá rápido.

A quarta dessas receitas diz que, para se proteger uma casa contra o mal *(ìdáàbòbò ilé l'ọ́wọ́ ibi)*, devem-se colocar em uma panela de barro (*ìkòkò*) folhas *ewé ìrù ẹkù, ewé ààràgbá* (Eclipta alba, Compositae, a erva-botão), e *ewé ìtẹ̀kùn* (não identificada), despejando sobre elas água fresca e o líquido extraído do caracol (*ìgbín*). Depois enterra-se tudo em algum ponto do chão dentro da casa e marca-se o local com onze búzios dispostos na forma do odu *ìrù ẹkùn*, pronunciando-se o *ọfọ̀*:

Ìrù ẹkùn a pè ọ́ o, wá tì l'ẹ̀kùn ibi.
Itẹ̀kùn l'ó ní kí ibi ó má kún inú ilé yìí.
Ààràgbá máa gbá ibi dà s'óde.
Ilé omi kì í gbóna.
Ilé ìgbín kì í gbóna.

Ìrù ẹkùn, nós chamamos você para que venha fechar a porta [contra] o mal.
Fecha-porta disse que o mal não encherá esta casa.
Nós-compramos-para-varrer, varra o mal, coloque-o para fora.
A casa da água nunca é quente.
A casa do caracol nunca é quente.

Notem-se as assonâncias entre *ẹ̀kùn* ("leopardo"), *ìlẹ̀kùn* ("porta") e *itẹ̀kùn* ("a folha").

O nome *ìrù ẹkùn* explica-se por algumas histórias (*ìtàn*) classificadas no signo de mesmo nome. Em uma dessas histórias,[8] feiticeiras (*ìyàmì ajé*) vêm morar na barriga da esposa de Orumilá. Consultado, Ifá prescreve uma oferenda de caranguejos (*akàn*), um rato (*òkété*, Cricetomys gambianus) e folhas de *alugbinrin* (Triclisia subcordata, Menispermaceae), que aparentemente são bem aceitas pelas *ìyàmi*, uma vez que são usadas nas oferendas para se obter favores de feiticeiras (*ìyọ́nu ìyàmi*). As oferendas então se transformaram em um leopardo (*ẹkùn*) e as *ìyàmi* ficam com medo e fogem da barriga da esposa de Orumilá. Quando esta última adormece, tem um sonho com isto e vê um leopardo sair de sua barriga balançando a cauda (*ẹkùn fi ìrù yọ̀*), frase que talvez seja a etimologia do nome *ìrù ẹkùn*. Esta história parece completar o *ọfọ̀* da primeira receita dada na página anterior.

Em outra história,[9] caçadores preparam um medicamento composto de rabo de leopardo moído com sabão. Esta preparação pode ser considerada um jogo de palavras materializado, em que a ação dos caçadores expressa o nome impronunciável, uma vez que pilar é exprimido pelo verbo *tẹ̀*, a última sílaba de *ìrẹtẹ̀*, o primeiro signo do odu, e sabão, *ọ̀ṣẹ*, é, com tons diferentes, a segunda parte do odu impronunciável. Graças a este preparado, o caçador mata muitos animais e torna-se rico, *alájé*, o que estabelece uma relação com o outro nome do mesmo odu, *ìrẹtẹ̀ alájé.*

Isto nos leva à questão das "encantações mudas" e das "palavras materializadas" sobre as quais Marcel Mauss[10] falou, mencionando certos ingredientes que aparecem em composições mágicas investidos de um certo poder em virtude simplesmente de seus nomes. Percebemos que, nestes casos, os ingredientes agem mais como encantações do que como objetos materiais, visto serem "palavras materializadas".

Sobre o assunto W. Bascom[11] observa que, na preparação de um medicamento classificado no odu *ìròsùn ọ̀ṣẹ*, o pó *ìròsùn* é misturado com sabão *ọ̀ṣẹ*. Pesquisas feitas nesse campo por Henri Lavondès[12] entre os habitantes de Madagascar e a conclusão a que ele chegou podem ser aplicadas aos iorubás:

> Vale a pena tentar explicar com precisão o uso, nos rituais mágicos, de um conjunto de artigos e ingredientes que parecem desafiar o bom senso. A significação de certas receitas mágicas torna-se clara a partir do momento em que percebemos que são um discurso feito com o auxílio de objetos, através de um procedimento em íntima relação com a linguagem.
>
> Há uma conexão entre a encantação realmente pronunciada pelo mestre de cerimônia e os objetos usados durante a cerimônia. Estes objetos são a encantação representada simbolicamente, da qual a encantação falada é apenas a expressão da realidade verbal.
>
> Uma composição mágica parece ser considerada como uma coleção de coisas materiais, às quais é dado um valor simbólico; juntas constituem uma mensagem que pode ser exprimida por uma linguagem articulada.

SIGNIFICADO MÚLTIPLO DAS PALAVRAS

Os nomes com vários significados possíveis nos remetem à questão do significado múltiplo das palavras. Em seu livro sobre a poesia iorubá,[13] Ulli Beier oferece uma definição das sutilezas dessa língua:

> Os iorubás não apenas são altamente conscientes do significado dos nomes, mas gostam também de interpretar cada palavra que usam. Eles acreditam que cada nome é, na verdade, uma sentença que foi contraída através de uma série de elisões a uma só palavra. Naturalmente, na tentativa de reconstruir a frase original, podem chegar a vários significados.

Já vimos o exemplo de *ọ̀bàrà kòsùn*, com seu duplo sentido. Veremos adiante o caso de *ogbè wẹ̀hìn*, que pode significar ao mesmo tempo "*ogbè*-lava-costas", "*ogbè*-cura-costas" e "*ogbè*-olha-para-trás"; e da folha *amùjẹ̀*, que pode significar "bebe-sangue" e, com uma mudança de tom, "estanca-sangue" ou "traz-sangue".

O significado múltiplo das palavras é uma noção definida entre os polinésios malaios, segundo afirma Paul Ottino:[14]

> Contrariamente à lógica ocidental, que requer uma relação direta entre o significante e o significado, a forma de expressão pode ser entendida de diferentes formas. A compreensão se dá em função do grau de conhecimento da pessoa. Para o desinformado, a frase alusiva a um provérbio, conto ou tema permanece incompreensível ou fora de propósito. O encobrimento do significado real sob uma imagem simbólica, o uso extensivo da metáfora, toma o significado obscuro enquanto o sistema de correspondências simbólicas da cultura permanecer desconhecido.

Segundo L. Renou,[15] também os hinos do *Rigveda*, os mais importantes documentos da religião védica e os mais antigos textos da Índia, que na aparência nada mais são que a expressão de uma adoração direta e ingênua das forças da natureza, demonstram ser espécimes de uma poesia muito sagaz. O autor coloca em evidência as correlações feitas entre o mundo humano e o supra-humano, que em alguns hinos aparecem na forma de enigmas apresentados em um torneio de oratória. Os enigmas traduzem as correlações por meio de imagens e convidam o poeta que teoricamente participa do torneio a entendê-las e interpretá-las, assim como exprimir as suas próprias.

Gilbert Rouget,[16] escrevendo sobre a música interpretada na corte do rei de Porto Novo, aponta para o estilo fortemente alusivo das canções *ajogan*, compostas de palavras de elogio ao rei local e de desafios abusivos a seus inimigos. Elas se exprimem por meio de sugestões convencionais só compreendidas por aqueles que dominam o tema. "Quanto mais as palavras têm um sentido oculto, mais são apreciadas pelos seus conhecedores." Os melhores jogos de palavras são aqueles cantados na presença da pessoa a quem aludem, sem que ela os perceba.

O mesmo costume existe na Bahia entre os descendentes de iorubás, que durante as cerimônias para os orixás cantam as chamadas "cantigas de sotaque". São canções nas quais uma ligeira mudança de pronúncia transforma elogios em palavras irônicas ou abusivas contra um visitante, que, se for capaz, deve responder com outra canção para mostrar que não foi enganado.

O significado múltiplo de palavras foi observado pelo padre Huc[17] também na Mongólia, por onde viajou em 1844:

> Um mar subterrâneo impediu o erguimento de um templo. Um lama encontrou um velho que lhe explicou a razão desse fracasso. Mais tarde, arrependido de ter contado seu segredo, mandou seu filho atrás do lama para matá-lo. O filho, no entanto, contentou-se em trazer de volta uma tira de couro dada ao lama pelo velho, julgando que ela não valia a morte. O filho havia entendido "tira de couro" e não "segredo". A mesma palavra mongol tem os dois significados. O velho pedira a seu filho que matasse o estranho que lhe roubara o "segredo" e não sua "tira de couro".

Em alguns casos, o significado múltiplo de uma mesma palavra pode contribuir para acentuar a coesão existente entre seus diferentes sentidos, a despeito de, à primeira vista, parecerem distantes um do outro.

A palavra *àfòmọ́* significa "doença contagiosa" e "planta parasita ou epífita" (visco, orquídea etc.), noções aparentemente remotas que, no entanto, apresentam um vínculo: as folhas mais usadas em trabalhos dedicados a *Ṣọ̀pọ̀nná*, o deus da varíola e das doenças contagiosas, são as de plantas parasitas ou epífitas.

LIGAÇÕES ENTRE OS NOMES

Como já foi visto, os nomes das plantas, das receitas e dos odus de Ifá encontram-se relacionados e refletem o efeito que deles se espera. A seguir serão discutidos alguns exemplos mais detalhadamente.

1. *Ìrosùn méjì*

Ìrosùn é ao mesmo tempo o nome do quinto odu, consta de vários odus, é o nome das plantas BAPHIA NITIDA e PTEROCARPUS OSUN, ambas Leguminosae Papilionoideae, e do pássaro cardeal (EUPLECTIS FRANCISCANA). Este conjunto caracteriza-se pela cor vermelha do pássaro e do pó de *camwood* (madeira de tintura). Muitos trabalhos classificados no odu *ìrosùn* estão, portanto, ligados à cor vermelha e à noção de sangue (*ẹ̀jẹ̀*).

Os medicamentos usados para regular a menstruação (*oògùn àṣẹ obìnrin*) classificam-se nos odus *ìrosùn méjì*, *ọ̀bàrà ìrosùn* e *ògúndá ìrosùn*, este último também aludindo a sangue: *Ògúndá fẹ̀jẹ̀ kunlé ìrosùn*, "*Ògúndá*-esfrega-a-casa-de-*ìrosùn*-com-sangue" e *Ògúndá ẹ̀jẹ̀ ta sòrò*, "*Ògúndá*-faz-o-sangue-fluir-copiosamente". Neste remédio utiliza-se também *ewé ṣẹ̀jẹ̀ṣòrò* (BASELLA ALBA, Basellaceae, a bertalha), cujo nome significa "faz-o-sangue-fluir-copiosamente".

Em um trabalho para conceder maior virilidade (*arẹmọ*), classificado no odu *ọ̀sá ìrosùn*, também chamado *ọ̀sá ẹlẹ́jẹ̀*, "*ọ̀sá*-dono-do-sangue", devem-se usar folhas de *olódòdó*, "dono-da-flor-escarlate" (HEISTERIA PARVIFOLIA, Olacaceae), pronunciando o *ọfọ̀ Olódòdó ẹlẹ́jẹ̀ tí í w'ẹ̀wù ẹ̀jẹ̀*, "Dono-da-flor-escarlate que usa um traje de sangue".

O mesmo odu *ọ̀sá ìrosùn* também é chamado de *ọ̀sá elépo*, "*ọ̀sá*-dono-do-óleo-vermelho", enquanto *ìrosùn méjì* pode ser chamado de *ìrosùn odídẹré*, “*ìrosùn*-papagaio”, em alusão às penas muito vermelhas da cauda deste animal. O odu *ìrosùn ọsẹ́*, também denominado *ìrosùn ẹ̀jẹ̀*, relaciona-se aos nomes de *osùn* e sangue, ambos vermelhos.

Numerosos trabalhos classificados nos odus *ìrosùn* se associam à ideia de sonho (*sùn*) e insônia (*àìsùn*). A seguir citamos os mais representativos.

a) Para dormir

Existem oito receitas para ajudar alguém a dormir (*oògùn ìmú ni róorun sùn*), das quais apresentaremos duas. Pertencendo ao odu *ìrosùn méjì* (fórmula 207), temos o *ọfọ̀*:

Ìrosùn méjì jé kí lágbájá ó lè sùn.
Àkó odò ni í mú oorun wá.
Àsùn dá ragbada là á bá igi àkó odò.
Ata l'ó ní k'ó ta àìsùn jáde.
Àlùbọ́sà bá wa sàìsùn yìí dàa.
Iyọ̀ yọ àìsùn jáde.

Ìrosùn méjì, deixe fulano dormir.
Àkó odò sempre traz o sono.
Sono profundo é o que encontramos na árvore *àkó odò*.
Ata diz que a insônia deve ser empurrada para fora.
Àlùbọ́sà, ajude-nos a colher esta insônia.
Sal, expulse a insônia.

Pertencendo ao odu *ìwòrì ìrosùn*, “*ìwòrì*-dono-do-sono” (fórmula 208), temos o *ọfọ̀*:

Aàjà kì í bá ọmọ rè jà àjà.
Ẹ́rọ̀wọ̀ọ̀ ni tí gbìngbìn.
Ojú oró ni ó lékè omi.

Aàjà nunca luta contra seu próprio filho.

Gbìngbìn é sempre fresca e calma.
Ojú oró sempre flutua sobre a água.

Não é dita nenhuma palavra sobre o sono propriamente dito, mas a encantação fala de calma e paz.

b) Para causar insônia

Existem trabalhos para deixar as pessoas insones, classificados nos signos *ọ̀yẹ̀kú ìrosùn*, chamados também de *ọ̀yẹ̀kú aláìsùn*, "*yẹ̀kú*-dono-do--sem-sono"; e no *òdí ìurosùn*, também chamado *ìdin àìsùn*, "larva-que--não-dorme". A seguinte receita destina-se a mandar insônia para alguém (*ìrán àìsùn sí ènìyàn*) com o *ọfọ̀*.

Máà jẹ́ kí lágbájá k'ó lè sùn.
Ìdin àìsùn ni kí ẹ́ fi fún un l'ójú k'ó má l'ojú oorun.
Ẹfun ni kí ẹ fi fún l'ójú k'ó má ojú orun.
Osùn má jẹ́ k'ó lè sùn.
Obì ifin ni kí ẹ fi fín I'ójú k'ó má lè sùn.
Obì ipa ni kí ẹ fi pa ojú rẹ̀ dà sí ọ̀dọ̀ lágbájá.

Não permita que fulano consiga dormir.
Larva-que-não-dorme, não o deixe dormir.
Giz, não o deixe dormir.
Osùn, não deixe que ele seja capaz de dormir.
Noz da coleira-branca, borrife o rosto dele que assim não poderá dormir.
Noz de coleira-vermelha, vire o rosto dele para o lugar sem sono.

c) Para causar e evitar pesadelos

No campo mágico, o babalaô pode enviar pesadelos (*àlákálá*) às pessoas ou protegê-las deles. Apenas duas receitas agressivas foram-nos passadas, sendo as outras 24 dedicadas à proteção contra os pesadelos. A seguir daremos uma receita de cada tipo.

Pertencendo ao odu *ogbè òfún*, temos a receita para mandar pesadelos para alguém (*àbìlù imú ni l'àlákálá*) (fórmula 390). A encantação invoca uma entidade poderosa chamada *Ṣìgìdì*, especializada em trabalhos noturnos como golpear as pessoas durante o sono. Estes trabalhos são classificados sob o odu *ìrosùn* ou *ìdin àìsùn*, sendo o *ọfọ̀ Ìdin àìsùn má jẹ́ kí ó lè sùn*, "Larva-que-não-dorme, não o deixe dormir". De acordo com a tradição,[18] *Ṣìgìdì*, pesadelo divinizado e representado materialmente por uma espécie de cone de barro de forma vagamente humana, vai sob as ordens de seu proprietário sentar-se sobre o peito do inimigo apontado, para sufocá-lo. *Ṣìgìdì* não pode agir senão durante o sono das pessoas, mas aquele que o envia deve permanecer acordado (*àìsùn*) até o seu retorno, porque, se adormecer, *Ṣìgìdì* voltará imediatamente sem ter cumprido sua missão e sufocará seu proprietário.

Para preparar um remédio contra pesadelos (*oògùn àlákálàá*), pertencendo ao odu *ìwòrì òfún*, queimam-se juntos *ewé akálà ọ̀dàn* (MALACANTHA ALNIFOLIA, Sapotaceae), *àjẹ́kòbàlé*, "feiticeira-não-se-empoleira-em-mim" (CROTON ZAMBESICUS, Euphorbiaceae), *ewé abíríkolo*, "virar-imediatamente" (HAUMANIASTRUM LILACINUM, Labiatae), e a cabeça de um cachorro (*orí ajá*) até obter-se um pó preto, parte do qual deve ser esfregado em cortes sob os olhos e o restante comido com acaçá frio. Seu *ọfọ̀* é:

Àlá rere ni t'akálà ọ̀dàn.
Àjẹ́kòbàlé ẹ má bà lé mi.
Ajá máa gbó wọn.
Ìsìnkú ọ̀run pẹ̀hìndà.
Ọwọ́ te ewé abíríkolo.
Ìsìnkú òrun pẹ̀hìnda.

Akálà ọ̀dàn sempre tem bons sonhos.
Àjẹ́kòbàlé, não se empoleire em mim.
Cachorro, ladre para eles.
Mortos, retrocedam.
A folha *abíríkolo* foi presa.
Mortos, retrocedam.

2. *Ogbè ìwòrì*

O odu *ogbè ìwòrì* tem também outro nome, *ogbè wẹ̀hìn*, "*ogbè*-cura-costas" ou "*ogbè*-lava-costas" ou "*ogbè*-olha-para-trás", e está relacionado com remédios contra dor nas costas (*oògùn ẹ̀hìn dídún*). Das dezenove receitas que temos para esse *oògùn*, doze classificam-se em *ogbè wẹ̀hìn*. A seguir são dadas três receitas para curar dores nas costas, todas classificadas no odu *ogbè wẹ̀hìn*.

Devem-se moer juntas *ewé ìgbẹ̀hìn* (Raphiostylis beninensis, Icacinaceae), *egbò ọ̀pẹ* (a raiz de Elaeis guineensis, Palmae, o dendezeiro), *ìyèré* (Piper guineense, Piperaceae), cozinhando-as com um caracol (*ìgbín*), óleo e sal e depois comendo-se a mistura. Durante a preparação deve-se dizer o *ọfọ̀:*

Ìgbẹ̀hìn gb'ẹ́hìn lọ.
Ẹ̀hìn kì í dun ọ̀pẹ.
Ẹ̀hìn ni ìyèré fi í ti igi.
Ẹ̀hìn kì í dun ìgbín.

Ìgbẹ̀hìn, leve a dor das costas embora.
As costas de *ọ̀pẹ* nunca doem.
Ìyèré se encosta na árvore.
O caracol nunca sente dor nas costas.

Uma segunda receita manda moer *ewé fẹ̀jẹ̀ ṣẹ̀hìn*, "com-sangue-faz-as-costas" (Campylospermum flavuim, Ochnaceae), e dezesseis sementes de *ataare* (Aframomum melegueta, Zingiberaceae, o amomo), esfregando-se a mistura em dezesseis cortes feitos nas costas de quem sofre, dizendo o *ọfọ̀*:

Fẹ̀jẹ̀ ṣẹ̀hìn bá mi wo ẹ̀hìn sàn.
Ataare tì mí l'ẹ́hìn.

Com-sangue-faz-as-costas, ajude-me a curar minhas costas.
Amomo, ampare-me.

Podem-se ainda ferver em água as folhas *ewé jọmọ óruke* (Croton lobatus, Euphorbiaceae), *ewé ọpọn atakun* (Uapaca heudelotii, Euphorbiaceae) e *ẹ̀ẹ̀rù* (Xylopia aethiopica, Annonaceae, a pimenta-da-guiné) e dar de beber ao paciente todas as manhãs, pronunciando o *ọfọ̀*:

Jọmọ óruke ni í wo ẹ̀hìn sàn.
Ọpọn ba mi pọn ọmọ yìí dàgbà.
Ẹ̀ẹ̀ru k'ó má jẹ́ k'ẹ̀hìn ó dùn mi.

Jọmọ óruke, cure [a dor das] costas.
Ọpọn, ajude-me a carregar esta criança até ela crescer.
Ẹ̀ẹ̀ru, não deixe que [minhas] costas doam.

NOMES MEDICINAIS E MÁGICOS

Os nomes das plantas iorubás parecem apresentar uma ambivalência quanto à sua origem mágica ou medicinal, assim como os nomes dados aos signos e trabalhos. Perceba-se a seguir como o nome dado às plantas reforça o efeito delas esperado, sendo possível que seja incluída apenas por esta razão. Em um trabalho para se obter boa sorte (*àwúre oríire*), classificado no odu *ògúndá ṣoríire, "ògúndá*-tem-boa-sorte", deve-se moer *ewé awóréré* (Cola millenii, Sterculiaceae); *ewé réré* (Trichilia monadelpha, Meliaceae); *ewé ori* (Vitex doniana, Verbenaceae), misturar o pó com sabão (*ọṣẹ*) e lavar-se a cabeça com o preparado, pronunciando-se seu *ọfọ̀* rico em assonâncias:

Awóréré, je kí n ṣe oríire.
Ewé réré, jẹ́ kí n ṣe oríire.
Ògúndá ṣoríire l'ó ní kí n ṣe oríire.
Orí rere ni t'èmi.

Folha de *awóréré,* deixe-me ter boa sorte.
Folha *réré,* deixe-me ter boa sorte.
Ògúndá-tem-boa-sorte diz que eu devo ter boa sorte.
A boa sorte é minha.

O odu *ògúndá ogbè* é também chamado *ògúndá egbò*, "*ògúndá*-ferida-de-faca", e nele está classificado o remédio para curar feridas de faca (*oògùn egbó ọgbé*), em que se emprega *ewé pọgbẹ́ pọgbẹ́*, "folha-matadora-[da-dor]-do-ferimento-de-faca" (Cyathula prostrata, Amaranthaceae). A mesma folha, segundo indica Burkill,[19] é usada para curar a úlcera fagedênica (*nárun*) (fórmula 78).

Essas folhas devem ser moídas e misturadas com látex (*oje*) de *igi ahùn* (Alstonia congensis, Apocynaceae), sendo a preparação então colocada sobre o ferimento de faca, que é enfaixado. Seu *ọfọ̀* é:

Pọgbẹ́ pọgbẹ́ bá wa wo egbó ọgbé sàn.
Ahùn bá wa hun ara pọ̀.

Matador-do-ferimento-de-faca, ajude-nos a curar o ferimento de faca.
Ahùn, ajude-nos a fechar [curar] o corpo.

O látex de *igi ahùn* é citado por Burkill[20] como usado também em bandagens sobre inchações causadas por filariose. O mesmo *igi ahùn* é usado em uma receita pertencente ao odu *òfún ọ̀bàrà*, misturado com casca de caracol moída (*ìkarahun ìgbín*) e folhas moídas de *tanná jọ́gbẹ́*, "luz--do-fogo-queima-o-ferimento" (Hoslundia opposita, Labiatae). Daziel[21] confirma que o suco e as folhas frescas desta planta são aplicados em ferimentos. Dessa maneira, podemos verificar que os nomes das plantas e seu uso parecem estar de acordo com as prescrições médicas ocidentais, dando a impressão de que os nomes dados a elas são o resultado da observação das suas qualidades e virtudes.

Ainda assim, algumas vezes essas ligações verbais parecem basear--se mais no campo mágico do que no médico.

As folhas de *ikújẹ́njó* (Dalbergia lactea, Leguminosae Papilionoideae), cujo nome significa "morte-deixa-me-dançar", são usadas em um trabalho de proteção contra a morte (*ìdáàbòbò l'ọ́wọ́ ikú*), sendo classificado no odu *ọ̀yẹ̀kù òtúrúpọ̀n*, conhecido também como *ọ̀yẹ̀kù bá túrúpọ̀n* e *ọ̀yẹ̀kù ikújẹ́njó*, usando-se *o ọfọ̀*:

Ikújẹ́njó, ọ̀yẹ̀kù bá túrúpọ̀n.
Òfòjẹ́njó, ọ̀yẹ̀kù bá túrúpọ̀n.

Morte-deixa-me-dançar, *ọ̀yẹ̀kù* encontra *túrúpọ̀n.*
Perda-deixa-me-dançar, *ọ̀yẹ̀kù* encontra *túrúpọ̀n.*

A folha de *móyúndúró*, "faça-a-gravidez-ficar" (não identificada), é usada em receitas para fazer a gravidez prosseguir normalmente (*ìmú oyún dúró*) com o *ọfọ̀*:

Móyúndúró tètè bá mi mú oyún dúró.

Faça-a-gravidez-ficar, ajude-me a fazer a gravidez ficar.

Como esta folha ainda não foi identificada, é difícil saber se estamos no campo mágico ou no medicinal.

A folha *òrúru*, "a-noite-chegou" (SPATHODEA CAMPANULATA, Bignoceae, a tulipeira-da-áfrica), usada para curar a cegueira (*oògùn ojú fífọ́*), é moída com *ewé yúnyun* (ASPILIA AFRICANA, Compositae) e *ewé òdòdó òkun*, "folha-flor-do-mar" (COMBRETUM PLATYPTERUM, Combretaceae), sendo a mistura lambida com óleo enquanto se pronuncia o *ọfọ̀*:

Gbágbá ni òrúru rí'na.
Àrí'na d'alẹ́ ni ti yúnyun.
Ewé òdòdó òkun bá mi mú ojú rí.

A-noite-chegou vê a luz claramente.
Yúnyun vê a luz até o anoitecer.
Folha-flor-do-mar, ajude meus olhos a verem a luz.

A folha *àwẹ̀fín*, "lava-branco" (OLAX SUBSCORPIOIDEA, Olanaceae), é usada para lavar o orixá (*wíwẹ̀ Òrìṣà*), trabalho classificado no odu *ọ̀wọ́nrín òfún* ou *owọ́nrín wòfún*, "lava-branco", com o *ọfọ̀*:

Àwẹ̀fín wẹ funfun, àwẹ̀fín Òrìṣà.

Lava-limpo-lava-branco, lave limpo o orixá.

A folha *jọ́mọ óruke*, "deixe-a-criança-crescer-bem" (Croton lobatus, Euphorbiaceae), é usada para pedir que a criança cresça bem (*oògùn ìmú ọ́mọ d'àgbà*) (fórmula 180) na receita classificada no odu *ogbè ọ̀yẹ̀kù*, pronunciando-se o *ọfọ̀*:

Jọ́mọ óruke jẹ́ kí ọmọ mi ó ruke[22]
Òrúru má jẹ́ kí ọmọ mi ó rù.
Òwú ní kí ọmọ mi ó wú d'àgbà.

Deixe-a-criança-crescer-bem, deixe a minha criança crescer.
A-noite-chegou, não deixe minha criança crescer fraca.
O algodão diz que minha criança deve crescer bem.

A folha *jọmọ óruke* é usada ainda contra dores nas costas em crianças (*oògùn ẹ̀hin dídùn ọmọdé*) (fórmula 179). O *ọfọ̀* desta infusão é:

Jọmọ óruke ni í wo ẹ̀hìn sàn.
Ọ̀pọ̀n bá mi pọn ọmọ yìí d'àgbà.
Ẹ̀ẹ̀ru k'ó má jẹ́ kí ẹ́hìn ó dùn ún.

Deixe-a-criança-crescer-bem sempre cura a doença das costas.
Ọ̀pọ̀n, ajude-me a respaldar esta criança até que ela cresça.
Ẹ̀ẹ̀ru não deve deixá-la sofrer de dor nas costas.

Esta mesma folha é conhecida também sob o nome de *èrùmọ̀gàlè*, "ele-que-faz-a-criança-crescer". É usada em receitas que tratam de questões da gravidez, como as mencionadas a seguir.

Para conseguir que uma criança nasça (*ìrọ́mọbí*), trabalho classificado no odu *ogbè òtúrúpọ̀n* ou *ogbè tọ́mọpọ̀nn*, "*ogbè*-carrega-a-criança-nas-costas", *èrùmọ̀gàlè* é fervido em água com *ewé ẹ̀gungun ògun* (Ceiba pentandra, Bombacaceae, a mafumeira) e dado de beber à mulher grávida. Seu *ọfọ̀* é:

Ẹ̀gungun ògun bá mi bí ọmọ mi.
Ẹ̀rùmọ̀gàlè bá mi bí ọmọ mi.

Ẹ̀gungun ògun, ajude-me a parir meu filho.
Ele-que-faz-a-criança-crescer, ajude-me a parir meu filho.

O mesmo trabalho *àrọ́mọbí* é utilizado na fórmula 225 com o *ọfọ̀*:

Arakòbalẹ̀ nií tún ọmọ ṣe.
Ẹ̀rùmọ̀gàlè j'ọ́mọ ó ru gàlè.
Ẹ̀ẹ̀rù jẹ́ kí ọmọ ó ru.

Corpo-não-descansa, restaure a saúde da criança.
Ele-que-faz-a-criança-crescer, deixe a criança crescer rápido.
Ẹ̀ẹ̀rù, deixe a criança crescer.

Para ajudar a manter a gravidez (*ìmú oyún dúró*), classificada no odu *ọ̀wónrín ìwòrì* ou *ọ̀wónrín bí ìwòrì*, "*ọ̀wónrín*-pariu-*ìwòrì*", a *ewé ẹ̀rùmọ̀gàlè* é pilada com *ẹ̀ẹ̀rù* e misturada com sabão (*ọṣẹ dúdú*), com o qual a mulher grávida lava o corpo. Seu *ọfọ̀* é:

Ẹ̀rùmọ̀gàlè bá mi mú oyún rú s'ókè.
Ẹ̀ẹ̀rù bá mi mú oyún yií d'àgbà.

Ele-que-faz-a-criança-crescer, ajude-me a levar a cabo esta gravidez.
Ẹ̀ẹ̀rù, ajude-me a deixar esta gravidez crescer.

2. Oposições

TRABALHOS MALÉFICOS E BENÉFICOS

As diferentes preparações usadas por babalaôs e curandeiros cobrem uma grande gama de receitas medicinais e trabalhos mágicos, podendo ser maléficas (*àbìlù*) ou de proteção (*ìdáàbòbò*).

É difícil separar quais dentre elas pertencem ao campo medicinal e quais ao mágico, pois, como veremos, eles estão profundamente interligados. A seguir cito exemplos de trabalhos ofensivos e seus antídotos.

Doenças e acidentes

Para mandar diarreia e vômito a alguém (*àbìlù ìrán onígbá méjì sí ènìyàn*) (fórmula 399), usam-se *èso apíkán*, o fruto de DATURA METEL, Solanaceae, pilado com ninhos de vespa provenientes de uma casa (*ilé agbọ́n ilé*) e do campo (*ilé agbọ́n oko*), uma vagem de *odidi ataare* (AFRAMOMUM MELEGUETA, Zingibiraceae, o amomo), e uma centopeia (*ọ̀kùn*). Os ingredientes devem ser pilados, secos e colocados na comida ou na água a ser consumida pela pessoa que se quer atingir e, para completar-se o efeito, um pouco dessa preparação deve ser despejado na soleira da porta do inimigo.

Para curar a doença citada acima (*oògùn onígbá méjì*), temos duas receitas muito parecidas. Usam-se *ewé àgùnmọ̀nà*, "trepar-para-conhecer-o-caminho" (CULCASIA SCANDENS, Araceae) e *odidi ataare* (AFRAMOMUM MELEGUETA, Zingibiraceae, o amomo), ao que, em uma das receitas, adiciona-se *ewé àgbàdo* (ZEA MAYS, folha do milho) (fórmula 111) e na outra uma pena de perdiz (*ìyé àparò*). Queima-se até obter-se um pó preto, que é então colocado em uma pequena cabaça, furada no alto e na base, arrolhando-se os dois lados. Muito simbolicamente, o pó deve ser extraído do lado superior para combater o vômito e do lado inferior para combater a diarreia. Em ambos os casos, o paciente deve comer a preparação com acaçá (*ẹ̀kọ*) frio. Durante a preparação, deve-se pronunciar o *ọfọ̀*:

Àgùnmọ̀nà má jé kí àrùn ó gùn mí.
Àgbàdo kí ó gbà mí l'ọ́wọ́ àrún.

Trepar-para-conhecer-o-caminho, não deixe a doença trepar em mim.
Milho, resgate-me da mão da doença.

Para mandar uma úlcera fagedênica a alguém (*àbìlù ìfi nárun sí ènìyàn*), trabalho classificado no odu *ogbè ìròsùn*, é preciso uma preparação complicada (fórmula 385). A doença *nárun* é tida como a primeira a aparecer na terra, conforme uma história classificada no perigoso odu *òfún ọ̀kànràn* ou *òfíràn ẹkùn*, "provocar-o-leopardo".

Devo dizer, para crédito dos babalaôs e curandeiros, que nos foi dado apenas um "trabalho agressivo" (*àbìlù*) para provocar a úlcera fagedênica, enquanto forneceram-nos 26 receitas do remédio usado para curá-la (*oógùn nárun*). Dois deles pertencem ao odu *ọ̀wónrín méjì* (fórmula 68) e ao odu *ogbè ọ̀sá* (fórmula 69). Pertencendo ao odu *òtúrá ìwòrì*, temos ainda a receita que diz para moerem-se juntas as folhas *ewé ìtàkùn àrán* (FLABELLARIA PANICULATA, Malpighiaceae), *ewé ojú ológbò* (ABRUS PRECATORIUS, Leguminosae Papilionoideae), *ewé ẹfun ilẹ̀* (EVOLVULUS ALSINOIDES, Convolvulaceae, a corre-corre) e ingerir-se a preparação com acaçá frio. Seu *ọfọ̀* é:

Ìtàkùn àràn k'ó bá ni rán an kúrò.
Ojú ólógbò kì í jé kí ibi ó rí ni.
Ẹfun ilẹ̀ má jẹ́ kí ó le fún mi.

Ìtàkùn àràn, mande a doença para fora de nós.
Ojú ólógbò, não deixe que o mal nos veja.
Ẹfun ilẹ̀, não deixe a doença ser capaz de me pressionar [para baixo].

Pertencendo ao odu *ìká ọ̀ṣẹ́*, temos a receita que manda pilar juntas *ewé okùn epò* (Ipomoea obscura, Convolvulaceae), *eèpo*, "casca", de *pán̄dọ̀rọ̀* (Kigelia africana, Bignoniaceae), uma boa quantidade de *orógbó* (Garcinia kola, Guttiferae), *ata gidi* (Zanthoxylum senegalense, Rutaceae) e *kán-ún bílálà* (potássio concentrado). Deve-se comer o preparado com acaçá quente, pronunciando o *ọfọ̀*:

Ewé okùn epò pa nárun k'ó kú.
Pán̄dọ̀rọ̀ pa nárun k'ó kú.
Orógbó gbé nárun kúrò.
Kán-ún bílálà kán an dànù.

Folha *okùn epò,* mate *nárun* [a doença], que ela morra.
Pán̄dọ̀rọ̀, mate *nárun,* que ela morra.
Orógbó, carregue *nárun* para fora.
Potássio concentrado, nocauteie-a.

Para fazer com que alguém quebre o braço ou a perna (*àbìlù ìdá nilẹ̀ṣẹ̀*), existe a receita pertencente ao odu *ìròsùn ògúndá* ou *ìròsùn gẹ̀dá*, "*ìròsùn*-pila-o-rato [*ẹdá*]" (fórmula 383). A receita oposta, para curar ossos quebrados (*oògùn egungun dídá*), pertence ao odu *ìwòrì òfún* (fórmula 91).

*Chuva (*òjò*)*

O poder dos fazedores de chuva (*òjò*) e dos que impedem a chuva é uma questão controvertida entre os europeus, mas parece ser bem aceito em grande parte da África, incluindo a terra iorubá.

Receitas fornecidas por babalaôs para fazer a chuva cair (*ìmú òjò rọ̀ awọ́jọ̀*) e para fazer parar a chuva (*ìmú òjò dúró*) são consideradas trabalhos benéficos, a despeito de sua ação antagônica e do fato de que o que é bom para algumas pessoas (*àwúre*) pode ser ruim para outras (*àbìlù*).

O trabalho para fazer a chuva cair (*àwúre ìmú òjò rọ̀* ou *awọ́jọ̀*), ou "puxador-de-chuva", pertence ao odu *ọ̀bàrà ọ̀ṣẹ́* (fórmula 370) e seu *ọfọ̀* é:

T'omi t'omi l'ẹ́fọ́ọ́ bọ̀ ọjà.
A kìí f'iyọ̀ọ́ pamọ́ k'ó má d'omi.
Ọ̀bàrà ọ̀ṣẹ́ wá lọ rèé ṣẹ́ rí ìjì náà w'áyé.
Ọ̀bàrà ọ̀ṣẹ́ wáá lọ rèé ṣẹ́ rí òjò náà wá'lẹ̀.

Os vegetais chegam ao mercado pingando água.
O sal não pode ser escondido sem que se transforme em água.
Ọ̀bàrà ọ̀ṣẹ́, agora vá e dirija a chuva para a terra.
Ọ̀bàrà ọ̀ṣẹ́, agora vá e dirija a chuva para o chão.

Pertencendo ao odu *òtúrá ogbè*, também chamado *òtúrá olójò* ou *òtúrá eréji*, "*òtúrá*-dono-da-chuva", uma outra receita manda pilar juntos *ewé olójòǹgbòdú*, "dono-da-chuva-pega-*òdú*" (COMMELINA ERECTA, Commelinaceae) e uma rã recém-morta e despelada (*àkèré*), desenhar o odu com *ìyẹ̀ròsùn* e em seguida despejar a mistura e o *ìyẹ̀ròsùn* em *ẹmu*, "vinho de palma". Deve-se então colocar o *ìyẹ̀ròsùn* sobre Exu, desenhar novamente o odu e recitar o *ọfọ̀*. Logo depois, despeja-se o vinho de palma preparado sobre a imagem de Exu e deixa-se que escorra no chão. Seu *ọfọ̀* é:

B'ákèré bá l'ẹ́gùdú, a l'ómi l'ẹ́hìn ẹsẹ̀ méjèèjì ẹ́hìn.
T'òjọ̀ t'ẹ̀rùn omi kì í tán nínú olójòǹgbòdú.
Ẹmu ni k'óo fi m'éji náà wáyé Ifá o.
Òtúá eréji ni k'óo fi tú'jò s'ílẹ̀.

Quando a rã pula fora do rio, traz água em suas patas traseiras.
Chova ou faça sol, a água não acaba dentro de *olójòǹgbòdú.*
Use vinho de palma para dirigir a chuva para a terra de Ifá.
Use *òtúá eréji* para deixar cair água na terra.

A receita para parar a chuva (*àwúre ìmú òjò dúró*) pertence ao odu *ogbè ọ̀yẹ̀kú* e determina que se queimem juntas *ewé èkùkù* (CYNOMETRA MANII, Leguminosae Caesalpinoideae) e *ewé òkùnkùn* (PALMAE sp.), colocando-se a mistura em uma panela quebrada e adicionando cinzas. Tudo deve então ser posto no teto da casa ou em um lugar a céu aberto.

*Maldições (*èpè*)*

Uma atividade importante e assustadora efetuada pelos babalaôs é ajudar as pessoas a amaldiçoar outras (*sépè sọ* ou *èpè ìṣépèlé ènìyàn*) e também protegê-las da maldição (*ìdáàbòbò l'ọ́wọ́ èpè*).

A receita para amaldiçoar alguém (*èpè ìṣépèlé ènìyàn*) (fórmula 401) pertence ao odu *ogbè ìrẹtẹ̀*. A proteção contra a maldição é uma receita classificada sob o perigoso odu *ìrù ẹkùn* e manda pilar juntos o fruto (*èso*) e as folhas (*ewé* de *àìdan* (TETRAPLEURA TETRAPTERA, Leguminosae Mimosoideae), a casca (*eèpo*) e as folhas de *ọdán* (FICUS spp., Moraceae) e *ewé túdè* (CALLIANDRA PORTORICENCIS, Leguminosae Mimosoideae), misturando com sabão (*ọṣẹ dúdú*), lavando-se então o corpo com o preparado.

Pertencendo ao odu *òfún ìwòrì* ou *òfún wore*, "*òfún*-parece-bem", temos outra receita de proteção (*ìdáàbòbò l'ọ́wọ́ èpè*) (fórmula 426) com o *ọfọ̀*:

Wá bá mi pa èpè tí wọ́n fi mí ṣẹ́ yìí.
Ṣawerẹpèpè bá mi pa elépè fún mi.

Venha e ajude-me a matar a maldição que puseram em mim.
Ṣawerepèpè, ajude-me a matar os que me amaldiçoam.

*Processos judiciais (*ẹjọ́ *ou* ọ̀ràn*)*

Os babalaôs tanto são capazes de ajudar as pessoas a envolver alguém em um processo judicial (*ìfi ẹni s'ẹ́jọ́*) quanto de proteger a pessoa já envolvida em um (*ìdáàbòbò l'ọ́wọ́ ẹjọ́*) ou mesmo livrá-la do caso (*afọ̀ràn*).

Mais uma vez, se nos deram uma receita para o lado agressivo, conseguimos dezoito para a defesa da parte agredida.

Para envolver alguém em um processo judicial (fórmula 384), pronuncia-se o *ọfọ̀* dado na primeira receita mencionada na parte sobre *ìrù ẹkùn*. Para proteger alguém contra um processo judicial, usa-se a receita pertencente ao odu *òtúrá méjì*, também chamado *òtúá ẹlẹ́jọ́*, "*òtúá*-dono-do-caso-na-justiça", moendo-se juntas *ewé àgbàwí kowéè*, "intérprete-do-pássaro-*kowéè*" (MILLETIA THONNINGII, Leguminosae Papilionoideae) e *ewé òórá*, "que-desaparece" (RAUVOLFIA VOMITORIA, Apocynaceae), e comendo-se a preparação com acaçá frio. Seu *ọfọ̀* é:

Àgbàwí kowéè yíó gba t'èmi wí.
Òórá l'ó ní kí ọ̀rọ̀ náà k'ó rá.

Intérprete-do-pássaro-*kowéè* falará a meu favor.
Que-desaparece diz que o caso deve desaparecer.

Pertencendo ao odu *ogbè òtúrá* ou *ogbè alárá*, também chamado *ogbè kòsẹ́jọ́*, "*ogbè*-não-tem-processo-na-justiça", existe outra receita para livrar alguém de um caso (*afọ̀ràn*) (fórmula 301) com o *ọfọ̀*:

Ogbè alárá bá mi gbé ọ̀ràn yìí rá.
Gbẹ́gi ni kí ó fi gbéerá.
Àkúfọ́ ni ti àgbọn.
Àtatú ni ti gbẹ́gi.
Ahónù l'eèsún hó.

Ogbè alárá, ajude-me a levar este caso ao esquecimento.
Use *gbẹ́gi* para fazê-lo cair no esquecimento.
Quebrar [o caso] é o destino de *àgbọn*.
Gbẹ́gi nunca pode ser derrubado.
O barulho de *eèsún* é inofensivo.

Pertencendo ao odu *ìwòri ọ̀kànràn*, temos a receita que manda queimar *ìwòri ọ̀kànràn* (PYCNOBOTRIA NITIDA, Apocynaceae), *ewé àró* (CROSSOP-

TERYX FEBRIFUGA, Rubiaceae) e *ewé àlùpàyídà* (URARIA PICTA, Leguminosae Papilionoideae) e passar o pó preto obtido na cabeça, pronunciando o *ọfọ̀*:

Abèsokọ̀rọ̀ k'ọ́ràn lọ.
Àró rọ́ ẹjọ́ lọ.
Àlùpàyídà pa ibi ẹjọ́ dá.

Abèsokọ̀rọ̀, leve o processo embora.
Àró, desvie o caso para longe.
Àlùpàyídà, desvie a maldade do processo para longe.

*Para matar o amante da esposa (*mágùn*)*

Existem receitas tanto para matar o amante da esposa (*mágùn*) quanto para proteger alguém deste ataque (*ìdáàbòbò l'ọ́wọ́ mágùn*). Pertencendo ao odu *ogbè ọ̀kànràn*, a receita para *mágùn* está na fórmula 404 da segunda parte desta obra. A receita para proteção pertence ao odu *ọ̀sá ódí*, fórmula 440.

*O mal (*ibi*)*

Temos sete receitas para mandar o mal a alguém (*ìrán ibi si ènìyàn*) c 36 receitas para a proteção contra este ato agressivo (*ìdáàbòbò l'ọ́wọ́ ibi*). A receita para causar mal pertence ao odu *òtúrá méjì* (fórmula 398) com o *ọfọ̀*:

Ìjà òkè ní kí wọ́n máa bá lámọrín já.
Abíríkolo jẹ́ kí lámọrín ó máa bínú.
Òtúá méjì tú ìjà bá a.

Briga-acima diz que devem brigar com fulano.
Abíríkolo, permita que fulano fique sempre zangado.
Òtúá méjì, arranje briga para ele.

A receita de proteção contra o mal classifica-se no odu *òfún méjì* (fórmula 430) e seu *ọfọ̀* é:

Akájá wọgbó ọmọ Ògún.
Òòrì fẹ̀gẹ̀jẹ́ ọmọ Alọ́ràn.
Alákàn gbárìrì wọsà ni í ṣe ọmọ Ìlọ̀ṣẹ̀òjíkàn.
Gbégbé l'ó ní kí ire ó máa gbé ọwọ́ mi.
Èèwọ̀ òrìṣà omi ilé alákàn kì í dànù.

Ele-que-leva-cachorro-para-dentro-do-mato, filho de *Ògún.*
A enorme árvore *òòrì*, filha do chefe *Alọ́ràn.*
Caranguejos se apressam ruidosamente para seus buracos, filhos de *Ìlọ̀ṣẹ̀òjíkàn.*
E *gbégbé* quem diz que a fortuna deve ficar nas minhas mãos.
Orixá o proíbe, a água de dentro da casca do caranguejo nunca vaza.

*A morte (*ikú*)*

Temos nove receitas para matar pessoas — que não forneceremos — e doze receitas para proteger contra a morte (*ìdáàbòbò l'ọ́wọ́ ikú*), das quais daremos uma. Pertencendo a *ògúndá ọ̀yẹ̀kú*, também chamado *ògúndá ikú*, "*ògúndá*-morte", a receita manda que sejam moídas *ewé ẹ̀kùkù* (SESAMUM RADIATUM, Pedaliaceae), *ewé akis* (TRIANTHEMA PORTULACASTRUM, Aizoaceae) e *agidimagbáyin* (SIDA ACUTA, Malvaceae, a vassourinha) e a mistura ingerida com acaçá frio durante uma ou duas semanas. Seu *ọfọ̀* é:

Èkùkù ọ̀gẹ̀rẹ̀rẹ̀ l'ó ní k'íbi ó sàn lọ.
Akisan l'ó ní k'áyé ó san.
Ọlọ́run tì'kùn a ò kú.
Ọwọ tẹ wé agidimagbáyin.
Ọlọ́run a tì'kùn.

Èkùkù disse suavemente que o mal flui para longe.
Akisan disse que a vida será boa.

Ọlọ́run fechará a porta, não vamos morrer.
A mão toca a folha *agidimagbáyin*.
Ọlọ́run fechará a porta, não vamos morrer.

ESTIMULANTES E TRANQUILIZANTES

Babalaôs e curandeiros têm receitas para estimular[23] o corpo e a mente ou para acalmá-los.[24] Os estimulantes podem ser de diferentes tipos e graduações, que vão desde aqueles para a mente (*ìsọ̀yè*) a estimulantes do corpo (*márale ou ìmú ara le*), passando por estimulantes da virilidade (*arẹmọ*). A eles correspondem como calmantes os *òògùn ẹ̀rọ̀*. Mas há também superestimulantes, que são capazes de fazer as pessoas agirem como loucas (*ìmú ni sẹ wèrè*) com seus opostos de proteção (*ìdáàbòbò l'ọ́wọ́ wèrè*) ou remédios para curar a loucura (*òògùn wèrè*).

*Boa memória (*ìsọ̀yè*)*[25]

Foram-nos dadas 36 receitas de *ìsọ̀yè*, dezesseis delas pertencendo ao odu *ọ̀bàrà ìwòrì*, também chamado *ọ̀bàrà akòyè*, "*ọ̀bàrà*-capta-o-entendimento". Das quarenta plantas usadas para fazer as diferentes receitas de *ìsọ̀yè*, 21 possuem em seus nomes sílabas que têm um elo com noções de memória ou inteligência: *yé* ("entender"), *mọ̀* ("saber"), *rán* (de *ranti*, "lembrar"), *gbọ́* ("ouvir"), *gbọ́n* ("ser sábio"). Segue-se uma lista de exemplos:

àsíyèlé — no qual pomos compreensão
ayé — faz uma pessoa entender
iyè — memória
iyè ataare — memória, um tipo de pimenta
iyeyé — compreender e viver
kóyèjọ — acrescentar a memória
oníyéniyé — dono do conhecimento
òye — compreensão
yéyé — compreenda

abo ìmọ̀ — sabedoria feminina
èèmọ́ — que gruda (na memória)
imọ̀ ọ̀pẹ̀ — conhecimento, palmeira
ọ̀mọ̀ — conhecimento
aláran — relembra
áparàn — bater para lembrar
ééran — lembrança
ééran ẹ̀sin — lembrança como a do cavalo
ìran — lembrança
ọgbọ́ — você ouve

Devemos acrescentar ainda a planta *agbérígbédè*, "levanta-a-cabeça--para-entender-linguagem", e um rato que é usado nas receitas, *eku ẹmọ́*, "rato-você-gruda" (na memória). Segue-se uma receita de *isọ̀yè*, pertencente ao odu *ọ̀bàrà ìwòrì*, também chamado *ọ̀bàrà akòyè* (fórmula 345), com o *ọfọ̀*:

Agbérigbédè bá mi gbé iyè tèmi fún mi.
Oníyèníyé bá mi kó iyè tèmi fún mi.
Àtòrì bá mi to iyè tèmi fún mi.
Iyè tààrà ni t'ejò.

Levanta-a-cabeça-para-entender-a-linguagem, traga minha memória para mim.
Dono-do-conhecimento, recolha a minha memória.
Àtòrì, organize a minha própria memória.
Memória atilada é a característica da cobra.

Virilidade (arẹmọ)

Em *arẹmọ* a ênfase é posta em um aspecto mais físico. Temos uma receita para acordar um pênis adormecido, pertencente ao odu *ọ̀yẹ̀kù méjì*, que manda queimar *ewé àjàlúgborógan*, "bater-para-permanecer-firme" (TRISTEMA LITTORALE, Melastomaceae), o fruto (*èso*) do *àlùgbáàkó*, "chute-

-o-pênis-com-força" (não identificada), *ataare*, "bondade-que-pica" (AFRAMOMUM MELEGUETA, Zimgiberaceae, o amomo), misturar o pó preto assim obtido com acaçá quente e pronunciar o *ọfọ̀*:

Àjàlúgborógan gb'ókó gan.
Àlùgbáàkó gb'ókó gan.
Ataare kí ó tarí rẹ̀ s'óde.

Bater-para-permanecer-firme, faça o pênis ficar duro.
Chute-o-pênis-com-força, faça o pênis ficar duro.
Que a bondade-que-pica possa empurrá-lo para fora.

Pertencente ao odu *ogbè òdí*, também chamado *ogbè kákà* ou *ogbè líle*, "*ogbè*-forte", existe uma receita (fórmula 30) para se ter filhos. Seu *ọfọ̀* é:

Ọ̀pàsúpà ní í pe ọmọ wá.
Àgbọnyìn gbé ọmọ wá.
Ọ̀gángán jé kí ọmọ ṣe ọ̀gangan mi.

Matador-da-dor, chame os filhos.
Carrega-bondade, traga os filhos.
Direto, deixe os filhos virem direto para mim.

Para se ter muito sêmen, a receita pertencente ao odu *ògúndá ọ̀sá* manda pilar *ewé afàtọ̀*, "puxadora-de-sêmen" (CANAVALIA sp., Leguminosae Papilionoideae), raiz (*egbò*) de *ọ̀gbọ̀lọ́* (GREWIA VENUSTA, Tiliaceae), *ewè èsìsì funfun* (TRAGIA BENTHAMII, Euphorbiaceae) e *kánún bílálà* (potássio concentrado), secar todos os ingredientes e misturar com acaçá quente, bebendo-se o preparado e enunciando o *ọfọ̀*:

Afàtọ̀ bá mi fa àtọ̀ wá.
Èsìsì l'ó ní kí n ní àtọ̀.
Ọ̀gbọ́lọ́ l'ó ní kí ní àtọ̀.
Kán-ún bílálá la àtọ̀ ọmọ sí mi l'ara.

Puxador-de-sêmen, ajude-me a puxar o sêmen para cá.
Èsìsì diz que eu devo ter sêmen.
Ọ̀gbọ́lọ́ diz que eu devo ter sêmen.
Potássio concentrado, abra o caminho do sêmen para dentro do meu corpo, para que eu tenha filhos.

Pertencendo ao odu *èjìogbè* existe uma receita para obter-se virilidade moendo-se o fruto (*èso*) de *obì gàrè* ou de *obì ẹdun* (COLA MILLENII, Sterculiaceae), *ewé ọ́ọ́yọ́* (CORCHORUS OLITORIUS, Tiliaceae, a juta), *èso ilá* (ABELMOSCHUS ESCULENTUS, Malvaceae, o quiabo), *ewé èkukù* (CERATHOTECA SESAMOIDES, Pedaliaceae), a raiz (*egbò*) de *ìninirin* (não identificada) e *kán-ún bílálà* (potássio concentrado), comendo-se a mistura com acaçá quente e pronunciando-se o *ọfọ̀*:

Èso obì gàrè jẹ́ kí ọmọ k'ó pọ̀ fún mi.
Ọmọ yọyọ ni t'ọ̀ ọ́yọ́.
Bí ọdún bá dé ilá á bí'mọ.
Ewé èkukù kì í wá ọmọ tì.
Ọmọ wẹẹre ni t'ìninirin.

Fruto de coleira *gàrè*, deixe-me ter muitos filhos.
Ọ́ọ́yọ́ sempre tem muitos filhos.
Todo ano-novo o quiabo tem filhos.
A folha *èkukù* nunca fica sem crianças.
Ìninirin é sempre abençoada com filhinhos.

Classificado no odu *ogbè òtúrúpọ̀n*, também chamado *ogbè t'ọ́mọpọ̀n*, "*ogbè*-coloque-uma-criança-nas-costas", temos a receita para pilar *ewé oyún nínú*, "gravidez-dentro" (DYSCHORISTE PERROTTETTII, Acanthaceae), *ọ̀pá ìrèké* (SACCHARUM OFICINARUM, a cana-de-açúcar), fruto (*èso*) de *àìdan* (TETRAPLEURA TETRAPTERA, Leguminosae Mimosoideae), fruto seco de *ilá* (ABELMOSCHUS ESCULENTUS, Malvaceae, o quiabo). Deve-se depois extrair todo o líquido desta preparação e dar de beber ao homem a cada seis dias.

*Força física (*márale *ou* ìmú ara le*)*

Pertencendo ao odu *èjìogbè* existe uma receita que manda pilar juntos onze *orógbo* (Garcinia kola, Guttiferae), onze *ataare* (Aframomum melegueta, Zingiberaceae, o amomo), *àlùbọ́sà elẃè* (Allium aescalonicum, Liliaceae, a cebolinha-branca), raiz (*egbò*) de *ifọ́n* (Olax subscorpioidea, Olacaceae), raiz de *ìpẹ̀tà* (Securidaca longipedunculata, Polygalacaceae), raiz de *òrúwọ* (Morinda lucida, Rubiaceae), casca (*èèpo*) de *páńdọ̀rọ̀* (Kigelia africana, Bignoniaceae), quatro *ẹja òjíjí* (um tipo de peixe), quatro *àdán* (morcego frugívoro), quatro *agẹmọ* (camaleão) e *kánún bílálà* (potássio concentrado). A pasta assim obtida deve ser seca e misturada a acaçá quente, sendo comida todas as manhãs. Seu *ọfọ̀* é:

Àgbó l´ágbára l'órógbó gbó.
Àgbó ò s'àìsàn ni ti ataare òrìṣà.
Ifọn ni kí ẹ fi fọn àrùn ara lágbájá.
Àrùn kì í ṣe ifọ̀n ki ó má lè rùn ká igbó.
Àrùn kì í ṣẹ ìpẹ̀tà kí ó má lè rùn ká ìjù.
Àlùbọ́sà ni kí ẹ fi sa àrùn ara lámọrín jáde kí ó máa l'ágbára.
Pańdọ̀rọ̀ l'ó ní kí eegun rẹ̀ ó jí.
Òrúwọ́ lọ rèé ru gbogbo àìsàn kúrò l´ára rẹ̀.
Níjoojúmọ́ l'ójíjí jí péré péré.
Akọ kán-un ni kí ẹ fi kan gbogbo àrùn ara rẹ̀ dànù.
Iyéré l'ó ní k'ó máa jí péré péré.
Àdán l'ó ní k'ó máa jí péré péré.
Agemọ dé aláwọ̀ àwọ̀ gba àwọ̀ tí kò dára kúrò l'áraà mi.

O-maduro-tem-poder é *órógbó* maduro.
Ataare òrìṣà fica maduro sem ficar doente.
Remova [*fọn*] a doença desta pessoa com *ifọn.*
Ifọn nunca fica tão doente que não possa cheirar [*rùn*] a floresta.
Ìpẹ̀tà nunca fica tão doente que não possa cheirar o deserto.
Remova [*sa*] a doença desta pessoa com cebolinha [*àlùbọ́sà*] para que ele possa ficar forte.
Pańdọ̀rọ̀ disse que seu esqueleto vai acordar.

Òrúwọ́, vá retirar [*ru*] toda a doença do corpo dele.
O peixe *ójíj* acorda [*jí*] completamente todos os dias.
Remova [*kan*] toda a doença com potássio macho [*akọ kán-un*]
Iyéré diz que ele deve acordar completamente.
O morcego-da-fruta diz que ele deve acordar completamente.
Venha camaleão, dono da cor da pele, e leve embora a minha cor ruim.

*Tranquilidade (*ẹ̀rọ̀*)*

As receitas fortes, *oògùn akọ*, podem ser neutralizadas por antídotos, *oògùn ẹ̀rọ̀*, que trazem calma e suavidade. Pertencendo ao odu *ìrosùn òtúrúpọ̀n*, também conhecido como *ìrosùn tútù*, "*ìrosùn* fresco", temos a fórmula 199, cujo *ọfọ̀* é:

Ẹlẹ́sọ̀ mẹ̀sọ̀ ọ tèmi.
Ẹ̀sọ̀ ẹ̀sọ̀ n'ó fi gbalè yìí lọ́wọ́ wọn.
Jẹ́mọníhò ó ní kí ẹ jẹ́ mi níhòo.
Dúndùn ni ti ọ̀dúndún.
Tútù ni ti tẹ̀tẹ̀.
Ẹ̀rọ̀wọ̀ọ̀ ni ti wọ̀ọ̀rọ̀wọ́.
Ẹ̀rọ ni ti ikúpẹ̀rọ̀.

Folha-dona-da-suavidade, traga-me suavidade.
Suavemente, suavemente vou lhes tomar a terra.
Acorda-criança-[tudo-bem] diz que você tem de me responder sim.
Ọ̀dúndún é sempre calma.
Tẹ̀tẹ̀ é sempre fresca.
Wọ̀ọ̀rọ̀wọ́ é sempre fresca e calma.
Ikúpẹ̀rọ̀ é sempre fresca e calma.

A fórmula 201 (*oògùn ẹ̀rọ̀*) também produz calma e gentileza, contando entre seus ingredientes a Raulvolfia vomitoria, Apocynaceae, e a Sabicea calycina, Rubiaceae, ambas usadas como calmantes pela medicina ocidental.

*Loucura (*wèrè*)*

Alguns estimulantes produzem uma energia poderosa, que por ser exagerada altera o equilíbrio das pessoas e pode levar à loucura. Babalaôs e curandeiros têm receitas para provocá-la e curá-la. Para levar alguém à loucura (*àbìlù ìmú ni ṣe wèrè*) deram-nos a fórmula 393, pertencente ao odu *ọ̀ṣẹ́ òtúrá*, cujo *ọfọ̀* é:

Igbó a bi ìyí mọ l'órí bìrí lọ yí lámọrín lórí.
Gbogbonṣe a bi ìṣe'mọ níwín wàràwàrà.
Iṣumẹri l'ó ní kí ọpọlọ lámọrín ó rírí o.
Ewé tábà tútù t'ó mú abi ìkọ́ mọ lóyì bìrí.
K'óyì wèrè ó máa kọ́ lámọrín.
Níjojúmọ́ l'omikan kan.
Ìkanra ni kí lámọrín ó máa bá kiri.

Igbó que vira a cabeça de uma criança de repente, vá e vire a cabeça de fulano.
Gbogbonṣe faz uma criança ficar louca bem rápido.
Iṣumẹri diz que o cérebro de fulano deve ficar sujo.
A folha fresca de tabaco é tão forte que faz uma criança sentir-se tonta de repente.
Que a tontura da loucura pegue fulano.
Água azeda é sempre azeda.
Fulano deve andar por aí de mau humor.

Para curar a loucura (*oògùn wèrè*) temos a receita pertencente ao odu *ọ̀wọ́nrín ìwòrì*, também chamado *ọ̀wọ́nrín wèrè*, "*ọ̀wọ́nrín*-loucura", que manda moer raiz (*egbò*) de *apawèrè*, "matador-de-loucura" (RAULVOLFIA VOMITORIA, Apocynaceae), *ewé èékánnásẹ̀ adyìẹ*, "garra-de-galinha" (PORTULACA QUADRIFIDA, Portulacaceae) e potássio concentrado (*kán-ún bílálà*), misturar com aguardente europeia (*ọtí òyìbó*) e beber um copo todos os dias pronunciando o *ọfọ̀*:

Apawèrè pa wèrè yìí sàn.

Èékánnásẹ́ adyìẹ kì í sínwín.

Ata pupa ní í pa iwín.

Matador-da-loucura, mate e cure esta loucura.

Garra-de-galinha não é louca.

Pimenta-vermelha mata a loucura.

Algumas vezes os babalaôs podem combinar plantas estimulantes com tranquilizantes para tornar as pessoas suavemente loucas (*imú ni ṣe wèrè*), como em uma receita pertencente ao odu *ògúndá ọ̀kànràn*, onde *ewé pòpòǹdò* (Phaseolus lunatus, Leguminosae Papilionoideae), uma planta bastante agressiva usada em receitas para mandar Exu matar alguém, é suavizada por *ewé asoféyẹjẹ*, um outro nome para a planta calmante Rauvolfia vomitoria, Apocynaceae. Nesta receita, *ewé pòpòǹdò* é adicionada a *ewé asoféyẹjẹ* e a tabaco moído, as folhas são queimadas e o pó preto resultante colocado na palma da mão, de onde deve ser soprado.

3. Os trabalhos mais desejados

OPULÊNCIA

O babalaô costuma ser chamado a ajudar as pessoas a realizarem seus desejos terrenos de opulência, que na terra iorubá são por dinheiro, esposas e crianças.

*Dinheiro (*àwúre owó níni*)*

Foram-nos dadas nada menos que 161 receitas para a obtenção de dinheiro, o que deixa óbvio ser este um desejo importante. A maioria dessas preparações — 106 delas — consiste em moer ou pilar certos tipos de folhas e incorporar o resultado a sabão da costa (*ọṣẹ dúdú*), com o qual aqueles que buscam dinheiro devem banhar-se. Dezesseis receitas são preparadas pela queima de folhas até a obtenção de um pó preto, que o interessado deve comer com acaçá frio, lamber com azeite, beber com aguardente europeia (*ọtí òyìbó*) ou esfregar em cortes feitos no pulso. Em 32 outras receitas as folhas são cozidas e comidas com uma pomba (*ẹyẹlé*), com óleo e sal, com caracóis (*ìgbín*), com o peixe *eja aro* com ovos. Em uma receita misturam-se as folhas com *òrí* (BUTYROSPERMUM PARADOXUM, subsp. PARKII, Sapotaceae, o limo da costa) e esfrega-se o produto no corpo. Nas restantes, mais elaboradas, busca-se a proteção de Exu ou de *ìyàmi òṣòrògà*, a feiticeira. A seguir, um exemplo de receita mais típica, pertencente ao odu *ogbè ìrẹtẹ̀*, também chamado de *ogbè molówó lábìrà*, "*ogbè*-eu-tenho-dinheiro-no-bolso" ou *ogbè aláhéré owó*, "*ogbè*-dono-da-casinha-de-dinheiro". Deve-se pilar *ewé pèrègún* (DRACAENA FRAGRANS, Agavaceae, o coqueiro-de-vênus-nativo) e *imí ọjọ́ pupa* (enxofre vermelho), misturar com sabão da costa e lavar-se com o preparado, dizendo o *ọfọ̀*:

Asúré p'ajé.
Adà gìrìgìrì p'ajé.
Ọ̀rọ̀ ap'ajé má yẹ ohùn.
Pèrègún ní í pe irúnmọlẹ́ l'át'òde ọrun w'áyé.
Pèrègún wá lọ rèé pe ajé tèmi wá l'át'òde ọrun.

Ele-que-corre para chamar riquezas.
Ele que se apressa furiosamente para chamar riquezas.
Fala, chame riquezas sem falhar.
É *pèrègún* que chama *irúnmọlẹ́* do além para a terra.
Pèrègún, agora vá e chame minhas riquezas do além.

*Amor das mulheres (*àwúre ìfẹ́ràn obìnrin*)*

Foram-nos dadas 44 receitas para se conseguir uma esposa e ser amado por ela, das quais revelaremos duas. A primeira, pertencente ao odu *òtúrúpọ̀n ogbè*, manda pilar *ewé abo dòdo* (TAPINANTHUS HETEROMORPHUS, Loranthaceae), *ewé ọ̀dọ̀fin igbó*, "chefe-da-floresta" (TRICHILIA PRIEURIANA, Meliaceae) e *ewé láàlí* (LAWSONIA INERMIS, Lythraceae), misturando-as com sabão da costa (*ọṣẹ dúdú*), com o qual deve-se tomar banho dizendo:

Abo dòdó ní í fẹ́ràn dòdo.
Ọ̀dọ̀fin igbó ní í fẹ́ràn igbó.
Làálì ní í fẹ́ràn ọwọ́ líle.

Abo dòdó gosta de fazer amor.
O chefe-da-floresta gosta da floresta.
Làálì gosta de uma mão forte.

Pertencendo ao odu *ìká òfún* encontra-se a fórmula 338, com o *ọfọ̀*:

Sòbòhẹ̀ẹ́ ó ní kí obìnrin ṣe òbò hẹ̀ẹ́ hàn mí.
Òbó l'adyìẹ ṣe hẹ̀ẹ́ han àkùkọ.

Faz-abrir-vagina diz que a mulher deve abrir completamente a vagina para mim.
A galinha sempre abre completamente a vagina para o galo.

*Filhos (*ibímọ*)*

Coletamos 175 receitas referentes a ter filhos, incluindo remédios para facilitar a concepção (*oògùn ìmú obìnrin l'óyún*), para assegurar a gravidez ou evitar o aborto (*oògùn ìmú oyún dúró*) e para que o parto seja fácil (*oògùn àwẹ̀bí*), classificados no odu *ogbè òtúrúpọ̀n*, também chamado *ogbè sún ọmọ sí*, "*ogbè*-coloca-a-criança-mais-convenientemente-em-seu-lugar (a que ela carrega nas costas)", *ogbè abiyamọ*, "*ogbè*-mãe-da-criança", ou *ogbè tún ọmọ pọ̀n*, cujo *ọfọ̀* é:

Ogbè súré pọn 'mọ.
Ogbè tún ọmọ pọ̀n.

Ogbè corra a colocar uma criança nas costas.
Ogbè coloque uma criança nas costas novamente.

A expressão "carregar uma criança nas costas" refere-se à noção de maternidade feliz, fazendo alusão a *ìgbàdí*, o xale usado pela mãe iorubá para carregar seu filho nas costas. É o símbolo da mulher casada, que o usa mesmo antes de ter filhos para mostrar seu novo status e como uma promessa de prole numerosa. Os filhos são considerados a maior riqueza de uma família iorubá, a garantia da continuidade da linhagem. Quando as mulheres caminham em grupos pelas ruas durante os dias de festa, proclamam em seus cantos: *owó, owó, ọmọ l'èrè,* "dinheiro, dinheiro, a criança é lucrativa".

A planta *gbọ́mopọ̀n*, “carrega-uma-criança-nas-costas” (Dyschoriste perrottettii, Acanthaceae), é também conhecida como *pọnmọ sẹ̀sẹ̀kí*, “*sẹ̀sẹ̀kí*-carrega-uma-criança-nas-costas”, *ọmọní sẹ̀sẹ̀kí*, “criança-saudou--agora”, e ainda *oyún nínú*, “a-gravidez-está-no-ventre”, deixando clara a ligação entre seu nome e noções relativas a crianças e nascimento. Os *ọfọ̀* da planta *gbọ́mopọ̀n* para estes remédios são:

Ewé gbọ́mopọ̀n kì í fẹ̀hìn sílẹ̀ lái pọnmọ.
Carrega-uma-criança-nas-costas não pode deixar suas costas nuas, sem carregar uma criança.

Sẹ̀sẹ̀kí kì í jí k'ọ́ mó pọnmọ.
Sẹ̀sẹ̀kí não pode acordar sem carregar uma criança nas costas.

Ọdọọdún ni ọmọ sẹ̀sẹ̀kí í pọnmọ.
Todos os anos criança-saudou-agora põe uma criança nas costas.

Para ajudar uma mulher a ficar grávida (*ìmóbìnrin lóyún*) citamos duas receitas classificadas sob o odu *ogbè túrúpọ̀n*. Na fórmula 236, *ewé ọmọní sẹ̀sẹ̀kí* (Dyschoriste perrottettii, Acanthaceae) e *ewé èèmọ́* (Desmodium velutinum, Leguminosae Papilionoideae) são moídas e cozidas com *eku ẹmọ́*, um rato (Praomys tulbergia), com óleo e sal e dadas de comer à mulher. Em outra receita, a mesma *ewé gbọ́mopọ̀n* e o mesmo rato são preparados da mesma maneira e comidos pela mulher no primeiro dia de sua menstruação. Nessas receitas, a presença de *èèmọ́*, cujos frutos grudam nas roupas das pessoas e no pelo dos animais, e do rato *ẹmọ́* explica-se pela sílaba *mọ́*, “grudar”, no *ọfọ̀*:

Ewé èèmọ́ l'ó ní k'óyun ó mọ ọn nínú.
A folha de *èèmọ́* disse que a gravidez deve grudar.

A mesma encantação é usada para o rato, que figura ainda em um provérbio alusivo à sua natureza prolífera, no qual figura a assonância *ẹmọ́*-*ọmọ*:

Ọjọ́ kẹwàá a bá rí ẹmọ́ là á rí ọmọ rẹ̀.

Dez dias depois de termos visto o rato *ẹmọ́* vemos seu filho.

POTÊNCIA

Outros trabalhos muito comuns dos babalaôs referem-se a atender os desejos de ficar na terra por muito tempo, ter boa sorte e ser vitorioso sobre os inimigos.

*Longevidade (*ìpé l'áyé*)*

Recebemos 36 receitas para ajudar as pessoas a ficarem na terra por muito tempo, das quais citaremos três, pertencentes ao odu *èjìogbè.* A primeira manda misturar *ewé aṣogbósatọ́,* "o-que-faz-a-velhice" (DIOSCOREA HIRTIFLORA, Dioscoreaceae), *ewé ẹ̀tọ́,* "dura-muito" (DRACAENA SURCULOSA, Agavaceae), *ewé aápẹ́,* "devemos-viver-muito-tempo" (CELTIS INTEGRIFOLIA, Ulmaceae), queimar até obter um pó preto e comer com acaçá quente todos os dias, dizendo o *ọfọ̀*:

Aṣogbósatọ́ se mí kí n gbó, ṣe mí kí n tọ́.
Aápẹ́ ṣe mí kí n pé l'áyé.
Ẹ̀tọ́ jẹ́ kí n tọ́.

O-que-faz-a-velhice, faça-me [tornar-me] velho, faça-me durar muito.
Devemos-viver-muito-tempo, faça-me ficar na terra.
Dura-muito, ajude-me a viver muito.

Ainda sob o mesmo odu, temos a receita que manda juntar *ewé awáyé mákùú,* "vir-à-terra-e-não-morrer" (DRACAENA LAXISSIMA, Agavaceae); *ewé áápé,* "devemos-viver-muito-tempo" (CELTIS INTEGRIFOLIA, Ulmaceae); *ewé àrọ́,* "tenaz" (CROSSOPTERYX FEBRIFUGA, Rubiaceae), moê-las e esfregá-las em 21 incisões feitas na cabeça, pronunciando o *ọfọ̀*:

Awáyé mákùú kò ní jẹ́ kí èmí ó kú ní kékeré.
Áápé l'o ní kí èmí ó pẹ́ l'ayé.
Àrọ́ l'ó ní kí èmí ó rọ̀ mọ́ ayé.

Vir-à-terra-e-não-morrer não deixará que eu morra jovem.
Devemos-viver-muito-tempo diz que eu vou ficar muito tempo na terra.
Tenaz diz que eu vou me agarrar à vida.

Temos ainda a receita que instrui que se moa *ewé agbóhewú ọ̀hàhà*, "nós-(nos-tornamos)-velhos-com-muitos-cabelos-brancos" (HOSLUNDIA OPPOSITA, Labiatae) e se cozinhe com um caracol (*ìgbín*) cortado em dezesseis pedaços, adicionando-se sal e óleo. O preparado deve ser comido à noite pronunciando-se o *ọfọ̀*:

Agbóhewú ọ̀hàhà ní tèmí n ó gbó gbó gbó.
N'ó hewú ọ̀hàhà, agbó hewú ọ̀hàhà.

Nós-(nos-tornamos)-velhos-com-muitos-cabelos-brancos, eu ficarei velho.
Eu terei muitos cabelos brancos, nós-(nos-tornamos)-velhos-com-muitos-cabelos-brancos.

Boa sorte (oríire)

Coletamos 71 receitas que têm por intuito atrair a boa sorte, muitas pertencentes ao odu *ògúndá ogbè*, também conhecido como *ògúndá ṣoríire*, "*ògúndá*-tem-boa-sorte". As duas receitas citadas a seguir pertencem a este odu.

Devem-se pilar juntas *ewé gbáwójọ*, "junta-dinheiro", ACALYPHA CILIATA, Euphorbiaceae); *ewé ajé*, "dinheiro" (AERVA LANATA, Amaranthaceae); *ewé akísan*, "nós-saudamos-o-conforto" (TRIANTHEMA PORTULACASTRUM, Aizoaceae), enxofre vermelho (*imí oòrùn pupa*) e misturar o pó com sabão da costa (*ọṣẹ dúdú*), com o qual a pessoa se lava enquanto pronuncia o *ọfọ̀*:

Gbáwójọ bá mí gbá owó jọ.
Gbogbo ara l'ajé fi í ṣ owó.
Akísan ní kí ó san mí.

Junta-dinheiro, ajude-me a juntar dinheiro.
Dinheiro faz dinheiro com todo o seu corpo.
Nós-saudamos-o-conforto disse que eu devo ficar confortável.

Podem-se ainda moer as folhas *ewé awọ́ rere*, "puxador-de-bondade" (COLA MILLENII, Sterculiaceae); *ewé rere*, "bondade" (SENNA OCCIDENTALIS, Leguminosae Caesalpinioideae); *ewé orì*, "que-afunda" (VITEX DONIANA, Verbenaceae); sabão da costa (*ọṣẹ dúdú*) e lavar-se a cabeça com o preparado enquanto se diz o *ọfọ̀*:

Awọ́ rere jẹ́ kí mi ṣe oríire.
Ewé rere l'ó ní kí mi ṣe oríire.
Ògúndá ṣoríire l'o ní kí mi ṣe oríire.
Orí rere ni tèmí.

Puxador-da-bondade, deixe-me ter boa sorte.
A folha da bondade disse que eu terei boa sorte.
Ògúndá-tem-boa-sorte disse que eu terei boa sorte.
A boa sorte é minha.

*Vitória sobre um inimigo (*ìṣẹ́gun ọ̀tá*)*

Pertencendo ao odu *ogbè ọ̀ṣẹ́*, também chamado *ogbè ṣẹ́gun*, "*ogbè*-vitorioso", temos a receita que manda queimar juntos *ewé abàfín*, "nós-encontramos-albinos" (RINOREA sp., Violaceae); *odidi ataare* (AFRAMOMUM MELEGUETA, Zingiberaceae, o amomo); e um rato (*eku ẹ̀lírí*) até obter-se um pó preto, que se esfrega em 21 cortes feitos na cabeça dizendo-se o *ọfọ̀*:

Abàfín bá mi ṣẹ́gun ọ̀tá mi.
Lírí lírí ní ẹ̀lírí fi í ṣẹ́gun ọ̀tá rẹ̀.

Nós-encontramos-albinos, ajude-me a vencer o meu inimigo.
Pouco a pouco o rato *ẹ̀lírí* vence seu inimigo.

Classificada sob o odu *ogbè ìrẹtẹ̀*, também conhecido como *ogbè ṣẹ́tè*, "*ogbè*-supera-revolta", temos a receita que manda juntar *ewé ahọ́n ẹkùn*, "língua-de-leopardo" (Hibiscus asper, Malvaceae, o cânhamo-brasileiro); *odidi ataare* (Aframomum melegueta, Zingiberaceae, o amomo); a pena do rabo de papagaio (*ìkó odídẹ*); queimar tudo até obter-se um pó preto e esfregar em 21 cortes feitos na cabeça, pronunciando o *ọfọ̀*:

Fún ra ahọ́n ẹkùn ní í ségun ọ̀tá rẹ̀.
Ìkó odídẹ bá mi kó ibi lọ.
Ataare bá mi tari ọ̀tá lọ ọrun.

Língua-de-leopardo vence por si mesma seus inimigos.
Pena do rabo do papagaio, ajude-me a expulsar o mal.
Amomo, empurre o meu inimigo para o além.

AFOXÉ

Um trabalho chamado afoxé, "que a palavra possa tornar-se realidade", é frequentemente pedido pelas pessoas aos babalaôs e curandeiros. Foram-nos dadas 29 destas prestigiosas receitas, das quais citaremos três, relembrando, no entanto, que não experimentamos a eficácia de qualquer uma delas.

Classificada sob o odu *ọ̀ṣẹ́ méjì* está a receita que manda queimar juntos *ewé ọmọníròganrògan*, "criança-fica-ereta-em-pé" (Commelina difusa, Commelinaceae, a marianinha); *ewé mẹ́sẹ́n mẹsẹ̀n gogoro* (Scoparia dulcis, Scrophulariaceae, a vassourinha); *ewé mẹ́sẹ́n mẹsẹ̀n itàkùn* (Abrus precatorius, Leguminosae Papilionoideae, o olho-de-cabra); *odidi ataare* (Aframomum melegueta, Zingiberaceae, o amomo) até se obter um pó preto, que deve ser comido diariamente com acaçá frio. Seu *ọfọ̀* é:

Àṣẹ gangan ní ti ọmọníròganrògan.
Mẹ́sẹ́n mẹsẹ̀n gogoro kí í pa ohùn Ọbarìṣà dà.
Mẹ́sẹ̀n mẹsẹ̀n gidi kí í pa ohùn Ọbarìṣà dà.

O poder pertence à criança-fica-ereta-em-pé.
Mẹ́sẹ́n mẹsẹ̀n gogoro nunca contradiz as palavras de Obarixá.
Mẹ́sẹ́n mẹsẹ̀n gidi nunca contradiz as palavras de Obarixá.

Classificada sob o odu *ọ̀bàrà ọ̀ṣẹ́*, também chamado *ọ̀bàrà aláṣẹ*, "*ọ̀bàrà*-dono-do-poder", temos a receita que manda pilar juntos *ewé túdè* (Calliandra portoricencis, Leguminosae Mimosoideae); *ewé yáyá* (não identificada); *ewé òfiá* (Laportea aestuans, Urticaceae, a cansanção); *ewé afóforo* (Trema orientalis, Ulmaceae), uma centopeia (*ọ̀kùnkùn*) e misturar com sabão da costa (*ọṣẹ dúdú*), que deve então ser colocado dentro de uma concha de caramujo (*ìlákọ̀ṣẹ*). A preparação deve ser tocada com a língua enquanto se expressa o desejo a ser realizado.

Pertencendo ao odu *ọ̀ṣẹ́ òtúrá* temos a receita que diz para pilar juntos *ewé ànàmú ọ̀gà*, "esticar-para-pegar-camaleão" (Ipomoea sp., Convolvulaceae); *ewé àṣẹ*, "poder" (Iodes africana, Icacinaceae), e formigas (*ilé kòkòrò*), misturando-se com sabão da costa (*ọṣẹ dúdú*) e colocando-se o preparado, que deve ser lambido, em um chifre. Seu *ọfọ̀ é:*

Ànàmú ṣẹ ni ti ọ̀gà.
Àṣẹ jẹ́ kí ọ̀rọ̀ tèmi ó ṣẹ.
Nígbà tí kòkòrò bá lu ilẹ̀ ni í já ọ̀run.

Esticar-para-pegar-camaleão é do camaleão.
Poder, permita que minhas palavras se realizem.
Quando o verme perfura o chão, ele alcança o além.

Estas poucas indicações sobre os elos verbais existentes entre os nomes das plantas, os nomes dos remédios e os nomes dos odus de Ifá demonstram a pertinência do sistema de pensamento dos iorubás.

Um sistema difícil de entender e aprender devido ao caráter mutável de uma língua oral, cujo patrimônio cultural é preservado do esquecimento através dos elos verbais que facilitam a memorização, permitindo a transmissão dos conhecimentos de geração a geração de babalaôs.

O número dado entre parênteses é o número da ficha catalogada na Fundação Pierre Verger e disponível a pesquisadores interessados. Os nomes à direita do nome da receita em iorubá representam o odu de Ifá sob o qual aquela receita se classifica, seguido de seu número.

RECEITAS MEDICINAIS E MÁGICAS

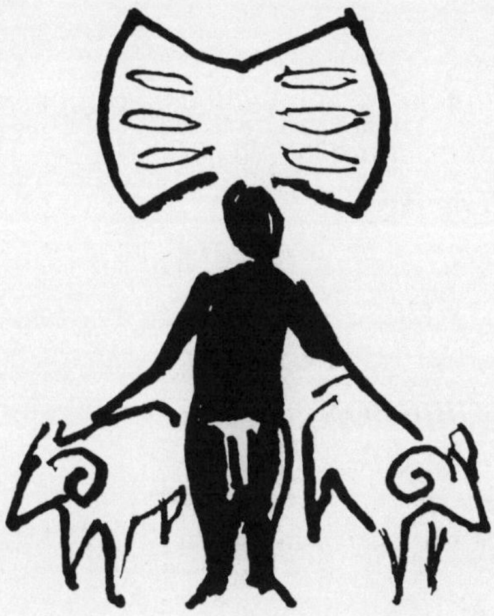

Oògùn

1 (2) OÒGÙN ABÙKE — Òtúrá ọ̀wọ̀nrín, 202

Ewé nàkénàké

Owó ẹyọ igba

A ó gún pọ̀ a ò sì é nínú ìkòkò. A ó wá fi aṣọ funfun sínu omi rẹ̀ gbígbóná a ó sì wọ́ ẹ̀hìn àti àyà. A ó sì máa pe ọfọ̀ rẹ̀.

> *Nàkénàké bá mi na iké yìí*
> *Owó ẹyọ kì í búké.*

2 (3) OÒGÙN ARA GBÍGBỌ̀N — Ọ̀bàrà ọ̀ṣẹ́, 120

Ewé àbò òṣúpè

Ewé ìlasa àgbọ̀nrin

Ewé èsìsì ilẹ̀

Òrí

A ó lọ̀ ọ́ pẹ̀lú òrí, a ó pe ọfọ̀ rẹ̀. A ó sì fi pa ara.

> *Àbò òṣúpè kì í jẹ́ kí ara ó gbọ̀n*
> *Ìlasa àgbọ̀nrín kì í jẹ́ kí ara ó gbọ̀n*
> *Èsìsì má jẹ́ kí ara ó gbọ̀n sìsì.*

Receitas de uso medicinal

1 — RECEITA PARA TRATAR CORCUNDAS

Folha de Rinorea sp., Violaceae
Duzentos búzios
Pilar, ferver numa panela, molhar um pano branco na preparação quente e esfregar nas costas e no peito, pronunciando a encantação:

> *Nàkénàké*, ajude-me a endireitar este corcunda.
> *Owó ẹyọ* nunca é corcunda.

2 — RECEITA PARA TRATAR TREMORES

Folha de Alafia barteri, Apocynaceae
Folha de Urena lobata, Malvaceae (guaxima-roxa)
Folha de Sida urens, Malvaceae (guaxima)
Butyrospermum paradoxum subsp. Parkii, Sapotaceae (limo da costa)
Moer as folhas com limo da costa. Pronunciar a encantação. Esfregar a preparação no corpo.

> *Àbò òṣúpè* nunca deixa o corpo tremer.
> *Ìlasa àgbọ̀nrín* nunca deixa o corpo tremer.
> *Èsìsì*, não deixe o corpo tremer.

3 (10) OÒGÙN ARA RÍRO Ọ̀yẹ̀kú méjì, 2

Ewé ẹ̀wà igún
Egbò ata
Egbò ìpẹtà
Egbò ọ̀pẹ̀
Egbò ahùn
A ó sè é nínú omi, a ó sì máa mu ún ní àràárọ̀. A ó sì máa pe ọfọ̀ rẹ̀.

Ẹ̀wà igún jẹ́ kí araà mi gún
Ìpẹtà bá mi ta àrùn dànù
Ata bá mi ta àrùn dànù
Ara kì í ro ọ̀pẹ́
Ara kì í ro ahùn.

4 (12) OÒGÙN ARA RÍRO Ọ̀sá méjì, 10

Ewé ipè erin
Ewé òrí
Ewé akéèrí
Ọṣẹ dúdú
A ó gún un pọ̀ mọ́ ọṣẹ dúdú. A ó máa fi wẹ̀, a ó sì máa pe ọfọ̀ rẹ̀.

Ipè erin k'ó pa ara ríro
Òrì máà jẹ́ kí á rí ara ríro
Akéèrí bá mi kó ara ríro lọ.

3 — RECEITA PARA TRATAR DORES NO CORPO

Folha de PAVETTA CORYMBOSA var. NEGLECTA, Rubiaceae
Raiz de ZANTHOXYLUM SENEGALENSE, Rutaceae
Raiz de SECURIDACA LONGIPEDUNCULATA, Polygalaceae
Raiz de ELAEIS GUINEENSIS, Palmae (dendezeiro)
Raiz de ALSTONIA BOONEI, Apocynaceae
Ferver. Tomar todas as manhãs, pronunciando a encantação:

> *Ẹ̀wà igún*, faça meu corpo perfeito.
> *Ìpẹtà*, ajude-me a expulsar esta doença.
> *Ata*, ajude-me a expulsar esta doença.
> O *ọ̀pẹ́* nunca dói.
> O corpo do *ahùn* nunca dói.

4 — RECEITA PARA TRATAR DORES NO CORPO

Folha de ALBIZIA FERRUGINEA, Leguminosae Mimosoideae[1]
Folha de BUTYROSPERMUM PARADOXUM subsp. PARKII, Sapotaceae (limo da costa)[2]
Folha de HIBISCUS ROSTELLATUS, Malvaceae[3]
Sabão da costa
Pilar as folhas com sabão da costa e lavar-se com a preparação, pronunciando a encantação:

> *Ipè erin*, mate as dores do corpo.
> *Òrì*, não nos deixe ter dores no corpo.
> *Akéèrí*, ajude-me a levar embora as dores do corpo.

5 (23) OÒGÙN ARA RÍRO Ìwòrì ọ̀bàrà, 52

Ewé afún lẹ́hìn
Ewé adóṣùṣù
Ewé légún ókò
Egbò pèrègún
A ó sè é nínú omi. A ó máa mu ún ní ẹ̀ẹ́mẹta lójoojúmọ́, a ó sì máa pe ọfọ̀ rẹ̀ sí i.

> *Ara kì í ro ewé afún lẹ́hìn*
> *Adóṣùṣù kì í rí ìrora*
> *Légún ókò kí ó bá mi lé aburú lọ*
> *Ara kò ro pèrègún etí odò.*

6 (28) OÒGÙN ARA RÍRO Òfún ìrẹtẹ̀, 255

Ewé okùn ìrora
Ewé òórùngọ̀
Ewé atò
A ó sè é nínú omi, a ó pe ọfọ̀ rẹ̀ sí i. A ó sì máa mu ún lẹ́ẹ̀mejì lójoojúmọ́

> *Okùn ìrora má jẹ́ kí ara ó ro mí*
> *Òórùngọ̀ má jẹ́ ki ara ó ro mí*
> *Atò bá mi to ara yìí kí ó má ro mí mọ́*

5 — RECEITA PARA TRATAR DORES NO CORPO

Folha de PARINARI CURATELLIFOLIA, Chrysobalanaceae
Folha de COCHLOSPERMUM PLANCHONII, Cochlospermaceae
Folha de PSOROSPERMUM FEBRIFUGUM, Hypericaceae
Raiz de DRACAENA FRAGRANS, Agavaceae (coqueiro-de-vênus-nativo)
Ferver a mistura. Pronunciar a encantação. Tomar três vezes ao dia.

Afún lẹ́hìn nunca sofre dores.
Adóṣùṣù nunca sofre dores no corpo.
Légún ókò deve nos ajudar a afugentar o mal.
O *pèrègún* nunca sofre dores na beira do rio.

6 — RECEITA PARA TRATAR DORES NO CORPO

Folha de DIOCLEA REFLEXA, Leguminosae Papilionoideae (feijão-bravo)
Folha de VERNONIA AMBIGUA, Compositae[4]
Folha de CHASMANTHERA DEPENDENS, Menispermaceae
Ferver a mistura. Pronunciar a encantação. Tomar duas vezes ao dia.

Okùn ìrora, não deixe meu corpo doer.
Òórùngọ̀, não deixe meu corpo doer.
Atò, ajude este corpo para que ele não doa mais.

7 (30) OÒGÙN ARA TÍTA — Òdí méjì, 4

Ewé asín
Ewé àtàpàrí òbúkọ
Ewé ifọ̀n
Èèpo ifọ̀n
Egbò ifọ̀n
Èso àìdan
Èso ẹ̀ẹ̀rù
Kànáfùrù

A ó se é pẹ̀lú omi nínú ìkòkò. A ó yọ́ omi náà. A ó lọ kànáfùrù, a ó fi tẹ́fá, a ó pe ọfọ̀ rẹ̀. A ó po gbogbo rẹ̀ pọ̀ mọ́ omi. A ó mu ṣíbí kan. A ó sì fi pa ara.

Òdí méjì bá mi dì àrùn kúrò
Asín l'ó ní kí ara ó máa sín
Àtàpàrí òbúkọ kì í bá òbúkọ jà
Ifọ̀n bá mi fọ́n àrùn kúrò
Àìdan l'ó ní kí ara ó dán
Ẹ̀ẹ̀rù ru àrùn kúrò.

8 (33) OÒGÙN ARA TÓ LÉ — Ọ̀wọ́nrín méjì, 6

Ewé ìrù eku
Egbò gbógbórí
Egbò ọ̀gànwó
Egbò àbàdọ
Kán-ún bílálà

A ó sè é nínú omi, a ó pe ọfọ̀ rẹ̀, a ó sì máa mu ún ní ẹ̀ẹ̀mejì lójoojúmọ́.

Ewé ìrù eku ó ní kí ara ó nà tán
Gbógbórí gbé ara dúró
Ọ̀gànwó kó tún ara gán k'ó le
Àbàdọ́ bá ara dúró
Kán-ún bílálà má jẹ́ kí àrùn ó kàn mí lára.

7 — RECEITA PARA TRATAR IRRITAÇÃO NO CORPO

Folha de Dichapetalum madagascariense, Dichapetalaceae
Folha de Clausena anisata, Rutaceae (anis)
Folha de Olax subscorpioidea, Olacaceae
Casca de Olax subscorpioidea, Olacaceae
Raiz de Olax subscorpioidea, Olacaceae
Fruto de Tetrapleura tetraptera, Leguminosae Mimosoideae
Fruto de Xylopia aethiopica, Annonaceae (pimenta-da-guiné)
Cânfora

Colocar tudo numa panela e adicionar água. Cozinhar e filtrar. Moer a cânfora, desenhar o odu em cima do pó e pronunciar a encantação. Misturar tudo com água, tomar uma colher de sopa e esfregar o resto no corpo.

Òdí méjì, ajude-me a remover a doença.
Asín diz que o corpo será curado.
Àtàpàrí òbúkọ nunca luta com o bode.
Ifọ̀n, ajude-me a levar a doença para longe.
Àìdan diz que o corpo deve ficar suave.
Ẹ̀ẹ̀rù, leve a doença embora.

8 — RECEITA PARA TRATAR CORPO CONTRAÍDO

Folha de Stachytarpheta cayennensis, Verbenaceae (gervão)
Raiz de Acridocarpus smeathmannii, Malpighiaceae
Raiz de Khaya grandifoliola, Meliaceae[5]
Raiz de Hexalobus crispiflorus, Annonaceae
Potássio concentrado

Ferver a mistura. Pronunciar a encantação. Tomar duas vezes ao dia.

O *ìrù eku* diz que o corpo deve se esticar por completo.
Gbógbórí, deixe o corpo ereto.
Ọ̀gànwó deve fortificar o corpo.
Àbàdọ́, sustente o corpo.
Kán-ún bílálà, não deixe a doença tocar o meu corpo.

9 (34) OÒGÙN ARA TÓ LÉ — Ìká ọ̀ṣẹ́, 180

Ewé ẹ̀wọ̀n funfun
Egbò ẹ̀wọ̀n agogo
Èso àìdan
A ó sè é nínú omi, a ó pe ọfọ̀ rẹ̀, a ó sì máa mu ún ní àràárọ̀.
Ẹ̀wọ̀n funfun wọ́n àrùn kúrò
Ẹ̀wọ̀n agogo wọ́n àrùn kúrò
Àìdan ní k'ó má dán-an wò mọ́.

10 (36) OÒGÙN ARA YÍYI — Ogbè alárá, 28

Ewé ọ̀watẹ̀tẹ̀
Igi rogbo àgùntàn
Ewé tótó
Egbò tótó
A ó sè é nínú omi, a ó pe ọfọ̀ rẹ̀, a ó sì máa mu ún ní ẹ̀ẹ̀mẹta lójoojúmọ́.
Ọ̀watẹ̀tẹ̀ bá mi tún ara ṣe
Rogbo àgùntàn kì í ká tì
Ewé tótó ló ní kí ara mi ó máa dán
Egbò tótó ló ní kí ara mi ó máa dán.

11 (40) OÒGÙN ỌMÚ DÍDÙN — Òfún òdí, 245

Ewé àwágbà
Ewé ayùnrẹ́
Ewé òrúpa
Èso ẹ̀ẹ̀rù
A ó sè é nínú omi, a ó pe ọfọ̀ rẹ̀, a ó sì máa mu ún ní ẹ̀ẹ̀mejì lójoojúmọ́.
Àwágbà ní gbà omi sọ́mú.
Ayùnrẹ́ bá wa bẹ ọmú yìí
Òrúpa pa àrùn tí ńbẹ níbẹ̀
Ẹ̀ẹ̀rù rù ú.

9 — RECEITA PARA TRATAR CORPO CONTRAÍDO

Folha de ACACIA KAMERUNENSIS, Leguminosae Mimosoideae
Raiz de LANTANA GAMARA, Verbenaceae (cambará-de-espinho)
Fruto de TETRAPLEURA TETRAPTERA, Leguminosae Mimosoideae
Ferver a mistura. Pronunciar a encantação. Tomar todas as manhãs.

> *Ẹ̀wọ̀n funfun*, arranque esta doença.
> *Ẹ̀wọ̀n agogo*, arranque esta doença.
> *Àìdan* diz que ela não deve lhe dar mais problemas.

10 — RECEITA PARA TRATAR TENSÃO NO CORPO

Folha de TRICHILIA MONADELPHA, Meliaceae
A planta inteira de PALISOTA HIRSUTA, Commelinaceae
Folha de MARANTOCHLOA LEUCANTHA, Marantaceae
Ferver a mistura. Pronunciar a encantação. Tomar três vezes ao dia.

> *Ọ̀watẹ̀tẹ̀*, ajude-me a curar o corpo.
> *Rogbo àgùntàn* nunca se contrai.
> A folha de *tótó* manda que o meu corpo seja macio.
> A raiz de *tótó* manda que o meu corpo seja macio.

11 — RECEITA PARA TRATAR DOR NOS SEIOS

Folha de CELTIS WRIGHTII, Ulmaceae
Folha de ALBIZIA sp., Leguminosae Mimosoideae
Folha de HYMEBICARDIA ACIDA, Euphorbiaceae
Fruto de XYLOPIA AETHIOPICA, Annonaceae (pimenta-da-guiné)
Ferver. Pronunciar a encantação. Tomar duas vezes ao dia.

> *Àwágbà* sempre traz água para o seio.
> *Ayùnrẹ́*, ajude-nos a pedir a cura deste seio.
> *Òrúpa*, mate a doença que está dentro dele.
> *Ẹ̀ẹ̀rù*, leve-a embora.

12 (45) OÒGÙN ẸHÌN DÍDÙN Ogbè wẹhìn, 18

Ewé fẹ̀jẹ̀ sẹ̀hìn

Ọmọ ataare mẹ́rìndílógún

A ó lọ̀ ọ́. A ó pe ọfọ̀ rẹ̀. A ó sín gbẹ́rẹ́ mẹ́rìndílógún sí ẹ̀hìn, a ó sì fi pa á.

Fẹ̀jẹ̀ sẹ̀hìn bá mi wó ẹ̀hìn sàn

Ataare tì mí l'ẹ́hìn.

13 (47) OÒGÙN ẸHÌN DÍDÙN Ogbè wẹhìn, 18

Ewé àsokára

Ewé ẹ̀gbẹ̀sì

Egbò ẹ̀gbẹ̀sì

Èèpo ẹ̀gbẹ̀sì

A ó sè é nínú omi, a ó máa yọ́ omi rẹ́ mu ní ẹ̀ẹ̀mẹta lójoojúmọ́, a ó sì máa pe ọfọ̀ rè pẹ̀lú.

Àsokára má jẹ́ kí àrùn ṣe mí lára

Ẹ̀gbẹ̀sì bá mi wo ẹ̀hìn mi.

14 (49) OÒGÙN ẸHÌN DÍDÙN Ogbè wẹhìn, 18

Ewé ẹkhuẹ

Egbò gbogbonṣe

Èso ẹ̀ẹ̀rù ijù

Egbò ìpẹtà

A ó sè é nínú omi, a ó pe ọfọ̀ rẹ̀, a ó sì máa mu ún ní àràárọ.

Ẹkhuẹ kó ẹ̀hìn lọ kó sàn

Gbogbonṣe ṣe àrùn ẹ̀hìn kó sàn

Ẹ̀ẹ̀rù ijù kó rù ú sí ijù

Ìpẹtà kó ta á dànù.

12 — RECEITA PARA TRATAR DOR NAS COSTAS

Folha de CAMPYLOSPERMUM FLAVUM, Ochnaceae
Dezesseis sementes de AFRAMOMUM MELEGUETA, Zingiberaceae (amomo)
Moer, pronunciar a encantação, fazer dezesseis cortes nas costas e esfregar neles a preparação.

Fẹ̀jẹ̀ sẹ̀hìn, ajude-me a curar as minhas costas.
Ataare, ampare-me.

13 — RECEITA PARA TRATAR DOR NAS COSTAS

Folha de DRYPETES FLORIBUNDA, Euphorbiaceae
Folha de SARCOCEPHALUS LATIFOLIUS, Rubiaceae
Raiz de SARCOCEPHALUS LATIFOLIUS, Rubiaceae
Casca de SARCOCEPHALUS LATIFOLIUS, Rubiaceae
Ferver. Tomar três vezes ao dia, pronunciando a encantação:

Àsokára, não deixe a dor me afetar.
Ẹ̀gbẹ̀sì, ajude as minhas costas a sarar.

14 — RECEITA PARA TRATAR DOR NAS COSTAS

Folha de LYCOPERSICON ESCULENTUM, Solanaceae (tomate-grande)
Raiz de UVARIA AFZELII, Annonaceae
Fruto de UVARIA CHAMAE, Annonaceae
Raiz de SECURIDACA LONGIPEDUNCULATA, Polygalaceae
Ferver. Pronunciar a encantação. Tomar uma xícara todas as manhãs.

Ẹkhuẹ, leve a dor para que as costas possam sarar.
Gbogbonṣ̀e, mantenha as costas curadas.
Ẹ̀ẹ̀rù ìjù, leve-a para dentro da floresta.
Ìpẹtà, expulse-a.

15 (59) OÒGÙN ÌHÀ DÍDÙN Ọ̀wọ́nrín méjì, 6

Ewé ọ̀óyọ́ àjẹ́
Ewé awùsá
Òrí
Ìyẹ́ agbe
Ìyẹ́ àlùkò
A ó sun ún, a ó pòó mọ́ òrí. A ó pe ọfọ̀ rẹ̀. A ó sì máa fi pa ìhà.

> *Ọ̀óyọ́ àjẹ́ wá yọ àrùn kúrò n'íhà*
> *Awúsà sa àrùn ìhà lọ*
> *Agbe gbé àrùn ìhà kúrò*
> *Àlùkò kó àrùn ìhà lọ.*

16 (65) OÒGÙN ÌHÀ DÍDÙN Ọ̀wọ́nrín ogbè, 92

Ewé fẹ́mọ lójú tòkí
Ewé àgbọnyìn
Ewé ejìnrìn wẹ́wẹ́
Èso ẹ̀ẹ̀rù
A ó sè é nínú omi, a ó pe ọfọ̀ rẹ̀, a ó sì máa mu ún lójoojúmọ́.

> *Fẹ́mọ lójú tòkí kí o má jẹ́ kí ìhà ó dùn mí*
> *Àgbọnyìn kí ó má jẹ́ kí ìhà ó dùn mí*
> *Ejìnrìn kí ó má jẹ́ kí àrùn wọ̀ mí ní ìhà*
> *Ẹ̀ẹ̀rù ru àrùn kúrò.*

17 (73) OÒGÙN ILÀ DÚDÚ Ìwòrì ọ̀kànràn, 53

Ewé ọ̀sagì
Egbò ọ̀sagì
Ewé ẹ̀rù
A ó sè é nínú omi. A ó sì máa fi pa ara, a ó sì tún máa mu ún.

15 — RECEITA PARA TRATAR DOR NOS FLANCOS

Folha de Corchorus aestuans, Tiliaceae (caruru-da-baía)
Folha de Plukenetia conophora, Euphorbiaceae
Butyrospermum paradoxum subsp. parkii, Sapotaceae (limo da costa)
Penas de galinhola-azul-africana
Penas de galinhola-vermelha-africana
Queimar e misturar tudo com limo da costa. Pronunciar a encantação.
Esfregar a preparação nos flancos.

> *Ọ̀ọ́yọ̀ àjẹ́*, ajude-me a remover a doença do flanco.
> *Awúsà*, pegue a doença do flanco e a leve embora.
> *Agbe*, carregue a doença do flanco.
> *Àlùkò*, leve a doença do flanco.

16 — RECEITA PARA TRATAR DOR NOS FLANCOS

Folha de Hyptis suaveolens, Labiatae (erva-cidreira)
Folha de Piptadeniastrum africanum, Leguminosae Mimosoideae
Folha de Momordica charantia, Cucurbitaceae (fruto-de-cobra)
Fruto de Xylopia aethiopica, Annonaceae (pimenta-da-guiné)
Ferver. Pronunciar a encantação. Tomar todos os dias.

> *Fẹ́mọ lójú tòkí* não deve permitir que o meu flanco me atormente.
> *Àgbọnyìn* não deve permitir que o meu flanco me atormente.
> *Ejìnrìn* não deve permitir que a dor entre no meu corpo.
> *Ẹ̀ẹ̀rù*, leve a doença.

17 — RECEITA PARA TIRAR TATUAGENS

Folha de Euclinia longiflora, Rubiaceae
Raiz de Euclinia longiflora, Rubiaceae
Folha de Croton lobatus, Euphorbiaceae
Ferver, esfregar no corpo e tomar.

18 (74) OÒGÙN ỌGA ARA WÍWÓ Ọ̀kànràn méjì, 8

Ewé èrùwà akọ
Ewé ìlọ́sùn
Egbò ata
Àlùbọ́sà eléwé
A ó gún un nínú odó, a ó sì tú omi èso òròmbó sí i, a ó sì rọ ọ́ sínú ìgò.
A ó máa mu ún lẹ́ẹ̀mejì lójoojúmọ́.

19 (75) OÒGÙN ÌMÚ ARA FÚYẸ́ Ọ̀wọ́nrín ìká, 101

Èèpo ọ̀gànwó
Ewé ọ̀gànwó
Èso ẹ̀ẹ̀rù
Kán-ún bílálà
A ó sè é nínú omi, a ó pe ọfọ̀ rẹ̀, a ó sì máa mu ún lẹ́ẹ̀mejì lójoojúmọ́.

Ọ̀gànwó bá mi wo ara yìí
Ẹ̀ẹ̀rù bá mi rú àrùn kúrò.

18 — RECEITA CONTRA DORES NO CORPO TODO

Folha de ANDROPOGON GAYANUS, Gramineae
Folha de PENNISETUM HORDEOIDES, Gramineae[6]
Raiz de ZANTHOXYLUM SENEGALENSE, Rutaceae
Bulbo de ALLIUM AESCALONICUM, Liliaceae (cebolinha-branca)
Pilar, adicionar suco de laranja e engarrafar. Tomar duas vezes ao dia.

19 — RECEITA PARA DEIXAR O CORPO LEVE

Casca de KHAYA GRANDIFOLIOLA, Meliaceae[7]
Folha de KHAYA GRANDIFOLIOLA, Meliaceae
Fruto de XYLOPIA AETHIOPICA, Annonaceae (pimenta-da-guiné)
Potássio concentrado
Ferver. Pronunciar a encantação. Tomar uma xícara duas vezes ao dia.

> *Ọ̀gànwó*, ajude-me a fazer este corpo sarar.
> *Ẹ̀ẹ̀rù*, ajude-me a levar esta doença embora.

20 (84) OÒGÙN ÌMÚ ARA LE Òtúrá òdí, 200

Ewé ọ̀dúndún

Ewé tẹ̀tẹ̀

Ewé rinrin

Ọ̀gẹ̀dẹ̀ abo

Ẹ̀dọ̀ òkuta

Ìpẹ́pẹ́ irin

Kòròfo ẹyin adìyẹ

A ó lọ gbogbo rẹ̀ papọ̀. A ó sì sá a. A ó tún un lọ̀. A ó tẹfá, a ó pe ọfọ̀ rẹ̀.

A ó sì máa mu ún ní alẹ́ pẹ̀lú ẹ̀kọ tútù.

> *Ojú kì í pọ́n irin k'ó máa ní pẹ́pẹ́ l'agbẹ̀dẹ*
> *Tútù l'adìyẹ yé, tútù l'adìyẹ pa*
> *Òfifo l'àá bá kòròfo rẹ̀*
> *Àt'òjò àtẹẹ̀rùn kì í rẹ ọ̀dúndún*
> *Àt'òjò àtẹẹ̀rùn kì í rẹ tẹ̀tẹ̀*
> *Àt'òjò àtẹẹ̀rùn kì í rẹ rinrin*
> *Ọ̀gẹ̀dẹ̀ abo kì í j'ayé ìnira*
> *Ẹ̀dọ̀ gírí kì í dun òkúta.*

21 (87) OÒGÙN ILẸ̀ TÚTÚ Ọ̀yẹ̀kú méjì, 12

Ewé èrùwà akọ

Egbò ìṣá

Egbò ìjòkùn

Èso ẹ̀ẹ̀rù

Òkúta ako mẹsan

A ó sè é nínú omi. A ó pe ọfọ̀ rẹ̀. A ó sì máa mu ún lẹ́ẹ̀mẹta lójoojúmọ́.

> *Bí ẹ̀ẹ̀rùn bá yán èrùwà ó gbẹ*
> *Dúdú ni t'egbò ìjòkùn*
> *Ìṣá bá wa ṣa àrùn yìí lọ*
> *Àrùnkárùn kì í ṣe òkúta.*

20 — RECEITA PARA BOA SAÚDE

Folha de Kalanchoe crenata, Crassulaceae (folha-da-costa)
Folha de Amaranthus hybridus subsp. incurvatus, Amaranthaceae (cauda-de-raposa)
Folha de Peperomia pellucida, Piperaceae (jabuti-membeca)
Fruto de Musa sapientum, Musaceae (bananeira)
Uma pedra de fogo
Uma casca de ovo
Sobras de ferro do ferreiro
Moer tudo junto, secar ao sol e moer novamente. Desenhar o odu, pronunciando a encantação. Tomar à noite com acaçá frio.

O ferro nunca é tão pobre que não deixe sobras com o ferreiro.
A galinha põe seus ovos calmamente, a galinha os choca com calma.
A casca do ovo é sempre encontrada vazia.
Ọ̀dúndún nunca está doente, nem na estação chuvosa nem na seca.
Tẹ̀tẹ̀ nunca está doente, nem na estação chuvosa nem na seca.
Rinrin nunca está doente, nem na estação chuvosa nem na seca.
Ọ̀gẹ̀dẹ̀ abo nunca tem uma vida dura.
Ẹ̀dọ̀ òkúta nunca provoca dor.

21 — RECEITA PARA TRATAR INCHAÇO DO ROSTO, PÉS E MÃOS

Folha de Andropogon gayanus, Gramineae
Raiz de Strophantus hispidus, Apocynaceae[8]
Raiz de Mucuna poggei, Leguminosae Papilionoideae
Fruto de Xylopia aethiopica, Annonaceae (pimenta-da-guiné)
Nove pedras de fogo
Ferver. Pronunciar a encantação. Tomar três vezes ao dia.

Quando chega a estação seca, *èrùwà* sempre seca.
A raiz *ìjòkùn* é sempre preta.
Ìṣá, ajude-nos a levar esta doença embora.
Nenhuma doença jamais afeta a *òkúta*.

22 (89) OÒGÙN ILẸ̀ TÚTÙ ÌWORÌ ÀWẸ̀DÁ

Ìworì ògúndá (Ìworì àwẹ̀dá), 54

Ewé ìtàkùn dájí

Egbò ìṣá

Egbò ìjòkùn

Egbò èrúwà

A ó tẹfá lórí ìyẹ̀ròsùn, a ó pe ọfọ̀ rẹ̀. A ó po gbogbo rẹ̀ pọ̀. A ó sè é nínú omi gbígbóná, a ó sì fi wẹ ojú.

Ìworì àwẹ̀dá wá wẹ lámọrín yìí dá
Dájí ni k'ára rẹ̀ ó dá
Ṣákáṣáká ni èrùwà dá
Ìṣá kó ṣa àrùn kúrò l'ara rẹ̀
Ìjòkùn mú àrùn ikùn kúrò.

23 (93) OÒGÙN ORÍWO

Ejìogbè, 1

Ewé ògùngún

Ewé ẹ̀gún

Èso ẹ̀ẹ̀rù

A ó sè é nínú omi, a ó pe ọfọ̀ rẹ̀ sí i, a ó sì fi aṣọ funfun sí inú rẹ̀, a ó rọra máa fi jó ara.

Ẹ̀ẹ̀rù ní kó rù
Ògùngún l'ó ní kó gún
Ẹ̀gún o ni kó gún
Ejìogbè gbé ìpá yìí kúrò.

22 — RECEITA PARA TRATAR INCHAÇO DO ROSTO, PÉS E MÃOS

Folha de CISSUS sp., Vitaceae
Raiz de STROPHANTUS HISPIDUS, Apocynaceae[9]
Raiz de MUCUNA POGGEI, Leguminosae Papilionoideae
Raiz de ANDROPOGON TECTORUM, Gramineae
Desenhar o odu, pronunciando a encantação. Misturar tudo e ferver. Lavar o rosto com a preparação.

Ìworì àwẹ̀dá, venha curar esta pessoa.
Dájí diz que seu corpo deve curar-se.
Èrùwà está sempre em forma.
Ìṣá, remova a doença do seu corpo.
Ìjòkùn, remova esta doença das vísceras.

23 — RECEITA PARA TRATAR INCHAÇÕES

Folha de COLA GIGANTEA var. GLABRESCENS, Sterculiaceae[10]
Folha de ZANTHOXYLUM VIRIDE, Rutaceae
Fruto de XYLOPIA AETHIOPICA, Annonaceae (pimenta-da-guiné)
Ferver. Pronunciar a encantação. Molhar um pano branco na preparação e esfregá-lo cuidadosamente no corpo.

Ẹ̀ẹ̀rù diz que ela deve encolher [voltar ao normal].
Ògùngún diz que ela deve tornar-se perfeita.
Ẹ̀gún diz que ela deve tornar-se perfeita.
Ejìogbè, leve esta inchação para longe.

24 (97) OÒGÙN ORÍWO Òfún méjì, 16

Ewé ewúro

Ewé tábà gbígbẹ

Òrí

A ó lọ ọ́ pẹ̀lú òrí, a ó pe ọfọ̀ rẹ̀, a ó sì fi pa ara.

Ewúro ló ní kí oríwo kó tú

Tábà ta oríwo kúrò

Òrí ní ká máà rí oríwo mọ́

25 (98) OÒGÙN ORÍWO Ìworì òfún, 61

Ewé omi tútù

Ewé túbèká

Òrí

Koóko inú yaya

A ó lọ ọ́ pọ̀ mọ́ òrí, a ó pe ọfọ̀ rẹ̀, a ó sì máa fi pa ara wúwú.

Ewé omi tútù tú oríwo kó san

Túbèká tú oríwo kó sàn

Koóko inú yaya kì í bá ikán jà

Òrí ó ní kí a má rí mọ́.

24 — RECEITA PARA TRATAR INCHAÇÕES

Folha de VERNONIA AMIGDALINA, Compositae (alumã)
Folha seca de NICOTIANA TABACUM, Solanaceae (fumo)
BUTYROSPERMUM PARADOXUM subsp. PARKII, Sapotaceae (limo da costa)
Moer com limo da costa. Pronunciar a encantação. Esfregar a preparação no corpo.

Ewúro diz que a inchação deve pôr as suas impurezas para fora.
Tábà, expulse a inchação.
Òrí diz que não deveremos mais ver a inchação.

25 — RECEITA PARA TRATAR INCHAÇÕES

Folha de BRILLANTAISIA LAMIUM, Acanthaceae
Folha de ACALYPHA CILIATA, Euphorbiaceae
BUTYROSPERMUM PARADOXUM subsp. PARKII, Sapotaceae (limo da costa)
Grama cortada por cupins
Moer a mistura e misturar com limo da costa. Pronunciar a encantação. Esfregar a preparação na área inchada.

Omi tútù, diminua a inchação para que ela desapareça.
Túbèká, diminua a inchação para que ela desapareça.
A grama cortada pelo cupim não briga com ela.
Òrí diz que não deveremos mais ver a inchação.

26 (105) OÒGÙN AMÚ ỌMU YỌ — Ọ̀ṣẹ́ ọ̀yẹ̀kú (Ọ̀ṣẹ́ akínyọdé), 228

Ewé ata olúigbó
Èèpo ògùngún
Ewé ògùngún
Èèpo páńdọ̀rọ̀
Èso páńdọ̀rọ̀
Èso àìdan
A ó gún un pọ̀ a ò sì sé é nínú ìkòkò, a ó tẹfá lórí ìyẹ̀ròsùn, a ó pe ọfọ̀ rẹ̀, a ó po gbogbo rẹ̀ pọ̀, kí ọmọbìnrin wẹ ọmú pẹ̀lú rẹ̀

> *Ata olúigbó rèé gbé ọmú omidan wá*
> *Páńdọ̀rọ̀ ó ní kí ọmú rẹ̀ óyọ wá sí òde*
> *Ògùngún l'ó ní kó gùn sí òde*
> *Àìdan l'ó ní kó má lè dan án*
> *Ọ̀ṣẹ́yẹ̀kú kó ṣẹ́ ẹ sí òde.*

27 (108) OÒGÙN ARẸMỌ — Ejìogbè, 1

Ewé ikín ìrùkẹ̀
Ewé èsìsì ilẹ̀
Egbò ọ̀gbọ̀lọ̀
Kán-ún bílálà
Iyọ̀
A ó gún un, a ó sì sá a gbẹ, a ó fi tẹfá, a ó pe ọfọ̀ rẹ̀, a ó sì máa mu ún pẹ̀lú ẹ̀kọ gbígbóná l'ójoojúmọ́.

> *Ewé ikín gbọ́mọ wá*
> *Ọmọ roro ni ti èsìsì ilẹ̀*
> *Ọmọ kì í tán nídí ọ̀gbọ̀lọ̀*
> *Kán-ún bílálà la ọ̀nà ọmọ wá*
> *Iyọ̀ kí ó yọ ọmọ wá.*

26 — RECEITA PARA AJUDAR MOÇA A DESENVOLVER OS SEIOS

Folha de PLEIOCARPA PYCNANTHA, Apocynaceae
Casca de COLA GIGANTEA var. GLABRESCENS, Sterculiaceae[11]
Folha de COLA GIGANTEA var. GLABRESCENS, Sterculiaceae
Casca de KIGELIA AFRICANA, Bignoniaceae
Fruto de KIGELIA AFRICANA, Bignoniaceae
Fruto de TETRAPLEURA TETRAPTERA, Leguminosae Mimosoideae

Pilar. Cozinhar numa panela. Desenhar o odu em *ìyẹ̀ròsùn*, pronunciando a encantação. Misturar tudo. A jovem deve lavar os seios com a preparação.

Ata olúigbó, vá e traga os seios da donzela.
Páńdọ̀rọ̀ diz que os seus seios devem vir para fora.
Ògùngún diz que eles devem brotar.
Àìdan diz que eles não devem ser magoados.
Ọ̀sẹ́yẹ̀kú deve pô-los para fora.

27 — RECEITA PARA VIRILIDADE

Folha de PANICUM MAXIMUM, Gramineae (capim-guiné)
Folha de SIDA URENS, Malvaceae (guaxima)
Raiz de CISSUS POPULNEA, Vitaceae[12]
Potássio concentrado
Sal

Pilar e secar. Desenhar o odu no pó obtido, pronunciando a encantação. Tomar com acaçá quente todos os dias.

Folha de *ikín*, traga crianças para mim.
Èsìsì ilẹ̀ sempre acaba parindo crianças lindas.
Ọ̀gbọ̀lọ̀ nunca carece de crianças.
Kán-ún bílálà, abra o caminho para as crianças virem.
Iyọ̀, traga-me crianças.

28 (110) OÒGÙN ARẸMỌ Ejìogbè, 1

Egbò enísà oògùn
Odidi ataare mẹ́wa
Ọ̀gẹ̀dẹ̀ àgbagbà dúdú
A ó lọ̀ ọ́ pọ̀, a ó fi tẹfá, a ó pe ọfọ̀ rẹ̀, a ó gún un pọ̀ mọ́ ọ̀gẹ̀dẹ̀ àgbagbà dúdú (lẹ́hìn tí a bá ti yọ èèpo rẹ̀). A ó máa mu ún pẹ̀lú ọtí líle tàbí ẹ̀kọ.

> *Enísà oògùn bá mi sà oògùn sókó mi*
> *Kó máa ní agbára*
> *Agbára káká ni ti ọ̀gẹ̀dẹ̀ àgbagbà*
> *Ara yíyá gágá ni t'ataare.*

29 (121) OÒGÙN ARẸMỌ Ògúndá méjì, 9

Ewé ẹkẹ́ ilẹ̀
Ewé ọ̀súnsún
Ewé àrínigo
Ewé aka
Ejò kan
Alábahun kan
A ó jó o, a ó fi tẹfá, a ó pe ọfọ̀ rẹ̀, a ó pò ó pọ̀, a ó sì máa lá a pẹ̀lú oyin.

> *Ẹkẹ́ ilẹ̀ k'ọmọ wá*
> *Ọ̀súnsún sún ọmọ sí mi*
> *Àrínigo jẹ́ kí ọmọ ó rìn mọ́ mi*
> *Aka ká ọmọ wá*
> *Ọmọ yọyọ ni t'ejò*
> *Àtọmọdọ́mọ l'alábahun di ẹrù.*

28 — RECEITA PARA VIRILIDADE

Raiz de Ritchiea capparoides var. longipedicellata, Capparaceae
Dez frutos inteiros de Aframomum melegueta, Zingiberaceae (amomo)
Fruto de Musa sapientum var. paradisiaca (preto), Musaceae (banana-da-terra)
Descascar a banana e moer com a mistura. Desenhar o odu na preparação, pronunciando a encantação. Pilar tudo. Tomar com bebida alcoólica ou acaçá.

Enísà oògùn, ajude-me a aplicar o remédio em meu pênis.
Que ele possa ser poderoso.
Ọ̀gẹ̀dẹ̀ àgbagbà é sempre muito poderoso.
Ataare é sempre muito ativo.

29 — RECEITA PARA VIRILIDADE

Folha de Melia azederach, Meliaceae (amargoseira)
Folha de Carpolobia lutea, Polygalaceae
Folha de Microdesmis puberula, Pandaceae
Folha de Lecaniodiscus cupanioides, Sapindaceae
Uma cobra
Uma tartaruga
Queimar todos os ingredientes. Desenhar o odu na preparação, pronunciando a encantação. Misturar e lamber com mel.

Ẹkẹ́ ilẹ̀, traga filhos para fora.
Ọ̀súnsún, arraste filhos para perto de mim.
Àrínigo, deixe os filhos caminharem para mim.
Aka, colha filhos e os traga para mim.
A cobra é sempre abençoada com muitos filhinhos.
A tartaruga está sempre carregada de muitos filhos.

30 (126) OÒGÙN ARẸMỌ Ogbè òdí, 19

Ewé ọ̀pàsúpà

Ewé àgbọnyìn

Ewé ọgángán

Kán-ún bílálà

A ó gún un, sì sáa gbẹ, tẹfá lórí lẹ́bú rẹ̀, pe ọfọ̀ rẹ̀ sì máa mu ún pẹ̀lú ẹ̀kọ gbígbóná l'ójoojúmọ́.

Ọ̀pàsúpà ní í pe ọmọ wá
Àgbọnyìn gbé ọmọ wá
Ọgángán jẹ́ kí ọmọ ṣe ọ̀gangan mi

31 (132) OÒGÙN ARẸMỌ Ogbè ọ̀sá, 25

Ewé àpọ̀ngbé

Ewé ọ̀gbọ̀lọ̀

Egbò tìpẹ̀ tìpẹ̀

Odidi ataare kan

Ìgbín kan

Jo ó, fi tẹfá, pe ọfọ̀ rẹ̀, pò ó pọ̀, sì máa mu ún pẹ̀lú ẹ̀kọ gbígbóná l'ọjọ́ mẹ́ta mẹ́ta.

Àpọ̀ngbé pọn ọmọ wá
Ọ̀gbọ̀lọ̀ gbé ọmọ wá
Típẹ̀ típẹ̀ Iọ rèé fa ọmọ tèmi wá
Àtọmọdọ́mọ làá bá ìgbín
Ara yíyá gágá ni t 'ataare.

30 — RECEITA PARA VIRILIDADE

Folha de Clerodendrom polycephalum, Verbenaceae
Folha de Piptadeniastrum africanum, Leguminosae Mimosoideae
Folha de Stachytarpheta angustifolia, Verbenaceae
Potássio concentrado
Pilar e secar. Desenhar o odu na preparação, pronunciando a encantação.
Tomar com acaçá quente todos os dias.

Ọ̀pàsúpà chama os filhos.
Àgbọnyìn, traga os filhos.
Ọgángán, deixe os filhos virem direto para mim.

31 — RECEITA PARA VIRILIDADE

Folha de Trilepsium madagascariense, Moraceae
Folha de Grewia mollis, Tiliaceae[13]
Raiz de Desmodium gangeticum, Leguminosae Papilionoideae
Fruto inteiro de Aframomum melegueta, Zingiberaceae (amomo)
Um caracol
Queimar todos os ingredientes. Desenhar o odu na preparação, pronunciando a encantação. Misturar e tomar com acaçá quente a cada três dias.

Àpọ̀ngbé, carregue um filho em suas costas e o traga para mim.
Ọ̀gbọ̀lọ̀, conduza um filho para mim.
Típẹ̀ típẹ̀, vá e puxe o meu filho para mim.
De geração em geração se encontram caracóis.
Ataare é sempre muito ativo.

32 (145) OÒGÙN ARẸMỌ — Òtúrá òfún, 211

Egbò aka ẹ̀gì
Ewé aka ẹ̀gì
Egbò àrínigo
Ewé àrínigo
Ẹja òjíjí
Kán-ún bílálà
A ó lọ̀ ọ́, a ó pe ọfọ̀ rẹ̀, a ó mu ún pẹ̀lú ẹ̀kọ gbígbóná.
Aka ẹ̀gì jẹ́ kí ọmọ dà wá gììrìgì
Òjíjí ní kí ọmọ ó jí wá bá mi
Àrínigo jẹ́ kí ọmọ ó rìn mọ́ mi.

33 (147) OÒGÙN ARẸMỌ — Ìrẹtẹ̀ ogbè, 212

Ewé aika
Ewé ìgbá
Ewé ọ̀súnsún
Ewé àrínigo
Sun ún, fi tẹfá, pe ọfọ̀ rẹ̀, pò o pọ̀, sì máa mu ún pẹ̀lú ọtí òyinbó.
Aika ká ọmọ wá
Ìgbá gba ọmọ wa
Ọ̀súnsún sún ọmọ sí mi
Àrínigo ní kí ọmọ rìn mọ́ mi.

32 — RECEITA PARA VIRILIDADE

Raiz de LANNEA NIGRITIANA var. PUBESCENS, Anacardiaceae
Folha de LANNEA NIGRITIANA var. PUBESCENS, Anacardiaceae
Raiz de MICRODESMIS PUBERULA, Pandaceae
Folha de MICRODESMIS PUBERULA, Pandaceae
Um peixe-elétrico
Potássio concentrado
Moer tudo. Pronunciar a encantação. Tomar com acaçá quente.

Aka ẹ̀gì, deixe os filhos virem logo para mim.
Òjíjí diz que os filhos devem acordar e vir para mim.
Àrínigo, deixe os filhos caminharem para mim.

33 — RECEITA PARA VIRILIDADE

Folha de LECANIODISCUS CUPANIOIDES, Sapindaceae
Folha de SOLANUM INCANUM, Solanaceae (berinjela)[14]
Folha de CARPOLOBIA LUTEA, Polygalaceae
Folha de MICRODESMIS PUBERULA, Pandaceae
Queimar as folhas. Desenhar o odu na preparação, pronunciando a encantação.
Misturar e tomar com gim.

Aika, colha um filho e o traga para mim.
Ìgbá, varra filhos para cá.
Ọ̀súnsún, empurre filhos para mim.
Àrínigo diz que um filho vem para mim.

34 (148) OÒGÙN AREMỌ Ọ̀ṣẹ́ ogúndá (ọ̀ṣẹ́ mọlà), 235

Ewé okùn ìkálẹ̀
Ewé ọlẹ̀ẹ́
Ewé àtòrì
Odidi ataare kan
Sun ún, tẹfá lórí lẹ́bú rẹ̀, pe ọfọ̀ rẹ̀. A ó pò ó pọ̀, jẹ ẹ́ pẹ̀lú ẹ̀kọ lójoojúmọ́.

Okún ìkálẹ̀ ó ní kí ọmọ kalẹ̀ s'ọ́dọ̀ mi
Ọlẹ̀ẹ́ ó ní kí n ní ọlẹ̀ ọmọ
Àtòrì ní kí ọmọ ó tó l›ọ́dọ̀ mi.

35 (149) OÒGÙN AREMỌ Òfúntọ̀lá (Òfúntúá), 254

Ewé wonáwoná
Ewé tanná poṣó
Ewé yúnyun
Ìgbín kan
A ó lọ̀ ọ́. Sì sáa gbẹ. A ó pe ọfọ̀ rẹ̀. Sì máa mu ún pẹ̀lú ẹ̀kọ gbígbóná l'ójoojúmọ́.

Wonáwoná ní í wo ọmọ wáyé
Tanná poṣó pe ọmọ wá
Yúnyun ní kí ọmọ mi máa ṣe yùn-ùn
Ìgbín kì í wáyé aláì-bí-ọmọ.

36 (151) OÒGÙN AṢẸ́ OBÌNRIN Ìrosùn méjì, 5

Ewé ìdò pupa
Èso ìdò pupa
Ìtànná ìdò pupa
Ewé làálí
A ò lọ̀ ọ́. A ó tẹfá lórí ìyẹ̀ròsùn, a ó mu ún pẹ̀lú ẹ̀kọ gbígbóná lálẹ́.

34 — RECEITA PARA VIRILIDADE

Folha de ADENTA LOBATA, Passifloraceae
Folha de ANTIDESMA LACINIATUM var. MEMBRANACEUM, Euphorbiaceae
Folha de GLYPHAES BREVIS, Tiliaceae
Fruto inteiro de AFRAMOMUM MELEGUETA, Zingiberaceae (amomo)
Queimar, desenhar o odu na preparação, pronunciando a encantação e misturar tudo. Tomar com acaçá frio todos os dias.

Okún ìkálẹ̀ diz que o filho deve ficar junto de mim.
Ọlẹ̀ẹ́ diz que eu devo gerar muitos fetos.
Àtòrì diz que eu terei suficientes filhos junto de mim.

35 — RECEITA PARA VIRILIDADE

Folha de PHAULOPSIS BARTERI, Acanthaceae
Folha de MIRABILIS JALAPA, Nyctaginaceae (maravilha)
Folha de ASPILIA AFRICANA, Compositae
Um caracol
Moer e secar. Pronunciar a encantação. Tomar com acaçá quente todos os dias.

Wonáwoná vê as crianças virem ao mundo.
Tanná poṣó, chame os filhos para cá.
Yúnyun diz que os meus filhos devem ser numerosos.
Ìgbín nunca vem ao mundo sem ter filhos.

36 — RECEITA PARA QUE A MENSTRUAÇÃO VENHA

Folha de CANNA INDICA (vermelha), Cannaceae (cana-de-jardim)
Fruto de CANNA INDICA (vermelha), Cannaceae
Flor de CANNA INDICA (vermelha), Cannaceae
Folha de LAWSONIA INERMIS, Lythraceae (hena)
Moer. Desenhar o odu em *ìyẹ̀ròsùn*. Tomar à noite com acaçá quente.

37 (155) OÒGÙN AṢẸ́ OBÌNRIN Ọ̀bàrà kosùn, 111

Ewé làálì
Egbò làálì
Kán-ún bílálà
A ó lọ̀ ọ́, a ó pe ọfọ̀ rẹ̀, a ó mu ún pẹ̀lú ẹ̀kọ gbígbóná lálẹ́.

> *Làálì bá mi l'àṣẹ mi*
> *Kán-ún bílálà bá mi l'àṣẹ mi.*

38 (160) OÒGÙN AṢẸ́ OBÌNRIN Òtúrá ọ̀ṣé, 210

Ewé làbẹlàbẹdò
Ewé làálì
Egbò làpálàpá funfun
Egbò òrúwọ
Ata
Kán-ún bílálà
Omi ògì
A ó sè é. A ó pe ọfọ̀ rẹ̀. A ó sì máa mu ún l'ẹ̀ẹ̀mẹta l'ójoojúmọ́.

> *Làbẹlàbẹ ni í l'àṣẹ*
> *Làpálàpá ni í l'àṣẹ*
> *Òrúwọ ní k'áṣẹ̀ẹ́ náà wọ́ dé*
> *Làálì ní k'ó là.*

39 (161) OÒGÙN AṢẸ́ OBÌNRIN Òtúrá ọ̀ṣẹ́, 210

Ewé ilá funfun
Osùn búkẹ
Ẹ̀yà ọ̀run funfun
A ò lọ̀ ọ́, a ó pe ọfọ̀ rẹ̀, a ó mu ún pẹ̀lú ẹ̀kọ gbígbóná lálẹ́.

> *Ilá funfun Ia àṣẹ obìnrin fún un*
> *Ẹ̀yà ọ̀run funfun ya àṣẹ obìnrin fún un*
> *Osùn búkẹ bu àṣẹ obìnrin fún un.*

37 — RECEITA PARA QUE A MENSTRUAÇÃO VENHA

Folha de Lawsonia inermis, Lythraceae (hena)
Raiz de Lawsonia inermis, Lythraceae
Potássio concentrado
Moer. Pronunciar a encantação. Tomar à noite com acaçá quente.

Làálì, ajude-me a ter menstruação.
Kán-ún bílálà, ajude-me a ter menstruação.

38 — RECEITA PARA QUE A MENSTRUAÇÃO VENHA

Folha de Scleria depressa, Cyperaceae
Folha de Lawsonia inermis, Lythraceae (hena)
Raiz de Jatropha curcas, Euphorbiaceae (pinhão)
Raiz de Morinda lúcida, Rubiaceae
Zanthoxylum senegalense, Rutaceae
Potássio concentrado
Água com amido de milho
Ferver a mistura. Pronunciar a encantação. Tomar três vezes ao dia.

Làbẹ̀làbẹ̀ sempre abre a menstruação.
Làpálàpá sempre abre a menstruação.
Òrúwọ̀ diz que a menstruação deve fluir para cá.
Làálì diz que ela deve fluir.

39 — RECEITA PARA QUE A MENSTRUAÇÃO VENHA

Folha de Asystasia gangetica, Acanthaceae
Dracaena mannii, Agavaceae
Alume
Moer. Pronunciar a encantação. Tomar à noite com acaçá quente.

Ilá branco, abra a menstruação desta mulher.
Ẹ̀yà ọ̀run branco, abra a menstruação desta mulher.
Osùn búkẹ̀, vá buscar a menstruação desta mulher.

40 (163) OÒGÙN ÀTẸ̀TÚ Ìwòrì ògúndá, 54

Ìtàkùn atò

Ọ̀gẹ̀dẹ̀ ọ̀mìnì

Fi ìtàkùn atò sínú igbá kòtò pẹ̀lú ọ̀gẹ̀dẹ̀ ọ̀mìnì kan. Fi sí omi tútù. Tẹ́fá lórí ìyẹ̀ròsùn. Dà á pọ̀, mu díẹ̀ látí inú igbá kòtò tí a rọra ṣí.

41 (164) OÒGÙN ÀTỌ̀SÍ Ẹ̀jìogbè, 1

Ewé ahọ́n ẹkùn

Omi òrombó wẹ́wẹ́

Kán-ún bílálà

A ó gún ún pọ́, a ó pe ọ̀fọ̀ rẹ̀, a ó fi sínú igò. A ó mu síbí mẹ́ta láàárọ̀.

Àtọ̀sí kì í ṣe ahọ́n ẹkùn

Àtọ̀sí ki í sé omi òrombó

Kán-ún ni kí ó fi kán àtọ̀sí.

42 (181) OÒGÙN ÀTỌ̀SÍ Ogbè bàrà, 22

Ewé abéròdéfẹ̀

Ewé àgbásá

Ẹ̀ẹ̀rù

Àìdan

A ó gún wọn pọ́, a ó sè é, a ó pe ọ̀fọ̀ rẹ̀, a ó fi sínú igò. A ó mu síbí kan láàrọ̀.

Abéròdéfẹ̀ bá àtọ̀sí kúrò l'ára

Àgbásá ní kí ó ma á sá lọ

Ẹ̀ẹ̀rù k'ó rù ú kúrò

Àìdan máà jẹ́ kí ó dan mí o.

40 — RECEITA PARA TRATAR ABSCESSOS NO PÊNIS OU NA VAGINA

Caule de CHASMANTHERA DEPENDENS, Menispermaceae
Fruto de MUSA SAPIENTUM, Musaceae (bananeira)
Colocar o caule da CHASMANTHERA cortado em pedaços e a banana descascada numa cabaça com tampa. Adicionar água fria. Desenhar o odu em *ìyẹ̀ròsùn*. Misturar e tampar. Abrir ligeiramente a tampa e beber da própria cabaça.

41 — RECEITA PARA TRATAR GONORREIA

Folha de HIBISCUS SURATTENSIS, Malvaceae[15]
Suco de CITRUS AURANTIFOLIA. Rutaceae (lima-da-pérsia)
Potássio concentrado
Pilar. Pronunciar a encantação. Engarrafar. Tomar três colheres de sopa todas as manhãs.

> A gonorreia nunca perturba *ahọ́n ẹkùn.*
> A gonorreia nunca perturba o suco de *òrom̀bó.*
> Use *kán-ún bílálà* para derrotar a gonorreia.

42 — RECEITA PARA TRATAR GONORREIA

Folha de DESMODIUM GANGETICUM, Leguminosae Papilionoideae
Folha de CLAUSENA ANISATA, Rutaceae (anis)
XYLOPIA AETHIOPICA, Annonaceae (pimenta-da-guiné)
TETRAPLEURA TETRAPTERA, Leguminosae Mimosoideae
Pilar e ferver. Pronunciar a encantação. Engarrafar a mistura e tomar uma colher de sopa todas as manhãs.

> *Abéròdéfẹ̀,* conduza a gonorreia para fora do corpo.
> *Àgbásá* diz que ela tem de fugir.
> *Ẹ̀ẹ̀rù* deve conduzi-la para fora.
> *Àìdan,* não deixe que ela me perturbe.

43 (182) OÒGÙN ÀTỌ̀SÍ Ogbè òtúrá, 28

Ewé òbò ẹṣin
Ẹ̀ẹ̀rù
Ewé ìtàkùn ọ̀kẹ́rẹ́
Ọ̀gẹ̀dẹ̀ àgbagbà dúdú
Kán-ún bílálà
A ó gún wọn pọ̀. A ó pe ọfọ̀ rẹ̀. Mu ún pẹ̀lú ẹ̀ko gbígbóná.

> *Òbò ẹṣin ní ì wo àtọ̀sí sàn*
> *Ẹ̀ẹ̀rù ru àtọ̀sí kúrò*
> *Ìtàkùn ọ̀kẹ́rẹ́ kì í l'àtọ̀sí*
> *Kán-ún bílálà ni o fi kán-an*
> *Ọ̀gẹ̀dẹ̀ àgbagbà kì í ṣe àtọ̀sí.*

44 (188) OÒGÙN ÀTỌ̀SÍ Òfún ògúndá (Òfún eko), 250

Ewé ẹlẹ́pọ̀n mẹ́ta
Ewé àsùnwọ̀n gidi
Ewé ìtàkùn ọ̀kẹ́rẹ́
Ata gidi
Kán-ún bílálà
A ó gún wọn pọ̀. A ó pe ọfọ̀ rẹ̀. Mu ún pẹ̀lú ẹ̀kọ gbígbóná.

> *Ẹlẹ́pọ̀n mẹ́ta ní í wo àtọ̀sí san*
> *Àsùnwọ̀n gidi bá wa wọ́n àtọ̀sí kúrò*
> *Kán-ún bílálà Ia ọ̀nà àtọ̀sí kúrò*
> *Ìtàkùn ọ̀kẹ́rẹ́ kì í rí àtọ̀sí*
> *Ata ni kí ó fi ta á kúrò.*

43 — RECEITA PARA TRATAR GONORREIA

Folha de Asystasia gangetica, Acanthaceae

Xylopia aethiopica, Annonaceae (pimenta-da-guiné)

Folha de Grewia carpinifolia, Tiliaceae

Fruto de Musa sapientum var. paradisiaca (preto), Musaceae (banana--da-terra)

Potássio concentrado

Pilar a mistura. Pronunciar a encantação. Tomar com acaçá quente.

Òbò ẹṣin sempre cura a gonorreia.
Ẹ̀ẹ̀rù, conduza a gonorreia para fora.
Ìtàkùn ọkẹ́rẹ́ nunca sofre de gonorreia.
Use *kán-ún bílálà* para derrubá-la.
Ọ̀gẹ̀dẹ̀ àgbagbà nunca sofre de gonorreia.

44 — RECEITA PARA TRATAR GONORREIA

Folha de Micrococca merculiaris, Euphorbiaceae

Folha de Senna podocarpa, Leguminosae Caesalpinioideae

Folha de Grewia carpinifolia, Tiliaceae

Zanthoxylum senegalense, Rutaceae

Potássio concentrado

Pilar. Pronunciar a encantação. Tomar com acaçá quente.

Ẹlẹ́pọ̀n mẹ́ta sempre cura a gonorreia.
Àsùnwọ̀n gidi, ajude-nos a limpar a gonorreia.
Kán-ún bílálà, abra o caminho de saída da gonorreia.
Ìtàkùn ọkẹ́rẹ́ nunca sofre de gonorreia.
Use *ata* para expulsá-la.

45 (190) OÒGÙN ÀTỌ̀SÍ ẸLẸ́JẸ̀ Òfún ọ̀wọ́nrín, 247

Ewé àságbó

Èso tàgíìrì

Egbò gbógbórí

A ó sè é, a ó pe ọfọ̀ rẹ̀, a ò mu ún.

Àságbó ní í gba orí àtọ̀sí

Tàgíìrì ta àtọ̀sí kúrò

Gbógbórí gbé àtọ̀sí kúrò lára.

46 (191) OÒGÙN ÀTỌ̀SÍ OLÓYÚN Òtúra ká (Òtúrá ìká), 207

Ewé anígbódigbó

Ewé kọ́léọrọ́gbà

Àlùbọ́sà eléwé

Òrí

A ó lò ọ́ pẹ̀lú òrí, a ó pe ọfọ̀ rẹ̀, a ó máa mu ún pẹ̀lú ẹ̀kọ gbígbóná lójoojúmọ́.

Anígbódigbó di àtọ̀sí lọ

Kọ́léọrọ́gbà gbé àtọ̀sí lọ

Àlùbọ́sà ṣa àtọ̀sí lọ

Òrí máà jẹ́ kí á rí àtọ̀sí mọ́.

45 — RECEITA PARA TRATAR GONORREIA SANGUINOLENTA

Folha de BRIDELIA GRANDIS, Euphorbiaceae
Fruto de LAGENARIA BREVIFLORA, Cucurbitaceae
Raiz de ACRIDOCARPUS SMEATHMANNII, Malpighiaceae
Ferver. Pronunciar a encantação. Tomar a preparação.

Àságbó, corte a cabeça da gonorreia.
Tàgîìrì, chute a gonorreia para fora.
Gbógbórí, leve a gonorreia para fora do corpo.

46 — RECEITA PARA TRATAR GONORREIA EM MULHER GRÁVIDA

Folha de HYMENOSTEGIA AFZELII, Leguminosae Caesalpinioideae
Folha de PERGULARIA DAEMIA, Asclepiadaceae
Bulbo de ALLIUM AESCALONICUM, Liliaceae (cebolinha-branca)
BUTYROSPERMUM PARADOXUM subsp. PARKII, Sapotaceae (limo da costa)
Moer os ingredientes com limo da costa. Pronunciar a encantação.
Tomar com acaçá quente todos os dias.

Anígbódigbó, mande a gonorreia embora.
Kọ́léọrọ́gbà, leve a gonorreia.
Àlùbọ́sà, tire a gonorreia.
Òrí, não nos deixe sofrer de gonorreia nunca mais.

47 (192) OÒGÙN ÈDÀ Ògúndá méjì, 9

Ewé alàgbà

Egbò awúję

Egbò kasan

Kán-ún bílálà

A ò gún wọn pọ̀, a ó pe ọfọ̀ rẹ̀, a mu ún pẹ̀lú ẹ̀kọ gbígbóná lójoojúmọ́.

Alàgbà bá mi gbé àrùn yìí lọ

Àwúję bá mi gbé àrùn yìí lọ

Kasan ó ní kí àrùn ó sàn

Kán-ún bílálà bá mi ká àrùn lọ.

48 (195) OÒGÙN ÈDÀ Ogbè sá, 25

Ewé amùjẹ̀ wẹ́wẹ́

Èèpo amùjẹ̀ wẹ́wẹ́

Àlùbọ́sà eléwé

Kán-ún bílálà

A ó lọ̀ ọ́. A ó pe ọfọ̀ rẹ̀. Si máa mu ún pẹ̀lú ẹ̀kọ gbígbóná lójoojúmọ́.

Amùjẹ̀ mú ẹ̀dà lọ

Àlùbọ́sà k'ó ṣa ẹ̀dà kúrò

Kán-ún bílálà ká ẹ̀dà lọ.

49 (201) OÒGÙN ÈDÀ Ọ̀kànràn sodè (Ọ̀kànràn ogbè), 122

Ewé tẹ̀tẹ̀ ọsàn

Ewé idí

Èèpo idí

Egbò idí

Ẹ̀ẹ̀rù

A ó sè é nínú omi, a ó pe ọfọ̀ rẹ̀, a ó máa mu ife kọ̀ọ̀kan lójoojúmọ́.

Tẹ̀tẹ̀ ọsàn bá wa tẹ ẹ̀dà mọ́lẹ̀

Idí bá wa dí àrùn mọ́ ọ̀run.

47 — RECEITA PARA TRATAR LEUCORREIA

Folha de RAUVOLFIA CAFFRA, Apocynaceae
Raiz de DESPLATSIA DEWEVREI, Tiliaceae[16]
Raiz de SMILAX KRAUSSIANA, Smilacaceae
Potássio concentrado
Pilar. Pronunciar a encantação. Tomar com acaçá quente todos os dias.

Alàgbà, ajude-me a levar esta doença embora.
Àwúję, ajude-me a levar esta doença embora.
Kasan diz que a doença deve acabar.
Kán-ún bílálà, ajude-me a amarrar esta doença e levá-la embora.

48 — RECEITA PARA TRATAR LEUCORREIA

Folha de BYRSOCARPUS COCCINEUS, Connaraceae[17]
Casca de BYRSOCARPUS COCCINEUS, Connaraceae
Bulbo de ALLIUM AESCALONICUM, Liliaceae (cebolinha-branca)
Potássio concentrado
Moer. Pronunciar a encantação. Tomar com acaçá quente todos os dias.

Amùjẹ̀, leve a leucorreia embora.
Àlùbọ́sà deve levá-la para fora.
Kán-ún bílálà, mande a leucorreia embora.

49 — RECEITA PARA TRATAR LEUCORREIA

Folha não identificada
Folha de TERMINALIA GLAUCESCENS, Combretaceae
Casca de TERMINALIA GLAUCESCENS, Combretaceae
Raiz de TERMINALIA GLAUCESCENS, Combretaceae
XYLOPIA AETHIOPICA, Annonaceae (pimenta-da-guiné)
Ferver. Pronunciar a encantação. Tomar um copo todos os dias.

Tẹ̀tẹ̀ ọsàn, ajude-nos a pisar na leucorreia.
Idí, ajude-nos a deter a leucorreia no além.

50 (203) OÒGÙN ẸDÀ Òfún eko (Òfún ògúndá), 250

Ewé àrọ́mọ
Ewé wọ̀rọ̀wọ́
Ewé rinrin
Ewé àtàpàrí òbúkọ
Kán-ún bílálà
A ó sun ún, a ó tẹfá lórí lẹ̀bú rẹ̀, a ó pe ọfọ̀ rẹ̀, mu ún pẹ̀lú ẹ̀kọ gbígbóná láràárọ̀.

> *Àrọ́mọ bá wa mú àrùn yìí lọ*
> *Wọ̀rọ̀wọ́ bá wa mú àrùn yìí lọ*
> *Ẹ̀rọ̀wọ̀ọ̀ ni ti rinrin*
> *Àtàpàrí òbúkọ nì í bi àrùn dànù.*

51 (205) OÒGÙN ẸYIN ABẸ́ Ìká méjì, 11

Ewé ìlasa ọmọdé
Ewé ẹnu òpírè
Ewé idí
Èèpo irà
Èèpo ìrókò
Èso ẹ̀ẹ̀rù
A ó sè é nínú omi, a ó pe ọfọ̀ rẹ̀, a ó mu ún a ó wẹ abẹ́ pẹ̀lú rẹ̀.

> *Abẹ́ ìrókò kì í l'ẹ́yin*
> *Ẹnu òpírè k'ó pa ẹyin abẹ́*
> *Irà l'ó ní k'ó rá*
> *Ìlasa ọmọdé kì í l'ẹ́yin lọ́tọ̀*
> *Idí k'ó dí abẹ̀ẹ rẹ̀*
> *Ẹ̀ẹ̀rù k'ó rù ú kúrò.*

50 — RECEITA PARA TRATAR LEUCORREIA

Folha não identificada

Folha de SENECIO BIAFRAE, Compositae

Folha de PEPEROMIA PELLUCIDA, Piperaceae (jabuti-membeca)

Folha de CLAUSENA ANISATA, Rutaceae (anis)

Potássio concentrado

Queimar. Desenhar o odu no pó preto, pronunciando a encantação.

Tomar com acaçá quente todas as manhãs.

Àrọ́mọ, ajude-nos a levar esta doença embora.

Wọ̀rọ̀wọ́, ajude-nos a levar esta doença embora.

Rinrin é sempre fresco e calmo.

Àtàpàrí òbúkọ sempre empurra a doença para fora.

51 — RECEITA PARA TRATAR TUMOR NA VAGINA

Folha de URENA LOBATA, Malvaceae (guaxima-roxa)[18]

Folha de EUPHORBIA LATERIFLORA, Euphorbiaceae

Folha de TERMINALIA GLAUCESCENS, Combrelaceae

Casca de BRIDELIA FERRUGINEA, Euphorbiaceae

Casca de CHLOROPHORA EXCELSA, Moraceae

Fruto de XYLOPIA AETHIOPICA, Annonaceae (pimenta-da-guiné)

Ferver. Pronunciar a encantação. Tomar a preparação e lavar a vagina com ela.

Ìrókò nunca tem tumores em si.

Ẹnu òpírè mata os tumores.

Irà diz que eles desaparecem.

Ìlasa ọmọdé nunca tem tumores.

Idí deve bloquear a vagina.

Ẹ̀ẹ̀rù deve conduzir os tumores para fora.

52 (206) OÒGÙN ÌKÚRA Èjìogbè, 1

Ewé òjíjí

Ẹja òjíjí

A ó lọ̀ ọ́, a ó sè é pẹ̀lú ẹja òjíjí. A ó pe ọfọ̀ rẹ̀, a ó jẹ ẹ́.

Òjíjí wá bá mi jí ara mi t›ó kú yìí.

53 (207) OÒGÙN ÌMÚ OKÓ YỌ Ogbè atẹ̀, 29

Ewé abíwẹ́rẹ́

Àbẹ́yọ ọ̀gẹ̀dẹ̀

Eèsún

Òrí

A ó lọ̀ ọ́, a ó dà á pọ̀ pẹ̀lú òrí. A ó sín gbẹ́rẹ́ yíká okó a ó sì sín ẹyọ gbẹ́rẹ́ kan si orí okó. A ó fi ògùn yìí pa á.

54 (208) OÒGÙN ÌPÁ ẸPỌ̀N Ọ̀ṣẹ́ túrúpọ̀n, 238

Ewé ẹlẹ́pọ̀n mẹ́ta

Ewé àsùnwọ̀n gidi

Egbò àsùnwọ̀n gidi

Ewé àsùnwọ̀n èèbó

Egbò àsùnwọ̀n èèbó

Ewé ọrọ́ agogo

A ó sè é nínú omi. A ó pe ọfọ̀ rẹ̀. A ó sì máa mu ún láàárọ̀. A ó máa wẹ ẹpọ̀n pẹ̀lú rẹ̀ lójoojúmọ́.

Ẹlẹ́pọ̀n mẹ́ta bá mi wo ẹpọ̀n k'ó sàn

Àsùnwọ̀n wọ́n àrùn kúrò

Ọrọ́ rọ́ ipá ẹpọ̀n kúrò.

52 — RECEITA PARA TRATAR IMPOTÊNCIA

Folha de DALBERGIA LACTEA, Leguminosae Papilionoideae
Um peixe-elétrico
Moer a folha e cozinhar com o peixe. Pronunciar a encantação e comer.

Òjíjí, ajude-me a acordar o meu pênis, que está morto.

53 — RECEITA PARA FAZER O PÊNIS SAIR

Folha de HYBANTHUS ENNEASPERMUS, Violaceae
A parte que sai de dentro do tronco cortado de MUSA sp., Musaceae (bananeira)
A parte que sai de dentro do talo de PENNISETUM PURPUREUM, Gramineae (capim-elefante)
BUTYROSPERMUM PARADOXUM subsp. PARKII, Sapotaceae (limo da costa)
Moer a mistura e adicionar limo da costa. Fazer cortes ao redor do pênis e um corte pequeno na glande. Esfregar a preparação nos cortes.

54 — RECEITA PARA TRATAR INFLAMAÇÃO DOS TESTÍCULOS (ORQUITE)

Folha de MICROCOCCA MERCURIALIS, Euphorbiaceae
Folha de SENNA PODOCARPA, Leguminosae Caesalpinioideae
Raiz de SENNA PODOCARPA, Leguminosae Caesalpinioideae
Folha não identificada
Raiz não identificada
Folha de EUPHORBIA KAMERUNICA, Euphorbiaceae
Ferver. Pronunciar a encantação. Tomar todas as manhãs e lavar os testículos com a preparação.

Ẹlẹ́pọ̀n mẹ́ta, ajude-me a curar os meus testículos.
Àsùnwọ̀n, expulse a doença.
Ọrọ́, leve a doença para fora dos testículos.

55 (215) OÒGÙN KÙÚNÚ Ìwòrì wọ̀sá (Ìwòrì ọ̀sá), 55

Ewé ọlẹ̀ẹ́

Orógbó mẹ́rin

Odidi ataare mẹ́rin

Èlùbọ́ iṣu

Èso awórósó

A ó lọ̀ ọ́ pọ̀. A ó tẹfá lórí ìyẹ̀ròsùn, a ó pe ọfọ̀ rẹ̀. A ó po gbogbo rẹ̀ pọ̀. A ó mu ún nínú ẹ̀kọ gbígbóná láràárọ̀.

> *Àkù-sínú-kì í s'óde*
> *Àkù dànnù ni ti èlùbọ́*
> *Ọlẹ̀ẹ́ ní k'ó lẹ̀ sínú*
> *Àrùnkárùn kì í wọ inú orógbó*
> *Awórósó lọ rèé wò ó sàn.*

56 (216) OÒGÙN KÙÚNÚ Ìká ọ̀ṣẹ́, 180

Ewé wọ̀ọ̀rọ̀wọ́

Ewé ahárá

Ewé ẹpakún

A ó jó o, a ó tẹfá lórí rẹ̀, a ó pe ọfọ̀ rẹ̀, a ó lá a pẹ̀lú epo, a ó sì fi pa ara.

> *Ara mí le nígbà èyí*
> *Ara mí le ko ko ko*
> *Ahárá kì í rí ìn ira níjọ́ kòọ́ọ̀kan.*

55 — RECEITA PARA TRATAR DOENÇA DOS TESTÍCULOS

Folha de ANTIDESMA LACINIATUM var. MEMBRANACEUM, Euphorbiaceae
Quatro nozes de GARCINIA KOLA, Guttiferae
Quatro frutos inteiros de AFRAMOMUM MELEGUETA, Zingiberaceae (amomo)
Farinha de inhame
Fruto de CROTON PENDULIFLORUS, Euphorbiaceae
Moer tudo. Desenhar o odu em *ìyẹ̀ròsùn*, pronunciando a encantação. Misturar e tomar com acaçá quente todos os dias.

Aquele que sopra para dentro e para fora.
A farinha de *èlùbọ́* sempre voa com o vento.
Ọlẹ̀ẹ́ diz que ele deve grudar dentro.
A doença nunca entra em *orógbó*.
Awórósó, vá e acabe com a doença.

56 — RECEITA PARA TRATAR DOENÇA DOS TESTÍCULOS

Folha de SENECIO BIAFRAE, Compositae
Folha de MOMORDICA CABRAEI, Cucurbitaceae
Folha de VIGNA SUBTERRANEA, Leguminosae Papilionoideae
Queimar. Desenhar o odu na preparação. Lamber com óleo e esfregar no corpo.

Meu corpo está forte desta vez.
Meu corpo é muito forte.
Ahárá nunca sofre miséria.

57 (218) OÒGÙN LABẸ́ Ìká méjì, 11

Ewé asín
Ewé èsìsì funfun
Èèpo igbá
Òròǹbó wẹ́wẹ́
Ẹ̀yà ọ̀run dúdú

A ó lọ wọn ewé mẹ́tẹ̀ẹ̀ta. A ó fi òròmbó Òròǹbó wẹ́wẹ́ àti ẹ̀yà ọ̀run dúdú sí i. A ó se gbogbo nǹkan wọ̀nyí. A ó lọ ẹ̀yà òrun dúdú, a ó fi tẹfá. A ó pò ó pọ̀mọ́ ọn. A ó jẹ́ kí ó tútù, a ó sì fi wẹ òbò.

Ìká mèjì kí ó ká gbogbo àrùn
Ewé asín ni kí o fi sin àrùn
Ewé èsìsì funfun ni kí o fi sìn ín jìnnà
Igbá ni kí o fi gbá a kúrò.

58 (223) OÒGÙN EGBÒ Ògúndá ogbè, 137

Ewé lagbólagbó
Ẹ̀ẹ̀rù

A ó sè é nínú omi. A ó pe ọfọ̀ rẹ̀. A ó wẹ̀ ẹ́. Lẹ́hìn èyí a ó fi aṣọ wé e.

Lagbólagbó bá mi la egbò yìí k'ó sàn
Ẹ̀ẹ̀rù bá mi ru egbò kúrò.

57 — RECEITA PARA TRATAR COCEIRA NA VAGINA

Folha de Dichapetalum madagascariense, Dichapetalaceae
Folha de Tragia benthamii, Euphorbiaceae
Casca de Lagenaria siceraria, Cucurbitaceae[19]
Citrus aurantifolia, Rutaceae (limeira-da-pérsia)
Alume
Moer os três primeiros ingredientes e adicionar uma lima cortada.
Moer o alume e nele desenhar o odu, pronunciando a encantação.
Misturar o pó à preparação. Ferver. Quando esfriar, usar para lavar a vagina.

> *Ìká méjì* deve mandar a doença embora.
> Use *asín* para lavá-la.
> Use *èsìsì* branca para mandá-la embora.
> Use *ígba* para varrê-la para fora.

58 — RECEITA PARA TRATAR ÚLCERA NA PERNA

Folha de Flabellaria paniculata, Malpighiaceae
Xylopia aethiopica, Annonaceae (pimenta-da-guiné)
Ferver. Pronunciar a encantação. Lavar a perna com a preparação.
Enfaixar a perna.

> *Lagbólagbó*, ajude-me a melhorar esta ferida para que ela possa fechar-se.
> *Ẹ̀ẹ̀rù*, ajude-me a levar a ferida embora.

59 (227) OÒGÙN ÈÉLÁ Ìwòrì Ìká, 56

Ewé pirigidi
Ewé ata
Ewé àmúyàn
Ọṣẹ dúdú
A ó gún wọn pẹ̀lú ọṣẹ dúdú, a ó pe ọfọ̀ rẹ̀, fi omi òrombó wẹ́wẹ́ sí i, kí o wẹ̀ pẹ̀lú rẹ̀.

Pirigidi bá mi wo àrùn sàn
Ata bá mi ta àrùn
Àmúyàn bá mi mú àrùn kúrò.

60 (233) OÒGÙN ÈÉLÁ IKÙN Èjìogbè, 1

Ewé ọ̀dọ̀fin ilé
Iṣu ewùrà
Ọ̀gẹ̀dẹ̀ àgbagbà dúdú
Ataare
Kán-ún bílálà
A ó gún ún. Mu ún pẹ̀lú ẹ̀kọ gbígbóná.

61 (234) OÒGÙN Ẹ̀GBỌ̀N Èjìogbè, 1

Ewé àlúpàyídà
Ewé àbámọdá
Ewé ẹ̀lú
Ọṣẹ dúdú
A ó gún gbogbo rẹ̀ pọ̀ láì sọ̀rọ̀. A ó tefá lórí ìyẹ̀ròsùn. A ò fi sí inú àpò funfun kan, a ó sì fi kọ́ igun ilé.

59 — RECEITA PARA TRATAR DOENÇA DE PELE

Folha de Eriosema psoraleoides, Leguminosae Papilionoideae
Folha de Zanthoxylum senegalense, Rutaceae
Folha de Kigelia africana, Bignoniaceae
Sabão da costa
Pilar as folhas com sabão da costa. Pronunciar a encantação. Adicionar suco de limão e lavar com a preparação a pele afetada.

Pirigidi, ajude-me a acabar com esta doença.
Ata, ajude-me a expulsar a doença.
Àmúyàn, ajude-me a retirar a doença.

60 — RECEITA PARA TRATAR CICATRIZ NA BARRIGA

Folha de Blighia unijugata, Sapindaceae
Tubérculo de Dioscorea alata, Dioscoreaceae (inhame)
Fruto de Musa sapientum var. paradisiaca (preto), Musaceae (banana--da-terra)
Aframomum melegueta, Zingiberaceae (amomo)
Potássio concentrado
Pilar. Comer com acaçá quente.

61 — RECEITA PARA TRATAR A DOENÇA QUE CAUSA BOLHAS E TREMORES NO CORPO

Folha de Uraria picta, Leguminosae Papilionoideae
Folha de Bryophyllum pinnatum, Crassulaceae (folha-da-fortuna)
Folha de Lonchocarpus cyanescens, Leguminosae Papilionoideae
Sabão da costa
Pilar tudo junto, sem falar. Desenhar o odu em *ìyẹ̀ròsùn*. Fazer uma sacolinha de pano branco, colocar a preparação dentro e pendurar num canto da casa.

62 (235) OÒGÙN ẸYI Òtúrá ọ̀ṣẹ́, 210

Ewé òjíjí ọrọ́ta

Ewé òjíá

A ó lọ̀ ọ́, fi sí inú epo àgbọn. A ó tẹfá lórí ìyẹ̀ròsùn, a ó pe ọfọ̀ rẹ̀. A ó dà á pọ̀. A ó fi pa ara.

Ọ̀túrá ṣé l'ó ní kí àrùn ara rẹ̀ tú ká
Kí gbogbo àwọ̀ rẹ ó'jí péré péré
Òjíá l'ó ní kó jí
Òjíjí l'ó ní kó jí.

63 (236) OÒGÙN IFỌ̀N Ogbè ọ̀ṣẹ́, 30

Ewé yúnyun

A ó sè é nínú omi. A ó pe ọfọ̀ rẹ̀. A ó mu ún a ó si fi ra ara.

Yúnyun máà jẹ́ kí ara ó yún mi mọ́
Bí ó ṣe pé kòkòrò ló wà níbẹ̀
Bí ó ṣe pé omi ara mi ni kò dára
Yúnyun máà jẹ́ kí ara ó yún mi mọ́.

64 (237) OÒGÙN ILÀ Òtúrá méjì, 13

Ewé aṣobíabe

Ewé rinrin

A ó lọ̀ ọ́. A ó tẹfá lórí ìyẹ̀ròsùn, a ó pe ọfọ̀ rẹ̀, a ó dà á pọ̀. A ó fi ra ojú ilà náà.

Aṣobíabe ní í wo ilà sàn.
Àwòsàn ni ti rinrin.

62 — RECEITA PARA TRATAR PELE ÁSPERA

Folha de DALBERGIA LACTEA, Leguminosae Papilionoideae
Folha de DANIELLIA OGEA, Leguminosae Caesalpinioideae
Moer. Misturar com óleo de coco. Desenhar o odu em *ìyẹ̀ròsùn*, pronunciando a encantação. Misturar tudo e esfregar no corpo.

Ọ̀túrá ṣẹ́ diz que a doença do seu corpo deve se dispersar.
Que sua pele deve tornar-se perfeita.
Òjíá diz que ela deve voltar ao normal.
Òjíjí diz que ela deve reviver.

63 — RECEITA PARA TRATAR COCEIRAS

Folha de ASPILIA AFRICANA, Compositae
Ferver. Pronunciar a encantação. Tomar a preparação e esfregá-la no corpo.

Yúnyun, não deixe o meu corpo coçar mais.
Se houver germes lá.
Se o fluido no meu corpo não for bom.
Yúnyun, não deixe o meu corpo coçar mais.

64 — RECEITA PARA CICATRIZAR MARCAS TRIBAIS

Folha de DALBERGIA SAXATILIS, Leguminosae Papilionoideae
Folha de PEPEROMIA PELLUCIDA, Piperaceae (jabuti-membeca)
Moer. Desenhar o odu em *ìyẹ̀ròsùn*. Pronunciar a encantação. Misturar tudo, inclusive o *ìyẹ̀ròsùn*, e passar nas marcas tribais.

Aṣobíabe sempre cicatriza as marcas.
Rinrin sempre cura por completo.

65 (238) OÒGÙN LÓBÙÚTÙÚ Ẹ̀jìogbè, 1

Ewé gbìngbìn

Egbò ọ̀pẹ̀

Egbò arùnjẹran

Òrí

Kán-ún bílálà

A ó lọ̀ ọ́. A ó dà á pọ̀ pẹ̀lú òrí. A ó pe ọfọ̀ rẹ̀. A ó fi ra ara.

> *Gbìngbìn máa gbé lóbùútùú lọ.*
> *Ọ̀pẹ̀ má jé kó pé lára.*
> *Arùnjẹran máà jẹ́ kó jẹ mí.*

66 (241) OÒGÙN LÓBÙÚTÙÚ Ogbè ọ̀yẹ̀kú, 17

Ewé èsìsún

Egbò èsìsún

Ẹ̀ẹ̀rù

Òrí

A ó lọ̀ ọ́ pẹ̀lú òrí. A ó tẹfá lórí ìyẹ̀ròsùn, a ó pe ọfọ̀ rẹ̀, a ó dà á pọ̀. Fi ra ara.

> *Èsìsún sún lóbùútùú lọ.*
> *Ẹ̀ẹ̀rù kó ru lóbùútùú lọ.*

65 — RECEITA PARA TRATAR ÚLCERAS EM VÁRIAS PARTES DO CORPO

Folha de Pterocarpus santalinoides, Leguminosae Papilionoideae (mututi-da-várzea)
Raiz de Elaeis guineensis, Palmae (dendezeiro)
Raiz de Acalypha ciliata, Euphorbiaceae
Butyrospermum paradoxum subsp. parkii, Sapotaceae (limo da costa)
Potássio concentrado
Moer. Misturar com limo da costa. Pronunciar a encantação. Esfregar a preparação no corpo.

Gbìngbin, leve as úlceras embora.
Ọ̀pẹ̀, não as deixe ficar no corpo por muito tempo.
Arùnjẹran, não as deixe devorar meu corpo.

66 — RECEITA PARA TRATAR ÚLCERAS EM VÁRIAS PARTES DO CORPO

Folha de Pennisetum purpureum, Gramineae (capim-elefante)
Raiz de Pennisetum purpureum, Gramineae
Xylopia aethiopica, Annonaceae (pimenta-da-guiné)
Butyrospermum paradoxum subsp. parkii, Sapotaceae (limo da costa)
Moer os ingredientes com limo da costa. Desenhar o odu em *ìyẹ̀ròsùn*. Pronunciar a encantação. Misturar tudo, inclusive o *ìyẹ̀ròsùn*, e esfregar no corpo.

Èsìsún, leve a úlcera para longe.
Ẹ̀ẹ̀rù deve levar as úlceras embora.

67 (244) OÒGÙN LÓBÙÚTÙÚ Ògúndá ìwòrì, 139

Ewé ìdòfún igbò
Ewé àràbà
Èépo àràbà
Egbò àràbà
Àlùbọ́sà eléwé
A ó sè é nínú omi. A ó pe ọfọ̀ rẹ̀. A ó mu ùn, a sì fi wẹ ara pẹ̀lú.
Ìdófún igbò gbé lóbùútùú fúyẹ́
Ara gẹ́gẹ́ ní í ṣe àràbà
Àlùbọ́sà ní í ṣa àrùn.

68 (254) OÒGÙN NÁRUN Ọ̀wọ́nrín méjì, 6

Ewé ìka ẹ̀jù
Egbò pèrègún
Egbò àgbásá
Egbò ifọ̀n
A ó sè é nínú omi. A ó pe ọfọ̀ rẹ̀. A ó má a mu ún láràárọ̀.
Ìka ẹ̀jù ni í wo nárun sàn
Pèrègún pa nárun kúrò
Àgbásá ní k'ó sá kúrò
Ifọ̀n ní k'ó fọn.

67 — RECEITA PARA TRATAR ÚLCERAS EM VÁRIAS PARTES DO CORPO

Folha de PAVETTA CORYMBOSA. Rubiaceae
Folha de CEIBA PENTANDRA, Bombacaceae (mafumeira)
Casca de CEIBA PENTANDRA, Bombacaceae
Raiz de CEIBA PENTANDRA, Bombacaceae
Bulbo de ALLIUM AESCALONICUM, Liliaceae (cebolinha-branca)
Ferver. Pronunciar a encantação. Tomar a preparação e lavar o corpo com ela.

Ìdòfún igbò, faça a úlcera ficar leve.
Àràbà sempre sente o corpo leve.
Àlùbọsà sempre colhe a doença.

68 — RECEITA PARA TRATAR ÚLCERA CORROSIVA (FAGEDÊNICA)

Folha de SASBANIA PACHYCARPA, Leguminosae Papilionoideae
Raiz de DRACAENA FRAGRANS, Agavaceae (coqueiro-de-vênus-nativo)
Raiz de CLAUSENA ANISATA, Rutaceae (anis)
Raiz de OLAX SUBSCORPIOIDEA, Olacaceae
Ferver. Pronunciar a encantação. Tomar todas as manhãs.

Ìka ẹ̀jú sempre cura a úlcera corrosiva.
Pèrègún, mate a úlcera corrosiva.
Àgbásá diz que ela deve escoar.
Ifọ̀n diz que ela deve diminuir.

69 (258) OÒGÙN NÁRUN Ogbè ọ̀sá, 25

Ewé iṣin ọ̀dàn
Èèpo iṣin ọ̀dàn
Èso iṣin ọ̀dàn
Egbò iṣin ọ̀dàn
Èèpo ahùn
Ẹ̀ẹ̀rù
A ó sè é nínú omi. A ó pe ọfọ̀ rẹ̀. A ó má a mu ún láràárọ̀.
Iṣin ọ̀dàn bá mi sin àrùn yìí lọ.
Ahùn k'ó máà jẹ́ kí àrùn yìí ṣe mí mọ́.
Ẹ̀ẹ̀rù bá mi rù ú lọ.

70 (271) OÒGÙN NÁRUN OJÚ ỌMÚ Ọ̀ṣẹ́ méjì, 15

Ewé akítì
Ewé eèsún pupa
Èso aríwó
A ó sè é nínú omi. Kí obìnrin fi wẹ ọmú rẹ̀.

71 (272) OÒGÙN NÁRUN OJÚ ỌMÚ Ọ̀ṣẹ́ méjì, 15

Ewé akítì
Ewé òkikà
Ewe àpadà
Ẹ̀rù
Àlùbọ́sà eléwé
A ó sè é nínú omi. Kí obìnrin fi wẹ ọmú rẹ̀.

69 — RECEITA PARA TRATAR ÚLCERA CORROSIVA

Folha de Blighia sapida, Sapindaceae (castanheiro-da-áfrica)
Casca de Blighia sapida, Sapindaceae
Fruto de Blighia sapida, Sapindaceae
Raiz de Blighia sapida, Sapindaceae
Casca de Alstonia boonei, Apocynaceae
Xylopia aethiopica, Annonaceae (pimenta-da-guiné)
Ferver. Pronunciar a encantação. Tomar um copo todas as manhãs.

Iṣin ọ̀dàn, ajude-me a conduzir esta doença para fora.
Ahùn não deve deixar esta doença me perturbar mais.
Ẹ̀ẹ̀rù, ajude-me a levá-la embora.

70 — RECEITA PARA TRATAR ÚLCERAS NOS SEIOS

Folha de Leptoderris brachyptera, Leguminosae Papilionoideae
Folha Pennisetum purpureum, Gramineae (capim-elefante)
Fruto de Monodora myristica, Annonaceae
Ferver. A mulher deve lavar os seios com a preparação.

71 — RECEITA PARA TRATAR ÚLCERAS NOS SEIOS

Folha de Leptoderris brachyptera, Leguminosae Papilionoideae
Folha de Spondias mombin, Anacardiaceae (cajazeira)
Folha de Uraria picta, Leguminosae Papilionoideae
Croton lobatus, Euphorbiaceae
Bulbo de Allium aescalonicum, Liliaceae (cebolinha-branca)
Ferver. A mulher deve lavar os seios com a preparação.

72 (273) OÒGÙN ÒGÒDÒ Ìrẹtẹ̀ méjì, 14

Ewé ọ̀gán pupa

Ewé ìlọ́sùn

A ó sé àgbo pẹ̀lú ewé yìí. A ó tẹfá lórí ìyẹ̀ròsùn. A ó wẹ̀ ògòdò ní àárọ̀.

73 (275) OÒGÙN ÒRÒBO Òdí méjì, 4

Ewé òǹṣẹ̀

Idu àgbọn

A ó jó o, a ó fi tẹfá, a ó pe ọfọ̀ rẹ̀, a ó máa fi fọ́ ẹ̀kọ tútù mu láràárọ̀.

Òǹṣẹ̀ ṣẹ́ jẹ̀díjẹ̀dí sínù.

Idu àgbọn ó ní k'ó máà dúró s'óde.

Òdí méjì l'ọ rèé dí jẹ̀díjẹ̀dí k'ó má jò dànù.

74 (276) OÒGÙN ÒRÒBO Òdí méjì, 4

Ewé aládé oko

Ewé òrúwọ

Ewé àgbọn

Odidi ataare

A ó jó o, a ó fi tẹfá, a ó pe ọfọ̀ rẹ̀, a ó máa fi fọ́ ẹ̀kọ tútù mu láràárọ̀.

Aládé okò wo àrùn 'dí sàn.

Òrúwọ wo àrùn tí ń bẹ n'ídìí.

Àgbọn gbọ́n àrùn dànù.

72 — RECEITA PARA TRATAR PIÃ

Folha de COMBRETUM RACEMOSUM, Combretaceae
Folha de PENNISETUM HORDEOIDES, Gramineae[20]
Fazer uma decocção com as folhas. Desenhar o odu em *ìyẹ̀ròsùn*.
Lavar pela manhã as áreas afetadas.

73 — RECEITA PARA TRATAR HEMORROIDAS EXTERNAS

Folha de ACALYPHA ORNATA, Euphorbiaceae
BORASSUS AETHIOPUM, Palmae
Queimar. Desenhar o odu na preparação, pronunciando a encantação.
Misturar com acaçá frio e tomar todas as manhãs.

> *Òǹṣẹ̀*, faça as hemorroidas voltarem para dentro.
> *Idu àgbọn* diz que elas não devem ficar fora.
> *Òdí méjì*, retenha as hemorroidas dentro.

74 — RECEITA PARA TRATAR HEMORROIDAS EXTERNAS

Folha de RUNGIA GRANDIS, Acanthaceae
Folha de MORINDA LUCIDA, Rubiaceae
Folha de COCOS NUCIFERA, Palmae (coqueiro-da-bahia)
Fruto inteiro de AFRAMOMUM MELEGUETA, Zingiberaceae (amomo)
Queimar. Desenhar o odu na preparação, pronunciando a encantação.
Tomar todas as manhãs.

> *Aládé okò*, cure as hemorroidas.
> *Òrúwọ*, cure a doença do ânus.
> *Àgbọn*, sacuda a doença para fora.

75 (281) OÒGÙN ARA GBÍGBẸ Ogbè òfún, 31

Ewé òrùbú
Ewé òrúrù
Èèpo òrúrù
Egbò òrúrù
Ẹ̀ẹ̀rù

A ó sé é nínú omi. A ó pe ọfọ̀ rẹ̀. A ó mu ife kan láràárọ̀.

Òrùbú ó ní ki ẹ̀jẹ̀ ó rú.
Òrúrù máà jẹ́ kí èmi ó rù.
Kí araà mi ó le koko.

76 (282) OÒGÙN IMÚ TÓ Ń ṢẸ̀JẸ̀ Ọ̀bàrà òfún, 121

Ewé ìlka ẹ̀jù
Ewé ọlọ́pàpànìràgà
Ewé iyá

A ó gún un pọ̀, a ó sè é nínú omi. A ó pe ọfọ̀ rẹ̀ sí i. Rọ ọ́ sí inú ìgò. Mu ṣíbí kan lẹ́ẹ̀mejì lójoojúmọ́.

Ika ẹ̀jù ní í wo imú sàn.
Ọlọ́pàpànìràgà lọ pa àrùn tí ńbá imú jà.
Iyá k'ó lọ rèé ya àrùn kúrò.

77 (288) OÒGÙN IMÚ Ẹ̀JẸ̀ PỌ̀ LÁRA Ọ̀kànrán òfún, 136

Ewé fèsoṣẹ̀jẹ̀
Èso ìyeyè
Ìkóódẹ
Kán-ún bílálà

A ó lọ̀ ọ́, a ó pe ọfọ̀ rẹ̀, a ó mu ún pẹ̀lú ẹ̀kọ gbígbóná.

Fèsoṣẹ̀jẹ̀ k'ó mú ẹ̀jẹ̀ w'ára.
Ẹ̀jẹ̀ púpọ̀ ni ti ìyeyè
Gbogbo ara n'ìkóódẹ fi í pọ́n.
Kán-ún bílálà kí ó la ẹ̀jẹ̀ náà wá.

75 — RECEITA PARA TRATAR ANEMIA

Folha de VERNONIA ADOENSIS, Compositae
Folha de SPATHODEA CAMPANULATA, Bignoniaceae (tulipeiro-da-áfrica)
Casca de SPATHODEA CAMPANULATA, Bignoniaceae
Raiz de SPATHODEA CAMPANULATA, Bignoniaceae
XYLOPIA AETHIOPICA, Annonaceae (pimenta-da-guiné)
Ferver. Pronunciar a encantação. Tomar uma xícara todas as manhãs.

Òrùbú diz que o sangue deve aumentar.
Òrúrù, não permita que eu fique magro.
Deixe meu corpo ficar muito forte.

76 — RECEITA PARA TRATAR HEMORRAGIA NASAL

Folha de SESBANIA PACHYCARPA, Leguminosae Papilionoideae
Folha de TACCA LEONTOPETALOIDES, Taccaceae
Folha de DANIELLIA OLIVERI, Leguminosae Caesalpinioideae
Pilar. Ferver. Pronunciar a encantação. Engarrafar a preparação e tomar uma colher duas vezes ao dia.

Ìka ẹ̀jù cura o nariz sangrante.
Ọlọ́pàpànìràgà, mate a doença que perturba o nariz.
Iyá deve extrair a doença do corpo.

77 — RECEITA PARA TER BASTANTE SANGUE

Folha de CAMPYLOSPERMUM FLAVUM, Ochnaceae
Fruto de SPONDIAS MOMBIN, Anacardiaceae (cajazeira)
Pena de papagaio vermelho
Potássio concentrado
Moer. Pronunciar a encantação. Tomar com acaçá quente.

Fèsọṣẹ̀jẹ̀ deve trazer sangue para dentro do corpo.
Ìyeyè tem muito sangue.
Ìkóódẹ é toda vermelha.
Kán-ún bílálà, abra o caminho para que o sangue venha.

78 (290) OÒGÙN OGBÈ Ògúndá ogbè, 137

Ewé pọgbẹ́ pọgbẹ́
Oje igi ahùn
Lọ ewé pọgbẹ́ pọgbẹ́ dà á pọ̀ pẹ̀lú oje igi ahùn. Pe ọfọ̀ rẹ̀. Fi-sí ọgbẹ́ àdá dìíláṣọ.

> *Pọgbẹ́ pọgbẹ́ bá wa wo egbó ọgbẹ́ sàn*
> *Ahùn bá wa hun ara pọ̀.*

79 (293) OÒGÙN ARA WÍWO Èjìogbè, 1

Ewé keké èkejì
Ewé ọ̀dúndún
Òrí
A ó lọ̀ ọ́, a ó dà á pọ̀ mọ́ òrí. A ó pe ọfọ̀ rẹ̀. A ó sì fi pa ara.

> *Keké èkejì wá kó ibi kúrò l'ára mi*
> *Tútù dúndún Ià á bá ọ̀dúndún.*

80 (295) OÒGÙN ASÍN (SÍSÍN) Ọ̀sá ogbè, 152

Ewé isin
A ó sè é nínú omi. A ó pe ọfọ̀ rẹ̀. A ó sì máa mu ún.

> *Isin máà jẹ́ kí lámorín ó sín mọ́.*

78 — RECEITA PARA CICATRIZAR FERIMENTOS DE FACA

Folha de CYATHULA PROSTRATA, Amaranthaceae
Seiva de ALSTONIA BOONEI, Apocynaceae
Moer a folha e misturar com a seiva da ALSTONIA BONNEI. Pronunciar a encantação. Colocar a preparação no corte da faca e cobri-lo com bandagem.

Pọgbẹ́ pọgbẹ̀, ajude-nos a curar o ferimento de faca.
Ahùn, ajude-nos a fechar o corpo.

79 — RECEITA PARA TRATAR SUFOCAÇÃO

Folha de SIDA URENS, Malvaceae (guaxima)
Folha de KALANCHOE CRENATA, Crassulaceae (folha-da-costa)
BUTYROSPERMUM PARADOXUM subsp. PARKII, Sapotaceae (limo da costa)
Moer com limo da costa. Pronunciar a encantação. Esfregar a preparação no corpo.

Keké èkejì, venha e recolha o mal do meu corpo.
Sempre encontramos *ọ̀dúndún* fresca e calma.

80 — RECEITA PARA ACABAR COM OS ESPIRROS

Folha de ALCHORNEA CORDIFOLIA, Euphorbiaceae
Ferver. Pronunciar a encantação. Tomar a preparação.

Isin, não deixe fulano espirrar.

81 (301) OÒGÙN ÀYÀ DÍDÙN Òfún méjì, 16

Ewé ọ̀jáfẹ̀rè

Egbò èrùwà

Egbò ìjòkùn

Ẹ̀ẹ̀rù

A ó sè é nínú omi. A ó pe ọfọ̀ rẹ̀. A ó sì máa mu ún láràárọ̀.

Ọ̀jáfẹ̀rè já ibi kúrò l'áyà.

Èrùwà kí ó wà á s'óde.

Ìjòkùn kí ó kó ibi kúrò l'áyà.

Ẹ̀ẹ̀rù kí ó rù ú lọ.

82 (309) OÒGÙN ÀYÀ DÍDÙN Òtúrá ìwòrì, 199

Ewé òkojú òrìṣà

Egbò pèrègún

Ewé ògùngún

A ó sè é nínú omi. A ó sí máa mu ún l'ẹ̀ẹ̀mẹta lójoojúmọ́.

Òkojú òrìṣà bá mi wo àrùn àyà.

Ògùngún bá mi wo àrùn àyà.

Pèrègún máà jẹ́ kí àyà ó dùn mí.

83 (316) OÒGÙN ÀYÀ JÍJÁ Ọ̀yẹ̀kú òdí, 34

Ewé àwín

Ewé awújẹ

Ewé ẹ̀là

A ó lọ̀ ọ́. A ó pe ọfọ̀ rẹ̀. A ó sín gbẹ́rẹ́ yíká àyà. A ó fi ògùn yìí ra á.

Àwín máà jẹ́ kí àyà mi ó já.

Àyà awújẹ kì í já.

Àyà ẹ̀là kì í là.

81 — RECEITA PARA TRATAR DORES DA MUSCULATURA DO PEITO

Folha de SHERBOURNIA MILLENII, Rubiaceae
Raiz de ANDROPOGON TECTORUM, Gramineae
Raiz de MUCUNA POGGEI, Leguminosae Papilionoideae
XYLOPIA AETHIOPICA, Annonaceae (pimenta-da-guiné)
Ferver. Pronunciar a encantação. Tomar todas as manhãs.

Ọ̀jáfèrè, arranque o mal para fora do peito.
Èrúwà deve desenterrá-lo.
Ìjòkùn deve carregar o mal do peito para fora.
Ẹ̀ẹ̀rù deve levá-lo para longe.

82 — RECEITA PARA TRATAR DORES DA MUSCULATURA DO PEITO

Folha de MERREMIA AEGYPTIA, Convolvulaceae (jetirana)
Raiz de DRACAENA FRAGRANS, Agavaceae (coqueiro-de-vênus-nativo)
Folha de COLA GIGANTEA var. GLABRESCENS, Sterculiaceae[21]
Ferver. Pronunciar a encantação. Tomar três vezes ao dia.

Òkoju òrìṣà, ajude-me a sarar da doença do meu peito.
Ògùngún, ajude-me a sarar da doença do meu peito.
Pèrègún, não deixe o meu peito me atormentar.

83 — RECEITA PARA TRATAR PALPITAÇÕES

Folha de DIALIUM GUINEENSE, LEGUMINOSAE CAESALPINIOIDEAE[22]
Folha de DESPLATSIA DEWEVREI, Tiliaceae[23]
Folha de CALYPTROCHILUM CHRISTYANUM, Orchidaceae[24]
Moer. Pronunciar a encantação. Fazer incisões ao redor do peito e esfregar nelas a preparação.

Àwín, não deixe que eu tenha medo.
O coração de *awúj̣ẹ* nunca sente arrepios.
O coração de *ẹ̀là* nunca se rompe.

84 (318) OÒGÙN IKỌ́ Ìká méjì, 11

Èso àkàrà oṣó

Omi òrombó wẹ́wẹ́

Kán-ún bílálà

A ó gún un pọ̀ pẹ̀lú omi òrombó wẹ́wẹ́. A ó pe ọfọ̀ rẹ̀. A ó fi sínú ìgò.

A ó mu ife kékeré lẹ́ẹ̀mẹta lójoojúmọ́.

Àkàrà oṣó ní í wo ikọ́ tí fi í sàn ní í.

Òrombó k'ó lọ bó ikọ́ náà kúrò.

85 (320) OÒGÙN IKỌ́ Ìwòrì ọ̀sá, 55

Ewé pákùn ọbarìṣà

Ewé mẹ̀sẹ̀n mẹsẹ̀n gogoro

Ọ̀gẹ̀dẹ̀ wẹẹrẹ

Kán-ún bílálà

Omi ògì

S'è é nínú omi ògì. Gún kán-ún bílálà. A ó da gbogbo ǹkan yìí pọ̀ sínú ìgò.

A ó mu ife kékeré lẹ́ẹ̀mẹta lójoojúmọ́.

Pákùn ọbarìṣà k'ó lọ pa ikọ́

Mẹ̀sẹ̀n mẹ̀sẹ̀n gogoro mú ikọ́ kúrò l'áyà.

Kán-ún ni kí o fi ká a kúrò.

Níjọ́ tí ọ̀gẹ̀dẹ̀ bá pọ́n l'araá dẹ̀ ẹ́.

84 — RECEITA PARA ACABAR COM A TOSSE

Fruto de Cnestis ferruginea, Connaraceae
Suco de Citrus aurantifolia, Rutaceae (lima-da-pérsia)
Potássio concentrado
Pilar. Pronunciar a encantação. Misturar com o suco de lima-da-pérsia.
Engarrafar. Tomar um copo pequeno três vezes ao dia.

Àkàrà ọṣó sempre toma conta da tosse até que ela passe.
Òroǹbó vai eliminar a tosse.

85 — RECEITA PARA ACABAR COM A TOSSE

Folha de Abrus precatorris, Leguminosae Papilionoideae (olho-de--cabra)
Folha de Scoparia dulcis, Scrophulariaceae (vassourinha)
Musa sapientum var. paradisiaca, Musaceae (banana-da-terra)
Potássio concentrado
Amido de milho
Ferver as plantas com amido de milho. Moer o potássio concentrado.
Pronunciar a encantação. Misturar o pó ao preparado e engarrafá-lo.
Tomar um copo pequeno três vezes ao dia.

Pákùn ọbarìṣà, vá e acabe com a tosse.
Mẹ̀sẹ̀n mẹ̀sẹ̀n gogoro, remova a tosse do peito.
Use *kán-ún bílálà* para amarrá-la fora.
No dia em que *ọ̀gẹ̀dẹ̀* amadurece, o corpo dele fica macio.

86 (322) OÒGÙN IKỌ́ — Ọ̀bàrà òfún, 121

Ewé asowálẹ̀

Ewé apá

Ewé mẹ̀sẹ̀n mẹ̀sẹ̀n gogoro

Odidi ataare kan

Òrí

A ó jó o. A ó sì po iyọ̀ òyìnbó mọ́ epo àti òrí. A ó fi tẹfá, a ó pe ọfọ̀ rẹ̀. A ó lá a tàbí jẹ ẹ́ pẹ̀lú ẹ̀kọ.

> *Asowálẹ̀ wá ikọ́ lọ.*
> *Apá pa ikọ́ yìí mọ́.*
> *Mẹ̀sẹ̀n mẹ̀sẹ̀n mú ikọ́ lọ.*

87 (328) OÒGÙN INÚ ÀYÀ — Èjìogbè, 1

Ewé gbọ̀rọ̀ ayabá

Ewé ojú oró

Ewé bomubómú

A ó sè è nínú omi. A ó tẹfá lórí ìyẹ̀ròsùn. A ó pò wọ́n pọ̀. A ó fi wẹ àyà.

88 (331) OÒGÙN ATIRO — Ọ̀wọ̀nrín òtúrúpọ̀n, 102

Ewé àrónikín

Ewé ọ̀mọ̀

Ewé ìtáwere

Ewé àápé

Ewé àjàgbédìde

Ewé àto

Òrí

A ó gún un. A ó tẹfá lórí ìyẹ̀ròsùn, a ó pò wọ́n pọ̀. A ó mu ún nínú ẹ̀kọ gbígbọ́ná láàrọ̀. A ó sì po díẹ̀ pẹ̀lú ewé àto àti òrí. A ó fi ra ẹsẹ̀.

86 — RECEITA PARA ACABAR COM A TOSSE

Folha de INDIGOFERA HIRSUTA, Leguminosae Papilionoideae
Folha de AFZELIA BELLA, Leguminosae Caesalpinioideae[25]
Folha de SCOPARIA DULCIS, Scrophulariacea (vassourinha)
Fruto inteiro de AFRAMOMUM MELEGUETA, Zingiberaceae (amomo)
BUTYROSPERMUM PARADOXUM subsp. PARKII, Sapotaceae (limo da costa)
Queimar. Desenhar o odu na preparação, pronunciando a encantação. Adicionar açúcar, azeite e limo da costa. Lamber ou tomar com acaçá.

> *Aṣowálẹ̀*, conduza a tosse para longe.
> *Apá*, mantenha esta tosse detida.
> *Mẹ̀ṣẹ̀n mẹ̀ṣẹ̀n*, leve a tosse embora.

87 — RECEITA PARA TRATAR DORES DOS ÓRGÃOS INTERNOS DO PEITO

Folha de IPOMOEA ASARIFOLIA, Convolvulaceae (salsa-da-praia)
Folha de PISTIA STRATIOTES, Araceae (flor-d'água)
Folha de CALOTROPIS PROCERA, Asclepiadaceae (flor-de-seda)
Ferver. Desenhar o odu em *ìyẹ̀ròsùn*. Misturar tudo, inclusive o *ìyẹ̀ròsùn*, e lavar o peito com a preparação.

88 — RECEITA PARA TRATAR COXOS

Folha não identificada
Folha de CORDIA MILLENII, Boraginaceae
Folha de PARKIA BIGLOBOSA, Leguminosae Mimosoideae
Folha de CELTIS INTEGRIFOLIA, Ulmaceae
Folha não identificada
Folha de CHASMANTHERA DEPENDENS, Menispermaceae
BUTYROSPERMUM PARADOXUM subsp. PARKII, Sapotaceae (limo da costa)
Pilar todas as folhas, exceto a de CHASMANTHERA. Desenhar o odu em *ìyẹ̀ròsùn*. Misturar tudo. Tomar parte da preparação com acaçá, pela manhã.
Misturar o resto com a folha de CHASMANTHERA e limo da costa e esfregar a preparação na perna.

89 (332) OÒGÙN ẸYÚN Ògúndá ọ̀ṣẹ́ 150

Ewé arúbọ̀

Ewé bomubómú

A ó lọ̀ ọ́, a ó pe ọfọ̀ rẹ̀, a ó fi sí orí ọmọ ìka ẹsẹ̀.

Arúbọ̀ wo kòkòrò ẹ̀yún.

Máà jẹ́ kí ẹsẹ̀ ó gé.

Bomubómú kì í gé lẹ́sẹ̀.

90 (333) OÒGÙN DÁǸPÁRÁ ÀRUN ÀTẸ́LẸSẸ Ìrosùn ìrẹtẹ̀, 89

Ewé ọpáwòfà

Ewé àlùbọ́sà eléwé

Ewé eéran

A ó lọ́ ewé ọpáwòfà àti ewé àlùbọ́sà eléwé. A ó lọ̀ wọ́n. A ó tẹfá lórí ìyẹ̀ròsùn, a ó dà wọ́n pọ̀. A ó fi ewé eéran bò ó, a ó fi iyọ́ sí ì. Fi ra àtẹ́lẹsẹ̀.

91 (334) OÒGÙN EGUNGUN DÍDÁ Ìwòrì òfún, 61

Ewé efinrin ọpapara

Òrí

A ó lọ̀ ọ́ pẹ̀lú òrí. Fi ra egungun tó dá.

92 (335) OÒGÙN ẸSẸ̀ DÍDÙN Ọ̀yẹ̀kú méjì, 2

Ewé arẹ́hìnkosùn

Ewé ojú oró

A ó sè é nínú omi. A ó pe ọfọ̀ rẹ̀. Fi ẹsẹ̀ bọ̀ ọ́ nínú kí o fi ra á.

Arẹ́hìnkosùn l'ó ni k'ẹ́sẹ̀ rẹ̀ k'ó sàn

Ojú oró ṣé ní í lé téńté l'ójú omi

Kí ẹsẹ̀ rẹ́ k'ó lé téńté.

89 — RECEITA PARA TRATAR OS DEDOS DOS PÉS

Folha de PHAULOPSIS FALCISEPALA, Acanthaceae
Folha de CALOTROPIS PROCERA, Asclepiadaceae (flor-de-seda)
Moer. Pronunciar a encantação. Colocar a preparação sobre os dedos dos pés.

Arúbọ̀, cure a doença dos vermes nos dedos dos pés.
Não deixe o pé ser cortado.
Os pés de *bomubómú* nunca são cortados.

90 — RECEITA PARA TRATAR A SOLA DO PÉ

Folha de SYNEDRELLA NODIFLORA, Compositae
Folha de ALLIUM AESCALONICUM, Liliaceae (cebolinha-branca)
Folha de DIGITARIA SP., Gramineae[26]
Moer as duas primeiras folhas. Desenhar o odu em *ìyẹ̀ròsùn*. Misturar. Cobrir com a terceira folha. Adicionar sal. Esfregar a preparação na sola do pé.

91 — RECEITA PARA TRATAR FRATURAS

Folha de LIPPIA RUGOSA, Verbenaceae
BUTYROSPERMUM PARADOXUM subsp. PARKII, Sapotaceae (limo da costa)
Moer com limo da costa. Esfregar no osso quebrado.

92 — RECEITA PARA TRATAR DOR NO PÉ

Folha de SCADOXUS CINNABARINUS, Amaryllidaceae[27]
Folha de PISTIA STRATIOTES, Araceae (flor-d'água)
Ferver. Pronunciar a encantação. Colocar o pé dentro da preparação e esfregá-lo com ela.

Arẹ́hìnkosùn diz que os pés dele devem sarar.
Ojú oró sempre flutua na superfície da água.
Que o seu pé possa ficar leve.

93 (340) OÒGÙN ẸSẸ̀ WÚWÚ Ìwòrì ọ̀kànràn, 53

Ewé òjíjí ọrọ́ta

Ewé jàsókè

A ó sè é nínú omi. A ó tẹfá lórí ìyẹ̀ròsùn, a ó pe ọfọ̀ rẹ̀, a ó pò ó pọ̀.

A ó mu ún, a ó fi wẹ ẹsẹ̀ pẹ̀lú.

Ìwòrì kòrínkan jẹ́ kí ó fi ẹsẹ̀ méjèèjì rìn
Òjíjí ó ní kí ẹsẹ̀ẹ rẹ̀ ó jí
Jàsókè ní kí ẹsẹ̀ rẹ ó jà s'ókè.

94 (341) OÒGÙN ÌMÚ EGUN LE Ìwòrì méjì, 3

Ewé ọlọ́wànràn sánsán

Eésan gidi

Ọṣẹ dúdú

A ó sun ún. A ó fi lẹ̀bú rẹ̀ tẹfá. A ó lọ̀ eésan. A ó dápọ̀ pẹ̀lú ọṣẹ dúdú.

A ó pe ọfọ̀ rẹ̀. A ó máa fi wẹ̀.

Ọlọ́wọ̀nràn sánsán ó ní kí eegun mi ó le
Ara líle sán saǹ ni ti eésan.

95 (348) OÒGÙN LATANLATAN Òfún ọ̀kànràn, 249

Ewé àróníkin

Ewé ọrọ́

Ewé ọ̀pọ̀n

Èèpo páǹdọ̀rọ̀

A ó sè é nínú omi. A ó pe ọfọ̀ rẹ̀. A ó sì máa mu un láàárọ̀.

Àrùn itan kì í ṣe ewé àróníkin
Ọrọ́ máa rọ́ àrùn yìí lọ
Ọ̀pọ̀n pọn àrùn kúrò
Àrùn kárùn kì í ṣe páǹdọ̀rọ̀.

93 — RECEITA PARA TRATAR PÉS INCHADOS

Folha de DALBERGIA LACTEA, Leguminosae Papilionoideae
Folha de EHRETIA CYMOSA, Boraginaceae
Ferver. Desenhar o odu em *ìyẹ̀ròsùn*, pronunciando a encantação.
Misturar. Tomar a preparação e lavar os pés com ela.

Ìwòrì kòríǹkan, deixe-o caminhar com ambos os pés.
Òjíjí diz que os seus pés devem acordar.
Jásókè diz que os seus pés devem se esticar.

94 — RECEITA PARA OSSOS FORTES

Folha de MALVASTRUM COROMANDELIANUM, Malvaceae
Casca da amêndoa de ELAEIS GUINEENSIS, Palmae (dendezeiro)
Sabão da costa
Torrar a folha. Desenhar o odu no pó preto. Moer a casca da amêndoa do dendezeiro. Misturar com sabão da costa, pronunciando a encantação, e lavar-se com a preparação.

Ọlọ́wọ̀nran sánsán diz que os meus ossos devem ficar fortes.
O corpo de *eésan* é sempre muito forte.

95 — RECEITA PARA TRATAR DOR NA COXA

Folha não identificada
Folha de NESOGORDONIA PAPAVERIFERA, Sterculiaceae[28]
Folha de UAPACA HEUDELOTII, Euphorbiaceae[29]
Casca de KIGELIA AFRICANA, Bignoniaceae
Ferver. Pronunciar a encantação. Tomar uma xícara todas as manhãs.

Àróníkin nunca sofre de dor na coxa.
Ọrọ́, empurre esta doença para fora.
Ọ̀pọ̀n, leve esta doença.
Nenhuma doença jamais afeta *pańdọ̀rọ̀*.

96 (350) OÒGÙN TÍTO EGUNGUN Ìrosùn ọ̀kànràn, 83

Egbò tótó
Èèpo àmúyàn (páńdọ̀rọ̀)
Ìyèré
Ọgà agẹmọ mẹ́ta
Kán-ún bílálà
A ó gún un pọ̀. A ó tẹfá lórí ìyẹ̀ròsùn, a ó sì pò ó pọ̀. A ó mu ún nínú ẹ̀kọ.

97 (356) OÒGÙN WỌ́SẸ̀ WỌ́SẸ̀ Ọ̀ṣẹ́ ògúndá, 235

Ewé ẹfun kòjìyà
(Ìtàkùn) egbùrù
Ewé òrúwọ
A ó sè é nínú omi. A ó pe ọfọ̀ rẹ̀. A ó fi ra àwọn ẹsẹ̀.

> *Ẹfun kòjìyà bá mi gb'ẹ́sẹ̀ yìí ró*
> *Egbùrù bá mi gbé e ró*
> *Òrúwọ wọ́ àrùn wọ́sẹ̀ yìí lọ.*

98 (357) OÒGÙN IBÀ Èjìogbè, 1

Ewé ọ̀dúndún etídòfẹ̀
Ewé rinrin
Ewé tẹ̀tẹ̀
Ewé wọ̀rọ̀wọ́
Ìgbín kan
A ó jó o. A ó fi lẹ̀bú rẹ̀ tẹfá, a ó pe ọfọ̀ rẹ̀, a ó pò wọ́n pọ̀, a ó lá a pẹ̀lú epo.

> *Ọ̀dúndún etídòfẹ̀ máà jẹ́ kí ibà dún*
> *Rinrin bá mi wo ibà yìí sàn*
> *Tẹ̀tẹ̀ bá mi tẹ ibà mọ́lẹ̀*
> *Ẹ̀rọ̀wọ̀ ni ti wọ̀rọ̀wọ́*
> *Ẹ̀rọ̀wọ̀ ni t'ìgbín*

96 — RECEITA PARA TRATAR FRATURAS

Raiz de MARANTOCHLOA LEUCANTHA, Marantaceae
Casca de KIGELIA AFRICANA, Bignoniaceae
PIPER CAPENSE, Piperaceae[30]
Três camaleões
Potássio concentrado
Pilar tudo. Desenhar o odu em *ìyẹ̀ròsùn*. Misturar. Tomar com acaçá.

97 — RECEITA PARA TRATAR ALEIJADOS

Folha de PSYCHOTRIA PEDUNCULARIS, Rubiaceae
Trepadeira de CALOPOGONIUM MUCUNOIDES, LEGUMINOSAE PAPILIONOIDEAE
Folha de MORINDA LUCIDA, Rubiaceae
Ferver. Pronunciar a encantação. Esfregar a preparação nas pernas.

> *Efun-kòjìyà*, ajude-me a fazer esta perna ficar ereta.
> *Egbùrù*, ajude-me a fazê-la ficar ereta.
> *Òrúwọ*, arranque fora esta doença que aleija.

98 — RECEITA PARA ACABAR COM A FEBRE

Folha de EMILIA COCCINEA, Compositae (pincel)
Folha de PEPEROMIA PELLUCIDA, Piperaceae (jabuti-membeca)
Folha de AMARANTHUS HYBRIDUS subsp. INCURVATUS, Amaranthaceae (cauda-de-raposa)
Folha de SENECIO BIAFRAE, Compositae
Um caracol
Queimar tudo. Desenhar o odu na preparação, pronunciando a encantação. Misturar. Lamber com azeite de dendê.

> *Ọ̀dúndún etídòfẹ̀*, não deixe a febre soar [manifestar-se].
> *Rinrin*, ajude-me a acabar com esta febre.
> *Tẹ̀tẹ̀*, ajude-me a suprimir a febre.
> *Wọ̀rọ̀wọ́* é sempre fresco e calmo.
> *Ìgbín* é sempre fresco e calmo.

99 (367) OÒGÙN IBÀ Ọ̀bàrà méjì, 7

Ewé yànmọ̀tí
Ewé akúfọ́dẹwá
Ewé ikàn
Ewé èègún tàbí àràbà
Èèpo èègún tàbí àràbà
A ó sè è nínú omi. A ó tẹfá lórí ìyẹ̀ròsùn, a ó pe ọfọ̀ rẹ̀, a ó dà á pọ̀.
A ó mu ife kan lááárọ̀.

> *Yànmọ̀tí yán ibà kúrò l'áraà mi*
> *Akúfọ́dẹwá wá bá mi mú ibà yìí lọ*
> *Ikàn máà jẹ́ kí ibà ó kàn mí*
> *Èègún àràbà wà bá mi mú ibà yìí lọ.*

100 (387) OÒGÙN IBÀ Òfún ọ̀kànràn, 249

Ewé fọnúfọnú
Ewé Òjíá
Ewé ilá
Òrí
A ó lọ̀ ọ́, a ó dà á pọ̀ pẹ̀lú òrí. A ó pe ọfọ̀ rẹ̀. A ó fi ra ara.

> *Fọnúfọnú bá wa fọ ibà*
> *Òjíá bá wa jí ibà k'ó lọ*
> *Ibà kì í ṣe ilá.*

99 — RECEITA PARA ACABAR COM A FEBRE

Folha de Sesamum indicum, Pedaliaceae (gergelim)
Folha de Amorphophallus dracontioides, Araceae
Folha de Solanum incanum, Solanaceae
Folha de Zanthoxylum viride, Rutaceae[31]
Casca de Zanthoxylum viride, Rutaceae
Ferver. Desenhar o odu em *ìyẹ̀ròsùn*, pronunciando a encantação. Misturar. Tomar um copo todos os dias.

Yànmọ̀tí, varra a febre para fora do meu corpo.
Akúfọ́dẹwá, venha e me ajude a levar esta febre embora.
Ikàn, não deixe a febre me afetar.
Ẹ̀ẹ̀gún àràbà, venha e me ajude a levar esta febre embora.

100 — RECEITA PARA ACABAR COM A FEBRE

Folha de Bridelia micrantha, Euphorbiaceae
Folha de Daniellia ogea, Leguminosae Caesalpinioideae
Folha de Abelmoschus esculentus, Malvaceae (quiabo)
Butyrospermum paradoxum subsp. parkii, Sapotaceae (limo da costa)
Moer as folhas e misturá-las com limo da costa. Pronunciar a encantação. Esfregar a preparação no corpo.

Fọnúfọnú, ajude-nos a lavar a febre.
Òjiá, ajude-nos a acordar a febre para que ela possa ir.
A febre nunca afeta *ilá*.

101 (395) OÒGÙN IBÀ APỌ́NJÚ Ọ̀kànràn méjì, 8

Ewé iṣin ọ̀dàn

Èèpo iṣin ọ̀dàn

Èso ata dúdú

Àlùbọ́sà eléwé

Kán-ún bílálà

A ó gún un pọ̀. A ó pe ọfọ̀ rẹ̀. A ó sì máa mu ún pẹ̀lú ẹ̀kọ gbígbóná lójoojúmọ́.

> *Iṣin ọ̀dàn bá mi sin ibà yìí jìnnà*
> *Ara yíyá gágá ni ti ata*
> *Àlùbọ́sà ni o fi ṣa ibà lọ.*

102 (399) OÒGÙN IBÀ APỌ́NJÚ Ọ̀wọ́nrín ọ̀kànràn, 98

Ewé koóko ọ̀sà

Ewé èrùwà

Egbò àgbá

Egbò ìjòkùn

A ó sè é nínú omi. A ó pe ọfọ̀ rẹ̀. A ó mu ife kan láàrọ̀.

> *Koóko ọ̀sà wa kó ibà yìí lọ*
> *Èrùwà bá wa ru ibà yìí lọ*
> *Àgbá bá wa gbé ibà yìí lọ*
> *Ìjòkùn bá wa kó ibà yìí lọ.*

101 — RECEITA PARA TRATAR FEBRE AMARELA

Folha de Blighia sapida, Sapindaceae (castanheiro-da-áfrica)
Casca de Blighia sapida, Sapindaceae
Fruto de Zanthoxylum senegalense (preto), Rutaceae
Bulbo de Allium aescalonicum, Liliaceae (cebolinha-branca)
Potássio concentrado
Pilar. Pronunciar a encantação. Tomar com acaçá quente todos os dias.

Ịṣin ọ̀dàn, ajude-me a escoltar esta febre para muito longe.
Ata está sempre são e bem-disposto.
Use *àlùbọ́sà* para tirar a febre.

102 — RECEITA PARA TRATAR FEBRE AMARELA

Folha de gramínea
Folha de Andropogon tectorum, Gramineae
Raiz de Landolphia togolana, Apocynaceae[32]
Raiz de Mucuna poggei, Leguminosae Papilionoideae
Ferver. Pronunciar a encantação. Tomar um copo todos os dias.

Koóko ọ̀ṣà, ajude-nos a despachar esta febre para longe.
Èrùwà, ajude-nos a levar esta febre para longe.
Àágbá, ajude-nos a levar esta febre para longe.
Ìjòkùn, ajude-nos a despachar esta febre para longe.

103 (400) OÒGÙN IBÀ APỌ́NJÚ Òtúrá ọ̀ṣẹ́, 210

Ewé awonisàn
Ewé anìkànṣegbó
Ewé òrúwọ
Ewé ojúsàájú
A ó sè è nínú omi. A ó pe ọfọ̀ rẹ̀. A ó wẹ ara nínú omi gbígbóná, a ó mu díẹ̀.
Awonisàn bá mi wo ibà yìí sàn
Anìkànṣegbó bá mi ṣe ibà k'ó lọ
Òrúwọ wọ́ ibà kúrò
Ojúsàájú sa ibà k'ó lọ.

104 (407) OÒGÙN ILẸ̀Ẹ́GBÓNÁ Èjìogbè, 1

Ewé ewúro
Ewé kúkúǹdùkú
Ewé ìnábìrì
A ó jó o. A ó fi tẹfá, a ó pe ọfọ̀ rẹ̀. A ó lá a pẹ̀lú epo pupa.
Ìgbóná kò gbọdọ̀ ṣe ewúro
Kúkúǹdùkú kì í gbóná
Ẹ̀rọ̀wọ̀ọ̀ ni t'ìnábìrì.

105 (415) OÒGÙN ILẸ̀Ẹ́GBÓNÁ Ìrosùn méjì, 5

Ewé eléwé ọbẹ̀
Ewé rinrin
Ewé wọ̀rọ̀wọ́
A ó jó o. A ó fi tẹfá, a ó pe ọfọ̀ rẹ̀. A ó lá a pẹ̀lú epo.
Eléwé ọbẹ̀ ní í bẹ ìgbònà
Rinrin kì í gbóná
Ẹ̀rọ̀ ni ti wọ̀rọ̀wọ́.

103 — RECEITA PARA TRATAR FEBRE AMARELA

Folha não identificada
Folha de MIGROGLOSSA PYRIFOLIA, Compositae
Folha de MORINDA LUCIDA, Rubiaceae
Folha de PETIVERIA ALLIACEAE, Phytolacaceae (erva-de-alho)
Ferver. Pronunciar a encantação. Lavar-se com água quente e tomar um pouco da preparação.

Awonisàn, ajude-me a acabar com esta febre.
Anìkànṣegbó, ajude-me a fazer esta febre ir.
Òrúwọ, arraste a febre para fora.
Ojúsàájú, pegue a febre para que ela possa ir.

104 — RECEITA PARA TRATAR VARÍOLA

Folha de VERNONIA AMYGDALINA, Compositae (alumã)
Folha de IPOMOEA BATATAS, Convolvulaceae (batata-doce)
Folha de PLUMBAGO ZEGLANICA, Plumbaginaceae
Queimar. Desenhar o odu na preparação, pronunciando a encantação. Lamber com azeite de dendê.

A varíola nunca ousa atingir *ewúro*.
Kúkúǹdùkú nunca se sente quente.
Ìnábìrì está sempre fresco e calmo.

105 — RECEITA PARA TRATAR VARÍOLA

Folha de PLEIOCARPA PYCNANTHA, Apocynaceae
Folha de PEPEROMIA PELLUCIDA, Piperaceae (jabuti-membeca)
Folha de SENECIO BIAFRAE, Compositae
Queimar. Desenhar o odu na preparação, pronunciando a encantação. Lamber com azeite de dendê.

Eléwé ọbẹ̀ pacifica a varíola.
Rinrin nunca fica quente.
Wọ̀rọ̀wọ́ é calma.

106 (417) OÒGÙN ILẸ̀Ẹ́GBÓNÁ Ọ̀kànràn méjì, 8

Ewé èsìsì gogoro
Ewé efinrin wẹ́wẹ́
Ikun òjíá
A ó lọ̀ ọ́, a ó pe ọfọ̀ rẹ̀, fi-sí inú omi, fi ra ara.
Èsìsì gogoro máà jẹ́ kí ó gbóná
Efinrin wẹ́wẹ́ ní í bẹ ìgbóná
Ikun òjíá ní í ṣe ẹ̀rọ̀ f'òjíá

107 (436) OÒGÙN ILẸ̀Ẹ́GBÓNÁ Ogbè ìrẹtẹ̀, 29

Ewé hewú hewú
Ewé ọ̀dúndún
Ewé tẹ̀tẹ̀
Ewé rinrin
Ewé pèrègún
Èso ọ̀gẹ̀dẹ̀ wẹẹrẹ (pupa)
A ó sun ún, a ó fi lẹbú rẹ̀ tẹfá, a ó pe ọfọ̀ rẹ̀, a ó sì lá a pẹ̀lú epo.
Hewú hewú kì í gbóná
Tútù ni ti ọ̀dúndún
Tútù ni ti tẹ̀tẹ̀
Tútù ni ti rinrin
Àwá yé-máà-kú ni ti pèrègún
Ẹ̀rọ̀wọ̀ọ̀ ni t'ọ̀gẹ̀dẹ̀.

106 — RECEITA PARA TRATAR VARÍOLA

Folha de *Sida urens*, Malvaceae (guaxima)
Folha de *Ocimum basilicum*, Labiatae (manjericão-de-alfavaca)
Seiva de *Daniellia ogea*, Leguminosae Caesalpinioideae
Moer. Pronunciar a encantação. Misturar com água e esfregar no corpo.

Èsìsì gogoro não fica quente [não pega varíola].
Efinrin wẹ́wẹ́ pacifica a varíola.
A seiva de *òjíá* tranquiliza *òjíá*.

107 — RECEITA PARA TRATAR VARÍOLA

Folha de *Combretum smeathmanii*, Combretaceae
Folha de *Kalanchoe crenata*, Crassulaceae (folha-da-costa)
Folha de *Amaranthus hybridus* subsp. *incurvatus*, Amaranthaceae (cauda-de-raposa)
Folha de *Peperomia pellucida*, Piperaceae (jabuti-membeca)
Folha de *Dracaena fragrans*, Agabaceae (coqueiro-de-vênus-nativo)
Fruto de *Musa sapientum* var. *paradisiaca*, Musaceae (banana-da-terra)
Queimar. Desenhar o odu na preparação, pronunciando a encantação.
Lamber com azeite de dendê.

Hewú hewú nunca fica quente.
Ọdúndún é fresca.
Tẹ̀tẹ̀ é fresca.
Rinrin é fresca.
A vida de *pèrègun* é eterna.
Ọ̀gẹ̀dẹ̀ é calma.

108 (471) OÒGÙN INÚ GBÍGBÓNÁ Ìrosùn ogbè, 77

Ewé wọ̀rọ̀mọbà

Ewé rinrin

Òrí

A ó lọ̀ ọ́ pẹ̀lú òrí, a ó pe ọfọ̀ rẹ̀, a ó mu ún pẹ̀lú ẹ̀kọ gbígbóná.

Wọ̀rọ̀mọbà l'ó ní kí inúu rẹ̀ ó máà gbóná.
Tútù rinrin ni k'ínúu rẹ̀ k'ó máà tútù.

109 (474) OÒGÙN OORUNÚ Ogbè ọ̀kànràn, 23

Ewé èrò-oko

Èso èrò-oko

Èèpo ẹ̀gúsí

Odidi ataare kan

Iyọ̀

A ó jó o. A ó fi tẹfá, a ó pe ọfọ̀ rẹ̀, a ó mu ún pẹ̀lú omi gbígbóná.

Amúni-káká t'orí wá
Ó-múni-lódò-ikùn-sọ-ni-di-ẹgburu
Èrò oko kì í bá òòyì kú
Àfẹ́ dànù ni ti èèpo ẹ̀gúsí.

110 (477) OÒGÙN ÀÌYÀGBẸ́ Ogbè ògúndá, 24

Ewé tẹ̀yọ

Kán-ún bílálà

A ó lọ̀ ọ́. A ó tẹfá lórí ìyẹ̀ròsùn, a ó pe ọfọ̀ rẹ̀. A ó jẹ ẹ́ pẹ̀lú ẹ̀kọ.

Tẹ̀yọ ni kí o fi yọ àrùn kúrò n'íkún mi
Ara kán-ún kán-ún ni ti kán-ún
Ogbè yọ́nú bá mi yọ àrùn n'íkùn mi.

108 — RECEITA PARA TRATAR FEBRE INTESTINAL

Folha de OCIMUM GRATISSIMUM, Labiatae (alfavaca)
Folha de PEPEROMIA PELLUCIDA, Piperaceae (jabuti-membeca)
BUTYROSPERMUM PARADOXUM subsp. PARKII, Sapotaceae (limo da costa)
Moer com limo da costa. Pronunciar a encantação. Tomar com acaçá quente todos os dias.

Wọ̀rọ̀mọbà diz que o seu estômago não deve ficar quente.
O estômago de *rinrin* é fresco.

109 — RECEITA PARA TRATAR FEBRE INTESTINAL

Fruto de VERNONIA ADOENSIS, Compositae (alumã)
Folha de VERNONIA ADOENSIS, Compositae
Cascas das sementes de CITRULLUS LANATUS, Cucurbitaceae (melancia)
Fruto inteiro de AFRAMOMUM MELEGUETA, Zingiberaceae (amomo)
Sal
Queimar. Desenhar o odu na preparação, pronunciando a encantação. Tomar com água quente.

Ele que agarra a pessoa fortemente desde a cabeça até embaixo.
Ele que agarra a pessoa na boca do estômago deixando-a impotente.
As pessoas da fazenda nunca morrem por causa do vento.
As cascas das sementes de melancia sempre são levadas pelo vento.

110 — RECEITA CONTRA PRISÃO DE VENTRE

Folha não identificada
Potássio concentrado
Moer. Desenhar o odu em *ìyẹ̀ròsùn*, pronunciando a encantação. Tomar com acaçá.

Use *tẹ̀yọ* para tirar a doença intestinal.
O corpo de *kán-ún* é sempre forte.
Ogbè yọ́nú, ajude-me a tirar a doença intestinal.

111 (479) OÒGÙN ONÍGBÁ MÉJÌ Èjìogbè, 1

Ewé àgùnmọ̀nà
Ewé àgbàdo
Odidi ataare kan
A ó jó wọn, a ó fi tẹ́fá, a ó sì fi wọ́n sínú àdó tí a lu ihò kan sí lókè àti ihò kan ní ìsàlẹ̀, a ó dé e, fún èébi a ó bù ú láti apá òké, fún ìgbẹ́ gburu a ó bù ú láti ìsàlẹ̀ a ó fi mu ẹ̀kọ tútù.

112 (480) OÒGÙN ÌFẸ̀ GÚNGÙN Òfún ọ̀ṣẹ́, 256

Ewé funfun ọ̀wà
Ewé ọ̀dọ̀fin igbó
Ewé òkìkí
A ó jó o. A ó fi tẹ́fá, a ó pe ọfọ̀ rẹ̀, a ó pò ó pọ̀. A ó lá a pẹ̀lú epo.

> *Funfun ọ̀wà kì í gùnfẹ̀*
> *Ọ̀dọ̀fin igbó kì í gùnfẹ̀*
> *Òkìkí bá wa ki ìfẹ̀ mọ́ ọ̀hún.*

113 (482) OÒGÙN ÌGBẸ́ Ẹ̀JẸ̀ Ọ̀kànràn méjì, 8

Ewé èsúrú ọrọ
Iṣu èsúrú ọrọ
Ataare
A ó jó wọn pẹ̀lú ataare, a ó fi tẹ́fá, a ó pe ọfọ̀ rẹ̀, a ó bu díẹ̀ sórí ìgbẹ̀ a ó sì po ìyókù mọ́ ẹ̀kọ mímu.

> *Ọ̀kànràn kí ó kan ọ̀ràn ẹ̀jẹ̀ mọ́lẹ̀*
> *Èsúrú ọrọ kí ó máà jẹ́ kí ẹ̀jẹ̀ ó wá mọ́.*

111 — RECEITA PARA TRATAR VÔMITO E DIARREIA

Folha de CULCASIA SCANDENS, Araceae
Folha de ZEA MAYS, Gramineae (milho)
Fruto inteiro de AFRAMOMUM MELEGUETA, Zingiberaceae (amomo)
Queimar. Desenhar o odu na preparação. Colocar a preparação numa cabaça pequena. Furar a cabaça em cima e embaixo. Colocar rolhas nos furos, tomando o preparado de cima contra vômitos e o de baixo contra diarreia. Tomar a preparação com acaçá frio.

112 — RECEITA PARA PARAR DE ARROTAR

Folha de COMBRETUM RACEMOSUM, Combretaceae
Folha de TRICHILIA PRIEURIANA, Meliaceae
Folha não identificada
Queimar. Pronunciar a encantação. Lamber com azeite de dendê.

> *Funfun ọ̀wà* nunca arrota.
> *Ọ̀dọ̀fin igbó* nunca arrota.
> *Okìkí*, ajude-nos a pressionar o arroto para dentro.

113 — RECEITA PARA TRATAR QUEM ESTÁ DEFECANDO SANGUE

Folha de DIOSCOREA DUMETORUM, Dioscoreaceae
Tubérculo de DIOSCOREA DUMETORUM, Dioscoreaceae
AFRAMOMUM MELEGUETA, Zingiberaceae (amomo)
Torrar com amomo. Desenhar o odu na preparação, pronunciando a encantação. Colocar uma parte da preparação em cima das fezes, diluir outra parte com acaçá e tomá-la.

> *Ọ̀kànràn* deve atingir a disenteria.
> *Èsúrú ọrọ* não deve deixar o sangue vir mais.

114 (484) OÒGÙN ÌGBẸ́ YÍYÀ Òdí méjì, 4

Ewé abẹ́rẹ́

Iṣu ẹ̀gẹ́

Odidi ataare kan

A ó sun ún, a ó fi tẹfá, a ó pe ọfọ̀ rẹ̀, a ó mu ún pẹ̀lú ẹ̀kọ tútù ní òwúrọ̀.

Abẹ́rẹ́ bá wa da ìgbẹ́ lọ

Iṣu ẹ̀gẹ́ kì í di ìgbẹ́.

115 (488) OÒGÙN ÌGBẸ́ YÍYÀ Òtúrá ọ̀bàrà, 203

Ewé aka múmu

Èso ì mumu

Egbò òrúwọ

A ó sè é nínú omi. A ó pe ọfọ̀ rẹ̀. A ó máa mu ún láràárọ̀.

Aka múmu bá wa mú ìgbẹ́ dúró

Ì mumu mú ìgbẹ́ dúró

Òrúwọ kì í jẹ́ ká ya igbẹ́.

116 (489) OÒGÙN IKÙN DÍDÙN Ọ̀kànràn méjì, 8

Ewé àjálù gbórógan

Egbò ìbẹ́pẹ

Ọṣẹ dúdú

A ó jó o, a ó fi tẹfá, a ó pe ọfọ̀ rẹ̀, a ó sí máa mu un pẹ̀lú ẹ̀kọ gbígbóná.

Àjálù gbórógan gbé àrùn kúrò

Níjọ́ tí ìbẹ́pẹ bá pọ́n àrùn rẹ̀ á sàn

Dídá l'ara ọṣẹ í dá.

114 — RECEITA PARA TRATAR DIARREIA

Folha de Jasminum pauciflorum, Oleaceae
Tubérculo de Manihot esculenta, Euphorbiaceae
Fruto inteiro de Aframomum melegueta, Zingiberaceae (amomo)
Queimar. Desenhar o odu na preparação, pronunciando a encantação.
Tomar com acaçá quente todas as manhãs.

Abéré, ajude-nos a expelir as fezes.
O tubérculo de *ègé* nunca vira fezes.

115 — RECEITA PARA TRATAR DIARREIA

Folha de Lecaniodiscus cupanioides, Sapindaceae
Fruto de Cyperus esculentus, Rubiaceae (junça)
Raiz de Morinda lucida, Rubiaceae
Ferver. Pronunciar a encantação. Tomar todas as manhãs.

Aka múmu, ajude-nos a fazer a diarreia parar.
Ì mumu, faça a diarreia parar.
Òrúwọ nunca deixa as fezes saírem.

116 — RECEITA PARA TRATAR DORES DE BARRIGA

Folha de Tristemma littorale, Melastomataceae
Raiz de Carica papaya, Caricaceae (mamoeiro)
Sabão da costa
Queimar. Desenhar o odu na preparação, pronunciando a encantação.
Tomar com acaçá quente.

Àjálù gbórógan, leve a doença para fora.
No dia em que *ìbẹ́pẹ* amadurece, a sua doença fica curada.
O corpo de *ọṣẹ* é sempre limpo e saudável.

117 (492) OÒGÙN INÚ KÚNKÙN

Èjìogbè, 1, Ogbè ká, 26, Ogbè ìrẹ̀tẹ̀, 29

Ewé efinrin ọ̀papara
Ewé olójòǹgbòdú
Ẹ̀ẹ̀rù
Àìdan
Àlùbọ́sà eléwé
Èèpo àmúyàn
Ìyèré
A ó gún wọn, a ó sì lọ̀ ọ́ pọ̀. A ó tẹfá á lórí ìyẹ̀ròsùn, a ó pe ọfọ̀ rẹ̀.
A ó máa mu ún pẹ̀lú ẹ̀kọ.
Ààrọ̀ mẹ́ta kì í da ọbẹ̀ nù
Ifá mẹ́ta kí ẹ lọ rèé wo àrùn sàn.

118 (494) OÒGÙN INÚ KÚNKÙN

Ọ̀bàrà ègúntá. Ọ̀bàrà ògúndá, 114

Ewé ìsígun
Ìtọ̀ màlúù
Kán-ún bílálà
A ó lọ̀ ọ́ a ó sì pò ó pọ̀. A ó pe ọfọ̀ rẹ̀. A ó mu ṣíbí méjì lójoojúmọ́.
Ìsígun bá wa si inúkíkùn yìí lọ.
Ìtọ̀ màlúù kò ní jẹ́ kí inú wa ó kùn
Kán-ún kò ní jẹ́ kí inú wa ó kùn.

119 (511) OÒGÙN INÚ RÍRUN Ìká méjì, 11

Ewé irà ọ̀dàn
Èèpo irà ọ̀dàn
Egbò irà ọ̀dàn
Òrom̀bó wẹ́wẹ́
A ó sè é nínú omi. A ó pe ọfọ̀ rẹ̀. A ó sì máa mu ún ní ẹ̀ẹ̀mẹta lójoojúmọ́.
Irà ọ̀dàn máà jẹ́ kí n rí àrùn
Àrùnkarùn kì í ṣe òrom̀bó.

117 — RECEITA PARA TRATAR GASES NOS INTESTINOS

Folha de LIPPIA RUGOSA, Verbenaceae
Folha de COMMELINA ERECTA, Commelinaceae
XYLOPIA AETHIOPICA, Annonaceae (pimenta-da-guiné)
TETRAPLEURA TETRAPTERA, LEGUMINOSAE MIMOSOIDEAE
Bulbo de ALLIUM AESCALONICUM, Liliaceae (cebolinha-branca)
Casca de KIGELIA AFRICANA, Bignoniaceae
PIPER CAPENSE, Piperaceae (mático)[33]
Pilar tudo junto e moer. Desenhar o odu em *ìyẹ̀ròsùn*, pronunciando a encantação. Tomar com acaçá.

> A trempe nunca entorna a panela de sopa.
> Três odus de Ifá, vão e curem a doença!

118 — RECEITA PARA TRATAR GASES NOS INTESTINOS

Folha de GONGRONEMA LATIFOLIUM, Asclepiadaceae
Urina de vaca
Potássio concentrado
Moer. Misturar. Pronunciar a encantação. Tomar duas colheres todas as manhãs.

> *Ìsígun,* ajude-nos a nos livrar deste ronco da barriga.
> *Ìtọ̀ màlúù* não deixará a barriga roncar.
> *Kán-ún* não deixará a barriga roncar.

119 — RECEITA PARA TRATAR DOR DE ESTÔMAGO

Folha de BRIDELIA FERRUGINEA, Euphorbiaceae
Fruto de BRIDELIA FERRUGINEA, Euphorbiaceae
Raiz de BRIDELIA FERRUGINEA, Euphorbiaceae
CITRUS AURANTIFOLIA, Rutaceae (limeira-da-pérsia)
Ferver. Pronunciar a encantação. Tomar três vezes ao dia.

> *Irà ọ̀dàn,* não me deixe ficar doente.
> *Òrom̀bó* nunca sofre de nenhuma doença.

120 (524) OÒGÙN INÚ RÍRUN Ọ̀kànràn ọ̀yẹ̀kú, 123

Ewé asòlẹ̀kẹ̀
Ewé awùsá
Ewé ìpẹ̀ta
Ewé ẹ̀ẹ̀rùjù
A ó se é nínu omi. A ó pe ọ̀fọ̀ rẹ̀. A ó sì má a mu ún ní ẹ̀ẹ̀mejì lójúmọ́.
Asòlẹ̀kẹ̀ ní í wo inú sàn.
Awùsá ní í wo inú sàn.
Ìpẹ̀ta ní í wo inú sàn.
Ẹ̀ẹ̀rùjù bá wa wo inú yìí l'áwòsàn.

121 (529) OÒGÙN INÚ RÍRUN Ọ̀sá òfún, 166

Ewé ajágbó
Ewé ològbòkíyàn
Ẹ̀ẹ̀rù
Àìdan
A ó sè é nínú omi. A ó pe ọ̀fọ̀ rẹ̀. A ó má a mu ún láràárọ̀.
Ajágbó wo inú rírùn.
Ológbòkíyàn gbé inú rírùn lọ kíyàn.
Ẹ̀ẹ̀rù ru inú rírùn lọ.
Àìdan máà jẹ́ kí ó dán mi wò.

122 (532) OÒGÙN ÌPÁKÌ Òdí méjì, 4

Ewé àságbà
Èso ẹ̀ẹ̀rù àwọ̀nká
Ìyèré
Kán-ún gidi
A ó lọ̀ ọ́, a ó pe ọ̀fọ̀ rẹ̀. A ó a má mu ún pẹ̀lú ẹ̀kọ gbígbóná láràárọ̀.
Àságbà kó, sa àrùn yìí lọ.
Ẹ̀ẹ̀rù k'ó rù ú kúrò.
A kì í rí àrùnkárùn lára ìyèré.

120 — RECEITA PARA TRATAR DOR DE ESTÔMAGO

Folha de Byrsocarpus coccineus, Connaraceae
Folha de Plukenetia conophora, Euphorbiaceae
Folha de Securidaca longipedunculata, Polygalaceae
Folha de Uvaria chamae, Annonaceae
Ferver. Pronunciar a encantação. Tomar duas vezes ao dia.

Asòlẹ̀kẹ̀ sempre cura a dor de estômago.
Awùsá sempre cura a dor de estômago.
Ìpẹ̀ta sempre cura a dor de estômago.
Ẹ̀ẹ̀rùjù, ajude-nos a cuidar deste estômago até que ele sare.

121 — RECEITA PARA TRATAR DOR DE ESTÔMAGO

Folha de Ricinodendron heudelotii, Euphorbiaceae
Folha de Pleioceras barteri, Apocynaceae
Xylopia aethiopica, Annonaceae (pimenta-da-guiné)
Tetrapleura tetraptera, Leguminosae Mimosoideae
Ferver. Pronunciar a encantação. Tomar todas as manhãs.

Ajágbó, cure a dor de estômago.
Olágbòkíyàn, leve a dor de estômago para outro lugar.
Ẹ̀ẹ̀rù, leve a dor de estômago embora.
Àìdan, não a deixe me perturbar.

122 — RECEITA PARA TRATAR INCHAÇO DA BARRIGA

Folha não identificada
Fruto de Xylopia aethiopica, Annonaceae (pimenta-da-guiné)
Piper capense, Piperaceae[34]
Potássio
Moer. Pronunciar a encantação. Tomar com acaçá quente todas as manhãs.

Àságbà deve tirar esta doença.
Ẹ̀ẹ̀rù deve conduzi-la para fora.
Nunca se encontra uma doença no corpo de *ìyèré*.

123 (533) OÒGÙN ÌPÁKÌ Ọ̀ṣẹ́ ìká, 237

Ewé èkan funfun
Ẹyọ àgbàdo
Èso aworoso
A ó gún un pọ̀. Mu ún pẹ̀lú ẹ̀kọ gbígbóná.

124 (534) OÒGÙN ÌṢẸBẸ Òfún méjì, 16

Ewé òmu ifá
Ewé òrom̀bó wẹ́wẹ́
Egbò òrom̀bó wẹ́wẹ́
Èso òrom̀bó wẹ́wẹ́
Egbò làpálàpá funfun
A ó sè é nínú omi. A ó pe ọfọ̀ rẹ̀. A ó sì má a mu ún ní ẹ̀ẹ̀mẹta lójoojúmọ́.
Òmu ifá mú ìṣẹbẹ kúrò.
Òrom̀bó bó ìṣẹbẹ náà kí ó máà jẹ́ kí ó ṣe mí mọ́.
Làpálàpá funfun kí ó pa ìṣẹbẹ náà.

125 (535) OÒGÙN ÌTỌ̀SÍLÉ Ogbè ìrẹtẹ̀, 29

Ewé èékánnásẹ̀ adìyẹ
Àìdan
Odidi ataare kan
Ori ológbò
A ó jo wọn, a ó fi tẹ́fà, a ó pe ọfọ̀ rẹ̀. A ó máa mu ún pẹ̀lú ẹ̀kọ tútù láàárọ̀.
Èékánnásẹ̀ adìyẹ kì í jẹ́ kí adìyẹ tọ̀ sílé
Orí ológbò kì í jẹ́ kí ológbò ó tọ̀ sílé
Àìdan kì í tọ̀ sílé.

123 — RECEITA PARA TRATAR INCHAÇO DA BARRIGA

Folha de CALYCOBOLUS HEUDELOTII, Convolvulaceae
Um grão de ZEA MAYS, Gramineae (milho)
Fruto de CROTON PENDULIFLORUS, Euphorbiaceae
Pilar tudo. Tomar com acaçá quente.

124 — RECEITA PARA TRATAR OBESIDADE

Folha de PTERIS TOGOENSIS, Adiantaceae
Folha de CITRUS AURANTIFOLIA, Rutaceae (limeira-da-pérsia)
Raiz de CITRUS AURANTIFOLIA, Rutaceae
Fruto de CITRUS AURANTIFOLIA, Rutaceae
Raiz de JATROPHA CURCAS (branco), Euphorbiaceae (pinhão)
Ferver. Pronunciar a encantação. Tomar três vezes ao dia.

> *Òmu ifá*, arranque a gordura.
> *Òrom̀bo*, descasque a gordura por completo e não deixe que ela me preocupe mais.
> O *làpálàpá* branco deve matar a gordura.

125 — RECEITA PARA DEIXAR DE URINAR NA CAMA

Folha de STRYCHNOS SPINOSA, Loganiaceae[35]
TETRAPLEURA TETRAPTERA, LEGUMINOSAE MIMOSOIDEAE
Fruto inteiro de AFRAMOMUM MELEGUETA, Zingiberaceae (amomo)
Uma cabeça de gato
Queimar tudo. Desenhar o odu na preparação, pronunciando a encantação. Tomar com acaçá frio todas as manhãs.

> *Èékánnásẹ̀ adìyẹ* nunca deixa a ave urinar no seu ninho.
> *Ori ológbò* nunca deixa o gato urinar na sua cama.
> *Àìdan* nunca urina na sua cama.

126 (542) OÒGÙN JẸDÍ JẸDÍ Ogbè ọ̀bàrà, 22

Ewé àsùnwọ̀n funfun

Èso ìyèré

Kán-ún bílálà

Iyọ̀

A ó lọ̀ ó, a ó sa a, a ó pe ọfọ̀ rẹ̀, a ó fi máa mu ẹ̀kọ gbígbóná láràárọ̀.

Asùnwọ̀n funfun bá mi kó jẹdí jẹdí lọ.

Arùn kárùn kì í ṣe ìyèré.

Arùn kárùn kì í ṣe kán-ún.

127 (543) OÒGÙN JẸDÍ JẸDÍ Ìwòrì ìká, 56

Ewé ọ̀súnsún igbó

Ewé awùsá

Ewé ẹ̀wọ̀n agogo

A ó sè é nínú omi. A ó pe ọfọ̀ rẹ̀. A ó má mu ún láràárọ̀.

Ọ̀súnsún bá a sún jẹdí jẹdí lọ k'ó má lè bá a jà mọ́

Awùsá k'ó ṣà á lọ

Ẹ̀wọ̀n agogo, bá wa wọ́n ọn kúrò.

128 (548) OÒGÙN KÙRÌRÌ Ọ̀ṣẹ́ òdí, 230

Ewé funfun ọ̀wà

Èso òtòrò

Èso ìbẹ́pẹ dúdú

A ó jó o, a ó fi tẹfá, a ó pe ọfọ̀ rẹ̀, a ó fi fọ́ ẹ̀kọ tútù mu.

Funfun ọ̀wà ìwọ ló wo kùrìrì

Òtòrò bá wa wo kùrìrì k'ó lọ.

Ìbẹ́pẹ dúdú kì í wo àrùn k'ó tì.

126 — RECEITA PARA TRATAR HEMORROIDAS INTERNAS

Folha de SENNA PODOCARPA, Leguminosae Caesalpinioideae
Fruto de PIPER CAPENSE, Piperaceae[36]
Potássio concentrado
Sal
Moer. Secar. Pronunciar a encantação. Tomar com acaçá quente todos os dias.

Àsùnwọ̀n funfun, ajude-me a mandar as hemorroidas embora.
Nenhuma doença afeta *ìyèré*.
Nenhuma doença afeta *kán-ún*.

127 — RECEITA PARA TRATAR HEMORROIDAS INTERNAS

Folha de CARPOLOBIA LUTEA, Polygalaceae
Folha de PLUKENETIA CONOPHORA, Euphorbiaceae
Folha de LANTANA CAMARA, Verbenaceae (cambará-de-espinho)
Ferver. Pronunciar a encantação. Tomar todas as manhãs.

Ọsúnsún, ajude-o a expulsar as hemorroidas, para que não possam perturbá-lo mais.
Awùsá deve tirá-las.
Ẹwọ̀n agogo, ajude-nos a tirá-las para fora.

128 — RECEITA PARA TRATAR GASES NO ESTÔMAGO

Folha de COMBRETUM RACEMOSUM, Combretaceae
Fruto de STACHYTARPHETA INDICA, Verbenaceae
Fruto de CARICA PAPAVA (preto), Caricaceae (mamoeiro)
Queimar. Desenhar o odu na preparação, pronunciando a encantação. Tomar com acaçá.

Funfun ọ̀wà sempre cura o estômago que ronca.
Òtòrò, ajude-nos a acabar com os roncos do estômago.
Ìbẹ́pẹ dúdú nunca falha em curar as doenças.

129 (549) OÒGÙN ÒYÌ IKÙN Ìwòrì ọ̀kànràn, 53

Ewé arùntantan

Ataare (pupo)

A ó lọ̀ ọ́, a ó pe ọfọ̀ rẹ̀, a ó sè é pẹ̀lú epo pupa, a ó máa lá a.

Ikú o iku o ikú o

Òyì òyì òyì

Arùntantan k'árùn lọ k'òòyì ikùn ó má se mi mọ́.

130 (552) OÒGÙN ARÀN LÁRA Òtúrúpọ̀n ọ̀sá, 191

Ewé òro kóro

Ewé ọgan funfun

A ó rún un sínú omi, a ó tẹfá lórí iyọ̀ a ó dà á mọ́ ọn, a ó sì sè ẹ́.

Ṣe oògùn yìí lẹ́yìn aláìsàn tí ó gbọ́dọ̀ mu ife kan ní kété tí ó bá wọlé.

131 (553) OÒGÙN ARÀN ÀYÀ Ọ̀ṣẹ́ òfún, 241

Ewé ọ̀ságbó

Ewé ọ̀súnsún

Egbò ìbẹ́pẹ

Ọṣẹ dúdú

A ó jó gbogbo ǹkan yìí pọ̀ a ó sì máa mu ún pẹ̀lú ọtí tàbí epo pupa.

Ọ̀ságbó bá mi gbé àrùn lọ.

Ọ̀súnsún sún àrùn kúrò.

Ìbẹ́pẹ kì í rí àrùn.

Awẹ̀dá ni ọṣẹ ńwẹ àrùn.

129 — RECEITA PARA TRATAR VERTIGEM

Folha de Ocimum basilicum, Labiatae (manjericão-de-alfavaca)
Muitas sementes de Aframomum melegueta, Zingiberaceae (amomo)
Moer. Pronunciar a encantação. Ferver no azeite de dendê e lamber.

Morte!!! Morte!!! Morte!!!
Vertigem!!! Vertigem!!! Vertigem!!!
Arùntantan, leve a doença para longe, para que a vertigem não possa me perturbar mais.

130 — RECEITA PARA ELIMINAR VERMES PODRES DO CORPO

Folha de Pleiorcarpa pycnantha, Apocynaceae
Folha de Quisqualis indica (branco), Combretaceae (jasmim-da-índia)
Espremer em água. Desenhar o odu no sal e adicionar à preparação. Filtrar. Preparar na ausência do paciente, que deve tomar uma xícara assim que chegar.

131 — RECEITA PARA ELIMINAR VERMES DO PEITO

Folha de Indigofera hirsuta, Leguminosae Papilionoideae
Folha de Carpolobia Lutea, Polygalaceae
Raiz de Carica papaya, Caricaceae (mamoeiro)
Sabão da costa
Queimar. Desenhar o odu na preparação, pronunciando a encantação. Tomar com bebida alcoólica ou azeite de dendê.

Ọ̀ságbó, ajude-me a levar a doença embora.
Ọ̀súnsún, empurre a doença para longe.
Ìbẹ́pẹ nunca sofre de doença.
Ọṣẹ sempre lava a doença por completo.

132 (554) OÒGÙN ARÀN ẸSẸ̀ Ogbè ìrẹtẹ̀, 29

Iṣu ògìrìṣákọ́ tàbí iṣu ọ̀pẹ̀gọ́

A ó sè é, a ó bẹ ẹ́ a ó sì gbé ẹsẹ̀ lé e ní gbígbóná. A ó máa ṣe báyìí lójoojúmọ́ fún ọjọ́ méje.

133 (555) OÒGÙN ARÀN INÚ Òtúrá òfún, 211

Ewé rògan rògan

Èso orógbó

Odidi ataare kan

Ìyèré

Iyọ̀

Kán-ún bílálà

A ó gún un, a ó pe ọfọ̀ rẹ̀, a ó sì máa fi mu ẹ̀kọ gbígbóná lójoojúmọ́.

> *Rògan rògan ní í wo inú sàn*
> *Orógbó ní í gbé àrùn kúrò*
> *Ara yíyá ni ataare.*
> *Iyọ̀ yọ àrùn kúrò.*

134 (558) OÒGÙN ARÀN OJÚ Ọ̀kànràn ògúndá, 129

Ewé abílókun

Èédú (iná)

Tìróò

A ó lọ̀ ọ́ a ó fi tẹfá, a ó pe ọfọ̀ rẹ̀, a ó dà wọ́n pọ̀ a ó sì fi lé tìróò sí ojú.

> *Abílókun bá wa bẹ àrùn ojú.*
> *Èédú ní kí àrùn máà dúró s'ójú*
> *Tìróò bá wa ti àrùn jáde.*

132 — RECEITA PARA ELIMINAR VERMES DOS PÉS

Tubérculo de ANCHOMANES DIFFORMIS, Araceae

Cozinhar em água. Descascar. Colocar o pé sobre a preparação, enquanto ela ainda estiver quente, e repetir durante sete dias.

133 — RECEITA PARA ELIMINAR VERMES DA BARRIGA

Folha de STANSFIELDIELLA OLIGANTHA, Commelinaceae

Muitos frutos de GARCINIA KOLA, Guttiferae

Fruto inteiro de AFRAMOMUM MELEGUETA, Zingiberaceae (amomo)

PIPER CAPENSE, Piperaceae[37]

Sal

Potássio concentrado

Moer. Pronunciar a encantação. Tomar com acaçá quente todos os dias.

> *Rògan rògan* cura a doença da barriga.
> *Orógbó* leva a doença para longe.
> *Ataare* é saudável.
> *Iyọ̀*, recolha a doença para longe.

134 — RECEITA PARA ELIMINAR VERMES DOS OLHOS

Folha de HIPPOCRATEA SP., Celastraceae

Carvão

Antimônio

Moer. Desenhar o odu na preparação, pronunciando a encantação. Misturar tudo. Pintar as pálpebras com a preparação.

> *Abílókun*, ajude-nos a pacificar a doença do olho.
> *Èédú* diz que a doença não deve permanecer no olho.
> *Tìróò*, ajude-nos a empurrar a doença para fora.

135 (559) OÒGÙN ÀSULÉ Ìwòrì ogbè, 47

Ewé agidimagbáyin

Ewé abíríkolo

Òrí

A ó jó o, a ó fi tẹfá, a ó pò ó mọ́ òrí, a ó fi ra ọmọ náà lára a ó sì fi fún un ní ẹ̀kọ gbígbóná mu.

136 (560) OÒGÙN ÀSULÉ Ìwòrì ogbè, 47

Ewé òrokóro

Ewé ọgan pupa

Ewé ọ̀gán funfun

Ata

Omi òroǹbó wẹ́wẹ́

A sè é nínú orú pẹ̀lú omi òroǹbó wẹ́wẹ́. A kò ní í fi omi sí i. A ó tẹfá lórí ìyẹ̀ròsùn. A ó pò, ó pọ̀ a ó máa mu ife kékeré kan láràárọ̀.

137 (570) OÒGÙN EJÒONÚ Ọ̀wọ́nrín òtúá, 103

Ewé apejòonú

Ewé òrokóro

Ewé ọgan funfun

Àlùbọ́sà eléwé

Kán-ún gidi

A ó sè é nínú omi. A ó pe ọfọ̀ rẹ̀. A ó máa mu ún láràárọ̀.

> *Apejòonú bá wa pa ejòonú.*
> *Ọgan funfun bá wa mú ejòonú.*
> *Kán-ún gidi kì í ko àrùn ejòonú.*
> *Òrokóro máa kó ejòonú lọ.*

135 — RECEITA PARA TRATAR CRIANCINHA COM VERMES E DIARREIA FORTE

Folha de SIDA ACUTA, Malvaceae (vassourinha)[38]
Folha de HAUMANIASTRUM LILACINUM, Labiatae[39]
BUTYROSPERMUM PARADOXUM subsp. PARKII, Sapotaceae (limo da costa)
Queimar. Desenhar o odu na preparação. Misturar com limo da costa. Esfregar o corpo da criança com a preparação. Dar-lhe de beber um pouco da preparação com acaçá quente.

136 — RECEITA PARA TRATAR CRIANCINHA COM VERMES E DIARREIA FORTE

Folha fresca de PLEIOCARPA PYCNANTHA, Apocynaceae
Folha de COMBRETUM RACEMOSUM, Combretaceae
Folha de QUISQUALIS INDICA (branco), Combretaceae (arbusto-milagroso)
ZANTHOXYLUM SENEGALENSE, Rutaceae
Suco de CITRUS AURANTIFOLIA, Rutaceae (lima-da-pérsia)
Cozinhar com o suco de lima-da-pérsia, sem água. Desenhar o odu em *ìyẹ̀ròsùn*. Tomar uma xícara pequena todas as manhãs.

137 — RECEITA PARA ELIMINAR SOLITÁRIA (TÊNIA)

Folha de CNESTIS FERRUGINEA, Connaraceae
Folha de PLEIOCARPA PYCNANTHA, Apocynaceae
Folha de QUISQUALIS INDICA (branco), Combretaceae (arbusto-milagroso)
Bulbo de ALLIUM AESCALONICUM, Liliaceae (cebolinha-branca)
Potássio
Ferver. Pronunciar a encantação. Tomar todas as manhãs.

> *Apejòonú*, ajude-nos a matar a solitária.
> *Ọgan funfun*, ajude-nos a capturar a solitária.
> *Ká-ún gidi* nunca sofre de solitária.
> *Òrokóro*, mande a solitária embora mesmo.

138 (572) OÒGÙN EJÒONÚ Òfún ọ̀bàrà, 248

Ewé tẹ̀tẹ̀ ọyágadé
Ewé tẹ̀tẹ̀rẹ̀gún
Ewé rọ̀gbọ̀ àgùtàn
Kán-ún bílálà
A ó sè é. A ó pe ọfọ̀ rẹ̀. A ó mu ife kan lójoojúmọ́.
Tẹ̀tẹ̀ ọyágadé ní í pa ejò ikùn.
Tẹ̀tẹ̀rẹ̀gún, mójò ní í pa ejò ikùn
Rọ̀gbọ̀ àgùtàn ní í kó ejò ikùn lọ.

139 (573) OÒGÙN JẸ̀WỌ́ JẸ̀WỌ́ ỌMỌDÉ Èjìogbè, 1

Èèpo òwèwè
Ewé àmúyàn
A ó sè é, a ó tẹfá lórí ìyẹ̀ròsùn, a ó pe ọfọ̀ rẹ̀, a ó máa fún ọmọdé kékeré mu lójoojúmọ́.
Òwèwè l'o ní kí àrùn tí ń ṣe lágbájá, kí ó ṣe wéré kúrò níbẹ̀
Àmúyàn waá mú àrùn yìí kúrò níbẹ̀.

140 (579) OÒGÙN KÒKÒRÒ ARA Ọ̀kànràn méjì, 8

Ewé àwọ̀nká
Ewé òrokóro
Ewé ìràwọ̀ ilẹ̀
Ọṣẹ dúdú
A ó gún gbogbo ǹkan yìí pọ̀, a ó pe ọfọ̀ rẹ̀, a ó sì fi wẹ ara
Àwọ̀nká wọ́n kòkòrò yìí lọ
Ìràwọ̀ ilẹ̀ k'ó wọ́ kòkòrò yìí lọ
Òrokóro kó àrùn lọ.

138 — RECEITA PARA ELIMINAR SOLITÁRIA

Folha de Amaranthus viridis, Amaranthaceae (bredo)

Folha de Costus afer, Costaceae (cana-de-macaco)

Folha de Palisota hirsuta, Commelinaceae

Potássio concentrado

Ferver. Pronunciar a encantação. Tomar uma xícara todos os dias.

Tẹ̀tẹ̀ ọyágadé mata a solitária.

Tẹ̀tẹ̀rẹ̀gún-mójò mata a solitária.

Rọ̀gbọ̀ àgùntàn manda a solitária embora.

139 — RECEITA PARA TRATAR DOENÇA DO UMBIGO DAS CRIANÇAS

Casca de Spathodea campanulata, Bignoniaceae (tulipeira-da-áfrica)

Folha de Kigelia africana, Bignoniaceae

Ferver. Desenhar o odu em *ìyẹ̀ròsùn*, pronunciando a encantação.

A criança deve tomar a preparação todos os dias.

Òwèwè diz que a doença em fulano deve se retirar a toda pressa.

Àmúyàn, venha retirar esta doença.

140 — RECEITA PARA TRATAR DOENÇA CAUSADA POR VERMES NO CORPO

Folha de Xylopia villosa, Annonaceae

Folha de Pleiocarpa pycnantha, Apocynaceae

Folha de Mitracarpus hirtus, Rubiaceae

Sabão da costa

Pilar tudo junto. Pronunciar a encantação. Lavar o corpo com a preparação.

Àwọ̀nká, leve estes vermes para longe.

Iràwọ̀ ilẹ̀ deve arrancar estes vermes.

Òrokóro, mande a doença embora.

141 (583) OÒGÙN KÒKÒRÒ ARA Ọ̀ṣẹ́ méjì, 15

Ewé ajá emilẹ̀

Ewé òwú

Egbò ọ̀pẹ̀

Òrí

A ó gún un. A ó pò ó pọ̀ mọ́ òrí, a ó pe ọfọ̀ rẹ̀, a ó sì fi pa ara.

Ajá emilẹ̀ já kòkòrò l'ára
Òwú wú kòkòrò
Ọ̀pẹ̀ kì í rí àrùn kòkòrò.

142 (584) OÒGÙN KÒKÒRÒ ARA Ogbè òdí, 19

Ewé amúwàgún

Ewé ògùngún

Ewé ẹ̀gun

A ó gún wọn pọ̀ mọ́ ọṣẹ dúdú. A ó pe ọfọ̀ rẹ̀. A ó fi wẹ̀.

Amúwàgún bá mi mú kòkòrò lọ.
Ògùngún máà jẹ́ kí kòkòrò ó gùn mí.
Ẹ̀gun máà jẹ́ kí kòkòrò ó gùn mí.

141 — RECEITA PARA TRATAR DOENÇA CAUSADA POR VERMES NO CORPO

Folha de Crotalaria pallida, Leguminosae Papilionoideae
Folha de Gossypium sp., Malvaceae (algodoeiro)
Raiz de Elaeis guineensis, Palmae (dendezeiro)
Butyrospermum paradoxum subsp. parkii, Sapotaceae (limo da costa)
Moer. Misturar com limo da costa. Pronunciar a encantação. Esfregar a preparação no corpo.

Ajá emilẹ̀, arranque os vermes para fora do corpo.
Òwú, extirpe os vermes.
Ọpẹ̀ nunca sofre da doença dos vermes.

142 — RECEITA PARA TRATAR DOENÇA CAUSADA POR VERMES NO CORPO

Folha de Acalypha ornata, Euphorbiaceae
Folha de Cola cordifolia, Sterculiaceae[40]
Folha de Zanthoxylum viride, Rutaceae
Sabão da costa
Pilar com sabão da costa. Pronunciar a encantação. Lavar o corpo com a preparação.

Amúwàgún, ajude-me a levar os vermes para longe.
Ògùngún, não deixe os vermes virem para mim.
Ẹ̀gun, não deixe os vermes virem para mim.

143 (591) OÒGÙN KÒKÒRÒ ARA Ọ̀kànràn ọ̀ṣẹ́, 135

Ewé adóṣùṣù

Egbò adóṣùṣù

Ẹ̀ẹ̀rù

Òrombó wẹ́wẹ́

A ó sè é. A ó pe ọfọ̀ rẹ̀. A ó mu ún, a ó sì fi wẹ ara.

Adóṣùṣù dari kòkòrò kúró l'ara.

Ẹ̀ẹ̀rù ru kòkòrò kúrò.

144 (602) OÒGÙN KÒKÒRÒ ÌFUN Òfún méjì, 16

Ewé pindún

Ewé ìṣá

Egbò ìṣá

Ewé ọ̀gán funfun

Ẹ̀ẹ̀rù

A ó sè é, a ó pe ọfọ̀ rẹ̀, a ó máa mu ún ní ẹ̀ẹ̀mejì lójoojúmọ́.

Pindún ni í pa àrùn ní ìfun

Ìṣá ṣa àrùn kúrò

Ọ̀gán funfun kí ó wo àrùn n'ífun k'ó sàn

Ẹ̀ẹ̀rù k'ó ru àrùn kúrò.

145 (603) OÒGÙN KÒKÒRÒ ỌMÚ Ọ̀ṣẹ́ méjì, 15

Ìtàkùn pakùn àṣẹ

Ewé ojú oró

A ó sè é. A ó pe ọfọ̀ rẹ̀. A ó gba oru rẹ̀ sí ọmú.

Ìtàkùn àṣẹ k'ó ṣẹ́ kòkòrò ọmú

Ojú oró máà jẹ́ kí àrùn ó ṣe ọmú.

143 — RECEITA PARA TRATAR DOENÇA CAUSADA POR VERMES NO CORPO

Folha de COCHLOSPERMUM PLANCHONII, Cochlospermaceae

Raiz de COCHLOSPERMLIM PLANCHONII, Cochlospermaceae

XILOPIA AETHIOPICA, Annonaceae (pimenta-da-guiné)

CITRUS AURANTIFOLIA, Rutaceae (lima-da-pérsia)

Ferver. Pronunciar a encantação. Tomar a preparação e lavar o corpo com ela.

Adóṣuṣù, conduza os vermes para fora do corpo.

Ẹ̀ẹ̀rù, leve os vermes para fora.

144 — RECEITA PARA TRATAR DOENÇA CAUSADA POR VERMES NOS INTESTINOS

Folha de gramínea

Folha de IMPERATA CYLINDRICA, Gramineae[41]

Raiz de IMPERATA CYLINDRICA, Gramineae

Folha de QUISQUALIS INDICA (branco), Combretaceae (arbusto-milagroso)

XYLOPIA AETHIOPICA, Annonacea (pimenta-da-guiné)

Ferver. Pronunciar a encantação. Tomar duas vezes ao dia.

Pindún mata a doença dos intestinos.

Ìsá, remova a doença.

Ògán funfun deve curar a doença dos intestinos.

Ẹ̀ẹ̀rù deve conduzir a doença para fora.

145 — RECEITA PARA TRATAR DOENÇA CAUSADA POR VERMES NOS SEIOS

Caule de IODES AFRICANA, Icacinaceae

Folha de PISTIA STRATIOTES, Araceae (flor-d'água)

Ferver. Pronunciar a encantação. Deixar o vapor umedecer o peito.

Ìtàkùn àṣẹ deve vencer os vermes dos seios.

Ojú oró, não deixe a doença contaminar os seios.

146 (607) OÒGÙN SÒBÌYÀ Ọ̀kànràn méjì, 8

Ewé ògùngún
Èèpo igi ògùngún
Egbò ògùngún
A ó sè é, a ó pe ọfọ̀ rẹ̀, a ó sì mu ife kan.
Sòbìyà kì í ṣe ewé ògùngún.
Sòbìyà kì í ṣe egbò ògùngún.
Sòbìyà kì í se èèpo igi ògùngún.
Kí sòbìyà k'ó má ṣe mí mọ́.

147 (611) OÒGÙN SÒBÌYÀ Ìwòrì ọ̀kànràn, 53

Ewé orí ọ̀dàn
Egbò iyá
Ewé iyá
Èèpo iyá
Èso òrombó wẹ́wẹ́
A ó sè é. A ó pe ọfọ̀ rẹ̀, a ó máa mu ún láràárọ̀.
Ewé orí ọ̀dàn ní í wo sòbìyà sàn.
Ewé iyá ní kí ó yára kúrò.
Egbò iyá ní kí ó kúrò.
Èèpo iyá ní kí ó kúrò.
Ara yọ̀yọ̀ ní í ṣe èso òrombó.

146 — RECEITA PARA TRATAR FILARÍASE (ELEFANTÍASE)

Folha de Cola gigantea var. glabrescens, Sterculiaceae[42]
Casca de árvore de Cola gigantea var. glabrescens, Sterculiaceae
Raiz de Cola gigantea var. glabrescens, Sterculiaceae
Ferver. Pronunciar a encantação. Tomar uma xícara.

A filária nunca afeta a folha *ògùngún*.
A filária nunca afeta as raízes de *ògùngún*.
A filária nunca afeta a casca de *ògùngún*.
A filária deve desistir de me contaminar.

147 — RECEITA PARA TRATAR FILARÍASE

Folha de Vitex doniana, Verbenaceae
Raiz de Daniellia oliveri, Leguminosae Caesalpinioideae
Folha de Daniellia oliveri, Leguminosae Caesalpinioideae
Casca de Daniellia oliveri, Leguminosae Caesalpinioideae
Fruto de Citrus aurantifolia, Rutaceae (lima-da-pérsia)
Ferver. Pronunciar a encantação. Tomar todas as manhãs.

A folha *orí ọ̀dàn* sempre cura da filária.
A folha de *iyá* diz que ela deve se apressar e sair.
A raiz de *iyá* diz que ela deve sair.
A casca de *iyá* diz que ela deve sair.
O corpo de *òrombó* é sempre muito macio.

148 (613) OÒGÙN SÒBÌYÀ Ọ̀kànràn ògúndá, 129

Ewé asobíabẹ
Ewé èkùyá
Egbò túdè
Àlùbọ́sà eléwé
Ẹ̀ẹ̀rù gidi
A ó sè é. A ó pe ọfọ̀ rẹ̀. A ó máa mu ún ní ẹ̀ẹ̀mejì lójoojúmọ́.

Asobíabẹ rèé bẹ sòbìyà
Èkùyá máà jẹ́ kí sòbìyà ó yà wá
Túdè bá a tú sòbìyà kúrò l'ara
Àlùbọ́sà bá a ṣà á
Ẹ̀ẹ̀rù bá a rù ú kúrò.

149 (616) OÒGÙN EHÍN DÍDÙN Ọ̀ṢẸ́ ÒDÍ, 230

Ewé idí
Ewé òmù
Ewé ọ̀kún
Òbu otóyò
A ó lọ̀ ọ́. A ó tẹfá lórí ìyẹ̀ròsùn. A ó fi igi orógbó kàn án a o sì fi run pákò.

150 (618) OÒGÙN ETÌ DÍDI Ogbè ọ̀ṣẹ́, 30

Ewé apotopòró tàbí ògùgu
Ewé ẹ̀là
A ó lọ̀ ọ́. A ó pe ọfọ̀ rẹ̀. A ó sín gbẹ́rẹ́ méje sí etí kọ̀kan a ó ku ògùn yìí sí i a ó sì fi díẹ̀ jẹ ẹ̀kọ tútù.

Apotopòró bá mi lu etí lámọrín
Ẹ̀là ní kí etí náà o là dénú k'ó máa gbọ́ràn.

148 — RECEITA PARA TRATAR FILARÍASE

Folha de Dalbergia saxatilis, Leguminosae Papilionoideae
Folha de Cleome gynandra, Capparaceae (muçambé-cor-de-rosa)
Raiz de Calliandra portoricensis, Leguminosae Mimosoideae
Bulbo de Allium aescalonicum, Liliaceae (cebolinha-branca)
Um maço (plantas inteiras) de Xylopia aethiopica, Annonaceae (pimenta-da-guiné)

Cozinhar em água. Pronunciar a encantação. Tomar duas vezes ao dia.

Asobíabẹ, vá pacificar a filária.
Èkùyá, não deixe a filária vir aqui.
Túdè, ajude-o a desatar a filária de seu corpo.
Àlùbọ́sà, ajude-o a tirá-la.
Ẹ̀ẹ̀rù, ajude-o a conduzi-la para fora.

149 — RECEITA PARA TRATAR DOR DE DENTE

Folha de Terminalia glaucescens, Combretaceae
Folha de Pteris sp., Adiantaceae
Folha de Phoenix reclinata, Palmae (tamareira)
Salitre

Moer. Pegar palito feito com Garcinia kola, Guttiferae. Desenhar o odu em *ìyẹ̀ròsùn*. Limpar os dentes com o palito e a preparação.

150 — RECEITA PARA TRATAR SURDEZ

Folha de Cola cordifolia, Sterculiaceae[43]
Folha de Calyptrochilum christyanum, Orchidaceae[44]

Moer. Pronunciar a encantação. Fazer sete incisões em cada orelha e esfregar nelas a preparação. Tomar um pouco da preparação com acaçá frio.

Apotopòró, ajude-me a perfurar a orelha de fulano.
Ẹ̀là diz que o ouvido deve se abrir para que ele possa ouvir.

151 (619) OÒGÙN ETÍ DÍDÙN Ọ̀kànràn òfún, 136

Ewé àlùgbọ́nrọ̀n
Ewé ẹ̀là
Ẹ̀yọ ataare mẹsan
A ó lọ̀ ọ́, a ó tẹfá lórí ìyẹ̀ròsùn, a ó dà á pọ̀, a ó fi sín gbẹ́rẹ́ méta sí etí kọ̀kan.

152 (620) OÒGÙN Ẹ̀FỌ́RÍ Èjìogbè, 1

Egbò enísà oògùn
Ẹ̀ẹ̀rù
Àlùbọ́sà eléwé
A ó gún un. A ó tẹfá lórí ìyẹ̀ròsùn, a ó pe ọfọ̀ rẹ̀. A ó pò ó mọ́ oògùn. A ó fi oògùn sínú gèlè a ó wé e mọ́ orí aláìsàn fun ọjọ́ méta.

> *Enísà oògùn bá mi ṣa àrùn kúrò lóri mi*
> *Àlùbọ́sà ni o fi ṣà á*
> *Ẹ̀ẹ̀rù ni o fi rù ú.*

153 (622) OÒGÙN Ẹ̀FỌ́RÍ Èjìogbè, 1

Ewé àgbéyìkà egbè
Ewé erinmi
Ọṣẹ dúdú
A ó gún un mọ́ ọṣẹ dúdú, a ó pe ọfọ̀ rẹ̀, a ó fi wẹ orí pẹ̀lú omi gbígbóná a ó sì dà á sí ìta.

> *Àgbéyìkà egbè gbé ẹ̀fọ́rí kúrò l'órí lágbájá*
> *Erinmi ni kí o fi rìn ín mọ́lẹ̀*
> *Omi gbígbóná kì í gbé ẹnu pé.*

151 — RECEITA PARA TRATAR DOR DE OUVIDO

Folha de Triclisia subcordata, Menispermaceae
Folha de Calyptrochilum christyanum, Orchidaceae[45]
Nove sementes de Aframomum melegueta, Zingiberaceae (amomo)
Moer. Desenhar o odu em *ìyẹ̀ròsùn*. Fazer três cortes em cada orelha e esfregar neles a preparação.

152 — RECEITA PARA TRATAR DOR DE CABEÇA

Raiz de Ritchiea capparoides var. longipedicellata, Capparaceae
Xylopia aethiopica, Annonaceae (pimenta-da-guiné)
Bulbo de Allium aescalonicum, Liliaceae (cebolinha-branca)
Pilar. Desenhar o odu em *ìyẹ̀ròsùn*, pronunciando a encantação. Misturar com a preparação. Colocar a preparação num lenço e amarrá-lo na cabeça do paciente. Usá-lo por três dias.

Enísà oògùn, ajude-me a pôr a doença para fora da minha cabeça.
Use *àlùbọ́sà* para retirá-la.
Use *ẹ̀ẹ̀rù* para levá-la para longe.

153 — RECEITA PARA TRATAR DOR DE CABEÇA

Folha de Hypselodelphys violacea, Marantaceae
Folha de hoslundia opposita, Labiatae
Sabão da costa
Pilar com sabão da costa. Pronunciar a encantação. Lavar a cabeça com a preparação e água quente. Jogar fora a preparação utilizada.

Àgbéyìkà egbè, leve a dor de cabeça para longe de fulano.
Use *erinmi* para acabar com ela.
A água quente nunca fica na boca por muito tempo.

154 (624) OÒGÙN ẸFỌRÍ Ọ̀yẹ̀kú méjì, 2

Ewé iyùn òrìṣà
Imí ọjọ́ dúdú
Imí ọjọ́ pupa
A ó gún un pọ̀, a ó fi tẹfá, a ó pe ọfọ̀ rẹ̀, a ó sín gbẹ́rẹ́ sí orí a ó sì fi ra á.

Iyùn òrìṣà bá mi worí yìí sàn
Orí kì í fọ́ imí ọjọ́ dúdú
Àrùn kì í ṣe imí ọjọ́ pupa.

155 (627) OÒGÙN ẸFỌRÍ Ọ̀wọ́nrín méjì, 6

Ewé ọ̀dúndún méje
Ewé tẹ̀tẹ̀ méje
Ewé rinrin méje
Omi ìtí ọ̀gẹ̀dẹ̀
Àdí
A ó pò ó nínú ìsaàsùn, a ó gún àwọn ewé mọ́ omi ìtí ọ̀gẹ̀dẹ̀, a ó tẹfá lórí ìyẹ̀ròsùn, a ó pe ọfọ̀ rẹ̀. A ó sì dà á pọ̀ a ó máa fi ra orí fún ọjọ́ mẹ́san án.

Ọ̀dúndún k'ó má jẹ́ k'ó dùn ùn mọ́
Tẹ̀tẹ̀ ni kí ẹ fi tẹ̀ ẹ́ mọ́lẹ̀
Rinrin kó máà jẹ́ k'ó lè rin mọ́
Wọ̀wọ̀ l'á bá ìtí ọ̀gẹ̀dẹ̀
Àdí ni kí ẹ fi di gbogbo ohun t'ó bá ńda lámọrín láàmú kúrò.

154 — RECEITA PARA TRATAR DOR DE CABEÇA

Folha de PSOROSPERMUM FEBRIFUGUM, Hypericaceae
Enxofre
Enxofre vermelho
Moer tudo. Desenhar o odu na preparação, pronunciando a encantação. Fazer incisões na cabeça e esfregar nelas a preparação.

Iyùn òrìṣà, ajude-me a curar esta doença de cabeça.
Imí ọjọ́ dúdú nunca sofre de dor de cabeça.
Imí ọjọ́ pupa nunca sofre de nenhuma doença.

155 — RECEITA PARA TRATAR DOR DE CABEÇA

Sete folhas de KALANCHOE CRENATA, Crassulaceae (folha-da-costa)
Sete folhas de AMARANTHUS HYBRIDUS subsp. INCURVATUS, Amaranthaceae (cauda-de-raposa)
Sete folhas de PEPEROMIA PELLUCIDA, Piperaceae (jabuti-membeca)
Seiva do tronco de MUSA SAPIENTUM, Musaceae (bananeira)
Azeite de caroço de dendê
Preparar tudo numa vasilha de barro. Moer as folhas com a seiva do tronco de bananeira. Desenhar o odu em *ìyẹ̀ròsùn*, pronunciando a encantação. Esfregar a cabeça com a preparação durante nove dias.

Òdúdún não o deixa sentir dores.
Use *tẹ̀tẹ̀* para empurrar a dor para o chão.
Rinrin não deve deixá-lo mais escoar lentamente.
A bananeira é sempre encontrada fresca e calma.
Use *àdí* para despachar tudo que está preocupando fulano.

156 (631) OÒGÙN ẸFỌRÍ Ìwòrì ọ̀yẹ̀kú, 48

Ewé erinmàdò
Ewé ataare
A ó sè é nínú omi. A ó pe ọfọ̀ rẹ̀. A ó máa mu ún ní gbígbóná lẹ́ẹ̀meji lójoojúmọ́, a ó sì fi wẹ ara pẹ̀lú.

Erinmàdò ní í wo orí sàn
Ataare ní í ta àrùn kúrò l'órí.

157 (642) OÒGÙN GBẸ̀GBẸ̀ Òdí Òtúrúpọ̀n, 72

Ewé olóótọ́
Ewé atúfà
Ewé ogbo aga
Ewé akówọ̀
A ó lọ̀ wọ́n, a ó tẹfá lórí ìyẹ̀ròsùn, a ó sì pò ó pọ̀, a ó sín gbẹ́rẹ́ sí ojú gẹ̀gẹ̀ a ó sì fi ra á.

158 (653) OÒGÙN ÌGBÀLÓDÉ Ogbè ọ̀yẹ̀kú, 17

Ewé àgbẹ̀dẹ
Ewé ìṣu mẹri
Egbò ìṣu mẹri
Ẹ̀ẹ̀rù
A ó gún un, a ó pe ọfọ̀ rẹ̀, a ó pò ó mọ́ omi, a ó fún omi rẹ̀ sínú ìgò, a ó máa mu ṣíbí kan láràárọ̀.

Àgbẹ̀dẹ máa gbé àrùn ìgbàlódé lọ
Iṣu mẹri mú ìgbàlódé lọ
Ẹ̀ẹ̀rù k'ó rù ú kúrò

156 — RECEITA PARA TRATAR DOR DE CAREÇA

Folha de Ricinodendron heudelotii, Euphorbiaceae
Folha de Aframomum melegueta, Zingiberaceae (amomo)
Ferver. Pronunciar a encantação. Tornar quente duas vezes ao dia e lavar-se com a preparação.

Erinmàdò sempre cura a doença da cabeça.
Ataare sempre chula a doença da cabeça.

157 — RECEITA PARA TRATAR BÓCIO

Folha de Gongronema latifolium, Asclepiadaceae
Folha de Pergularia daemia, Asclepiadaceae
Folha não identificada
Folha de Psychotria sp., Rubiaceae
Moer. Desenhar o odu em *ìyẹ̀ròsùn.* Misturar. Fazer incisões no bócio e esfregar nelas a preparação.

158 — RECEITA PARA TRATAR A DOENÇA QUE DEIXA A LÍNGUA PRETA

Folha de Gossypium barbadense, Malvaceae (algodão-gigante)
Folha de Crinum zeylanicum, Amaryllidaceae[46]
Raiz de Crinum zeylanicum, Amaryllidaceae
Xylopia aethiopica, Annonaceae (pimenta-da-guiné)
Pilar. Pronunciar a encantação. Misturar com água. Filtrar e engarrafar a preparação. Tomar uma colher todos os dias.

Àgbẹ̀dẹ, leve esta doença da língua para longe.
Iṣu mẹri, leve a doença da língua para longe.
Ẹ̀ẹ̀rù deve levá-la para longe.

159 (655) OÒGÙN ÌGBÀLÓDÉ Ọ̀ṣẹ́ ògúndá, 235

Ewé èsìn

Èso èsìn

A ó kó èso àti àwọn ewé púpọ̀ jọ, a ó pe ọfọ̀ rẹ̀, kí ẹni tí àrùn ìgbàlódé bá ń bá jà fi fọ ahọ́n rẹ̀.

Èsìn kí o wá sin ìgbàlódé nù lọ́kàn rẹ̀ àti láhọ́n o.

160 (658) OÒGÙN ÌMÚ EHÍN JÀDE LẸ́RỌ̀ FÚN ỌMỌDÉ

Ìrosùn ìrẹtẹ̀, 89

Ewé atikékeré ehín

Ẹ̀rù alámọ

Ewé àmúrẹjú

Ìgbín bẹ̀bẹ̀rẹ̀ (kékeré kan)

Ọṣẹ dúdú

A ó gún un nínú odó, a ó tẹfá lórí ìyẹ̀ròsùn, a ó kó wọn sínú ìkòkò a ó sì pò ó pọ̀. A ó fi wẹ ọmọ nígbà tí ó bá pé oṣù mẹ́rin.

161 (659) OÒGÙN ÌMÚ EHÍN LE Ọ̀yẹ̀kú méjì, 2 ati Òdí méjì, 4

Ẹgún ìgbágbó

Ẹyọ ataare méje

A ó gún un pọ̀, a ó fi tẹ odù ifá kejì àti ìkẹrin, a ó fi sín gbẹ́ rẹ̀ sí ẹnu a ó sì fi ra á.

159 — RECEITA PARA TRATAR A DOENÇA QUE DEIXA A LÍNGUA PRETA

Folha de ALCHORNIA CORDIFOLIA, Euphorbiaceae
Fruto de ALCHORNIA CORDIFOLIA, Euphorbiaceae
Preparar muitas folhas e frutos. Pronunciar a encantação. O paciente deve lavar a língua com a preparação.

Èsìn deve vir e levar a doença da língua para longe do seu coração e da sua língua.

160 — RECEITA PARA FACILITAR O NASCIMENTO DOS DENTES DAS CRIANÇAS

Folha de ALTERNANTHERA PUNGENS, Amaranthaceae (erva-de-pinto)
Semente não identificada.
Folha de SESBANIA PACHYCARPA, Leguminosae Papilionoideae
Um pequeno caracol
Sabão da costa
Pilar num almofariz. Desenhar o odu em *ìyẹ̀ròsùn*. Colocar num pote e misturar. Lavar com a preparação o corpo da criança quando ela estiver com quatro meses.

161 — RECEITA PARA TER DENTES FORTES

Espinho de folha caída de ZANTHOXYLUM VIRIDE, Rutaceae
Sete sementes de AFRAMOMUM MELEGUETA, Zingiberaceae (amomo)
Moer tudo. Desenhar os odus de Ifá dois e quatro na preparação.
Fazer pequenas incisões ao redor da boca e esfregar nelas a preparação.

162 (660) OÒGÙN ODI Ìwòrì òfún, 61

Ewé ehólo

Ewé ẹ̀là

Ọṣẹ dúdú

A ó gún un mọ́ ọṣẹ dúdú, a ó pe ọfọ̀ rẹ̀, a ó fi fọ ahọ́n.

Ehólo ní kí o máa hó

Ẹ̀là ní kí o la ohùn s'ókè

163 (664) OÒGÙN OJÚ DÍDÙN Èjìogbè, 1

Ewé ọ̀watẹ̀tẹ̀

Ewé ojúùsájú

Ewé ọparun

A ó sè é nínú omi, a ó fi iyọ̀ sí i, a ó pe ọfọ̀ rẹ̀. A ó wá rọ ọ́ sínú ìgò a ó máa fi bọ́ ojú.

Ọ̀watẹ̀tẹ̀ l'ó ní kí ojú ó wá lẹ̀

Ojúùsájú bá mi sà ojú jọ

Ọparun ní kí o bá mi fi pa àrùn ojú.

164 (665) OÒGÙN OJÚ DÍDÙN Ìrosùn méjì, 5

Ewé abàkè

Ewé rògan

Èédú ità

Tìróò

A ó lọ̀ ọ́ mọ́ tìróò, a ó fi tẹfá, a ó pe ọfọ̀ rẹ̀, a ó máa lé e sí ojú.

Abàkè ní t'ójú ṣe

Ojú roro ni ti rògan rògan

Tìróò ní t'árùn kúrò l'ójú

Èédú ità ní t'árùn kúrò l'ójú.

162 — RECEITA PARA TRATAR MUDEZ

Gramínea
Folha de CALYPTROCHILUM CHRISTYANUM, Orchidaceae[47]
Sabão da costa
Pilar com sabão da costa. Pronunciar a encantação. Lavar a língua com a preparação.

Ehólọ diz que você deveria estar falando alto.
Ẹ̀là diz que a sua voz deve se abrir.

163 — RECEITA PARA TRATAR DOR NOS OLHOS

Folha de TRICHILIA MONADELMIA, Meliaceae
Folha de PETIVERIA ALLIAACEAE, Phytolacaceae (erva-de-alho)
Folha de OXYTENANTHERA ABYSSINICA, Gramineae (bambu)
Ferver. Adicionar sal. Pronunciar a encantação. Engarrafar e lavar o rosto com a preparação.

Ọ̀watẹ̀tẹ̀ diz que o olho deve se acalmar.
Ojúùsájú, cure os meus olhos.
Use *ọparun* para matar a dor dos olhos.

164 — RECEITA PARA TRATAR DOR NOS OLHOS

Folha de ANTHONOTA MACROPHYLLA, Leguminosae Caesalpinioideae
Folha de STANSFIELDIELLA OLIGANTHA, Commelinaceae
CELTIS ZENKERI, Ulmaceae
Antimônio
Moer tudo junto. Desenhar o odu na preparação, pronunciando a encantação. Pintar os olhos com a preparação.

Abàkè sempre corrige os olhos.
Rògan rògan sempre tem olhos penetrantes.
Tìróò sempre empurra a doença para fora dos olhos.
Èèdú ità sempre empurra a doença para fora dos olhos.

165 (672) OÒGÙN OJÚ DÍDÙN Ìwòrì òtúrá, 58

Ewé fèrè òdòdó
Ewé ṣẹ́nifírán
Ẹ̀gún ṣẹ́nifírán
Egbò ṣẹ́nifírán
A ó gé e, a ó pe ọfọ̀ rẹ̀, a ó kó o sínú omi di ọjọ́ kejì a ó wá ṣẹ́ omi rẹ̀ sínú ìgò a ó máa kán an sí ojú.

> *Fèrè òdòdó má jẹ́ kí ojú ó dùn mí*
> *Ṣẹ́nifírán bá mi tún ojú ṣe.*

166 (685) OÒGÙN OJÚ FÍFỌ́ Òfún méjì, 16

Ewé ọ̀wálẹ̀
Ewé ìranjé
Egbò ìranjé
A ó gún un pọ̀, a ó sá a ní oòrùn, a ó fi tẹ́fá, a ó pe ọfọ̀ rẹ̀, a ó fi omi tútù mu ún.

> *Ọ̀wálẹ̀ mú ojú wá lẹ̀*
> *Ran ran ran ni t'ìranjé*
> *Òfún méjì wá fún mi l'ójú mi di alẹ̀.*

167 (688) OÒGÙN OJÚ FÍFỌ́ Ọ̀ṣẹ́ òtúrá 239

Ewé òdòdó òkun
Ewé yúnyun
Ewé òrúrù
A ó lọ̀ ọ́, a ó pe ọfọ̀ rẹ̀, a ó máa lá a pẹ̀lú epo pupa.

> *Òdòdó òkun bá mi mú ojú riná*
> *Àríná d'alẹ̀ ni ti yúnyun*
> *Gbańgba ni òrúrù rí ná.*

165 — RECEITA PARA TRATAR DOR NOS OLHOS

Folha de MARTYNIA ANNUA, Martyniaceae
Folha de SESBANIA PACHYCARPA, Leguminosae Papilionoideae
Espinho de SESBANIA PACHYCARPA, Leguminosae Papilionoideae
Raiz de SESBANIA PACHYCARPA, Leguminosae Papilionoideae
Cortar os ingredientes. Pronunciar a encantação. Deixá-los de molho até o dia seguinte. Engarrafar o líquido e passá-lo nos olhos.

Fèrè òdòdó, não deixe que os meus olhos doam.
Ṣẹ́nifíràn, ajude-me a curar os olhos.

166 — RECEITA PARA TRATAR CEGUEIRA

Folha de OXYANTHUS SUBPUNCTATUS, Rubiaceae
Folha de SECURINEGA VIROSA, Euphorbiaceae
Raiz de SECURINEGA VIROSA, Euphorbiaceae
Pilar tudo. Secar ao sol. Desenhar o odu na preparação, pronunciando a encantação. Tomar com água fria.

Ọ̀wálẹ̀, faça os olhos se acalmarem.
Ìranjé está sempre de olhos abertos.
Òfún méjì, conserve a minha visão até a velhice.

167 — RECEITA PARA TRATAR CEGUEIRA

Folha de COMBRETUM PLATYPTERUM, Combretaceae
Folha de ASPILIA AFRICANA, Compositae
Folha de SPATHODEA CAMPANULATA, Bignoniaceae (tulipeira-da-áfrica)
Moer. Pronunciar a encantação. Lamber com azeite de dendê.

Òdòdó òkun, ajude-me a fazer os olhos verem a luz.
Yúnyun sempre vê a luz até o anoitecer.
Òrúrú sempre vê a luz claramente.

168 (690) OÒGÙN OJÚ ÍGBÓNÁ Ọ̀ṣẹ́ méjì, 15

Ewé apọ́nlójúṣẹ
Ewé karo
Òrí
Èètán ẹyìn
A ó jó o, a ó pò ó mọ́ òrí, a ó pe ọfọ̀ rẹ̀, a ó fi ra a.
Apọ́nlójú ṣẹ̀ṣẹ̀ ní bẹ ìgbóná ojú
Àwòsàn ni ti karo
Èètán ní kí àrùn ọ́ tan l'ójú.

169 (691) OÒGÙN OÓWO ẸNU Èjìogbè, 1

Ewé ọfà ẹtu
Ewé ọfà inúyaya
Òrí
A ó lọ̀ ọ́, a ó tẹfá lórí ìyẹ̀ròsùn, a ó pe ọfọ̀ rẹ̀, a ó pò ó mọ́ òrí a ó fi ra oówo.
Ọfà ẹtu fa oówo kúrò k'ó tú
Ọfà inúyaya ó ní k'ára ó tú kí oówo ó tú.

170 (692) OÒGÙN Ọ̀FUN Òfún méjì, 16

Ewé okùn ìrora
Imí ọjọ́ funfun
Imí ọjọ́ pupa
A ó lọ̀ ọ́, a ó lá a pẹ̀lú epo pupa.

168 — RECEITA PARA TRATAR ARDÊNCIA NOS OLHOS

Folha de ANTIDESMA VENOSUM, Euphorbiaceae
Folha não identificada
BUTYROSPERMUM PARADOXUM subsp. PARKII, Sapotaceae (limo da costa)
NOZ DE ELAEIS GUINEENSIS, Palmae (dendezeiro)
Torrar. Pronunciar a encantação. Misturar com limo da costa. Esfregar nos olhos.

Apọ́nlọ́jú ṣẹ̀ṣẹ̀ sempre pacifica os distúrbios dos olhos.
Karo sempre cura da doença por completo.
Èètan diz que a doença dos olhos deve terminar.

169 — RECEITA PARA TRATAR FURÚNCULO NA BOCA

Folha de OLYRA LATIFOLIA, Gramineae (taquarinha)
Folha não identificada
BUTYROSPERMUM PARADOXUM subsp. PARKII, Sapotaceae (limo da costa)
Moer. Desenhar o odu em *ìyẹ̀ròsùn*, pronunciando a encantação. Misturar com limo da costa. Esfregar no furúnculo.

Ọfà ẹtu, puxe o furúnculo para que ele possa drenar.
Ọfà inúyaya diz que o corpo se sente mais confortável e que o furúnculo deve drenar.

170 — RECEITA PARA TRATAR DOENÇA DA GARGANTA

Folha de DIOCLEA REFLEXA, Leguminosae Papilionoideae (feijão-bravo)
Alume
Enxofre
Moer. Lamber com azeite de dendê.

171 (696) OÒGÙN ỌRÙN DÍDÙN Ọ̀kànràn òfún, 136

Ewé okùn ìkálẹ̀

Ewé ọ̀papara

Àlùbọ́sà eléwé

Egbò ẹ̀wọ̀n agogo

A ó sè é nínú omi, a ó pe ọfọ̀ rẹ̀, a ó sì má a mu ún ní ẹ̀ẹ̀mejì lójoojúmọ́.

Okùn ìkálẹ̀ k'ó bá wa wo àrùn ọrùn

Ọ̀papara ní kí àrùn ọrùn ó lè kúrò

Àlùbọ́sà k'ó ṣa àrùn kúrò

Ẹ̀wọ̀n agogo wọ́n àrùn kúrò.

172 (698) OÒGÙN ỌRÙN ẸṢẸ̀ Ọ̀kànràn òfún, 136

Ewé abèrè

Ewé èrèé

Odidi ataare kan

A ó jó o, a ó fi tẹfá, a ó pe ọfọ̀ rẹ̀, a ó fi fọ́ ẹ̀kọ tútù mu ní òwúrọ̀.

Abèrè bá wa mú àrùn ẹsẹ̀ lọ

Èrèé bá wa ré àrùn ẹsẹ̀ kúrò

Ataare k'ó tarí rẹ̀ lọ.

171 — RECEITA PARA TRATAR DOR NO PESCOÇO

Folha de ADENIA LOBATA, Passifloraceae
Folha de STACHYTARPHETA INDICA, Verbenaceae
Bulbo de ALLIUM AESCALONICUM, Liliaceae (cebolinha-branca)
Casca de LANTANA CAMARA, Verbenaceae
Ferver. Pronunciar a encantação. Tomar duas vezes ao dia.

Okùn ìkálẹ̀ deve nos ajudar a curar a doença do pescoço.
Ọ̀papara diz que a doença do pescoço deve ir.
Àlùbọ́sà deve colher a doença.
Ẹ̀wọ̀n agogo, arrebate a doença.

172 — RECEITA PARA TRATAR DOENÇA NO TORNOZELO

Folha de ANTHONOTA MACROPHYLLA, Leguminosae Caesalpinioideae
Folha de PHASEOLUS LUNATUS, Leguminosae Papilionoideae (feijão-de-lima)[48]
Fruto inteiro de AFRAMOMUM MELEGUETA, Zingiberaceae (amomo)
Queimar. Desenhar o odu na preparação, pronunciando a encantação.

Abèrè, ajude-nos a levar a doença do tornozelo embora.
Èrèé, ajude-nos a colher a doença do tornozelo.
Ataare deve empurrá-la para longe.

173 (699) OÒGÙN SEGEDE Òtúrá ìwòrì, 199

Osùn

Ilé ọdẹ

Ilé (amọ̀) agbọ́n

Ẹfun

A ó lọ̀ ọ́, a ó fi tẹfá, a ó pe ọfọ̀ rẹ̀, a ó dà á sínú omi tútù a ó máa fi ra segede.

> *Ilé ọdẹ kì í wú ṣọ́dẹ l'óri*
> *Ilé ọdẹ kì í wú ṣọ́dẹ l'órùn*
> *Ilé ọdẹ kì í wú ṣọ́dẹ l'ára*
> *Ẹfun ní k'ó fi fún ohun tí ń ṣe lámọrín*
> *Osùn l'ó ní kí ara rẹ̀ ó sùn*
> *Òtùá olóǹwò bá wa wo àrùn kúrò l'ára rẹ̀.*

174 (705) OÒGÙN WÁRÍWÁRÙN Òfún ọ̀yẹ̀ku, 243

Ewé ẹ̀rùyán ntefé

Ewé òórùngọ̀

Ewé òroǹbó wẹ́wẹ́

Ewé arójòkú

Àlùbọ́sà eléwé

Ata gidi

Iyọ̀

A ó gún un l'ódó, a ó fi mu ẹ̀kọ gbígbóná.

173 — RECEITA PARA TRATAR CAXUMBA

PTEROCARPUS OSUN, Leguminosae Papilionoideae[49]
Ninho de larvas
Ninho de vespas
Giz
Moer. Desenhar o odu na preparação, pronunciando a encantação. Colocar em água fria. Esfregar na inchação.

> A casa da larva nunca incha em sua cabeça.
> A casa da larva nunca incha em seu pescoço.
> A casa da larva nunca incha em seu corpo.
> Use *ẹfun* para espremer o que estiver perturbando fulano.
> *Osùn* diz que o seu corpo deve ficar calmo.
> *Òtùá olóǹwò*, ajude-nos a curar o seu corpo da doença.

174 — RECEITA PARA TRATAR TORCICOLO

Folha de OCIMUM CANUM, Labiatae (manjericão-de-alfavaca)
Folha de VERNONIA AMBIGUA, Compositae (alumã)[50]
Folha de CITRUS AURANTIFOLIA, Rutaceae (limeira-da-pérsia)
Folha de ECLIPTA ALBA, Compositae (erva-botão)
Bulbo de ALLIUM AESCALONICUM, Liliaceae (cebolinha-branca)
ZANTHOXYLUM SENEGALENSE, Rutaceae
Sal
Pilar no almofariz. Comer com acaçá quente.

175 (707) OÒGÙN ÌMÚ ỌMỌDÉ RÌN Ọ̀bàrà ọ̀ṣẹ́, 120

Ewé erinmàdò
Èso àrìdan
Àlùbọ́sà eléwé
Ewé àgbásá
A ó sè é nínú omi, a ó pe ọfọ̀ rẹ̀, a ó máa fún un mu ní èèmejì lójoojúmọ́.

Erinmàdò ní kí ọmọ ó rìn
Àrìdan máà jẹ́ kí nwọ́n o dán ọmọ wò
Àlùbọ́sà ó ní kí ọmọ sáré
Àgbásá gba ọmọ yè.

176 (709) OÒGÙN ÀÌSÀN ỌMỌDÉ Ọ̀kànràn òfún, 136

Ewé ẹ̀gbẹ̀sì ògún
Egbò ẹ̀gbẹ̀sì ògún
Èèpo ẹ̀gbẹ̀sì ògún
Ẹ̀ẹ̀rù
Ewé efínrín wẹ́wẹ́
A ó sè é nínú omi. Fún ọmodé mu ní ẹ̀ẹ̀mẹta lójoojúmọ́.

Ẹ̀gbẹ̀sì l'ó ní kí àrùn ó ṣí
Efínrín ní wo ìsẹ̀bẹ̀.

177 (713) OÒGÙN DÍDÁKÚ Ìrẹtẹ̀ ogbè, 212

Ewé òjìjí ìtàkùn
Odidi ataare méje
Ata gidi
Orí ewúrẹ́ àsínrin
Ẹja òjìjí
A ó jó o lórí iná pẹ̀lú ata gidi, a ó fi tẹfá, a ó bu díẹ̀ sínú àdó, a ó ti ẹnu àdó bọ imú ọmọ náà.

175 — RECEITA PARA FAZER A CRIANÇA ANDAR

Folha de Ricinodendron heudelotii, Euphorbiaceae
Fruto de Tetrapleura tetraptera, Leguminosas Mimosoideae
Bulbo de Allium aescalonicum, Liliaceae (cebolinha-branca)
Folha de Clausena anisata, Rutaceae (anis)
Ferver. Pronunciar a encantação. Tomar duas vezes ao dia.

Erinmàdò diz que a criança deve andar.
Àrìdan, não os deixe pôr a criança à prova.
Àlùbọ́sà diz que a criança deve correr.
Àgbásá, salve a criança.

176 — RECEITA PARA TRATAR DOENÇA DE CRIANÇA

Folha de Sarcocephalus latifolius, Rubiaceae
Raiz de Sarcocephalus latifolius, Rubiaceae
Casca de Sarcocephalus latifolius, Rubiaceae
Xylopia aethiopica, Annonaceae (pimenta-da-guiné)
Folha de Ocimum basilicum, Labiatae (manjericão-de-alfavaca)
Ferver. Pronunciar a encantação. Tomar três vezes ao dia.

Ẹ̀gbẹ̀sì diz que a doença deve cessar.
Efinrin sempre cura a doença.

177 — RECEITA PARA ACORDAR CRIANÇA DESMAIADA

Folha de Brachystegia eurycoma, Leguminosae Caesalpinioideae
Sete frutos de Aframomum melegueta, Zingiberaceae (amomo)
Zanthoxylum senegalense, Rutaceae
Uma cabeça de cabra amarela e branca
Um peixe-elétrico
Queimar. Desenhar o odu na preparação. Colocar um pouco da preparação numa cabaça pequena, levá-la às narinas da criança.

178 (714) OÒGÙN ẸHÍN ỌMỌDÉ Ìwòrì ọwọnrín, 51

Ewé kúèré
Ewé òwè ahun
Ẹ̀ẹ̀rù mẹsan án
Ọṣẹ dúdú
A ó gún un mọ́ ọṣẹ dúdú, a ó pe ọfọ̀ rẹ̀, a ó fi wẹ ọmọ kékeré.
Kúèré kì í gbóná eyín
Òwè ahun kì í ṣ'ojojo.

179 (718) OÒGÙN ẸHÌN DÍDÙN ỌMỌDÉ Ogbè ìwòrì, 18

Ewé jọ́mọ óruke
Ewé ọ̀pọ̀n àtàkùn
Ẹ̀ẹ̀rù
A ó sè é nínú omi, a ó pe ọfọ̀ rẹ̀, a ó máa fún ọmọdé mu láàrárọ̀.
Jọ́mọ óruke ní í wo ẹ̀hìn sàn
Ọ̀pọ̀n bá mi pọn ọmọ yìí d'àgbà
Ẹ̀ẹ̀rù k'ó má jẹ́ kí ẹ̀hìn ó dùn ún.

180 (720) OÒGÙN ÌMÚ ỌMỌ D'ÀGBÀ Ogbè ọ̀yẹ̀kú, 17

Ewé jọ́mọ óruke
Ewé òwú
Ewé òrúru
A ó sè é nínú omi, a ó pe ọfọ̀ rẹ̀, kí ọmọdé mu ife kan ní ẹ̀ẹ̀mẹta lójoojúmọ́.
Jọ́mọ óruke jẹ́ kí ọmọ mi ó ruke
Òrúru má jẹ́ kí ọmọ mi ó rù
Òwú ní kí ọmọ mi ó wú dàgbà.

178 — RECEITA PARA TRATAR DOR DE DENTE EM CRIANÇA

Folha de Deinbollia pinnata, Sapindaceae
Folha de Leguminosae Papilionoideae não determinada
Nove dentes de Xylopia aethiopica, Annonaceae (pimenta-da-guiné)
Sabão da costa
Pilar com sabão da costa. Pronunciar a encantação. Lavar a criança com a preparação.

Kúèré nunca sofre de problemas de dentição.
Òwè ahun nunca cai doente.

179 — RECEITA PARA TRATAR DOR NAS COSTAS DA CRIANÇA

Folha de Croton lobatus, Euphorbiaceae
Folha de Uapaca heudelotii, Euphorbiaceae
Xylopia aethiopica, Annonaceae (pimenta-da-guiné)
Ferver. Pronunciar a encantação. Fazer a criança tomar todas a manhãs.

Jọ́mọ óruke sempre cura a doença das costas.
Ọ̀pọ̀n, ajude-me a respaldar esta criança até que ela cresça.
Ẹ̀ẹ̀rù não deve deixá-la sofrer de dor nas costas.

180 — RECEITA PARA O CRESCIMENTO DA CRIANÇA

Folha de Croton lobatus, Euphorbiaceae
Folha de Gossypium sp., Malvaceae (algodoeiro)
Folha de Spathodea campanulata, Bignoniaceae (tulipeira-da áfrica)
Ferver. Pronunciar a encantação. Fazer a criança tomar uma xícara pequena três vezes ao dia.

Jọ́mọ óruke, deixe a minha criança crescer.
Òrúru, não deixe a minha criança crescer fraca.
Òwú diz que a minha criança deve crescer bem.

181 (724) OÒGÙN ÌMÚ Ọ̀MỌ LÁRADÁ Ogbè ọ̀yẹ̀kú, 17

Egbò ifọ̀n
Èèpo ọ̀gẹ̀dẹ̀ abo
Òrí
Ọṣẹ dúdú
A ó lọ̀ ọ́, a ó tẹfá lórí ìyẹ̀ròsùn, a ó fi wẹ ọmọ.

182 (725) OÒGÙN ÌMÚ Ọ̀MỌ LÁRADÁ Ọ̀yẹ̀kú ògúndá, 39

Ewé ọ̀súnsún tàbí egbò rẹ̀
Imí ọjọ́ pupa
Ọṣẹ dúdú
A ó gún un pọ̀, a ó lọ imí ọjọ́ pupa, a ó fi tẹfá, a ó sì pò ó pọ̀ a ó fi wẹ ọmọ lára.

183 (729) OÒGÙN Ọ̀KÀ Ọ̀MỌDÉ Ìwòrì ìká, 56

Ewé ayọ̀kà
A ó sè é, a ó pe ọfọ̀ rẹ̀, a ó sì máa mu ún.
Ayọ̀kà ayọ̀kà wáá lọ rèé yọ ọ̀kà orí lámọrín.

184 (731) OÒGÙN Ọ̀LỌ INÚ Èjìogbè, 1

Ewé ijàn dúdú
Ewé àtòrì igbó
Ẹ̀ẹ̀rù
Kéréwùú
A ó gún àwọn èlò méjì tó kẹ́yìn pọ̀ a ó dà á sínú ìkòkò. A ó tẹfá lórí ìyẹ̀ròsùn. A ó kó ewé jọ (mẹsan fún ọmọdékùnrin ati méje fún ọmọdébìnrin). A ó sè é mọ́ omi a ó máa mu ún ní àràárọ̀.

181 — RECEITA PARA QUE A CRIANÇA CONSERVE BOA SAÚDE

Raiz de Olax subscorpioidea, Olacaceae
Casca de Musa sapientum, Musaceae (banana)
Butyrospermum paradoxum subsp. parkii, Sapotaceae (limo da costa)
Sabão da costa
Pilar numa pedra. Desenhar o odu em *ìyẹ̀ròsùn*. Lavar a criança com a preparação.

182 — RECEITA PARA QUE A CRIANÇA CONSERVE BOA SAÚDE

Folha e raiz de Carpolobia lutea, Polygalaceae
Enxofre vermelho
Sabão da costa
Pilar tudo. Moer o enxofre vermelho e desenhar o odu na preparação. Misturar. Lavar a criança com a preparação.

183 — RECEITA PARA TRATAR CROSTAS EM CABEÇA DE CRIANÇA

Folha de Hippocratea indica, Celastraceae
Ferver. Prenunciar a encantação. Tomar a preparação.

Ayọkà ayọkà, vá e libere a cabeça do doente.

184 — RECEITA PARA TRATAR DOR NOS FLANCOS EM CRIANCINHAS

Folha de Alchornea laxiflora (preto), Euphorbiaceae
Folha de Mallotus oppositifolius, Euphorbiaceae
Xylopia aethiopica, Annonaceae (pimenta-da-guiné)
Gossypium sp., Malvaceae (algodoeiro)
Pilar juntos os dois últimos ingredientes e colocá-los em uma panela. Desenhar o odu em *ìyẹ̀ròsùn*. Amarrar as folhas aos pares (nove pares para um menino e sete para uma menina). Colocá-las sobre a preparação. Misturar. Adicionar água. Cozinhar. Tomar pela manhã.

185 (736) OÒGÙN ỌMỌDÉ RÍRÙ Ìwòrì ọ̀yẹ̀kú, 48

Ewé arùn fọnfọn

Ewé àyin

A ó sè é nínú omi dídùn, a ó pe ọfọ̀ rẹ̀, a ó máa mu ún ní ẹ̀ẹ̀mẹta lójoojúmọ́.

Àrùn fọnfọn má jẹ́ k'ó rù

Àrù dàgbà ni ti àyin.

186 (739) OÒGÙN ỌMỌ TÍ Ń JẸ ÈÈPẸ̀ Ìká ògúndá, 175

Ewé ọ̀gàn àparò

Ewé imí eṣú

Ewé bọ́lẹ̀

Odidi ataare

A ó gún un, a ó tẹfá lórí ìyẹ̀ròsùn, a ó pe ọfọ̀ rẹ̀, a ó pò wọ́n pọ̀, a ó sín gbẹ́rẹ́ sí abẹ́ ojú, etí oríkèé apá àti ẹsẹ̀ a ó sì fi pa á.

Ni'kú pa bọ́lẹ̀

Ìgbà ẹ̀rùn ni'kú pa bọ́lẹ̀.

185 — RECEITA PARA TRATAR CRIANÇA FRACA

Folha de DIOSCOREA ALATA, Dioscoreaceae (inhame)
Folha de ANOGEISSUS LEIOCARPUS, Combretaceae
Ferver em água choca. Pronunciar a encantação. Tomar três vezes ao dia.

Àrùn fọnfọn, não o deixe continuar magro.
Àyin fica magro até a velhice.

186 — RECEITA PARA TRATAR CRIANÇA QUE COME TERRA

Folha de SABICEA CALYCINA, Rubiaceae
Folha de AGERATUM CONYZOIDES, Compositae (mentrusto)[51]
Folha de SIDA LINIFOLIA, Malvaceae (guaxima)
Fruto inteiro de AFRAMOMUM MELEGUETA, Zingiberaceae (amomo)
Pilar os ingredientes. Desenhar o odu em *ìyẹ̀ròsùn*. Pronunciar a encantação.
Misturar tudo. Fazer cortes sob os olhos, as orelhas e as juntas dos braços e das pernas e esfregar nesses cones a preparação.

A morte mata a planta *bọ́lẹ̀*.
É na estação seca que a morte mata a planta *bọ́lẹ̀*.

187 (740) OÒGÙN ÀGBÓNÁDẸ̀RỌ̀ Èjìogbè, 1

Ewé rinrin
Ẹyìn kan (tí ó já sílẹ̀ fún rararẹ̀)
Òrí
Owó ẹyọ kan
Orí erè
Ìkó odídẹ kan
A ó gún un, a ó lọ ẹyìn mọ́ ìkó odídẹ, a ó fi tẹfá, a ó pe ọfọ̀ rẹ̀, a ó lọ gbogbo ǹkan pọ̀ mọ́ òrí, a ó máa fi pa ara.

> *Èjìogbè má jẹ́ kí iná ó jó mi l'óní*
> *Ẹ̀rọ̀ ni ti rinrin*
> *Ẹ̀rọ̀ ni ti òrí*
> *Erè ní kí oró iná ó má ràn mí*
> *Bi ìkó odídẹ bá pọn dẹ̀dẹ̀ kì í lè jó ni l'ọ́wọ́.*

188 (743) OÒGÙN ALÁÀRẸ Ọ̀kànràn ògúndá, 129

Ewé ògùn bẹ̀rẹ̀
Èèpo ògùn bẹ̀rẹ̀
Egbò ògùn bẹ̀rẹ̀
Ẹ̀ẹ̀rù
A ó sè é nínú omi, a ó pe ọfọ̀ rẹ̀, a ó máa mu ún ní ẹ̀ẹ̀mẹta lójoojúmọ́.

> *Ògùn bẹ̀rẹ̀ má jẹ́ kí ó rẹ̀ mí*
> *Má jẹ́ kí ó rẹ̀ mí l'ọ́wọ́*
> *Má jẹ́ kí ó rẹ̀ mí lẹ́sẹ̀*
> *Má jẹ́ kí ó rẹ̀ mí ní gbogbo ara.*

187 — RECEITA PARA ATENUAR DOR DE QUEIMADURA

Folha de Peperomia pellucida, Piperaceae (jabuti-membeca)
Fruto (que tenha caído sozinho) de Elaeis guineensis, Palmae (dendezeiro)
Butyrospermum paradoxum subsp. parkii, Sapotaceae (limo da costa)
Um búzio
Uma cabeça de jiboia
Uma pena de papagaio vermelho

Moer o fruto do dendezeiro com a pena de papagaio. Desenhar o odu nesse pó. Pronunciar a encantação. Misturar tudo com limo da costa. Esfregar a preparação no corpo.

Èjìogbé, não deixe que o fogo me queime hoje.
Rinrin está sempre fresco e calmo.
Òrí está sempre fresco e calmo.
Erè diz que o poder do fogo não deve me afetar.
Por mais vermelha que a pena do papagaio seja, ela nunca queima as mãos de ninguém.

188 — RECEITA PARA TRATAR INDISPOSIÇÃO

Folha de Leucaena leucocephala, Leguminosae Mimosoideae
Casca de Leucaena leucocephala, Leguminosae Mimosoideae
Raiz de Leucaena leucocephala, Leguminosae Mimosoideae
Xylopia aethiopica, Annonaceae (pimenta-da-guiné)

Cozinhar em água. Pronunciar a encantação. Tomar três vezes ao dia.

Ògún bẹ̀rẹ̀, nunca me deixe ficar indisposto.
Nunca me deixe sentir indisposição nas mãos.
Nunca me deixe sentir indisposição nas pernas.
Nunca me deixe sentir indisposição em nenhuma parte do meu corpo.

189 (746) OÒGÙN ÀLÁKÁLÀÁ Èjìogbè, 1

Ewé légun kúrò

Obì (súnsun ní iná)

A ó gún un, a ó tẹfá lórí ìyẹ̀ròsùn, a ó pe ọfọ̀ rẹ̀, a ó sín gbẹ́rẹ́ sí abẹ́ ojú a ó sì fi pa á.

> *Légun kúrò bá mi lé ìsìnkú ọ̀run lọ*
> *Ìsìnkú ọ̀run kì í jẹ obì súnsun n'íná.*

190 (747) OÒGÙN ÀLÁKÁLÀÁ Èjìogbè, 1

Ewé ọ̀gàn jọ́ dùndùn

Ewé abíríkolo

Ewé àjẹ́ kòbàlé

Orí ajá

A ó jó o, a ó fi tẹfá, a ó pe ọfọ̀ rẹ̀. A ó sín gbẹ́rẹ́ mọ́kànlélógún sí ààrín orí olúwa rẹ̀ a ó fi ògùn sí i. A ó máa fi ìyókù fọ́ ẹ̀kọ tútù mu lójoojúmọ́.

> *Ọ̀gànjọ́ dùndùn má jẹ́ kí n lálàá ibi*
> *Abíríkolo ìsìnkú ọ̀run pẹ̀hìn dà*
> *Àjẹ́ kòbàlé má jẹ́ kí ibi bà lé mi*
> *Orí ajá ní máa ṣọ́ ajá.*

189 — RECEITA PARA EVITAR PESADELOS

Folha de PSOROSPERMUM FEBRIFUGUM, Hypericaceae
Frutos torrados de COLA ACUMINATA, Sterculiaceae (coleira)
Moer. Desenhar o odu em *ìyẹ̀ròsùn*, pronunciando a encantação.
Fazer um corte sob os olhos e esfregar nele a preparação.

Légun kúrò, ajude-me a afugentar os fantasmas.
Os fantasmas nunca comem *obì* torrado no fogo.

190 — RECEITA PARA EVITAR PESADELOS

Folha de DESMODIUM ADSCENDENS, Leguminosae Papilionoideae (carrapicho-de-beiço-de-boi)
Folha de HAUMANIASTRUM LILACINUM, Labiataé[52]
Folha de CROTON ZAMBESICUS, Euphorbiaceae
Uma cabeça de cachorro
Queimar. Desenhar o odu na preparação, pronunciando a encantação.
Fazer 21 cortes na cabeça da pessoa e esfregar neles a preparação.
A pessoa deve tomar o resto da preparação com acaçá frio todos os dias.

Ọ̀gànjọ́ dùndùn, nunca me deixe ter pesadelos.
Abíríkolo, fantasmas, retrocedam!
Àjẹ́ kòbàlé, nunca deixe o mal pousar em mim.
A cabeça do cachorro sempre o protege.

191 (759) OÒGÙN ÀLÁKÁLÀÁ Ogbè ìká, 26

Ewé jẹ́lẹ́nu bẹ́nu

Ewé àrínigo

Ewé légun óko

Obì (sísun)

A ó jó o a ó fi tẹfá, a ó pe ọfọ̀ rẹ̀, a ó sín gbẹ́rẹ́ sí abẹ́ ojú a ó fi oògùn pa á. A ó gbá ìyókù ní òwú funfun àti dúdú a ó máa fi sí abẹ́ ìrọ̀rí.

> *Jẹ́lẹ́nu bẹ́nu kì í bẹ ẹnu tì*
> *Àrínigo ló ní kí ẹ má lè gorí mi*
> *Légun óko l'égún padà.*

192 (763) OÒGÙN ÀLÁKÁLÀÁ Ọ̀wọ́nrín ìká, 101

Ewé ọ̀dùnnìwọ̀nrọ̀n

Ewé abíríkolo

Èédú iná

Ọṣẹ dúdú

A ó gún un mọ́ ọṣẹ dúdú, a ó pe ọfọ̀ rẹ̀, a ó sì fi wẹ aláìsàn.

> *Ọ̀dùnnìwọ̀nrọ̀n má jẹ́ kí n ṣe wọ́nrọn wọ̀nrọn mọ́*
> *Abíríkolo ní kí ìsìnkú ọ̀run ó pẹ̀hìndà*
> *Èédú ó ní kí ibi má lè dúró tì mí.*

191 — RECEITA PARA EVITAR PESADELOS

Folha de Biophytum petersianum, Oxalidaceae
Folha de Microdesmis puberula, Pandaraceae
Folha de Psorospermum febrifugum, Hypericaceae
Fruto de Cola acuminata, Sterculiaceae (coleira)
Queimar. Desenhar o odu na preparação, pronunciando a encantação. Fazer uma incisão sob os olhos e esfregar nela a preparação. Enrolar o resto da preparação em fios de algodão branco e preto e colocar sob o travesseiro.

Jẹ̀lẹ́nu bẹ́nu não falha em pedir à boca.
Àrínigo diz que você não deve subir em mim.
Légun óko conduz os fantasmas para longe.

192 — RECEITA PARA EVITAR PESADELOS

Folha de Spermacoce ruelliae, Rubiaceae
Folha de Crotalaria lachnophora, Leguminosae Papilionoideae[53]
Carvão
Sabão da costa
Pilar com sabão da costa. Pronunciar a encantação. Lavar-se com a preparação.

Ọ̀dùnnìwọ̀nrọ̀n, nunca me deixe ficar insone novamente.
Abíríkolo diz que cerimônias fúnebres não são admitidas no além.
Èédú diz que o mal não deve ficar comigo.

193 (775) OÒGÙN ÀRÙNKÁRÙN Ìrosùn ọ̀yẹ̀kú, 78

Ewé apá

Egbò apá

Èèpo apá

Ẹ̀ẹ̀rù

A ó da àwọn èlò mẹ́tẹẹta àkọ́kọ́ sínú ìkòkò a ó fọ́n ẹ̀ẹ̀rù sí i a ó da omi sí i a ó se gbogbo rẹ̀ pọ̀, a ó pe ọfọ̀ rẹ̀, a ó sì fi omi rẹ̀ wẹ aláìsàn.

Apá bá mi pa àrùn yìí
Ibi yìówù tí ó wà nínú ara
Kí àrùn náà má lè bá mi jà mọ́
Apá bá mi pa àrùn yìí.

194 (778) OÒGÙN ÀRÙNKÁRÙN Ògúndá ọ̀yẹ̀kú, 138

Ewé apọ́n kolọ

Ewé idí

Egbò idí

Èèpo idí

Èso tàgíìrì

Àlùbọ́sà eléwé

A ó sè é nínú omi, a ó pe ọfọ̀ rẹ̀. A ó má a mu ife kékeré láràárọ̀.

Apọ́n kolọ pa àrùn kárùn
Tàgíìrì ni kí o fi wú àrùn lọ
Àlùbọ́sà ni kí o fi ṣa àrùn lọ.

193 — RECEITA PARA TRATAR TODAS AS DOENÇAS

Folha de AFZELIA BELLA, Leguminosae Caesalpinioideae[54]
Raiz de AFZELIA BELLA, Leguminosae Caesalpinioideae
Casca de AFZELIA BELLA, Leguminosae Caesalpinioideae
XYLOPIA AETHIOPICA, Annonaceae (pimenta-da-guiné)
Colocar os três primeiros ingredientes numa panela. Partir a pimenta--da-guiné e acrescentar a eles. Adicionar água. Ferver tudo. Pronunciar a encantação. Lavar o paciente com a preparação.

Apá, ajude-me a matar esta doença.
Onde quer que ela esteja no corpo
Que a doença não possa mais me preocupar.
Apá, ajude-me a matar esta doença.

194 — RECEITA PARA TRATAR TODAS AS DOENÇAS

Folha de FLABELLARIA PANICULATA, Malpighiaceae
Folha de TERMINALIA GLAUCESCENS, Combretaceae
Raiz de TERMINALIA GLAUCESCENS, Combretaceae
Casca de TERMINALIA GLAUCESCENS, Combretaceae
Fruto de LAGENARIA BREVIFLORA, Cucurbitaceae
Bulbo de ALLIUM AESCALONICUM, Liliaceae (cebolinha-branca)
Ferver. Pronunciar a encantação. Tomar uma xícara pequena todas as manhãs.

Apọ́n kolo, mate todas as doenças.
Use *tàgîrì* para extirpar a doença.
Use *àlùbọ́sà* para expulsar a doença.

195 (785) OÒGÙN ÀRÙN TÍ Í DÉNÌ MỌLÉ Èjìogbè, 1

Ewé ẹ̀lú
Ewé àlúpàyídà
Àjàpá méjì
Ọṣẹ dúdú
A ó gún un pọ̀, a ó tẹfá lórí ìyẹ̀ròsùn, a ó kó o sínú aṣọ funfun. A ó po ẹ̀jẹ̀ àjàpà mọ́ ọn a ó kó ọṣẹ sínú omi a ó po gbogbo rẹ̀ pọ̀. A ó rọra fi máa pa aláìsàn lárá.

196 (786) OÒGÙN APORÓ EJÒ Ọ̀yẹ̀kú òtúrúpọ̀n, 42

Ewé àlùbọ́sà
Ewé ewúro
Èèpò ọ̀rọ́ adẹ́tẹ̀
Ewé ẹnu òpírè
Ewé aró jòkú
Ọ̀gẹ̀dẹ̀ wẹẹrẹ
Odidi ataare
Orí ejò kéjò
A ó jó o pọ̀, a ó fi tẹfá, a ó pe ọfọ̀ rẹ̀, a ó sín gbẹ́rẹ́ sí ojú oró ejò a ó fi aporó pa á.

Ọ̀yẹ̀kú bátúrúpọ̀n
Nígbà t'ó o b'ọ́mọ olúfẹ̀ tú oró ejò níjọ́ un
Ni wọ́n bá pè ọ́ ní ọ̀yẹ̀kú t'ó tú oró ejò
Tí kò fi pa á wó
Wá máa bá wa tú oró ejò gbogbo t'ó bu nijẹ
Ohun t'ó rorò l'à á fi í bẹ ohun t'ó rorò
Ewúro t'ó rorò ni o fi bẹ̀ ẹ́
Àlùbọ́sà t'ó rorò ni o fi bẹ̀ ẹ́
Òjòdú atẹ́ẹ́rẹ́-mà-ni-kókó-ọmọ-òtù-ifẹ̀
Arójòkú ní kí gbogbo oróo rẹ̀ k'ó kú
Ọ̀yẹ̀kú bá wa tú oró náà kúrò.

195 — RECEITA PARA TRATAR AGORAFOBIA

Folha de Lonchocarpus cyanescens, Leguminosae Papilionoideae
Folha de Uraria picta, Leguminosae Papilionoideae
Duas tartarugas
Sabão da costa
Pilar tudo, exceto as tartarugas e o sabão da costa. Desenhar o odu em *ìyẹ̀ròsùn.* Colocar num pano branco. Misturar o sangue das tartarugas com a preparação. Mergulhar o sabão na água e diluí-lo. Esfregar pacientemente no corpo da pessoa.

196 — RECEITA PARA TRATAR PICADA DE COBRA

Folha de Allium cepa, Liliaceae (cebola)
Folha de Vernonia amygdalina, Compositae (alumã)
Casca de Euphorbia poissonii, Euphorbiaceae
Folha de Euphorbia lateriflora, Euphorbiaceae
Folha de Eclipta alba, Compositae (erva-botão)
Musa sapientum var. paradisiaca, Musaceae (banana-da-terra)
Fruto inteiro de Aframomum melegueta, Zingiberaceae (amomo)
Uma cabeça de qualquer cobra
Queimar tudo. Desenhar o odu na preparação, pronunciando a encantação.
Fazer incisões na picada de cobra e esfregar nelas a preparação.

> *Ọ̀yẹ̀kú bátúrúpọ̀n*
> Desde muito tempo atrás, quando você ajudou o filho de *Olúfẹ̀* a expulsar o veneno da cobra
> Eles chamam você de *ọ̀yẹ̀kú,* aquele-que-expulsou-o-veneno-da--cobra. Pois o veneno não mais o matou.
> Venha nos ajudar a neutralizar o veneno de todas as cobras que picam gente.
> O que é amargo é sempre usado para suplicar pela neutralização do que é amargo.
> Use *ewúro* amargo para neutralizá-lo.
> Use *àlùbọ́sà* amargo para neutralizá-lo.
> *Òjòdú,* aquele-que-é-longo-e-esguio-sem-nenhum-nó, nativo da cidade de Ifé.
> *Arójòkú* diz que todo o veneno deve morrer.
> *Ọ̀yẹ̀kú,* ajude-nos a conduzir o veneno para fora.

197 (787) *OÒGÙN ẸGBÀ* Ọ̀kànràn ìwòrì, 124

Ewé gbégbé ńlá

Ewé ọsàn àgbálùmọ̀

Èèpo ọsàn àgbálùmọ̀

Egbò ọsàn àgbálùmọ̀

Ẹ̀ẹ̀rù

A ó kó wọn sínú ìkòkò a ó da omi sí i, a ó sè é, a ó pe ọfọ̀ rẹ̀, a ó máa mu ife kan lẹ́ẹ̀meji lójoojúmọ́.

> *Gbégbé ńlá k'ó gbà mí l'ọ́wọ́ ẹ̀gbà*
> *Ọsàn l'ó ní k'ó sàn*
> *Ẹ̀ẹ̀rù bá mi rù ú kúrò.*

198 (792) *OÒGÙN ẸRỌ* Ọ̀wọ̀nrín méjì, 6

Ewé wọ̀ọ̀rọ̀wọ́

Ewé ọ̀dúndún

Ewé tẹ̀tẹ̀ àtètè dáyé

Ewé ọyọ́yọ́ (elùjù)

Ewé pèrègún

Ewé ìrókò

Ọ̀gẹ̀dẹ̀ ọ̀mìnì

Òrí

Ìgbín

A ó rún wọn sínú omi, a ó da epo pupa àti òrí sì í, a ó pe ọfọ̀ rẹ̀, a ó máa mu ún a ó sì máa fi wẹ̀.

> *Ẹ̀rọ̀wọ̀ọ̀ ni ti wọ̀ọ̀rọ̀wọ́*
> *Ẹ̀rọ̀ ni ti ọ̀dúndún*
> *Ẹ̀rọ̀ ni ti tẹ̀tẹ̀*
> *Ọyọ́yọ́ l'ó ní kí inú lámọrín ó yọ́*
> *Akòko ẹ̀lùjù p'ẹ̀rọ̀ sí mi ńlé p'ẹ̀rọ̀ sí mi l'ọ́nà*
> *Ẹ̀rọ̀wọ̀ ọ̀ ni pèrègún fi gbé gbódè*
> *Ẹ̀rọ̀ ni ìrókò so ẹ̀rọ̀*
> *Tí ọ̀gẹ̀dẹ̀ bá ti dẹ̀ nínú igbó kí ojú lámọrín ó dẹ̀*
> *Ẹ̀rọ̀ ẹ̀rọ̀ ẹ̀rọ̀ ni t'ìgbín.*

197 — RECEITA PARA TRATAR PARALISIA

Folha de ICACINA TRICHANTHA, Icacianaceae
Folha de CHRYSOPHYLLUM ALBIDUM, Sapotaceae
Casca de CHRYSOPHYLLUM ALBIDUM, Sapotaceae
Raiz de CHRYSOPHYLLUM ALBIDUM, Sapotaceae
XYLOPIA AETHIOPICA, Annonaceae (pimenta-da-guiné)
Colocar numa panela. Adicionar água. Ferver. Pronunciar a encantação.
Tomar uma xícara duas vezes ao dia.

Gbégbé ńlá deve me salvar da paralisia.
Ọsàn diz que devo sarar disso.
Ẹ̀ẹ̀rù, ajude-me a levá-la para longe.

198 — RECEITA DE CALMANTE

Folha de SENECIO BIAFRAE, Compositae
Folha de KALANCHOE CRENATA, Crassulaceae (folha-da-costa)
Folha de AMARANTHUS VIRIDIS, Amaranthaceae (bredo)
Folha de CORCHORUS OLLITORIUS, Tiliaceae (juta)
Folha de DRACAENA FRAGRANS, Agavaceae (coqueiro-de-vênus-nativo)
Folha de CHLOROPHORA EXCELSA, Moraceae
MUSA SAPIENTUM, Musaceae (banana)
BUTYROSPERMUM PARADOXUM subsp. PARKII, Sapotaceae (limo da costa)
Um caracol
Espremer na água. Adicionar azeite de dendê e limo da costa.
Pronunciar a encantação. Tomar a preparação e banhar-se com ela.

Wọ̀rọ̀wọ́ é sempre fresca e calma.
Ọ̀dúndún é sempre fresca e calma.
Tẹ̀tẹ̀ é sempre fresca e calma.
Ọyọ́yọ̀ diz que fulano deve se tornar alegre.
Akòko èlùjù, traga-me paz em casa, traga-me paz no caminho.
Pèrègún sempre mora em *gbódè*, com calma e tranquilidade.
Ìrókò sempre produz calma.
Os olhos de fulano devem ser calmos como os frutos da bananeira na floresta.
O caracol é sempre fresco e calmo.

Ewé ẹsọ̀
Ewé jẹ́mọníhò
Ewé ọ̀dúndún
Ewé tẹ̀tẹ̀
Ewé wọ̀rọ̀wọ́
Ewé ikúpẹ̀rọ̀
Òrí

A ó gún un, a ó tẹfá lórí iyẹ̀ròsùn, a ó pe ọfọ̀ rẹ̀, a ó pò ó pọ̀. A ó lá a, a ó sì fi pa ara.

Ẹlẹ́sọ̀ mẹ́sọ̀ ọ tèmi
Ẹ̀sọ̀ ẹ̀sọ̀ n'ó fi gbálẹ̀ yìí lọ́wọ́ wọn
Jẹ́mọníhò ó ní kí ẹ jẹ́ mi níhòo
Dúndùn ni ti ọ̀dúndún
Tútù ni ti tẹ̀tẹ̀
Ẹ̀rọ̀wọ̀ ni ti wọ̀rọ̀wọ́
Ẹ̀rọ̀ ni ti ikúpẹ̀rọ̀.

199 — RECEITA DE CALMANTE

Folha de Elytraria marginata, Acanthaceae
Folha de Ipomoea argentaurata, Convolvulaceae
Folha de Kalanchoe crenata, Cressulaceae (folha-da-costa)
Folha de Amaranthus hybridus subsp. incurvatus, Amaranthaceae (cauda-de-raposa)
Folha de Senecio biafrae, Compositae
Folha de Dichrocephala integrifolia, Compositae
Butyrospermum paradoxum subsp. parkii, Sapotaceae (limo da costa)

Moer os ingredientes. Desenhar o odu em *ìyẹ̀ròsùn*, pronunciando a encantação. Misturar. Lamber a preparação e esfregá-la no corpo.

Ẹlẹ́sọ̀, traga-me suavidade.
Suavemente, suavemente, vou lhes tomar a terra.
Jẹ́mọníhò diz que vocês têm de me responder sim.
Ọ̀dúndún é sempre calma.
Tẹ̀tẹ̀ é sempre fresca.
Wọ̀rọ̀wọ́ é sempre fresca e calma.
Ikúpẹ̀rọ̀ é sempre fresca e calma.

Ewé àbámọdá
Ewé olójòǹgbòdú
Ewé òrúwọ
Ewé apawèrè
Ewé túdè
Ewé pòpò
Ewé ìrókò
Ewé ata

A ó kó wọn sínú ìkòkò tí a gbé sórí òkúta mẹ́ta. A ó fọ́ ẹyin adìyẹ mẹ́rin sí i a ó da omi tútù sí i lórí, a ó dé e (fún ọjọ́ mẹ́ta) a ó pe ọfọ̀ rẹ̀, a ó máa fún aláìsàn ni ife kékeré kan láràárọ̀ fún ọjọ méje. A ó sì fi wẹ̀ ẹ́ pẹ̀lú.

Ọ̀ṣẹ́ oníwọ̀ ní gbogbo orí rẹ̀ tí wọ́n dàrú ni òun yíòò padà pé ni
Àbámọdá kì í dá tirẹ̀ k'ó má ṣẹ, mo dábàá ẹ̀rọ̀ fún lámọrín
Omi l'à ábá nínú olójòǹgbòdú àtòjò àtẹ̀ẹ̀rùn
Òrúwọ ru wèrè kúrò l'àra lámọrín
Apawèrè lọ mú wèrè so
Túdè yíòò fi tú gbogbo ibi t'ó bá wà l'ára rẹ̀
Pòpò yíòò fi pa gbogbo ibi t'ó bá wà l'ára rẹ̀
Ẹrọ n'ìrókò so ẹ̀rọ̀
Ata ni wọ́n fi í ta'kú tà'run.

200 — RECEITA DE CALMANTE

Folha de BRYOPHYLLUM PINNATUM, Crassulaceae (folha-da-fortuna)
Folha de COMMELINA ERECTA, Commelinaceae
Folha de MORINDA LUCIDA, Rubiaceae
Folha de RAUVOLFIA VOMITORIA, Apocynaceae
Folha de CALLIANDRA PORTORICENSIS, Leguminosae Mimosoideae
Folha de ADENTA LOBATA, Passifloraceae
Folha de CHLOROPHORA EXCELSA, Moraceae
Folha de ZANTHOXYLUM SENEGALENSE, Rutaceae

Misturar as folhas num pote colocado sobre três pedras. Adicionar quatro ovos de galinha e água fria. Tampar o pote. Deixar a preparação descansar por três dias. Pronunciar a encantação. A pessoa deve tomar um copo pequeno pela manhã durante sete dias e depois banhar-se com a preparação.

Ọ̀ṣẹ́ oníwọ̀ diz que a cabeça de fulano, que esteve desequilibrada, deve voltar ao normal.

Àbámọdá nunca prediz uma coisa sem que ela se realize. Eu proponho calma para fulano.

É água o que sempre se encontra dentro de *olójòǹgbòdú*, tanto no tempo de chuva quanto no de sol.

Òrúwọ, expulse a loucura do corpo de fulano.

Apawèrè, vá amarrar a loucura.

Túdè dispersará todo o mal que está no corpo dele.

Pòpò matará todo o mal que está no corpo dele.

Ìrókò sempre produz calma.

Ata é sempre usada para expulsar a morte e a doença.

201 (799) OÒGÙN Ẹ̀RỌ Ọ̀ṣẹ́ ìrẹtẹ̀, 240

Ewé ọ̀gàn àparò
Ewé tẹ̀tẹ̀rẹ̀gún
Ewé ọgbọ́
Ewé ijàn
Ewé ọ̀dúndún Olókun
Ewé òórá

A ó jó gbogbo èlò nínú agbada. A ó fi tẹfá, a ó sì pe ọfọ̀ rẹ̀ pẹ̀lú. A ó máa lá a pẹ̀lú epo pupa.

Ọ̀gàn àparò ò bá ṣe p'ẹ̀rọ̀ fún mi
Ọ̀dọọdún ni tẹ̀tẹ̀rẹ̀gún d'ẹrù s'órí, má d'ẹrù wèrè s'órí mi
Ọgbọ́ kì í kéré k'ó má gbọ́ t'Òrìṣà
Ijàn l'ó ní kí wèrè ara lámọrín ó já dànù
Ọ̀dúndún Olókun ní ń pa ẹ̀rọ̀ fún olókun
Má pẹ̀rọ̀ fún Olókun mọ́ pẹ̀rọ̀ fún lámọrín k'órí rẹ̀ ó pé
Òórá l'ó ní kí gbogbo àìsàn wèrè tí ń se lámọrín ó rá.

202 (800) OÒGÙN Ẹ̀TẸ̀ Ìká ọ̀kànràn, 174

Ewé ikí pupa
Ewé òrúpa
Ewé ọparun

A ó sè é nínú omi. A ó pe ọfọ̀ rẹ̀. A ó fún aláìsàn mu, a ó fi wẹ̀ ẹ́ pẹ̀lú.

Ikí pupa bá mi pa àrùn ẹ̀tẹ̀
Ọparun bá mi pa àrùn ẹ̀tẹ̀
Òrúpa bá mi pa àrùn ẹ̀tẹ̀.

201 — RECEITA DE CALMANTE

Folha de SABICEA CALYCINA, Rubiaceae
Folha de COSTUS AFER, Costaceae (cana-de-macaco)
Folha de NERVILIA UMBROSA, Orchidaceae[55]
Folha de HIPPOCRATEA WELWITSCHII, Celastraceae[56]
Folha de EMILIA COCCINEA, Compositae (pincel)
Folha de RAUVOLFIA VOMITORIA, Apcxynaceae
Queimar tudo dentro de uma panela quebrada. Desenhar o odu na preparação, pronunciando a encantação. Lamber com azeite de dendê.

Ọ̀gàn àparò, por favor me traga tranquilidade.
Tẹ̀tẹ̀rẹ̀gún carrega peso na cabeça de ano em ano. Não ponha o peso da loucura na minha cabeça.
Ọgbọ́ nunca é pequeno demais para não ouvir o que diz o orixá.
Ijàn diz que a loucura que está em fulano deve se afastar.
Ọ̀dúndún de *olókun* sempre traz tranquilidade para *olókun*.
Não traga mais tranquilidade para *olókun*, traga tranquilidade para fulano, de forma que sua cabeça fique normal.
Òórá diz que toda a desordem mental de fulano deve desaparecer.

202 — RECEITA PARA TRATAR LEPRA

Folha de PASPALUM AURICULATUM, Gramineae
Folha de HYMENOCARDIA ACIDA, Euphorbiaceae
Folha de OXYTENANTHERA ABYSSINICA, Gramineae (bambu)
Ferver. Pronunciar a encantação. Dar de beber ao paciente e lavá-lo com a preparação.

Ikí pupa, ajude-me a matar a lepra.
Ọparun, ajude-me a matar a lepra.
Òrúpa, ajude-me a matar a lepra.

203 (815) OÒGÙN GÌRÌ Ogbè òdí, 19

Ewé àránbolẹ̀

Ewé tàgîìrì

Ẹ̀ẹ̀rù

Ọṣẹ dúdú

A ó gún un mọ́ ọṣẹ dúdú, a ó pe ọfọ̀ rẹ̀, a ó fi wẹ aláìsàn.

Àránbolẹ̀ bá mi wo ọmọ mi
Tàgîìrì má à jẹ́ kí á rí àrùn gìrì
Ẹ̀ẹ̀rù bá mi ru àrùn kúrò.

204 (816) OÒGÙN GÌRÌ Ogbè ọ̀sá, 25

Ewé awùsá

Ewé àgbásá

Àlùbọ́sà eléwé

Eku asín

A ó gún gbogbo èlò. A ó pò ó mọ́ epo pupa, a ó pe ọfọ̀ rẹ̀, a ó sì jẹ́ kí aláìsàn ó lá a.

Awùsá bá wa gbé gìrì sá
Àgbásá ní kí ó máa sá lọ
Àlùbọ́sà bá wa ṣa àrùn lọ
Eku asín ó ní kí àrùn má ṣe mí mọ́.

203 — RECEITA PARA TRATAR CONVULSÕES

Folha de Martynia annua, Martyniaceae
Folha de Lagenaria breviflora, Cucurbitaceae
Xylopia aethiopica, Annonaceae (pimenta-da-guiné)
Sabão da costa
Pilar com sabão da costa. Pronunciar a encantação. Lavar o paciente com a preparação.

Àránbolẹ̀, ajude-me a cuidar da minha criança para que ela volte à vida.
Tàgîrì, nunca nos deixe assistir à doença da convulsão.
Ẹ̀ẹ̀rù, ajude-me a levar a doença embora.

204 — RECEITA PARA TRATAR CONVULSÕES

Folha de Plukenetia conophora. Euphorbiaceae
Folha de Clausena anisata, Rutaceae (anis)
Bulbo de Allium aescalonicum, Liliaceae (cebolinha-branca)
Um rato
Pilar tudo. Misturar com azeite de dendê. Pronunciar a encantação. Dar ao paciente para comer.

Awùsá, ajude-me a pegar a convulsão e correr com ela.
Àgbásá diz que ela deve fugir.
Àlùbọ́sà, ajude-nos a colher a doença.
O rato *asín* diz que a doença não deve me atormentar mais.

205 (818) OÒGÙN GÌRÌ Ìwòrì ìká, 56

Ewé agẹmọkògùn
Ewé tábà tútù
Àlùbọ́sà eléwé
Ìtọ̀ màlúù
A ó gé àwọn ewé sí wéwé, a ó kó wọ́n sì inú ìgò a ó da ìtọ̀ àti omi sí i, a ó pe ọfọ̀ rẹ̀, kí aláìsàn mu ṣíbí méji lójoojúmọ́.

> *Agẹmọkọ̀gùn má jẹ́ kí àrùn ó gùn mí*
> *Àlùbọ́sà bá mi ṣa àrùn dànù*
> *Tábà ta àrùn dànù*
> *Ìtọ̀ bá mi tọ àrùn dànù.*

206 (829) OÒGÙN ÌLÉ ORUN LÓJÚ ÈNÌYÀN Òdí ìrosùn, 65

Ewé ọ̀gẹ̀dẹ̀
Ewé abíríkolo
Ewé ọ̀sanyìn
A ó gún gbogbo èlò pọ̀. Kí aláìsàn fi fọ́ ẹ̀kọ mu.

207 (830) OÒGÙN ÌMÚ NI RÓ RUN SÙN Ìrosùn méjì, 5

Ewé àkó odò
Egbò àkó odò
Èèpo àkó odò
Ataare
Àlùbọ́sà eléwé
Iyọ̀
A ó gún gbogbo èlò, a ó sá a ní òrùn. A ó tẹfá lórí iyẹ̀ròsùn, a ó pe ọfọ̀ rẹ̀. Kí aláìsàn mu síbí kan ní alaalẹ́.

> *Ìrosùn méjì jẹ́ kí lágbájá ó lè sùn*
> *Àkó odò ní í mú oorun wá*
> *Àsùn dá ragbada là á bá igi àkó odò*
> *Ata l'ó ní k'ó ta àìsùn jáde*
> *Àlùbọ́sà bá wa sa àìsùn yìí dà*
> *Iyọ̀ yọ àìsùn jáde.*

205 — RECEITA PARA TRATAR CONVULSÕES

Folha de Laggera alata, Compositae
Folha fresca de Nicotiana tabacum, Solanaceae (fumo)
Bulbo de Allium aescalonicum, Liliaceae (cebolinha-branca)
Urina de vaca
Cortar as folhas em pedaços e engarrafar com a urina. Adicionar água. Pronunciar a encantação. O paciente deve tomar duas colheres de sopa por dia.

Agẹmọkògùn, não deixe a doença subir em mim.
Àlùbọ́sà, ajude-me a jogar a doença fora.
Tábà, empurre a doença para fora.
Ìtọ̀, ajude-me a passar a doença para fora.

206 — RECEITA PARA TRATAR QUEM DORME DEMAIS

Folha de Musa sapientum, Musaceae (bananeira)
Folha de Crotalaria lachnophora, Leguminosae Papilionoideae[57]
Folha de Elytraria marginata, Acanthaceae
Pilar tudo junto. O paciente deve tomar a preparação com acaçá frio.

207 — RECEITA PARA TRATAR INSÔNIA

Folha de Ouratea sp., Ochnaceae
Raiz de Ouratea sp., Ochnaceae
Casca de Ouratea sp., Ochnaceae
Aframomum melegueta, Zingiberaceae (amomo)
Bulbo de Allium aescalonicum, Liliaceae (cebolinha-branca)
Sal
Pilar tudo. Secar ao sol. Desenhar o odu em *ìyẹ̀ròsùn*, pronunciando a encantação. O paciente deve tomar uma colher de sopa da preparação todas as noites.

Ìrosùn méjì, deixe fulano dormir.
Àkó odò sempre traz o sono.
Sono profundo é o que encontramos na árvore *àkó odò*.
Ata diz que a insônia deve ser empurrada para fora.
Àlùbọ́sà, ajude-nos a colher esta insônia.
Iyọ̀, expulse a insônia.

208 (833) OÒGÙN ÌMÚ NI RÓ RUN SÙN Ìwòrì ìrosùn, 50

Ewé ojú oró
Ewé gbìngbìn
Ewé ààjà
A ó jó gbogbo èlò pọ̀. A ó fi tẹfá, a ó pe ọfọ̀ rẹ̀. A ó wé e láṣọ funfun a ó fi sí abẹ́ ìròrí aláìsàn.

Ààjà kì í bá ọmọ rẹ̀ jà àjà
Ẹ̀rọ̀wọ̀ọ̀ ni tì gbìngbìn
Ojú oró ní ó lékè omi.

209 (833) OÒGÙN ÌMÚ NI RÓ RUN SÙN Ìrosùn ọ̀yẹ̀kú, 78

Ewé ìrosùn
A ó gún àwọn ewé yìí pọ̀ mọ́ ọṣẹ dúdú. A ó da omi sí i, a ó pe ọfọ̀ rẹ̀. Kí aláìsàn mu ún, kí ó sì fi wẹ ojú pẹ̀lú.

Ìrosùn jẹ́ kí mi máa sùn
Ìrosùn jẹ́ kí mi máa jí rere
Ìrosùn ẹni tí kò bá lè sùn ni ọ bá ṣìṣẹ́ tí fi í sùn.

210 (838) OÒGÙN LÀKÚÈGBÉ Ìwòrì méjì, 3

Ewé ẹ̀kú igi
Ewé aápẹ́
Egbò páńdọ̀rọ̀
Orógbó
A ó gún gbogbo rẹ̀ pọ̀. A ó tẹfá lórí ìyẹ̀ròsùn, a ó pe ọfọ̀ rẹ̀. Kí aláìsàn fi mu ẹ̀kọ gbígbóná.

Ẹ̀kú igi ní wo làkúègbé sàn
Aápẹ́ l'ó ní k'ó má á pẹ́ tí yóò fi sàn
Páńdọ̀rọ̀ ní pa làkúègbé
Orógbó k'ó gbé e kúrò k'ó jẹ́ k'ó sàn.

208 — RECEITA PARA TRATAR INSÔNIA

Folha de PISTIA STRATIOTES, Araceae (flor-d'água)
Folha de PTEROCARPUS SANTALINOIDES, Leguminosae Papilionoideae
Folha de CISSUS POPULNEA, Vitaceae
Queimar tudo. Desenhar o odu na preparação pronunciando a encantação. Enrolar a preparação em tecido branco e colocá-la sob o travesseiro do paciente.

Ààjà nunca luta contra seu próprio filho.
Gbìngbìn é sempre fresca e calma.
Ojú oró sempre flutua sobre a água.

209 — RECEITA PARA TRATAR INSÔNIA

Folha de BAPHIA NITIDA, Leguminosae Papilionoideae[58]
Sabão da costa
Moer as folhas com sabão da costa. Colocar tudo em água. Pronunciar a encantação. O paciente deve tomar a preparação e lavar o rosto com ela.

Ìrosùn, deixe-me dormir sempre.
Ìrosùn, deixe-me acordar sempre bem.
Você trabalha para aquele que não pode dormir, e por isso ele dormirá.

210 — RECEITA PARA TRATAR REUMATISMO

Folha de SESAMUM INDICUM, Pedaliaceae (gergelim)
Folha de CELTIS INTEGRIFOLIA, Ulmaceae
Raiz de KIGELIA AFRICANA, Bignoniaceae
GARCINIA KOLA, Guttiferae
Pilar tudo. Desenhar o odu em *ìyẹ̀ròsùn*, pronunciando a encantação. O paciente deve tomar a preparação com acaçá quente.

Ẹ̀kú sempre cura do reumatismo.
Aápẹ́ diz que não vai demorar até ele ficar curado.
Páńdọ̀rọ̀ sempre mata o reumatismo.
Orógbó deve levá-lo e deixar que venha a cura.

211 (839) OÒGÙN LÀKÚÈGBÉ Òdí méjì, 4

Ewé àkálá ọ̀dàn
Ewé òrom̀bó wẹ́wẹ́
Egbò òrom̀bó wẹ́wẹ́
Èso òrom̀bó wẹ́wẹ́
Iṣu ọ̀gẹ̀dẹ̀ odò
Omi kíkan
A ó sè é. A ó pe ọfọ̀ rẹ̀ sí i. Kí aláìsàn má a mu ún láràárọ̀.
Àkàlá ọ̀dàn ká gbogbo làkúègbé
Òrom̀bó kì í se àrùn làkúègbé
Ara líle ni t'ọ̀gẹ̀dẹ̀ odò.

212 (849) OÒGÙN LÀKÚÈGBÉ Ìká méjì, 11. Ogbè òtúrá, 28

Ewé àgbásá merìn-dìlogun
Ata dúdú merìn-dìlogun
Àlùbọ́sà eléwé
Egbò akọ ìbẹ́pẹ
Ewé ẹ̀rùyán n tefé merìn-dìlogun
Òrí
Iyọ̀
A ó gún gbogbo rẹ̀ pọ̀, láìfiyọ̀ sí i, a ó tẹfá lórí ìyẹ̀ròsùn, a ó pe ọfọ̀ rẹ̀, a ó dà á pọ̀ mọ́ oògùn, a ó pín in sí ọ̀nà méjì, a ó fi iyọ̀ sí èyí tó pọ̀ jù, kí aláìsàn fi mu ẹ̀kọ gbígbóná, kí ó sì fi ìyókù tí kò níyọ̀ pa gbogbo ara.
Àgbásá l'ó ní kí ó tara sá kúrò níbẹ̀
Àlùbọ́sà l'ó ní kí ó ṣa lé ṣa nà rẹ̀ kúrò níbẹ̀
Òrí l'ó ní kí ó tara rìn jáde.

211 — RECEITA PARA TRATAR REUMATISMO

Folha de MALACANTHA ALNIFOLIA, Sapotaceae
Folha de CITRUS AURANTIFOLIA, Rutaceae (limeira-da-pérsia)
Raiz de CITRUS AURANTIFOLIA, Rutaceae
Fruto de CITRUS AURANTIFOLIA, Rutaceae
CRINUM ZEYLANICUM, Amaryllidaceae
Água choca com amido de milho

Ferver. Pronunciar a encantação. O paciente deve tomar a preparação todas as manhãs.

Àkálá da savana, arranque fora todo o reumatismo.
Òroǹbó nunca sofre de reumatismo.
A bananeira de beira de rio está sempre saudável e bem-disposta.

212 — RECEITA PARA TRATAR REUMATISMO

Dezesseis folhas de CLAUSENA ANISATA, Rutaceae (anis)
Dezesseis folhas de ZANTHOXYLUM SENEGALENSE (preto), Rutaceae
Bulbo de ALLIUM AESCALONICUM, Liliaceae (cebolinha-branca)
Raiz de CARICA PAPAYA var. MICROCARPA, Caricaceae (mamoeiro)
Dezesseis folhas de OCIMUM CANUM, Labiatae (manjericão-de-alfavaca)
BUTYROSPERMUM PARADOXUM subsp. PARKII, Sapotaceae (limo da costa)
Sal

Pilar tudo junto, exceto o sal. Desenhar o odu em ìyẹ̀ròsùn, pronunciando a encantação. Misturar com a preparação. Dividir em duas partes diferentes e adicionar sal à parte maior. O paciente deve tomar essa parte com acaçá quente e esfregar a parte menor (sem sal) no corpo.

Àgbásá diz que ele deve se apressar e fugir de lá.
Àlùbọ́sà diz que ele deve tirar suas malas de lá.
Òrí diz que deve se apressar a sair.

213 (867) OÒGÙN ÒÒYÌ Ọ̀bàrà méjì, 7

Ewé erèé igbó

Ewé efinrin wẹ́wẹ́

Àlùbọ́sà eléwé

A ó sè é nínú omi. A ó pe ọfọ̀ rẹ̀. A ó máa mu ún lójoojúmọ́.

> *Erèé igbó má jẹ́ k'ọ́òyì ó kọ́ mi*
> *Efinrin wẹ́wẹ́ kì í jẹ́ ká rí òòyì*
> *Àlùbọ́sà bá a sa òòyì kúrò.*

214 (875) OÒGÙN ÒÒYÌ Òdí wòrì, 64

Ewé arakòbalẹ̀

Ewé tẹ̀tẹ̀ atètèdáyé

Ẹ̀ẹ̀rù

A ó gún un a ó pò ó mọ́ epo pupa. A ó pe ọfọ̀ rẹ̀. A ó máa lá a.

> *Arakòbalẹ̀ má jẹ́ kí òòyì ó kọ́ mi*
> *Tẹ̀tẹ̀ bá mi tẹ òòyì mọ́lẹ̀*
> *Ẹ̀ẹ̀rù bá mi ru òòyì lọ.*

215 (877) OÒGÙN ÒÒYÌ Ọ̀kànràn ògúndá, 129

Ewé àwẹ̀fín

Ewé ìpẹ̀tà

Egbò ìpẹ̀tà

Èèpo ìpẹ̀tà

Ẹ̀ẹ̀rù

A ó sè é nínú omi. A ó pe ọfọ̀ rẹ̀, a ó máa mu ife kan láràárọ̀.

> *Àwẹ̀fín kó fẹ́ òòyì danhin danhin k'ó má ṣe mí*
> *Ìpẹ̀tà ta òòyì náà lọ.*

213 — RECEITA PARA TRATAR TONTURA

Folha de VIGNA RACEMOSA, Leguminosae Papilionoideae
Folha de OCIMUM BASILICUM, Labiatae (manjericão-de-alfavaca)
Bulbo de ALLIUM AESCALONICUM, Liliaceae (cebolinha-branca)
Ferver. Pronunciar a encantação. Tomar todos os dias.

Erèé igbó nunca deixa que eu sinta tontura.
Efinrin wẹ́wẹ́ nunca deixa a pessoa sentir tontura.
Àlùbọ́sà, ajude-o a expulsar a tontura.

214 — RECEITA PARA TRATAR TONTURA

Folha de CELTIS ZENKERI, Ulmaceae
Folha de AMARANTHUS VIRMIS, Amaranthaceae (bredo)
XYLOPIA AETHIOPICA, Annonaceae (pimenta-da-guiné)
Moer. Misturar com azeite de dendê. Pronunciar a encantação. Lamber a preparação.

Arakòbalẹ̀, nunca deixe que eu fique tonto.
Tẹ̀tẹ̀, ajude-me a acabar com a tontura.
Ẹ̀ẹ̀rù, ajude-me a levar a tontura para longe.

215 — RECEITA PARA TRATAR TONTURA

Folha de OLAX SUBSCORPIOIDEA, Olacaceae
Folha de SECURIDACA LONGIPEDUNCULATA, Polygalaceae
Raiz de SECURIDACA LONGIPEDUNCULATA, Polygalaceae
Casca de SECURIDACA LONGIPEDUNCULATA, Polygalaceae
XYLOPLIA AETHIOPICA, Annonaceae (pimenta-da-guiné)
Ferver. Pronunciar a encantação. Tomar uma xícara todas as manhãs.

Àwẹ̀fín deve soprar a vertigem para longe, para que ela não me perturbe mais.
Ìpẹtà, dê um pontapé na tontura.

Iṣu dandan
Ewé tábà mímú gbígbẹ
Àlùbọ́sà eléwé
Egbò ọgbọ́
Èso ẹ̀ẹ̀rù
Ẹsẹ̀ ẹtà
Ìtọ̀ọ màlúù
Kán-ún bílálà

A ó kó gbogbo rẹ̀ pọ̀ sínú ìkòkò, a ó sè é. A ó tẹfá lórí ìyẹ̀ròsùn, a ó pe ọfọ̀ rẹ̀, a ó fọ́n ìyẹ̀ròsùn náà sínú ìkòkò, a ó máa fún aláìsàn ní ṣíbí kan mu lójoojúmọ́.

Ẹ̀là rọ̀ wá!
Ẹ̀là rọ̀ wá!!
Ẹ̀là rọ̀ wá!!!
Wárápá l'ẹsẹ̀ ẹtà
Jàkùtẹ̀ ẹsẹ̀ẹ màlúù
A ní k'ó kálọ ogun, ó l'óun kò lọ
A ní k'ó kálọ sí ọ̀nà òwò, ó l'óun kò rè
Wọ́n ní k'ó kálọ Ègùnmọ̀kán ìlée bàbáa rẹ̀
Ó l'óun ò ní ìbì kọ́ọ̀kan yíyún rárá
Wọ́n ni n'ígbà t'ó ò n'íbì kọ́ọ̀kan yíyún
Iṣẹ́ẹ kí l'o ó máa ṣe o?
Ó l'óun ó máa wo wárápá
Ó l'óun ó máa w'ògún-òru
Ó l'óun ó máa wo wáaku
Ó l'óun ó máa wo dágbálékú
Wọ́n ní wárápá tí ń ṣ'ọmọ Ọlọ́fin yìí
Wọ́n ní k'ó wá wò ó k'áwọn ó rí i
Ó ní iṣu dandan kìí bá àrùn gbé pọ̀ k'ó máà wá'lẹ̀
Tábà ní yóò taari wárápá kúrò nínú ara
Àlùbọ̀sà ni í ṣa àrùn kúrò nínú ẹsẹ̀

216 — RECEITA PARA TRATAR A EPILEPSIA

Tubérculo de Dioscorea bulbifera, Dioscoreaceae (cará-de-sapateiro)
Folha de Nicotiana tabacum, Solanaceae (fumo)
Bulbo de Allium aescalonicum, Liliaceae (cebolinha-branca)
Raiz de Parquetina nigrescens, Asclepiadaceae (orelha-de-macaco)[59]
Fruto de Xylopia aethiopica, Annonaceae (pimenta-da-guiné)
Um gato de algália
Urina de vaca
Potássio concentrado

Colocar tudo numa panela. Cozinhar. Coar. Desenhar o odu em *ìyẹ̀ròsùn*, pronunciando a encantação. Despejar o *ìyẹ̀ròsùn* na panela. Dar de beber uma colher de sopa por dia.

Ẹ̀là, desça!
Ẹ̀là, desça!
Ẹ̀là, desça!
A epilepsia está nas pernas do gato de algália.
Jàkùtẹ̀ as pernas da vaca.
Pediram-lhe que fosse à guerra, ele disse que não iria.
Pediram-lhe que fosse aprender um ofício, ele disse que não iria.
Pediram-lhe que viesse a *Ègùnmọ̀kán*, o lar de seu pai.
Ele disse que não estava pronto para ir a lugar nenhum.
Disseram: agora que você não vai a lugar nenhum, que trabalho você vai fazer?
Ele disse que estaria se curando da epilepsia.
Ele disse que estaria se curando da doença *ògún òru.*
Ele disse que estaria se curando da doença *wáakú.*
Ele disse que estaria se curando da doença *dágbálékú.*
Disseram: é essa epilepsia que está preocupando o filho de *Ọlọ́fin*?
Disseram que ele deveria se curar da doença e que eles poderiam testemunhar isso.
Ele disse que o cará nunca mora com uma doença sem que ela se acalme.
Tábà empurrará a epilepsia para fora do corpo.
Àlùbọ́sà sempre pega a doença e a tira para fora das pernas das pessoas.

Ẹ̀ẹ̀rù ni í rù ú kúrò
N'íbi kán-un kán-un l'à á bá kán-ún
Ìtọ̀ gùùrùṣù kì í j'àrùn ó gb'ára màlúù
Ìwòrì bàṣàwò wá b'áwa wo wárápá wọ̀nyìí sàn
Ìwọ̀ l'o wo wárápá ọmọ Ọlọ́fin ìgbà ìwáṣẹ̀
Èyí t'ó ṣẹ́kù ibẹ̀ ni gbogbo aráyé fi ń ṣe'pá kiri.

217 (887) OÒGÙN WÈRÈ — Ìrosùn méjì, 5

Ewé òjíjí igi
Ewé olóràgbó
Ẹja òjíjí
A ó gún ewé méjèèjì, a ó sè é pẹ̀lú ẹja òjíjí. A ó pe ọfọ̀ rẹ̀, a ó fún aláìsàn jẹ.
Òjíjí igi l'ó ní kí ara rẹ̀ ó jí
Olóràgbó l'ó ní kí ìyè rẹ̀ k'ó má ra
Ẹja òjíjí l'ó ní kí ara rẹ̀ ó jí.

Ẹ̀ẹ̀rù sempre a conduz para fora.
Kán-ún é sempre encontrado em lugares de horrível confusão.
Urinando bastante, a vaca não permite que a doença fique em seu corpo.
Ìwòrì bàṣàwò, venha e ajude-nos a curar desta epilepsia.
Foi você que curou da epilepsia o filho de *Ọlọ́fin* na aurora da Criação.
E o remanescente que agora está afligindo as pessoas da Terra.

217 — RECEITA PARA TRATAR LOUCURA

Folha de DALBERGIA LACTEA, Leguminosae Papilionoideae
Folha de RAUVOLFIA VOMITORIA, Apocynaceae
Um peixe-elétrico
Moer. Cozinhar com o peixe-elétrico. Pronunciar a encantação. Dar de comer ao paciente.

Òjíjí igi diz que o corpo dele deve ser revivido.
Olóràgbó diz que a sua mente não deve se perder.
O peixe *òjíjí* diz que o corpo dele deve ser revivido.

218 (890) OÒGÙN WÈRÈ Ìwòrì ọ̀kànràn, 53

Ewé obì
Ewé abíríkolo
Ewé igún
Ewé àìdan.
Oko òfé
Ọṣẹ dúdú

A ó gún un nínú odó. A ó sá a. A ó tẹfá lórí ìyẹ̀ròsùn, a ó pe ọfọ̀ rẹ̀, a ó dà á pọ̀. A ó máa fún aláìsàn mu pẹ̀lú ẹ̀kọ gbígbóná láràárọ̀.

> *Obì ní bo àrùn mọ́lẹ̀*
> *Abíríkolo l'ó ní kí gbogbo aléjanu ó pẹhìndà lẹ́hìn lámọrín*
> *Níjọ́ tí a bá gbo igún s'ódò níí pa ẹja níbú*
> *Gbogbo wèrè ara lámọrín ni kí o pa*
> *Àìdan má fi wèrè dán an wò mọ́*
> *Òórùn oko òfé kì í jẹ́ kí aléjanu ó dúró ti lámọrín*
> *Gbogbo aléjanu kìí parapọ̀ jẹ ọṣẹ dúdú.*

219 (893) OÒGÙN WÈRÈ Ọ̀wọ̀nrín ìwòrì, 94

Ewé akọ dòdo
Egbò akọ dòdo
Èèpo akọ dòdo
Ẹ̀ẹ̀rù
Kán-ún bílálà

A ó sè é nínú omi, a ó pe ọfọ̀ rẹ̀, a ó máa mú un láràárọ̀.

> *Ewé akọ dòdo níí wo asínwín*
> *Egbò akọ dòdo níí wo asínwín*
> *Èèpo akọ dòdo níí wo ara tí kò yà.*

218 — RECEITA PARA TRATAR LOUCURA

Folha de COLA ACUMINATA, Sterculiaceae (coleira)
Folha de CROTALARIA LACHNOPHORA, Leguminosae Papilionoideae[60]
Folha de TEPHROSIA VOGELII, Leguminosae Papilionoideae[61]
Folha de TETRAPLEURA TETRAPTERA, Leguminosae Mimosoideae
Planta não identificada
Sabão da costa
Pilar tudo num morteiro. Secar a preparação. Desenhar o odu em *ìyẹ̀ròsùn*, pronunciando a encantação. Misturar. Fazer tomar com acaçá quente todas as manhãs.

É a noz de cola que acaba com a doença.
Abíríkolo diz que todos os maus espíritos devem se afastar de fulano.
Quando a folha *igún* é usada para envenenar um rio, ela mata peixes.
Você tem de matar toda a loucura no corpo de fulano.
Àìdan, não o tente mais com a loucura.
O cheiro do *oko òfé* não deixará os maus espíritos ficarem com fulano.
Todos os maus espíritos nunca se reúnem para comer sabão da costa.

219 — RECEITA PARA TRATAR LOUCURA

Folha de VOACANGA AFRICANA, Apocynaceae
Raiz de VOACANGA AFRICANA, Apocynaceae
Casca de VOACANGA AFRICANA, Apocynaceae
XYLOPIA AETHIOPICA, Annonaceae (pimenta-da-guiné)
Potássio concentrado
Ferver. Pronunciar a encantação. Tomar todas as manhãs.

A folha *akọ dòdo* sempre cura os loucos.
A raiz *akọ dòdo* sempre cura os loucos.
A casca *akọ dòdo* sempre cura o corpo doente.

Ìbímọ

220 (906) ABÍMỌWẸ́RẸ Ìwòrì méjì, 3

Ewé làpálàpá funfun

A ó sè é. A ó fún aláboyún ní díẹ̀ mu. A ó sì fi ìyókù wẹ ikùn rẹ̀.

221 (907) OÒGÙN AGBẸ̀BÍ Òfún méjì, 16

Ewé ẹ̀kú gogoro

A ó rún un sínú igbá ọlọ́mọrí tí a bu omi sí. A ó tẹfá lórí ìyẹ̀ròsùn tí a tẹ́ sí ilẹ̀ yàrá aláboyún. A ó sì dà á sínú igbá kí aláboyún ó bù ú mu nínú igbá tí a rọra sí.

222 (909) ÀGÚNMU APÀRÙN ABOYÚN Ọ̀kànràn ọ̀ṣẹ́, 135

Ewé ọlẹ̀ẹ́

Ewé òwú

A ó sè é nínú omi. A ó tẹfá lórí ìyẹ̀ròsùn, a ó pe ọfọ̀ rẹ̀. A ó pò ó pọ̀. A ó máa mu ife kọ̀ọ̀kan láràárọ̀ àti lálaalẹ́.

Ọlẹ̀ẹ́ ní kí àrùn má lẹ̀ mọ́ ọ l'ára
Òwú wú àrùn kúrò.

Receitas relativas à gravidez e ao nascimento

220 — RECEITA PARA DAR À LUZ DEPRESSA

Folha de Jatropha curcas, Euphorbiaceae (pinhão)
Ferver. Dar à mulher grávida uma parte da preparação para tomar. Lavar o ventre com o restante.

221 — RECEITA PARA AJUDAR A ESCOAR O LÍQUIDO AMNIÓTICO

Folha de Sesamum radiantum, Pedaliaceae
Espremer com água numa cabaça com tampa. Desenhar o odu em *ìyẹ̀ròsùn* no chão do quarto da mulher e despejá-lo na cabaça. A mulher deve tomar a preparação diretamente da cabaça entreaberta.

222 — RECEITA PARA PREVENIR DOENÇAS EM GESTANTES

Folha de Antidesma laciniatum, var. membranaceum, Euphorbiaceae
Folha de Gossypium sp., Malvaceae (algodoeiro)
Ferver. Desenhar o odu em *ìyẹ̀ròsùn*, pronunciando a encantação. Misturar. Fazer tomar uma xícara pela manhã e outra à noite.

> *Ọlẹ̀ẹ̀* diz que a doença não deve grudar no seu corpo.
> *Òwú*, extirpe a doença.

223 (911) ÀGÚNMU TÍ ỌMỌ FI Ń PARADÀ NÍNÚ Èjìogbè, 1

Ewé òjíjí ìtàkùn

Odidi ataare

Ẹja òjíjí

Kúlúsọ (kòkòrò)

A ó jó o pọ̀. A ó fi tẹfá. A ó máa fi mu ẹ̀kọ gbígbóná lálaalẹ́.

224 (932) ÀRỌ̀MỌBÍ Ogbè ògúndá, 24

Ewé èrùwà dúdú

Ewé ọ̀yọ́

Ewé ilá

Ìyèré

Ìgbín

Iyọ̀

A ó gún un. A ó se ìgbín pẹ̀lú epo pupa, iyọ̀ àti ìyèré. A ó pe ọfọ̀ rẹ̀. A ó fi jẹ ẹ́.

> *Èrùwà dúdú bá mi wá ọmọ t'èmi*
> *Ọ̀yọ́ ní kí ọmọ yọ̀ wá*
> *Ilá la ọ̀nà ọmọ wá.*

225 (937) ÀRỌ̀MỌBÍ Ogbè òtúrá, 28

Ewé arakòbalẹ̀

Ewé ẹ̀rùmọgàlè

Ẹ̀ẹ̀rù gidi

A ó sè é nínú omi. A ó pe ọfọ̀ rẹ̀. A ó máa mu ún lẹ́ẹ̀mejì lójoojúmọ́.

> *Arakòbalẹ̀ nìí tún ọmọ ṣe*
> *Ẹ̀rùmọgàlè l'ọ́mọ ó ru gàlè*
> *Ẹ̀ẹ̀rù jẹ́ kí ọmọ ó ru.*

223 — RECEITA PARA AJUDAR O FETO A VIRAR-SE NO ÚTERO

Folha de Brachystegia eurycoma, Leguminosae Caesalpinioideae
Fruto inteiro de Aframomum melegueta, Zingiberaceae (amomo)
Um peixe-elétrico
Uma formiga-leão
Queimar tudo. Desenhar o odu na preparação. Tomar com acaçá quente à noite.

224 — RECEITA PARA AJUDAR A MULHER A DAR À LUZ SUAVEMENTE

Folha de Andropogon tectorum (preto), Gramineae
Folha de Corchorus olitorius, Tiliaceae (juta)
Folha de Abelmoschus esculentos, Malvaceae (quiabo)
Piper capense, Piperaceae[62]
Um caracol
Sal
Moer. Cozinhar com um caracol em azeite de dendê. Adicionar sal e Piper capense, Piperaceae. Pronunciar a encantação. Comer.

> *Èrúwà* preto, ajude-me a conseguir a minha própria criança.
> *Ọ̀ọ́yọ́* diz que a criança deve deslizar para cá.
> *Ilá* abre caminho para que a criança venha.

225 — RECEITA PARA AJUDAR A MULHER A DAR À LUZ SUAVEMENTE

Folha de Celtis zenkeri, Ulmaceae
Folha de Croton lobatus, Euphorbiaceae
A planta inteira de Xylopia aethiopica, Annonaceae (pimenta-da-guiné)
Ferver. Pronunciar a encantação. Tomar duas vezes ao dia.

> *Arakòbalẹ̀*, restaure a saúde da criança.
> *Ẹ̀rùmọgàlè*, deixe a criança crescer rápido.
> *Ẹ̀ẹ̀rù*, deixe a criança crescer.

226 (950) ÀWỌ̀BÍ Ọ̀bàrà méjì, 7

Èso òwèwè

Ewé ọ̀bọ lókó lẹ́pọ̀n

Ọṣẹ dúdú

A ó gún un mọ́ ọṣẹ. A ó pe ọfọ̀ rẹ̀. Kí aláboyún ó fi wẹ̀.

Òwèwè l'ó ní kí ọmọ náà ó máa bọ̀ wálẹ̀ wéréwéré

Ọ̀bọ l'ó ní k'ọ́mọ náà ó bọ́.

227 (953) ÀWỌ̀BÍ Ogbè ọ̀túrúpọ̀n, 27

Ewé okùn sábá

Ewé àgbọn ònìdù

Ọṣẹ dúdú

A ó gún un mọ́ ọṣẹ dúdú. A ó pe ọfọ̀ rẹ̀. Kí aláboyún ó fi wẹ̀.

Okùn sábá gbé ọmọ yìí sá l'ọ́wọ́ ikú

Àbímọyè ni ti àgbọn ònìdù

228 (956) AYỌ̀BÍ Ọ̀kànràn méjì, 8

Egbò ẹ̀dọ̀

Ewé kètènfe

Ẹja aborí kan

A ó fọ egbò ẹ̀dọ̀ dáradára. A ó lọ̀ ọ́ a ó sì dà a pọ̀. A ó kó àwọn ewé jọ, a ó da omi sí i pẹ̀lú egbò ẹ̀dọ̀ tí a lọ̀. A ó wá fi epo pupa àti iyọ̀ sí i. A ó fi ẹja aborí pa á. Pọ́n ẹja nínú àwọn ewé wọ̀nyí. Lẹ́yìn èyí sọ ọ́ sínú ààrò tí a fi ń dáná ẹ̀kọ. Bò ó mọ́ inú eérú gbígbóná. Fi sílẹ̀ kí ó yan fún bíi wàkàtí méjì. Kí á gbọn eérú ara rẹ̀ kúrò kí aláboyín ó jẹ ẹ́ ní aago méjìlá òru.

226 — RECEITA PARA SER UTILIZADA DURANTE A GESTAÇÃO

Fruto de SPATHODEA CAMPANULATA, Bignoniaceae (tulipeiro-da-áfrica)
Folha de SIDA LINIFOLIA, Malvaceae (guaxima)
Sabão da costa
Pilar com sabão da costa. Pronunciar a encantação. A mulher deve lavar-se com a preparação.

Òwèwè diz que a criança deve descer rápido.
Ọ̀bọ diz que a criança deve descer.

227 — RECEITA PARA SER UTILIZADA DURANTE A GESTAÇÃO

Folha de GLYCINE WIGTHII, Leguminosae Papilionoideae
Folha de BORASSUS AETHIOPUM, Palmae
Sabão da costa
Pilar com sabão da costa. Pronunciar a encantação. A mulher deve lavar-se com a preparação.

Okùn sábá, carregue esta criança para longe da mão da morte.
Àgbọnònìdú sempre pare crianças para sobreviver.

228 — RECEITA PARA REDUZIR O TAMANHO DA PLACENTA

Raiz de ADENIA CISSAMPELOIDES, Passifloraceae
Quatro ou seis folhas de THAUMATOCOCCUS DANIELLII, Marantaceae
Um peixe
Lavar a raiz muito bem. Moer. Juntar as folhas. Misturar com água, adicionar azeite de dendê e sal e esfregar o peixe com isso. Embrulhá-lo nas folhas, amarrá-lo, colocá-lo entre as cinzas do fogo onde se prepara o acaçá e cobri-lo com as cinzas. Depois de duas horas, tirá-lo dali, limpá-lo das cinzas e à meia-noite dá-lo de comer à mulher grávida.

229 (960) ÌMÚ ABOYÚN LÁRADÁ Ogbè ìká, 26

Èso àrìdan
Egbò ẹ̀lúrè
Àlùbọ́sà eléwé
Egbò gbogbònṣe
Egbò ẹ̀ẹ̀rùjù
Ata pupa wẹrẹ
A ó gún wọn. A ó tẹfá lórí ìyẹ̀ròsùn. A ó ra á róbóróbó a ó fi ẹ̀kọ mu ún.

230 (964) ÌMÚ ARA FÚYẸ Ogbè òtúrá, 28

Ewé ahárá
Háríhá àgbàdo
Ẹ̀ẹ̀rù
Ọṣẹ dúdú
A ó gún un mọ́ ọṣẹ dúdú. A ó pe ọfọ̀ rẹ̀, kí obìnrin máa fi wẹ ara.
> *Ahárá l'ó ní kí ara fúyẹ́*
> *Ara gẹ̀gẹ̀ ni ti háríhá*
> *Ẹ̀ẹ̀rù lọ ru ara fúyẹ́.*

231 (965) ÌMÚ ARA FÚYẸ Ogbè òtùá, 28

Ewé amára fúyẹ́
Ìyẹ̀fun èrèé
Ẹ̀ẹ̀rù
Ọṣẹ dúdú
A ó gún un mọ́ ọṣẹ dúdú. A ó pe ọfọ̀ rẹ̀. A ó máa fi wẹ̀.
> *Amára fúyẹ́ bá wá mú ara fúyẹ́*
> *Ara gẹ̀gẹ̀ ni ti ìyẹ̀fun erèé*
> *Ẹ̀ẹ̀rù bá a gbá àrùn ara lọ.*

229 — RECEITA PARA CONSERVAR A GRAVIDEZ

Fruto de Tetrapleura tetraptera, Leguminosae Mimosoideae
Raiz de Jaundea pinnata, Connaraceae[63]
Bulbo de Allium aescalonicum, Liliaceae (cebolinha-branca)
Raiz de Uvaria afzelii, Annonaceae
Raiz de Uvaria chamae. Annonaceae
Ingrediente não identificado
Moer. Desenhar o odu em *ìyẹ̀ròsùn*. Fazer bolinhas com a preparação. Misturar uma parte com acaçá quente e tomá-la.

230 — RECEITA PARA DEIXAR O CORPO LEVE

Folha de Momordica cabraei, Cucurbitaceae
Zea mays, Gramineae (milho)
Xylopia aethiopica, Annonaceae (pimenta-da-guiné)
Sabão da costa
Pilar com sabão da costa. Pronunciar a encantação. A mulher deve lavar-se com a preparação.

Ahárá diz que o corpo deve ficar leve.
Háríhá tem o corpo leve.
Ẹ̀ẹ̀rù, vá e deixe o corpo leve.

231 — RECEITA PARA DEIXAR O CORPO LEVE

Folha de Grewia mollis, Tiliaceae
Grãos pilados de Phaseolus lunatus, Leguminosae Papilionoideae (feijão-de-lima)[64]
Xylopia aethiopica, Annonaceae (pimenta-da-guiné)
Sabão da costa
Pilar com sabão da costa. Pronunciar a encantação. Lavar-se com a preparação.

Amára fúyé, ajude-nos a deixar o corpo leve.
A farinha de feijão sempre tem o corpo leve.
Ẹ̀ẹ̀rù, ajude a varrer a doença para longe.

232 (967) ÌBÍMỌ ÌMÚ ẸJẸ̀ DÁ Ògúndá ọ̀ṣẹ́, 150

Ewé awẹ́léso
Èso àkàrà àjẹ́
Odidi ataare kan
A ó jó o. A ó fi tẹfá. A ó máa fi mu ẹ̀kọ gbígbóná.

233 (968) ÌMÚ ẸJẸ̀ DÚRÓ Ogbè ògúndá, 24

Ewé aká ẹ̀gi
Ewé ìrosùn
A ó rún un sínú omi. A ó pe ọfọ̀ ọ̀ rẹ̀. A ó rọ ọ́ sínú ìgò. Kí obìnrin ó máa mu ún.
Aká ẹ̀gi bá mi ká ìsun ẹ̀jẹ̀ lọ
Ìrosùn ó ní kí ẹ̀jẹ̀ ó sùn.

234 (968) ÌMÚ OBÌNRIN BÍMỌ Ìrù ẹkùn, 225

Ewé ìrù ẹkùn
Ewé àgéléte
A ó kó wọn sínú ìkòkò, a ó da omi sí í. A ó sè é, a ó pe ọfọ̀ rẹ̀. A ó máa mu ún, a ó sì máa fi wẹ̀.
Ìrù ẹkùn wárà wàrà kìí gbé inú ẹkùn mọ́jú
Àgéléte l'ó ní kí ọmọ náà máa sáré tete bọ̀ wá.

235 (973) ÌMÚ OBÌNRIN LÓYÚN Èjìogbè, 1

Ewé fèsoṣẹ̀jẹ̀
Ewé òrómbó wẹ́wẹ́
Ọṣẹ dúdú
A ó gún gbogbo rẹ̀ mọ́ ọṣẹ dúdú. A ó pe ọfọ̀ rẹ̀. Kí obìrin máa fi wẹ abẹ́.
Fèsoṣẹ̀jẹ̀ kó s'ẹ̀jẹ̀ d'ọmọ
Òrómbó kìí yàgàn
Ọṣẹ ni kí o fi ṣẹ́rí ọmọ wá.

232 — RECEITA PARA ESTANCAR A HEMORRAGIA PÓS-PARTO

Folhas de MARGARITARIA DISCOIDEA, Euphorbiaceae
Fruto de CNESTIS FERRUGINEA, Connaraceae
Fruto inteiro de AFRAMOMUM MELEGUETA, Zingiberaceae (amomo)
Queimar. Desenhar o odu na preparação. Tomar com acaçá frio.

233 — RECEITA PARA ESTANCAR HEMORRAGIA

Folha de LANNEA NIGRITANA var. PUBESCENS, Anacardiaceae
Folha de BAPHIA NITIDA, Leguminosae Papilionoideae[65]
Espremer em água. Pronunciar a encantação e engarrafar. A mulher deve tomar a preparação.

Aká ẹ̀gi, ajude-me a fazer o sangue recuar.
Ìrosùn diz que o sangue deve dormir [parar de escorrer].

234 — RECEITA PARA AJUDAR A MULHER A DAR À LUZ

Folha de DRACAENA LAXISSIMA, Agavaceae
Folha de KOSTELETZKYA ADOENSIS, Mavaceae
Colocar tudo numa panela. Adicionar água e cozinhar.
Pronunciar a encantação. Tomar a preparação e lavar-se com ela.

Ìrù ẹkùn wàrà wàrà nunca fica dentro do leopardo até a madrugada.
Àgélété diz que a criança deve correr para cá rápido.

235 — RECEITA PARA AJUDAR A MULHER A ENGRAVIDAR

Folha de CAMPYLOSPERMUM FLAVUM, Ochnaceae
Folha de CITRUS AURANTIFOLIA, Rutaceae (limeira-da-pérsia)
Sabão da costa
Moer tudo com sabão da costa. Pronunciar a encantação. A mulher deve lavar a vagina com a preparação.

Fèsọ̀ẹ̀jẹ̀ faz o sangue se tornar uma criança.
Òrom̀bó nunca fica estéril.
Use *ọṣẹ* para desviar a criança para cá.

236 (1009) ÌMÚ OBÌNRIN LÓYÚN Ogbè túrúpọ̀n, 27

Ewé ọmọní sẹ̀sẹ̀kí

Ewé èèmọ́

Eku ẹmọ́

Iyọ̀

A ó gún un. A ó sè é mọ́ eku ẹmọ́. A ó fi iyọ̀ àti epo pupa sí i. A ó pe ọfọ̀ rẹ̀. Kí obìnrin jẹ é.

Ọdọọdún ni ọmọní sẹ̀sẹ̀kí pọn'mọ
Èèmọ́ l'ó ní kí oyún k'ó mọ́ ọ nínú.

237 (1010) ÌMÚ OBÌNRIN LÓYÚN Ogbè túrúpọ̀n, 27

Ewé gbọ́mọpọ̀n

Eku ẹmọ́

A ó gún un. A ó sè é pẹlú eku ẹmọ́. A ó fi iyọ̀ àti epo pupa sí í. A ó pe ọfọ̀ rẹ̀, kí obìnrin jẹ é ni ọjọ́ kìnní tí ó bá rí àlejò (oṣù) rẹ̀.

Ogbè súré pọnmọ
Ogbè pọ̀sẹ̀sẹ̀ pọnmọ
Ọjọ́ kẹwàá tí a bá rí ẹmọ́ ni àá rí ọmọ rẹ̀
Ẹ̀jẹ̀ tí lámọrín yìí rí oyún ní kí ó fi ṣe
Ọmọ ní kí ó fi bí
Gbọ́mọpọ̀n kì í fi ẹ̀hìn sílẹ̀ l'áìpọnmọ

236 — RECEITA PARA AJUDAR A MULHER A ENGRAVIDAR

Folha de Dyschoriste perrottettii, Acanthaceae
Folha de Desmodium velutium, Leguminosae Papilionoideae
Um porquinho-da-índia
Sal
Moer. Cozinhar com um porquinho-da-índia, óleo e sal.
Pronunciar a encantação. A mulher deve comer a preparação.

Todo ano-novo, *ọmọní sẹ̀sẹ̀kí* pare uma criança em suas costas.
Èèmọ́ diz que a gravidez deve continuar no ventre dela.

237 — RECEITA PARA AJUDAR A MULHER A ENGRAVIDAR

Folha de Dyschoriste perrottettii, Acanthaceae
Um porquinho-da-índia
Sal
Moer. Cozinhar o porquinho-da-índia e as folhas moídas com sal e azeite de dendê. Pronunciar a encantação. A mulher deve comer a preparação no primeiro dia da menstruação.

Ogbè, corra para carregar uma criança nas costas.
Ogbè, trote para carregar uma criança.
No décimo dia após vermos *ẹmọ́*, sempre vemos suas crianças.
A menstruação que fulana viu deverá resultar em gravidez.
Ela deve parir uma criança dele.
A folha *gbọ́mọpọ̀n* nunca deixa suas costas livres sem carregar uma criança nelas.

238 (1055) ÌMÚ OYÚN DÚRÓ Ìwòrì òtúrá, 58

Ewé tìrángi

Ataare

Èékanná ọwọ́ (mẹ́wẹ̀ẹ̀wá)

A ó jó o. A ó fi tẹfá, a ó pe ọfọ̀ rẹ̀. Kí aláboyún jẹ́ ẹ́ kí ó sì fi wẹ̀ pẹ̀lú.

Tìrángi kì í ṣí kúrò l'ára igi

Èékánná ọwọ́ kì í ya ọwọ́

Ọmọ ataare kì í jò dànù.

239 (1056) ÌMÚ OYÚN DÚRÓ Ìwòrì òfún, 61

Èso ìtórò

Ewé rinrin

Èso ẹ̀gúsí

Òrí

A ó gún un. A ó fi epo pupa àti òrí sí i. A ó sè é. A ó pe ọfọ̀ rẹ̀.

Kí aláboyún o jẹ ẹ́.

Ìtórò ó ní kí oyún dúró

Igbá bá mi gba oyún yìí mú

Ẹ̀rọ̀wọ̀ ni ti rinrin.

240 (1060) OÒGÙN ÌMÚ ÀGÀN LÓYÚN Òtúrá méjì, 13

Ewé dòdo nlá

Ewé làálí

Àlùbọ́sà eléwé

A ó sè é. A ó tẹfá lórí ìyẹ̀ròsùn. A ó pe ọfọ̀ rẹ̀, a ó pò ó mọ́ ọn.

Kí obìnrin ó máa mu ún lẹ́ẹ̀mejì lójúmọ́.

Dòdo nlá kí ó gbọ́mọ sí dodo fún mi

Làálí ní kí ó fi la ọ̀nà ọmọ fún mi

Àlùbọ́sà ni kí ó fi sa ọmọ fún mi.

238 — RECEITA PARA EVITAR ABORTO

Folha de PLATYCERIUM STEMARIA, Polypodiaceae
AFRAMOMUM MELEGUETA, Zingiberaceae (amomo)
Aparas de unha
Queimar tudo. Desenhar o odu na preparação, pronunciando a encantação. A mulher deve comer a preparação e lavar-se com ela.

Tìrángi nunca se solta do tronco da árvore.
As unhas nunca se separam dos dedos.
As sementes de *ataare* nunca esparramam para longe.

239 — RECEITA PARA EVITAR ABORTO

Fruto de CUCUMEROPSIS MANNII, Cucurbitaceae
Folha de PEPEROMIA PELLUCIDA, Piperaceae (jabuti-membeca)
Fruto de CITRULLUS LANATUS, Cucurbitaceae (melancia)
BUTYROSPERMUM PARADOXUM subsp. PARKII, Sapotaceae (limo da costa)
Moer. Adicionar dendê e limo da costa. Cozinhar tudo. Pronunciar a encantação. Comer.

Ìtórò diz que a gravidez deve ficar.
Igbá, ajude-me a segurar esta gravidez rápido.
Rinrin é sempre calmo e tranquilo.

240 — RECEITA PARA AJUDAR MULHER ESTÉRIL A ENGRAVIDAR

Folha de VOACANGA AFRICANA, Apocynaceae
Folha de LAWSONIA INERMIS, Lythraceae (hena)
Bulbo de ALLIUM AESCALONICUM, Liliaceae (cebolinha-branca)
Ferver tudo. Desenhar o odu em *ìyẹ̀ròsùn* pronunciando a encantação. Misturar. A mulher deve tomar a preparação todos os dias.

Dòdo nlá deve carregar uma criança no umbigo para mim.
Use *láàlí* para abrir o caminho da gravidez para mim.
Use *àlùbọ́sà* para colher uma criança para mim.

241 (1062) OÒGÙN ARA GBÍGBÓNÁ ABOYÚN Èjìogbè, 1

Ewé amúnútutù

Ewé omi

Ewé ajagun ráṣè

Òrí

A ó gún un, a ó pò ó mọ́ òrí. A ó tẹfá lórí ìyẹ̀ròsùn, a ó pe ọfọ̀ rẹ̀, a ó pò ó mọ́ ọn. Kí aláboyún ó fi pa ara.

Amúnúntutu ṣe ẹ̀jẹ̀ ṣoro.

242 (1063) OÒGÙN ARÀN OBÌNRIN Ìwòrì ogbè, 47

Ewé olójòǹgbódú

Ewé apà wọ̀fà

Ewé òrokóro

A ó kó wọn sínú orù, a ó sè é nínú omi. A ó pò ó pọ̀ mọ́ iyọ̀ òyìnbó tàbí oyin, a ó tẹfá lórí ìyẹ̀ròsùn, kí aláboyún máa mu ún.

243 (1064) OÒGÙN ÀRÙN ÌGBÀLÓDÉ FÚN ABOYÚN

Ọ̀sá méjì, 10

Èso ajímádùn

Orógbó

Ataare

Iṣu

Kán-ún bílálà

A ó gún un mọ́ iṣu àti kán-ún bílálà. A ó pe ọfọ̀ rẹ̀. A ó máa mu ún pẹ̀lú ẹ̀kọ gbígbóná.

Ajímádùn ó ní kí àrùn má dúró s'ára aboyún
Orógbó gbé àrùn kúrò l'ára
Ataare k'ó taarí àrùn kúrò
Òbulẹ̀ k'ó bu àrùn kúrò.

241 — RECEITA PARA TRATAR FEBRE NA GRAVIDEZ

Folha de Basella alba, Basellaceae (bertalha)
Folha de Butyrospermum paradoxum subsp. parkii, Sapolaceae
Folha de Dissotis sp., Melastomataceae
Butyrospermum paradoxum subsp. parkii, Sapotaceae (limo da costa)
Moer com limo da costa. Desenhar o odu em *ìyẹ̀ròsùn* pronunciando a encantação. Misturar. Espremer a preparação no corpo da mulher.

Amúnútutù, faça o sangue fluir bem.

242 — RECEITA PARA ELIMINAR VERMES QUE RETARDAM A GRAVIDEZ

Folha de Commelina erecta, Commerlinaceae
Folha de Synedrella nodiflora, Compositae
Folha de Pleiocarpa pycnantha, Apocynaceae
Colocar numa panela. Ferver. Misturar com açúcar ou mel. Desenhar o odu em *ìyẹ̀ròsùn*. Dar de beber à mulher.

243 — RECEITA PARA TRATAR DOENÇA NA GRAVIDEZ

Fruto não identificado
Garcinia kola, Guttifereae
Aframomum melegueta, Zingiberaceae (amomo)
Dioscorea sp., Dioscoreaceae (inhame)
Potássio concentrado
Pilar os ingredientes com Dioscorea sp., Dioscoreaceae e potássio concentrado, pronunciando a encantação. Tomar com acaçá quente.

Ajímádùn diz que a doença não deve ficar no corpo da futura mamãe.
Orógbó, carregue a doença para longe do corpo.
Ataare deve empurrar a doença para fora.

244 (1065) OÒGÙN ÀRÙN TÍŃBA OYÚN JẸ́ Ògúndá ogbè, 137

Ewé ẹ̀wọ̀n ehoro
Èso ìyèré
Eku ẹmọ́
Kán-ún bílálà
A ó gún wọn. A ó tẹfá lórí ìyẹ̀ròsùn, a ó dà á sí oògùn. A ó ra á róbóróbó. A ó fi ẹ̀kọ mu ún.

245 (1066) OÒGÙN Ẹ̀DÀ OBÍNRIN Èjìogbè, 1

Ewé patọnmọ́
Obì ifin méjì
Obì pupa méjì
Egbò làpálàpá
Odidi ataare
Ewé àlúpàyídà
Owó ẹyọ kan
Ìkarahun ìgbín
Ọṣẹ dúdú díẹ̀
A ó jó ikarahun ìgbín lórí iná, a ó fi lẹ̀bú rẹ̀ tẹfá. A ó fi fọ̀ ẹ̀kọ tútù mu.
A ó lọ àwọn èlò yókù pọ̀. A ó fi ìyẹ̀ròsùn tẹfá. A ó pò ó pọ̀. A ó kó o sínú aṣọ wájì. Kí óbìnrin máa bù ú wẹ̀.

244 — RECEITA PARA EVITAR DISTÚRBIOS DA GRAVIDEZ

Folha de Acacia sp., Leguminosae Mimosoideae
Fruto de Piper capense, Piperaceae[66]
Um porquinho-da-índia
Potássio concentrado
Moer. Desenhar o odu em *ìyẹ̀ròsùn*. Misturar. Fazer uma bolinha com a preparação e comê-la com acaçá quente.

245 — RECEITA PARA RETER O SÊMEN NO CORPO DA MULHER

Folha de Mimosa pudica, Leguminosae Mimosoideae (malícia-das-mulheres)[67]
Duas nozes de Cola acuminata (brancas), Sterculiaceae (coleira)
Duas nozes de Cola acuminata (vermelhas), Sterculiaceae (coleira)
Raiz de Jatropha curcas, Euphorbiaceae (pinhão)
Fruto inteiro de Aframomum melegueta, Zingiberaceae (amomo)
Folha de Uraria picta, Leguminosae Papilionoideae
Um búzio
Uma concha de caracol
Um pouco de sabão da costa
Queimar a concha de caracol no fogo. Usar o pó resultante para desenhar o odu. Tomar com acaçá frio e água. Moer todo o resto. Desenhar o odu em *ìyẹ̀ròsùn*. Misturar com a preparação e colocar num pedaço de pano azul. A mulher deve banhar-se com isso.

246 (1071) OÒGÙN Ẹ̀DÀ OBÍNRIN Ọ̀sá méjì, 10

Ewé áláàrò mẹ́ta
Ewé iṣẹ́dùn
Egbò òrúwọ
Ewé ẹnu òpírè
Ọṣẹ dúdú
A ó gún un mọ́ ọṣẹ dúdú. A ó tẹfá lórí ìyẹ̀ròsùn. A ó pò ó pọ̀. Kí obìnrin fi ra ojú abẹ̀.

247 (1078) OÒGÙN Ẹ̀YỌ Ìwòrì ògúndá, 54

Ewé kúèré
Ìgbín kan
Kán-ún bílálà
A ó gún un. A ó sá a. A ó lọ̀ ọ́ mọ́ kán-ún bílálà. A ó pe ọfọ̀ rẹ̀. Kí aláboyún fi mu ẹ̀kọ gbígbóná.

> *Kúèré bá wa kó àrùn yìí lọ*
> *Kí ara ó le koko bí ara ìgbín*
> *Kí ara ó le kankan bíi ti kán-ún.*

248 (1081) OÒGÙN ỌMÚ Ìká ọ̀ṣẹ́, 180

Ewé ọmú ẹṣin
Èso ìmúmú
Kán-ún gidi
A ó gún un pọ̀. A ó tẹfá lórí ìyẹ̀ròsùn, a ó pe ọfọ̀ rẹ̀. A ó máa mu ún nínú ẹ̀kọ gbígbóná.

> *Omi funfun l'ọmú abo ẹṣin í ṣe*
> *Ìmúmú lọ rèé mú omi tuntun wá.*

246 — RECEITA PARA RETER O SÊMEN NO CORPO DA MULHER

Folha de RITCHIEA sp., Capparaceae

Folha de CLERODENDRUM VIOLACEUM, Verbanaceae

Raiz de MORINDA LUCIDA, Rubiaceae

Folha de EUPHORBIA LATENIFLORA, Euphorbiaceae

Sabão da costa

Pilar com sabão da costa. Desenhar o odu em *ìyẹ̀rọ̀sùn*. Misturar.

A mulher deve lavar a vagina com a preparação.

247 — RECEITA PARA TRATAR DOENÇA DA GRAVIDEZ

Folha de DEINBOLLIA PINNATA, Sapindaceae

Um caracol

Potássio concentrado

Pilar. Secar. Moer com potássio concentrado. Pronunciar a encantação.

A mulher deve tomar a preparação com acaçá quente.

> *Kúèré*, ajude-nos a mandar esta doença embora.
> Que o corpo possa ser duro como o do caracol.
> Que o corpo possa ser forte como o do potássio.

248 — RECEITA PARA FAZER COM QUE O LEITE FLUA DO SEIO

Folha de SORINDEIA WARNECKEI, Anacardiaceae

Fruto de CYPERUS ESCULENTUS, Cyperaceae (junça)

Potássio

Pilar tudo. Desenhar o odu em *ìyẹ̀rọ̀sùn* pronunciando a encantação.

Tomar com acaçá quente.

> Água branca brota das tetas da égua.
> *Ìmúmú*, vá e traga água nova.

249 (1082) OÒGÙN OYÚN ỌRUN Èjìogbè, 1

Ewé àkàrà èṣù

Ewé òwú

Èèpo ìrà

Aálọ̀ọ̀mù

A ó gún un pọ̀. A ó da omi ọsàn wẹ́wẹ́ púpọ̀ sí i. A ó sè ẹ. A ó lọ aálọ̀ọ̀mù mọ́ ọn. A ó pe ọfọ̀ rẹ̀. A ó da ọtí sí i; a ó máa mu ún.

> *Àkàrà èṣù ó ní kí ọmọ sọ̀ kalẹ̀*
> *Òwú k'ó wú ọmọ wá*
> *Ìrà k'ó ra ọmọ nàà wá.*

250 (1085) OÒGÙN OYÚN ỌRUN Ogbè ọ̀wọ́nrín, 45

Èso ojú ẹyẹlé

Èso ìyèré

Kán-ún bílálà

Ẹ̀yà ọ̀run funfun

A ó lọ ọ́. A ó dà á sínú ọtí. A ó pe ọfọ̀ rẹ̀. A ó máa mu ìlàjì ṣíbí.

> *Ojú ẹyẹlé ní í bí ọmọ t'ó pé nínú*
> *Àbíyè ni ọmọ ìyèré*
> *Ẹ̀yà ọ̀run ní k'ó yà wálẹ̀.*

249 — RECEITA PARA RESOLVER GRAVIDEZ DE MAIS DE NOVE MESES

Folha de ALLOPHYLUS AFRICANUS, Sapindaceae

Folha de GOSSYPIUM sp., Malvaceae (algodoeiro)

Casca de BRIDELIA MICRANTHA, Euphorbiaceae

Alume

Pilar tudo junto. Despejar muito suco de limão sobre a preparação. Filtrar. Moer alume. Pronunciar a encantação. Misturar tudo com álcool. Tomar a preparação.

Àkàrà èṣù diz que as crianças devem descer.
Òwú deve implorar às crianças que venham.
Ìrà, faça a criança se arrastar para fora.

250 — RECEITA PARA RESOLVER GRAVIDEZ DE MAIS DE NOVE MESES

Fruto de ABRUS PRECATORIUS, Leguminosae Papilionoideae (olho-de--cabra)

Fruto de PIPER CAPENSE, Piperaceae[68]

Potássio concentrado

Alume

Moer. Colocar em álcool. Pronunciar a encantação. Tomar meia colher de sopa.

Ojú ẹyẹlé sempre ajuda o parto de crianças atrasadas.
Nascidas para sobreviver são as crianças de *ìyèré*.
Ẹ̀yà ọ̀run diz que ela deve se virar para baixo.

251 (1091) DÌDE ÀBÍKÚ Ọ̀yẹ̀kú òfún, 46

Ewé abíríkolo
Ewé agidimagbáyin
A ó kó wọn sórí ara wọn. A ó tẹfá lórí ìyẹ̀ròsùn, a ó pe ọfọ̀ rẹ̀.
A ó dà gbogbo wọn sórí òwú. A ó fi òwú funfun àti dúdú wé e.
A ó so ó mọ́ ọrùn àbíkú.
Agidimagbáyin Ọlọ̀run mà tìkùn
Ọlọ̀run mà tíkún àwa ò wá mọ́
Agidimagbáyin Ọlọ̀run mà tìkùn.

Trabalhos relativos às divindades

251 — RECEITA PARA MANTER UM *ÀBÍKÚ* (OS QUE NASCEM PARA MORRER MUITO CEDO) NA TERRA

Folha de CROTALARIA LACHNOPHORA, Leguminosae Papilionoideae[69]

Folha de SIDA ACUTA, Malvaceae (vassourinha; nove folhas para meninos e sete para meninas)

Colocar as folhas uma sobre a outra. Desenhar o odu em *ìyẹ̀ròsùn*, pronunciando a encantação. Amarrá-las com fio de algodão branco e preto e pendurá-las no pescoço da criança.

Agidimagbáyin, Ọlọ̀run fechou mesmo a porta.
Ọlọ̀run fechou mesmo a porta e nós não estamos vindo mais.
Agidimagbáyin, Ọlọ̀run fechou mesmo a porta.

252 (1108) ẸRỌ̀ FÚN ẸLẸ́GÙN ṢÀNGÓ Ogbè ògúndá, 24

Ewé kókò àrìrà ọ̀jà

Ewé ọdán

Ewé ọ̀dúndún

Ewé rinrin

Ewé wọ̀rọ̀wọ́

Ewé ikúpẹ̀rọ̀

Ewé túdè

Ewé túbèká

Ewé ọdán ẹ̀kì

Ewé arère

Òrí

A ó rún àwọn ewé sínú omi, a ó da epo pupa sí i. A ó sì bu òrí sí i. A ó pe ọfọ̀ rẹ̀. A ó fi wẹ ẹlẹ́gùn Ṣàngó.

> *Ẹ̀rọ̀ ni ti ọ̀dúndún*
> *Ẹ̀rọ̀ ni ti tẹ̀tẹ̀*
> *Ẹ̀rọ̀ ni ti rinrin*
> *Ẹ̀rọ̀ ni ti wọ̀rọ̀wọ́*
> *Yíyọ́ ni inú òrí í yọ*
> *Ogbè yọ́nú ní kí Ṣàngó ó yọ́nú sí i.*

252 — TRABALHO PARA ACALMAR ALGUÉM POSSUÍDO POR XANGÔ

Folha de Xanthosoma sp., Araceae
Folha de Ficus sp., Moraceae[70]
Folha de Kalanchoe crenata, Crassulaceae (folha-da-costa)
Folha de Peperomia pellucida, Piperaceae (jabuti-membeca)
Folha de Senecio biafrae, Compositae
Folha de Dichrocephala integrifolia, Compositae
Folha de Calliandra portoricensis, Leguminosae Mimosoideae
Folha de Acalypha ciliata, Euphorbiaceae
Folha de Ficus thonningii, Moraceae
Folha de Annona senegalensis, Annonaceae (araticum-da-areia)
Butyrospermum paradoxium subsp. parkii, Sapotaceae (limo da costa)
Espremer as folhas em água. Adicionar óleo e limo da costa. Pronunciar a encantação. Banhar com a preparação a pessoa possuída.

A calma é característica de *ọ̀dúndún.*
A calma é característica de *tẹ̀tẹ̀.*
A calma é característica de *rinrin.*
A calma é característica de *wọ̀ọ̀rọ̀wó.*
O núcleo de *òrí* sempre se dissolve rápido.
Ogbè yọ̀nú deverá fazer Xangô ficar contente comigo.

253 (1110) ÌDÁÀBÒBÒ LỌ́WỌ́ ÈṢÙ Ọ̀ṣẹ́ òtúrá, 239

Ẹ̀gún àràbà
Ọ̀gàn
Kasan
Esùsú
Ìgbàdo
Ògìrìṣákọ́
Ata
Ẹ̀wọ̀n
Ewé labẹ́labẹ́
Ewé ọkán
Yangí

A ó gún àwọn èlò mẹ́sàán àkọ́kọ́ lórí ọlọ. A ó tẹfá lórí ìyẹ̀ròsùn, a ó dà á sínú omi. A ó rún àwọn èyí tí ó kù sínú omi. A ó da àwọn tí a lọ̀ sí i. A ó fi fọ orí Èṣù (ọta Èṣù). A ó máa pè Èṣù.

253 — TRABALHO PARA CONSEGUIR PROTEÇÃO CONTRA EXU

Espinho de CEIBA PENTANDRA, Bombacaceae (mafumeira)
Espinho de COMBRETUM RACEMOSUM, Combretaceae[71]
Espinho de SMILAX KRAUSSIANA, Smilacaceae
SACCHARUM SPONTANEUM var. AEGYPTIACUM, Gramineae
Cabelo de ZEA MAYS, Gramineae (milho)
Espinho de DIOSCOREA DUMETORUM, Dioscoreaceae[72]
Espinho de ANCHOMANES DIFFORMIS, Araceae
ZANTHOXYLUM SENEGALENSE, Ritaceae
Espinho de ACACIA ATAXACANTHA, Leguminosae Mimosoideae
Folha de SCLERIA NAUMANNIANA, Cyperaceae[73]
Folha de COMBRETUM SMEATHMANNII, Combretaceae[74]
Pedra de exu (pedra de fogo)

Moer os nove primeiros ingredientes com uma pedra. Desenhar o odu em *ìyẹ̀ròsùn* e despejar em água. Espremer os ingredientes em água. Adicionar os ingredientes moídos. Lavar a pedra de exu com a preparação chamando Exu.

Ewé idí
Ewé òkikà
Ewé akika
Ewé àjẹ́ òfòlé
Igi àsùrìn (igi ńlá)
Ìdò igba
Ẹ̀pà igba
Àrín igba
Òrí

A ó fún àwọn ọmọdé ní mẹ́ta nínú àwọn èso yìí láti so pọ̀ pẹ̀lú okùn ní ìgbà tí oòrùn bá fẹ́ẹ̀ wọ̀. Kí wọn má sọ okùn rẹ̀ nù. A ó jó àwọn ewé àti èso pọ̀. A ó fi eérú rẹ̀ tẹfá (òdí méjì). A ó pe ọfọ̀ rẹ̀. A ó kó wọn sínú kóńgò ọlọ́mọrí. A ó lu ihò méjì sí ẹ̀gbẹ́ rẹ̀. A ó so òwú dúdú àti funfun mọ́n ọn. A ó da àdí, epo pupa, àti òrí sórí ẹ̀kù dúdú, a ó sì gbé kóńgò náà kọ́ sí orí àjà. A ó máa fi pa ara fún ọjọ́ méje.

> *Idí l'ó ní kí ọṣó àjẹ́ kí wọn ó dirù kí wọn ó máa lọ*
> *Òkikà l'ó ní kí wọn má yà s'ọ́dọ̀ mi mọ́*
> *Akika l'ó ní kí wọn ó kó gbogbo ẹrù wọn jáde nílé mi*
> *Àjẹ́ òfòlé l'ó ní wọn kò níí lè fò lé mi*
> *Igikígi ta egbò k'ó kan àsùrìn, yóò máa kú*
> *Òkú igi náà ìgbùràmú lalẹ̀.*

254 — TRABALHO PARA CONSEGUIR PROTEÇÃO CONTRA AS *ÌYÀMI*

Folha de Terminalia glaucescens, Combretaceae
Folha de Spondias mombin, Anacardiaceae (cajazeira)
Folha de Lecaniodiscus cupanioides, Sapindaceae
Folha de Croton zambesicus, Euphorbiaceae
Entandrophragma candollei, Meliaceae
Duzentas sementes de Canna indica, Cannaceae (cana-de-jardim)
Duzentas sementes de Arachis hypogaea, Leguminosae Papilionoideae (amendoim-verdadeiro)
Duzentas sementes de Dioclea reflexa, Leguminosae Papilionoideae (feijão-bravo)
Butyrospermum paradoxum subsp. parkii, Sapotaceae (limo da costa)

Queimar as folhas e sementes para fazer um pó preto. Desenhar *òdí méjì* no *atẹ* de Ifá. Pronunciar a encantação. Colocar a preparação numa panela pequena de alumínio com tampa. Fazer dois buracos nos lados. Amarrar fio branco e preto à panela. Despejar óleo de noz de palma, azeite de dendê e limo da costa sobre o pó preto. Pendurar a panela. Esfregar a preparação no corpo todo durante sete dias.

Idì diz que tanto bruxos quanto bruxas devem fazer as malas e ir embora.
Òkikà diz que eles não devem voltar a mim nunca mais.
Akika diz que eles devem tirar toda a sua bagagem da minha casa.
Àjẹ́ òfòlé diz que eles não conseguirão se empoleirar em mim.
Qualquer árvore que criar raízes para tocar a raiz de *àsùrìn* morrerá.
A raiz morta da árvore preencheu o espaço com a sua própria espessura.

255 (1120) ÌDÁÀBÒBÒ LỌ́WỌ́ ÌYÀMI Ìdin rẹtẹ̀, 74

Èso àrìdan (àìdan)
Èèpo ọdán ẹ̀kì
Ata dúdú mẹ́sàn
Ata pupa mẹ́sàn
Ọṣẹ dúdú

A ó lọ̀ ọ́. A ó tẹfá lórí ìyẹ̀ròsùn. A ó pe ọfọ̀ rẹ̀, a ó pò ó pọ̀. A ó dà á sínú aṣọ ìdasà funfun. A ó máa fi òun àti omi pa ara.

> *Má jẹ́ kí wọn ó dan mí*
> *Àrìdan níí dan igi lóko*
> *Igi kan kìí dan àrìdan.*

255 — TRABALHO PARA CONSEGUIR PROTEÇÃO CONTRA AS *ÌYÀMI*

Fruto de Tetrapleura tetraptera, Leguminosae Mimosoideae
Raiz de Ficus thonningii, Moraceae
Nove sementes de Zanthoxylum senegalense (preto), Rutaceae
Nove sementes de Zanthoxylum senegalense (vermelho), Rutaceae
Sabão da costa
Moer. Desenhar o odu em *ìyẹ̀ròsùn*, pronunciando a encantação.
Misturar. Colocar dentro de um pedacinho de tecido branco. Esfregar no corpo com água.

> Nunca deixe que atentem contra mim.
> É *àrìdan* que atenta contra outras árvores na floresta.
> Nenhuma árvore atenta contra *àrìdan*.

256 (1129) ÌDÁÀBÒBÒ LỌ́WỌ́ ỌBÀTÁLÁ Ọ̀bàrà ogbè, 107

Ewé èbùrẹ́

Omi ìgbín

A ó gún un. A ó sá a gbẹ. A ó lọ̀ ọ́. A ó da omi ìgbín síi. A ó sìtún sá a gbẹ.

Ewé ọ̀dúndún

Ewé tẹ̀tẹ̀

Ewé rinrin

A ó gún un. A ó sá a gbẹ. A ó po gbogbo rẹ̀ pọ̀. A ó pe ọfọ̀ rẹ̀. A ó pín in sí ọ̀nà meta. A ó po ọ̀kan mọ́ ọṣẹ dúdú a o máa fi wẹ̀. A ó po ìkejì mọ́ epo ìpara, a ó máa fi pa ara. A ó sì dá ìkẹta mọ́ omi tútù, a ó máa mu ún.

> *Èbùrẹ́ dé awo olújẹ́bẹ̀*
> *Ikú ẹ jẹ́bẹ̀ fún wa o*
> *Àrùn ẹ jẹ́bẹ̀ fún wa o*
> *Ofò ẹ jẹ́bẹ̀ fún wa o*
> *Sọ̀pọ̀ná, ẹ jẹ́bẹ̀ fún wa o*
> *Ẹ̀rọ̀ pẹ̀sẹ̀pẹ̀sẹ̀ ni t'òdúndún*
> *Ẹ̀rọ̀ pẹ̀sẹ̀pẹ̀sẹ̀ ni ti tẹ̀tẹ̀*
> *Ẹ̀rọ̀ pẹ̀sẹ̀pẹ̀sẹ̀ ni ti rinrin.*

257 (1130) ÌDÁÀBÒBÒ LỌ́WỌ́ ṢÀNGÓ Òfún dìtamí ẹṣin, 245

Ṣẹ́dun

A ó gún un, a ó kó o sínú aṣọ funfun pẹ̀lú ẹyin kan. A ó so gbogbo rẹ̀ pọ̀ a ó fi kọ́ ẹ̀ka igi tàbí igi aparun. A ó gbin iyi náà tí Ṣàngó bá ń bọ̀ láti ọ̀run. A ó máa pe ọfọ̀ rẹ̀.

> *Ṣẹ́dun bá mi ṣẹ́rí ẹdùn padà kúrò*
> *Ṣẹ́dun bá mi ṣẹ́rí ẹdùn Ṣàngó padà.*

256 — TRABALHO PARA PROTEÇÃO CONTRA OBATALÁ

Folha de Crassocephalum rubens, Compositae

Gosma de caracol

Pilar. Secar. Moer até transformar em pó. Despejar a gosma do caracol sobre o pó e secar.

Folha de Kalanchoe crenata, Crassulaceae (folha-da-costa)

Folha de Amaranthus hybridus subsp. incurvatus, Amaranthaceae (cauda-de-raposa)

Folha de Peperomia pellucida, Piperaceae (jabuti-membeca)

Pilar, secar e misturar tudo. Prenunciar a encantação. Dividir em três partes: misturar uma com sabão e lavar-se com essa preparação; misturar a segunda parte com loção e esfregá-la no corpo; e misturar a terceira parte com água fria e tomá-la.

Èbùrẹ́ veio, o portador de súplicas.
Morte, aceite as nossas súplicas!
Doença, aceite as nossas súplicas!
Perda, aceite as nossas súplicas!
Sọ̀npọ̀ná, aceite as nossas súplicas!
O caracol é sempre calmo e tranquilo.
Òdúndún é sempre calmo e tranquilo.
Tẹ̀tẹ̀ é sempre calmo e tranquilo.
Rinrin é sempre calmo e tranquilo.

257 — TRABALHO PARA PROTEÇÃO CONTRA XANGÔ

Pericopsis laxiflora, Leguminosae Papilionoideae

Moer. Colocar num tecido branco com um ovo. Amarrar tudo. Pendurar num galho ou num bambu. Plantar no chão se Xangô estiver vindo do céu.

Ṣẹ́dun, ajude-me a desviar a pedra de raio [meteorito] para longe de mim.
Ṣẹ́dun, ajude-me a desviar a pedra de raio de Xangô para trás.

Ewé kólé ọrọ́gbà
Èso ọ̀gẹ̀dẹ̀ wẹẹrẹ
Ewé tẹ̀tẹ̀
Ewé rinrin
Ewé wọ̀rọ̀wọ́
Ewé ọ̀dúndún
Òrí
Ẹyin adìyẹ
Omi ìgbín

A ó jó gbogbo rẹ̀. A ó da òrí àti omi ìgbín sí i. A ó tẹfá lórí ìyẹ̀ròsùn, a ó pe ọfọ̀ rẹ̀. A ó po gbogbo rẹ̀ pọ̀. A ó máa lá a tàbí kí á fi pa ara.

Ó ní ewé t'á a bá fi rẹ ọfà
Òun náà l'a fi í tù ú
Ewé kólé ọrọ́gbà
Ó ní ẹ̀rọ̀ ìgbín ní í rọ̀ ọ́
Ó ní ẹ̀rọ̀ ní ti òrí
Ẹ̀rọ̀ ni ti tẹ̀tẹ̀
Ẹ̀rọ̀ ni ti rinrin
Ẹ̀rọ̀ ni ti wọ̀rọ̀wọ́
Ẹ̀rọ̀ ni ti ọ̀dúndún
Ara kì í dẹ ọ̀gẹ̀dẹ̀ kí ara tún padà ni ín mọ́
Ó ní ẹ̀rọ̀wọ̀ ni ti ọ̀gẹ̀dẹ̀.

258 — TRABALHO PARA PROTEÇÃO CONTRA OBALUAIÊ

Folha de PERGULARIA DAEMIA, Asclepiadaceae

Fruto (maduro descascado) de MUSA SAPIENTUM var. PARADISIACA, Musaceae (banana-da-terra)

Folha de AMARANTHUS HYBRIDUS subsp. INCURVATUS, Amaranthaceae (cauda-de-raposa)

Folha de PEPEROMIA PELLUCIDA, Piperaceae (jabuti-membeca)

SENECIO BIAFRAE, Compositae

Folha de KALANCHOE CRENATA, Crassulaceae (folha-da-costa)

BUTYROSPERMUM PARADOXUM subsp. PARKII, Sapotaceae (limo da costa)

Ovo de galinha

Gosma de caracol

Torrar tudo. Adicionar limo da costa e gosma de caracol. Desenhar o odu em *ìyẹ̀ròsùn*, pronunciando a encantação. Misturar. Lamber a preparação ou esfregá-la no corpo.

Ele diz que a folha com a qual arcos são envenenados
A mesma usada para curar suas feridas
É a folha *kọ́lé ọrọ́gbà.*
Ele diz que a calma do caracol sempre o acalma.
Ele diz que *òrí* é sempre calmo.
Ele diz que *tẹ̀tẹ̀* é sempre calmo.
Ele diz que *rinrin* é sempre calmo.
Ele diz que *wọ̀ọ̀rọ̀wọ́* é sempre calmo.
Ele diz que *ọ̀dúndún* é sempre calmo.
Quando o corpo da banana fica mole, ela não endurece mais.
Ele diz que *ọ̀gẹ̀dẹ̀* é sempre calmo.

259 (1132) ÌGẸ̀GÙN ṢÀNGÓ Ẹ̀ṣẹ́ kan ògúndá, 9

Ewé màrìwò
Ewé pèrègún
Ewé ọsàn
Èso òro
Ewé ayùnrẹ́
Ewé arẹ́hìnkosùn
Ewé igbá
Ewé wérénjéjé
Ewé làbẹlàbẹ
Ewé tẹ̀tẹ̀rẹ̀gún
A ó rún àwọn ewé sínú omi, a ó fọ̀ ẹdun àrá sí i. Kí ẹlẹ́gùn Ṣàngó fi wẹ̀.

260 (1133) ÌGẸ̀GÙN ṢÀNGÓ Ìrosùn sara, 85

Ewé àgbọn ènìdù
Ewé pèrègún
Ewé ẹ̀gùn
Ewé ògùngún
Ewé pópónlóro
Iyọ̀
A ó já àwọn ewé, a ó gún wọn. A ó fi se ọbẹ̀ ẹran àgbò. A ó fi epo pupa àti iyọ̀ sí i. A ó pe ọfọ̀ rẹ̀. A ó jẹ díẹ̀ níbẹ̀ (a kò ní fọwọ́ kan ìyókù títí tí ilẹ̀ yóò fi ṣú).

Olósùn sárá gàgà
Bẹ́ẹ̀ ni kò pa ni jẹ
Pèrègún l'ó ní kí Ṣàngó ó gùn mi
Nígbà tí mo bá ń fẹ́ ní ọọkàn mi
Ẹ̀ẹ̀gùn ní k'ó gùn mí
Ògùngún ní k'ó gùn mí.

259 — TRABALHO PARA AJUDAR ALGUÉM A SER POSSUÍDO POR XANGÔ

Folha de ELAEIS GUINEENSIS, Palmae (dendezeiro)
Folha de DRACAENA FRAGRANS, Agavaceae (coqueiro-de-vênus nativo)
Folha de CITRUS sp., Rutaceae
Fruto de IRVINGIA GABONENSIS, Ixonanthaceae
Folha de ALBIZIA spp., Leguminosae Mimosoideae
Folha de SCADOXUS CINNABARINUS, Amaryllidaceae[75]
Folha de LAGENARIA SICERARIA, Cucurbitaceae[76]
Folha de ABRUS PRECATORIUS, Leguminosae Papilionoideae (olho-de-cabra)
Folha de SCLERIA NAUMANNIANA, Cyperaceae[77]
Folha de COSTUS AFER, Costaceae (cana-de-macaco)
Espremer as folhas em água. Lavar com a preparação a pedra de raio e a pessoa a ser possuída por Xangô.

260 — TRABALHO PARA AJUDAR ALGUÉM A SER POSSUÍDO POR XANGÔ

Folha de BORASSUS AETHIOPUM, Palmae
Folhas novas de DRACAENA FRAGRANS, Agavaceae (coqueiro-de-vênus-nativo)
Folha de ZANTHOXYLUM VIRIDE, Rutaceae
Folha de COLA GIGANTEA var. GLABRESCENS, Sterculiaceae[78]
Folha de ANDROPOGON sp., Gramineae
Sal
Colher as folhas. Fazer uma sopa de carneiro com elas. Adicionar óleo e sal e pronunciar a encantação. Tomar a preparação (não comer mais nada até escurecer).

> *Olósùn* faz muito trovão [estrondo]
> Mas ainda assim não devorou ninguém.
> *Pèrègún* diz que Xangô deve me possuir
> Sempre que eu o deseje na minha mente.
> *Ẹ̀ẹ̀gùn* diz que ele deve me possuir.
> *Ògùngún* diz que ele deve me possuir.

261 (1137) ÌMÚ IFÁ GBỌ́ TẸNI Èjìogbè, 1

Ewé ògùn bẹ̀rẹ̀kẹ̀

Ewé ògún málárere

Ewé ògùngún

Ori oriri

A ó gún un. A ó kó o sínú aṣọ funfun. Fi òwú dúdú àti funfun gbá a, a ó sì fi sí ẹ̀gbẹ́ ọpọ́n ifá.

262 (1141) ÌMÚ NI DI ÌYÀMI TÀBÍ ÀJẸ́ Ìrẹtẹ̀ ọ̀wọ́nrín, 217

Ewé ọyọ́yọ̀

Ewé èbùrẹ́

Ewé àjẹ́ òfòlé

Ewé òpìpì

Ewé àìdan

Ọṣẹ dúdú

A ó gún un mọ́ ọṣẹ. A ó tẹfá lórí ìyẹ̀ròsùn. A ó pò ó pọ̀. A ó fi wẹ̀.

263 (1142) ÌMÚ NI DÓṢÙ Ọ̀wọ́nrín méjì, 6

Ewé ọ̀gà ara

Ewé làkúta

Ewé èèmágbò

Ewé ìrókò

Ewé oriro

A ó rún un sínú omi tí ó wà nínú igbá ńlá. A ó tẹfá lórí ìyẹ̀ròsùn, a ó pò ó pọ̀. A ó fi àwọn àrúnkù ewé wẹ fún ọjọ́ méje.

261 — TRABALHO PARA FAZER COM QUE ORUMILÁ OUÇA O QUE SE DIZ

Folha de DELONIX REGIA, Leguminosae Caesalpinioideae (flamboyant)
Folha de PTEROCARPUS sp., Leguminosae Papilionoideae[79]
Folha de COLA CORDIFOLIA, Sterculiaceae[80]
Uma cabeça de pombo selvagem
Moer. Colocar num pedaço de algodão, amarrar com fio preto e branco e depositar ao lado do Ifá.

262 — TRABALHO PARA TORNAR-SE *ÌYÀMI*

Folha de CORCHORUS OLITORIUS, Tiliaceae (juta)
Folha de CRASSOCEPHALUM RUBENS, Compositae
Folha de CROTON ZAMBESICUS, Euphorbiaceae
Folha de ACANTHUS MONTANUS, Acanthaceae (falso-cardo)
Fruto de TETRAPLEURA TETRAPTERA, Leguminosae Mimosoideae
Sabão da costa
Pilar com sabão da costa. Desenhar o odu em *ìyẹ̀ròsùn*. Misturar. Lavar-se com a preparação.

263 — TRABALHO PARA TORNAR-SE FILHO DE SANTO

Folha de SENNA OCCIDENTALIS, Leguminosae Caesalpinioideae
Folha de TEPHROSIA VOGELII, Leguminosae Papilionoideae
Folha de PUPALIA LAPPACEA, Amaranthaceae
Folha de CHLOROPHORA EXCELSA, Moraceae
Folha de ANTIARIS TOXICARIA, Moraceae
Espremer em água numa cabaça grande. Desenhar o odu em *ìyẹ̀ròsùn*. Lavar o corpo com resíduos das folhas durante sete dias.

264 (1166) ÌRÁN ÈṢÙ SÍ ÈNÌYÀN Òtúá wòrì, 199

Ewé ara pupa

Ewé ọparun

Ewé sagere

A ó jó o, a ó fi tẹfá lórí Ẹṣù, a ó pe ọfọ̀ rẹ̀. A ó da àdí sí i lórí. A ó pa ajá a ó sì da ẹ̀jẹ̀ rẹ̀ sí i.

Ara pupa ó ní kí wọn ó pa lámọrín
Ọparun pa ọrọ mọ́ ọn níkùn
Sagere ni k'ó máa sá kiri.

265 (1172) ÌRAN ÌYÀMI SÍ ÈNÌYÀN Ọ̀ṣẹ̀ ọ̀sá, 236

Ewé ejìnrìn olókun

Ewé apàwọ̀fà

Ewé òrírá

A ó jó o pọ̀, a ó dà á sórí òkété gbígbẹ. A ó da epo pupa sí i. A ó da obì aláwẹ́ mẹ́rin. A ó fi obì ṣe ìwádìí ibi tí a ó gbe sí fún àwọn ìyàmi. [A ó pe ọfọ̀ rẹ̀].

Ejìnrìn Olókun
Ejìnrìn ìwọ mà ni awo olókun.

266 (1173) ÌRAN ÒGÚN SÍ ÈNÌYÀN Ọ̀sá ọ̀wọ́nrín, 157

Ewé ọ̀ṣíbàtà

Ewé abílẹ̀rẹ́

Ewé dágunró

Ewé dáké

Ewé dájí

A ó jó wọn. A ó fi tẹfá lórí ògún àgbẹ̀dẹ.

264 — TRABALHO PARA FAZER EXU ATACAR ALGUÉM

Folha de RICINUS COMMUNIS, Euphorbiaceae (mamona)
Folha de OXYTENANTHERA ABYSSINICA, Gramineae (bambu)
Folha de STROPHANTUS HISPIDUS, Apocynaceae
Queimar todos os ingredientes. Desenhar o odu na preparação em cima de Exu, pronunciando a encantação. Adicionar azeite de caroço de dendê. Matar um cachorro e despejar seu sangue sobre a preparação.

Ara vermelho diz que fulano deve ser morto.
Ọparun, mate todo o raciocínio dele.
Sagere diz que ele deve ficar correndo por aí.

265 — TRABALHO PARA FAZER AS *ÌYÀMI* ATACAREM ALGUÉM

Folha de IPOMOEA NIL, Convolvulaceae (jeticuçu)
Folha de SYNEDRELLA NODIFLORA, Compositae
Folha de LUFFA ACUTANGULA, Cucurbitaceae (bucha-de-purga)
Queimar tudo. Despejar sobre o corpo de um sariguê torrado. Adicionar azeite de dendê. Perguntar com noz de cola onde depositar para as *ìyàmi*, pronunciando a encantação.

Ejìnrìn de *olókun*.
Ejìnrìn, você é mesmo o *awo* de *olókun*.

266 — TRABALHO PARA FAZER OGUM ATACAR ALGUÉM

Folha de NYMPHAEA LOTUS, Nymphaeaceae (lótus)
Folha de CHRYSANTHELUM INDICUM var. AFROAMERICANUM, Compositae
Folha de ACANTHOSPERMUM HISPIDUM, Compositae (carrapicho-rasteiro)[81]
Folha de PAUSINYSTALIA TALBOTII, Rubiaceae
Folha não identificada
Queimar tudo. Desenhar o odu na preparação sobre a pedra do ferreiro.

267 (1175) ÌRAN ṢÀNGÓ SÍ ÈNÌYÀN Ìká ògúndá, 175

Ẹ̀wà sèsé
Ẹdun àrá
A ó to ẹ̀wà sèsé yí ẹdun àrá ká. Dà á sínú iná. A ó dárúkọ ẹni náà.

268 (1176) ÌRÁNṢẸ́ RERE SÍ ẸLẸ́DÁ Ọ̀ṣẹ́ ìwòrì, 229

Ewé àyin
Ewé orógbó
Ewé àlùbọ́sà
Ọṣẹ dúdú
A ó gún wọn mọ́ ọṣẹ dúdú. A ó tẹfá lórí ìyẹ̀ròsùn, a ó pò ó mọ́ ọn. A ó bu ọṣẹ dúdú sí o kànrìnkan. A ó fi wẹ orí ní ọ̀sán lẹ́gbẹ̀ẹ́ odò. A ó sì sọ ohun tí à ń fẹ́.

269 (1178) ÒRÌṢÀ ÌRAN ṢỌ̀PỌ̀NNÁ SÍ ÈNÌYÀN Òfún ọ̀sá, 251

Ewé ìrókòdú
Ewé atò
Ewé ito
Ewé isin
A ó jó gbogbo wọn. A ó fi tẹfá. A ó bó ògẹ̀dẹ̀ abo méje sínú àkúfọ́ agbada. A ó da lẹ̀bú dúdú lé e pẹ̀lú epo pupa. A ó fi obì béèrè ibi tí a ó gbé e sí.

267 — TRABALHO PARA FAZER XANGÔ ATACAR ALGUÉM

PHASEOLUS LUNATUS, Leguminosae Papilionoideae (feijão-de-lima)
Pedra de raio
Colocar o feijão-de-lima ao redor da pedra de raio. Jogar no fogo. Chamar o nome da pessoa.

268 — TRABALHO PARA AGRADECER AO SER SUPREMO

Folha de ANOGEISSUS LEIOCARPUS, Combretaceae
Folha de GARCINIA KOLA, Guttiferae
Folha de ALLIUM CEPA, Liliaceae (cebola)
Sabão da costa
Pilar com sabão da costa. Desenhar o odu em *ìyẹ̀ròsùn*. Misturar tudo. Usar esponja nova para lavar a cabeça à tarde no rio e pedir o que se deseja.

269 — TRABALHO PARA FAZER ALGUÉM CONTRAIR VARÍOLA

Folha de STRIGA ASIATICA, Scrophulariaceae
Folha de CHASMANTHERA DEPENDENS, Menispermaceae
Folha de LANDOLPHIA DULCIS. Apocynaceae
Folha de ALCHORNEA CORDIFOLIA, Euphorbiaceae
Queimar tudo até obter um pó preto. Desenhar o odu na preparação. Descascar sete bananas pequenas. Depositá-las em um pote quebrado. Cobrir as bananas com azeite de dendê e o pó preto. Perguntar com noz de cola onde depositar o trabalho.

270 (1180) *ṢÌGÌDÌ ÌPA ÈNÌYÀN* Ìdin rosùn, 65

Ewé akika
Ewé ikakuẹ
Ewé ọpapa
Ẹyẹle méje
A ó jó o. A ó fi eérú rẹ̀ tí a pò pẹ̀lú amọ̀ ṣe Ṣìgìdì. A ó kọ ilà ẹ̀ẹ̀kẹ́ ẹni náà sí ní ẹ̀ẹ̀kẹ́. A ó wá aṣọ àlòkù ti ẹni tí a fẹ́ pa, a ó ko sí ọrùn Ṣìgìdì. Kí babaláwo ó wọ̀ àkísà ní alẹ́, kí ó jókòó sí ẹ̀gbẹ́ Ṣìgìdì pẹ̀lú orin lẹ́nu báyìí pé:
Ìdìn àìsùn
Má jẹ̀kí ó sùn
Ìdìn àìsùn
Babaláwo kò gbọdọ̀ sùn títí Ṣìgìdì náà yóò fi padà dé.

271 (1189) *WÍWÁ ÌYỌ́NÚ ÌYÀMI* Ọ̀sá méjì, 10

Èso àkàrà oṣó
Ewé àjẹ́ kòbàlé
A ó jó o. A ó fi tẹfá. A ó pe ọfọ̀ rẹ̀. A ó máa lá á pẹ̀lú epo pupa látìgbàdégbà.

> *Àjẹ́ ń ké kára kára*
> *Wọ́n ní ẹyẹ ọ̀rọ̀ ló wọ̀lú*
> *Àkàrà oṣó kì í jẹ́ kí àjẹ́ kó pa oṣó*
> *Àjẹ́ kòbàlé ó ní kí ẹyẹ ó má bà lé mi.*

272 (1191) *WÍWÁ ÌYỌ́NÚ ÌYÀMI* Ọ̀sá Méjì, 10

Ewé àsábá
Ewé asofẹ́yẹjẹ
A ó gún un. A ó tẹfá lórí iyẹ̀ròsùn. A ó pe ọfọ̀ rẹ̀, a ó dà á pọ̀. A ó máa lá a pẹ̀lú epo pupa.

> *Asofẹ́yẹjẹ bá mi bẹ ìyàmi àjẹ́*
> *Àsábá bá mi bẹ ìyàmi àjẹ́.*

270 — TRABALHO PARA MATAR ALGUÉM

Folha de Lecanioidiscus cupanioides, Sapindaceae
Folha não identificada
Folha de Stachytarpheta indica, Verbenaceae
Folha de Hymenocardia acida, Euphorbiaceae
Sete pombos

Queimar. Fazer um *ṣìgìdì*[82] com a cinza preta misturada com barro, imitando a pessoa com as marcas tribais dela. Juntar trapos perante a pessoa e colocá-los no pescoço do *ṣìgìdì*. À noite, o babalaô, vestindo-se também com trapos, deve sentar-se ao lado do *ṣìgìdì* cantando: "*Ìdìn àìsùn*, não permita que ele durma, *ìdìn àìsùn*". Ele deverá permanecer acordado até a volta do *ṣìgìdì*.

271 — TRABALHO PARA OBTER FAVORES DAS *ÌYÀMI*

Fruto de Cnestis Ferruginea, Connaraceae
Folha de Croton zambesicus, Euphorbiaceae

Queimar os ingredientes. Desenhar o odu na preparação, pronunciando a encantação. De vez em quando, lamber com azeite de dendê.

> Feiticeiras gritam alto.
> Elas dizem que o pássaro do mal já entrou na cidade.
> *Àkàrà oṣó* não deixa as feiticeiras matarem o feiticeiro.
> *Àjẹ́ kòbàlé* diz que aquele pássaro não se empoleirará em mim.

272 — TRABALHO PARA OBTER FAVORES DAS *ÌYÀMI*

Folha não identificada
Folha de Rauvolfia vomitoria, Apocynaceae

Moer as folhas. Desenhar o odu em *ìyẹ̀ròsùn* pronunciando a encantação. Misturar tudo. Lamber com azeite de dendê.

> *Asofẹ́yẹjẹ*, ajude-me a pacificar as *ìyàmi*, as feiticeiras.
> *Àsábá*, ajude-me a pacificar as *ìyàmi*.

273 (1195) WÍWÁ ÌYỌ́NÚ ÌYÀMI Ọ̀sá méjì, 10

Ewé kere yàlẹ̀

Ewé ẹlẹ́mú

Ẹ̀yọ ataare mẹ́sàn

A ó gún un. A ó pe ọfọ̀ rẹ̀. A ó fi sín gbẹ́rẹ́ yípo ọrùn ọwọ́.

Àjẹ́ kò gbọdọ̀ jẹ kere yàlẹ̀

Ẹlẹ́mú ó ní kí ìyàmi má lè mú mi.

274 (1200) WÍWÁ ÌYỌ́NÚ ÌYÀMI Ọ̀sá méjì, 10

Ewé dàgbà

Ewé ògùn bẹ̀rẹ̀

Ewé kẹ́kẹ́tu

Ewé ìninirin

Òrí

A ó lọ̀ ọ́. A ó pò ó mọ́ òrí. A ó pe ọfọ̀ rẹ̀. A ó máa fi pa ara.

Dàgbà ní dorí ìyàmi àjẹ́

Ògùn bẹ̀rẹ̀ bá mi bẹ ìyàmi

Kẹ́kẹ́tu kì í jẹ́ kí ìyàmi ó bínú

Ìninirin ó ní kí wọn ó máa rín ẹ̀rín rere sí mi.

275 (1212) WÍWÁ ÌYỌ́NÚ ÌYÀMI Ogbè ọ̀yẹ̀kú, 17

Ewé àtìbà

Ewé pèrègún

Ewé ìgbáṣẹ̀jọ

Ìgbín

A ó gbẹ́lẹ̀ sí àrín ilé. A ó kó gbogbo àwọn èló sí i pẹ̀lú ìgbín. A ó pe ọfọ̀ rẹ̀. A ó wá fi erùpẹ̀ bò ó.

Àtìbà bá mi bẹ ìyàmi àjẹ́

Pèrègún ó ní kí ayé mi ó gún

Ìgbáṣẹ̀jọ ní kí wọn gbá rere jọ fún mi.

273 — TRABALHO PARA OBTER FAVORES DAS *ÌYÀMI*

Folha de PANICUM sp., Gramineae
Folha não identificada
Nove grãos de AFRAMOMUM MELEGUETA, Zingiberaceae (amomo)
Moer. Pronunciar a encantação. Fazer incisões ao redor do pulso.

A feiticeira nunca deve comer *kere yàlẹ̀.*
Ẹlẹ̀ẹ̀mú diz que a *ìyàmi* não deve ser capaz de me pegar.

274 — TRABALHO PARA OBTER FAVORES DAS *ÌYÀMI*

Folha de CLERODENDRUM VOLUBILE, Verbenaceae[83]
Folha de LEUCAENA LEUCOCEPHALA, Leguminosae Mimosoideae
Folha não identificada
Folha de DIOSCOREOPHYLLUM CUMMINSI, Menispermaceae (inimirim)
BUTYROSPERMUM PARADOXUM subsp. PARKII, Sapotaceae (limo da costa)
Moer os ingredientes com limo da costa. Pronunciar a encantação.
Esfregar a preparação no corpo.

Dagbà sempre guia as *ìyàmi,* as feiticeiras.
Ògùn bẹ̀rẹ̀, ajude-me a implorar às *ìyàmi.*
Kẹ́kẹ́tu nunca deixa as *ìyàmi* ficarem zangadas.
Ìninirin diz que elas devem sorrir favoravelmente para mim.

275 — TRABALHO PARA OBTER FAVORES DAS *ÌYÀMI*

Folha de RHIGIOCARYA RACEMIFERA, Menispermaceae
Folha de DRACAENA FRAGRANS, Agavaceae (coqueiro-de-vênus-nativo)
Folha não identificada
Um caracol
Cavar um buraco dentro da casa. Colocar tudo dentro junto com um caracol. Pronunciar a encantação e cobrir.

Àtìbà, ajude-me a implorar às *ìyàmi,* as feiticeiras.
Pèrègún manda que a minha vida seja reta.
Ìgbáṣẹ̀jọ diz que você deve trazer boa sorte para mim.

276 (1250) WÍWÁ ÌYỌ́NÚ ỌBALÚAYÉ Ọ̀sá òfún, 166

Ewé àjàdé

Ewé pòpò

Àkùkọ adìyẹ

A ó gbẹ́lẹ̀ sínú ilé, a ó da àwọn ewé sí i. A ó da òkuta méje sí i. A ó pa àkùkọ adìyẹ, a ó sì da ẹ̀jẹ̀ àti ara rẹ̀ sínú ihò náà. A ó tẹfá lórí ìyẹ̀ròsùn, a ó dà á sínú ihò náà. A ó pe ọfọ̀ rẹ̀ sí i, a ó bò ó.

277 (1251) WÍWÁ ÌYỌ́NÚ Ọ̀ṢUN Ogbè gúndá, 24

Ẹ̀fọ́ yánrin

Iṣu márùn

Obì márùn

Ataare márùn

Ewé pèrègún

Ewé awẹdẹ (wẹ̀rìṣà)

Ewé ọ̀dúndún

Ewé tẹ̀tẹ̀

Ewé rinrin

Ewé ọsàn

Ewé gbẹ́gi

Òrí

Adìyẹ ẹlẹ́sẹ̀ márùn (ọmọ ìkàsẹ̀)

A ó fi epo pupa ro ẹ̀fọ́ yánrin. A ó gún iṣu márùn nínú odó. A ó ra á róbóróbó lọ́nà mẹ́sàn, a ó bu ẹ̀fọ́ tí a rò sí i. A ó gbé e sí ìdí Ọ̀ṣun. A ó kó obì àti ataare sí ibẹ̀ pẹ̀lú. A ó da ẹ̀jẹ̀ adìyẹ ọlọ́mọ ìkasẹ̀ márùn sí i. A ó se ìyókù. Tí ó bá jiná tán, a ó yọ ẹ̀dọ̀, orí, iwe, ọrùn, eegun àti ẹran àyà adìyẹ náà sọ́tọ̀. A ó há ìyókù fun àwọn ènìyàn jẹ. A ó wẹ Ọ̀ṣun pẹ̀lú àwọn ewé wọ̀nyí. Lẹ́yìn èyí, a ó da epo àti òrí sí i. A ó wá ké báyìí. Ore yè è yé ò.

276 — TRABALHO PARA OBTER FAVORES DE OBALUAIÊ

Folha não identificada
Folha de ADENIA LOBATA, Passifloraceae
Um galo
Cavar um buraco no chão da casa. Colocar dentro do buraco as folhas e sete pedras duras. Matar o galo e despejar seu sangue e seu corpo no buraco. Desenhar o odu em *ìyẹ̀ròsùn* e despejar no buraco. Cobrir a preparação.

277 — TRABALHO PARA OBTER FAVORES DE OXUM

LAUNAEA TARAXACIFOLIA, Compositae (língua-de-vaca)
Cinco DIOSCOREA sp., Dioscoreaceae (inhame)
Cinco nozes de COLA ACUMINATA (vermelhas), Sterculiaceae (coleira)
Cinco AFRAMOMUM MELEGUETA, Zingiberaceae (amomo)
Folha de DRACAENA FRAGRANS, Agavaceae (coqueiro-de-vênus-nativo)
Folha de DISSOTIS ROTUNDIFOLIA, Malastomataceae
Folha de KALANCHOE CRENATA, Crassulaceae (folha-da-costa)
Folha de AMARANTHUS HYBRIDUS subsp. INCURVATUS, Amaranthaceae (cauda-de-raposa)
Folha de PEPEROMIA PELUCIDA, Piperaceae (jabuti-membeca)
Folha de CITRUS sp., Rutaceae
Folha de ELEUSINE INDICA, Gramineae (pata-de-galinha)
BUTYROSPERMUM PARADOXUM subsp. PARKII, Sapotaceae (limo da costa)
Uma galinha com cinco garras
Cozinhar o primeiro ingrediente em azeite de dendê. Pilar o segundo ingrediente. Fazer nove bolinhas com essa pasta. Adicionar à primeira preparação e colocar no altar de Oxum com o terceiro e o quarto ingrediente. Despejar o sangue da galinha com cinco garras na mistura. Cozinhar a galinha e remover o fígado, a cabeça, a moela, o pescoço, o peito e os ossos; as pessoas devem comer o resto. Lavar Oxum com as folhas. Despejar azeite de dendê e limo da costa sobre ela. Ao final, gritar "*ore yè è yé ò*".

278 (1252) WÍWÁ ÌYỌ́NÚ ṢÀNGÓ Ọ̀kànràn méjì, 8

Ewé àpárà
Ewé abọ rere
Orógbó kan
Ẹyin adìyẹ kan
Ọṣẹ dúdú

A ó gún un mọ́ ọṣẹ dúdú, a ó pe ọfọ̀ rẹ̀ sí i. A ó kó o sínú àpò funfun kékeré a ó fi kọ́ orí àjà.

> *Àpárà bá wa bẹ Ṣàngó*
> *Ṣàngó kò gbọdọ̀ pa abọ rere*
> *Ẹ̀rọ̀wọ̀ ni t'ẹyin adìyẹ*
> *Orógbó níí bẹ Ṣàngó l'ọ́run.*

279 (1254) WÍWÁ ÌYỌ́NÚ ṢÀNGÓ Òlosùn sara, 85

Ewé ìtàkùn arọ́kẹ́kẹ́
Lẹ́wù ọ̀pẹ
Ètútú òwú

A ó jó o, a ó fi tẹfá. A ó pe ọfọ̀ rẹ̀. A ó kó o sínú àpò kékeké, a ó so ó. A ó sì fi kọ́ sínú ilé.

Olósòrùn sara gàgà bí ẹni pé yóò pani jẹ
> *Bẹ́ẹ̀ ni kò lè pani jẹ*
> *Arọ́kẹ́kẹ́ má jẹ́ kí Ṣàngó rọ̀ sí ọ̀dọ̀ mi*
> *Àti Ọya tí ṣe enigbìjà rẹ̀*
> *Ètútú òwú balẹ̀ tíé*
> *Lẹ́wù l'ó ní kí agbára rẹ̀ ó lẹ.*

278 — TRABALHO PARA OBTER FAVORES DE XANGÔ

Folha de Pentaclethra macrophylla, Leguminosae Mimosoideae (sucupira)[84]

Folha de Senna occidentalis, Leguminosae Caesalpinioideae (fedegoso-verdadeiro)

Uma noz de Garcinia kola, Guttiferae

Um ovo de galinha

Sabão da costa

Pilar com sabão da costa. Pronunciar a encantação. Colocar a preparação num saquinho e pendurar no teto.

Àpárà, ajude-nos a suplicar a Xangô.
Xangô nunca deverá matar *abọ rere*.
O ovo da galinha é fresco e calmo.
Orógbó sempre pede paz no céu a Xangô.

279 — TRABALHO PARA OBTER FAVORES DE XANGÔ

Folha de Adenia cissampeloides, Passifloraceae

Pedaço da casca do tronco de Elaeis guineensis, Palmae (dendezeiro)

Algodão

Queimar tudo. Desenhar o odu na preparação, pronunciando a encantação. Colocar tudo num saquinho e pendurá-lo dentro da casa.

Aquele que fica no céu e troveja como se fosse devorar as pessoas, embora não possa devorar ninguém.
Arọ́kẹ̀kẹ́, não deixe Xangô cair na minha casa.
Nem deixe Olá, que é a companhia dele.
Ètútú òwú pousa no chão suavemente.
Lẹ́wù diz que o poder dele deve sumir.

280 (1255) *WÍWÁ ÌYỌ́NÚ ṢÀNGÓ* Ọ̀sá ọ̀kànràn, 159

Ewé kókò àrìrà ọ̀jà

Ewé idà òrìṣà

Obì ifin

Obì pupa

Òrí

Ìgbín

Ahun

A ó gbẹ́ ilẹ̀ sínú ilé, a ó da àwọn ewé, ìgbín, ahun, epo, òrí, obì sí i nínú. A ó po ẹ̀kọ gbígbóná, a ó dà á sí i lórí. A ó pe ọfọ̀ rẹ̀. A ó wá bo ihò náà.

> *Ọ̀sá kanran ó rìn kánran*
> *Ìrìn kánran kànran ni ìrìn Ṣàngó tí o fi ń jà*
> *Má rìnrìn kánran kànran rẹ délé mi*
> *Kókò àrìrà ọjà l'ó ní ò gbọdọ̀ jà lájùlé mi*
> *Òrìṣà kì í bá idà rẹ̀ jà*
> *Ẹ̀rọ̀ ni t'ìgbín*
> *Ẹ̀rọ̀ ni kí o máa ṣe nílé mi kí o mámà ṣe èle*
> *Ẹnìkan kì í gbọ́wọ́ idà s'áhun*
> *Bí o bá dé tẹnu bopo kí o sì tẹnu bọ òrí*
> *Mámà ṣe tẹnu bọ ẹ̀jẹ̀ niléè mi.*

280 — TRABALHO PARA OBTER FAVORES DE XANGÔ

Folha de XANTHOSOMA sp., Araceae
Folha de SANSEVIERIA sp., Agavaceae (espada-de-ogum)
COLA ACUMINATA (branca), Sterculiaceae (coleira)
COLA ACUMINATA (vermelha), Sterculiaceae (coleira)
BUTYROSPERMUM PARADOXUM subsp. PARKII, Sapotaceae (limo da costa)
Um caracol
Uma tartaruga
Azeite de dendê

Cavar um buraco na casa. Colocar nele as folhas, o caracol e a tartaruga. Adicionar o azeite, o limo da costa e acaçá quente. Pronunciar a encantação. Cobrir o buraco.

Ele corre depressa, ele anda depressa.
Andar veloz é o andar de Xangô quando ele luta.
Não ande depressa para a minha casa.
Kókò àrìrà ọ̀jà diz que você não deve brigar na minha casa.
Orixá nunca luta contra sua espada.
O caracol é calmo.
Por isso, seja calmo na minha casa e não se perturbe.
Ninguém pega da espada contra a tartaruga.
Quando você entrar, prove o azeite e o limo da costa também.
Não prove sangue na minha casa.

281 (1256) OÒGÙN ṢÀNGÓ ÀTI Ọ̀YA Ìká méjì, 11

Iṣu ọ̀gànlara

Ewé àlúpàyídà

Aṣọ aláró (pupa)

Aṣọ funfun

Tìróò

A ó gún un pẹ̀lú tìróò. A ó fi tìróò tẹfá, a ó fi lé tìróò fún ẹlẹ́gùn Ṣàngó. Tí ẹlẹ́gùn bá ti ń sẹ́jú ni àrá yóò máa là wà lójú ọ̀run. Kí Ọya jẹ ewé iyá.

282 (1257) WÍWÁ OJÚ RERE IFÁ Òdí méjì, 4

Ewé ìràwọ̀ ilẹ̀

Ìràwọ̀ òkè

Tannátanná méje

A ó gún gbogbo rẹ̀. A ó tẹfá lórí iyẹ̀ròsùn. A ó dà wọ́n sínú òwú. A ó fi òwú funfun àti dúdú wé e. A ó fi sínú igbádù ifá.

281 — TRABALHO PARA SER POSSUÍDO POR XANGÔ E OIÁ

SENNA OCCIDENTALIS, Leguminosae Caesalpinioideae (fedegoso-verdadeiro)
Folha de URARIA PICTA, Leguminosae Papilionoideae
Tecido vermelho
Tecido branco
Antimônio
Moer com antimônio. Desenhar o odu com o antimônio. Pintar com isso os olhos da pessoa a ser possuída por Xangô. "Quando o *ẹlẹ́gùn* pisca os olhos, o relâmpago atravessa o céu." A Grande Oiá deve mastigar folhas de DANIELLIA OLIVERI, Leguminosas Caesalpinioideae.

282 — TRABALHO PARA OBTER FAVORES DE IFÁ

Folha de MITRACARPUS HIRTUS, Rubiaceae
Vaga-lumes grandes
Sete vaga-lumes pequenos
Moer tudo. Desenhar o odu em *ìyẹ̀ròsùn*. Colocar a preparação em algodão e enrolá-la com fio branco e preto. Colocar tudo na cabaça de Ifá.

283 (1258) WÍWẸ̀ IFÁ Òfún méjì, 16

Ewé òórá
Ewé amúwàgún
Ewé túnpèmú
Ewé àlùgbọ́nrọ̀n
Ewé ọ̀dúndún
Ewé rinrin
Ewé tẹ̀tẹ̀
Ewé alukèrèsé

A ó rún wọn sínú omi, a ó fi fọ ikín. A ó tẹfá lórí ìyẹ̀ròsùn. A ó ki àwọn odù mẹ́rìndínlógún. A ó pe ọfọ̀ rẹ̀.

> *Òrá mo rà kí n rí ṣe*
> *Mo rà kí n bímọ*
> *Mo rà kí n lówó*
> *Mo rà kí n kọ́lé*
> *Mo rà yì lọ́wọ́ rẹ*
> *Ọ̀rá mo rà kí n rí ṣe*
> *Amúwàgún k'o mú wà mi gún*
> *Túnpèmú k'o tún ìpín mi ṣe*
> *Ọ̀nà gbọnrọn ni t àlùgbọ́nrọ̀n*
> *A tu ọ̀dúndùn*
> *A tu rinrin*
> *Iná kì í jó*
> *Iná kì í jó nipa odò*
> *Kí ilée mi kó tutù*
> *Tẹ ọmọ sí obirin mi nínú*
> *Tẹ ire mọ́ mi lọ́wọ́*
> *Ọjọ́ ikú*
> *Ọjọ́ àrùn kóo gbè mi o.*

283 — TRABALHO PARA LAVAR OS *IKÍN* DE IFÁ

Folha de RAUVOLFIA VOMITORIA, Apocynaceae
Folha de ACALYPHA ORNATA, Euphorbiaceae
Folha não identificada
Folha de TRICLISIA SUBCORDATA, Menispermaceae
Folha de KALANCHOE CRENATA, Crassulaceae (folha-da-costa)
Folha de PEPEROMIA PELLUCIDA, Piperaceae (jabuti-membeca)
Folha de AMARANTHUS HYBRIDUS subsp. INCURVATUS, Amaranthaceae (cauda-de-raposa)
Folha de IPOMEA INVOLUCRATA, Convolvulaceae
Espremer tudo em água e lavar nelas os *ikín* (sementes de dendê).
Desenhar o odu em *ìyẹ̀ròsùn.* Pronunciar as encantações dos 164 odus.

Òrá, eu comprei, que eu possa progredir.
Òrá, eu comprei, que eu possa ter filhos.
Òrá, eu comprei, que eu possa ter dinheiro.
Òrá, eu comprei, que eu possa construir casas.
Òrá, eu comprei glória de suas mãos.
Òrá, eu comprei, que eu possa progredir.
Amúwàgún, faça o meu comportamento ser bom.
Possa *túnpèmú* endireitar o meu destino.
O caminho de *àlùgbọ́nrọ̀n* é reto.
O caminho de *ọ̀dúndún* é fresco.
O caminho de *rinrin* é fresco.
O fogo não queimará.
O fogo nunca queima no leito do rio.
Possa a minha casa ser fresca.
Coloque filhos no ventre da minha esposa.
Coloque boa sorte nas minhas mãos.
No dia da morte, no dia da doença. você tem de me salvar.

Àwúre

284 (1261) AMÚNIGBALẸ Ogbè ọ̀yẹ̀kú, 17

Ewé ẹ̀rùmọgàlè
Ewé ọ̀lọ́sàn
Orí ọ̀gán
Ọṣẹ dúdú
A ó gún gbogbo rẹ̀ pẹ̀lú ọṣẹ dúdú. A ó máa fi wẹ̀.

285 (1264) ÀPAMỌ́WỌ́ OWÓ Ọ̀yẹ̀kú méjì, 2

Ewé ọ̀wọ́n
Ewé àpadà
Ọṣẹ dúdú
A ó gún àwọn ewé pẹ̀lú ọṣẹ dúdú. A ó pe ọfọ̀ rẹ̀. A ó máa fi wẹ̀.

> *Ọ̀wọ́n pabi dà*
> *K'íbi ó lè baà d'ire fún mi*
> *Àpadà oko bìri ní k'ó pa'rí ibi dà sẹ́hìn*
> *Èjì-ọyẹ̀ wá yẹ'bi kúrò l'órí̀ mi.*

Trabalhos de uso benéfico

284 — TRABALHO PARA TOMAR O TERRENO DE ALGUÉM

Folha de CROTON LOBATUS, Euphorbiaceae
Folha de SPONDIAS MOMBIN, Anacardiaceae (cajazeira)
Cume de casa de cupim
Sabão da costa
Pilar tudo com sabão da costa. Lavar-se com a preparação.

285 — TRABALHO PARA CONSERVAR O DINHEIRO

Folha de CHASMANTHERA DEPENDENS, Menispermaceae
Folha de URARIA PICTA, Leguminosae Papilionoideae
Sabão da costa
Pilar as folhas com sabão da costa. Pronunciar a encantação. Lavar-se com a preparação.

> *Ọ̀wọ́n* transforma o mal.
> Que o mal possa transformar-se em bem para mim.
> *Àpadà* do campo, você tem que fazer o mal retirar-se completamente.
> *Èjì-ọyẹ̀*, venha e desvie o mal para longe da minha cabeça.

286 (1265) AWỌ́RÒ Ọ̀bàrà méjì, 7

Ewé òórá

A ó gún ewé, a ó pò ó pẹ̀lú lọ́fíńdà. A ó pe ọfọ̀ rẹ̀. Gbogbo ohun tí a bá ń tà yóò máa wu àwọn èniyàn.

Gbogbo ọjà tí mo ní yìí
Kí wọn ó wá rà á
Ní àkókò tí mo fẹ́
Òórá ló ní kí wọn wá rà o
Òórá ló ní kí wọn ó ra ọjà tèmi yìí o.

287 (1267) IDÁ ỌJÀ Òfún méjì, 16

Ewé èsìsún igba
Ewé ìrèké méje
Ewé ẹ̀pà méje
Ewé àádùn mẹ́fà
Ẹ̀fọ́ òdú
Ẹ̀fọ́ ọ̀sùn
Ọ̀gẹ̀dẹ̀ ọ̀mìnì
Ẹyẹ ẹ̀gà
Ẹran esì
Iyọ̀
A ó rì í sí àárín ọjà. A ó gbin ẹkúnkún sórí rẹ̀.

Igbó gidi l'á bá ọmọ esì
Iyọ̀ l'ó ní k'ẹ́ni rere ó yọ̀ mọ́ tèmi
Òdú l'ó ní k'ẹ́ni rere ó wá dúró tìmí
Ọ̀sùn l'ó ní k'ẹ́ni rere ó sùn l'ọ́dọ̀ mi
Àádùn l'ó ní k'íbùdó mi k'ó dùn
Ọ̀ràngún méjì máa jẹ́ k'ẹ́ni rere ya lé sùn.

286 — TRABALHO PARA ATRAIR FREGUESES

Folha de RAUVOLFIA VOMITORIA, Apocynaceae

Pilar a folha. Misturar com perfume. Pronunciar a encantação. Usar essa preparação para atrair os fregueses.

> Toda esta mercadoria que eu tenho, que possam vir e comprá-la na hora que eu quiser.
> *Òórá* diz que eles devem vir e comprar.
> *Òórá* diz que eles devem vir e comprar esta minha mercadoria.

287 — TRABALHO PARA ESTABELECER UM MERCADO PÚBLICO

Duzentas folhas de PENNISETUM PURPUREUM, Gramineae (capim-elefante)
Sete folhas de SACCHARUM OFFICINARUM, Gramineae (cana-de-açúcar)
Sete folhas de ALCHORNEA CORDIFOLIA, Euphorbiaceae
Folha não identificada
SOLANUM AMERICANUM, Solanaceae (erva-moura)[85]
SOLANUM MACROCARPON. Solanaceae
MUSA SAPIENTUM, Musaceae (bananeira)
Pássaro-tecedor (PLOCEUS CUCULLATUS CUCULLATUS)
Carne de javali-africano
Sal

Enterrar a preparação no centro do mercado. Plantar sobre ela um pé de abacaxi.

> É na espessa floresta que encontramos os filhos de *esí* [javali-africano].
> *Iyọ̀* diz que as pessoas boas devem se regozijar comigo.
> *Òdú* diz que as pessoas boas devem vir e ficar ao meu lado.
> *Ọsún* manda que as pessoas boas venham dormir na minha casa.
> *Àádùn* manda que a minha morada seja doce.
> *Ọràngún* sempre deixa boas pessoas virem dormir na minha casa.

288 (1274) *ÌLỌ́MỌ IṢẸ* Ọ̀kànràn ògúndá, 129

Ewé àgùnmọ̀nà
Ẹyẹlé kan
Iyọ̀

A ó tu ìyẹ́. A ó fi ẹyẹlé ra iná. A ó la inú rẹ̀, a ó kó ìfun rẹ̀ jáde. A ó gé orí àti ẹsẹ̀ rẹ̀ pẹ̀lú. A ó da ìyókù sínú ìṣasùn. A ó sè é pẹ̀lú ewé, a ó fi iyọ̀ àti epo sí i. A ó tẹ̀fá lórí ìyẹ̀ròsùn, a ó pe ọfọ̀ rẹ̀, a ó dà á sí i. A ó sí rò ó pọ̀. Kí ẹni tí ó ń wá ọmọ iṣẹ́ máa mú un jẹ.

Ẹwá wo àgùnmọ̀nà
Ẹwá wo àgùnmọ̀nà
Ẹ̀ké kò ṣeé ṣe
Ẹwá wo àgùnmọ̀nà.

289 (1276) *ÌMÚ ÈNÌYÀN L'ÁṢỌ* Ìwòrì ọ̀bàrà, 52

Ewé pòpòjúwàrà
Ewé awẹdẹ
Ẹyin adìyẹ mẹ́rin
Iyọ̀

A ó se àwọn ẹyin. A ó bó o, a ó lọ àwọn ewé. A ó dà á sínú ìkòkò, a ó da epo, iyọ̀, ẹyin àti omi sí i. A ó tẹ̀fá lórí ìyẹ̀ròsùn, a ó dà á sí i. A ó sè é. Kí á jẹ ẹ́.

290 (1279) *ÌMÚ NI KỌ́LÉ* Òtúrá ìká, 207

Ewé àkúdìnrín
Ewé ọ̀ọ̀kún
Ewé ikí
Ewé ìmọ̀
Ẹsẹ̀ ahun
Ẹsẹ̀ àwòdì

A ó jó o. A ó fi tẹ̀fá. A ó bu lẹ̀bú rẹ̀ sí ọwọ́, a ó sì fẹ́ ẹ kúrò lọ́wọ́.

288 — TRABALHO PARA CONSEGUIR APRENDIZES

Folha de Culcasia scandens, Araceae
Um pombo (matá-lo e derramar o sangue sobre os *ikín* de Ifá)
Sal

Arrancar as penas do pombo e torrá-lo sobre o fogo. Partir o pombo e retirar a parte interior, os pés e a cabeça. Colocá-lo numa panela de barro e cozinhá-lo com as folhas, sal e azeite de dendê. Desenhar o odu em *ìyẹ̀ròsùn*, pronunciando a encantação. Despejá-lo sobre a preparação e misturar. Dar de comer à pessoa que procura aprendizes.

Venha e veja *àgùnmọ̀nà.*
Venha e veja *àgùnmọ̀nà.*
A falsidade não funciona.
Venha e veja *àgùnmọ̀nà.*

289 — TRABALHO PARA CONSEGUIR ROUPAS E BENS

Folha de Leea guineensis, Leeaceae
Folha de Dissotis rotundifolia, Melastomataceae
Quatro ovos de galinha
Sal

Cozinhar os ovos e descascá-los. Moer as folhas. Colocá-las numa panela com azeite de dendê, água, sal e os ovos. Desenhar o odu em *ìyẹ̀ròsùn.* Misturar. Cozinhar. Comer a preparação à noite.

290 — TRABALHO PARA AJUDAR ALGUÉM A CONSTRUIR UMA CASA

Folha de Albizia zygia, Leguminosae Mimosoideae
Folha de Phoenix reclinata, Palmae (tamareira)
Folha de Calamus sp., Palmae
Folha não identificada
Um pé de tartaruga
Um pé de abutre

Queimar tudo. Desenhar o odu na preparação. Colocar o pó na mão e soprá-lo.

291 (1286) ÌMÚ NI RÍṢẸ Ògúndá ogbè, 137

Ewé àlọ̀ eléwé oníka mẹ́ta
Ewé oríjìn
Ewé ṣawerepèpè
Orí ológbò
Ọṣẹ dúdú

A ó gún gbogbo rẹ̀ pọ̀. A ó tẹfá lórí ìyẹ̀ròsùn, a ó pe ọfọ̀ rẹ̀. A ó dà wọ́n mọ́ ọṣẹ a ó máa fi wẹ̀ láràárọ̀.

Ọlọ́mọ à-ji-kí ọlọ́mọ à-jí-tẹ̀
Àwọn ni olúwo awo
Tí wọ́n d'ífá f'awo
Awo kò n'íṣẹ́, awo kò l'ábọ̀
B'ó bá jí, á wẹ̀'wọ́, wẹ̀'sẹ̀ a máa jẹun
Ifá ní àlọ̀ oníka mẹ́ta ni ó pé kí wọn ó fi ire tèmi lọ̀ mí
Ẹ mú iṣẹ́ rere wá á fi lọ̀ mí o
À t'ilé à t'ọ̀nà làá fi í jin ológbò
Àt'àgbàlá àt'òde l àá fi í jin ewéjìn
T'ẹrú t'ọmọ l'ọ̀gà ọtí èèbó ń mú
Ògúndábèdé lọ rèé darí rere tèmi wá
Ta l'ó ní ẹ wá pè mí sí rere
Ṣawerepèpè l'ó ní ẹ wá pè mí sí rere ṣawerepèpè.

291 — TRABALHO PARA ENCONTRAR EMPREGO

Folha de *Jateorhiza macrantha*, Menispermaceae
Folha de *Commiphora africana*, Burseraceae
Folha de *Cyathula prostrata*, Amaranthaceae
Uma cabeça de gato
Sabão da costa

Pilar tudo junto. Desenhar o odu em *ìyẹ̀rọ̀sùn*, pronunciando a encantação. Misturar com sabão. Lavar-se com a preparação todas as manhãs.

Dono da criança a quem acordamos para saudar. Dono da criança a quem acordamos para mimar.
Eles são os *olúwo* do *awo*.
Que consultaram Ifá para *awo*.
Awo não tinha trabalho, *awo* não tinha negócio.
Sempre que acordava, lavava mãos e pés e começava a comer.
Awo disse: como podia ficar só lavando as mãos e os pés e estar comendo?
Ifá diz que *àlọ̀* de três dedos já autorizou que a minha sorte me seja revelada.
Traga-me um emprego bom e duradouro.
Tanto o interior quanto o exterior da casa estão sempre à disposição do gato.
Tanto o quintal quanto o jardim estão sempre à disposição da folha de *jìn*.
Ọ̀gà, o vinho europeu, apanha tanto os escravos quanto os filhos.
Ògundábèdé, vá e me traga a sorte.
Quem diz que você deve vir e me invocar para obter sorte?
Ṣawerepèpè diz que você deve vir e me invocar para obter sorte.

292 (1292) ÌMÚ ỌDẸ RÍ ẸRAN PA Òfún ìwòrì, 244

Ewé àbo
Ewé abàfè
Ewé amúnimúyè
Odidi ataare
Irun ọ̀yà
A ó jó o, a ó fi tẹfá a ó dà á sínú àdó ìjamọ̀. A ó fi awọ gbá a, a ó so ó mọ́ ọrùn.

293 (1295) ÌSAN GBÈSÈ Ogbè ọ̀ṣẹ́, 30

Ṣọ̀gùnrùn sẹgẹ́
Ewé èsan
Ewé akísan
Ọṣẹ dúdú
A ó gún un mọ́ ọṣẹ dúdú, a ó tẹfá lórí ìyẹ̀ròsùn. A ó pe ọfọ̀ rẹ̀ a ó pò ó pọ̀, a ó sì máa fi wẹ̀.

> *Ogbè sínwọ́ lérí bá mi san gbèsè l'ọ́rùn*
> *Akísan bá mi san án*
> *Èsan bá mi san án*
> *Ṣọ̀gùnrùn sẹgẹ́ oko ẹ́ má jẹ́ kí mi ní ọrùn gbèsè.*

294 (1297) ÌSAN GBÈSÈ Ìwòrì òfún, 61

Ewé ẹfun kò jìyà
Ewé iyá
Ewé koríko
Ọṣẹ dúdú
A ó gún un pọ̀. A ó pe ọfọ̀ rẹ̀. A ó sì máa fi wẹ̀.

> *Ẹfun kò jìyà bá mi sangbèsè ọrùn mi*
> *Iyá wa yà mí kúrò nínú ìṣẹ́*
> *Yáyá yà mi kúrò nínú òṣì.*

292 — TRABALHO PARA TER BOA CAÇA

Folha de ANNONA SENEGALENSIS, Annonaceae (araticum-da-areia)[86]
Folha de PILIOSTIGMA THONNINGII, Leguminosae Caesalpinioideae
Folha de SENECIO ABYSSINICUS, Compositae
Fruto inteiro de AFRAMOMUM MELEGUETA, Zingiberaceae (amomo)
Pelos de porco-espinho
Queimar tudo. Desenhar o odu com a preparação. Colocar numa cabaça pequena (*àdó ìjamọ*). Cobrir com couro preto. Usar a cabaça pendurada no pescoço.

293 — TRABALHO PARA CONSEGUIR PAGAR DÍVIDAS

OLDENLANDIA CORYMBOSA, Rubiacea (caaxira)
Folha não identificada
Folha de TRIANTHEMA PORTULACASTRUM, Aizoaceae
Sabão da costa
Pilar com sabão da costa. Desenhar o odu em *ìyẹ̀ròsùn* pronunciando a encantação. Misturar. Lavar-se com a preparação.

> *Ogbè sinwọ́ lérí,* ajude-me a pagar as minhas dívidas.
> *Akísan,* ajude-me a pagar as minhas dívidas.
> *Èsan,* ajude-me a pagar as minhas dívidas.
> *Ṣọ̀gùnrùn sẹgé* do campo faz com que eu não tenha dívidas.

294 — TRABALHO PARA CONSEGUIR PAGAR DÍVIDAS

Folha de PSYCHOTRIA PEDUNCULARIS, Rubinceae
Folha de DANIELLIA OLIVERI, Leguminosae Caesalpinioideae
Folha de PANICUM MAXIMUM, Gramineae (capim-guiné)
Sabão da costa
Pilar. Pronunciar a encantação. Lavar-se com a preparação.

> *Ẹfun kò jìyà,* ajude-me a pagar as minhas dívidas.
> *Iyá,* venha me salvar da pobreza.
> *Yáyá,* venha me tirar da miséria.

295 (1301) ÌTAJÀ Ìrẹtẹ̀ ọ̀wọ̀nrín, 217

Ewé ọ̀pọ̀tọ́ funfun
Èèpo irà
Ewé iná
Ọṣẹ dúdú
A ó gún un mọ́ ọṣẹ dúdú. A ó tẹfá lórí ìyẹ̀ròsùn, a ó pe ọfọ̀ rẹ̀, a ó pò ó pọ̀, a ó máa fi wẹ̀.

> *Iná ní kí ẹ bá mi ná ọjà tèmi*
> *Irà ní kí ẹ rá ọjà tèmi*
> *Ibi ọ̀pọ̀tọ́ funfun dá ọjà sí, ibẹ̀ ni gbogbo ayé gbé í ná an.*

296 (1309) JẸKAJẸ̀RÙ Ọ̀ṣẹ́ òtúrá, 239

Ewé gbúre
A ó kó ewé sínú omi, a ó tẹfá lórí ìyẹ̀ròsùn. A ó da ìyẹ̀ròsùn sínú omi, a ó gbé e sí abẹ́ òrùlé. A ó máa pe ọfọ̀ rẹ̀ láràárọ̀.

> *Gbúre*
> *Etí mi gbọ́ re*
> *Gbúre*
> *Etí mi gbọ́ re.*

297 (1334) OWÓ NÍNÍ Èjìogbè, 1

Ewé ológbòkíyàn
Ewé àgbàwíkowéè
Ọṣẹ dúdú
A ó gún un mọ́ ọṣẹ dúdú. A ó pe ọfọ̀ rẹ̀. A ó sì máa fi wẹ̀.

> *Ológbòkíyàn gbówó wá*
> *Àgbàwíkowéè máa lọ rèé gbówó wá.*

295 — TRABALHO PARA TER SUCESSO RÁPIDO NAS VENDAS

Folha de FICUS VALLIS-CHOUDAE, Moraceae
Casca de BRIDELIA FERRUGINEA, Euphorbiaceae
Folha de URERA MANII, Urticaceae[87]
Sabão da costa
Pilar com sabão da costa. Desenhar o odu em *ìyẹ̀ròsùn* pronunciando a encantação. Misturar tudo. Lavar-se com a preparação.

Iná manda que você seja freguês das minhas mercadorias.
Irà manda que você compre as minhas mercadorias.
Onde quer que *ọ̀pọ̀tọ́* branco estabeleça seu mercado, todo mundo vira freguês.

296 — TRABALHO PARA GANHAR DINHEIRO RÁPIDO

Muitas folhas de TALINUM TRIANGULARE, Portulacaceae (beldroega-grande)
Colocar as folhas em água. Desenhar o odu em *ìyẹ̀ròsùn*. Escorrer a água. Pendurar a preparação no teto da casa. Recitar a encantação todas as manhãs.

Gbúre
Meus ouvidos ouviram boas novas.
Gbúre
Meus ouvidos ouviram boas novas.

297 — TRABALHO PARA CONSEGUIR MUITO DINHEIRO

Folha de PLEIOCERAS BARTERI, Apocynaceae
Folha de MILLETTIA THONNINGII, Leguminosae Papilionoideae
Sabão da costa
Pilar com sabão da costa. Pronunciar a encantação. Lavar-se com a preparação.

Ológbòkíyàn, traga dinheiro para cá.
Àgbàwíkowẹ̀ẹ̀, vá e traga dinheiro para cá.

298 (1405) OWÓ NÍNÍ Ìwòrì ọ̀ṣẹ́, 60

Ewé ráwáyé

Ewé tanná poṣó

Ewé aṣẹ́fun

A ó lọ̀ ọ́. A ó pe ọfọ̀ rẹ̀. A ó máa fi fọ́ ẹ̀kọ tútù mu lójoojúmọ́.

Ráwáyé bá mi wá owó tèmi fún mi

Tanná poṣó lọ rèé pa owó fún mi wá

Gbogbo ara l'aṣẹ́fun í fi ṣe ajé.

299 (1458) OWÓ NÍNÍ Ìrẹtẹ̀ ọ̀ṣẹ́, 225

Ewé aṣẹ́fun

Ewé ahọ́n ẹkùn

Ewé ìrù ẹkùn

Ọṣẹ dúdú

A ó gún un mọ́ ọṣẹ dúdú. A ó tẹfá lórí ìyẹ̀ròsùn, a ó pe ọfọ̀ rẹ̀, a ó pò wọ́n pọ̀. A ó sì máa fi wẹ̀.

Gbogbo ara l'aṣẹ́fun fi í ṣajé

Ahọ́n ẹkùn ló ní kí ire mi kí ó máà wọ́n

Ìrù ẹkùn ló ní kí wọn ó d'ẹrù ire wá fún mi.

300 (1470) OWÓ NÍNÍ Òfún ọ̀bàrà, 248

Ewé dìsókè

Ewé wọ́njọ

Ọṣẹ dúdú

A ó gún un mọ́ ọṣẹ dúdú. A ó pe ọfọ̀ rẹ̀. A ó máa fi wẹ̀.

Dìsókè di owó fún mi wá

Wọ́njọ wọ́n owó fún mi wá.

298 — TRABALHO PARA CONSEGUIR MUITO DINHEIRO

Folha de Cochlospermum tinctorium, Cochlospermaceae
Folha de Mirabilis jalapa, Nyctaginaceae (maravilha)
Folha de Aerva lanata, Amaranthaceae
Moer os ingredientes. Pronunciar a encantação. Tomar com acaçá frio todos os dias.

Ráwáyé, ajude-me a conseguir o meu dinheiro.
Tanná poṣó, vá ganhar o meu dinheiro.
Aṣẹ́fun sempre faz fortuna com o corpo todo.

299 — TRABALHO PARA CONSEGUIR MUITO DINHEIRO

Folha de Aerva lanata, Amaranthaceae
Folha de Tetracera sp., Dilleniaceae[88]
Folha de Dracaena laxissima, Agavaceae
Sabão da costa
Pilar com sabão da costa. Desenhar o odu em *ìyẹ̀ròsùn*, pronunciando a encantação. Lavar-se com a preparação.

Aṣẹ́fun sempre faz fortuna com o corpo todo.
Ahón ẹkùn disse que a minha fortuna não será pequena.
Ìrù ẹkùn disse que trará montes de riqueza para mim.

300 — TRABALHO PARA CONSEGUIR MUITO DINHEIRO

Folha de Xysmalobium heudelotianum, Asclepiadaceae
Folha de Hibiscus surattensis, Malvaceae[89]
Sabão da costa
Pilar com sabão da costa. Pronunciar a encantação. Lavar-se com a preparação.

Dìsóké, faça montes de dinheiro para mim.
Wọ́njọ, apanhe dinheiro para mim.

301 (1481) AFỌ̀RÀN Ogbè òtúrá, 28

Ewé gbẹ́gi dínà
Ewé àgbọn
Ewé èèsún funfun
Ọṣẹ dúdú
A ó gún un mọ́ ọṣẹ dúdú. A ó tẹfá lórí ìyẹ̀ròsùn, a ó pe ọfọ̀ rẹ̀.
A ó pò ó mọ́ ọṣẹ. A ó sì máa fi wẹ̀.

> *Ogbè alárá bá mi gbé ọ̀ràn yìí rá*
> *Gbẹ́gi ni kí ó fi gbéerá*
> *Àkúfọ́ ni ti àgbọn*
> *Àtatú ni ti gbẹ́gi*
> *Ahónù l'èèsún hó.*

302 (1485) AFỌ̀RÀN Ogbè òtúrá, 28

Erèé súnsun
Àgbàdo súnsun
Ata súnsun
A ó jó wọn, a ó fi tẹfá, a ó pe ọfọ̀ rẹ̀, a ó fi fọ̀ ẹ̀kọ tútú mu.

> *A kì í gbin erèé súnsun k'ó hù*
> *Kí ẹjọ́ mi yìí k'ó má lè hù mọ́*
> *A kì í gbin àgbàdo súnsun k'ó hù*
> *Kí ẹjọ́ mi yìí k'ó má lè hù mọ́*
> *A kì í gbin ata súnsun k'ó hù*
> *Kí ẹjọ́ mi yìí k'ó má lè hù mọ́*
> *Ogbè alárá l'ó ní kí ẹjọ́ náà k'ó rá.*

301 — TRABALHO PARA ESCAPAR DE PROCESSOS NA JUSTIÇA

Folha de ELEUSINE INDICA, Gramineae (pata-de-galinha)
Folha de COCOS NUCIFERA, Palmae (coqueiro-da-bahia)
Folha de PENISETUM PURPUREUM, Gramineae (capim-elefante)
Sabão da costa

Pilar as folhas com sabão da costa. Desenhar o odu em *ìyẹ̀ròsùn*, pronunciando a encantação. Misturar tudo. Lavar-se com a preparação.

> *Ogbè alárá*, ajude-me a levar este caso ao esquecimento.
> Use *gbẹ́gi* para fazê-lo cair no esquecimento.
> Quebrar é o destino de *àgbọn*.
> *Gbẹ́gi* nunca pode ser derrubado.
> O barulho de *èèsún* é inofensivo.

302 — TRABALHO PARA ESCAPAR DE PROCESSOS NA JUSTIÇA

PHASEOLUS LUNATUS (torrado), Leguminosae Papilionoideae (feijão-de-lima)
ZEA MAYS torrado, Gramineae (milho)
ZANTHOXYLUM SENEGALENSE torrado, Rutaceae

Queimar. Desenhar o odu na preparação, pronunciando a encantação. Tomar com acaçá frio.

> Feijões torrados não crescem se forem plantados.
> Que o meu caso nunca mais venha à tona.
> O milho torrado não cresce se for plantado.
> Que o meu caso nunca mais venha à tona.
> A pimenta torrada não cresce se for plantada.
> Que o meu caso nunca mais venha à tona.
> *Ogbè alárá* diz que o caso deve cair no esquecimento.

303 (1508) ÀFỌ̀ṢẸ Ọ̀ṣẹ́ ọ̀bàrà, 233

Ewé akúfọ́dẹwà
Ewé ìrèké
Egbò akéréjùpọ́n
Ọṣẹ dúdú
A ó gún un mọ́ ọṣẹ dúdú, a ó kó o sínú ìwo akọ màlúù. Tí a bá ti ń fi ahọ́n kàn án ni a ó máa pe ọfọ̀ rẹ̀, tí a ó máa sọ ohun tí a fẹ́.

> *Akúfọ́dẹwà sọ̀rọ̀ ṣe*
> *Àṣẹ wàá ni t'ìrèké*
> *Bí akéréjùpọ́n bá ta egbò á kan ìlẹ̀pa.*

304 (1512) ÀFỌ̀ṢẸ Ọ̀ṣẹ́ ìká, 237

Ewé àṣẹwàá
Egbò àkéréjùpọ́n
Owó ẹyọ kan
A ó lọ̀ ọ́, a ó pò ó mọ́ ọṣẹ dúdú. A ó kó o sínú agogo pẹ̀lú abẹ́rẹ́ mẹ́ta. Tí a bá ti ń yọ abẹ́rẹ́ kúrò ni a ó máa fi kan ahọ́n tí a ó máa pe ọfọ̀ rẹ̀, a ó sì máa ṣọ ohun tí a fẹ́.

> *Àṣẹwàá ní kí ọ́ máa ṣẹ*
> *Bí àkéréjùpọ́n ta egbo a kan ìlẹ̀pa*
> *Àṣẹ kánkán ni ti owó ẹyọ.*

303 — TRABALHO PARA FAZER UM DESEJO REALIZAR-SE DE IMEDIATO

Folha de AMORPHOPHALLUS DRACONTIOIDES, Araceae
Folha de SACCHARUM OFFICINARUM, Gramineae (cana-de-açúcar)
Raiz de SPHENOCENTRUM JOLLYANUM, Menispermaceae
Sabão da costa

Pilar os ingredientes com sabão da costa. Colocar dentro de um chifre de touro. Tocar a preparação com a ponta da língua antes de pronunciar a encantação. Dizer os desejos.

Akúfọ̀dẹwà, fale com poder.
O poder que logo prevalece pertence a *ìrèké*.
Se as raízes de *akéréjùpọ̀n* crescem, ele toca o solo vermelho.

304 — TRABALHO PARA FAZER UM DESEJO REALIZAR-SE DE IMEDIATO

Folha de IODES AFRICANA, Icacinaceae
Raiz de SPHENOCENTRUM JOLLYANUM, Menispermaceae
Um búzio
Sabão da costa

Moer os ingredientes com sabão da costa. Colocar dentro de um agogô. Adicionar três agulhas. Tirar uma agulha e tocar a ponta da língua com ela. Pronunciar a encantação. Dizer os desejos.

O poder que prevalece de imediato diz que isso deve prevalecer.
Se as raízes de *akéréjùpọ̀n* crescem, ele toca o solo vermelho.
O poder que prevalece de imediato é do búzio.

305 (1519) ÀGÁDÁGODO ÌMÚ ÈNÌYÀN (AMÚNIMÚYÈ)

Òfún méjì, 16

Ewé àlọ̀fọhùn
Ewé ìpanumọ́ àbo
Ewé ìpanumọ́ abàfè
Ewé ìpanumọ́ ọ̀rọ́ bomubómú
Ifá òkú ẹyọ hóró kan
Ọwọ ahun mẹ́rẹ̀ẹ̀rin
Àkùkọ

A ó fifa òkú (ikín ifá) sí ọ̀fun àkùkọ. A ó gé e orí rẹ̀ kúrò. A ó kó gbogbo rẹ̀ sínú akúfọ̀ apẹ, à ó sì sun ún láìsọ̀rọ̀ títí yóò fi jó tán. A ó kó o sínú èkísà. A ó gbé àgádágodo lé e. A ó tẹfá lórí ìyẹ̀ròsùn, a ó pe ọfọ̀ rẹ̀, a ó dà á sí i, Lẹ́yìn èyí a ó rán an pọ̀ pẹ̀lú òwú funfun àti dúdú.

Òfún rururu bí ọyẹ́ makin n'ílé Ìdó
Òfún méjèèjì ìwọ l'akogun òdè àjànà
Wá lọ rèé mú (lámọ́rín) tiyètiyè t'ọgbọ́n t'ọgbọ́n
Ìpanumọ́ àbo nìí pa'hùn m'ábo l'ẹ́nu
Ìpanumọ́ abàfè nìí p'ohùn mọ́ abàfè n'íkùn
K'á ya'nu k'a má leè fọ'hùn ni ti bomubómú
Àlọ̀fọhùn l'ó ní kí wọn ó má leè fọ'hùn
Níjọ́ àkùkọ-dìẹ bá gbé'fá òkú mì ni kìí leè kọ mọ́
T'ọwọ́ t'ẹsẹ̀ l'ahun í wọ igbá.

305 — TRABALHO PARA DOMINAR ALGUÉM

Folha de Jateorhiza macrantha, Menispennaceae[90]

Folha de Annona senegalensis, Annonaceae (araticum-da-areia)[91]

Folha de Piliostigma thonningii, Leguminosae Caesalpinioideae

Folha de Calotropis procera, Asclepiadaceae (flor-de-seda)

Semente de dendê (*ikín*) do Ifá de um morto

As quatro patas da tartaruga

Um galo

Colocar uma semente de dendê na garganta de um galo. Cortar a cabeça do galo. Colocar tudo numa panela de barro. Queimar em silêncio. Enrolar num pedaço de tecido de algodão e pôr em contato com a parte traseira de um cadeado. Desenhar o odu em *ìyẹ̀ròsùn*, pronunciando a encantação. Misturar. Enrolar com fio de algodão branco e preto.

> Ele que é completamente branco, como se o harmatão [vento seco] estivesse soprando na terra de *Ìdó*.
> Vocês, os dois *òfún*, são chefes de guerra da cidade de *Àjànà*.
> Vão e capturem tanto a mente quanto a inteligência de fulano.
> São as extremidades de *àbo* que matam a voz dentro do estômago.
> São as extremidades de *abàfè* que matam a voz dentro do estômago de *abàfè*.
> Abrir a boca sem ser capaz de falar é a característica de *bomubómú*.
> *Àlòfọhùn* diz que eles não devem ser capazes de falar.
> Depois que um galo engole um *ikín* de Ifá, ele nunca mais é capaz de cantar novamente.
> Com braços e pernas, a tartaruga se recolhe dentro da carapaça.

306 (1520) ÀSỌGBÀ Ògúndá méjì, 9

Ewé arádò
Ewé mẹ́sẹ́n mẹsẹ̀n ìtàkùn
Ewé mẹ́sẹ́n mẹsẹ̀n gogoro
A ó lọ̀ ọ́. A ó tẹfá lórí ìyẹ̀ròsùn. A ó pe ọfọ̀ rẹ̀, a ó pò ó pọ̀. A ó máa lá a pẹ̀lú epo pupa.
Àsọgbà ní ọ̀rọ̀ t'arádò
Àwídùnmọ́ ni ti mẹ́sẹ́n mẹsẹ̀n gogoro àti ìtàkùn.

307 (1531) ÌDÌYÀ Ọ̀kànràn òdí, 125

Ewé ẹ̀sọ̀
Ṣọṣọ ẹyìn
Odidi ataare kan
A ó jó o. A ó fi tẹfá, a ó pe ọfọ̀ rẹ̀. A ó fi fò ẹ̀kọ tútù mu.
Ọ̀kànràn òdí ó ní èmi kò gbọdọ̀ ní àyà jíjá
Ẹ̀sọ̀ ó ní kí àyà mi ó má sọ
Ṣọṣọ ó ní kí àyà mi ó má sọ.

308 (1533) GBÉNIGBÓRÀN Ẹ̀jìogbè, 1

Èso pòpòjíwàrà
Ewé mákọ̀
Ataare méje
A ó pín èso anidọ sí wẹ́wẹ́, a ó fi ataare méje sí i. A ó lọ ewé mákọ̀. A ó tẹfá lórí ìyẹ̀ròsùn, a ó dà á sí i. A ó fi òwú funfun àti dúdú gbá a,
A ó fi sínú oyin. A ó mu sí ẹnu nígbàtí a bá fẹ́ bá obìnrin lò pọ̀, a ó sọ ohun tí a fẹ́. Lẹ́hìn èyí, a ó dá a padà sínú oyin.

306 — TRABALHO PARA PERSUADIR AS PESSOAS

Folha de Daniellia ogea, Leguminosae Caesalpinioideae
Folha de Abrus precatorius, Leguminosae Papilionoideae (olho-de-cabra)
Folha de Scoparia dulcis, Scrophulariaceae (vassourinha)
Moer as folhas. Desenhar o odu em *ìyẹ̀ròsùn*, pronunciando a encantação. Misturar com a preparação. Lamber com azeite de dendê.

É característica de *arádò* que se aceitem as palavras dela.
As palavras doces são características de *mẹ́sẹ́n mẹsẹ̀n gogoro* e
mẹ́sẹ́n mẹsẹ̀n ìtàkùn.

307 — TRABALHO PARA SER CORAJOSO

Folha Elytraria marginata, Acanthaceae
Elaeis guineensis, Palmae (dendezeiro)
Fruto inteiro de Aframomum melegueta, Zingiberaceae (amomo)
Queimar os ingredientes. Desenhar o odu na preparação, pronunciando a encantação. Tomar com acaçá quente.

Òkànràn òdí diz que eu não devo ficar com medo.
Ẹ́sọ̀ diz que o meu coração não deve se assustar.
Ṣọṣọ diz que o meu coração não deve se assustar.

308 — TRABALHO PARA CONQUISTAR DE IMEDIATO UMA MULHER

Fruto de Leea guineensis, Leeaceae
Folha de Abrus precatorius, Leguminosae Papilionoideae (olho-de-cabra)
Sete Aframomum melegueta, Zingiberaceae (amomo)
Partir a Leea guineensis em pedaços. Adicionar as sete sementes de amomo. Moer as folhas de olho-de-cabra. Desenhar o odu em *ìyẹ̀ròsùn* e misturar com a preparação. Enrolar com fios brancos e pretos. Misturar com mel. Quando o homem desejar ter relações sexuais com a mulher, deve colocar a Leea guineensis na boca, expressar o desejo com o fruto ainda na boca e tornar a colocá-lo no mel.

309 (1538) ÌLÁYÀ

Ọ̀ṣẹ́ ọ̀yẹ̀kú, 228

Ewé omi

Ewé kọ́lé ọrọ́gbà

Ẹdùn àrá

A ó lọ̀ ọ́ pọ̀. A ó tẹfá lórí ìyẹ̀ròsùn a ó dà á pọ̀. A ó fi fọ́ ẹ̀kọ mu ní ìgbà méje.

310 (1540) ÌMÚ NI JOYÈ

Èjìogbè, 1

Ewé kóyèjọ

Ewé yeyè

Ewé akòko

Àkùkọ adìyẹ

Ìlẹ̀kẹ̀ refe

A ó lọ̀ ọ́. A ó pa àkùkọ adìyẹ, a ó da ẹ̀jẹ̀ rẹ̀ sí i. A ó tẹfá lórí ìyẹ̀ròsùn, a ó pe ọfọ̀ rẹ̀, a ó dà á sí i. A ó sín gbẹ́rẹ́ mọ́kànlélógún sí àrín orí. A ó fi ra á.

> *Kóyèjọ ní ẹ fi mí joyè*
> *Àfijoyè ni ti yeyè*
> *Àfijoyè ni t'akòko*
> *Bí ilẹ̀ bá mọ́ àkùkọ gogoro a joyè*
> *Refe l'ọba ìlẹ̀kẹ̀.*

311 (1556) ÌRỌ́GUN DÀNÙ

Ọ̀ṣẹ́ ìrẹtẹ̀, 240

Ẹ̀gún tẹ̀tẹ̀ ẹlẹ́gún

Ewé ṣẹ́gun ṣẹ́tẹ̀

Eku méjì

Ẹja méjì

A ó jó o, a ó fi tẹfá sí i a ó sin ín sí oríta, ní ẹnu ibodè ìlú.

309 — TRABALHO PARA PROTEGER-SE DE PESSOAS MÁS

Folha de Butyrospermum paradoxum subsp. parkii, Sapotaceae
Folha de Pergularia daemia, Asclepiadaceae
Pedra de raio
Moer tudo. Desenhar o odu em *ìyẹ̀ròsùn*. Diluir com acaçá quente. Tomar sete vezes.

310 — TRABALHO PARA OBTER UM TÍTULO HONORÍFICO

Folha não identificada
Folha de Uapaca heudelotii, Euphorbiaceae[92]
Folha de Newbouldia laevis, Bigntniaceae
Um galo
Contas *refe*
Moer. Matar um galo. Despejar o sangue do galo na preparação. Desenhar o odu em *ìyẹ̀ròsùn*, pronunciando a encantação. Misturar. Fazer 21 incisões na cabeça. Esfregar nelas a preparação.

> *Kóyèjọ* diz que eles devem me dar um título.
> Despertar para conseguir título é a característica de *yeyè*.
> Despertar para conseguir título é a característica de *akòko*.
> Ao amanhecer, o grande galo consegue título.
> *Refe* é o rei dos corais.

311 — TRABALHO PARA EVITAR GUERRA

Espinho de Amaranthus spinosus, Amaranthaceae (bredo-de-espinho)
Folha de Portulaca oleracea, Portulacaceae (beldroega-pequena)
Dois ratos
Dois peixes
Queimar tudo. Desenhar o odu na preparação. Enterrar numa encruzilhada na entrada da cidade.

312 (1557) ÌṢẸ́GUN ÌJÀKADÌ — Ọ̀ṣẹ́ méjì, 15

Ewé àǹsáré nú ẹ̀kan
Pòpórò àgbàdo
Ewé gbẹ́gi
A ó jó o. A ó fi tẹfá, a ó pe ọfọ̀ rẹ̀. A ó sín gbẹ́rẹ́ yíká ìbàdí a ó sì fi ra á.
Àǹsáré nú ẹ̀kan bá mi gbé ọ̀tá ṣubú
Pòpórò àgbàdo kì í bá olóko dìmú jà
Àtatú ni ti gbẹ́gi.

313 (1568) ÌṢẸ́GUN ÌNIRA — Ìrosùn òtúrá, 88

Ewé ọ̀gẹ̀dẹ̀ ọ̀mìnì
Ewé ikúpẹ̀rọ̀
Èkùrọ́ ojú ọ̀nà
A ó jó o. A ó fi tẹfá. A ó bù ú s'ọ́wọ́, a ó sì fẹ dànù.

314 (1568) ÌṢẸ́GUN Ọ̀TÁ — Èjìogbè, 1

Ewé akọ ẹmidò
Èèpo igbá
Ewé ẹnu òpirè
A ó jó o, a ó fi tẹfá, a ó pe ọfọ̀ rẹ̀, a ó fi fọ́ ẹ̀kọ tútù mu.
Akọ̀ ẹmidò níí ṣẹ́gun ọ̀tá
Igbá gbá ọ̀tá nì lọ s'ọ́run
Ẹnu òpirè bá mi pa ọ̀táà mi.

312 — TRABALHO PARA SER VITORIOSO NUMA LUTA

Folha de Imperata cylindrica, Gramineae
Sabugo de Zea mays, Graminea (milho)
Folha de Eleusine indica, Gramineae (pata-de-galinha)
Queimar. Desenhar do odu na preparação, pronunciando a encantação.
Fazer incisões ao redor da cintura e esfregar nelas a preparação.

Àńsárénú èkan, ajude-me a derrubar meu inimigo.
Pòpórò àgbàdo nunca briga com o fazendeiro.
Gbẹ́gi não pode ser derrubado.

313 — TRABALHO PARA ATENUAR OS SOFRIMENTOS DE ALGUÉM

Folha de Musa sapientum, Musaceae (bananeira)
Folha de Dichrocephala integrifolia, Compositae
Fruto (encontrado na rua) de Elaeis guineensis, Palmae (dendezeiro)
Queimar. Desenhar o odu com a preparação. Colocar na mão e soprar.

314 — TRABALHO PARA VENCER OS INIMIGOS

Folha de Manilkara obavata, Sapotaceae
Casca de Lagenaria siceraria, Cucurbilaceae
Folha de Euphorbia lateriflora, Euphorbiaceae
Queimar. Desenhar o odu na preparação, pronunciando a encantação.
Tomar com acaçá frio.

Akọ̀ ẹmidò sempre vence os inimigos.
Igbá, varra os meus inimigos para o além.
Ẹnu òpirè, ajude-me a matar os meus inimigos.

315 (1601) ÌṢẸ́GUN Ọ̀TÁ Ogbè ìrẹtẹ̀, 29

Ewé bolẹ̀

Ewé atapàrà

Ewé irùngbọ̀n ẹ̀fọ̀n

A ó jó o. A ó fi tẹfá, a ó pe ọfọ̀ rẹ̀. A ó máa fi fọ́ ẹ̀kọ tútù mu lọ́jọ́ mẹ́jọmẹ́jọ.

Bolẹ̀, bá mi bo ọ̀tá mọ́lẹ̀
Atapàrà bá mi pa ọ̀tá mi
Irùngbọ̀n ẹ̀fọ̀n níí bá ẹ̀fọ̀n ṣẹ́gun
Ìrù ni màlúù fií ṣẹ́gun eṣinṣin.

316 (1635) ÌṢẸ́GUN Ọ̀TÁ Ọ̀sá ìrẹtẹ̀, 164

Ewé ojú oró

Ewé òṣíbàtà

Ọṣẹ dúdú

A ó gún un mọ́ ọṣẹ dúdú, a ó tẹfá lórí ìyẹ̀ròsùn, a ó pe ọfọ̀ rẹ̀, a ó pò ó mọ́ ọṣẹ, a ó máa fi wẹ̀.

Tèmi ọ́ l'á lé, tọ̀pẹ l'á lékè aṣebi
Ojú oró ni ó ń lékè omi
Tèmi ó l'á lé
Oṣíbàtà ni ó ń lékè odò
Tọpẹ l'á lékè
Ifá ni eléyun
Ifá ni ó lékè ọ̀tá
Ni yóò sì rí ẹ̀hìn odí.

315 — TRABALHO PARA VENCER OS INIMIGOS

Folha de SIDA LINIFOLIA, Malvaceae (guaxima)
Folha de PHAULOPSIS FALCISEPALA, Acanthaceae[93]
Folha de TRIPOGON MAJOR, Gramineae
Queimar. Desenhar o odu na preparação, pronunciando a encantação. Tomar com acaçá frio a cada oito dias.

Bolè, ajude-me a vencer meu inimigo.
Atapàrà, ajude-me a matar meu inimigo.
É a barba do búfalo o que o ajuda a vencer.
É o rabo que a vaca usa para espantar as moscas.

316 — TRABALHO PARA VENCER OS INIMIGOS

Folha de PISTIA STRATIOTES, Araceae (flor-d'água)
Folha de NYMPHAEA LOTUS, Nympheaceae (lótus)
Sabão da costa
Pilar com sabão da costa. Desenhar o odu em *ìyẹ̀ròsùn*, pronunciando a encantação. Lavar-se com a preparação.

Vou superar meus inimigos, como Ifá supera os agentes do mal.
Ojú oró flutua na água.
Eu também ficarei por cima.
Ọ̀ṣíbàtá vai flutuar no rio.
Ifá está por cima.
Assim é Ifá.
Ifá supera seus inimigos.
Ele será vitorioso.

317 (1665) ÌṢÚJÚ Ìrẹtẹ̀ ọ̀bàrà, 218

Ewé ìjòkùn
Ewé ìbó
Odidi ataare
Awo ìjímèrè
Odidi àparò

A ó jó gbogbo rẹ̀ pọ̀, a ó fi tẹfá, a ó pe ọfọ̀ rẹ̀, a ó kó wọn sínú àdó lálẹ́, lẹ́yìn èyí a ó fi aṣọ wájì bo ó. A ó gbá a láwọ (nínú àti lóde). A ó so okùn mọ́ ọn a ó fi kọ́ ọrùn. A ó ṣí i tí a bá fẹ́ lo ìṣújú. A ó dé é tí abá fẹ́ padà di ènìyàn.

> *Bírímú ni ti ìbó*
> *Bírímú ni ti ìjòkùn*
> *Bí ìjímèrè bá ní á rí òun l'àá rí i*
> *Bí ìjímèrè bá ní k'á fẹ́ òun kù, à fẹ́ kù*
> *N'íbi àparò bá ba mọ́, olóko ò leè rí i.*

318 (1666) MÀYINHÙN Èjìogbè, 1

Ewé ẹ̀pà ikún igbó
Ẹyín àgbẹ̀dẹ
Ẹyín ọ̀pẹ̀
Ewé amùnimúyè
Odidi ataare
Iyọ̀

A ó jó o. A ó fi tẹfá a ó wé e mọ́ òwú. A ó máa fi s'ẹ́nu nígbà tí a bá fẹ́ sọ̀rọ̀.

317 — TRABALHO PARA FICAR INVISÍVEL

Folha de Mucuna poggei, Leguminosae Papilionoideae
Folha de Landolphia dulcis, Apocynaceae[94]
Fruto inteiro de Aframomum melegueta, Zingiberaceae (amomo)
Pele de macaquinho-castanho
Uma perdiz inteira
Queimar os ingredientes. Desenhar o odu com a preparação, pronunciando a encantação. À noite, colocar a preparação numa cabaça pequena (*àdó*), cobri-la com tecido azul (*wáji*) e enrolar tudo num couro (com a parte interna do couro para fora). Pendurar tudo no pescoço. Destampar a cabaça para ficar invisível e fechá-la para tornar a ficar visível.

Ìbó sempre está coberto.
Ìjòkùn sempre está coberto.
Se *ìjímèrè* quiser ficar invisível, ele ficará invisível.
Se *ìjímèrè* quiser ser visto, então será visto.
Onde quer que *àparò* se esconda, o fazendeiro nunca consegue vê-la.

318 — TRABALHO PARA SER OBEDECIDO

Folha de Desmondium adscendens, Leguminosae Paiplionoideae (carrapicho-de-beiço-de-boi)
Gossipium barbadense, Malvaceae (algodoeiro)
Fruto de Elaeis guineensis, Palmae (dendezeiro)
Folha de Senecio abyssinicus, Compositae
Fruto inteiro de Afromomum melegueta, Zingiberaceae (amomo)
Queimar. Desenhar o odu com a preparação. Amarrar com fio de algodão. Colocar na boca quando for falar.

319 (1672) ỌLÁ NÍNÍ Èjìogbè, 1

Ewé àjídèrè
Ewé ire
Ewé arère
Ọṣẹ dúdú
A ó jó o, a ó fi tẹfá, a ó pe ọfọ̀ rẹ̀, a ó pò ó mọ́ ọṣẹ dúdú a ó sì fi wẹ̀.

> *Àjídèrè di ire gbogbo wá*
> *Ire ó ní kí ire gbogbo wá*
> *Arère ré ire gbogbo wá.*

320 (1676) ỌLÁ NÍNÍ Ogbè ìrẹtẹ̀, 29

Ewé ajífà bí àlá
Ewé olójòngbodú
Ewé ṣókùnkùn tàrà
Ẹyẹlé
Iyọ̀
A ó gún un. A ó sè é mọ́ ẹyẹlé, a ó fi epo pupa àti iyọ̀ sí i. A ó tẹfá lórí ìyẹ̀ròsùn, a ó pe ọfọ̀ rẹ̀, a ó dà á sí i. A ó gbe e de ọjọ́ kejì ká tó jẹ ẹ́.

> *Ajirìn ni ó bí asùngbàdà jí gbàdà*
> *A dífá fún ogbè atẹ̀ tí yóò ti ọ̀run kọ̀là wálé ayé, ó ní*
> *Ajífà bí àlá yóò fa rere tèmi wá fún mi*
> *Olójòngbodú máa gbé ire tèmi bọ̀ wá*
> *Ṣókùnkùn tàrà, tara ni kí ẹ́ máa gbé ire bọ̀ wá*
> *Yíyẹ ni í yẹ ẹyẹlé.*

321 (1681) ṢẸ́GUN ṢẸ́TẸ Òfún ìrosùn, 246

Ṣẹ́gun ṣẹ́tẹ̀
Ìgbín
A ó gún un. A ó sè é nínú apẹ, a ó fọ́ ìgbín kan a ó gé e sí ọ̀nà mẹ́rìndínlógún. A ó se gbogbo rẹ̀ pọ̀, a ó sì fi epo pupa àti iyọ̀ sí i. A ó pe ọfọ̀ rẹ̀. A ó jẹ ẹ́.

> *Ṣẹ́gun ṣẹ́tẹ̀ wá bá mi ṣẹ́ àwọn ogun àti ọ̀tẹ̀ náà*
> *Ìgbín kì í tẹnu mọ́gi àì má gùn ún.*

319 — TRABALHO PARA CONSEGUIR MUITA RIQUEZA

Folha de Flabellaria paniculata, Malpighiaceae
Folha não identificada
Folha de Annona senegalensis, Annonaceae (araticum-da-areia)
Sabão da costa
Queimar. Desenhar o odu com a preparação, pronunciando a encantação. Misturar com sabão da costa. Lavar-se com a preparação.

> *Àjídèrè*, despache todas as coisas boas para cá.
> *Ire* manda que todas as coisas boas venham para cá.
> *Arère*, traga para cá todas as coisas boas.

320 — TRABALHO PARA CONSEGUIR MUITA RIQUEZA

Folha de Ipomoea cairica, Convolvulaceae
Folha de Commelina erecta, Commelinaceae
Folha não identificada
Um pombo
Sal
Moer. Cozinhar com um pombo, azeite de dendê e sal. Desenhar do odu em *ìyẹ̀ròsùn*, pronunciando a encantação. Misturar. Comer no dia seguinte.

> *Ajirin* nasceu para dormir e acordar livremente.
> Ifá foi consultado para *ogbè atẹ̀*, que traria riqueza do céu para a terra.
> Ele diz que *ajífàbíàlá* vai arrastar a minha fortuna para mim.
> *Olójòngbodu*, traga mesmo a minha fortuna para mim.
> *Sókùndùn tàrà*, você deve carregar a minha fortuna para cá.
> *Ẹyẹlé* é sempre gracioso.

321 — TRABALHO PARA VENCER GUERRAS E CONSPIRAÇÕES

Portulaca oleracea, Portulacaceae (beldroega-pequena)
Um caracol
Sal
Moer. Cozinhar em panela de barro. Quebrar um caracol, cortá-lo em dezesseis pedaços e cozinhá-lo com azeite e sal. Pronunciar a encantação. Comer.

> *Ṣẹ́gun ṣẹ́tè*, venha e me ajude a vencer estas guerras e revoltas.
> O caracol não aborda uma árvore sem ir até o topo.

Ewé ẹ̀là irínwó
Obì ifin okànlélógún
Obì (ifá) àbàtà okànlélógún
Orógbó okànlélógún
Ewé àrọ̀
Ewé àpadà
Ewé gbẹ́gi
Ewé tòtó
Ataare
Gúnugún
Ìrọ̀rẹ́
Olongo
Ọta odò mẹrìn-dílogun

A ó gún wọn, a ó lọ àwọn ejò sí ọ̀tọ̀. A ó da gbogbo rẹ̀ pọ̀. A ó kó o sínú àdó. A ó da ẹ̀jẹ̀ ẹyẹlé méje sí i. A ó lọ ewé èrùwà ọ̀dàn, a ó dà á sí i. A ó lọ ikín ifá mẹ́rìndínlógún, a ó dà á sí i. A ó pa ewúrẹ́, a ó da ẹ̀jẹ̀ rẹ̀ sí i. A ó máa fi ẹ̀kọ tàbí ọtí mu ún.

> *N'íbi wérewère ni wọ́n ń b'longo*
> *Bí èwe bí èwe ni ìrọ̀rẹ́ ṣeé rìn*
> *Ọdọọdún l'èrùwà á d'èwè*
> *Ṣákaṣáká ni ara ikín ń dá*
> *Orógbó l'ó ní kí ń gbó s'óde ìṣálayé*
> *Obì ni k'ó máa bi ọ̀tá mi lọ sóde ọ̀run*
> *Ataare kì í kéré k'ó má leè ta'ni l'ẹ́nu*
> *Gúnugún kì í kú l'éwe.*

322 — TRABALHO PARA MANTER-SE JOVEM

Quatrocentas folhas de CALYPTROCHILUM CHRISTYANUM, Orchidaceae[95]
21 nozes (*àbàtà*) de COLA ACUMINATA, Sterculiaceae (coleira)
21 nozes (*ifá*) de COLA ACUMINATA, Sterculiaceae
21 nozes de GARCINIA KOLA, Guttiferae
Folha de CROSSOPTERYX FEBRIFUGA, Rubiaceae
Folha de URARIA PICTA, Leguminosae Papilionoideae
Folha de ELEUSINE INDICA, Gramincae (pata-de-galinha)
Folha de MARANTOCHLOA LEUCANTHA, Marantaceae
AFRAMOMUM MELEGUETA, Zingiberaceae (amomo)
Uma caba de abutre, ou um abutre inteiro, suficiente para muitas pessoas
Pássaro não identificado
Pássaro ESTRILDA MELPODA MELPODA
Dezesseis balas de espingarda

Pilar os ingredientes. Moer separadamente a pele de uma cobra. Misturar e colocar dentro de uma cabaça pequena. Matar sete pombos e despejar o sangue dentro da cabaça. Moer a folha de *èrúwà ọ̀dàn* e jogá-la na cabaça. Moer dezesseis nozes de *ifá* e jogá-las na cabaça. Adicionar o sangue de um bode. Tomar com acaçá quente ou bebida alcoólica.

> O pássaro *olongo* sempre está esperto e saudável.
> O pássaro *ìrọ̀rẹ́* sempre se move e se comporta com agilidade e juventude.
> A cada ano *ìrùwà* fica mais jovem.
> Os pedaços de *ikín* estão sempre saudáveis e vigorosos.
> *Orógbó* diz que eu devo envelhecer na Terra.
> *Obì* deve empurrar todos meus inimigos para o além.
> *Ataare* nunca é tão pequena que não se sinta o seu calor na boca.
> *Gúnugún* nunca morre jovem.

323 (1683) ÀJÍRERE Ògúndá ogbè, 237

Orí ọ̀bọ
Ẹran ìrò
Ẹ̀kọ
Ọṣẹ dúdú
A ó lọ̀ ọ́, a ó tẹfá lórí ìyẹ̀ròsùn, a ó dà á sí i, a ó pín in sí méjì. A ó po apá kan mọ́ ọṣẹ dúdú, a ó sì fi wẹ̀. A ó da apá kejì sínú àdó ìrẹ̀rẹ́.

324 (1684) ÀJÓDÁRA Òtúrá ọ̀bàrà, 203

Ewé ajó
Ewé mọ́bẹ̀jọ́
Ejò kan (tí kò ní àbùkù l'ára)
Ọmọ ẹyẹlé mẹ́rin
Ọṣẹ dúdú
A ó jó wọn nínú apẹ, a ó lọ̀ ọ́. A ó fi tẹfá, a ó pe ọfọ̀ rẹ̀. A ó pa ọmọ ẹyẹlé mẹ́rin. A ó da ẹ̀jẹ̀ wọn sí ikín ifá. A ó dà á sínú ọṣẹ dúdú, a ó sì máa fi wẹ̀.

> *Ajó l'ó ní bí wọn bá ti ri mi kí wọn ó máa jó*
> *Mọ́bẹ̀jọ́ ni k'ó máa mú gbogbo wọn jó l'ọ́dọ̀ mi*
> *Òtúá wàrà l'ó ní kí wọn ó máa ṣe wàràwàrà jó l'ọ́dọ̀ tèmi.*

325 (1687) ÀRÌMỌ́LẸ̀ Ẹ̀jìogbè, 1

Ewé wọ̀rọ̀mọbà
Ewé ẹkúnkún
A ó kó wọn sínú apẹ kékeré, a ó pe ọfọ̀ rẹ̀, a ó rì í mọ́ inú ilé.

> *Wọ̀rọ̀mọbà máa gbówó fún mi wá*
> *Ẹkúnkún l'ó ní kí owó kún mi lọ́wọ́.*

323 — TRABALHO PARA ACORDAR BEM-DISPOSTO

Uma cabeça de macaco
Carne de babuíno
Acaçá
Sabão da costa
Moer. Desenhar do odu em *ìyẹ̀ròsùn*. Misturar. Dividir em duas partes. Misturar a primeira parte com sabão da costa e lavar-se com essa preparação. Guardar a outra parte numa cabaça pequena *ìrẹ̀rẹ́*.

324 — TRABALHO PARA DANÇAR BEM

Folha não identificada
Folha não identificada
Uma cobra sem defeitos
Quatro pombos jovens
Sabão da costa
Queimar os ingredientes em panela de barro. Moer. Desenhar o odu com a preparação, pronunciando a encarnação. Matar quatro pombos jovens. Despejar o sangue sobre um *ikín* de Ifá. Misturar com sabão da costa. Lavar-se com a preparação.

Ajó diz que eles devem dançar sempre que me vejam.
Mọ́bẹ̀jó deve fazer todos eles dançarem sempre ao meu redor.
Òtúá wàrà diz que eles devem sempre se apressar e vir dançando na minha direção.

325 — TRABALHO ENTERRADO NO CHÃO PARA CONSEGUIR DINHEIRO

Folha de Ocimum gratissimum, Labiatae (alfavaca)
Folha de Ananas comosus, Bromeliaceae (abacaxi)
Colocar dentro de uma jarra pequena. Pronunciar a encantação. Enterrar dentro de casa.

Wọ̀rọ̀mọbà, traga sempre dinheiro para mim.
Ẹkúnkún diz que o dinheiro deve encher as minhas mãos.

326 (1690) ÀRÌMỌ́LẸ̀ Òdí méjì, 4

Ewé pọnmọsẹ̀ṣẹ̀kí

Ewé gbégbé

Ìgbín

A ó dà wọ́n sínú ìkòkò pẹ̀lú ìgbín. A ó tẹfá lórí ìyẹ̀ròsùn, a ó pe ọfọ̀ rẹ̀, a ó dà á sí i. A ó gbẹ́ kòtò sínú ilé áti sìn ìn sí.

Pọnmọsẹ̀ṣẹ̀kí l'ó ní kí gbogbo obìnrin ilé yìí k'ó máa bímọ
Gbégbé lọ rèé gbére wá.

327 (1698) ATÓRÍṢE Ìwòrí méjì, 3

Ewé akẹka

Ewé ìfọ̀sí

A ó dà wọ́n sínú apẹ, a ó sè é nínú omi. A ó pe ọfọ̀ sí i. A ó máa fi wẹ orí.

Akẹka ká'wọ́ ibi
Igbó kì í dí kí ìfọ̀sí má yọ rí
Kí lágbájá ó yọrí.

326 — TRABALHO ENTERRADO NO CHÃO PARA CONSEGUIR DINHEIRO

Folha de Dyschoriste perrottettii, Acanthaceae
Folha de Icaninca trichantha, Icacinaceae
Um caracol
Colocar um caracol dentro de uma jarra. Desenhar o odu em *ìyẹ̀ròsùn* pronunciando a encantação. Misturar. Enterrar dentro de casa.

Pọnmọsẹ̀sẹ̀kí diz que todas as mulheres nesta casa devem sempre ter filhos.
Gbégbé, vá trazer boa sorte, venha para mais perto.

327 — TRABALHO PARA DAR BOA SORTE

Folha de Lecaniodiscus cupanioides, Sapindaceae
Folha de Gouania longipetala, Rhamnaceae
Colocar dentro de uma panela de barro. Cozinhar. Pronunciar a encantação. Lavar a cabeça.

Akẹka, supere o mal.
A floresta nunca é tão espessa que *ìfọ̀sí* não apareça.
Que fulano possa superar todos os seus problemas.

328 (1699) ÌMÚ ÀWỌ̀ DÚRÓ Èjìogbè, 1

Odidi ọ̀gẹ̀dẹ̀ wẹẹrẹ
Ewé àbámọdá
Òrí
Ìgbín mẹrìn-dílogun
Àkùkọ funfun

A ó gé ṣiiri ọ̀gẹ̀dẹ̀, a ó kó wọn sínú agbada. A ó da òrí ṣiiri a ó jó gbogbo wọn a ó sì lọ̀ wọ́n. A ó tẹ àwọn odù mẹ́rìndílógún àkọ́kọ́ lórí lẹ́bú rẹ̀, a ó pe ọfọ̀ rẹ̀. A ó dà wọ́n sínú akèǹgbè. A ó pa àkùkọ funfun, a ó sì fi ẹ̀jẹ̀ rẹ̀ kùn ara akèǹgbè. A ó máa bù ú láti inú akèǹgbè, a ó sì máa fi fọ́ ẹ̀kọ tútù mu.

Àbámọdá kò nìí jẹ́ kí wọn ó lè dajú ibi sí mi l'ára
Ifá ní gbogbo ajogún ibi ó ní lè mú mi
Torípé b'ọ̀gẹ̀dẹ̀ bá pọ́n tán
Gbogbo t'inú rẹ̀ á d'ẹ̀rọ̀
Ìgbín má di ọmọ ẹlẹ́rọ̀ akòko
Ara kì í ni òrí
Adìẹ funfun kì í padà k'ó di dúdú.

329 (1700) ÌMÚ ỌWỌ́ AYÉ KÚRÒ Ọ̀ṣẹ́ òtúrá, 239

Ewé amọ́wọ́ ayé kúrò
Ewé ọ̀pọ̀tọ́ ìdájà ọlọ́run

A ó fi omi sè é nínù ìkòkò. A ó pe ọfọ̀ rẹ̀. A ó fi wẹ̀ ní oríta.

Àmọ́wọ́ ayé kúrò l'ó ní kí ẹ mọ́wọ́ kúrò l'ára lágbájá
Ọ̀pọ̀tọ́ ìdájà ọlọ́run l'ó ní k'ọ́wọ́ ó kúrò l'ára lágbájá
K'ọ́lọ́run k'ó dájà fún un.

328 — TRABALHO PARA TER A PELE SEMPRE BOA

MUSA SAPIENTUM var. PARADISIACA, Musaceae (banana-da-terra)
Folha de BRYOPHYLLUM PINNATUM, Crassulaceae (folha-da-fortuna)
BUTYROSPERMUM PARADOXUM subsp. PARKII, Sapotaceae (limo da costa)
Um galo branco
Dezesseis caracóis

Colher um cacho de bananas e colocá-lo numa panela de barro. Adicionar limo da costa. Queimar e moer. Desenhar os dezesseis primeiros odus na preparação, pronunciando a encantação. Colocar numa cabaça grande. Matar um galo branco e pintar a cabaça com o sangue. Tomar a preparação com acaçá frio.

Àbámọdá não deixará que ponham mau-olhado em mim.
Ifá diz que nem mesmo todos os maus espíritos serão capazes de me dominar.
Porque, quando *ógẹ̀dè* amadurece, tudo dentro dela fica macio.
Ìgbín se tornou o dono da calma e da tranquilidade.
A vida nunca é difícil para *órí*.
Adìẹ funfun nunca fica preto.

329 — TRABALHO PARA ACABAR COM O AZAR

Folha de OCIMUM GRATISSIMUM, Labiatae (alfavaca)
Folha de FICUS SUR, Moraceae

Cozinhar em panela de barro. Pronunciar a encantação. Lavar-se com a preparação numa encruzilhada.

Ámọ́wọ́ ayé kúrò diz que você deve tirar suas mãos de fulano.
Ọ̀pọ̀tọ́ ìdájá ọlọ́run diz que as pessoas devem tirar suas mãos de fulano.
Que *ọlọ́run* em pessoa possa brigar por ele.

330 (1722) ÌPẸ́LÁYÉ Ọ̀yẹ̀kú ogbè, 32

Ewé aboríkẹfun

Ewé aápé

Odidi ataare kan

A ó jó wọ́n, a ó fi tẹfá, a ó pe ọfọ̀ rẹ̀, a ó fi fọ́ ẹ̀kọ mu.

> *Aboríkẹfun jẹ́ kí èmi ó di arúgbó*
> *Ápẹ́ jẹ́ kí ń pẹ́ l'ayé.*

331 (1723) ÌPẸ́LÁYÉ Ọ̀yẹ̀kú ìwòrì, 33

Ewé ẹ̀tọ́

Ewé ẹ̀là

Ewé awáyémákùú

Ìgbín méjì

A ó gún wọn. A ó pa ìgbín méjì, a ó gé wọn sí wẹ́wẹ́. A ó se gbogbo rẹ̀ pọ̀. A ó tẹfá lórí ìyẹ̀ròsùn, a ó pe ọfọ̀ rẹ̀. A ó jẹ ẹ́.

> *Ẹ̀tọ́ ó ní kí ń tọ́ l'ayé*
> *Ẹ̀là ó ní kí ń là sí ayé*
> *Awáyémákùú kì í tètè kú*
> *Ọ̀yẹ̀kú ìwòrì wá sọ mí di arúgbó.*

330 — TRABALHO PARA TER VIDA LONGA

Folha de ANTIARIS TOXICARIA, Moraceae
Folha de CELTIS INTEGRIFOLIA, Ulmaceae
Fruto inteiro de AFRAMOMUM MELEGUETA, Zingiberaceae (amomo)
Queimar. Desenhar o odu na preparação, pronunciando a encantação. Tomar com acaçá quente.

Aboríkẹfun. deixe-me chegar à velhice.
Ápẹ́, ajude-me a ficar muito tempo na Terra.

331 — TRABALHO PARA TER VIDA LONGA

Folha de DRACAENA SURCULOSA, Agavaceae
Folha de CALYPTROCHILUM CHRISTYANUM, Orchidaceae[96]
Folha de DRACAENA LAXISSIMA, Agavaceae
Dois caracóis
Moer tudo. Matar dois caracóis e cortá-los em pedaços. Cozinhar tudo junto. Desenhar o odu em *ìyẹ̀ròsùn* pronunciando a encantação. Comer.

Ẹ̀tọ́ diz que eu devo continuar muito tempo na Terra.
Ẹ̀là diz que eu devo ficar mais rico na Terra.
Awáyémákùú nunca morre cedo.
Ọyẹ̀kú ìwòrì, venha e me faça chegar à velhice.

332 (1800) ORÍRE Ogbè ọ̀bàrà, 22

Ewé aṣáwáwá
Ewé ojúùsájú
Ewé òmìnì
Ewé oríjìn
Ọṣẹ dúdú
A ó gún un mọ́ ọṣẹ dúdú, a ó pe ọfọ̀ rẹ̀, a ó máa fi wẹ̀.

> *Aṣáwáwá ṣa rere wá*
> *Ojúùsájú mú rere ṣe ìsájú mi*
> *Ire gbogbo ni t'òmìnì*
> *Oríjìn ó ní kí ẹ fi rere jìn mí.*

333 (1803) ORÍRE Ogbè ọ̀sá, 25

Ewé èsìsì pupa
Ewé awere pèpè
Ewé pèrègún
Ọṣẹ dúdú
A ó gún gbogbo rẹ̀ pọ̀ mọ́ ọṣẹ dúdú, a ó pe ọfọ̀ rẹ̀, a ó fi wẹ orí.

> *Èsìsì pupa k'ó pa rere dà sọ́dọ̀ mi*
> *Awere pèpè k'ó pe rere wá*
> *Pèrègún pe rere wá.*

334 (1847) ÀMÚDÓ Ògúndá òfún, 151

Ewé àwẹ̀fín
Ewé ọ̀fin
Ewé jàganyìn
A ó lọ̀ ọ́ lórí ọlọ, a ó ra á róbóróbó. A ó wá sá a. A ó máa fi s'ẹ̀nu nígbà tí a ba pádé obìnrin tí a fẹ́ mú dó.

332 — TRABALHO PARA TER SORTE

Folha de PAVETTA COTYMBOSA var. NEGLECTA, Rubiaceae
Folha de PETIVERIA ALLICEAE, Phytolacaceae (erva-de-alho)
Folha de CROTALARIA PALLIDA, Leguminosae Papilionoideae
Folha de COMMIPHORA AFRICANA, Burseraceae
Sabão da costa
Pilar com sabão da costa. Pronunciar a encantação. Lavar-se com a preparação.

> *Aṣáwáwá*, traga a sorte para cá.
> *Ojúùsájú*, favoreça-me com a sorte.
> *Òmìnì* está sempre com sorte.
> *Oríjìn* diz que deve me conceder a sorte.

333 — TRABALHO PARA TER SORTE

Folha de LAPORTEA AESTUANS, Urticaceae (cansanção)
Folha de CYATHULA PROSTRATA, Amaranthaceae
Folha de DRACAENA FRAGRANS, Agavaceae (coqueiro-de-vênus-nativo)
Sabão da costa
Pilar tudo com o sabão da costa. Pronunciar a encantação. Lavar a cabeça com a preparação.

> O *èsìsì* vermelho deve desviar a sorte para o meu lado.
> *Awere pépè* deve chamar a sorte para cá.
> *Pèrègún*, chame a sorte para cá.

334 — TRABALHO PARA TER RELAÇÕES SEXUAIS COM UMA MULHER

Folha de OLAX SUBSCORPIOIDEA, Olacaceae
Folha de ABUTILON MAURITIANUM, Malvaceae
Folha de CITRUS AURATIUM, Rutaceae (laranjeira)
Moer numa mó. Fazer bolinhas com a preparação. Secar. Colocar na boca quando for encontrar a mulher desejada.

335 (1854) ÌDÁ OBÌNRIN DÚRÓ SÍLÉ Ìrẹtẹ̀ méjì, 14

Ewé adágbudi mẹ́ta

Ewé èkùrọ́ kan

Ìyèré mẹ́ta

Iyọ̀

A ó lọ ewé ìyèrè, a ó se àwọn èló yókù pọ̀ mọ́ èkùrọ́, a ó fi epo àti iyọ̀ sí i. A ó tẹfá lórí ìyẹ̀ròsùn, a ó pe ọfọ̀ rẹ̀. A ó po ìyèrè tí a lọ̀ mọ́ ọn kí ọkùnrin ó jẹ ẹ́.

Adágbudu t'ó bá ya mẹ́ta kì í yaara wọn.

336 (1861) ÌDÍ ÌBÁLÉ Ọ̀wọ́nrín ọ̀ṣẹ́, 105

Ewé moiya ṣe

Ewé ológùnṣẹṣẹ̀

Ẹ̀jẹ̀ ahun

A ó gún àwọn ewé méjì á kọ́kọ́, a ó da ẹjẹ̀ ạ̀hun sí i, a ó máa fi fọ́ ẹ̀kọ tutù mu. A ó sín gbẹ́rẹ́ sí ikùn a ó fi ra á pẹ̀lú.

337 (1882) ÌFẸ́RÀN OBÌNRIN Ogbè ọ̀sá, 25

Ewé ọlọ́múyìnrín

Ewé ọmú ọ̀ṣun

Èso ìmumu

A ó lọ̀ wọ́n. A ó tẹfá lórí ìyẹ̀ròsùn, a ó pe ọfọ̀ rẹ̀, a ó dà wọ́n pọ̀. A ó fi fọ́ ẹ̀kọ tútù mu.

Ọlọ́múyìnrín bá mi mú ọkàn obìnrin
Ìmumu bá mi mú ọkàn obìnrin
Ọmú ọ̀ṣun bá mi mú ọkàn obìnrin.

335 — TRABALHO PARA FAZER A MULHER FICAR EM CASA

Três folhas de TERAMNUS LABIALIS, Leguminosae Papilionoideae
Uma semente de ELAEIS GUINEENSIS, Palmae (dendezeiro)
Três folhas de PIPER CAPENSE, Piperaceae[97]
Sal
Moer as folhas de PIPER CAPENSE. Cozinhar com azeite e sal. Desenhar o odu em *ìyẹ̀ròsùn* pronunciando a encantação. Desenhar sobre a preparação. Adicionar as folhas moídas. O homem deve comer a preparação.

Adágbudu, que brota em três, nunca separa um do outro.

336 — TRABALHO PARA MOÇA RECUPERAR A VIRGINDADE

Folha não identificada
Folha de ERYTHRINA SENEGALENSIS, Leguminosae Papilionoideae
Sangue de tartaruga
Moer os dois primeiros ingredientes. Misturar com o sangue de tartaruga. Tomar com acaçá frio. Fazer incisões na barriga e esfregar nelas a preparação.

337 — TRABALHO PARA CONQUISTAR O CORAÇÃO DE UMA MULHER

Folha de SCOPARIA DULCIS, Scrophulariaceae (vassourinha)
Folha de PTERIS sp., Adiantaceae
Fruto de CYPERUS ESCULENTUS, Cyperaceae (junça)
Moer tudo. Desenhar o odu em *ìyẹ̀ròsùn* pronunciando a encantação. Misturar. Tomar com acaçá frio.

Olọ́múyìnrín, ajude-me a capturar o coração da mulher.
Ìmumu, ajude-me a capturar o coração da mulher.
Omú ọ̀ṣun, ajude-me a capturar o coração da mulher.

338 (1899) ÌFẸ́RÀN OBÌNRIN Ìká òfún, 181

Ewé ṣòbòhẹ̀ẹ́ funfun

Òbò àgbébọ̀ adìẹ

Ọṣẹ dúdú

A ó gún un mọ́ ọṣẹ dúdú. A ó pe ọfọ̀ rẹ̀, a ó sì máa fi wẹ̀.

Ṣòbòhẹ̀ẹ́ ó ní kí obìnrin ṣe òbò hẹ̀ẹ́ hàn mí
Òbò l'adyìẹ ṣe hẹ̀ẹ́ han àkùkọ.

339 (1905) ÌMÚ NI LÓBÌNRIN PÚPỌ̀ Ìwòrì méjì, 3

Ewé ọ̀pẹ̀ ọlọ́wá

Okó itú

Alágẹmọ́

Ọṣẹ dúdú

A ó gún un mọ́ ọṣẹ dúdú. A ó pe ọfọ̀ rẹ̀. A ó máa fi wẹ̀.

Ìyàwó púpọ̀ l'á bá nílé ọ̀pẹ̀ ọlọ́wá
Itú kì í fi owó fẹ́ obìnrin
Alágẹmọ mi l'ọ mú aya mi wá kò mí wàràwàrà.

340 (1908) ỌKÙNRIN DÍDÓ Òfún ọ̀ṣẹ́, 256

Ìyẹ́ gúnugún

Ìyẹ́ àparò

A ó lọ gbogbo rẹ̀ pọ̀. A ó tẹfá lórí ìyẹ̀ròsùn, a ó pe ọfọ̀ rẹ̀. Kí obìnrin fi abẹ ya ara rẹ̀, kí ó po ẹ̀jẹ̀ rẹ̀ mọ́ oògùn yìí kí ó fi sínú oúnjẹ fún ọkìnrin jẹ tàbí kí ó fi sínú ọtí fún un mu.

Àtabo àtakọ àparò ò gbọdọ̀ ya araa wọn
Bí wọn bá jọ fò wọ́n à si jọ bà
Ibìkan náà ni t'akọ t'abo igún n gùn sí
Kí lámọrín má lè yà mí n'ígbà kọ̀ọ̀kan.

338 — TRABALHO PARA CONQUISTAR O CORAÇÃO DE UMA MULHER

Folha de ASYSTASIA GANGETICA, Acanthaceae
Cloaca de galinha
Sabão da costa
Pilar os ingredientes com sabão da costa. Pronunciar a encantação. Lavar-se com a preparação.

Ṣòbòhẹ̀ẹ́ diz que a mulher deve abrir completamente a vagina pra mim.
A galinha sempre abre completamente a vagina para o galo.

339 — TRABALHO PARA TER MUITAS ESPOSAS

Folha de ELAEIS GUINEENSIS, Palmae (dendezeiro)
Pênis de certa espécie de pardal
Um camaleão
Sabão da costa
Pilar com sabão da costa. Pronunciar a encantação. Lavar-se com a preparação.

Sempre encontramos muita gente na casa de *ọ̀pẹ̀ ọlọ́wá*.
Itú nunca gasta dinheiro para casar com as mulheres.
Alágẹmo, vá e traga a minha esposa para me encontrar agora mesmo.

340 — TRABALHO PARA TER RELAÇÕES SEXUAIS COM UM HOMEM

Penas de abutre
Penas de perdiz (FRANCOLINUS BICALCARATUS BICALCARATUS)
Moer tudo. Desenhar o odu em *ìyẹ̀ròsùn* pronunciando a encantação. A mulher deve fazer um corte no corpo e misturar o sangue com a preparação. Misturar com a comida ou bebida do homem.

Nem a perdiz macho nem a perdiz fêmea devem se separar uma da outra.
Se elas voam juntas, elas também pousam juntas.
O abutre macho e o abutre fêmea sempre se deitam no mesmo lugar.
Que fulano nunca consiga se separar de mim.

341 (1910) ÒǸFÀ OBÌNRIN Òtúrá ọ̀yẹ̀kú, 198

Ewé ojú oró
Ewé oṣíbàtà
Ewé oriro
Ewé ọgan
A ó jó o. A tẹfá lórí Èṣù.

342 (1911) ÒRÙKA ÀMÚDÓ Èjìogbè, 1

Ewé yagà
Ewé àpadà
Ẹyin adìyẹ
A ó mú ọ̀pọ̀ ewé yagà, a ó fi pa òrùka l'ára. A ó gún àwọn ewé. A ó ya ọ̀kọ̀ọ̀kan nínú àwọn ewé oríṣi méjèèjì sí méjì. A ó lu ihò sínú ẹyin, a ó pọ́n àwọn àyakù ewé ti apá ọ̀tún, a ó fi sínú ihò ẹyin pẹ̀lú òrùka. A ó tẹfá lórí ìyẹ̀òsùn, a ó dà á sí i. A ó fi àwọn àyakù ewé tó kù bò ó. A ó bu díẹ nínú àwọn ewé t'a lọ̀ sí i. A ó gbá a ní òwú dúdú àti funfun. A ó fi òrùka s'ọ́wọ́ òsì. A ó lọ fi mú obìnrin náà, a ó sì lọ bá a lò pọ̀.

343 (1914) ÌSỌ̀YÈ Ejìogbè, 1

Ewé oníyèniyè
Ewé eéran
Eku ẹmọ́
A ó jó o. A ó fi tẹfá, a ó pe ọfọ̀ rẹ̀. A ó fi fọ́ ẹ̀kọ tútù mu.

> *Eéran ni k'ó máa rán mi létí rẹ̀*
> *Ọ̀nà mẹ́rìndínlógún l'ewé oníyèniyè ní*
> *Ẹmọ́ l'ó ní gbogbo ohun tí mo bá ti kọ́ ó máa mọ́ mi nínú.*

341 — TRABALHO PARA RECONQUISTAR UMA MULHER INFIEL

Folha de Pistia stratiotes, Araceae (flor-d'água)
Folha de Nymphaea lotus, Nymphaeaceae (lótus)
Folha de Antiaris toxicaria, Moraceae
Folha de Combretum racemosum, Combretaceae[98]
Queimar as folhas. Desenhar o odu em cima da imagem de Exu.

342 — TRABALHO PARA TER RELAÇÕES SEXUAIS COM UMA MULHER

Folha de Adenia lobata, Passifloraceae[99]
Folha de Uraria picta, Leguminosae Papilionoideae
Um ovo
Pegar um anel e esfregá-lo com muitas folhas de Adenia lobata. Pilar as folhas. Escolher uma folha de cada uma das plantas. Rasgar cada uma em duas partes. Abrir um buraco num ovo. Dobrar a parte direita das folhas rasgadas dentro do buraco criado no ovo. Colocar o anel dentro. Desenhar o odu em *ìyẹ̀ròsùn*. Misturar. Cobrir a preparação com a parte esquerda das folhas rasgadas. Adicionar mais folhas piladas. Atar com fio preto e branco. Enterrar no banheiro. Dizer o *ọfọ̀* e repetir o mesmo *ọfọ̀* durante sete dias no banheiro. Depois enfiar o anel no dedo esquerdo e usá-lo para tocar a mulher desejada.

343 — TRABALHO PARA TER BOA MEMÓRIA

Folha de Hydrolea glabra, Hydrophilaceae
Folha de Digitaria sp., Gramineae[100]
Um porquinho-da-índia
Queimar os ingredientes. Desenhar o odu na preparação, pronunciando a encantação. Tomar com acaçá frio.

> *Éèran* deve sempre me lembrar disso.
> A folha de *oníyèniyè* tem sempre dezesseis partes.
> *Ẹmọ́* diz que tudo que eu aprendo deve grudar em minha mente.

344 (1925) ÌSỌ̀YÈ Ìrosùn òfún, 91

Ewé arán

Ewé ìyeyè

Odidi ataare kan

A ó jó o. A ó fi tẹfá, a ó pe ọfọ̀ rẹ̀. A ó máa fi omi lò ó.

Arán bá mi rán iyè tèmi

Ìyeyè jẹ́ kí n ní iyè níkùn.

345 (1927) ÌSỌ̀YÈ Ọ̀bàrà ìwòrì, 109

Ewé agbérigbédè

Ewé oníyèniyè

Ewé àtòrì

Ejò

A ó jó o, a ó fi tẹfá, a ó pe ọfọ̀ rẹ̀, a ó fi omi lò ó.

Agbérígbédè bá mi gbé iyè tèmi fún mi

Oníyèníyè bá mi kó iyè tèmi fún mi

Àtòrì bá mi to iyè tèmi fún mi

Iyè tààrà ni t'ejò.

344 — TRABALHO PARA TER BOA MEMÓRIA

Folha de PLEIOCARPA PYCNANTHA, Apocynaceae
Folha de SPONDIAS MOMBIN, Anacardiaceae (cajazeira)
Fruto inteiro de AFRAMOMUM MELEGUETA, Zingiberaceae (amomo)
Queimar tudo. Desenhar o odu na preparação, pronunciando a encantação. Tomar com água.

Arán, mande a minha própria memória.
Ìyeyè, ajude-me a ter memória.

345 — TRABALHO PARA TER BOA MEMÓRIA

Folha de SYMPHONIA GLOBULIFERA, Guttifereae
Folha de HIDROLEA GLABRA, Hydrophilaceae
Folha de GLYPHAEA BREVIS, Tiliaceae
Uma cobra
Queimar. Desenhar o odu na preparação, pronunciando a encantação. Tomar com água.

Agbérígbédè, traga a minha memória para mim.
Oníyèníyè, recolha a minha memória.
Àtòrì, organize a minha própria memória.
Memória atilada é a característica da cobra.

346 (1947) ÀRÍSỌYÌN Èjìogbè, 1

Ewé ṣẹfun ṣẹfun
Ewé ọ́ọ́yọ́
Ẹyin adìyẹ
Orí ọ̀sìn
Awo ìjímèrè
Àádùn
Oyin
Iyọ̀
Abẹ́rẹ́ mẹ́rin

A ó se ẹyin, a ó bó èèpo rẹ̀, a ó gún ewé ṣẹfun ṣẹfun àti àádùn. A ó dà wọ́n sínú ìsasùn. A ó da abẹ́rẹ́, oyin, apo àti iyọ̀, sí i pẹ̀lú, a ó sì sè é. A ó tẹfá lórí ìyẹ̀ròsùn, a ó dà á. A ó gbé ìsasùn sínú igbá fífẹ̀ tí kò ní ọmọrí. A ó gbé e le aláájò lórí.

347 (1951) ÌFA ÈNÌYÀN SÍNÚLÉ Ọ̀yẹ̀kú méjì, 2

Ewé adóṣùṣù
Ewé ẹkúnkún
Ìgbín mẹ́rin

A ó gbẹ́ ilẹ̀, a ó kó wọn sínú rẹ̀. A ó tẹfá lórí ìyẹ̀ròsùn, a ó sì pe ọfọ̀ rẹ̀.

Adóṣùṣù sọ pé gbogbo ènìyàn dúró tìmí
Ẹkúnkún ní kí ilé mi ó kún fún ènìyàn
Bí ìgbín bá kọ́lé rẹ̀ á kún.

346 — TRABALHO PARA SE RECEBER ELOGIOS QUANDO SE ESTÁ AUSENTE

Folha de Aerva lanata, Amaranthaceae
Folha de Corchorus olitorius, Tiliaceae
Ovo de galinha
Cabeça de uma águia pequena (Gypohierax angolensis)
Um macaquinho-castanho
Milho moído misturado com mel
Mel
Sal
Quatro agulhas

Cozinhar o ovo. Descascá-lo. Moer a folha de Aerva lanata com pipocas moídas. Colocar em panela de barro e adicionar mel, azeite de dendê, pouco sal e as quatro agulhas. Cozinhar tudo junto. Desenhar o odu em *ìyẹ̀ròsùn* e despejar sobre a preparação. Colocar a panela em cima e pôr na cabeça da paciente.

347 — TRABALHO PARA ENCHER A CASA DE AMIGOS

Folha de Cochlospermum planchonii, Cochlospermaceae
Folha de Ananas ccomosus, Bromeliaceae (abacaxi)
Quatro caracóis

Cavar um buraco. Colocar os ingredientes dentro. Desenhar o odu em *ìyẹ̀ròsùn,* pronunciando a encantação.

> *Adóṣùṣù* diz que todas as pessoas devem ficar comigo.
> *Ẹkúnkún* diz que a minha casa deve ficar cheia de gente.
> Quando *ìgbín* constrói sua casa, ele a enche.

348 (1958) ÌFA ÈNÌYÀN SÍNÚLÉ Ogbè ìrẹtẹ̀, 29

Ewé anìkànṣegbó

Ewé adóṣùṣù

Ewé pòpò

Ewé gbẹ́gi

A ó gbẹ́ ilẹ̀ sínú ilé, a ó da àwọn ewé sí i. A ó da ifá ogbè atẹ̀ pẹ̀lú owó ẹyọ.

A ó tẹfá, a ó pe ọfọ̀ rẹ̀, a ó dà á sí i. A ó dé e.

Anìkànṣegbó kì í ṣegbó tirẹ̀ tì.

349 (1974) ÌFA ÈNÌYÀN SÍNÚLÉ Ogbè ìrẹtẹ̀, 29

Ewé ẹ̀pà

Ewé iléwọ̀ ọlọ́sàn

A ó lọ̀ ọ́. A ó tẹfá lórí ìyẹ̀ròsùn, a ó pe ọfọ̀ rẹ̀, a ó pò ó pọ̀, a ó máa fi lá oyin.

Amú ayé yọ́nú

Wá mú gbogbo aráyé yọ́nú sí mi

Amú ẹni sunwọ̀n l'ójú ènìyàn

Wá mú mi sunwọ̀n l'ójú aráyé

Ẹ̀pà l'ó ní kí wọn ó panu pọ̀ fẹ tèmi

Iléwọ̀ ọlọ́sàn kì í gbẹ̀hìn iwájú nígbé

Ẹsọ mí di oyin ẹ má rojú sí mi.

348 — TRABALHO PARA ENCHER A CASA DE AMIGOS

Folha de MICROGLOSSA PYRIFOLIA, Compositae
Folha de COCHLOSPERMUM PLANCHONII, Cochlospermaceae
Folha de ADENIA LOBATA, Passifloraceae
Folha de ELEUSINE INDICA, Gramineae (pata-de-galinha)
Cavar um buraco dentro de casa. Colocar as folhas. Jogar *agbe atẹ* com búzios. Desenhar o odu em *ìyẹ̀ròsùn*, pronunciando a encantação. Despejar sobre a preparação. Cobrir.

Anìkàn ṣegbó nunca administra seu próprio mato sem sucesso.

349 — TRABALHO PARA ATRAIR A SIMPATIA DAS PESSOAS

Folha de ARACHIS HYPOGAEA, Leguminosae Papilionoideae (amendoim--verdadeiro)
Folha de SPONDIAS MOMBIN, Anacardiaceae (cajazeira)
Moer tudo. Desenhar o odu em *ìyẹ̀ròsùn*, pronunciando a encantação. Misturar. Lamber com mel.

Que aquele que faz o mundo disposto favoravelmente venha
E faça todo mundo se dispor favoravelmente para comigo.
Que aquele que nos faz atraentes para as pessoas venha
E me faça atraente aos olhos do mundo.
Ẹ̀pá diz que eles todos devem gostar de mim.
Ilèwọ̀ ọlọ́sàn nunca fica atrás, sempre fica na frente.
Considere-me como mel, não me despreze.

350 (1981) ÌFẸ́RÀN ÈNÌYÀN ÌRẸTẸ̀ OGBÈ, 212

Ewé etí ológbò
Ewé jiwinni
Ọṣẹ dúdú
A ó gún un mọ́ ọṣẹ dúdú. A ó pe ọfọ̀ rẹ̀, a ó máa fi wẹ̀.
Etí ológbò l'ó ní gbogbo yín fẹ́ràn mi
Jiwinni l'ó ní k'ẹ máa fẹ́ mi.

351 (1984) ÌMÚ ÈNÌYÀN GBỌ́ TẸNI Ògúndá méjì, 9

Ewé akòko
Ewé irú
Ewé ata
Karagba ìkólẹ̀
Iyọ̀
A ó lọ̀ wọ́n, a ó tẹfá lórí ìyẹ̀ròsùn. A ó kó wọn sínú àpò funfun.

352 (1988) WÍWÁ ÈNÌYÀN T'Ó SỌNÙ Ọ̀ṣẹ́ ògúndá, 235

Ewé ọrọ́ agogo
Ewé pèrègún
Ewé wáwá
A ó gún un, a ó tẹfá lórí ẹ̀ṣù.

350 — TRABALHO PARA ATRAIR A SIMPATIA DAS PESSOAS

Folha de Ipomoea hederifolia, Convolvulaceae (jitirana)
Folha de Acalypha ciliata, Euphorbiaceae
Sabão da costa
Pilar com sabão da costa. Pronunciar a encantação. Lavar-se com a preparação.

Etí ológbò diz que todos vocês devem me amar.
Jiwinni diz que você tem de amar.

351 — TRABALHO PARA QUE OUÇAM NOSSAS OPINIÕES

Folha de Newbouldia laevis, Bignoniaceae
Folha de Parkia biglobosa, Leguminosae Mimosoideae
Folha de Zanthoxylum senegalense, Rutaceae
Uma cabaça quebrada
Sal
Moer os ingredientes. Desenhar o odu em *ìyẹ̀ròsùn*. Colocar num saco branco. Abri-lo de manhã e de noite.

352 — TRABALHO PARA LOCALIZAR UMA PESSOA DESAPARECIDA

Folha de Euphorbia kamerunica, Euphorbiaceae
Folha de Dracaena fragrans, Agavaceae (coqueiro-de-vênus-nativo)
Sapindácea
Pilar. Desenhar o odu em cima da imagem de Exu.

353 (1989) ÌMÚ NI BÍ BEJÌ Ìwòrì ọ̀kànràn, 53

Ewé obì ẹdun
Ewé ojú oró wẹẹrẹ
Ewé ata ìṣẹ̀ǹbàyé
A ó jó o pọ̀. A ó tẹfá lórí ìyẹ̀ròsùn, a ó pe ọfọ̀ rẹ̀. Ki obìnrin máa fi epo lá a lálaalẹ́ tí oyún bá pé ọgbọ̀n ọjọ́.

Obì ẹdun máa jẹ́ kí ìbejì mi ó wáyé.

354 (1992) ÌMÚ ỌMỌ RÌN Ogbè ọ̀kànràn, 23

Ewé agbè
Ewé àgbé
Ewé èrùwà
A ó kó gbogbo rẹ̀ sínú ìkòkò tuntun. A ó da omi tútù sí i, a ó pò ó pọ̀, a ó sì máa fi wẹ ọmọ.

353 — TRABALHO PARA TER GÊMEOS[101]

Fruto de Cola milleni, Sterculiaceae
Folha não identificada
Folha de Capsicum annuum, Solanaceae (pimentão)
Queimar tudo. Desenhar o odu em *ìyẹ̀ròsùn*, pronunciando a encantação. Quando a gravidez atingir trinta dias, a mulher deve lamber a preparação com azeite de dendê à noite.

Obì ẹdun, permita que os meus gêmeos venham mesmo ao mundo.

354 — TRABALHO PARA O BEBÊ ANDAR APÓS CINCO OU SEIS MESES DE IDADE

Folha de Lagenaria siceraria, Cucurbitaceae
Folha de Echinops longifolius, Compositae
Folha de Andropogon tectorum, Gramineae
Colocar tudo dentro de um pote novo. Adicionar água fresca. Misturar. Lavar o bebê com a preparação.

355 (1996) ỌṢẸ TÍ ỌMỌDÉ KÌ Í FI Í SÚNKÚN LÓRU Èjìogbè, 1

Ewé sawere

Ẹ̀rù

Ọṣẹ dúdú

A ó pe ewé yìí ní sẹkúnwin, a ó na ewé náà, a ó dárúkọ ọmọ. A ó gún un pẹ̀lú ọṣẹ dúdú, a ó tẹfá lórí ìyẹ̀ròsùn, a ó pò ó pọ̀. A ó máa fi wẹ ọmọ ọwọ́ lálaalẹ́.

356 (1998) ÀBA Ọ̀kànràn méjì, 8

Ìpanumọ́ àbo

Ìpanumọ́ abàfè

Ìpanumọ́ iyá

Odidi ataare

Orí lánkọkọ

A ó jó o. A ó fi tẹfá. A ó wé òwú funfun àti dúdú mọ́ ara àba. A ó sì fi kọ́ igi àbo.

355 — TRABALHO PARA O BEBÊ NÃO CHORAR NO MEIO DA NOITE

Folha de Lycopersicon esculentum, Solanaceae (tomate-grande)

Fruto de Croton lobatus, Euphorbiaceae

Sabão da costa

Chamar a folha de tomate-grande antes de arrancá-la da planta. Chamar o nome da criança. Pilar com sabão da costa. Desenhar o odu em *ìyẹ̀ròsùn*. Misturar. Lavar o bebê com a preparação todas as noites.

356 — TRABALHO PARA PRENDER UM LOUCO

Ponta da folha de Annona senegalensis, Annonaceae (araticum-da--areia)[102]

Ponta da folha de Piliostigma thonningii, Leguminosae Caesalpinioideae

Ponta da folha de Daniellia oliveri, Leguminosae Caesalpinioideae

Fruto inteiro de Aframomum melegueta. Zingiberaceae (amomo)

Uma cabeça de lagarto macho

Queimar os ingredientes. Desenhar o odu na preparação. Enrolar fios brancos e pretos numa algema. Pendurar no araticum-da-areia.

Àbẹ́yọ ọ̀gẹ̀dẹ̀ méje

Eèsún

Àgbàdo

Ẹ̀yọ ataare ààjà méje

Ewé àjáso

Iṣu ọgànlara

Ewé àpadà

Odidi ekòló kan

Ìyẹ́ ẹyẹ àjẹ́

Ẹdun àrá

A ó lọ̀ ọ́ pẹ̀lú ẹdun àrá lórí ọlọ tí a gbé sórí odó. A ó tẹ́ aṣọ mẹ́rin sílẹ̀, a ó tan òwú akẹṣẹ sí wọn lórí, a ó wá da oògùn tí a lọ̀ sí wọn lórí. A ó dí wọ́n pẹ̀lú òwú pupa lọ́nà ọ̀tọ̀tọ̀. A ó wá ta ọ̀kọ̀ọ̀kan ní kókó mọ́ etí aṣọ àlà tí a fi wé òkú. A ó fi ẹdun àrá sí àrin aṣọ àlà náà. A ó fi aṣọ pupa bò ó. A ó rán wọn pọ̀. A ó tẹfá lórí ìyẹ̀ròsùn, a ó pe ọfọ̀ rẹ̀. A ó sì fọ ìyẹ̀ròsùn sí orí oògùn.

Ò-yí-bìrí! pìwàdà!!
Àjáso n't'aáyán
Àjáso n't'ìrẹ̀
Orúkọ tí wọn ń p'osùn ni kì í-sùn-dé-inú
Ẹ̀jẹ̀ sùnùsùnù papọ̀ ọ t'ára ṣe
B'ékòló júbà ilẹ̀ a r'íbi lọ
Àbẹ́yọ ni t'eèsún
Àbẹ́yọ ni t'ọ̀gẹ̀dẹ̀
Paradà
Àpadà pa á dà k'ó o tún ṣe
Àjíyè! Dìde ń'lẹ̀!!

357 — TRABALHO PARA JUNTAR NOVAMENTE PARTES CORTADAS DE UM CORPO

Sete inflorescências cortadas de Musa samentum, Musaceae (bananeira)
Pennisetum purpureum, Gramineae (capim-elefante)
Zea mays, Graminea (milho)
Sete sementes de Afromomum melegueta, Zingiberaceae
Folha não identificada
Senna occidentalis, Leguminosae Caesalpinioideae (fedegoso-verdadeiro)
Folha de Uraria picta, Leguminosae Papilionoideae
Uma minhoca
Uma pena de coruja

Moer com pedra de raio em cima de uma mó colocada sobre um pilão. Estender quatro pedaços de pano vermelho no chão. Colocar flocos de algodão em cima. Pôr um pouco da preparação sobre cada pano e amarrar firmemente com fio vermelho. Atar cada um deles nos cantos de uma mortalha. Colocar a pedra de raio no meio da mortalha. Cobrir com pano vermelho. Costurar tudo. Desenhar o odu em *ìyẹ̀ròsùn*, pronunciando a encantação. Despejar *ìyẹ̀ròsùn* em cima da preparação.

Aquele que vira de repente, mude de hábito!!
Cortar para religar é a característica da barata.
Cortar para religar é a característica do grilo.
O nome de *osùn* é aquele que nunca teve sono profundo.
Muito sangue se junta para reformar o corpo.
Quando a minhoca presta homenagem à terra, o caminho se abre para ela.
Cortar para fazer germinar novos brotos é a característica do capim.
Cortar para fazer germinar novos brotos é a característica da bananeira.
Mude.
Àpadà, mude-o e reforme-o.
Aquele que acorda para viver, levante!!

358 (2002) ÀJÍRE Òdí òtúrúpọ̀n, 72

Ewé oríjìn

Ọṣẹ dúdú

A ó lọ̀ ọ́, a ó pò ó pọ̀ mọ́ ọṣẹ dúdú. A ó pe ọfọ̀ rẹ̀. A ó máa fi wẹ̀.

Ewe oríjìn l'ó ní ọ̀rọ̀ gbogbo kẹ́ẹ fi jì mí.

359 (2003) AMÚ ÈNÌYÀN GÍGA DI KÉKERÉ Òtúrá ọ̀ṣẹ́, 210

Ewé awẹ́

Ataare

Iyọ̀

A ó kó o sínú apẹ, a ó fi omi iyọ̀ àti ataare sí i. A ó fi se àgbo. A ó pe ọfọ̀ rẹ̀. A ó máa mu ún.

Awẹ́ jẹ́ kí lámọrín yìí ó wẹ́

Gẹ́gẹ́ bí ó ti ṣe ń fé o.

360 (2004) AMÚ NI GBÉDÈ Ogbè ọ̀sá, 25

Ewé ọgbọ́

Ewé ìmọ̀

Ewé eéran

Oódẹ

Àwòko

A ó jó gbogbo èlò, a ó lọ idè ifá, a ó pò ó pọ̀. A ó jó oódẹ pọ̀ mọ́ ẹyẹ àwòko. A ó fi tẹfá, a ó pe ọfọ̀ rẹ̀. A ó dà wọ́n pọ̀. A ó gbé oògùn mì, a ó mu omi tútù lé e.

Ọgbọ́ l'ó ní kí n máa gb'édèkédè kiri ayé o

Ìmọ̀ ni ó pé kí n m'èsì i rẹ̀ ní fífọ̀

Eéran ni ó máa rán mi létí gbogbo ẹ̀

Kó mámà s'édè ti odídẹrẹ́ kì í mọ̀

Ìgbà alẹ́, ìgbà àárọ̀, ìgbà ọ̀sán

Wọn kì í jẹ́ kí àwòko ó simi.

358 — TRABALHO PARA ACORDAR BEM-DISPOSTO

Folha de COMMIPHORA AFRICANA, Burseraceae
Moer a folha. Misturar com sabão da costa. Pronunciar a encantação. Lavar-se com a preparação.

A folha *oríjìn* diz que você tem de me perdoar em todos os casos.

359 — TRABALHO PARA REDUZIR O TAMANHO DE UM HOMEM MUITO ALTO

Folha não identificada
AFRAMOMUM MELEGUETA, Zingiberaceae
Sal
Colocar dentro de uma panela. Adicionar água, sal e amomo. Cozinhar. Pronunciar a encantação. Tomar a preparação.

Awẹ́, deixe que fulano fique pequeno
Exatamente como ele quer.

360 — TRABALHO PARA APRENDER MUITAS LÍNGUAS

Folha de NERVILIA UMBROSA, Orchidaceae[103]
Folha não identificada
Folha de DIGITARIA sp., Gramineae[104]
Um papagaio
Um tordo canoro africano
Queimar todos os ingredientes. Moer *idè ifá*. Misturar tudo. Queimar um papagaio com um tordo canoro africano. Desenhar o odu nos pós obtidos, pronunciando a encantação. Juntar tudo. Tomar com água.

Ọgbọ́ diz que eu devo entender qualquer língua do mundo.
Ìmọ̀ vai me fazer saber a resposta certa a dizer.
Eéran vai ficar me lembrando de tudo.
Não há nenhuma língua que o papagaio não conheça.
À noite, manhã ou tarde, não se dá nenhum descanso ao pássaro *àwòko*.

361 (2005) ÌJẸRAN Ìrẹtẹ̀ ọ̀ṣẹ́, 225

Ewé arùnjẹran

Obí

Ogungun ẹrankẹ́ran

A ó rún wọ́n, a ó da ikín ifá sínú ìyẹ̀ròsùn. A ó fi tẹfá. A ó fọ́ eegun ẹrankẹ́ran sí i. A ó da obì tí a fi dífá sí i. A ó tọ́jú rẹ̀ fún ọjọ́ méje.

362 (2006) ÌJÌFÀ ỌBA Ọ̀bàrà méjì, 7

Ewé akẹṣẹ

Ọṣẹ dúdú

A ó gún un pẹ̀lú ọṣẹ dúdú. A ó máa fi wẹ̀ ní òwúrọ̀ fún ọjọ́ méje.

363 (2007) ÌJÍ ÒKÚ Ọ̀bàrà méjì, 7

Ewé àràbà

Ewé aṣíyèlé

Ewé ẹmú

Ewé òjíjí

Ewé àkúdìnrín

Aṣọ osùn

A ó rún wọn sínú apẹ, a ó ri aṣọ sínú osùn. A ó tẹfá lórí ìyẹ̀ròsùn. A ó pò ó pọ̀. Ní ọjọ́ keje, a ó yọ aṣọ kúrò, a ó sá a sí abẹ́ òrùlé (a kò gbọdọ̀ sá a sínú oòrùn). Fi aṣọ náà bo òkú tí ó ti kú kí ó sì pe é ní ẹ̀ẹ̀méta.

361 — TRABALHO PARA CONSEGUIR CARNE

Folha de ACALYPHA CILIATA, Euphorbiaceae
COLA ACUMINATA, Sterculiaceae
Um osso de qualquer animal
Espremer. Imergir *ikín ifá* no *ìyẹ̀ròsùn*. Desenhar o odu na preparação. Quebrar um osso de qualquer animal e despejar dentro. Adicionar coleira (COLA ACUMINATA, Sterculiaceae), usada para consultar o Ifá. Guardar durante sete dias.

362 — TRABALHO PARA CONSEGUIR FAVORES DO REI

Folha de GOSSIPIUM ARBOREUM, Malvaceae (algodão-gigante)
Sabão da costa
Pilar com sabão da costa. Lavar-se com a preparação por duas manhãs.

363 — TRABALHO PARA RESSUSCITAR ALGUÉM

Folha de CEIBA PENTANDRA, Bombacaceae (mafumeira)
Folha de CHRYSOPHYLLUM WELWITSCHII, Sapotaceae
Folha de OLDENLANDIA CORYMBOSA, Rubiaceae (caaxira)[105]
Folha de DALBERGIA LACTEA, Leguminosae Papilionoideae
Folha de ALBIZIA ZYGIA, Leguminosae Mimosoideae
Pano tingido de vermelho
Espremer dentro de uma panela de barro. Imergir o pano no pó vermelho. Desenhar o odu em *ìyẹ̀ròsùn*. Misturar. Deixar descansar por sete dias. No sétimo dia, tirar o pano e secá-lo à sombra do telhado (não secar ao sol). Para usar, cobrir o morto com o pano e chamá-lo três vezes.

Ewé adóṣùṣù
Ewé aṣẹ́fun
Ewé ọ̀gọ̀ ẹlẹ́wùjí
Ewé òwú
Lẹ́wù ọ̀pẹ̀
Ewé oṣè
Ẹyẹlé kan
Àkùkọ kan
Ìgbín mẹ́rin
Ìkòkò kékẹ́ré

A ó kó àwọn ewé sínú ìkòkò, a ó da ìgbín lé e lórí. A ó sì fi ewé òwú àti lẹ́wù ọ̀pẹ̀ bò ó. A ó pa ẹyẹlé ati àkùkọ adìyẹ. A ó kó orí wọ́n sínú ìkòkò. A ó da ewé osè sí i. A ó tẹfá lórí ìyẹ̀ròsùn, a ó sì pe ọfọ̀ rẹ̀ sí i. A ó wá da ìyẹ̀ròsùn náà sí i. A ó fi ìkòkò mìíràn bò ó. A ó sì gbé e sílẹ̀ níwájú ọba.

B'á à bá mọ bi à ń rè à máa mọ bi a ti wá
A d'ífá f'Ọ̀rùnmìlà t'ó l'ọ́ fẹ́ opó sí'lé
L'ọ́ fi àgbèrè s'aàyò
L'ọ́ fi pañṣógà s'obì
Ẹ̀hìn ìgbà náà wọ́n bá f'ọ̀rùnmìlà jẹ ọba àjàláyé
Aráyé gb'ára jọ wọ́n l'áwọn ò ní d'ọ́dọ̀ Ọ̀rúnmìlà jọ́sìn
Ifá ní wọn ó sìn mí sìn mí
Wọn ó f'orí sìn bí eku
Ifá ní wọn ó sìn, sìn, sìn
Ọ̀gọ̀ dé ọmọ ẹlẹ́wùjí
Ẹnikan ṣoṣo ni mo pè
Kí igba ẹni ó wá jẹ́ mi
Ara gbogbo l'aṣẹ́fun fi í ṣ'owó

364 — TRABALHO PARA O CAMPONÊS CONSEGUIR DANÇAR PERANTE O REI

Folha de Cochlospermum planchonii, Cochlospermaceae
Folha de Aerva lanata, Amaranthaceae
Folha de Hilleria latifolia, Phytolaccaceae
Folha de Gossipium sp., Malvaceae (algodoeiro)
Folha de Elaeis guineensis, Palmae (dendezeiro)
Folha de Adansonia digitata, Bombacaceae (baobá)
Um pombo
Um galo
Quatro caracóis
Uma pequena panela de barro

Colocar as folhas (exceto as três últimas) dentro da panela de barro e colocar os caracóis em cima. Cobrir com as folhas de algodoeiro e dendezeiro. Pôr a folha de baobá por cima. Desenhar o odu em *ìyẹ̀ròsùn*, pronunciado a encantação, e despejá-lo na panela. Matar o pombo e o galo e pôr suas cabeças na panela. Cobrir com outra panela. Colocar no chão em frente ao rei.

Se não sabemos para onde estamos indo, sempre sabemos de onde viemos.
Ifá foi consultado para Orumilá, que se casou com uma viúva para ela cuidar de sua casa.
Que casou com uma prostituta para ela ser sua favorita.
Que casou com uma adúltera para ela ser sua esposa.
Depois, Orumilá foi coroado rei de *Àjàkáyé*.
As pessoas da Terra tramaram que não iriam prestar homenagem a Orumilá.
Ifá diz que eles vão me adorar e me adorar.
Eles vão venerar com suas cabeças como o rato.
Ifá diz que eles vão me adorar e me adorar.
Chegou *Ọ̀gọ̀*, filha de *Ẹlẹ̀wùjí*.
Eu chamei só uma pessoa.
Duzentas pessoas devem me responder.
Aṣẹ́fun sempre faz crescer dinheiro por todo o seu corpo.

Ìdin kà wọ́n wò, wọn ò pé
Ifá ní títí ni ẹ wá máa f'orí fún mi
Àt'èwé àt'àgbà níí f'orí balẹ̀ l'ọ́dọ̀ ọba
Wọn ó f'orí sìn bí ẹja
Òwú l'ó ní t'èmi ó máa wù wọ́n
Àwùmọ́ àwùmọ́ ni lẹ́wùú w'ọ̀pẹ
Ọ̀pọ̀ ènìyàn gb'ára jọ k'ẹ́ẹ wá yọ̀ mọ́ mi
Níbi ọ̀pọ̀ṣùṣù l'ewé adóṣùṣù wà
Àt'èwe àt'àgbà ifá ní ẹ wá fà mọ́ mi
Pàmọ́ọ́ bí ìgbín í fà l'óko pàmọ́ọ́
Ìdinkà l'ó ní k'ẹ́ẹ máà dínkù
K'ẹ́ẹ máa wá ní gbogbo ilée yín.

365 2014) ÌMÚ GILÉSO Ọ̀sá ogbè, 152

Ewé yànmọ́tì
Odidi ataare kan
Awọ lììlí
A ó jó o. A ó tẹfá, a ó pe ọfọ̀ rẹ̀. A ó fi jẹ èkuru.
Lììlí lọ mú èso wá t'igi
Eso púpọ̀ ni ti yànmọ́tì.

Ìdin, conte-o e veja: ele não está todo aqui.
Ifá diz: vocês devem ir para sempre e me adorar.
Jovens e velhos sempre se curvam perante o rei.
Eles adorarão com suas cabeças como o peixe.
Òwú diz que a minha pessoa deve ser sempre atraente para eles.
A palmeira tem afinidade cada vez maior com *lẹwù.*
Que muitas pessoas venham juntas e venham se regozijar para mim.
Adóṣùṣù está sempre no meio da abundância.
Jovens e velhos, Ifá diz que vocês devem se arrastar para mais perto de mim.
Suavemente, como o caracol se arrasta na fazenda, suavemente.
Ìdinkà diz que vocês não devem ser incompletos.
Vocês devem vir em bando para fora das suas casas.

365 — TRABALHO PARA QUE UMA ÁRVORE FRUTIFIQUE

Folha de SESAMUM INDICUM, Pedaliaceae (gergelim)
Fruto inteiro de AFRAMOMUM MELEGUETA, Zingiberaceae (amomo)
Pele de ouriço
Queimar tudo. Desenhar o odu na preparação, pronunciando a encantação. Comer com semente de dendê.

Lîlí, vá e traga frutos para a árvore.
Muito fruto é a característica de *yànmọ́ti.*

366 (2016) ÌMÚ ÌRÌN ÀJÒ DÁRA — Ìrẹtẹ̀ méjì, 14

Ewé ojú oró mẹ́ta
Ewé àpadà mẹ́ta
Ataare mẹ́ta
Obì mẹ́ta
Igi àjẹ́ kòbàlé
Ìkódẹ mẹ́ta
Ìtalẹ̀ mẹ́ta
Aládi mẹ́ta
Aládégbó mẹ́ta

A ó kó gbogbo wọn sínú agbada, a ó jó wọn, a ó fi tẹfá, a ó pe ọfọ̀ rẹ̀, a ó wá dà á sínú aṣọ. A ó so ó lẹ́nu pẹ̀lú òwú funfun.

> *Ojú oró kìí ko'bi lójú omi*
> *Ìkódẹ kìí ko'bi l'ọ́sàán l'óru*
> *A kìí rìnnà k'á pàdé ìtalẹ̀*
> *Aládi kìí ko'bi l'ọ́sàán l'óru*
> *Aládégbó kìí ko'bi nínú igbó*
> *Àpadà ní k'ó máa parí ibi dà fún mi*
> *Ataare ní k'ó máa tarí ibi kúrò l'ọ́nà*
> *Obì ní k'o máa bi ibi kúrò*
> *Igi àjéòbàlé ní kí o má rí ibi bà l'àra mi.*

367 (2018) ÌMÚ IṢU TA — Ìrẹtẹ̀ ògúndá, 220

Ewé iyọ̀ ẹṣin
Ewé oṣè
Ọ̀bẹ sìlò

A ó rún àwọn ewé sínú ìkòkò. A ó rẹ ọ̀bẹ sínú rẹ̀, a ó tẹfá lórí ìyẹ̀ròsùn, a ó pò ó pọ̀, lẹ́hìn ọjọ́ méje. A ó wá yọ́ ọ̀bẹ kúrò. A ó sì fi gé iṣu tí a fẹ́ gbìn.

366 — TRABALHO PARA FAZER BOA VIAGEM

Três folhas de Pistia stratiotes, Araceae (flor-d'água)
Três folhas de Uraria picta, Leguminosae Papilionoideae
Três Aframomum melegueta, Zingiberaceae (amomo)
Três Cola acuminata, Sterculiaceae (coleira)
Croton zambesicus, Euphorbiaceae
Três penas de papagaio vermelho
Três insetos não identificados
Três formigas não identificadas
Três ingredientes não identificados

Colocar tudo dentro de uma panela de barro quebrada. Queimar e desenhar o odu na preparação, pronunciando a encantação. Pôr num pano e amarrar com fio branco.

Ojú oró nunca encontra o mal na superfície do rio.
Ìkódẹ nunca encontra o mal de dia ou de noite.
Nunca caminhamos na estrada para pisar no *italẹ̀*.
Aládi nunca encontra o mal de dia ou de noite.
Aládégbó nunca encontra o mal na floresta.
Àpadà diz que o mal deve sempre ser desviado para longe de mim.
Ataare diz que o mal deve sempre ser afastado para longe do meu caminho.
Obì diz que o mal deve sempre ser empurrado para longe.
Àjéòbàlé diz que ele não deverá achar nenhum lugar para se empoleirar no meu corpo.

367 — TRABALHO PARA FAZER O INHAME BROTAR

Folha de Tridax procumbens, Compositae
Folha de Adansonia digitata, Bombacaceae (baobá)
Uma faca pequena

Espremer as folhas em panela de barro. Desenhar o odu em *ìyẹ̀ròsùn*. Inserir a faca. Misturar. Retirar a faca após sete dias e usá-la para cortar a parte do inhame a ser plantada.

368 (2019) ÌMÚ OBÌNRIN GBỌ́ TỌKỌ Òtúrá méjì, 13

Ewé tẹ̀sùbíyù

Èso tẹ̀sùbíyù

A ó jó o. A ó po ẹ̀kù rẹ̀ pọ̀ mọ́ ìyẹ̀ròsùn tí a fi tẹfá rẹ̀. A ó gbé e lórí Èṣù.

369 (2020) ÌMÚ ÒJÒ DÚRÓ Ẹ̀jìogbè, 1

Egbò ikàn wẹ́wẹ́

Ìpanumọ́ àbo

Ìpanumọ́ abàfè

Odidi ataare

Ewé àba

Aláǹtakùn

A ó jó wọn. A ó fi tẹfá. A ó dà wọ́n sínú aṣọ. A ó fi ewé àba sí i. A ó fi òwú dúdú àti funfun so ó.

370 (2024) ÌMÚ ÒJÒ RỌ Ọ̀bàrà ọ̀ṣẹ́, 120

Ẹ̀fọ́ yànrin

Iyọ̀

A ó sè é, a ó fún omi rẹ̀ sọ́tọ̀, a ó da iyọ̀ sí lẹ̀ lábẹ́ ọ̀run tó mọ́lẹ̀ kedere. A ó tẹfá ọ̀bàrà ọ̀ṣẹ́ lé e. A ó da omi ẹ̀fọ́ tí a fún sí i. A ó pe ọfọ̀ rẹ̀.

> *T'omi t'omi l'ẹ̀fọ́ọ́ bọ̀ ọjà*
> *A kìí f'iyọ̀ọ́ pamọ́ k'ó má d'omi*
> *Ọ̀bàrà ọ̀ṣẹ́ wá lọ rèé ṣẹ́'rí ìjì náà w'áyé*
> *Ọ̀bàrà ọ̀ṣẹ́ wá lọ rèé ṣẹ́'rí òjò náà wá'lẹ̀.*

368 — TRABALHO PARA A MULHER OBEDECER AO MARIDO

Folha de Coix lacryma-jobi, Gramineae (capim-de-nossa-senhora)
Fruto de Coix lacryma-jobi. Gramineae
Queimar tudo. Misturar o pó preto com *ìyẹ̀rọ̀sùn*. Desenhar o odu na preparação, em cima da imagem de Exu.

369 — TRABALHO PARA FAZER A CHUVA PARAR

Raiz de Solanum torvum, Solanaceae (jurubeba)
Ponta da folha de Annona senegalensis, Annonaceae (araticum-da--areia)[106]
Fruto inteiro de Aframomum melegueta, Zingiberaceae (amomo)
Folha de Ficus sp., Moraceae
Uma aranha
Queimar todos os ingredientes. Desenhar o odu na preparação. Colocar dentro de um pano. Adicionar folhas de Ficus sp., Maraceae, e amarrar com linha branca e preta.

370 — TRABALHO PARA FAZER CHOVER

Launaea taraxacifolia, Compositae (língua-de-vaca)
Sal
Cozinhar e espremer as folhas para tirar a água. Despejar sal no chão sob um céu claro e desenhar nele o *ọ̀bàrà ọ̀ṣẹ́*. Pronunciar a encantação. Jogar a água das folhas no sal.

> Os vegetais chegam ao mercado pingando água.
> O sal não pode ser escondido sem que se transforme em água.
> *Ọ̀bàrà ọ̀ṣẹ́,* agora vá e dirija a chuva para a terra.
> *Ọ̀bàrà ọ̀ṣẹ́,* agora vá e dirija a chuva para a chão.

371 (2025) ÌMÚ OLÈ Ọ̀kànràn ìrẹtẹ̀, 134

Ewé arère mẹ́sàn
Ewé ìrèké mẹ́sàn
Orógbó mẹ́sàn
Ìgbín mẹ́sàn
Ọ̀bẹ kékeré mẹ́sàn
A ó kó gbogbo èlò lọ sídìí Èṣù. A ó gbé Èṣù kúrò. A ó gbẹ́lẹ̀ sí abẹ́ Èṣù, a ó kọ́kọ́ da ewé arère sí i, lẹ́hìn náà a ó da ìrèké àti ọ̀bẹ sí i. A ó pín orógbó sí méjì. A ó dà á lẹ́hìn èyí a ó kó wọn sínú ihò. A ó pe ọfọ̀ rẹ̀. A ó gbé Èṣù padà sí àyè rẹ̀. A ó dárúkọ ohun t'o sọnù. A ó máa pe Èṣù fún ọjọ́ mẹ́sàn. A ó sì máa fún un ní ìgbín lárin ọjọ́ mẹ́sàn yìí. Lẹ́hín tí a bá rí ohun tí à ń wá tan, a ó fọ́ àwọn ìgbín lórí Èṣù.

372 (2028) ÌNÍSINMI Ọ̀kànràn òtúrá, 133

Ewé agẹmọ ògo
Ewé arère
Orí ajá
A ó jó wọn pọ̀, a ó fi tẹfá tí a bá fẹ́ lò, a ó dà á sí àtẹ́lẹwọ́, a ó sì fẹ́ ẹ dànù.

371 — TRABALHO PARA PEGAR LADRÃO

Nove folhas de ANNONA SENEGALENSIS, Annonaceae (araticum-da-areia)[107]
Nove folhas de SACCHARUM OFFICINARUM, Graminese (cana-de-açúcar)
Nove GARCINIA KOLA, Guttiferae
Nove caracóis
Nove facas pequenas
Levar tudo ao assento de Exu. Retirar o assento. Cavar no lugar do assento um buraco. Colocar nele as folhas de araticum-da-areia e depois as de cana e as facas. Quebrar GARCINIA KOLA em duas e jogá-las. Colocar o assento de Exu no lugar. Pronunciar o nome da coisa roubada. Chamar Exu por nove dias, dando-lhe um caracol a cada dia. Após achar a coisa roubada, quebrar os caracóis em cima da imagem de Exu.

372 — TRABALHO PARA CONSEGUIR DESCANSAR

Folha de LAGGERA ALATA, Compositae
Folha de ANNONA SENEGALENSIS, Annonaceae (araticum-da-areia)[108]
Uma cabeça de cachorro
Queimar tudo. Desenhar o odu na preparação. Para usá-lo, colocar na palma esquerda e soprar.

373 (2029) ÌPA OJÚKÒKÒRÒ OBÌNRIN Ọ̀sá méjì, 10

Ewé olóbòǹtújẹ̀

Odidi ataare kan

Òkú òròmọdìẹ

A ó jó wọn pọ̀, a ó fi ẹ̀bù rẹ̀ tẹfá. Kí obìnrin fi fọ́ ẹ̀kọ mu.

374 (2030) IWA OHUN T'Ó SỌNÙ Ọ̀bàrà ogbè, 107

Ewé eéran

Tí a bá lo ewé eéran tí a fi ń pán ẹ̀kọ, ti a pe ọfọ̀ rẹ̀ gbogbo ohun tí a bá gbàgbé lẹ́sẹ̀ kan náà ni a ó rántí rẹ̀.

> *Ewé eéran kí ó máa rán mi létí o*
> *Ewé eéran.*

373 — TRABALHO PARA ACABAR COM A GANÂNCIA DE UMA MULHER

Folha de Jatropha curcas, Euphorbiaceae (pinhão)[109]

Fruto inteiro de Aframomum melegueta, Zingiberaceae (amomo)

Um pinto morto

Queimar tudo. Desenhar o odu na preparação. Fazer a mulher tomar com acaçá frio.

374 — TRABALHO PARA ACHAR OBJETOS PERDIDOS

Digitaria sp., Gramineae[110]

Se alguém usar esta folha pronunciando a encantação, vai lembrar de imediato tudo que esqueceu.

A folha de *eéran* devia me fazer lembrar.
A folha de *eéran*.

Àbìlù

375 (2034) ÀGÁDÁGODO ÌMÚ ÈNÌYÀN Ọ̀bàrà ọ̀ṣẹ́, 120

Ewé àlọ̀fọhùn
Àkùkọ adìyẹ t'ó ń kọ
A ó lọ ewé àlọ̀fọhùn, a ó fi pa àgádágodo. A ó tẹfá lórí ìyẹ̀ròsùn, a ó fi pa ara àgádágodo. A ó wé e l'áṣọ a ó sì gbá a l'òwùú funfun àti dúdú. A ó fi sínú àwo, a ó gé ẹnu àkùkọ adìyẹ, a ó sì gba ẹ̀jẹ̀ rẹ̀ sí ara àgádágodo, a ó jẹ́ kí ó gbẹ. A ó wá pe ọfọ̀ rẹ̀, lẹ́hìn náà a ó pe orúkọ ẹni tí a fẹ́ dè. A ó sì dé àgádágodo pa. Ẹni náà kò níí lè ya ẹnu sọ̀rọ̀ níwájú adájọ́.

Ẹni t'ó bá mú ni n'íyè l'ó mú'ni
Ọ̀bàrà ọ̀ṣẹ́ wá lọ rèé mú lámọrín n'íyè
Àlọ̀fọhùn l'ó ní kí lámọrín ó má leè fọhùn
Àkùkọ'dìẹ kìí rẹ́nuú fọhùn.

376 (2036) ÀBÙSÍ Ọ̀fún ọ̀yẹ̀kú, 243

Ewé ṣẹfun ṣẹfun
Ewé ọ̀fin
A ó jó o pọ̀, a ó fi lẹ́bú rẹ̀ tẹfá, a ó da díẹ̀ s'ójú ẹ̀ṣẹ̀ ẹni náà.

Trabalhos de uso maléfico

375 — TRABALHO PARA ENFEITIÇAR ALGUÉM

Folha de Jateorhiza macrantha, Menispermaceae[111]
Um galo
Moer a folha e esfregar com ela um cadeado. Desenhar o odu em *ìyẹ̀ròsùn*. Esfregar o cadeado com *ìyẹ̀ròsùn*. Amarrar com linha branca e preta. Colocar num prato raso. Cortar o bico do galo e despejar o sangue no cadeado. Deixar secar. Cobrir com algodão. Pronunciar a encantação. Chamar o nome da pessoa e depois trancar o cadeado. Ela jamais conseguirá falar durante esse processo.

> Ele que segura a mente da pessoa é quem realmente a segura.
> *Ọ̀bàrà ọ̀ṣẹ́*, agora vá e segure a mente de fulano.
> *Àlọ̀fọhùn* diz que fulano não deve ser capaz de falar.
> O galo nunca tem boca com a qual falar.

376 — TRABALHO PARA FAZER INCHAR A PERNA DE ALGUÉM

Folha de Aerva lanata, Amaranthaceae
Folha de Abutilon mauritianum, Malvaceae
Queimar tudo. Desenhar o odu na preparação. Colocar parte em cima da pegada da pessoa.

377 (2038) ÀDÓÒYỌ Ìká ọ̀túrúpọ̀n, 177

Ewé imanijeje

Ewé ìranjẹ́ ẹ̀lùjú

Ewé tanipoporo

Okó ajá

Ẹ̀rù ààké ẹlẹ́yìn

A ó gún wọn pọ̀, a ó dà á sínú ìkòkò. A ó fi okó ajá lérí ìyẹ̀ròsùn a ó tẹfá, a ó pò wọ́n pọ̀. A ó da omi inú ìbọ̀ igi sí i. A ó gbé e pamọ́ fún ọjọ́ mẹ́rìn-dílógún. Lẹ́hìn èyí a ó fi ewé fọ ìbọ̀ okó-ajá. A ó yọ okó-ajá kúrò nínú rẹ̀, a ó mu un wọ inú ilé. A ó fi kan obìnrin lára. A ó sì dáa padà sínú ìbọ̀ rẹ̀.

378 (2039) ÀBÌLÙ ÀÌSÀN Ìrù ẹkùn, 225

Ẹ̀hìn olọbe

A ó gún un, a ó pe ọfọ̀ rẹ̀, a ó sì máa mu ún pẹ̀lú ẹ̀kọ gbígbóná.

Ẹ̀hìn olọbe ló kìí san olúbè bárubàru.

379 (2040) ÀBÌLÙ OÒGÙN APAKÓ Ọ̀bàrà ọ̀yẹ̀kú, 108

Ewé kókò

Iyọ̀

A ó lọ sí etí odò tí ń ṣàn. A ó já ewé kókò mẹ́ta. A ó kó wọn lórí ara wọn. A ó da ẹ̀kúnwọ iyọ̀ lé wọn lórí. A ó tẹfá ọ̀bàrà òkú (ọ̀bàrà-ọ̀yẹ̀kú) lórí iyọ̀. Ní ìhòhò a ó dọ̀bálẹ̀. A ó kọ́ ẹnu sí ọ̀gangan ibi tí a tẹfá sí. A ó pa ògún pọ̀. A ó fi okùn so ó. Lẹ́hìn náà a ó dìde nílẹ̀. A ó ju ògùn sí inú odò tí ń ṣàn.

377 — TRABALHO PARA EVITAR QUE A MULHER TENHA RELAÇÕES SEXUAIS COM OUTRO HOMEM

Folha não identificada
Folha de Securinega virosa, Euphorbiaceae
Folha de Merremia kentrocaulos, Convolvulaceae
Pênis de cachorro
Cabo de um machado de colhedor de coco.

Pilar as folhas. Colocar o pênis do cachorro sobre *ìyẹ̀ròsùn*. Desenhar o odu. Misturar. Despejar na preparação a seiva de um ramo de árvore. Guardar durante dezesseis dias. Limpar o pênis de cachorro com as folhas. Retirá-lo. Guardar dentro de casa. Tocar o corpo da mulher com o pênis de cachorro e guardá-lo dentro do cabo do machado.

378 — TRABALHO CONTRA CURAS

Phillanthus amarus, Euphorbiaceae (erva-pombinha)

Moer. Pronunciar a encantação. Tomar com acaçá quente.

Ẹ̀hìn olọbe diz que a cura disto não deve ser completa.

379 — TRABALHO PARA DEIXAR UM HOMEM IMPOTENTE

Folha de Dioscorea rotundata, Discoreaceae (inhame-da-guiné-branco)[112]
Sal

Ir até um rio e arrancar três folhas de inhame-da-guiné-branco. Colocá-las umas sobre as outras. Despejar em cima uma mão cheia de sal. Desenhar o *ọ̀bàrà ọ̀yẹ̀kú* com sal. Deitar-se nu no chão, com a boca voltada para o lugar onde foi desenhado o odu. Embrulhar e amarrar a preparação com corda antes de levantar-se. Jogar a preparação no rio.

380 (2043) AYỌ̀GỌ̀ Òtúrá ogbè, 197

Ọ̀gọ́mọ̀ ọ̀pẹ̀
Odidi ataare
Ẹ̀ẹ̀rù àwọ́nká
Ẹ̀mì
Orí àwòdì

A ó jó o pọ̀, a ó fi tẹfá, a ó pe ọfọ̀ rẹ̀, a ó dà á sínú aṣọ. A ó fi òwú dúdú àti funfun. A ó fi kọ́ sí iwájú ilé ẹni tí a fẹ́ lé lọ.

Kí lámọrín má lè gbé ilé rẹ̀ mọ́
Ẹ̀mì kìí gbé ilé àná
Ẹ̀ẹ̀rù ni kí ẹ fi rù ú kúrò n'ílé rẹ̀
Kí ilé rẹ̀ ó yọ l'ọ́kàn rẹ̀
Àṣángbọ̀nlọ ni ti àwòdì
Ataare kìí bá ẹ̀ẹ̀rù gbélé k'ógbádùn
Kí lámọrín má gbádùn nílé rẹ̀ mọ́.

381 (2044) ÌBA ẸRÙ ÈNÌYÀN JẸ Ọ̀bàrà òfún, 121

Ewé àwẹ̀fín
Ewé ọ̀bọbọ̀
Ewé banabáná

A ó jó o. A ó fi tẹfá, a ó gba lẹ́bú rẹ̀, a ó sín ní gbẹ́rẹ́ sí ọrùn ọwọ́ ẹni tí a fẹ́ ba erù rẹ̀ jẹ́. A ó fi oògùn pa á.

380 — TRABALHO PARA DESPEJAR UM LOCATÁRIO

Uma folha nova de ELAEIS GUINEENSIS, Palmae (dendezeiro)
Fruto inteiro de AFRAMOMUM MELEGUETA, Zingiberaceae (amomo)
XYLOPIA AETHIOPICA, Annonaceae (pimenta-da-guiné)
Uma cabeça de gavião-preto-africano (MILVUS MIGRANS PARASITUS)
Um rato

Queimar tudo. Desenhar o odu na preparação, pronunciando a encantação. Colocar dentro de um pano. Amarrar com linha de algodão branca e preta. Pendurar na porta do locatário.

Que fulano não seja mais capaz de viver em sua casa.
Ẹ̀mì nunca mora no mesmo lar de ontem.
É *ẹ̀ẹ̀rù* que você deve usar para tirá-lo da sua casa.
Que a sua casa possa se separar da mente dele.
O voo sem destino é característico do gavião.
Ataare não vai em paz à mesma casa que *ẹ̀ẹ̀rù.*
Que fulano nunca mais tenha paz em sua casa.

381 — TRABALHO PARA DESTRUIR A PROPRIEDADE DE ALGUÉM

Folha de OLAX SUBSCORPIOIDEA, Olacaceae
Folha de FICUS MUCUSO, Moraceae[113]
Folha de ALBIZIA ADIANTHIFOLIA, Leguminosae Mimosoideae

Queimar os ingredientes. Desenhar o odu na preparação. Fazer incisões no pulso da pessoa cujos bens se deseja destruir e esfregar nelas a preparação.

382 (2045) ÌDÁJÀSÍLẸ̀ Èjìogbè, 1

Ẹ̀tù ìbọn

A ó da ẹ̀tù ìbọn sínú àpáàdì, a ó fi iná sí i (a kò ní jẹ́ kí ẹ̀fún rẹ̀ kàn wá lójú kí àwa náà má bà dási ijà náà). A ó pe ọfọ̀ rẹ̀.

Níjọ́ iná bá f'ojú b'ẹ̀tù
Níjọ́ náà níí túká
Èjìogbè l'óníí dandan ni k'ó o lọ rèé gbé bi bá wọn
Èjìogbè àjàtúká ni iná òun ẹ̀tùú jà.

383 (2046) IDÁ NILẸ̀ṢẸ Ìrosùn ògúndá, 84

Ewé ẹ̀dà
Ewé ìdákèré
Eku ẹdá
Kùmọ̀ bàrà

A ó jó o. A ó fi tẹfá lórí yangí. A ó fi eku ẹdá sí i, a ó máa fi kùmọ̀ bàrà lẹ́ẹ̀meje fún ọjọ́ méje, a ó sì máa pe ọfọ̀ rẹ̀. A ó máa bó ó pẹlú apẹ.

382 — TRABALHO PARA PROVOCAR BRIGA

Pólvora de fuzil

Colocar a pólvora dentro de uma panela de barro. Acender com fósforo. (Não deixe que o fogo atinja os seus olhos, pois senão você também acabará tomando parte da briga.) Pronunciar a encantação.

No dia em que o fogo põe os olhos na pólvora
Ela se espalha.
Èjìogbè, neste mesmo dia você tem de levar o mal para eles.
Èjìogbè, fogo e pólvora sempre brigam até se separarem.

383 — TRABALHO PARA FAZER ALGUÉM QUEBRAR O BRAÇO OU A PERNA

Folha de DESMODIUM sp., Legumirtosae Papilionoideae
Folha de CLEMENTIS HIRSUTA, Ranunculaceae
Um rato *edá* (não identificado)
Porrete usado para quebrar melão e extrair as sementes

Queimar as folhas até obter um pó preto. Desenhar o odu na preparação em cima da pedra de Exu. Colocar o rato sobre a pedra e bater nele sete vezes com o porrete durante sete dias. Cobrir tudo com uma panela de barro.

384 (2047) ÌFI ÈNÌYÀN SẸ́JỌ́ Ìrù ẹkùn, 225

Ewé ìrù ẹkùn
Ewé bomubómú
Ewé iná
Ewé ọlọ́yìn

A ó lọ̀ ọ́. A ó tẹfá lórí ìyẹ̀ròsùn, a ó pe ọfọ̀ rẹ̀, a ó dà á sórí Èṣù, a ó da àdí gbígbóná sí i pẹ̀lú.

Ìrù ẹkùn wá lọ rèé mú lágbájá
Bomubómú wá lọ rèé bò ó lójú
Kánkán l'ewé iná jómọ
Ọjọ́ ọmọdé bá wá ọ̀yínrín ayé nií rí t'ọ̀run
Àdí wá lọ rèé di lágbájá.

385 (2048) ÌFI NARUN ṢE ÈNÌYÀN Ogbè ìrosùn, 20

Ewé ìrosùn
Ewé òro
Ewé kasan
Ewé patọnmọ́
Odidi ataare kan
Ọ̀pọ̀lọ́ kan

A ó lọ̀ ọ́. A ó fi akísà mú ọ̀pọ̀lọ́. A ó tẹ̀ ẹ́ l'ọ́rùn, kí ẹnu rẹ̀ lè yà. Lẹ́hìn náà a ó wá kó ewé tí a lọ̀ sí i lẹ́nu, a ó da ataare sí i, a ó sì tún bu ewé sí i lẹ́nu. A ó wá fi òwú dúdú àti funfun so ẹnu rẹ̀. A ó fi apẹ bò ó mọ́ orí àkìtàn. Lẹ́hìn ọjọ́ méje, a ó fi sínú ọparun fi sùùkù àgbàdo dí i. A ó máa mú un láti inú ọparun pẹ̀lú apó, a ó sì máa rán an sí ènìyàn.

384 — TRABALHO PARA ENVOLVER ALGUÉM NUM PROCESSO JUDICIAL

Folha de DRACAENA LAXISSIMA, Agavaceae
Folha de CALOTROPIS PROCERA, Asclepiadaceae (flor-de-seda)
Folha de URERA MANII, Urticaceae[114]
Folha de STRIGA ASIATICA, Scrophulariaceae
Moer tudo. Desenhar o odu em *ìyẹ̀ròsùn*, pronunciando a encantação. Colocar sobre a imagem de Exu. Despejar em cima azeite de caroço de dendê quente.

Ìrù ẹkùn, agora vá e pegue fulano.
Bomubómú, agora vá e cubra o rosto dele.
A folha *iná* queima a criança na hora.
No dia em que a criança procura *ọ̀yínrín* na Terra, ela acha o do além.
Àdí, vá e amarre fulano.

385 — TRABALHO PARA PROVOCAR COCEIRA EM ALGUÉM

Folha de BAPHIA NITIDA, Leguminosae Papilionoideae[115]
Folha de IRVINGIA GAVONENSIS, Ixonanthaceae
Folha de SMILAX KRAUSSIANA, Smilacaceae
Folha de MIMOSA PUDICA, Leguminosae Mimosoideae (malícia-das--mulheres)
Fruto inteiro de AFROMUM MELEGUETA, Zingiberaceae (amomo)
Um sapo
Pilar as folhas em cima de uma pedra. Prender o sapo com um pano grande, apertar-lhe o pescoço e, quando ele abrir a boca, colocar as folhas piladas dentro. Adicionar algumas AFROMOMUM MELEGUETA e mais folhas. Amarrar a boca do sapo com fios brancos e pretos. Colocar num depósito de lixo e cobrir com uma panela de barro. Deixar ali por sete dias. Depois, colocar a preparação dentro de um bambu, tampando-o com um sabugo de milho. Tirar do bambu com uma alavanca e mandar para quem se deseja atingir.

386 (2051) ÌGBA NKÀN LỌ́WỌ́ ÈNÌYÀN Ọ̀sá òfún, 166

Ewé agogo ògún
Ewé àjẹ́ kòbàlé
Ewé etítarẹ
Ewé ìbẹ́pẹ dúdú
Èso ìbẹ́pẹ dúdú
Ọ̀pọ̀lọ́ kan
A ó lu ihò sínú èso ìbẹ́pẹ, a ó da ewé sí i, a ó pa ọ̀pọ̀lọ́ sí i. A ó tẹfá lórí ìyẹ̀ròsùn, a ó da à si. A ó rì í mọ́lẹ̀.

387 (2052) ÌLÉ NI NÍLÚ Ọ̀kànràn ìwòrì, 124

Ewé èsúrú
Ewé iná
Ewé èsìsì funfun
Ewé àáràgbá
Ewé ọlọ́yìn
Ewé efínrín ọsọ́
A ó jó wọn pọ̀. A ó tẹfá lórí Èṣù. A ó da àdí sí i, a ó sì máa mu epo fún ẹ̀rọ̀ rẹ̀.

388 (2055) ÌMÚ ÈNÌYÀN DI TÁLÁKÀ Òtúrúpọ̀n ìrosùn, 186

Ewé abíríkolo
Ewé àrìrá
Yímíyímí
Omi ihò alákàn
A ó jó o, a ó fi tẹfá, a ó bu lẹ̀bú rẹ̀ sí ọwọ́ a ó fẹ lu ènìyàn.

386 — TRABALHO PARA TOMAR ALGUMA COISA DE ALGUÉM

Folha de Heliotropium indiceum, Boraginaceae (crista-de-galo)
Folha de Croton zambesicus, Euphorbiaceae
Folha de Glinus oppositifolius, Aizoaceae
Folha de Carica papaya (preto), Caricaceae (mamoeiro)
Fruto de Carica papaya (preto), Caricaceae
Um sapo
Furar o mamão. Colocar as folhas dentro do mamão. Matar um sapo e colocá-lo dentro do mamão. Desenhar o odu em *ìyẹ̀ròsùn*. Misturar e enterrar.

387 — TRABALHO PARA EXPULSAR ALGUÉM DA CIDADE

Folha de Dioscorea dumetorum, Dioscoreaceae[116]
Folha de Urera manii, Urticaceae[117]
Folha de Tragia benthamii, Euphorbiaceae
Folha de Bridelia atroviridis, Euphorbiaceae[118]
Folha de Striga asiatica, Scrophulariaceae
Folha de Hoslundia opposita, Labiatae[119]
Queimar tudo. Desenhar o odu na preparação, em cima da imagem de Exu. Adicionar óleo de caroço de dendê. Tomar o óleo para neutralizar o efeito.

388 — TRABALHO PARA EMPOBRECER ALGUÉM

Folha de Crotalaria lachnophora, Leguminosae Papilionoideae[120]
Folha de Pterocarpus erinaceus, Leguminosae Papilionoideae
Um escaravelho
Água do interior do buraco de caranguejo
Queimar os ingredientes. Desenhar o odu na preparação. Colocar o pó preto na mão e soprá-lo na direção da pessoa.

389 (2056) *ÌMÚ NIKÓ WÁRÁPÁ* Ìká ọ̀sá, 176

Ewé èsúsú

Ewé kasan

Ewé ègbé

Èso yànmọ́tí

A ó jó wọn pọ̀, a ó fi tẹfá, a ó pe ọfọ̀ rẹ̀, a ó bu díẹ̀ sí ojú ẹsẹ̀ ẹni náà.

Ajókó bìrìkì kalẹ́ ni t'èsúsú
Aṣubúlébú ni t'ègbé
Níbi ení yànmọ́tí bá ṣubú sí
Níbẹ̀ nìtà tán sí.

390 (2057) *ÌMÚ NI L'ÀLÁKÁLÁ* Ogbè òfún, 31

Ewé àwẹ̀fín

Ewé ajíṣọmọbíàlá

Ewé òrí

Adìyẹ

A ó jó wọn pọ̀, a ó fi tẹfá, a ó pa adìyẹ. A ó da ẹ̀jẹ̀ rẹ̀ sí wọn lórí. A ó la inú adìyẹ sí ọ̀nà méjì láti àyà. A ó kó wọn sínú àkúfọ̀ apẹ. A ó da àdí lé e lórí. A ó kọ orúkọ ẹni náà, a ó fi sínú apẹ, a ó sì gbé e lọ sí oríta.

389 — TRABALHO PARA FAZER ALGUÉM TER EPILEPSIA

Folha de SACCHARUM SPONTEANEUM var. AEGYPTIACUM, Gramineae
Folha de SMILAX KRAUSSIANA, Smilacaceae
Folha não identificada
Fruto de SESAMUM INDICUM, Pedaliaceae (gergelim)
Queimar tudo. Desenhar o odu na preparação, pronunciando a encantação. Colocar uma porção pequena na pegada da pessoa.

Sentar-se por perto até anoitecer é característica de *èsúsú.*
Cair sem parar é característica de *ègbé.*
Onde quer que o vendedor de *yànmọ̀tí* caia
Ali ele para de vender.

390 — TRABALHO PARA FAZER ALGUÉM TER PESADELOS

Folha de OLAX SUBSCORPIOIDEA, Olacaceae
Folha de BIDENS PILOSA, Compositae (picão)
Folha de BUTYROSPERMUM PARADOXUM subsp. PARKII, Sapotaceae (limo da costa)[121]
Uma galinha
Queimar as folhas até obter um pó preto. Desenhar o odu na preparação. Matar uma galinha e despejar o sangue sobre a preparação. Cortar a galinha em duas, a partir do peito. Colocar a preparação dentro do corpo da galinha e pôr tudo numa panela de barro quebrada, adicionando azeite de caroço de dendê. Colocar o trabalho numa encruzilhada.

Ewé apìkán
Odidi ataare
Èso àìdan
Àlùbọ́sà eléwé
Ilé agbọ́n
Imi ẹlẹ́dẹ̀
A ó gún wọn pọ̀. A ó tẹfá lórí ìyẹ̀ròsùn, a ó pe ọfọ̀ rẹ̀. A ó fi omi tàbí ẹmu funfun lò ó.

> *Apìkán abiìṣe mọ níwín wìrì wìrì*
> *Àìdan l'ó ní wèrè tí n ó dán wò lára lámọrín k'ó mú un*
> *Torótoró l'agbọ́n rìn*
> *Pẹ̀lú ìṣòro ni kí lámọrín ó máa rìn ká o*
> *Ẹlẹ́dẹ̀ kọ imí ajá*
> *Kí lámọrín ó kọ gbogbo àwọn èniyàn rẹ̀*
> *Àlùbọ́sà lọ rèé ṣa wèrè bá lámọrín.*

391 — TRABALHO PARA ENLOUQUECER ALGUÉM

Folha de DATURA METEL, Solanaceae (trombeta-roxa)
Fruto inteiro de AFRAMOMUM MELEGUETA, Zingiberaceae (amomo)
Fruto de TETRAPLEURA TETRAPTERA, Leguminosae Mimosoideae
Bulbo de ALLIUM AESCALONICUM, Liliaceae (cebolinha-branca)
Ninho de vespa
Excremento de porco
Pilar tudo. Desenhar o odu em *ìyẹ̀ròsùn*, pronunciando a encantação. Tomar com água ou vinho de palmeira.

Apìkán, aquele que faz a loucura pegar uma criança na mesma hora.
Àìdan diz que a loucura que eu quero testar em fulano deve pegá-lo.
A vespa anda por aí com veneno.
Fulano deve andar por aí com sofrimento.
O porco rejeita o excremento do cachorro.
Que fulano rejeite toda a sua gente.
Àlùbọ́sà, vá e apanhe a loucura para encontrar fulano.

Ewé wọ̀nrọ̀nwọ̀nrọ̀n

Ewé iná

Ewé èsìsì funfun

Ewé ọlọ́yìn

Ewé ọdán ẹ̀kì

Ewé ààràgbá

Orí ajá dìgbòlugi

Aáṣàà gbígbẹ

A ó jó wọn pọ̀. Kí ẹni tí ó ń ṣe ògùn bu ọtí líle (ọtí òyìnbó) s'ẹ́nu. Kí ó fi lẹ́bú náà kun ewé ọdán ẹ̀kì méje. Lẹ́hìn náà, kí ó wá tẹfá pẹ̀lú ọ̀bẹkẹ tàbí ọ̀bẹ Èṣù. Kí ó sì pe ọfọ̀ rẹ̀.

> *Ní wọ̀nrọ̀nwọ̀nrọ̀n l'ójúu rẹ̀*
> *N'íjọ́ tí a bá kó wọ̀nrọ̀nwọ̀nrọ̀n sí iná.*
> *Ní í di wèrè l'ójijì*
> *Kánkán báyìí l'ewé iná jómọ*
> *Wàràwàrà ni ọmọdé bọ̀ oko èsìsì*
> *Lámọrín wá ọlọ́yìn ayé*
> *Wàràwàrà ni k'ó rí ọlọ́yìn ọ̀run*
> *Ilé ò gbà ní í ṣe ààràgbá*
> *K'ó ya dìgbòlugi, k'ó yá a di wèrè*
> *Ajá t'ó ya asínwín l'à ń pè ní dìgbòlugi.*

392 — TRABALHO PARA ENLOUQUECER ALGUÉM

Folha de Sterculia tragacantha, Sterculiaceae
Folha de Urera manii, Urticaceae[122]
Folha de Tragia benthamii, Euphorbiaceae
Folha de Striga asiatica, Scrophulariaceae
Folha de Ficus thonningii, Moraceae
Folha de Bridelia atroviridis, Euphorbiaceae[123]
Uma cabeça de cachorro raivoso
Fumo em pó

Queimar tudo. A pessoa que faz a preparação deve tomar uísque ou gim. Despejar o pó em sete folhas de Ficus thonningii antes de desenhar o odu com a faca vermelha usada para decorar cabaças e pronunciar a encantação.

Que a loucura cubra os seus olhos.
Quando a folha de *wọ̀nrọ̀nwọ̀nrọ̀n* é atirada ao fogo
Ela fica louca de repente.
A folha *iná* queima uma criança bem rápido.
É com pressa que uma criança se afasta de campos cheios das folhas de *èsìsì*.
Fulano está procurando o *ọlọ́yìn* da terra.
Que ele encontre logo o *ọlọ́yìn* do além.
Não ter lugar para ficar em casa é o desenho de *àáràgbá*.
Que ele tenha raiva e fique louco.
Pois um cão com raiva é chamado de cachorro louco.

393 (2065) ÌMÚ NI ṢE WÈRÈ Ọ̀ṣẹ́ òtúrá, 23

Ewé igbó

Ewé gbogbonṣe

Egbò iṣuméri

Ewé tábà tútù

Omikan

A ó gún un nínú odó, a ó sá a gbẹ. A ó tún gún un. A ó tẹfá lórí iyẹ̀ròsùn, a ó pe ọfọ̀ rẹ̀. A ó dà á sínú omikan. A ó rọ ọ́ sínú ìgò. A ó fi ife kékeré fún un mu.

Igbó a bi ìyí mọ l'órí bìrí lọ yí lámọrín lórí
Gbogbonṣe a bi ìṣe'mọ níwín wàràwàrà
Iṣuméri l'ó ní kí ọpọlọ lámọrín ó rírí o
Ewé tábà tútù t'ó mú abi ìkọ́ mọ lóyì bìrì
K'óyí wèrè ó máa kọ́ lámọrín
Níjojúmọ́ l'omikan kan
Ìkanra ni kí lámọrín ó máa bá kiri.

394 (2068) ÌPÁBÒ Ìrù ẹkùn, 225

Èso àkàrà àjẹ́

Èso ejìnrìn

Èètán ẹyin

Ata pupa

A ó jó wọn pọ̀. A ó fi tẹfá, a ó pe ọfọ̀ rẹ̀. A ó bu díẹ̀ sí orí ìtọ̀ obìnrin.

Am'óbò wú àkàrà àjẹ́.

393 — TRABALHO PARA ENLOUQUECER ALGUÉM

Folha de CANNABIS SATIVA, Cannabaceae (maconha)[124]
Folha de UVARIA AFZELII, Annonaceae
Folha de CRINUM ZEYLANICUM, Amaryllidaceae[125]
Folha de NICOTINA TABACUM, Solanaceae (fumo)
Água fermentada com amido de milho
Pilar tudo. Estender ao sol para secar. Pilar novamente. Desenhar o odu em *ìyẹ̀ròsùn*, pronunciando a encantação. Colocar em água fermentada com amido de milho (*omikan*). Engarrafar. Dar de beber numa caneca pequena.

Igbó, que vira a cabeça de uma criança de repente, vá e vire a cabeça de fulano.
Gbogbonṣe faz uma criança ficar louca bem rápido.
Iṣumẹ̀rí diz que o cérebro de fulano deve ficar sujo.
Tábà tútú é tio forte que faz uma criança sentir-se tonta de repente.
Que a tontura da loucura pegue fulano.
Omikan é sempre azeda.
Fulano deve andar por aí de mau humor.

394 — TRABALHO PARA FAZER A VAGINA INCHAR

Fruto de CENETIS FERRUGINEA, Connaraceae
Fruto de MOMORDICA BALSAMINA, Cucurbitaceae (balsamina-de-purga)[126]
Fruto pequeno de ELAEIS GUINEENSIS, Palmae (dendezeiro)
ZANTHOXYLUM SENEGALENSE (vermelha), Rutaceae
Queimar tudo. Desenhar o odu na preparação, pronunciando a encantação. Colocar parte da preparação num local onde a mulher tenha urinado.

Àkàrà àjẹ́ é que faz a vagina inchar.

395 (2072) ÌPA ÈNÌYÀN Ọ̀kànràn ìrẹtẹ̀, 134

Ewé ikàn
Ewé ilá
Èso apìkán
Òrúpa
Érù igi òrúba
A ó jó wọn, ạ ó fi tẹfá, a ó fi sínú oúnjẹ fún ènìyàn jẹ, a sì le fi sínú omi fún ènìyàn mu.

396 (2078) ÌRÁN ÀÌSÙN SÍ ÈNÌYÀN Ọ̀yẹ̀kú ìrosùn, 35

Ewé ọparun
Ewé yúnyun
A ó jó wọn a ó bu lẹ́bú rẹ̀ sí abẹ́ ẹní, a ó tẹfá lórí rẹ̀, a ó sùn lé e lẹ́hìn tí a bá dárúkọ ẹni tí a kò fẹ́ kí ó sùn.

397 (2080) ÌRÁN EJÒ SI ÈNÌYÀN Ọ̀yẹ̀kú ọ̀sá, 40

Ẹ̀dọ̀ ejò
Ìrú ilá
Ọ̀gà (àyè) méjì
Àkùkọ adìyẹ
A ó da àwọn èso sí inú ọ̀gà. A ó sin ín sí etí odò (tí ó máa ń gbẹ lẹ́ẹ̀kan l'ọ̀dún). Lẹ́hìn tí àwọn èso náà bá hù. A ó hú igi rẹ̀. A ó bó èèpo igi irú ilá, a ó sì bó èèpo ẹ̀dọ̀ ejò. A ó hun wọ́n pọ̀. A ó fi sínú ọ̀gà òmíràn. A ó sín ín sí balùwẹ̀ fún ọjọ́ méje. A ó yọ okùn kúrò. Lẹ́hìn èyí, a ó so àkùkọ adìyẹ mọ́lẹ̀ nínú ilé. A ó pe ọfọ̀ pẹ̀lú orúkọ ẹni náà. A ó la okùn mọ́lẹ̀ yóò di ejò, yóò lọ bá ẹni tí a rán an sí. Ejò náà yóò wá pa àkùkọ adìyẹ l'ábọ̀.

395 — TRABALHO PARA ENVENENAR ALGUÉM

Folha de Solanum incanum, Solanaceae (berinjela)
Folha de Abelmoschus esculentus, Malvaceae (quiabo)
Fruto de Datura Metel, Solanaceae (trombeta-roxa)
Hymenocardia Acida, Euphorbiaceae
Cinza
Queimar os ingredientes. Desenhar o odu na preparação. Fazer a pessoa tomar.

396 — TRABALHO PARA FAZER ALGUÉM TER INSÔNIA

Folha de Oxytenanthera abyssinica, Gramineae (bambu)
Folha de Aspilia africana, Compositae
Queimar tudo. Despejar o pó embaixo da esteira. Desenhar o odu sobre o pó. Após pronunciar o nome da pessoa que deverá ter insônia, dormir sobre a esteira.

397 — TRABALHO PARA FAZER UMA COBRA ATACAR ALGUÉM

Cissus producta, Vitaceae
Sementes secas de Abelmoschus esculentus, Malvaceae (quiabo)
Dois camaleões vivos
Um galo
Colocar as sementes dentro de um camaleão. Enterrar à beira de um rio (que seque apenas uma vez por ano). Depois que as sementes brotarem, arrancar as plantas. Descascar o quiabo e a Cissus producta. Trançar as plantas numa corda e colocá-la dentro do outro camaleão. Enterrar no banheiro por sete dias. Retirar a corda. Amarrar um galo dentro de casa. Dizer o nome da pessoa a ser atingida. Esmagar a corda no chão: ela se transformará na cobra que morderá a vítima e na volta matará o galo.

398 (2082) ÌRÁN IBI SÍ ÈNÌYÀN Òtúrá méjì, 13

Ewé ìjà òkè

Ewé abíríkolo

A ó lọ̀ wọ́n, a ó tẹfá l'órí èsù. A ó pe ọfọ̀ rẹ̀.

Ìjà òkè ní kí wọ́n máa bá lámọrín já

Abíríkolo jẹ́ kí lámọrín ó máa bínú

Òtúá méjì tú ìjà bá a.

399 (2089) ÌRÁN ONÍGBÁ MÉJÌ SÍ ÈNÌYÀN Òfún ọ̀yẹ̀kú, 243

Èso apìkán

Odidi ataare

Ilé agbọ́n ilé

Ilé agbọ́n oko

Ọ̀kùnrùn

A ó gún wọn pọ̀, a ó sá wọn gbẹ. A ó tẹfá lórí ìyẹ̀ròsùn. A ó fi sínú oúnjẹ, omi tàbí ọtí. A ó bù wọ́n sí ìloro ẹnu ọ̀nà.

398 — TRABALHO PARA MANDAR O MAL A ALGUÉM

Folha de Ehretia cymosa, Boraginaceae
Folha de Crotalaria lachnophora, Leguminosae Papilionoideae[127]
Moer. Desenhar o odu em cima da imagem de Exu, pronunciando a encantação.

Ijà òkè diz que devem brigar com fulano.
Abíríkolo, permita que fulano fique sempre zangado.
Òtúá méjì, arranje briga para ele.

399 — TRABALHO PARA FAZER ALGUÉM VOMITAR E TER DIARREIA

Fruto de Datura metel. Solanaceae (trombeta-roxa)
Fruto inteiro de Aframomum melegueta, Zingiberaceae
Ninho de vespas doméstico
Ninho de vespas do campo
Uma centopeia
Pilar tudo. Desenhar o odu em *ìyẹ̀ròsùn.* Misturar com comida, água, gim ou rum. Despejar na soleira da porta da pessoa.

Ìyẹ̀ròsùn (ọparun)

Ata pupa

Ẹyẹlé (akọ fún ọkùnrin)

Ẹyẹlé (abo fún obìnrin)

A ó tẹfá lórí ìyẹ̀ròsùn, a ó pe ọfọ̀ rẹ̀, a ó fi ata pupa sórí ọ̀kọ̀kan àwọn odù tí a tẹ̀. A ó kó wọn sínú igbá. A ó gbé e lọ. Sí odò jínjìnnà. A ó kó ẹsẹ̀ ẹyẹlé sí i, lẹ́hìn èyí, a ó jẹ́ kí odò gbé igbá lọ. A ó sì jin ẹyẹlé sínú odò.

> *Ẹri kìí ṣàn k'ó bojú wẹ̀hìn*
> *Ifá bá mi pàràn mọ́ wọn n'íkùn k'óra*
> *Ọparun oko pàràn mọ wọn n'íkùn*
> *Ọ̀bàrà kọ̀sì ifá bá n kó wọn n'íyè kúrò ki wọn ó máa lọ.*
> *Kí lámọrín ó sọnù k'ó má wá mọ́ o*
> *Àtufò l'ẹyẹlé é ta nú igbó*
> *Àtigbódégbó l'ẹyẹlé é kú ú sí*
> *Kí lámọrín ó lọ rèé kú sí àtòdàndọ́dàn.*

400 — TRABALHO PARA FAZER ALGUÉM SE PERDER

Pó de OXYTENANTHERA ABYSSINICA, Gramineae (bambu)

ZANTHOXYLUM SENEGALENSE (vermelha), Rutaceae

Um pombo macho (para homens)

Um pombo fêmea (para mulheres)

Desenhar o odu em *ìyẹ̀rọ̀sùn*, pronunciando a encantação. Colocar pimenta-vermelha em cada desenho feito com *ìyẹ̀rọ̀sùn*. Colocar tudo dentro de uma cabaça. Ir até um rio distante. Pôr as patas de um pombo dentro da cabaça. Deixar o rio levar a cabaça para longe. Jogar o pombo no rio.

O rio não olha para trás enquanto corre.
Ifá, ajude-me a matar as intenções dentro deles, que elas possam acabar.
Ọparum oko, mate as intenções dentro deles.
Ọ̀bàrà kóṣi, Ifá, ajude-me a colher o raciocínio deles, para que eles possam ir embora.
Que fulano se perca e nunca volte.
O pombo voa sem descanso no bosque.
O pombo morre enquanto voa de um bosque a outro.
Que fulano morra enquanto estiver passeando em local estranho.

401 (2091) ÈPÈ ÌṢÉPÈLÈ ÈNÌYÀN Ogbè ìrẹtẹ̀, 29

Egbò orógbó
Egbò ṣẹ́nifíràn
Egbò ata
Egbò akéré jùpọ́n pupa
Odidi ataare méje
Orí ọká
Orí erè
Ìṣasùn (ìṣasùn tuntun)
Ẹmu (gidi)
Ọ̀gùrọ̀ (gidi)
Ṣẹ̀kẹ̀té gidi
Ọtí òyìnbó
A ó gé gbogbo àwọn egbò (sí kékèké). A ó kó wọn sínú ìṣasùn, a ó da èso ataare sí i. A ó da ẹmu sí i, a ó kó orí àwọn ejò sí i. A ó sè wọ́n pọ̀. Tí omi rẹ̀ bá gbẹ, a ó tẹfá lórí ìyẹ̀ròsùn. A ó pò wọ́n pọ̀. A ó fi aṣọ funfun rán àpò kékeré. A ó kó àwọn èlò sí i. A ó mú ọ̀kan nínú àwọn egbò pọ̀ mọ́ eegun orí ọká, a ó fi kan ahọ́n.

402 (2092) ÌTI ÈNÌYÀN SÍ KÒTÒ Ọ̀wọ́nrín ìrẹtẹ̀, 104

Ewé àkùkọ
Ewé òjíjí ìtàkùn
Ewé dáké
Àkèré
A ó jó wọn pọ̀. A ó tẹfá lórí Èṣù. A ó yan àkèré, a ó fi lé orí Èṣù, a ó da àdí sí i. A ó fi apẹ bò ó. A ó máa ṣí i wò, a ó sì máa fún ọjọ́ méje, a ó sì máa dárúkọ ẹni náà sí i pẹ̀lú.

401 — TRABALHO PARA AMALDIÇOAR ALGUÉM

Raiz de GARCINIA KOLA, Guttiferae
Raiz de SESBANIA PACHYCARPA, Leguminosae Papilionoideae
Raiz de ZANTHOXYLUM SENEGALENSE, Rutaceae
Raiz de SPHENOCENTRUM JOLLYANUM, Menispermoceae
Sete frutos inteiros de AFRAMOMUM MELEGUETA, Zingiberaceae (amomo)
Uma cabeça de certa espécie de jiboia
Uma cabeça de jiboia
Uma panela de barro nova
Vinho de palmeira
Vinho extraído da palmeira-da-palha-da-costa
Cerveja de milho
Gim
Cortar todas as raízes em pedaços de dez centímetros. Colocar dentro de panela de barro. Adicionar os frutos de amomo. Despejar as bebidas. Adicionar as cabeças das cobras. Cozinhar até secar. Desenhar o odu em *ìyẹ̀ròsùn*. Misturar tudo. Fazer um saco pequeno com um pano branco. Colocar tudo dentro. Pegar uma raiz e um crânio de cobra e tocar a língua com eles.

402 — TRABALHO PARA FAZER ALGUÉM CAIR NUM POÇO

Folha de HELIOTROPIUM INDICUM, Boraginaceae (crista-de-galo)
Folha de BRACHYSTEGIA EURYCOMA, Leguminosae Caesalpinioideae
Folha de PAUSINYSTALIA MACROCERAS, Rubiaceae
Uma rã listrada
Queimar tudo. Desenhar o odu em cima da imagem de Exu. Torrar a rã listrada. Colocar em cima do Exu. Despejar. Cobrir com uma panela de barro. Destampar a preparação e pronunciar o nome da pessoa durante sete dias.

403 (2093) ÌYỌ NÍLÉ Ọ̀ṣẹ́ méjì, 15

Ewé ojú oró

Ewé èsìsún pupa

Ewé èsìsì

Ewé ààràgbá

A ó lọ̀ ọ́, a ó fi sínú òwú. A ó tẹfá lórí ìyẹ̀ròsùn, a ó dà á sí i. A ó fi òwú funfun àti dúdú so ó. A ó jù ú sínú odò.

404 (2096) MÁGÙN Ogbè ọ̀kànràn, 23

Ewé ẹkúnkún

Ewé èsìsì funfun

Ewé ẹ̀dọ̀ àgbọ̀nrín

Ewé kasan

Iyọ̀

A ó jó wọn. A ó sín gbẹ́rẹ́ méje s'órí ìyàwó, mẹ́sàán sórí ọkọ.

403 — TRABALHO PARA FAZER ALGUÉM IR EMBORA DE ONDE VIVE

Folha de Pistia stratiotes, Araceae (flor-d'água)
Folha de Pennisetum purpureum, Gramineae (capim-elefante)
Folha de Tragia benthamii, Euphorbiaceae
Folha de Bridelia atroviridis, Euphorbiaceae[128]
Moer numa mó. Colocar num algodão. Desenhar o odu em *ìyẹ̀ròsùn.*
Amarrar com linha branca e preta. Jogar num rio.

404 — TRABALHO PARA MATAR O AMANTE DA ESPOSA

Folha de Ananas comosus, Bromeliaceae (abacaxi)
Folha de Tragia benthamii, Euphorbiaceae
Folha de Diocorea sp., Dioscoreaceae (inhame)
Folha de Smilax kraussiana, Smilacaceae
Sal
Queimar tudo. Fazer sete incisões na cabaça da mulher e nove na do marido.

405 (2098) ÒRÙKA ÀLÙWÓ Ìwòrì òdí, 49

Àlùrọ

Òbú òtóyọ̀

A ó já ewé àlùrọ, a ó dà á mọ́ òbú òtóyọ̀. A ó fi òrùka sí i. A ó so wọ́n pọ̀. A ó sin ín fún ọjọ́ méje. Lẹ́hìn èyí, a ó fi igi mú un tàbí kí a fi sí ọmọ-ìka. A ó fi lu ènìyàn, a ó pe ọfọ̀ rẹ̀, ẹni náà yóò sì rọ (lọ́wọ́ rọ lẹ́sẹ̀).

Àlùrọ ni ki ó rọ
Àti ọwọ́ àti ẹsẹ̀ rẹ̀ ni kí ó rọ.

406 (2101) ÒRÙKA PÀDÍMỌ́ Èjìogbè, 1

Ewé padímọ́

A ó rẹ òrùka sínú omi tí á ri ewé sí, a ó jẹ́ kó pẹ́ díẹ̀. A ó pe ọfọ̀ rẹ̀. A ó fi gbá ìdí obìnrin. Ọkùnrin míràn kò sì ní lè gorí rẹ̀ mọ́.

Ewé pàdímọ́ ló ní kí n pàdímimọ́
Bí obìnrin bá ń wẹ̀ lódò a pàdímọ́
Bí ọkùnrin bá ń wẹ̀ lódò a pàdímọ́.

405 — TRABALHO PARA FAZER ALGUÉM CAIR

Folha de SCHRANKIA LEPTOCARPA, Leguminosae Mimosoideae (malícia)
Salitre
Arrancar a folha de malícia. Misturar com o salitre. Adicionar um anel. Amarrar tudo e enterrar sob o sol por sete dias. Pegar com um pau ou colocar num dedo e bater na pessoa com a preparação, pronunciando a encantação — a pessoa ficará paralisada.

Àlùrọ diz que ele deve ficar paralisado.
As mãos e as pernas dele devem ficar paralisadas.

406 — TRABALHO PARA FECHAR A VAGINA DE ALGUÉM

Folha de MIMOSA PUDICA, Leguminosae Mimosoideae (malícia-das--mulheres)[129]
Fazer uma infusão com a folha. Mergulhar um anel na infusão, pronunciando a encantação. Bater nas nádegas da mulher com o anel, impedindo que outro homem a possua.

Pàdímọ́ diz que eu devo fechar a minha vagina.
Quando uma mulher se banha no rio, ela fecha a vagina.
Quando um homem se banha no rio, ele esconde o pênis.

Ìdáàbòbò

407 (2102) ÀGBÉRÓ Ìwòrì ọ̀yẹ̀kú, 48

Ewé ọdán ẹ̀kì

Ewé ààràgbá

Ewé àbo

Odidi ataare

Èso agba

Ọ̀pọ̀lọ́ ìjokùn

A ó jó o. A ó fi tẹfá. A ó fi sín gbẹ́rẹ́ sí ara, a ó fi pa á.

408 (2103) AGBO ỌMỌDÉ Ìwòrì méjì, 3

Ewé fẹmọ lójú tòkí

Ewé àgbásá

Àlùbọ́sà eléwé

A ó sè é, a ó pe ọfọ̀ rẹ̀, kí ọmọdé máa mu ún kí ó sì máa fi wẹ̀ láràárọ̀.

> *Fẹmọ lójú tòkí má jẹ́ k'ó kú*
> *Àgbásá máa gbé àrùn sá lọ*
> *Àlùbọ́sà bá wa sa àrùn yìí dànù.*

Trabalhos de proteção contra trabalhos maléficos

407 — PROTEÇÃO CONTRA AGRESSÕES

Folha de Ficus thonningii, Moraceae
Folha de Bridelia atroviridis, Euphorbiaceae[130]
Folha de Annona senegalensis, Annonaceae (araticum-da-areia)[131]
Fruto inteiro de Aframomum melegueta, Zingiberaceae (amomo)
Fruto de Stachytarpheta indica, Verbenaceae
Um sapo grande
Queimar tudo. Desenhar o odu na preparação. Fazer uma incisão no corpo e esfregar nela a preparação.

408 — PROTEÇÃO PARA A SAÚDE DA CRIANÇA

Folha de Hyptis suaveolens, Labiatae (erva-cidreira)
Folha de Clausena anisata, Rutaceae (anis)
Bulbo de Allium aescalonicum, Liliaceae (cebolinha-branca)
Ferver todos os ingredientes. Pronunciar a encantação. Todas as manhãs, a criança deve tomar a preparação e lavar-se com ela.

Fẹmọ lójú tòkí, não o deixe morrer.
Àgbásá, carregue a doença e fuja mesmo com ela.
Àlùbọ́sà, ajude-me a tirar esta doença.

409 (2104) ÀÌHEWÚ Ọ̀bàrà ọ̀kànràn, 113

Èso òjé

Ewé ẹ̀lú

Adìyẹ dúdú

Ìgbín

Ọṣẹ dúdú

A ó lọ̀ wọ́n, a ó ṣẹ díẹ̀ kù, a ó pò ìyókù pọ̀ mọ́ ọṣẹ dúdú. A ó bù ú wẹ̀. A ó po ìyókù mọ́ àdí àgbọn, a ó máa fi pa ara.

410 (2105) ÀÌKÚ AYA Ọ̀yẹ̀kú òtúrá, 43

Ewé òjíjí igi

Ewé àgbá

Ewé ẹgbà

Ẹran ewúrẹ́

Iyọ̀

A ó lọ̀ wọ́n. A ó se ẹran ewúrẹ́ pẹ̀lú epo pupa, iyọ̀ àti àwọn ewé tí a lọ̀. A ó pò ó mọ́ ìyẹ̀ròsùn tí a fi tẹfá. Kí aya ó jẹ ẹ́ lẹ́ẹ̀kan ṣoṣo.

411 (2106) ÀÌLÙ Ìká ọ̀yẹ̀kú, 168

Ewé ojúṣájú

Ewé imí eṣú

Ewé lẹ́lẹ́úrẹ́

A ó jó o. A ó fi tẹfá. A ó sín gbẹ́rẹ́ sí orí a ó sì fi pa á.

409 — PROTEÇÃO PARA NÃO TER CABELO GRISALHO

Fruto não identificado

Folha de Honchocarpus cyanescens, Leguminosae Papilionoideae

Uma galinha preta

Um caracol

Sabão da costa

Moer tudo. Misturar com sabão da costa. Lavar-se com a preparação. Misturar o resto com óleo de coco e esfregar no corpo.

410 — PROTEÇÃO PARA EVITAR A MORTE DA ESPOSA

Folha de Dalbergia lactea, Leguminosae Papilionoideae

Folha de Landolphia togolana, Apocynaceae[132]

Folha de Rhizophora racemosa, Rhizophoraceae (mangue)

Carne de cabra

Sal

Moer as folhas. Cozinhar a carne de cabra com azeite de dendê, sal e as folhas moídas. Misturar com o pó de *ìyẹ̀ròsùn* usado para desenhar o odu. A mulher deve comer tudo de uma só vez.

411 — PROTEÇÃO PARA EVITAR A AGRESSÃO DE ALGUÉM

Folha de Petiveria alliaceae, Phytolacaceae (erva-de-alho)

Folha de Ageratum conyzoides, Compositae (mentrasto)[133]

Folha não identificada

Queimar. Desenhar o odu na preparação. Fazer uma incisão na cabeça e esfregar nela a preparação.

412 (2107) ÀÌLÙ AWO Ìwòrì ọ̀yẹ̀kú, 48

Ewé awèrèpèpè

Ewé ètípọ́n ọlá

Ewé kókò

Ewé ọ̀pọ̀lọ́

A ó jó wọn pọ̀ a ó tẹfá. A ó sín gbẹ́rẹ́ méje sí àyà babaláwo. A ó fi ra á, a ó sì kó ìyókù sínú àdó. Tí wọn bá na awo. Kí babaláwo bù nínú ògùn inú àdó kí ó sín gbẹ́rẹ́ sí ojú àpá kí ó fi pa á. Ẹní na awo yóò wú kú ni.

413 (2108) APAGUN Ọ̀wọ́nrín ọ̀bàrà, 97

Ewé gbégi

Ewé ẹ̀gẹ́lẹ

Ewé ajílékegé

A ó jó o. A ó pe ọfọ̀ rẹ̀. A ó kó lẹ̀bú rẹ̀ sínú òwú funfun àti dúdú. A ó fi sínú àpò.

> *Ajílékegé kìí kúrò nínta*
> *Ìta la bá ajílékegé.*

414 (2112) APAKÁN Ògúndá méjì, 9

Èso apìkán

Òrombó jàganyín

Irun ọ̀yà

A ó jó wọn pọ̀, a ó tẹfá. A ó kó o sínú omi òrombó jàganyìn. A ó dà á sí ẹnu ọ̀nà ikán.

412 — PROTEÇÃO PARA IMPEDIR QUE O BABALAÔ SEJA AGREDIDO

Folha de Cyathula prostrata, Amaranthaceae
Folha de Boerhavia diffusa, Nyctaginaceae (erva-tostão)
Folha de Colocasia esculenta, Araceae (inhame)[134]
Uma rã

Queimar tudo. Desenhar o odu. Fazer sete incisões no peito do babalaô e esfregar nelas a preparação. Guardar o resto dentro de uma cabaça pequena. Se um babalaô for agredido, ele deve fazer uma incisão no lugar da lesão e esfregar nela a preparação. O corpo da pessoa que o agrediu ficará inchado.

413 — PROTEÇÃO PARA EVITAR QUE SE FAÇAM TRABALHOS AGRESSIVOS

Folha de Eleusine indica, Gramineae (pata-de-galinha)
Folha de Euphorbia hirta, Euphorbiaceae
Folha de Eleusine africana, Gramineae

Queimar tudo até obter um pó preto. Pronunciar a encantação. Enrolar em uma linha de algodão branca e preta. Conservar no bolso.

Ajílékegé nunca deixa o lado de fora.
Ajílékegé é sempre encontrada do lado de fora.

414 — PROTEÇÃO CONTRA CUPIM

Fruto de Datura metel, Solanaceae (trombeta-roxa)
Suco de Citrus aurantium, Rutaceae (laranja)
Pelos de preá

Queimar os dois primeiros ingredientes. Desenhar o signo de Ifá. Adicionar o suco de laranja. Borrifar onde houver cupins.

415 (2113) ÀTẸ̀PA Ìrẹtẹ̀ ìrosùn, 216

Ewé ìlọ́sùn

Ewé eéran

Ewé tòlò

A ó jó o, a ó tẹfá. A ó fi sín gbẹ́rẹ́ sí ẹsẹ̀.

416 (2114) Ẹ̀RỌ̀ FÚN ÌJÀ OBÌNRIN Ogbè ògúndá, 24

Ewé tẹ̀tú

Òrí

Ìgbín kan

Iyọ̀

A ó lọ ewé tẹ̀tú, a ó da omi ìgbín sí i. A ó yan ìgbín, a ó gé e sí ọ̀nà mẹ́rìndílógún. A ó kó wọn sínú apẹ, a ó da ewé, òrí, àti iyọ̀ sí i. A ó tẹfá lórí ìyẹ̀ròsùn, a ó da ìyẹ̀ròsùn sí i. A ó rò ó pọ̀. A ó fún obìnrin jẹ.

417 (2115) ÌDÁ OBÌNRIN DÚRÓ SÍLÉ Òfún ìká, 252

Ewé ìyèré

Ewé ẹyìn

Ewé ìmọ̀

Ojú ológbò

A ó lọ̀ wọ́n. A ó tẹfá lórí ìyẹ̀ròsùn. A ó sín gbẹ́rẹ́ sí abẹ́ ojú, a ó fi ra á.

415 — PROTEÇÃO PARA QUEM PISOU NUM TRABALHO AGRESSIVO

Folha de PENNISETUM POLYSTACHION, Gramineae (capim-rabo-de--mucura)[135]
Folha de DIGITARIA sp., Gramineae[136]
Folha de PENNISETUM HORDEOIDES, Gramineae
Queimar tudo. Desenhar o odu. Fazer incisões ao redor do pé.

416 — PROTEÇÃO PARA ACALMAR MULHER PROBLEMÁTICA

Folha não identificada
BUTYROSPERMUM PARADOXUM subsp. PARKII, Sapotaceae (limo da costa)
Um caracol
Sal
Moer as folhas. Adicionar a gosma do caracol. Cortar o caramujo em dezesseis pedaços. Colocar tudo numa panela com limo da costa e sal. Desenhar o odu em *ìyẹ̀ròsùn*. Despejar sobre a preparação. Misturar. Dar de comer à mulher.

417 — PROTEÇÃO PARA MANTER A ESPOSA EM CASA

Folha de PIPER CAPENSE, Piperaceae[137]
Folha de ELAEIS GUINEENSIS, Palmae (dendezeiro)
Folha não identificada
Um olho de gato
Moer tudo. Desenhar o odu em *ìyẹ̀ròsùn*. Fazer incisões sob os olhos e esfregar nelas a preparação.

418 (2116) FÚN ALÁÀÁRẸ Òdí ìwòrì, 64

Ewé ikúyẹ̀
Ewé èkùyá
Ewé ìràwé igbó
Ewé ìràwé ọ̀dàn
A ó jó wọn pọ̀, a ó fi lẹ́bú rẹ̀ tẹfá, a ó pe ọfọ̀ rẹ̀. A ó dà á sínú epo pupa, a ó máa lá a, a ó tún máa fi pa ara ní ọjọ́ méje méje.

419 (2117) ÌMÚ WÈRÈ Ìrù ẹkùn, 225

Ewé amúnimúyè
Ewé àbo
Ewé àlọ̀fọ̀
Adígbọ̀nránkú
Ọ̀gà
Ẹyin ẹyẹlé
A ó jó wọn pọ̀, a ó fi lẹ́bú rẹ̀ tẹfá. A ó kó o sínú òwú funfun àti dúdú, a ó so ó pọ̀. A ó fi sínú agolo. A ó da ọtí líle sí i. A ó yọ díẹ̀ sẹ́nu, a ó lọ bá wèrè náà sọ̀rọ̀.

420 (2118) ÌRÍRAN OÒGÙN BÚBURÚ Òtúrá ìwòrì, 199

Ewé ikúpẹ̀rọ̀
Ewé ọ̀pẹ̀pẹ̀tilẹ̀sọ
Ewé tòtó gbingbin
A ó gbẹ́ ilẹ̀ sínú ilé, a ó kó gbogbo èló sí i. A ó tẹfá lórí ìyẹ̀ròsùn. A ó rò ó pọ̀ mọ́ ọn. A ó fi erùpẹ̀ bò ó.

418 — PROTEÇÃO PARA AFASTAR O MAL DE UM DOENTE

Folha não identificada
Folha de Cleome gynandra, Capparaceae (muçambê-cor-de-rosa)
Folha de Chlorophora excelsa, Moraceae
Folha de Daniellia oliveri, Leguminosae Caesalpinioideae
Queimar tudo até obter um pó preto. Desenhar o odu nesse pó. Adicionar azeite de dendê. Lamber e esfregar no corpo a cada sete noites.

419 — PROTEÇÃO PARA PRENDER UM LOUCO

Folha de Senecio abyssinicus, Compositae
Folha de Annona senegalensis, Annonaceae (araticum-da-areia)[138]
Folha de Jateorhiza macrantha, Menispermaceae
Folha de Ficus sp., Moraceae
Um besouro não identificado
Um camaleão
Um ovo de pombo
Queimar tudo. Desenhar o odu. Amarrar em algodão com linha branca e preta. Colocar numa lata. Adicionar gim. Pôr um pouco na boca e falar com o louco.

420 — PROTEÇÃO CONTRA TRABALHOS AGRESSIVOS

Folha de Dichrocephala integrifolia, Compositae
Folha não identificada
Folha de Scadoxus cinnabarinus, Amarillydaceae
Fazer um buraco na casa. Colocar tudo dentro. Desenhar o odu em *ìyẹ̀ròsùn*. Despejar em cima da preparação. Misturar. Cobrir com terra.

421 (2120) ÌWẸJÚ Ìrẹtẹ̀ méjì, 14

Ewé olóòtọ́

Ìgbín kan

A ó lọ̀ ewé, a ó se ìgbín lọ́tọ̀. A ó se gbogbo rẹ̀ pọ̀ pẹ̀lú epo pupa àti iyọ̀. A ó tẹ́fá lórí ìyẹ̀ròsùn, a ó dà á pọ̀ mọ́ ọn. A ó jẹ ẹ́.

422 (2121) ÌDÁÀBÒBÒ LỌ́WỌ́ ÀFỌ̀ṢẸ Ọ̀yẹ̀kú méjì, 2

Ewé pèrègún

Ewé awerepèrè

Ewé apàsà apèsè

Ọṣẹ dúdú

A ó gún wọn, a ó sá wọn, a ó sí jọ̀ wọ́n. A ó wá tẹ àwọn odù ifá mẹ́rin àkọ́kọ́, pẹ̀lú ọ̀rùngún méjì. A ó pò ó mọ́ ọṣẹ dúdú a ó máa fi wẹ̀ tàbí kí a fi sín gbẹ́rẹ́ sí ara (A kò gbọgbọ̀ jẹ ẹ́ tí a ò bá fẹ́ kí àwọn ògùn dáadáa tí a ṣe sára bàjẹ́).

Igi pèpèpèpè
Igi pàṣẹpàṣẹ
Ó ní òun ni wọ́n ń pè ní pèrègún
Pèrègún elépè
Pèpè fún mi nígbà yìí o pèrègún elépè
Awere pèpè ifá ni ó pelépè fún wa awerepèrè.

421 — PROTEÇÃO PARA SER CLARIVIDENTE

Folha de Gongronema latifolium, Asclepiadaceae
Um caracol
Sal
Moer as folhas. Ferver o caracol. Cozinhar tudo com azeite e sal. Desenhar o odu em *ìyẹ̀rọ̀sùn*. Misturar com a preparação e comer.

422 — PROTEÇÃO CONTRA MALDIÇÕES

Folha de Dracaena fragrans, Agavaceae (coqueiro-de-vênus-nativo)
Folha de Spilanthes filicaulis, Compositae (agrião-do-brasil)
Folha não identificada
Sabão da costa
Pilar. Secar ao sol e peneirar. Desenhar os quatro primeiros odus e *ọ̀rùngùn méjì*. Misturar com sabão da costa. Lavar-se com a preparação, ou fazer incisões no corpo e esfregar nelas a preparação. (Não comer, senão os trabalhos que você fez anteriormente serão destruídos.)

> A árvore que mata maldições.
> A árvore que mata maus encantamentos.
> Ele diz que é aquele chamado *pèrègún.*
> *Pèrègún* dono das maldições.
> Mate maldições para mim desta vez, *pèrègún* dono das maldições.
> *Awere pèpè,* Ifá diz que você deve matar o amaldiçoador.

423 (2122) ÌDÁÀBÒBÒ LỌ́WỌ́ ÀÌGBỌRÀN Ìrẹtẹ̀ méjì, 14

Ewé ọ̀dúndún

Ewé rinrin

Ewé tẹ́tẹ̀ àtètèdáyé

Ẹyin adìyẹ

Ẹyẹlé

Ìgbín

Ọṣẹ dúdú

Iyọ̀

A ó lọ̀ wọ́n. A ó fọ́ ẹyin adìyẹ sí i. A ó pa ẹyẹlẹ́ sí i. A ó fọ́ ìgbín a ó gé wọn wẹ́lẹ́wẹ́lẹ́. A ó sè wọ́n pọ̀, pẹ̀lú iyọ̀ àti epo pupa. A ó tẹfá, a ó pe ọfọ̀ rẹ̀. A ó fún ẹni náà jẹ, tàbí kí a jó o, kí á fún un lá, a sì lè pò ó mọ́ ọṣẹ dúdú fun wíwẹ̀.

> *Ohun t'ẹ́yẹlẹ́ bá sọ f'ọ́mọ rẹ̀ ní í gbọ́*
> *Ọ̀rúnmìlà ní ó wá ṣe tán*
> *Tí gbogbo ọmọ tí mo bá bí ó gbọ́ tèmi*
> *Èèwọ̀ òrìṣà, ìgbín kí í kọ ọ̀rọ̀ sí ara wọn lẹ́nu*
> *Èèwọ̀ òrìṣà ohun ifá bá wí ni odù ń gbà*
> *Gbogbo ohun tí mo bá wí ni kí ọmọ yìí ó gbà.*

424 (2123) ÌDÁÀBÒBÒ LỌ́WỌ́ AYÉ Ìká ọ̀sá, 176

Ewé àlùki

Irin kòló

Àkàrà ìdí Èṣù

A ó jó wọn, a ó fi tẹfá, a ó sín gbẹ́rẹ́ sí àwọn oríkèé ara a ó fi pa á.

423 — PROTEÇÃO CONTRA TEIMOSIA

Folha de Kalanchoe crenata, Crassulaceae (folha-da-costa)
Folha de Peperomia pellucida, Piperaceae (jabuti-membeca)
Folha de Amaranthus viridis, Amaranthaceae (cauda-de-raposa)
Ovos frescos
Um pombo
Um caracol
Sabão da costa
Sal

Moer as folhas. Adicionar os ovos. Matar o pombo e o caracol, cortá-los em pedaços e cozinhar tudo com o sal e o azeite. Desenhar o odu, pronunciando a encantação. Dar de comer à pessoa; ou queimar tudo e fazê-la lamber o pó preto; ou misturar o pó com sabão da costa e fazer a pessoa lavar-se com a preparação.

> O que quer que o pombo diga a seu filhote, este o ouve.
> Orumilá diz que já é tempo de todas as crianças que tenho me obedeçam.
> Orixá o proíbe, os caracóis nunca rejeitam as palavras uns dos outros.
> Orixá o proíbe, o que quer que Ifá diga é o que o odu aceita.
> Esta criança tem de aceitar tudo que eu disser.

424 — PROTEÇÃO CONTRA OS INIMIGOS

Folha de Asparagus africanus, Liliaceae
Excrementos de certa espécie de minhoca
Cabaça que foi quebrada aos pés de Exu

Queimar tudo. Desenhar o odu na preparação. Fazer cortes nas articulações da pessoa e esfregar neles a preparação.

425 (2125) ÌDÁÀBÒBÒ LỌ́WỌ́ EJÒ Ọ̀ṣẹ́ ogbè, 227

Ìpanumọ́ àbo
Ìpanumọ́ abàfè
Ìpanumọ́ iyá
Odidi ataare
Ewé arójòkú
Orí ejò

A ó jó wọn pọ̀. A ó tẹfá. A ó pe ọfọ̀ rẹ̀. A ó sín gbẹ́rẹ́ yíká ọrùn ọwọ́ àti ọrùn ẹsẹ̀. A ó fi pa á, ejò kò sì ní bu ni jẹ.

> *Ọ̀ṣẹ́ ogbè abinúfunfun bí ẹmu*
> *A d'ífá fún ẹ̀rìnlọ́jọ ejò tí ń ti ọ̀run bọ̀ w'áyé*
> *Ìpanumọ́ àbo kìí j'ábo ó ya'nu*
> *Ìpanumọ́ abàfè kìí j'ábàfè ó s'ọ̀rọ̀*
> *Ìpanumọ́ iyá kìí j'íyá ómí*
> *Àtarúgbó ejò àt'omidan ejò*
> *Ọ̀ṣẹ́ ogbè ifá má jẹ́ wọ́n ó lèè ya'nu ṣán mi*
> *Oró ataare kìí rorò dé èèpo.*

426 (2129) ÌDÁÀBÒBÒ LỌ́WỌ́ ÈPÈ Òfún ìwòrì, 244

Ṣawerepèpè
Ataare
Òrí

A ó lọ ewé ṣawerepèpè mọ́ òrí. A ó sín gbẹ́rẹ́ sí ara, a ó fi ra á tàbí kí á pò ó mọ́ ataare, kí á máa fi ra ara.

> *Wá bá mi pa èpè tí wọ́n fi mí ṣẹ́ yìí*
> *Ṣawerepèpè bá mi pa elépè fún mi.*

425 — PROTEÇÃO CONTRA PICADA DE COBRA

Ponta da folha de ANNONA SENEGALENSIS, Annonaceae (araticum-da--areia)[139]
Ponta da folha de PILIOSTIGMA THONNINOII, Leguminosae Caesalpinioideae
Ponta da folha de DANIELLIA OLIVERI, Leguminosae Caesalpinioideae
Fruto inteiro de AFRAMOMUM MELEGUETA, Zingiberaceae (amomo)
Folha de ECLIPTA ALBA, Compositae (erva-botão)
Uma cabeça de cobra

Queimar tudo. Desenhar o odu. Fazer incisões ao redor do pulso e do tornozelo e esfregar nelas a preparação. A cobra jamais morderá esta pessoa.

Ọṣẹ́ ogbé, ele que espuma com fúria com o vinho de palmeira espumante.
Ifá foi consultado sobre 164 cobras que estavam vindo do céu para a Terra.
Ìpanumọ́ àbo não deixa *àbo* abrir a boca.
Ìpanumọ́ abàfè não deixa *abàfè* falar.
Ìpanumọ́ iyá nunca permite que *iyá* respire.
Cobras velhas e cobras jovens
Ọṣẹ́ ogbè de Ifá não permite que elas sejam capazes de abrir a boca para me morder.
O veneno de *ataare* nunca arde até atingir a casca.

426 — PROTEÇÃO CONTRA MALDIÇÕES

Folha de CYATHULA PROSTRATA, Amaranthaceae
Fruto de AFRAMOMUM MELEGUETA, Zingiberaceae (amomo)
BUTYROSPERMUM PARADOXUM subsp. PARKII, Sapotaceae (limo da costa)

Moer a folha com limo da costa. Fazer uma incisão no corpo e esfregar nela a preparação, ou misturar a preparação com amomo e esfregar no corpo.

Venha e ajude-me a matar a maldição que puseram em mim.
Ṣawerepèpè, ajude-me a matar os que me amaldiçoam.

427 (2130) ÌDÁÀBÒBÒ LỌ́WỌ́ ẸJỌ Ọ̀kànràn méjì, 8

Ewé enísà oògùn

Èwó ịṣu

Eku kan

Ẹja (kékeré) àrọ̀ kan

A ó kó gbogbo rẹ̀ sínú ewé enísà oògùn, a ó tẹfá lórí ìyẹ̀ròsùn, a ó pe ọ̀fọ̀ rẹ̀.

A ó sin í sí àrin ọ̀nà tóró.

> *Ọ̀kànràn méjì lọ kan ẹjọ́ mọ́lẹ̀*
> *Eku t'ó kú kò lè jẹ èwó*
> *Ẹja t'ó kú kò lè jẹ èwó*
> *Enísà oògùn kò lè sa oògùn rẹ̀.*

428 (2133) ÌDÁÀBÒBÒ LỌ́WỌ́ ẸRANKO Ọ̀kànràn ìwòrì, 124

Ìpanumọ́ àbo

Ìpanumọ́ abàfè

Ìpanumọ́ iyá

Ataare

Ìgbín

Iyọ̀

A ó lọ̀ wọ́n, a ó se ìgbín pẹ̀lú epo pupa, iyọ̀, ata àti ataare. A ó tẹfá lórí ìyẹ̀ròsùn. A ó pe ọ̀fọ̀ rẹ̀. A ó pò wọ́n pọ̀, a ó sì jẹ ẹ́.

> *Ìpanumọ́ iyá níí pa'hùn mọ́ iyá l'ẹ́nu*
> *Ìpanumọ́ abàfè níí pa'hùn m'ábàfè l'étè*
> *Ìpanumọ́ àbo níí pa'hùn m'ábo l'ẹ́nu*
> *Ẹrankokẹ́ranko kò níí lè bá mi jà ní tèmi*
> *Ìgbín kì í gb'ọ́wọ́ ìjà sí ara wọn n'íjù*
> *Ọ̀kànràn ìwòrì màa jẹ́ k'ẹ́ranko ó bá mi jà ní tèmi.*

427 — PROTEÇÃO PARA CANCELAR UM PROCESSO

Folha de Ritchiea capparoides var. longipedicellata, Capparaceae
Purê de Dioscorea sp., Dioscoreaceae (inhame)
Um rato
Um peixe pequeno de pântano
Amarrar tudo dentro da folha. Desenhar o odu em *ìyẹ̀ròsùn*, pronunciando a encantação. Enterrar a preparação no meio de uma viela.

Ọ̀kànràn mejì vá e suprima o caso.
Um rato morto nunca é capaz de comer *èwó* [purê de inhame].
Um peixe morto nunca é capaz de comer *èwó*.
A folha *enísà oògùn* não pode enfeitiçar seu próprio corpo.

428 — PROTEÇÃO CONTRA ANIMAIS SELVAGENS

Ponta da folha de Annona senegalensis, Annonaceae (araticum-da--areia)[140]
Ponta da folha de Piliostigma thonningii, Leguminosae Caesalpinioideae
Ponta da folha de Daniellia oliveri, Leguminosae Caesalpinioideae
Semente de Aframomum melegueta, Zingiberaceae (amomo)
Um caracol
Sal
Moer as folhas. Cozinhar o caracol com azeite, sal, pimenta e amomo. Desenhar o odu em *ìyẹ̀ròsùn*. Pronunciar a encantação. Comer.

É *ìpanumọ́ iyá* que tranca as palavras na boca de *iyá*.
É *ìpanumọ́ abàfẹ̀* que tranca as palavras dentro dos lábios de *abàfẹ̀*.
É *ìpanumọ́ àbo* que tranca as palavras na boca de *àbo*.
Nenhum animal deverá ser capaz de lutar comigo.
Caracóis nunca levantam as mãos uns contra os outros na luta.
Ọ̀kànràn ìwòrì, não deixe animais selvagens lutarem comigo.

Ẹ̀kan pẹ̀pẹ́ mẹrìn-dílogun
Ọ̀gẹ̀dẹ̀ (abo) mẹrìn-dílogun
Ataare mẹrìn-dílogun
Ewé àtòrì mẹrìn-dílogun
Ewé ito mẹrìn-dílogun
Ewé ẹkúnkún mẹrìn-dílogun
Ìyẹ́ ẹtù kan

A ó da ẹ̀kúnwọ́ iyọ̀ sí ilẹ̀ẹ́lẹ̀ (láìbèèrè iye t'o jẹ́). A ó tẹ ìrẹtẹ̀ méjì lé e lórí, a ó pe ọfọ̀ rẹ̀, a ó kó gbogbo wọn sínú ihò, a ó fi ìkòkò ajere bò ó, a ó gbe apẹ omi tútù lé e lórí.

Ẹ̀kún l'à bá ìrẹtẹ̀ méjì l'ójú ọpọ́n
Ìtò l'ó ní kí mi tó ará iwájú
Bírí l'ọ̀gẹ̀dẹ̀ dágbo tirẹ̀ l'ájùba
Àtòrì wá bá mi túnwà mi ṣe
Gbogbo ara l'òrìṣà fi fétù
Ẹ̀kúnkùn l'ó ní k'ájọ tèmi ó máa kún.

429 — PROTEÇÃO CONTRA O MAL

Dezesseis estaquinhas de Dialium guineense, Leguminosae Caesalpinioideae
Dezesseis frutos de Musa sapientum (fêmea), Musaceae (bananeira)
Dezesseis frutos de Aframomum melegueta, Zingiberaceae (amomo)
Dezesseis folhas de Glyphaea brevis, Tiliaceae
Dezesseis folhas de Landolphia dulcis, Apocynaceae
Dezesseis folhas de Ananas comosus, Bromeliaceae (abacaxi)
Uma Acroceras zizanioides, Gramineae

Jogar uma mancheia de sal no chão (sem verificar o preço). Desenhar *ìrẹtẹ̀ méjì* em cima, pronunciando a encantação. Colocar todos os ingredientes dentro de um buraco. Cobrir com uma panela de barro totalmente furada. Colocar em cima outra panela, cheia de água fresca.

Ìrẹtẹ̀ méjì é encontrado no *atẹ* de Ifá em estado de plenitude.
Ìtò diz que eu devo alcançar algum prestígio, como as pessoas que vieram, antes.
As bananeiras se produzem circularmente no campo.
Àtòrì, venha e me ajude a melhorar a minha personalidade.
Òrìṣà ama a cabra de corpo e alma.
Ẹkúnkún diz que meus encontros devem ser sempre abundantes.

430 (2147) ÌDÁÀBÒBÒ LỌ́WỌ́ IBI Òfún méjì, 16

Ewé gbégbé manítigbé

A ó já ọ̀pọ̀lọpọ̀ ewé gbégbé manítigbé. A ó lọ̀ ọ́ kúnná, a ó sá a lóòrùn. A ó tẹfá a ó pe ọfọ̀ rẹ̀. A ó pọnmi inú ihó alákàn wọ́ọ. A ó máa lá a pẹ̀lú omi.

Akájá wọgbó ọmọ Ògún
Òòrì fẹ̀gẹ̀jẹ́ ọmọ Alọ́ràn
Alákàn gbárìrì wọsà ni í ṣe ọmọ Ìlọ́ṣèòjíkàn
Gbégbé l'ó ní kí ire ó máa gbé ọwọ́ mi
Èèwọ̀ òrìṣà, omi ilé alákàn kì í dànù.

431 (2147) ÌDÁÀBÒBÒ LỌ́WỌ́ IBI Òfún méjì, 16

Ewé ahùn
Odidi ataare
Ahùn

A ó jó wọn pọ̀, a ó fi lẹ́bú rẹ̀ tẹfá, a ó pe ọfọ̀ rẹ̀. A ó máa fi fọ́ ẹ̀kọ tútù mu fún ọjọ́ méje.

Má jẹ́ kó hun mí ahùn
Bí inú bá bí mí tí mo safá pani
Má mà jẹ́ k'ó hun mí
Ọ̀rọ̀ gbogbo kì í hun ahùn.

430 — PROTEÇÃO CONTRA O MAL

Folha de ICACINA TRICHANTHA, Icacinaceae

Arrancar muitas folhas de ICACINA TRICHANTHA. Moer muito bem. Secar ao sol. Desenhar o odu, pronunciando a encantação. Misturar com a água retirada do buraco do caranguejo. Lamber a água.

Ele-que-leva-cachorro-para-dentro-do-mato, filho de Ogum.
A enorme árvore *òòrì,* filho do chefe *Alọ̀ràn* [de Ifé].
Caranguejos se apressam ruidosamente para seus buracos, filho de *Ìlóṣèòjíkàn.*
E *gbégbé* quem diz que a fortuna deve ficar nas minhas mãos.
Orixá o proíbe, a água dentro da casca do caranguejo nunca vaza.

431 — PROTEÇÃO CONTRA O MAL

Folha de ALSTONIA BOONEI, Apocynaceae

Fruto inteiro de AFRAMOMUM MELEGUETA, Zingiberaceae (amomo)

Uma tartaruga

Queimar tudo. Desenhar o odu no pó preto, pronunciando a encantação. Tomar com acaçá frio todas as noites durante sete dias.

Não deixe que isto me prejudique, *ahùn.*
Se eu ficar zangado e invocar Ifá para matar alguém.
Não deixe que isso tenha consequências ruins para mim.
Ahùn nunca é prejudicada por nada.

432 (2171) ÌDÁÀBÒBÒ LỌ́WỌ́ ÌJÀ Èjìogbè, 1

Ẹ̀kọ

Odidi ataare

A ó han ewé igi ẹ̀kọ. A ó pọ́n odidi ataare ní ewé, a ó fi ìyẹ̀ròsùn tẹfá, a ó pe ọfọ̀ rẹ̀. A ó tún pán ẹ̀kọ náà l'éwe. A ó fi owú dúdú àti funfun gbá a títítí a ò fi ní rí ewé náa mọ́. A ó so ó mọ́ àjà ilé.

Ẹ̀kọ èé gbé nú agbọ̀nọ́n jà
Èrínlọ́jọ ataare ní ń bẹ nínú ilé kan ṣoṣo
A kì í gbọjà wọn l'óde
Ifá má jẹ́ kí wọn ó ja ara wọn ní ìyàn
Òwú dúdú òwú funfun ò gbọdọ̀ ja ara wọn n'íyàn tí ó d'ìjà.

433 (2172) ÌDÁÀBÒBÒ LỌ́WỌ́ ÌJÀMBÁ Òfún méjì, 16

Ewé ẹ̀yọfò

Ewé èfò

Odidi ataare kan

Ẹja èfò

A ó jó gbogbo rẹ̀, a ó tẹfá. A ó pe ọfọ̀ rẹ̀. A ó fi fọ́ ẹ̀kọ tútù mu lẹ́ẹ̀kan náà.

Ẹ̀yọfò yọ mí nínú ibi
Èfò gbé mi fò nínú ibi
Ẹja èfò gbé mi fò nínú ibi

432 — PROTEÇÃO CONTRA BRIGAS

Folha não identificada

Fruto inteiro de Aframomum melegueta, Zingiberaceae (amomo)

Arrancar as folhas de *ẹ̀kọ*. Embrulhar o amomo numa folha. Desenhar o odu em *ìyẹ̀ròsùn*, pronunciando a encantação. Embrulhar *ẹ̀kọ* junto com os ingredientes. Amarrar com linha branca e preta até o sinal da folha desaparecer.

> Os *ẹ̀kọ* nunca brigam uns contra os outros dentro da cesta.
> Cento e sessenta e quatro sementes de *ataare* estão dentro de uma casa.
> Do lado de fora nunca escutamos que elas estejam brigando.
> Ifá não os deixe ter alguma discussão que vire briga.
> A linha preta e a linha branca nunca devem ter discussões que acabem em briga.

433 — PROTEÇÃO PARA SOBREVIVER SEM FERIMENTOS A UM ACIDENTE DE CARRO

Folha de Tephrosia elegans, Leguminosae Papilionoideae

Folha de Pleioceras barteri, Apocynaceae

Fruto inteiro de Aframomum melegueta, Zingiberaceae (amomo)

Um peixe não identificado

Queimar tudo. Desenhar o odu, pronunciando a encantação. Comer de uma só vez com acaçá frio.

> *Ẹ̀yọ̀fò*, salve-me do mal.
> *Èfò*, afaste-me do mal.
> *Ẹja èfò*, afaste-me do mal.

434 (2177) ÌDÁÀBÒBÒ LỌ́WỌ́ ÌJÌ — Ọ̀yẹ̀kú ogbè, 32

Ewé ọ̀wọ̀

A ó lọ̀ ọ́. A ó tẹfá lórí ìyẹ̀ròsùn, a ó pe ọfọ̀ rẹ̀. A ó pò ó pọ̀. A ó sín gbẹ́rẹ́ sí ara a ó fi pa á.

Ọ̀wọ̀ l'ó ní kí wọn dẹwọ́ fún mi
Ẹni t'ó na ọ̀yẹ̀kú, á rí jà ogbè.

435 (2178) ÌDÁÀBÒBÒ LỌ́WỌ́ ÌKÚ ÒJIJÌ — Èjìogbè, 1

Ewé bùjé wẹ́wẹ́
Ewé àpadà
Odidi ataare kan
Ọ̀pọ̀lọ́

A ó jó o, a ó pe ọfọ̀ rẹ̀, a ó sín gbẹ́rẹ́ mẹ́rìndílógún sí ọrùn ọwọ àti sí orí. A ó fi ra á.

Ikú ṣi oníbùjé mọ̀
Sìnìyànmọ̀ sìnìyànmọ̀
Àpadà pa orí ikú dà lọ́dọ̀ mi
Bí wọ́n bá mú ọ̀pọ̀lọ́, bí kò jọ ẹja à á fi sílẹ̀.

434 — PROTEÇÃO CONTRA CICLONES

Folha de BRILLANTAISIA LAMIUM, Acanthaceae[141]

Moer. Desenhar o odu em ìyèròsùn, pronunciando a encantação.

Misturar tudo. Fazer incisões no corpo e esfregar.

Ọ̀wọ̀ diz que eles devem me prestar respeito.

Quem quer que bata em *ọ̀yẹ̀kú* experimentará a fúria de *ogbè*.

435 — PROTEÇÃO CONTRA MORTE SÚBITA

Folha de CREMASPORA TRIFLORA, Rubiaceae

Folha de URARIA PICTA, Leguminosae Papilionoideae

Fruto inteiro de AFRAMOMUM MELEGUETA, Zingiberaceae (amomo)

Um sapo

Queimar tudo. Pronunciar a encantação. Fazer dezesseis incisões ao redor do pulso e dezesseis na cabeça. Esfregar nelas a preparação.

A morte falhou em reconhecer *oníbùjé.*

Aquele que falha em reconhecer pessoas, aquele que falha em reconhecer pessoas.

Àpadà, vire a morte para longe de mim.

Se a pessoa pega o sapo e este não parece um peixe, a pessoa o solta.

436 (2180) ÌDÁÀBÒBÒ LỌ́WỌ́ ÌKÚ ÒJIJÌ Ìrosùn méjì, 5

Ewé osùn
Ewé ọ̀súnsún
Ewé arẹ́hìnkosùn
Ọta nínú ìrókò
Iyọ̀

A ó jó wọn pọ̀. A ó fi lẹ̀bú rẹ̀ tẹfá ìrosùn méjì. A ó pe ọfọ̀ rẹ̀. A ó pò ó pọ̀, a ó fi fọ́ ẹ̀kọ tútù mu lẹ́hìn ońnjẹ alẹ́.

> *Ikú kì í gun orí igi osùn nífẹ̀*
> *Níjọ́ tí ikú bá gun orí igi osùn ni ikú sùn lọ*
> *Ọ̀súnsún ni òun yóò fi máa sún ibi síwájú*
> *Arẹ́hìnkosùn kì í rí jà ṣọ̀npọ̀ná*
> *Iyọ̀ ni òun yóò fi yọ gbogbo ibi náà jáde*
> *Ọta inú ìrókò l'òun ó fi kó gbogbo ibi kúrò.*

437 (2190) ÌDÁÀBÒBÒ LỌ́WỌ́ IRỌ PIPA MỌMI Ogbè ọ̀ṣẹ́, 30

Ewé abíríkolo
Ewé àlúpàyídà
Ewé ọlá tabẹ̀sé
Ewé akísan

A ó jó wọn pọ̀. A ó fi tẹfá. A ó fi òwú dúdú àti funfun wé e. A ó gba a l'óńdè. A ó máa so ó mọ́ ìdí.

436 — PROTEÇÃO CONTRA MORTE SÚBITA

Folha de BAPHIA NITIDA, Leguminosae Papilionoideae[142]
Folha de CARPOLOBIA LUTEA, Polygalaceae
Folha de SCADOXUS CINNABARINUS, Amaryllidaceae
Uma bala encravada numa CHLOROPHORA EXCELSA, Moraceae
Sal
Queimar tudo. Desenhar o odu no pó preto. Pronunciar a encantação.
Misturar tudo. Tomar com acaçá frio após o jantar.

A morte nunca sobe na árvore *osùn* em Ifé.
Quando a morte sobe na árvore *osùn*, a morte cai em sono profundo.
É *ọ̀súnsún* que ele usará para empurrar o mal adiante.
Arẹ́hìnkosùn nunca experimenta a fúria de *sònpònà*.
É *iyọ̀* o que ele usará para extrair todo o mal.
É a bala de dentro da árvore *ìrókò* o que ele usará para recolher todo o mal e mandá-lo embora.

437 — PROTEÇÃO CONTRA FALSAS ACUSAÇÕES

Folha de CROTALARIA LACHNOPHORA, Leguminosae Papilionoideae[143]
Folha de URARIA PICTA, Leguminosae Papilionoideae
Folha não identificada
Folha de TRIANTHEMA PORTULACASTRUM, Aizoaceae
Queimar tudo. Desenhar o odu na preparação. Amarrar com linha branca e preta. Embrulhar com couro preto e amarrar na barriga.

438 (2191) ÌDÁÀBÒBÒ LỌ́WỌ́ ÌSỌNÙ Ògúndá ogbè, 137

Ewé kókò

Àkarà ẹ̀gbẹ

A ó tẹfá lórí ìyẹ̀ròsùn. A ó kó àkàrà ẹ̀gbẹ sínú ewé kókò, a ó da ìyẹ̀ròsùn sí i. A ó gbé e lọ sí ìdí Èṣù, a ó dá a sí i.

439 (2194) ÌDÁÀBÒBÒ LỌ́WỌ́ ÌWỌ́ Ìrẹtẹ̀ ọ̀wọ́nrín, 217

Egbò ọdán ẹ̀kì

Èso wérénjéjé

A ó jó o, a ó fi lẹ̀bú rẹ̀ tẹfá. A ó sín gbẹ́rẹ́ sí oríkèríkè ara ọmọ náà a ó fi ra á.

440 (2195) ÌDÁÀBÒBÒ LỌ́WỌ́ MÁGÙN Ọ̀sá òdí, 155

Ewé tábà (tútù)

Ìfun ahun

Ìfun àkùkọ

A ó gé wọn sínú ìgó, a ó da àdí sí i. A ó tẹfá lórí ìyẹ̀ròsùn. A ó pò wọ́n pọ̀. A ó mu ṣíbí kan.

438 — PROTEÇÃO CONTRA PERDA DE OBJETOS

Folha de Colocasia esculenta, Araceae (inhame)[144]
Bolo seco de feijão
Desenhar o odu em *ìyẹ̀ròsùn*. Colocar o bolo seco de feijão na folha de inhame. Adicionar o pó de *ìyẹ̀ròsùn*. Levar ao assento de Exu e jogar em cima.

439 — PROTEÇÃO CONTRA ENVENENAMENTO

Raiz de Ficus thonningii, Moraceae
Fruto de Abrus precatorius, Leguminosae Papilionoideae (olho-de--cobra)
Queimar tudo. Desenhar o odu no pó obtido. Fazer incisões nas juntas do corpo. Esfregar nelas a preparação.

440 — PROTEÇÃO CONTRA *MÁGÙN* (VENENO USADO PARA MATAR O HOMEM NO MOMENTO EM QUE TEM RELAÇÕES COM UMA MULHER CASADA)

Folha fresca de Nicotina tabacum, Solanaceae (fumo)
Intestino de tartaruga
Intestino de galo
Cortar os ingredientes em pedaços. Engarrafar. Despejar óleo de caroço de dendê na preparação. Desenhar o odu em *ìyẹ̀ròsùn*. Misturar tudo. Tomar uma colherada.

441 (2196) ÌDÁÀBÒBÒ LỌ́WỌ́ OGUN Òdí ìrosùn, 65

Ịṣu emìnà

Obì méjì

Ìkó-ódẹ méjì

A ó já ìkó-ódẹ méjì, a ó kó wọn sínú àpò funfun kékeré. A ó fi pẹ̀pẹ́ ọ̀pẹ gé iṣu emìnà sí wẹ́wẹ́, a ó kó wọn sínú àpò. A ó tẹfá lórí ìyẹ̀ròsùn, a ó pe ọfọ̀ rẹ̀, a ó fi obì méjì pẹ̀lú owó ra á.

Dẹ́ẹ́rẹ́ l'emìnà-án so dẹ̀ẹ̀rẹ̀

442 (2197) ÌDÁÀBÒBÒ LỌ́WỌ́ OJÚKÒKÒRÒ Òdí méjì, 4

Ewé àlúpàyídà okànlélógún

Ewé akẹ́sinmásọ

Èso akẹ́sinmásọ

Ewé làpálàpá

Odidi ataare

Òkú ọmọ adìyẹ

Eérú

A ó jó gbogbo rẹ̀ pọ̀, a ó tẹfá lórí lẹ̀bú rẹ̀. A ó dà á mọ́ àdí, a ó sì máa lá a lẹ́ẹ̀mejì l'ọ́sẹ̀.

Èèwọ̀ òrìṣà ádìẹ t'ó kú kìí dúró wo àgbàdo
Èèwọ̀ òrìṣà ewúrẹ́ ilé kìí dúró wo ewée làpálàpá láti jẹ
Má dúró wò yìí
Eérú iná kìí tún padà di ògúnná
Ojú kòkòrò tí ń bẹ l'ójú lámọrín yìí
Òdí méjèèjì wá lọ rèé dí ojúu rẹ̀
K'óhun olóhun ó má wù ú mọ́.

441 — PROTEÇÃO CONTRA A GUERRA

DIOSCOREA BULBIFERA, Dioscoreaceae (cará-de-sapateiro)
Duas nozes de COLA ACUMINATA, Sterculiaceae (coleira)
Duas penas de papagaio vermelho
Arrancar as penas vermelhas de papagaio. Colocá-las num saquinho branco. Cortar o cará-de-sapateiro em pedaços com casca do ramo de palmeira e pôr num saco. Desenhar o odu em *ìyẹ̀ròsùn*, pronunciando a encantação. Esfregar duas coleiras (COLA ACUMINATA) e dinheiro na preparação.

Com tranquilidade, *emìnà* carrega seus frutos.

442 — PROTEÇÃO CONTRA A GANÂNCIA

21 folhas de URARIA PICTA, Leguminosae Papilionoideae
Folha de BIDENS PILOSA, Compositae (picão)
Fruto de BIDENS PILOSA, Compositae
Folha de JATROPHA CURCAS, Euphorbiaceae (pinhão)
Fruto inteiro de AFRAMOMUM MELEGUETA, Zingiberaceae (amomo)
Um pinto
Cinza
Queimar tudo. Desenhar o odu no pó preto, pronunciando a encantação. Misturar com óleo de caroço de dendê. Lamber duas vezes por semana.

Orixá o proíbe, o pinto morto nunca espera para olhar o milho.
Orixá o proíbe, a cabra doméstica nunca espera para comer a folha de *làpálàpá*.
Não espere para olhar para isto.
As cinzas do fogo nunca voltam a ser brasas vivas.
Esta ganância nos olhos de fulano.
Òdí méjèèjì, vá e cubra os olhos dele.
Que as coisas das outras pessoas nunca mais o atraiam.

443 (2199) ÌDÁÀBÒBÒ LỌ́WỌ́ OLÈ Ẹsẹ̀kan òfún, 126

Ewé koóko èṣulẹ̀
Ewé òórá.
Odidi ataare kan
A ó jó wọn. A ó fi tẹfá, a ó pe ọfọ̀ rẹ̀. A ó dà wọ́n sínú àdó. A ó fi kọ́ ẹnu ọ̀nà ilé.

> *Koóko èṣulẹ̀ rèé ṣú olè l'ójú*
> *Òórá má jẹ́ kí olè gbé ǹ kan mi rá.*

444 (2200) ÌMÚ OLÈ SÍLẸ̀ Ògúndá ogbè, 137

Ewé lámúlè
Ewé àbo
Ewé ọkùnkùn
A ó jó wọn, a ó fi tẹfá, a ó pe ọfọ̀ rẹ̀, a ó dà wọ́n sínú igbá, a ó sì fi kọ́ abẹ́ òrùlé.

> *Lámúlè bá mi mú olè sílẹ̀ k'ó má lè lọ*
> *Àbo bo olè mọ́lẹ̀*
> *Ọkùnkùn má jẹ́ kí olè ó rínà lọ.*

445 (2205) ÌDÁÀBÒBÒ LỌ́WỌ́ ỌGBẸ́ Ògúndá ọ̀ṣẹ́, 150

Ewé làálí
Ewé àńsáré nú ẹ̀kan
Ewé iyọ̀ ẹṣin
Ewé jiwinni
A ó jó wọn nínú apẹ kékeré, a ó fi lẹ́bú rẹ̀ tẹfá, a ó pe ọfọ̀ rẹ̀. A ó sín gbẹ́rẹ́ mọ́kàn lélógún sí orí. A ó fi ògùn ra á.

> *Àńsáré nú ẹ̀kan*
> *Kìí ṣ'asán*
> *Àńsáré nú ẹ̀kan*
> *Kìí ṣ'asán.*

443 — PROTEÇÃO CONTRA LADRÕES

Folha de Panicum sadinii, Gramineae
Folha de Rauvolfia vomitoria, Apocynaceae
Fruto inteiro de Aframomum melegueta, Zingiberaceae
Queimar tudo. Desenhar o odu na preparação, pronunciando a encantação. Colocar numa cabaça pequena. Pendurar na entrada da casa.

Koóko èṣulẹ̀, cubra os olhos do ladrão.
Òórá, não deixe o ladrão levar as minhas coisas embora.

444 — PROTEÇÃO CONTRA LADRÕES

Folha de Cassia arereh, Leguminosae Caesalpinioideae
Folha de Annona senegalensis, Annonaceae (araticum-da-areia)[145]
Folha de Palmae sp., Palmae (palmeira)
Queimar. Desenhar o odu na preparação, pronunciando a encantação. Colocar numa cabaça pequena. Pendurar na entrada da casa.

Lámúlè, ajude-me a segurar o ladrão para que ele não possa escapar.
Àbo, cubra o ladrão no chão.
Ọkùnkùn, não deixe o ladrão encontrar o caminho.

445 — PROTEÇÃO CONTRA FERIMENTO DE FACÃO

Folha de Lawsonia inermis, Lythraceae (hena)
Folha de Imperata cylindrica, Gramineae
Folha de Tridax procumbens, Compositae
Folha de Acalypha ciliata, Euphorbiaceae
Queimar tudo numa panela de barro pequena. Desenhar o odu no pó preto, pronunciando a encantação. Fazer 21 incisões na cabeça e esfregar nelas a preparação.

Quando corremos no campo
Não é em vão.
Quando corremos no campo
Não é em vão.

446 (2215) ÌDÁÀBÒBÒ LỌ́WỌ́ ỌTÁ Ọ̀ṣẹ́ òtúrá, 239

Ewé amọ́wọ́ ayé kúrò

Ewé ṣẹ́wọ́ ṣẹ́ṣẹ̀ pẹ́pẹ́

A ó lọ̀ wọ́n. A ó pe ọfọ̀ rẹ̀ sí i. A ó sín gbẹ́rẹ́ mọ́kànlélógún sí orí, a ó sì fi ra á.

Amọ́wọ́ ayé kúrò wá mọ́wọ́ ọ̀tà kúrò l'ára mi

Ṣẹ́wọ́ ṣẹ́ṣẹ̀ pẹ́pẹ́ bá mi ṣẹ́gun ọ̀tá mi.

447 (2216) ÌDÁÀBÒBÒ ỌBA LỌ́WỌ́ IKÚ Òdí ọ̀yẹ̀kú, 63

Ewé ọlọ́yẹ̀rẹ́

Ewé ìmọ̀

Ewé àpẹ́

A ó lọ̀ wọ́n, a ó tẹfá lórí ìyẹ̀ròsùn. A ó sín gbẹ́rẹ́ mọ́kànlélúgba sí orí, a ó sì fi ra á.

446 — PROTEÇÃO CONTRA OS INIMIGOS

Folha de OCIMUM GRATISSIMUM, Labiatae (alfowaca)
Folha de ALCHORNEA LAXIFLORA, Euphorbiaceae
Moer tudo. Pronunciar a encantação. Fazer 21 incisões na cabeça e esfregar nelas a preparação.

Amọ́wọ́ ayé kúrò, venha e tire as mãos do inimigo do meu corpo.
Ṣẹ́wọ́ ṣẹ́ṣẹ̀ pẹ́pẹ́, ajude-me a vencer os meus inimigos.

447 — PROTEÇÃO PARA RESGUARDAR O REI CONTRA A MORTE

Folha não identificada
Folha não identificada
Folha de CELTIS INTEGRIFOLIA, Ulmaceae
Moer tudo. Desenhar o odu em *ìyẹ̀ròsùn*. Fazer 201 incisões na cabeça e esfregar nelas a preparação.

ILUSTRAÇÕES

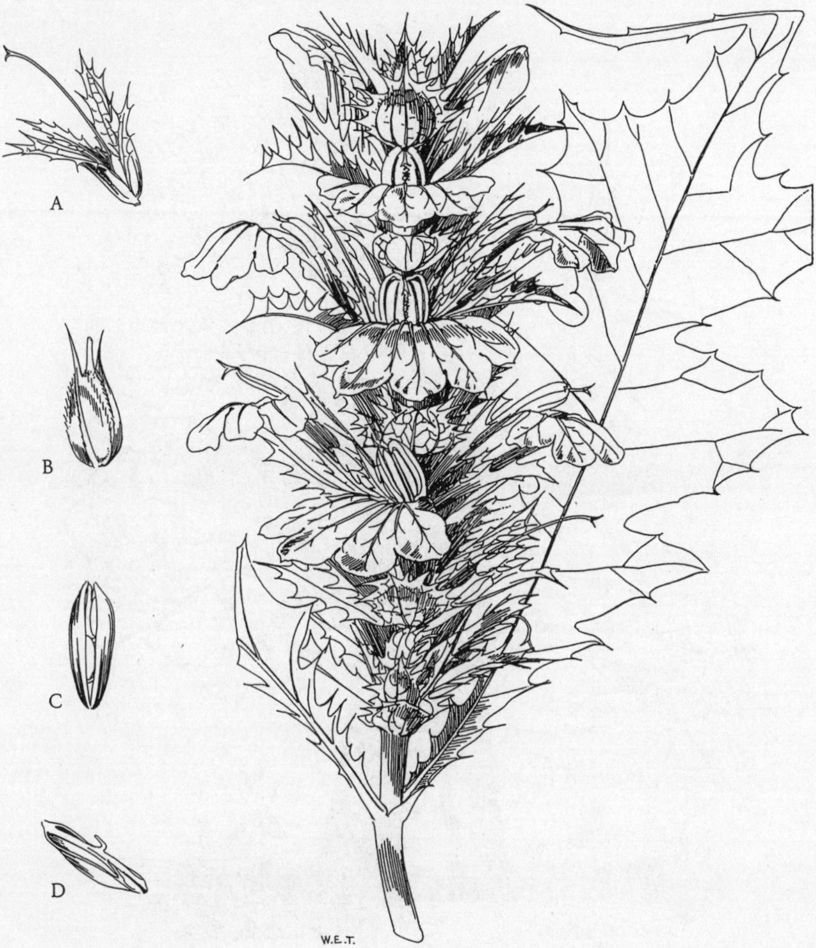

ACANTHUS MONTANUS, Acanthaceae (falso-cardo)
Ahọ́n ẹkùn (*dúdú*), *ẹkùn arúgbó*, *òpìpì* ou *òpìpì oko*

A, brácteas e pistilo. B, cálice e ovário. C, fruto. D, valva do fruto.

ADANSONIA DIGITATA, Bombacaceae (baobá)
Ọṣẹ̀ ou *ọṣẹ̀ ìgbéèlùjù*

ALBIZIA ADIANTHIFOLIA, Leguminosae Mimosoideae
Ayìnrẹ́, ayùnrẹ́ wẹ̀ẹ̀rẹ̀ ou *banabáná*

A, B, flores. C, ramo florífero. D, frutos.

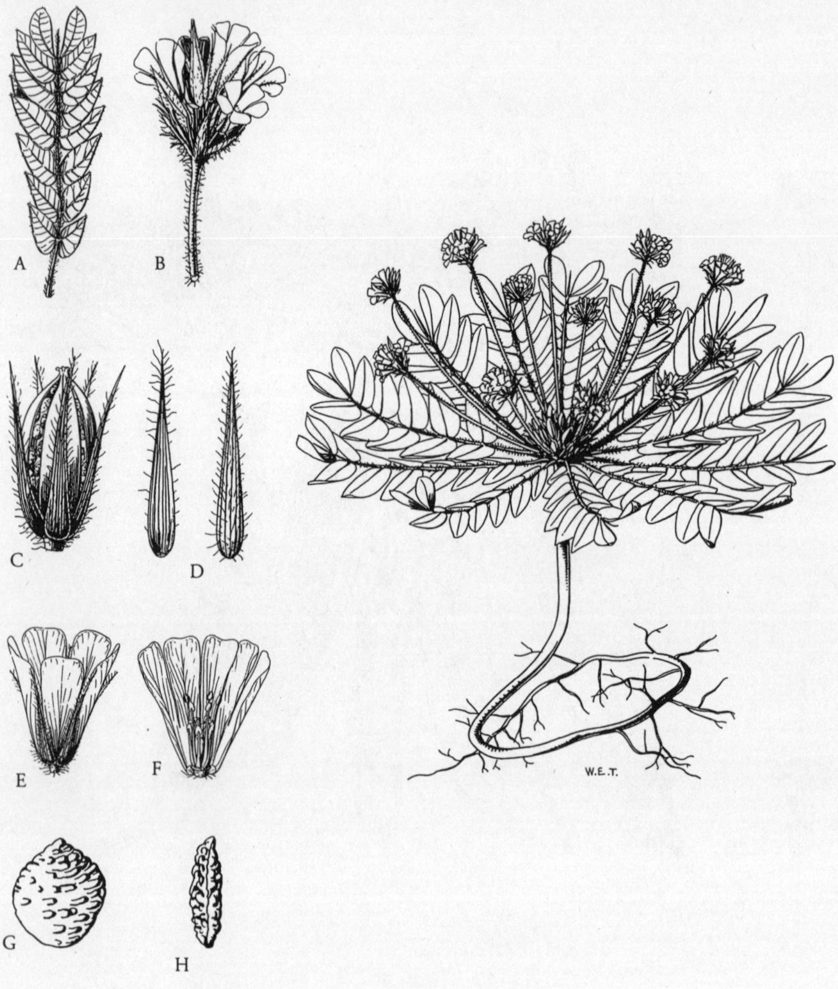

Biophytum petersianum, Oxalidaceae
Patọnmọ́ ou *jẹ́lẹ́nubẹnu*

A, folha. B, agrupamento de flores. C, fruto com sépalas. D, sépala, face interior e exterior. E, flor. F, idem, aberta. G, face de semente. H, idem, vista lateral.

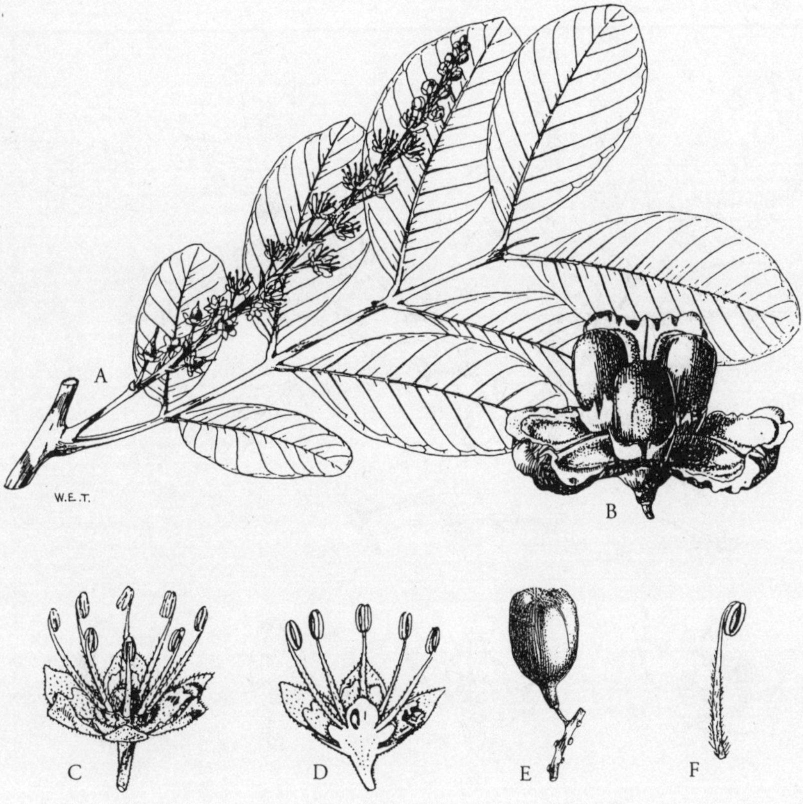

BLIGHIA SAPIDA, Sapindaceae (castanheiro-da-áfrica)
Iṣin, iṣin jíjẹ, iṣin ọká ou *iṣin ọ̀dàn*

A, inflorescência e folhas. B, fruto após deiscência mostrando sementes ariladas. C, flor. D, idem, em corte vertical. E, fruto. F, estame.

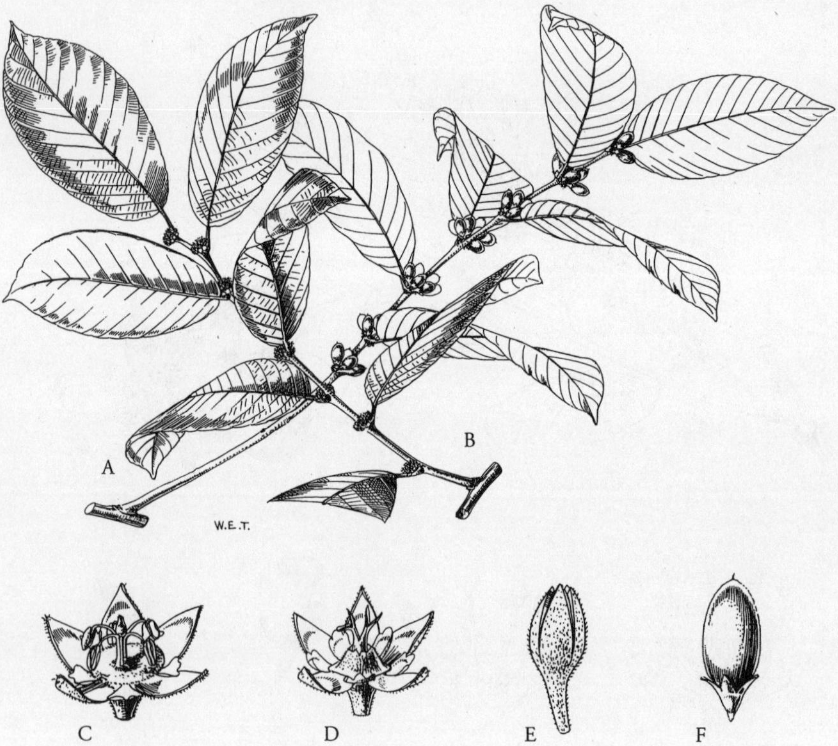

Bridelia micrantha, Euphorbiaceae

Àsáràgba, àṣá, àṣá gidi, àáràsá, ìra ou *fọnú fọnú*

A, broto feminino. B, broto masculino. C, flor masculina. D, flor feminina. E, botão floral. F, fruto.

BRILLANTAISIA LAMIUM, Acanthaceae
Ajíromi, *ọ̀wọ̀* ou *omi tútù*

A, folha. B, inflorescência. C, fruto. D, valva do fruto. E, eixo do fruto. F, antera. G, pistilo.

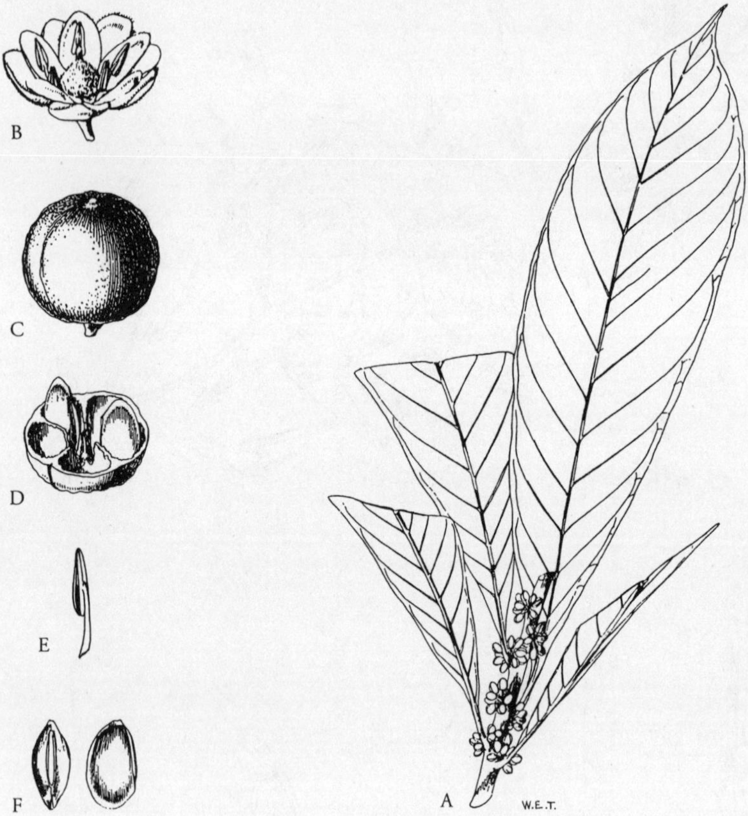

CHRYSOPHYLLUM ALBIDUM, Sapotaceae

Ọsàn àgbálùmọ̀, osàn ọlọ́mọ wẹ́wẹ́, onídọ̀sàn ou *àgbálùmọ̀ ọlọ́mọ*

A, broto florífero. B, flor aberta. C, fruto. D, interior do fruto com sementes. E, estame. F, sementes.

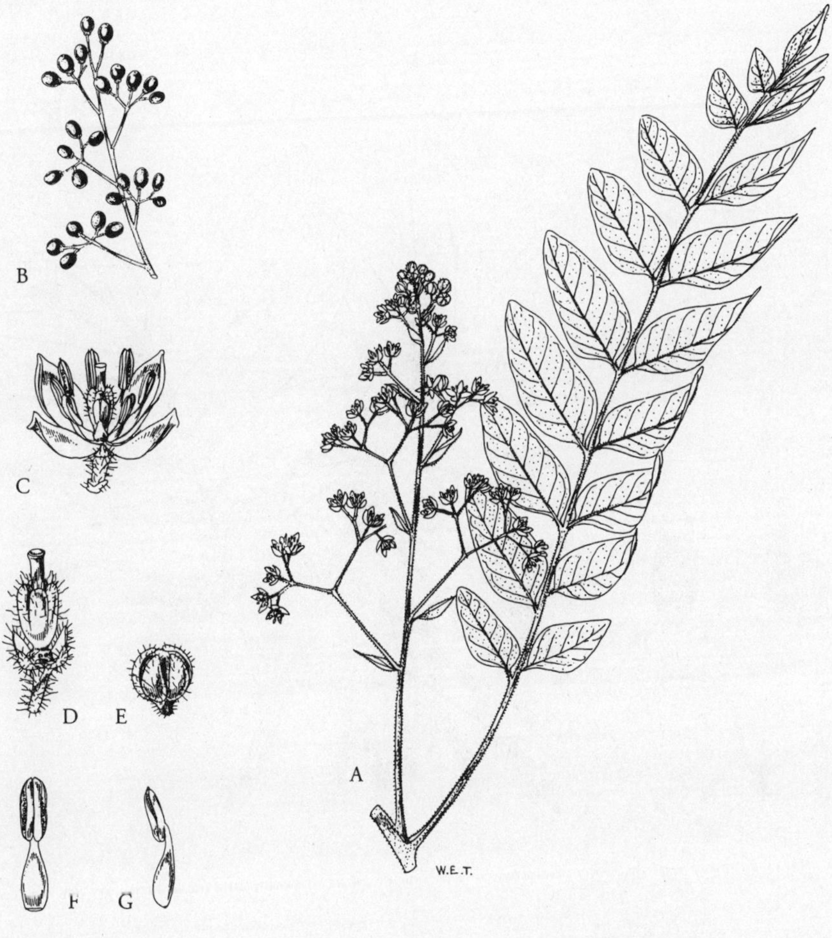

CLAUSENA ANISATA, Rutaceae (anis)
Àgbásá, àtàpàrí òbúkọ, àtàpàrí òrúkọ ou *agbárí òbúkọ*

A, inflorescência. B, frutos. C, flor aberta. D, pistilo. E, botão floral. F, face do estame. G, idem, vista lateral.

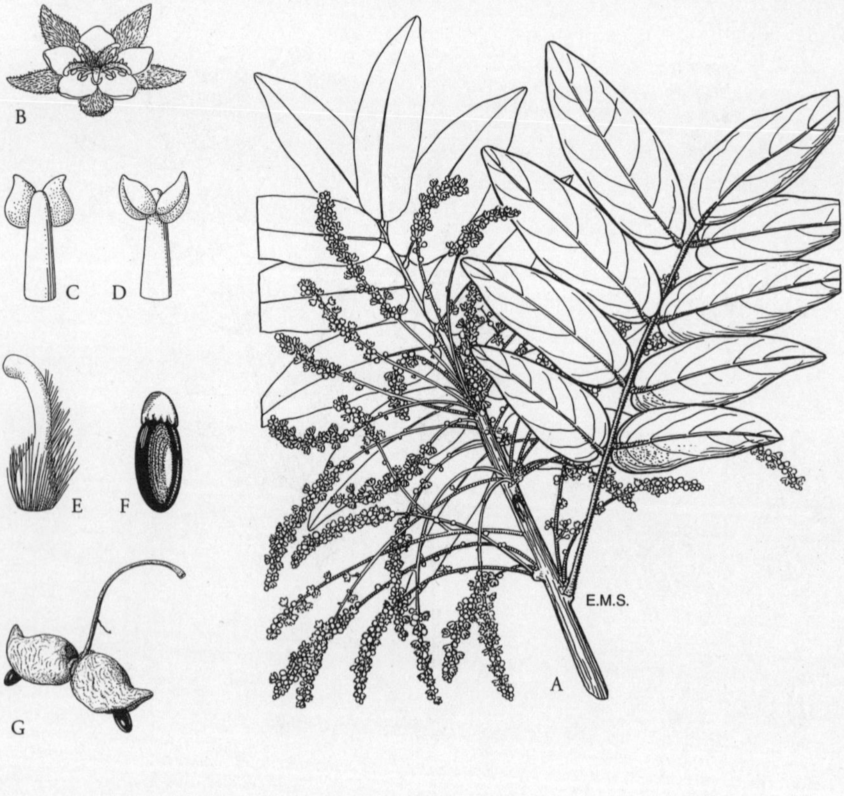

CNESTIS FERRUGINEA, Connaraceae
Ọyàn àjẹ́, àkàrà àjẹ́, àkàrà ọṣó, èsìsé, ekóró, gbọ̀nyìngbọ̀nyìn, àpèjonu ou *ìká ọ̀kùnrùn*

A, broto florífero. B, flor. C, D, estames. E, gineceu. F, semente. G, fruto.

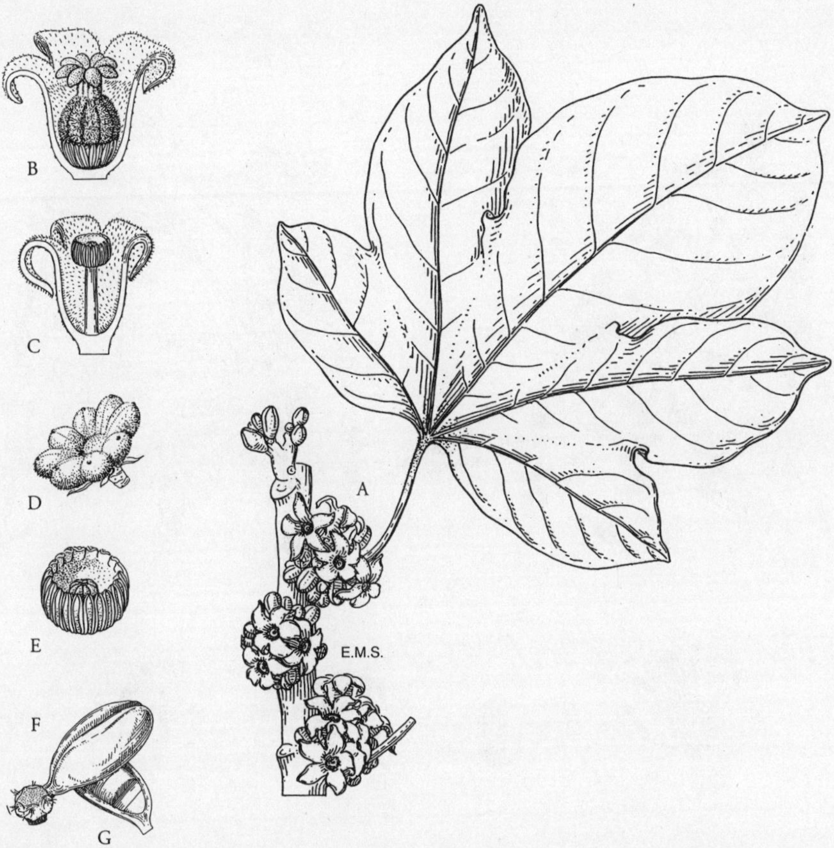

COLA MILLENII, Sterculiaceae
Obì ẹdun, obì aya, worowówò, obìdun, aworere, ẹ̀hìn ẹdun ou *obìgàrè*

A, broto florífero e folha. B, flor masculina, corte vertical. C, flor feminina, mesmo corte. D, fruto jovem. E, anteras e carpelos. F, fruto. G, carpelo com sementes.

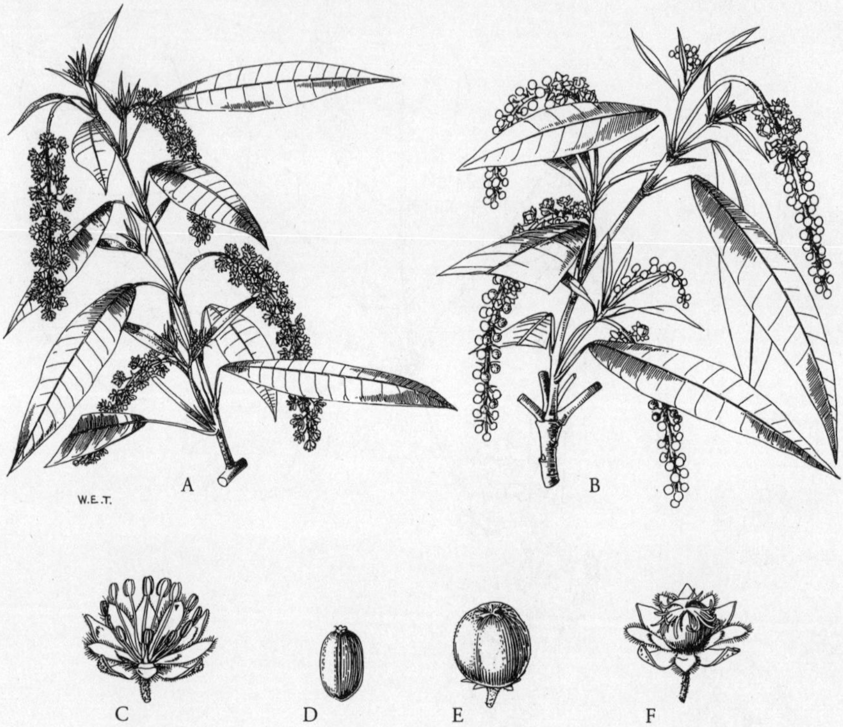

CROTON ZAMBESICUS, Euphorbiaceae

Àjẹ́ kòbàlé, àjẹ́ òfòlé, afẹ́lóru ou *ọ̀bàlé*

A, broto masculino. B, broto feminino. C, flor masculina. D, semente. E, fruto. F, flor feminina.

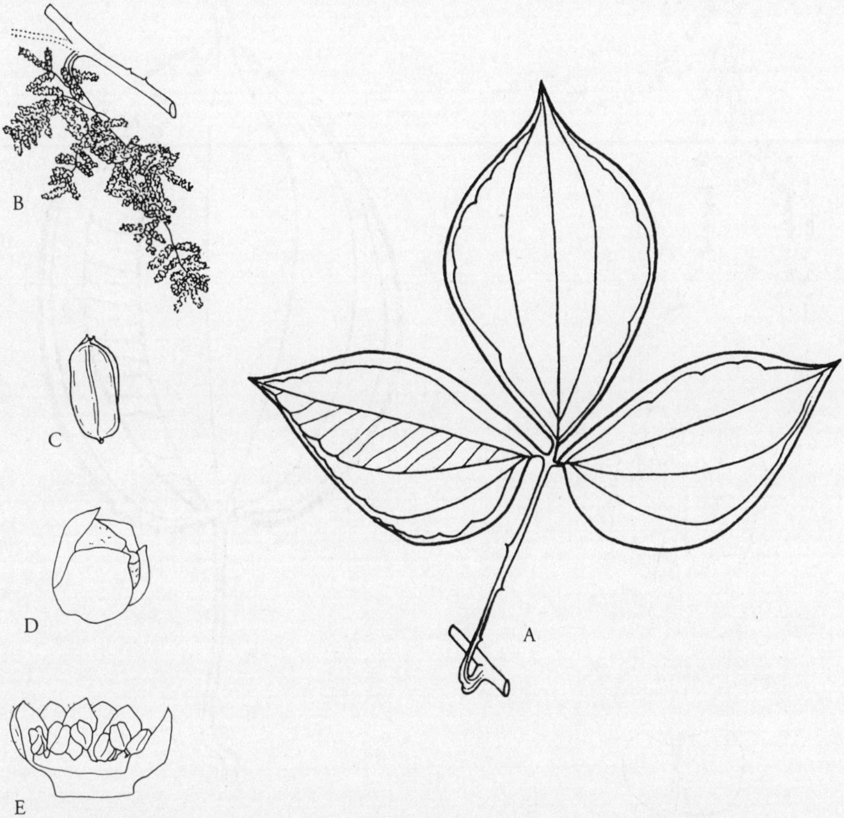

DIOSCOREA DUMETORUM, Dioscoreaceae

Èsúrú, èsúrú ọ̀rọ̀, èsúrú funfun, gùdùgúdú ou *èsúrú pupa*

A, folha. B, inflorescência. C, fruto. D, botão floral. E, flor.

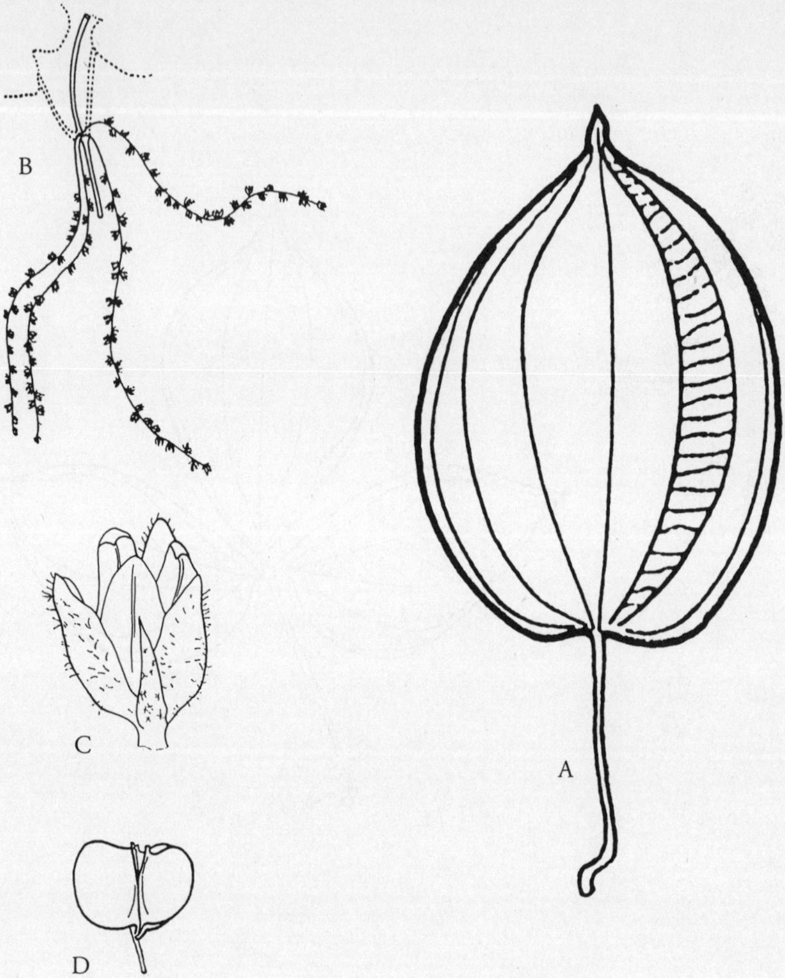

DIOSCOREA HIRTIFLORA, Dioscoreaceae

Òkèlè ahun, aṣogbóṣatọ́, okùn owó ou *ìkojú*

A, folha. B, inflorescência. C, flor. D, fruto.

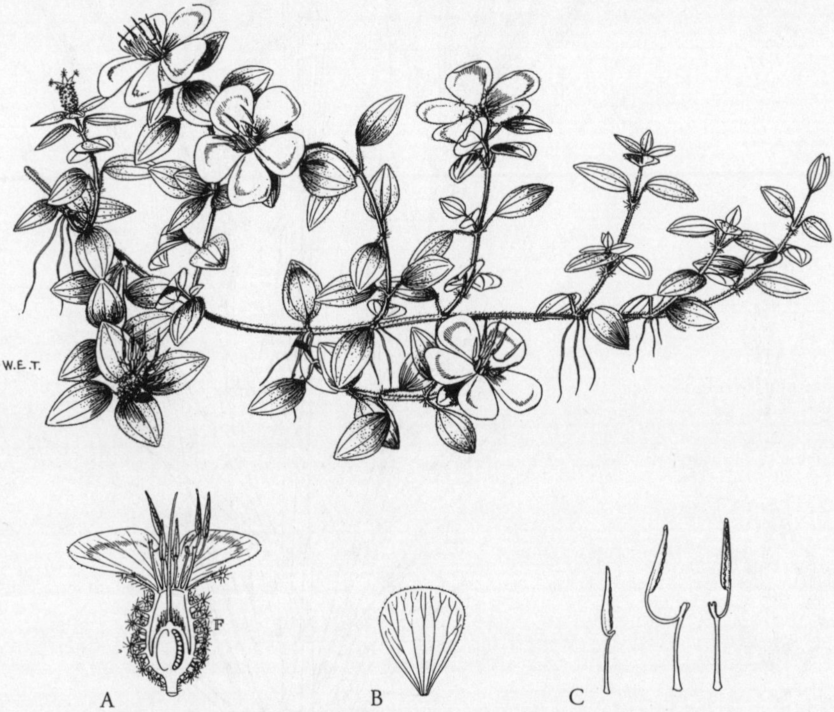

DISSOTIS ROTUNDIFOLIA, Melastomaceae

Ajagunráṣè, awẹde, apọ́ ibà, ìbéderẹ́ ou *alaṣẹ*

A, flor, corte vertical. B, pétala. C, estames.

ELEUSINE INDICA, Gramineae (pata-de-galinha)
Gbági, gbẹ́gi, ẹsẹ̀ kannakánná ou *gbẹ́gidínà*

A, parte da espiga. B, flor. C, espigueta. D, grão.

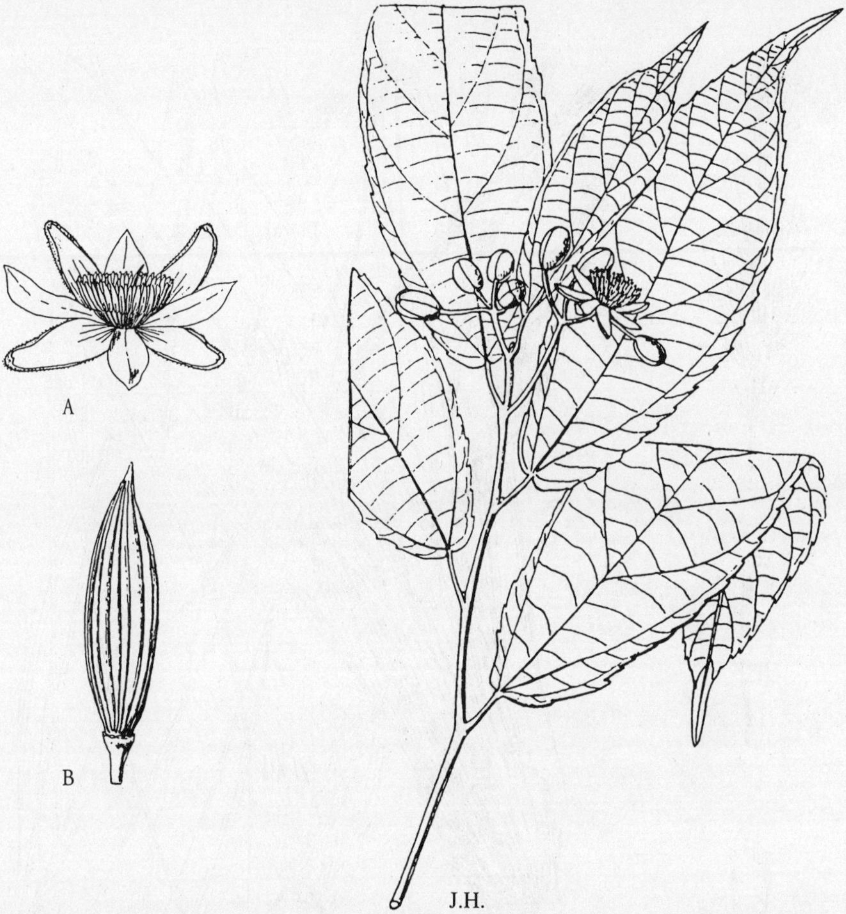

GLYPHAEA BREVIS, Tiliaceae

Ọ̀rẹ̀ ẹ̀wòò ou *àtòrì*

A, flor. B, fruto.

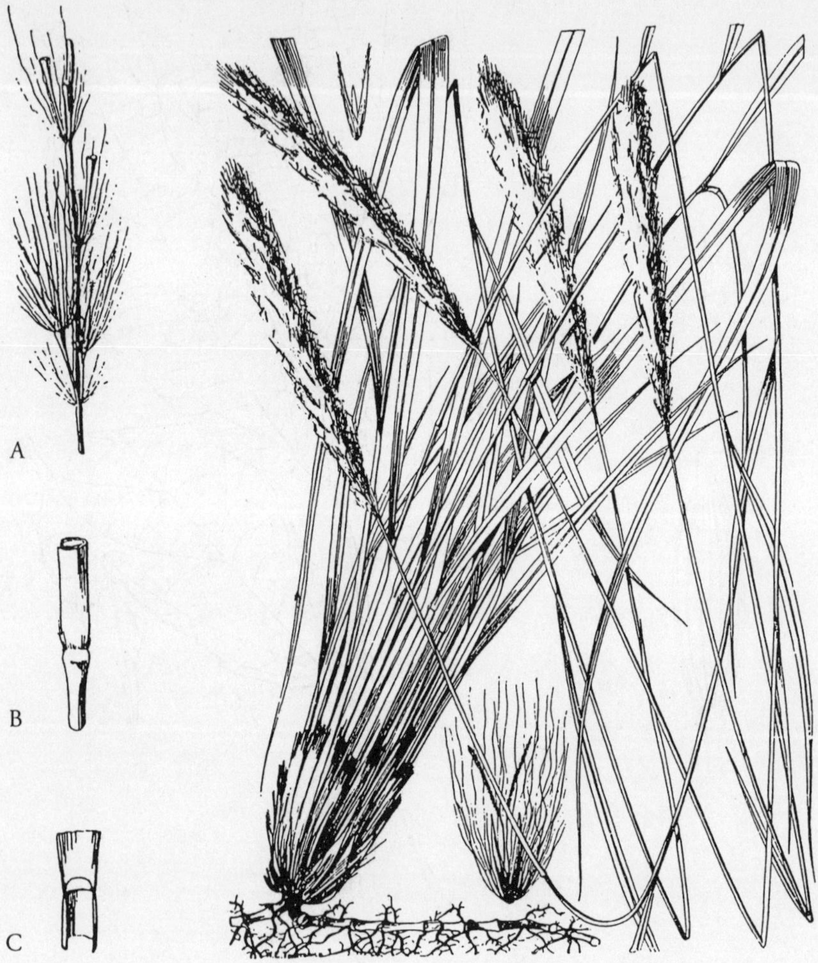

IMPERATA CYLINDRICA var. AFRICANA, Gramineae
Ẹ̀kan, ìṣá ou *èéṣá*

A, parte do ramo florífero. B, entrenó. C, lígula.

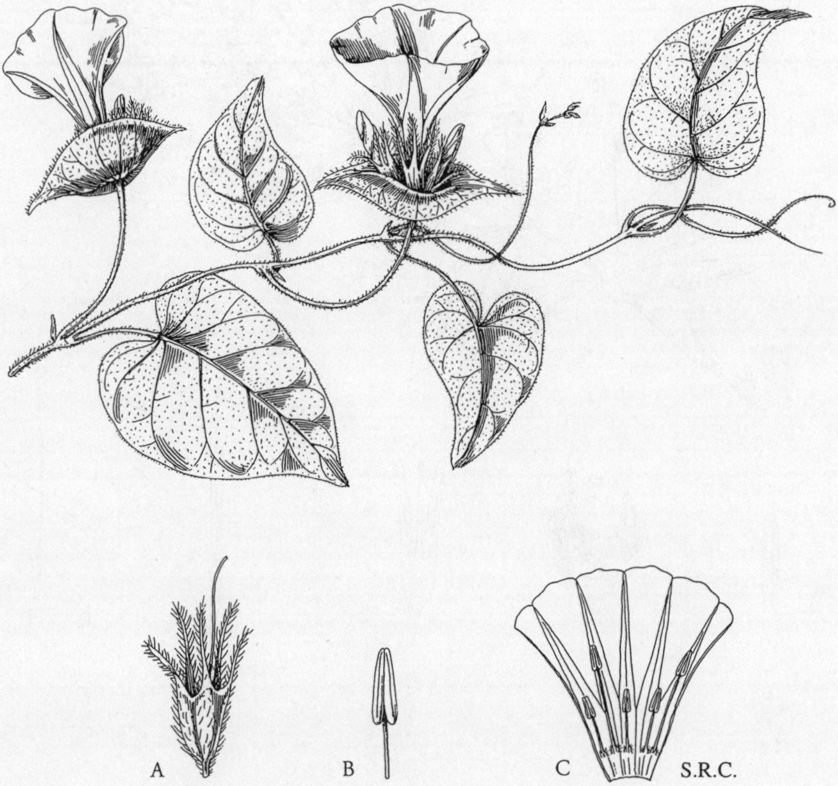

Ipomoea involucrata, Convolvulaceae

Àlùkérése, àlùkérése pupa, afàkájù, òdódó oko ou *òdódó odò*

A, cálice e estilete. B, antera. C, corola aberta.

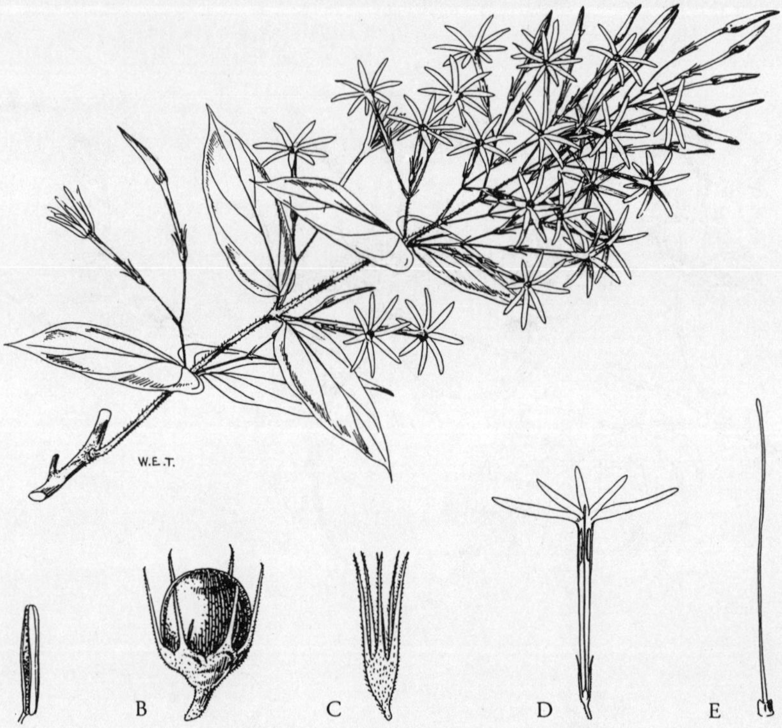

JASMINUM PAUCIFLORUM, Oleaceae
Abẹ́rẹ̀ ou *idẹwanran*

A, antera. B, fruto. C, cálice. D, flor, corte longitudinal. E, pistilo.

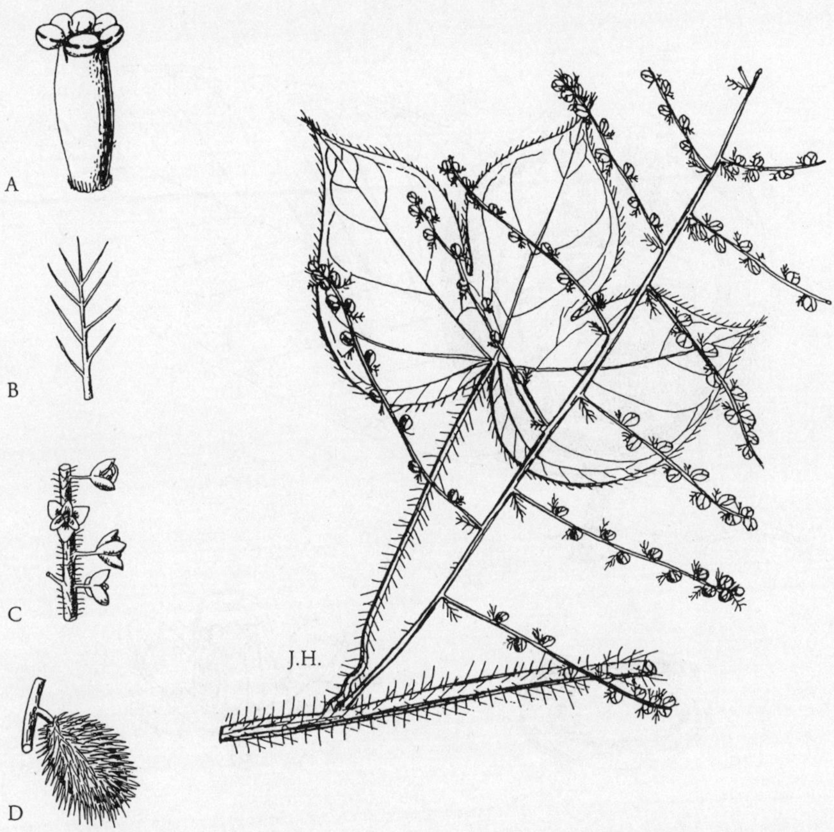

JATEORHIZA MACRANTHA, Menispermaceae

Bóró, àlọ̀ eléwé oníkamẹ́ta, àlọ̀ eléwé ńlá, àlọ̀ fọhùn, àlọ̀fọ̀ odò ou *nàmùnámú momú ọ̀ràn-íjẹ*

A, coluna estaminal. B, bráctea de flor feminina.
C, parte de inflorescência masculina. D, fruto.

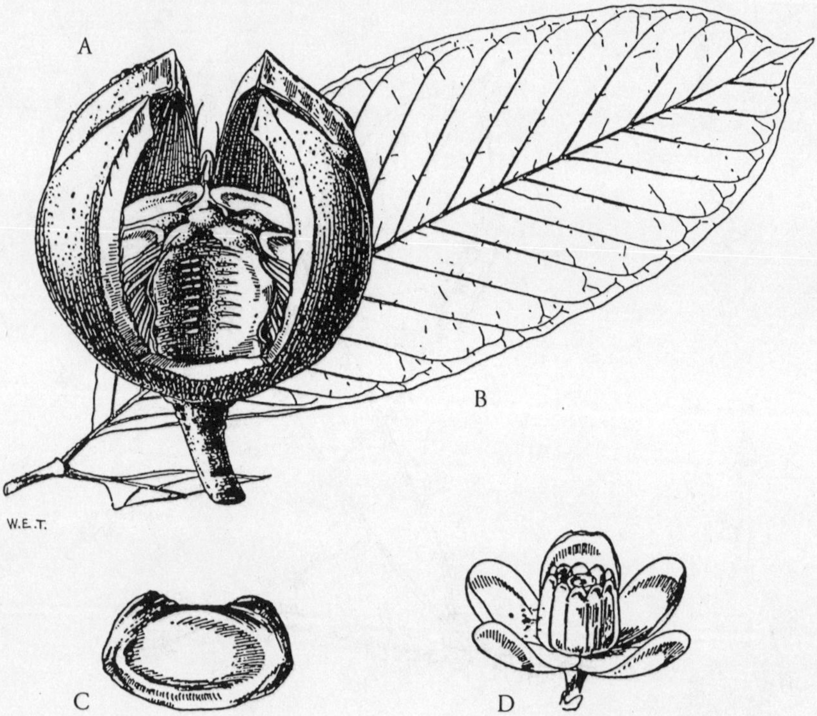

KHAYA GRANDIFOLIOLA, Meliaceae

Ọ̀gànwó

A, fruto com parte da parede removida. B, folha. C, semente alada. D, interior do tubo estaminal.

KIGELIA AFRICANA, Bignoniaceae

Páńdọ̀rọ̀, uyàn ou *àmúyàn*

A, folha. B, fruto imaturo (o fruto maduro é túrgido e com forma de salsicha). C, flor.

LONCHOCARPUS CYANESCENS, Leguminosae Papilionoideae

Ẹ̀lú, ẹ̀lú àrẹdúdú, ẹ̀lúgbáwúrọ̀, ọ̀bẹlẹ̀ ìlú ou *ọ̀jẹ̀rẹ́ ìlú*

A, fruto. B, estandarte. C, ala. D, carena. E, semente. F, cálice e estame.

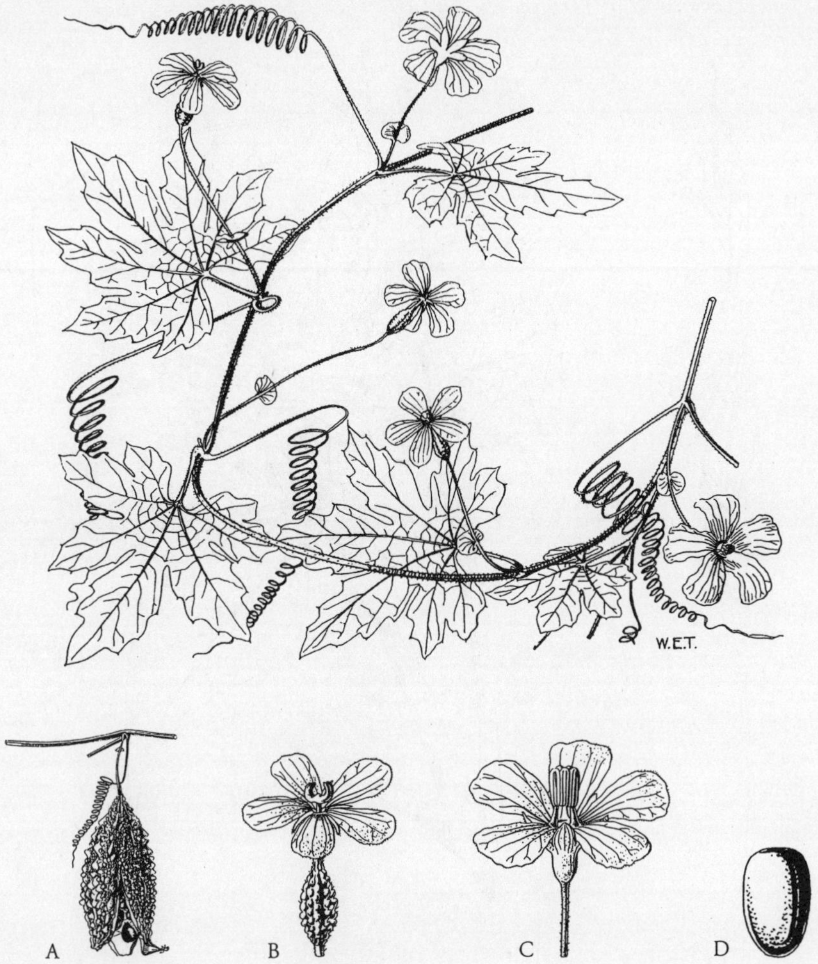

MOMORDICA CHARANTIA, Cucurbitaceae (fruto-de-cobra)

Ejìnrìn wẹ́wẹ́

A, fruto. B, flor feminina. C, flor masculina. D, semente.

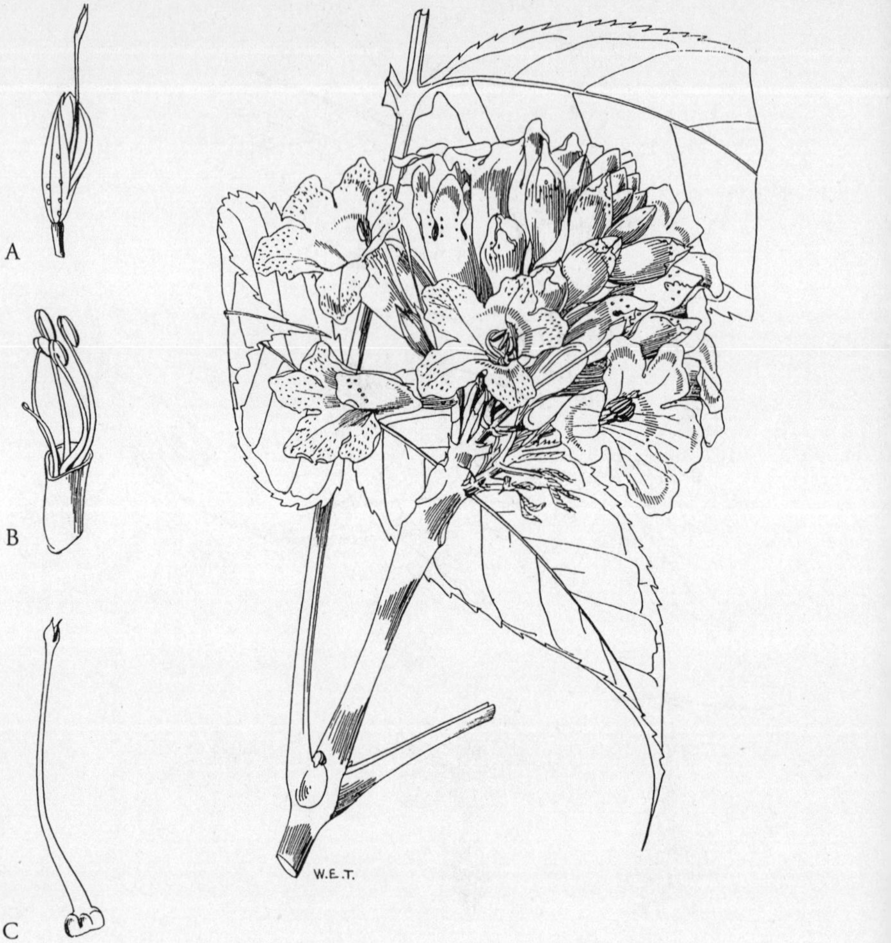

NEWBOULDIA LAEVIS, Bignoniaceae
Akòko

A, cálice e estilete. B, estames e parte do tubo da corola. C, pistilo.

Ocimum basilicum, Labiatae (manjericão-de-alfavaca)
Efínrín ata, efínrín wẹ́wẹ́, efínrin àjà, efínrin márúgbóṣányán ou *arùntantan*

A, broto de folha com inflorescência. B, flor. C, cálice acrescente.

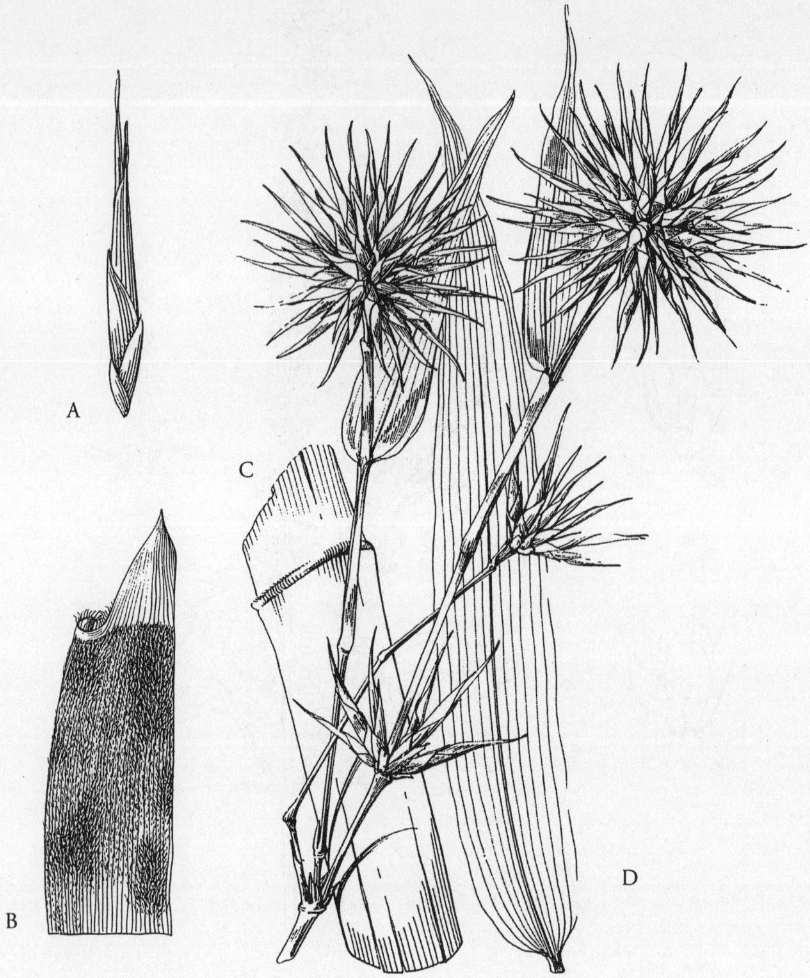

OXYTENANTHERA ABYSSINICA, Gramineae (bambu)

Àpako, pakó, aparun, ọpa ou *ọparun*

A, espigueta. B, bainha do colmo. C, parte do colmo. D, folha.

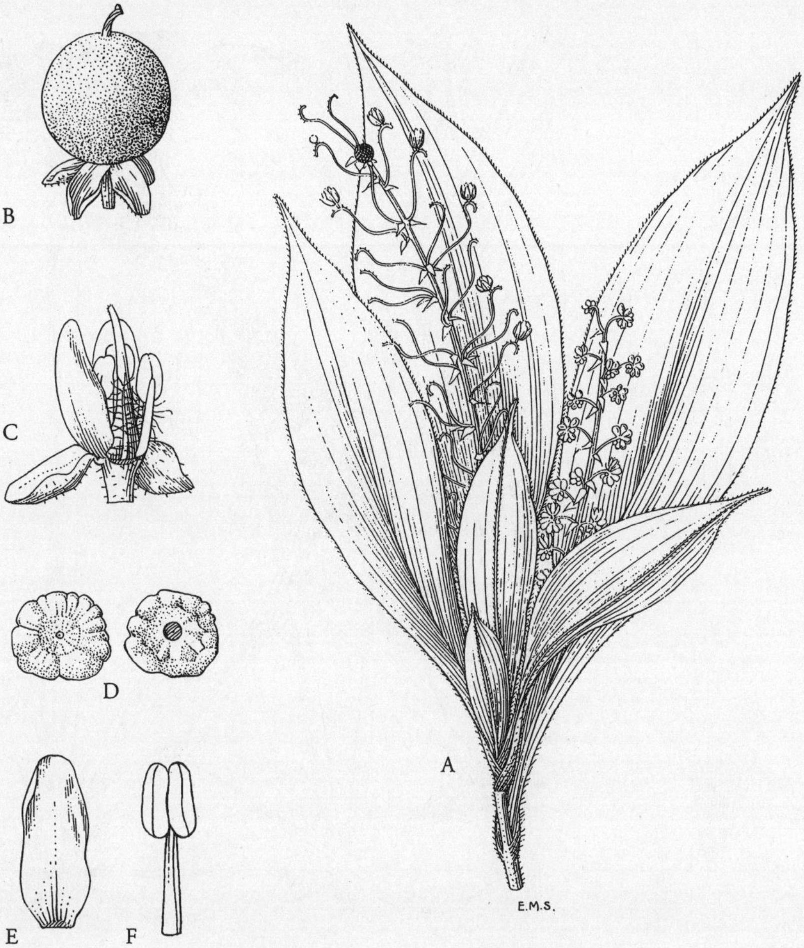

PALISOTA HIRSUTA, Commelinaceae

Ọjọ́, rogbo àgùntàn ou *jàńgbórókún*

A, hábito. B, fruto. C, flor com sépala e uma pétala removida.
D, semente. E, pétala. F, estame.

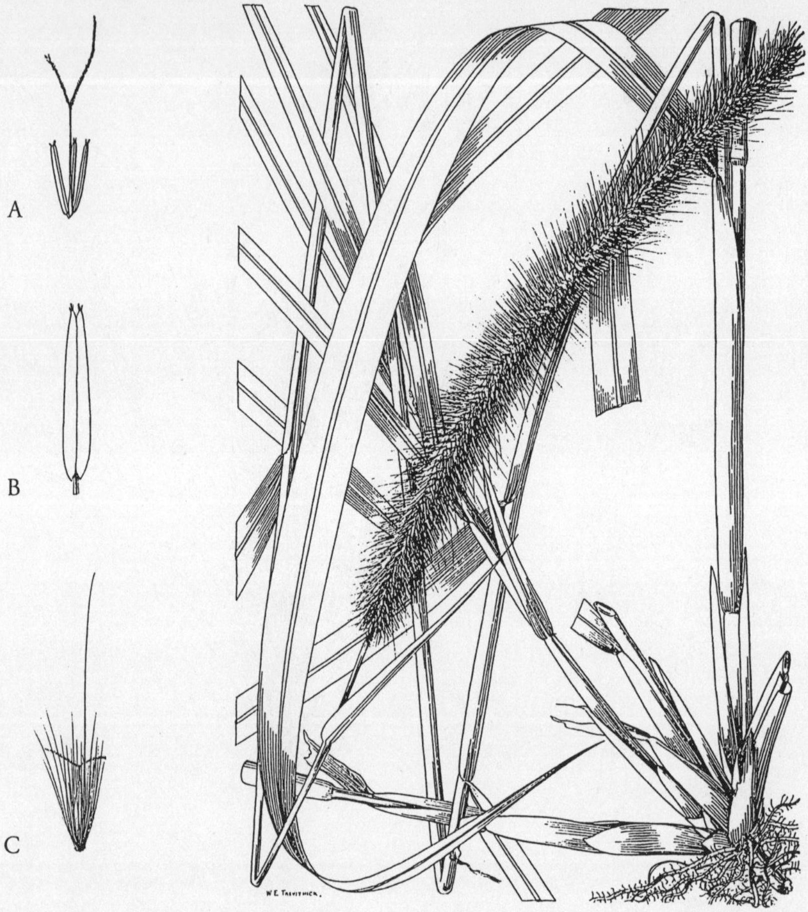

PENNISETUM PURPUREUM, Gramineae (capim-elefante)
Eèsún, eèsún funfun, eèsún pupa, ìkẹ́n, èsìsún ou *eèsú*

A, flor. B, estame. C, espigueta rodeada de cerdas.

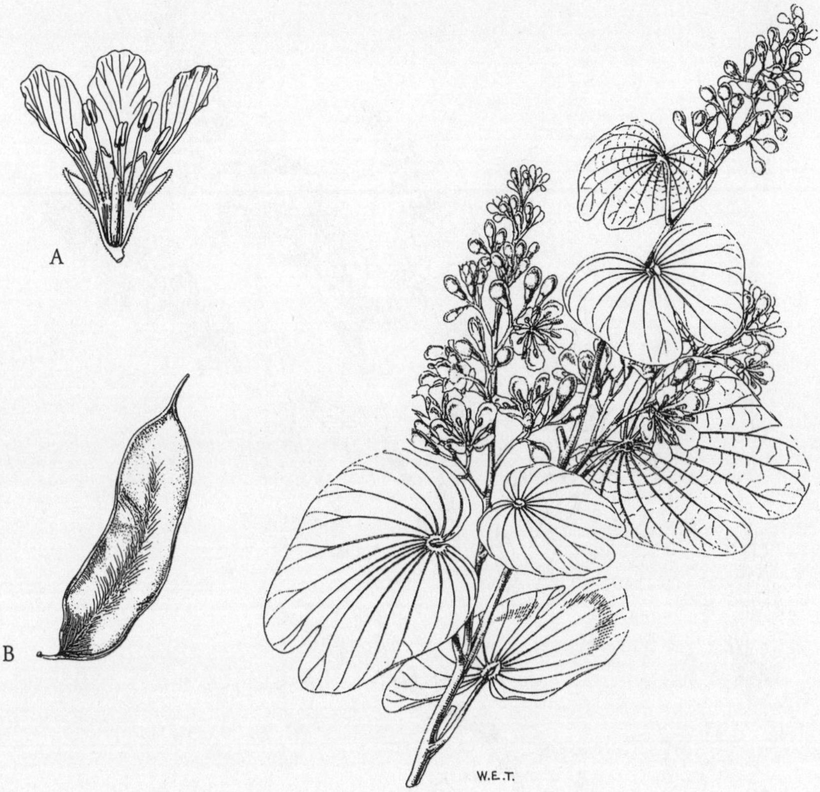

PILIOSTIGMA THONNINGII, Leguminosae Caesalpinioideae
Abàfẹ̀

A, flor, corte longitudinal. B, fruto.

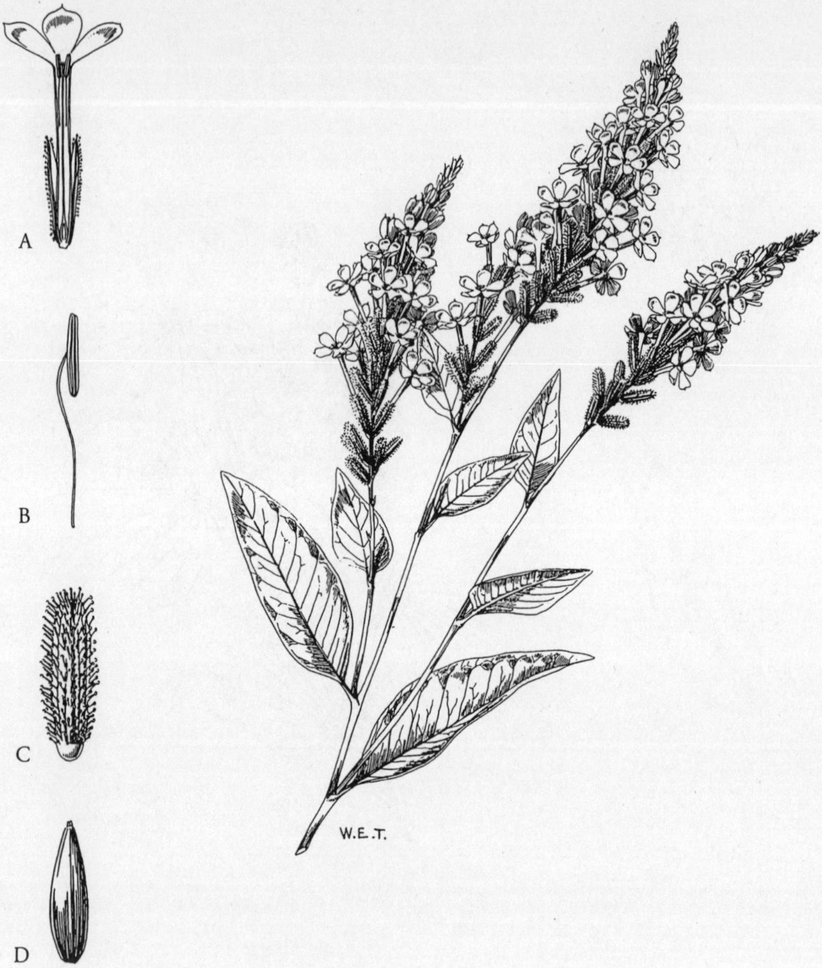

PLUMBAGO ZEYLANICA, Plumbaginaceae
Ìnábìrì ou *ìnábìi*

A, flor, corte longitudinal. B, estame. C, cálice no fruto. D, fruto.

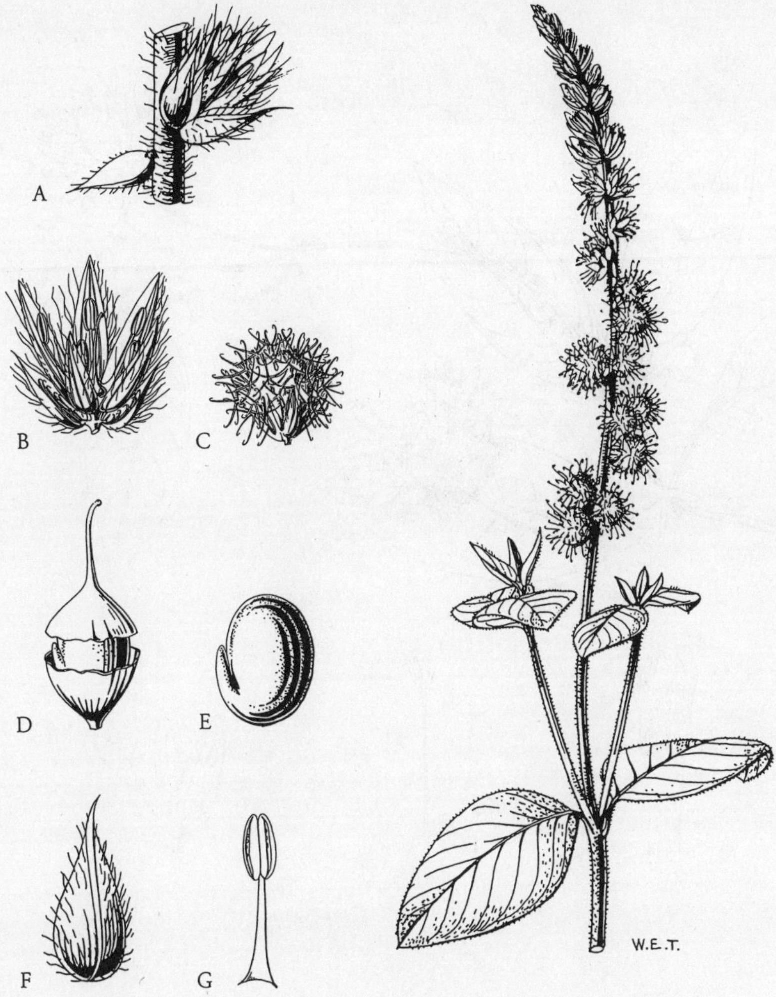

PUPALIA LAPPACEA, Amaranthaceae

Ẹ̀ẹ̀mọ́ àgbò, èèmàgbò, ẹ̀ẹ̀mọ́ agbotọ̀mọ ou *àgbọngbọ̀n*

A, flor. B, flor parcialmente aberta. C, fruto rodeado de brácteas. D, fruto dividido. E, semente. F, bráctea. G, estame.

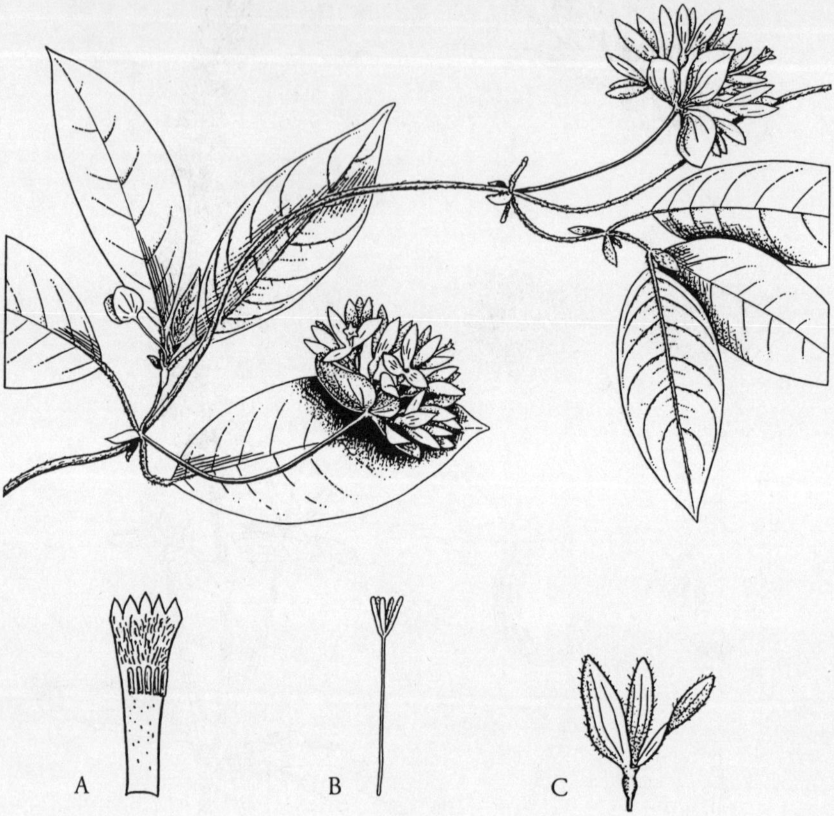

SABICEA CALYCINA, Rubiaceae

Ọ̀gàn àparò, jíire ou *aláṣọ labalábá*

A, corola aberta. B, estilete. C, cálice e ovário.

SCLERIA DEPRESSA, Cyperaceae
Làbẹlàbẹdò

A, inflorescência. B, espiguetas masculina e feminina. C, espigueta feminina com fruto. D, estame. E, espigueta masculina.

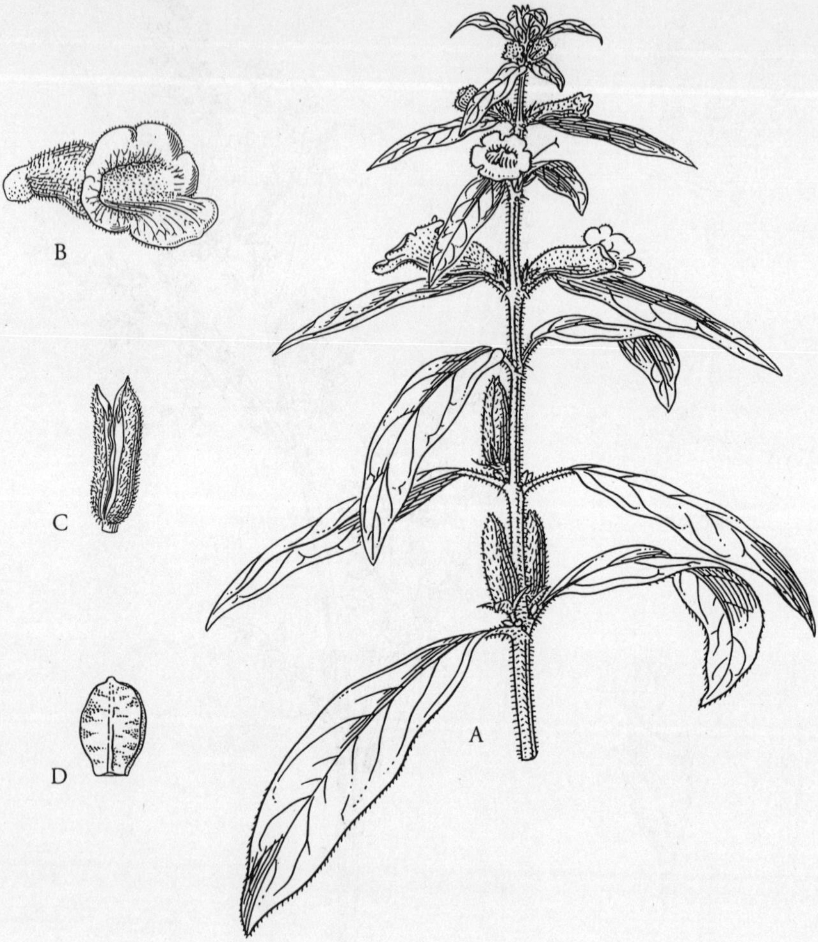

SESAMUM RADIATUM, Pedaliaceae

Ẹkú gogoro, afàjò, ẹkú ou *ẹkùkù ọ̀gẹ̀rẹ̀rẹ̀*

A, hábito. B, corola. C, fruto. D, semente.

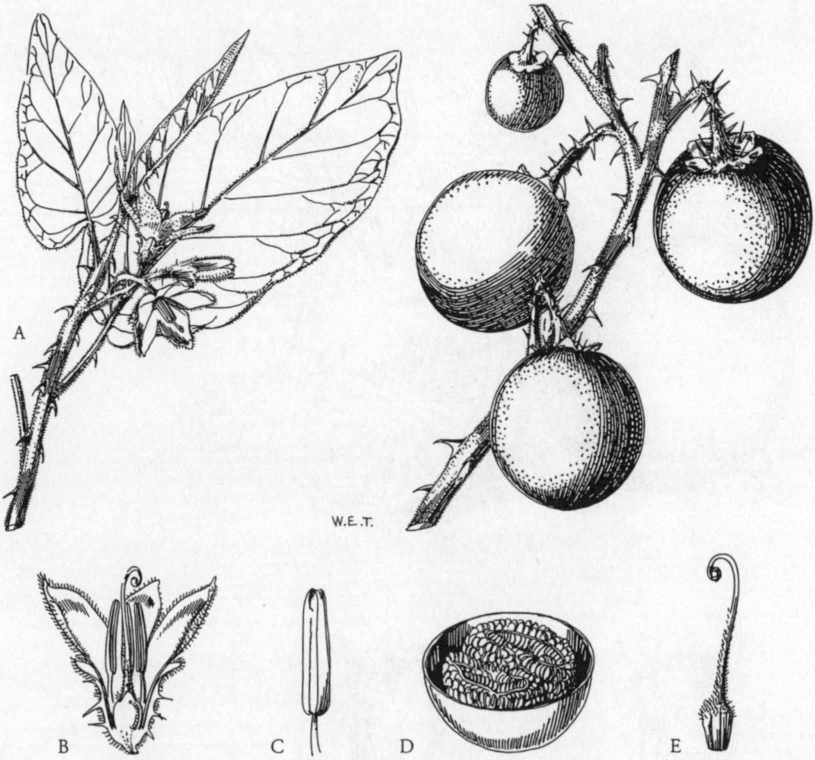

SOLANUM INCANUM, Solanaceae

Ìgbá ajá, ìgbá igún, ìgbó, ìgbá, ìgbá òyìnbó, ikàn, ikàn ńlá ou *ikàn òyìnbó*

A, broto florífero. B, flor, corte longitudinal. C, antera. D, fruto, corte transversal. E, pistilo.

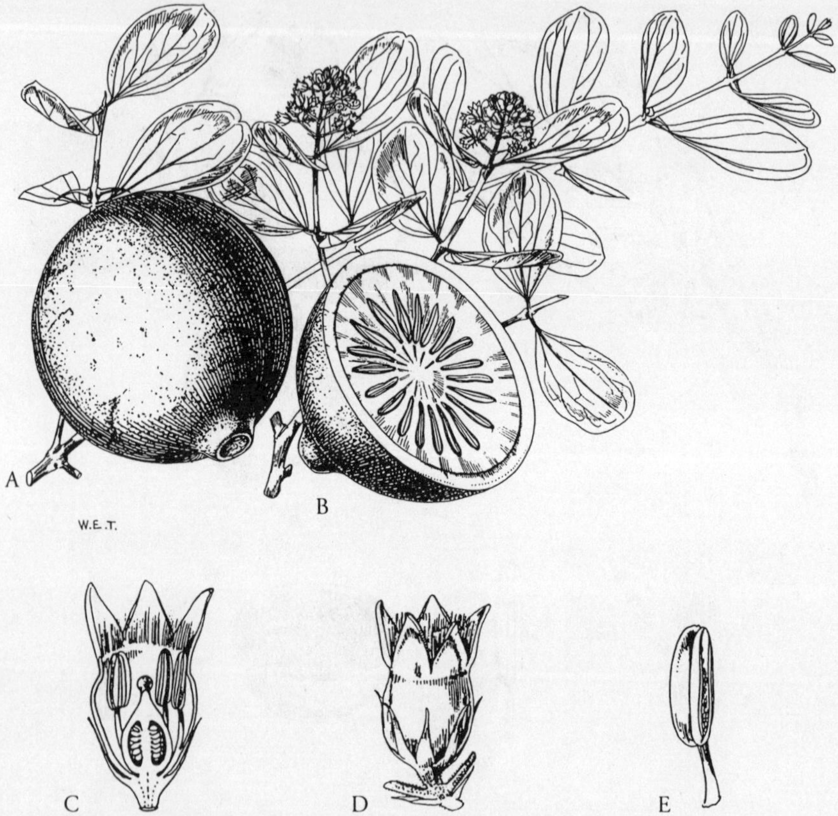

STRYCHNOS SPINOSA, Loganiaceae

Robo, èékánnásẹ̀ adìyẹ ou *ata ọrọ̀*

A, folhas. B, broto florífero. C, flor, corte longitudinal. D, fruto. E, estame.

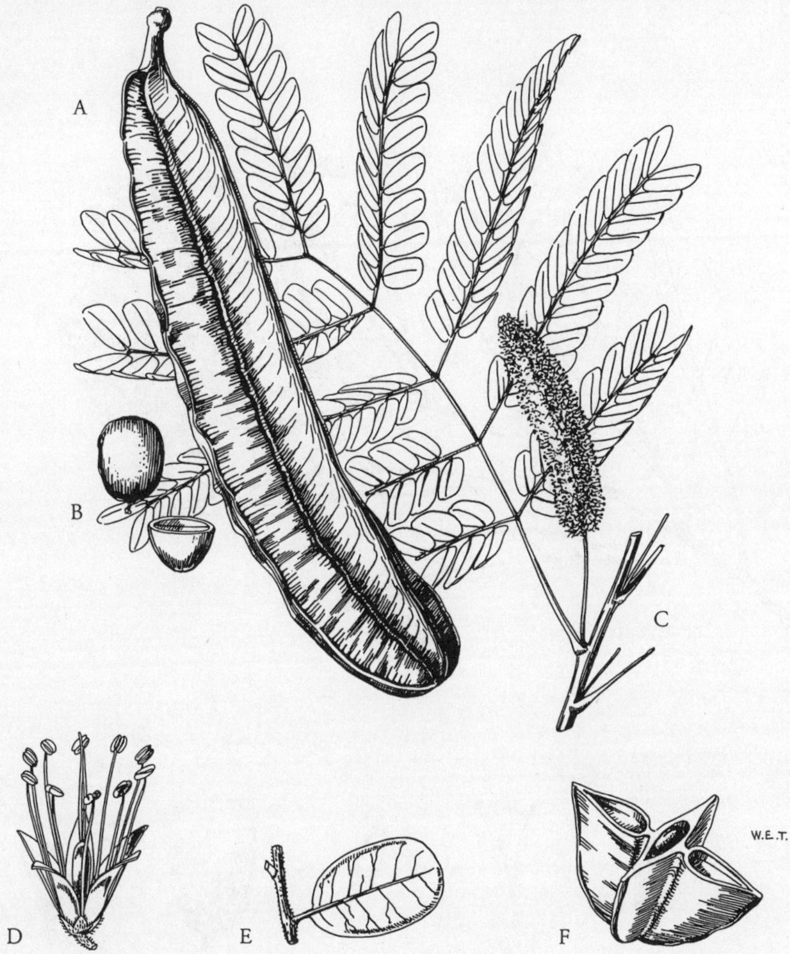

TETRAPLEURA TETRAPTERA, Leguminosae Mimosoideae

Àrìdan ou *aìdan*

A, fruto. B, semente e corte transversal de semente. C, parte do caule com folha e inflorescência. D, flor. E, folíolo. F, corte transversal de fruto.

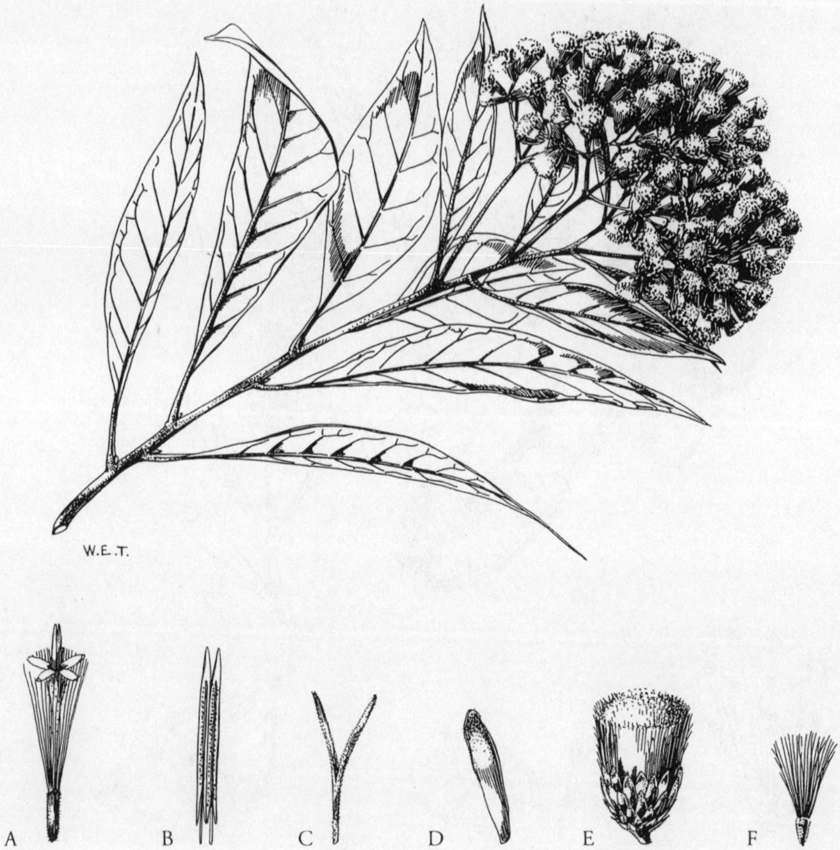

Vernonia amygdalina, Compositae (alumã)
Ewúro, ewúro jíje, ewúro gidi, ewúro oko, pákò ou *orín*

A, flor. B, anteras. C, braço do estilete. D, bráctea involucrada. E, capítulo. F, aquênio e papo.

A

B

VITEX DONIANA, Verbenaceae
Òrì, òrì nlá ou *òrì ọdan*

A, flor. B, fruto.

GLOSSÁRIO DE PLANTAS
NOMES IORUBÁS — CIENTÍFICOS

A ordem alfabética do iorubá é ligeiramente diferente da do português, uma vez que os caracteres "ẹ", "ọ" e "ṣ" são letras diversas de "e", "o" e "s". Por sua vez, as vogais duplas são consideradas uma única letra, visto que esta grafia simplesmente indica um som mais longo, muitas vezes com ondulação de tom, e não dois sons. As letras consoantes "c", "q", "v" e "z" não existem em iorubá.

A, B, D, E, Ẹ, F, G, GB, H, I, J, K, L, M, N, O, Ọ, P, R, S, Ṣ, T, U, W, Y.

Àbà	FICUS spp. L., Moraceae
Àbàdan	FICUS NATALENSIS Hochst., Moraceae
Àbàdọ	HEXALOBUS CRISPIFLORUS A. Rich., Annonaceae
Abádúró	HEXALOBUS CRISPIFLORUS A. Rich., Annonaceae
Abàfẹ̀	PILIOSTIGMA THONNINGII (Schumach.) Milne-Redh., Leguminosae Caesalpinioideae
Abàfẹ̀ ilẹ̀	CHAMAECRISTA ROTUNDIFOLIA (Pers.) Greene, Leguminosae Caesalpinioideae
Abàfín	RINOREA spp., Violaceae
Àbájẹ	DIOSCOREA ROTUNDATA Poir., Dioscoreaceae
Abàkè	ANTHONOTA MACROPHYLLA P. Beauv., Leguminosae Caesalpinioideae
Abálòdéfẹ̀	DESMODIUM CANUM (J. F. Gmel.) Schinz. & Thell., Leguminosae Papilionoideae
Àbámọdá	BRYOPHYLLUM PINNATUM (Lam.) Oken, Crassulaceae
Àbá ọdán	FICUS NATALENSIS Hochst., Moraceae
Abàre	ANTHONOTA MACROPHYLLA P. Beauv., Leguminosae Caesalpinioideae
Abaṣóko	DESMODIUM VELUTINUM (Willd.) DC., Leguminosae Papilionoideae
Abèékánná márún	AMPELOCISSUS MULTISTRIATA (Baker) Planch., Vitaceae
	CISSUS ARALIOIDES (Welw. ex Baker) Planch., Vitaceae
Abère	PARINARI spp., Chrysobalanaceae
Abéròdéfẹ̀	DESMODIUM GANGETICUM (L.) DC., Leguminosae Papilionoideae
Abéròdéfè gidi	DESMODIUM RAMOSISSIMUM G. Don. Leguminosae Papilionoideae
Abèsokọ̀rọ̀	PYCNOBOTRYA NITIDA Benth., Apocynaceae
Abeèsúndìgbaró	STICTOCARDIA BERAVIENSIS (Vatke) Hallier f., Convolvulaceae
Abéṣùkalẹ̀	ASYSTASIA GANGETICA (L.) T. Anderson, Acanthaceae
Abẹ̀ẹ́	COMBRETUM SMEATHMANNII G. Don, Combretaceae
Abẹ alárùn	CISSUS PETIOLATA Hook. f., Vitaceae
Abẹ̀bẹ̀ òjé	HIPPOCRATEA WELWITSCHII Oliv., Celastraceae
Abẹ̀bẹ̀ ọ̀dàn	TRIASPIS STIPULATA Oliv., Malpighiaceae
	PSYCHOTRIA VOGELIANA Benth., Rubiaceae
Abẹ́ ìko	LEERSIA HEXANDRA Sw., Gramineae
Àbèjé	IRVINGIA GABONENSIS (Aubry-Lecomte ex O'Rorke) Baill., Ixonanthaceae
Abẹ́ko	LEERSIA HEXANDRA Sw., Gramineae

Abẹ orò	DEINBOLLIA PINNATA Schumach. & Thonn., Sapindaceae
Abẹ́rẹ́	JASMINUM PAUCIFLORUM Benth., Oleaceae
Abẹ́rẹ́ olóko	BIDENS PILOSA L., Compositae
Abẹrọ	Não consta
Abẹ wẹ́rẹ́wẹ́rẹ́ orí itọ́	MILLETTIA THONNINGII (Schumach.) Baker, Leguminosae Papilionoideae
Abí irunpo	PASSIFLORA FOETIDA L., Passifloraceae
Abíloko	ECLIPTA ALBA (L.) Hassk., Compositae
Abílẹ̀rẹ́	CHRYSANTHELLUM INDICUM (L.) Vatke var. AFROAMERICANUM Turner, Compositae
Abílẹ̀rẹ́ wẹ́rẹ́	LACTUCA CAPENSIS Thunb., Compositae
Abílókun	HIPPOCRATEA sp., Celastraceae
Abéràgbá	CISSUS PRODUCTA Afzel., Vitaceae
Abíríkolo	CROTALARIA LACHNOPHORA Hochst. ex A. Rich., Leguminosae Papilionoideae
	HAUMANIASTRUM LILACINUM (Oliv.) J. K. Morton, Labiatae
Àbìsí	SARCOCEPHALUS LATIFOLIUS (J. E. Sm.) E. A. Bruce, Rubiaceae
Abísọ̀wò funfun	AMPELOCISSUS LEONENSIS (Hook. f.) Planch., Vitaceae
Abíwẹ́rẹ́	HYBANTHUS ENNEASPERMUS (L.) F. Muell., Violaceae
Àbo	ANNONA SENEGALENSIS Pers., Annonaceae
	PARINARI CURATELLIFOLIA Planch. ex Benth., Chrysobalanaceae
Abo ako	HOMALIUM LETESTUI Pellegr., Flacourtiaceae
Abo àkún	UAPACA HEUDELOTII Baill, Euphorbiaceae
Abo àlúpàyídà	HIBISCUS CONGESTIFLORUS Hochr., Malvaceae
Abòbí dọ́yọ́ òrìṣà	CALLICHILIA MONOPODIALIS (K. Schun).) Stapf, Apocynaceae
Abo dòdo	TABERNAEMONTANA PACHYSIPHON Stapf, Apocynaceae
Abo èrúwà	ANDROPOGON TECTORUM Schumach. & Thonn., Graminae
Abo ẹmido	UAPACA HEUDELOTII Baill., Euphorbiaceae
	UAPACA GUINEENSIS Müll. Arg., Euphorbiaceae
Abo idágbọ̀n	PAUSINYSTALIA MACROCERAS (K. Schum.) Pierre ex Beille, Rubiaceae
Abo ìdòfun	PARINARI CURATELLIFOLIA Planch. ex Benth., Chrysobalanaceae
Abo ijágbọ̀n	PAUSINYSTALIA MACROCERAS (K. Schum). Pierre ex Beille, Rubiaceae
Abo ìlákọ̀ṣe	MONODORA MYRISTICA (Gaertn.) Dunal, Annonaceae
Abo ìrókò	Não consta

Abo jàgá	CORCHORUS AESTUANS L., Tiliaceae
Abo jàjà	CORCHORUS AESTUANS L., Tiliaceae
Abojúmátì	CANTHIUM spp., Rubiaceae
Abo làbẹlàbẹ	FUIRENA UMBELLATA Rottb., Cyperaceae
Abolàkọ̀ṣe	MONODORA MYRISTICA (Gaertn.) Dunal, Annonaceae
Abólóko pínran	POUZOLZIA GUINEENSIS Benth., Urticaceae
Àbò ọ̀ṣúpè	ALAFIA BARTERI Oliv., Apocynaceae
Abo ọganwó	CARAPA PROCERA DC., Meliaceae
Àbò ọmọ	FICUS MUCUSO Welw., Moraceae
Abo rere	SENNA OCCIDENTALS (L.) Link, Leguminosae Caesalpinioideae
Aboríkẹfun	ANTIARIS TOXICARIA (Rumph.) Lesch., Moraceae
Abórìṣà wáyé	MALVASTRUM COROMANDELIANUM (L.) Garcke, Malvaceae
Àbóro	ACHYRANTES ASPERA L., Amaranthaceae
Abórorò	TEPHROSIA PLATYCARPA Guill. & Perr., Leguminosae Papilionoideae
Abòṣùlọ̀lọ̀	RINOREA DENTATA (P. Beauv.) Kuntze, Violaceae
Abo yunríyun	MELANTHERA ELLIPTICA O. Hoffm., Compositae
Àbọ̀bá dúdú	MELANTHERA SCANDENS (Schumach. & Thonn.) Roberty, Compositae
Àburà	HALLEA STIPULOSA (DC.) Leroy, Rubiaceae
Adabi	CLERODENDRUM SPLENDENS G. Don, Verbenaceae
Adàgbà maníyèninú	SESBANIA PACHYCARPA DC. emend. Guill. & Perr., Leguminosae Papilionoideae
Adágbẹ̀ẹ́	ABRUS PRECATORIUS L., Leguminosae Papilionoideae
Adágbudu	TERAMNUS LABIALIS (L. f.) Spreng., Leguminosae Papilionoideae
Adánapápá	PSYCHOTRIA VOGELIANA Benth., Rubiaceae
Adápópó	CLEMATIS HIRSUTA Guill. & Perr., Ranunculaceae
Adáwẹ́rẹ́ ṣẹwẹ́rẹ́	SENNA OCCIDENTALIS (L.) Link, Leguminosae Caesalpinioideae
Adáwínwín	EHRETIA CYMOSA Thonn., Boraginaceae
Adé ilẹ́ (abi le)	THONNINGIA SANGUINEA Vahl, Balanophoraceae
Adélú málọ	JATROPHA CURCAS L., Euphorbiaceae
Adérèé	SYZYGIUM GUINEENSE (Willd.) DC., Myrtaceae
Àdèrè èkó	MERREMIA HEDERACEA (Burm. f.) Hallier f., Convolvulaceae
Adinú másọ̀rọ̀	CLERODENDRUM JAPONICUM (Thunb.) Sweet, Verbenaceae
Adiòkẹ́rù	DALBERGIELLA WELWITSCHII (Baker) Baker f., Leguminosae Papilionoideae

Àdó	Byrsocarpus coccineus Schumach., Connaraceae
Àdó igbá	Lagenaria siceraria (Molina) Standl., Cucurbitaceae
Àdómú	Carpolobia lutea G. Don, Polygalaceae
Adóṣù	Cochlospermum planchonii Hook. f., Cochlospermaceae
Adóṣùṣù	Cochlospermum planchonii Hook. f., Cochlospermaceae
Àdugbìn	Berlinia grandiflora (Vahl) Hutch. & Dalziel, Leguminosae Caesalpinioideae
Àdùndùntán	Não consta
Àfà	Terminalia superba Engl. & Diels, Combretaceae
Afàjò	Sesamum radiatum Schumach. & Thonn., Pedaliaceae
Afàkájù	Ipomoea involucrata P. Beauv., Convolvulaceae
Afàkálẹ̀	Trianthema portulacastrum L., Aizoaceae
Afàrà	Terminalia superba Engl. & Diels, Combretaceae
Afàrà dúdú	Terminalia ivorensis A. Chev., Combretaceae
Afàtọ̀	Não consta
Afe	Annona glabra L., Annonaceae
Àfẹ̀ẹ́	Trema orientalis (L.) Blume, Ulmaceae
Afẹgbara	Não consta
Afẹ́gì	Dioscorea rotundata Poir., Dioscoreaceae
Afẹ̀jẹ̀kósùn	Tylophora sylvatica Decne., Dioscoreaceae
Afẹ́lóru	Croton zambesicus Müll. Arg., Euphorbiaceae
Afẹ́ni	Pleioceras barteri Baill., Apocynaceae
Afẹ̀rẹ̀	Trema orientalis (L.) Blume, Ulmaceae
Àfẹ́ẹ̀rí	Trema orientalis (L.) Blume, Ulmaceae
Àfíndò	Hippocratea pallens Planch. ex Oliv., Celastraceae
Afinidóró	Não consta
Afo	Staudtia stipitata Warb., Myristicaceae
Afóforo	Trema orientalis (L.) Blume, Ulmaceae
Afóforo àfẹ̀	Trema orientalis (L.) Blume, Ulmaceae
Afóforo ìgbàlódé	Melia azedarach L., Meliaceae
	Azadirachta indica A. Juss., Meliaceae
Afóforo igbó	Grewia mollis Juss., Tiliaceae
Afóforo óyìbó	Melia azedarach L., Meliaceae
	Azadirachta indica A. Juss., Meliaceae
Àfòmọ́	Tapinanthus sp., vel aff., Loranthaceae
	Orchidaceae

Àfòmọ́ abo	TAPINANTHUS TRUNCATUS (Engl.) Danser, Loranthaceae
Àfòmọ́ àgbà	Não consta
Àfòmọ́ ajáde	Não consta
Àfòmọ́ àpẹ́	FICUS sp., Moraceae
Àfòmọ́ aáwé	TAPINANTHUS HETEROMORPHUS (A. Rich.) Danser, Loranthaceae
Àfòmọ́ ìgbá	Não consta
Àfòmọ́ igi	Não consta
Àfòmọ́ ìrókò	Não consta
Àfòmọ́ olóbòntújẹ̀	TAPINANTHUS sp., vel aff., Loranthaceae
Àfòmọ́ òro	Não consta
Àfòmọ́ oṣè	Não consta
Àfòmọ́ ọ̀gẹ̀dẹ̀	TAPINANTHUS PENTAGONIA (DC.) Tiegh, Loranthaceae
Àfòmọ́ ọ̀pẹ	Não consta
Àfòmọ́ ayùnré	Não consta
Àfòmọ́ iyá	Não consta
Àfọ́	Não consta
Àfọ̀n	TRECULIA AFRICANA Decne., Moraceae
Àfọ̀n	ANNONA SENEGALENSIS Pers., Annonaceae
Afún lẹ́hìn	PARINARI CURATELLIFOLIA Planch. ex Benth., Chrysobalanaceae
Afúnnikúnre	MALACANTHA ALNIFOLIA (Baker) Pierre, Sapolaceae
Agà	MUSANGA CECROPIOIDES R. Br., Moraceae
Agàigi	PIPTADENIASTRUM AFRICANUM (Hook. f.) Brenan, Leguminosae Mimosoideae
Àgakàn	Não consta
Agake	DIOSCOREA ROTUNDATA Poir., Dioscoreaceae
Àgáko	UVARIA CHAMAE P. Beauv., Annonaceae
Agamágọ̀	WALTHERIA INDICA L., Sterculiaceae
Agamọ̀nyàn	BIDENS PILOSA L., Compositae
Agàndán	DIOSCOREA CAYENENSIS Lam., Dioscoreaceae
Aganègbò	DIOSPYROS MONBUTTENSIS Gürke, Ebenaceae
Àgànẹrígbo	GLORIOSA SIMPLEX L., Colchicaceae
Àgakàn	Não consta
Agaran mọ̀nyàn	BIDENS PILOSA L., Compositae
Àgbá	LANDOLPHIA TOGOLANA (Hall. f.) Pichon, Apocynaceae
	ALAFIA MULTIFLORA (Stapf) Stapf, Apocynaceae
Aagba	STACHYTARPHETA INDICA (L.) Vahl, Verbenaceae

Ágbaà	ENTADA GIGAS (L.) Fawc. & Rendle, Leguminosae Mimosoideae
Agbaboje	Não consta
Agbabu	Não consta
Àgbàdo	ZEA MAYS L., Gramineae
Àgbàdo ẹṣin	ERAGROSTIS CILIARIS (L.) R. Br., Gramineae
Àgbàdòjé	MOTANDRA GUINEENSIS (Thonn.) A. DC., Apocynaceae
Àgbàdo olúgbó	RYTIGINIA UMBELLULATA (Hiern) Robyns, Rubiaceae
Àgbàdo ọmọ́là	ZEA MAYS L., Gramineae
Àgbàdo pupa	ZEA MAYS L., Gramineae
Àgbagbà	MUSA sp., Musaceae
Agbala	Não consta
Agbala dudu	Não consta
Agbalé	HEDRANTHERA BARTERI (Hook. f.) Pichon, Apocynaceae
Àgbálùmọ̀ ọlọ́mọ	CHRYSOPHYLLUM ALBIDUM G. Don, Sapotaceae
Agbánìrè	PARKIA BIGLOBOSA (Jacq.) Benth., Leguminosae Mimosoideae
Agbá odò	TEPHROSIA VOGELLI Hook. f., Leguminosae Papilionoideae
Ágba pupa	LEPTODERRIS sp., Leguminosae Papilionoideae
Agbárí ẹja	Compositae
Agbárí ẹtu	CAMPYLOSPERMUM RETICULATUM (P. Beauv.) Farron, Ochnaceae
	ALAFIA BARTERI Oliv., Apocynaceae
Àgbáàrín (fruto)	DIOCLEA REFLEXA Hook. f., Leguminosae Papilionoideae
Àgbáàrin emi	Não consta
Àgbáàrín pẹlẹbẹ	Não consta
Àgbáàrín rìgìdì	Não consta
Agbárí òbúkọ	CLAUSENA ANISATA (Willd.) Hook. f. ex Benth., Rutaceae
Àgbásá	CLAUSENA ANISATA (Willd.) Hook. f. ex Benth., Rutaceae
Àgbàwíkowéè	MILLETTIA THONNINGII (Schumach.) Baker, Leguminosae Papilionoideae
Agbàwọ̀	MUSANGA CECROPIOIDES R. Br., Moraceae
Àgbàyún	SYNSEPALUM DULCIFICUM (Schumach. & Thonn.) Daniell, Sapotaceae
Àgbé	ECHINOPS LONGIFOLIUS A. Rich., Compositae
Agbè	LAGENARIA SICERARIA (Molina) Standl., Cucurbitaceae
Agbemọ	DIOSCOREA ROTUNDATA Poir., Dioscoreaceae
Agbénifò	Não consta
Àgbéníkà ẹ̀gbẹ́	HYPSELODELPHYS VIOLACEA (Ridl.) Milne-Redh., Marantaceae

Agbèọmọ	Hypoestes sp., Acanthaceae
Agbé omo s'ábíá	Ancylobotris amoena Hua, Apocynaceae
Agbérígbédé	Symphonia globulifera L. f., Guttifereae
Àgbéyíká ẹ̀gbẹ́	Hypselodelphys violacea (Ridl.) Milne-Redh., Marantaceae
Àgbède	Gossypium barbadense L., Malvaceae
Àgbẹ̀dẹ̀ dúdú oko	Bidens pilosa L., Compositae
Àgbìgbá	anthonota macrophylla P. Beauv., Leguminosae Caesalpinioideae
Àgbìgbò	Melanthera elliptica O. Hoffm., Compositae
Agbìjalẹ̀	Hoslundia opposita Vahl, Labiatae
Àgbo odò	Dioscorea alata L., Dioscoreaceae
Àgbo hewú ọ̀hàhà	Hoslundia opposita Vahl, Labiatae
Àgbo ọríta	Crotalaria goreensis Guill. & Perr., Leguminosae Papilionoideae
Àgbo ọmọdé	Hedranthera barteri (Hook. f.) Pichon, Apocynaceae
Àgboroáyá	Synsepalum dulcificum (Schumach. & Thonn.) Daniell, Sapotaceae
Agbọmọ lọ́wọ́ ibi	Sansevieria liberica Gérôme & Labroy, Liliaceae
Àgbọn	Cocos nucifera L., Palmae
Àgbọn ènìdù	Borassus aethiopum Mart., Palmae
Àgbọn ẹyẹ	Borassus aethiopum Mart., Palmae
Àgbọn gàmbàrí	Borassus aethiopum Mart., Palmae
Àgbọngbọ̀n	Pupalia lappacea (L.) Juss., Amaranthaceae
Àgbọn igbó	Combretum smeathmannii G. Don, Combretaceae
Àgbọn olódù	Borassus aethiopum Mart., Palmae
Àgbọn onídù	Borassus aethiopum Mart., Palmae
Àgbọn ọ̀dàn	Borassus aethiopum Mart., Palmae
	Combretum smeathmannii G. Don, Combretaceae
Àgbọ̀nrín ìlasa	Clappertonia filicifolia (Willd.) Decne., Tiliaceae
Àgbọnyìn	Piptadeniastrum africanum (Hook. f.) Brenan, Leguminosae Mimosoideae
Àgbùgbò	Melanthera elliptica O. Hoffm., Compositae
Agègè	Maranthes robusta (Oliv.) Prance, Chrysobalanaceae
	Mollugo nudicaulis Lam., Aizoaceae
	Picralima nitida (Stapf) T. Durand & H. Durand, Apocynaceae
Àgélété	Kosteletzykya adoensis (Hochst. ex A. Rich.) Mast., Malvaceae

Agẹmọkògùn	LAGGERA ALATA (D. Don) Sch. Bip., Compositae
Agẹmọ ògo	LAGGERA ALATA (D. Don) Sch. Bip., Compositae
Agẹmọ òkun	DIOSCOREA ROTUNDATA Poir., Dioscoreaceae
Agidimagbáyin	SIDA ACUTA Burm. f., Malvaceae
	SIDA STIPULATA, Malvaceae
Àgigà òrìṣà	Não consta
Aginipa	DIOSCOREA CAYENNENSIS Lam., Dioscoreaceae
Aginito	DIOSCOREA CAYENNENSIS Lam., Dioscoreaceae
Aginni	DIOSCOREA ROTUNDATA Poir., Dioscoreaceae
Agogo	DIOSCOREA ROTUNDATA Poir., Dioscoreaceae
Agogo igún	HELIOTROPIUM INDICUM L., Boraginaceae
	STACHYTARPHETA INDICA (L.) Vahl vel aff., Verbenaceae
Agogo ògún	HELIOTROPIUM INDICUM L., Boraginaceae
Agùnmọ̀nà	CULCASIA SCANDENS P. Beauv., Araceae
Àgùnrí	BRACHYSTEGIA NIGERICA Hoyle & A. P. D. Jones, Leguminosae Caesalpinioideae
Agúróbẹ	ENTADA AFRICANA Guill. & Perr., Leguminosae Mimosoideae
Ahá	LAGENARIA BREVIFLORA (Benth.) Roberty, Cucurbitaceae
Ahá ọmọdé	TURRAEA VOGELII Hook. f., Maliaceae
Ahárá	MOMORDICA CABRAEI (Cogn.) C. Jeffrey, Cucurbitaceae
Àhère	CENTAUREA SENEGALENSIS DC., Compositae
Ahọ́n ẹkùn	HIBISCUS SURATTENSIS L., Malvaceae
	HIBISCUS ASPER Hook. f., Malvaceae
	TETRACERA sp., Dilleniaceae
Ahọ́n ẹkùn dúdú	ACANTHUS MONTANUS (Nees) T. Anderson, Acanthaceae
Ahùn	ALSTONIA BOONEI De Wild., Apocynaceae
Ahùn èrìhun	ALSTONIA BOONEI De Wild., Apocynaceae
Ahùn ràgbá	Não consta
Ahùrẹ́	DIOSCOREA ROTUNDATA Poir., Dioscoreaceae
Ahùrù	HIBISCUS ROSTELLATUS Guill. & Perr., Malvaceae
Àìdan	TETRAPLEURA TETRAPTERA (Schumach. & Thonn.) Taub., Leguminosae Mimosoideae
Àìdan àbàtà	DOMBEYA QUINQUISETA (Delile) Exell, Sterculiaceae
Aika	LECANIODISCUS CUPANIOIDES Planch. ex Benth. & Hook., Sapindaceae
Àìko	RAPHIA HOOKERI G. Mann & H. Wendl., Palmae

Àìkú jegúré	COMMELINA sp., Commelinaceae
Àìlu	SECAMONE AFZELLI (Schult.) K. Schum., Asclepiadaceae
Aira	PTEROCARPUS ERINACEUS Poir., Leguminosae Papilionoideae
Àìsè	Não consta
Ààjà	CISSUS POPULNEA Guill. & Perr., Vitaceae
Àjàbọ́	Não consta
Àjàdé	Não consta
Ajadẹ	STEREOSPERMUM KUNTHIANUM Cham., Bignoniaceae
Àjádì	DESMODIUM ADSCENDENS (Sw.) DC., Leguminosae Papilionoideae
Àjàdì	RHYNCHOSIA sp., Leguminosae Papilionoideae
Àjà digi	ADENIA LOBATA (Jacq.) Engl., Passifloraceae
Àjà emílẹ̀	CROTALARIA PALLIDA Aiton, Leguminosae Papilionoideae
Àjà funfun	MOMORDICA FOETIDA Schumach., Cucurbitaceae
Ajagbalu	LEUCAS DEFLEXAS Hook. f., Labiatae
Àjàgbe dìde	Não consta
Ajágbó	RICINODENDRON HEUDELOTI (Baill.) Pierre ex Heckel, Euphorbiaceae
Àjàgbọn	TAMARINDUS INDICA L., Leguminosae Caesalpinioideae
Àjàgbọnyìn	BOERHAVIA sp., Nyctaginaceae
Ajagun	INDIGOFERA LEPRIEURII Baker f., Leguminosae Mimosoideae
Ajagun mọrásè	DISSOTIS Sp., Melastomataceae
Ajagun mọlọ́wìwí	DIODIA SCANDENS Sw., Rubiaceae
Ajagun ráṣè	DISSOTIS sp., Melastomataceae
Àjàigi	CYLICODISCUS GABUNENSIS Harms, Leguminosae Mimosoideae
Àjàlú gbàgbà	SALACIA PALLESCENS Oliv., Celastraceae
Àjàlú gborógàn	TRISTEMMA LITTORALE Benth., Melastomataceae
Àjánréré	SENNA PODOCARPA (Guill. & Perr.) Lock, Leguminosae Caesalpinioideae
Àjàntìro	COMBRETUM COLLINUM Fresen., Combretaceae
Àjàrà	CISSUS POPULNEA Guill. & Perr., Vitaceae
Àjàréré	FICUS ARTOCARPOIDES Warb., Moraceae
Àjàre	BAMBEKEA RACEMOSA Cogn., Cucurbitaceae
Àjásílẹ̀	RHAPHIOSTYLIS BENINENSIS (Hook. f.) Planch., Icacinaceae
Àjáso	Não consta
Ajé	AERVA LANATA (L.) Juss., Amaranthaceae
	ALTERNANTHERA PUNGENS Kunth, Amaranthaceae

Ajé (ondo) Trichilia tessmannii Harms, Meliaceae

Ajé asefun Aerva lanata (L.) Juss., Amaranthaceae

Ajé ìdí òòrẹ̀ Não consta

Ajelera Psydrax subcordatum (DC.) Bridson, Rubiaceae

Ajé ọ̀kùnkùn Não consta

Ajere Chrysanthellum indicum (L.) Vatke var. afroamericanum Turner, Compositae

Àjẹfáwo Celosia trigyna L., Amaranthaceae

Àjẹgbẹ́ Uapaca guineensis Müll. Arg., Euphorbiaceae

Àjẹbẹ̀hìn Corchorus aestuans L., Tiliaceae

Àjẹ́ kóbàlé Croton zambesicus Müll. Arg., Euphorbiaceae

Àjẹ́ òfòlé Croton zambesicus Müll. Arg., Euphorbiaceae

Ajíbàrà Não consta

Ajíbẹ́po Campylospermum flavum (Schumach. & Thonn.) Farron, Ochnaceae

Ajídarí Melanthera scandens (Schumach. & Thonn.) Roberty, Compositae

Àjídèrè Flabellaria paniculata Cav., Malpighiaceae

Àjídèwe Não consta

Ajídirù Euphorbia prostrata Aiton, Euphorbiaceae

Ajídorí Não consta

Ajífàbí àlá Ipomoea cairica (L.) Sweet, Convolvulaceae

Ajígbagbó Trichilia sp., Meliaceae

Àjígbámú Rubiaceae

Ajígbàwà Ipomoea mauritiana Jacq., Convolvulaceae

Ajíóbọ́rere Talinum triangulare (Jacq.) Wild., Portulacaceae

Àjìjà ọ̀dàn Hyparrhenia diplandra (Hack.) Stapf, Graminae

Ajíkẹfun Voacanga africana Stapf, Apocynaceae

Ajíkun eérú Pseudarthria hookeri Wight & Arn., Leguminosae Papilionoideae

Ajíkun ẹfun Voacanga africana Stapf, Apocynaceae

Ajílékegé Eleusine africana Kenn.-O'Byrne, Graminae

Ajílera Psydrax subcordatum (DC.) Bridson, Rubiaceae

Ajímáadú Não consta

Ajímòkun Dioscorea rotundata Poir., Dioscoreaceae

Ajípàtẹ Cyperus sp., Cyperaceae

Ajípọ̀rẹrẹ	ORMOCARPUM SENNOIDES (Willd.) DC., Leguminosae Papilionoideae
Ajírómi	BRILLANTAISIA LAMIUM (Nees) Benth., Acanthaceae
Ajíṣabẹ́rẹ́	ONCOBA SPINOSA Forsk., Flacourtiaceae
Ajíṣowó	ALTERNANTHERA PUNGENS Kunth, Amaranthaceae
Ajíṣọmọbíàlá	BIDENS PILOSA L., Compositae
Ajítàdí	RHYNCHOSPORA CORYMBOSA (L.) Britt., Cyperaceae
Ajítàlà	HEDRANTHERA BARTERI (Hook. f.) Pichon, Apocynaceae
Àjítàn	CELOSIA TRIGYNA L., Amaranthaceae
Ajítòrò	GALACTIA TENUIFLORA (Willd.) Wight & Arn., Leguminosae Papilionoideae
Ajíwóògùn	LINDACKERIA DENTATA (Oliv.) Gilg, Flacourtiaceae
Àjó	Não consta
Ájodo	COCHLOSPERMUM PLANCHONII Hook. f., Cochlospermaceae
Ajóláwọ̀ ìròsùn	BAPHIA NITIDA Lodd., Leguminosae Papilionoideae
Ajọ̀bàlé	CROTON ZAMBESICUS Müll. Arg., Euphorbiaceae
Aka	LECANIODISCUS CUPANIOIDES Planch. ex Benth. & Hook., Sapindaceae
Akádè	Não consta
Akaẹ̀gì	LANNEA NIGRITIANA (Scott-Elliot) Keay var. PUBESCENS Keay, Anacardiaceae
Akaiṣin	LECANIODISCUS CUPANIOIDES Planch. ex Benth. & Hook., Sapindaceae
Akájú	Não consta
Akákáníkoko	Não consta
Àkàkàtán	AUBREVILLEA KERSTINGII (Harms) Pellegr., Leguminosae Mimosoideae
Akàkí	LANDOLPHIA HIRSUTA (Hua) Pichon, Apocynaceae
Akálà	MALACANTHA ALNIFOLIA (Baker) Pierre, Sapotaceae
Akálà ọ̀dàn	MALACANTHA ALNIFOLIA (Baker) Pierre, Sapotaceae
Aka múmu	LECANIODISCUS CUPANIOIDES Planch. ex Benth. & Hook., Sapindaceae
Akánimọ́lé	Não consta
Akánjú ilé	MICRODESMIS PUBERULA Hook., Pandaceae
Akánjú mẹ̀jẹ̀	SCLERIA NAUMANNIANA Boeck, Cyperaceae
Àkànrò	ALLOPHYLUS AFRICANUS P. Beauv., Sapindaceae

Akánta	Rauvolfia vomitoria Afzel., Apocynaceae
Àkàrà àfín	Allophylus africanus P. Beauv., Sapindaceae
Àkàrà àjẹ́	Cnestis ferruginea DC., Connaraceae
Àkàrà ẹ̀sù	Allophylus africanus P. Beauv., Sapindaceae
Àkàrà oṣó	Cnestis ferruginea DC., Connaraceae
Àkàrà ọdán	Ficus sur Forssk., Moraceae
Akásùn	Petersianthus macrocarpus (P. Beauv.) Liben, Lecythidaceae
Akéréjùpọ́n pupa	Sphenocentrum jollyanum Pierre, Menispermaceae
Akéèrí	Hibiscus rostellatus Guill. & Perr., Malvaceae
	Urena lobata L., Malvaceae
Akéroro	Ocimum sp., Labiatae
Akétiàpàrà	Flabellaria paniculata Cav., Malpighiaceae
Aké írí	Urena lobata L., Malvaceae
Akẹka	Lecaniodiscus cupanioides Planch. ex Benth. & Hook., Sapindaceae
Akẹ́ka kara	Mussaenda arcuata Lam. ex Poir., Rubiaceae
Akẹ òkun	Baissea sp., Apocynaceae
Akẹ́rírí	Triumfetta cordifolia A. Rich., Tiliaceae
	Urena lobata L., Malvaceae
Akẹṣẹ	Gossypium arboreum L., Malvaceae
Akẹ́ṣinmásọ̀	Bidens pilosa L., Compositae
Akẹ́ṣinmásọ̀ òrìṣà	Bidens pilosa L., Compositae
Akika	Lecaniodiscus cupanioides Planch. ex Benth. & Hook., Sapindaceae
Akikágbá	Discoglypremna caloneura (Pax) Prain, Euphorbiaceae
Àkílà	Isolona campanulata Engl. & Diels, Annonaceae
Akínṣalẹ̀	Ipomoea nil (L.) Roth, Convolvulaceae
Akirifijàlọ̀	Indigofera hirsuta L., Papilionaceae
Akisa	Trianthema portulacastrum L., Aizoaceae
Akísan	Trianthema portulacastrum L., Aizoaceae
Akìṣápò	Omphalocarpum procerum Oliv., Sapotaceae
Akítì	Leptoderris brachyptera (Benth.) Dunn. Leguminosae Papilionoideae
Akítìpà	Desmodium salicifolium (Poir.) DC., Leguminosae Papilionoideae
	Stachytarpheta indica (L.) Vahl, Verbenaceae

Ako	Canarium schweinfurthii Engl., Burseraceae
Akó	Commelina sp., Commelinaceae
Àko	Elaeis guineensis Jacq., Palmae (folhas)
Akóélá	Mikania cordata (Burm. f.) B. L. Rob., Compositae
Akóiremọ́ra	Hibiscus surattensis L., Malvaceae
Akòko	Newbouldia laevis Seem., Bignoniaceae
Akòko ẹluju	Lovoa trichilioides (Sprague) Harms, Meliaceae
Akòko igbó	Lovoa trichilioides (Sprague) Harms, Meliaceae
Akòko pupa	Newbouldia laevis Seem, Bignoniaceae
Akólédo	Cordia platythyrsa Baker, Boraginaccac
Akólódò	Brachystegia eurycoma Harms, Leguminosae Caesalpinioideae
Akómù	Hippocratea welwitschii Oliv., Celastraceae
Àkóodò	Ouratea sp., Ochnaceae
Akoòsìtàn	sp., Scrophulariaceae (espécie não identificada da família)
Àkòríko	Haplormosia monophylla (Harms) Harms, Leguminosae Papilionoideae
Àkóróbìsì	Não consta
Akówọ̀	Psychotria sp., Rubiaceae
Àkọ̀	Não consta
Akọ apá	Afzelia africana Sm. ex Pers., Leguminosae Caesalpinioideae
Akọ bolobólò	Triumfetta rhomboidea Jacq., Tiliaceae
Akọ dòdo	Voacanga africana Stapf, Apocynaceae
Akọ ejìnrìn	Cardiospermum grandiflorum Sw., Sapindaceae
Akọ ejìnrìn	Momordica cissoides Planch. ex Benth., Cucurbitaceae
Akọ ewúro odò	Ludwigia octovalvis (Jacq.) P. H. Raven, Onagraceae
Akọ emidò	Manilkara obovata (Sabine & G. Don) J. H. Hemsley, Sapotaceae
Akọ gbẹ́gi	Fuirena umbellata Rottb., Cyperaceae
Àkọ̀gùn	Não consta
Akọ ìbẹ́pe	Carica papaya L., Caricaceae
Akọ ìdágbọ́n	Corynanthe pachyceras K. Schum., Rubiaceae
Akọ ìdòfun	Maranthes polyandra (Benth.) Prance, Chrysobalanaceae
Akọ irẹ́	Holarrhena floribunda (G. Don) T. Durand & Schinz Apocynaceae
	Funtumia africana (Benth.) Stapf, Apocynaceae
Akọ iṣin	Blighia unijugata Baker, Sapindaceae
Akọ kíniáfimíṣe	Chamaecrista mimosoides (L.) Greene, Leguminosae Caesalpinioideae

Akọ làpálàpá	JATROPHA GOSSYPIFOLIA L., Euphorbiaceae
Akó léedo	CORDIA PLATYTHYRSA Baker, Boraginaceae
Àkọmu	PYCNANTHUS ANGOLENSIS (Welw.) Warb., Myristicaceae
Akọnwerere	CORYNANTHE PACHYCERAS K. Schum., Rubiaceae
Akọ réré	SENNA OBTUSIFOLIA (L.) H. S. Irwin & Barneby, Leguminosae Caesalpinioideae
	TRICHILIA MONADELPHA (Thonn.) J. J. de Wilde, Meliaceae
Akọ́rélówó	PORTULACA OLERACEA L., Portulacaceae
Akọ rorò	INDIGOFERA STENOPHYLLA Guill. & Perr., Leguminosae Papilionoideae
	TEPHROSIA BRACTEOLATA Guill. & Perr., Leguminosae Papilionoideae
Àkòsìn	Não consta
Akọṣu	DIOSCOREA PRAEHENSILIS Benth., Dioscoreaceae
Akọ wenrenwenren	CORYNANTHE PACHYCERAS K. Schum., Rubiaceae
Akọ yayángán	ERAGROSTIS CILIANENSIS (All.) Vignolo, Gramineae
Akọ yunúnyun	AGERATUM CONYZOIDES L., Compositae
	ASPILIA AFRICANA (Pers.) C. D. Adams, Compositae
Àkúdìnrín	ALBIZIA ZYGIA (DC.) J. F. Macbr., Leguminosae Mimosoideae
Àkúdìnrín ọlọ́ta	ALBIZIA ZYGIA (DC.) J. F. Macbr., Leguminosae Mimosoideae
Akúfọ́dẹwá	AMORPHOPHALLUS DRACONTIOIDES (Engl.) N. E. Br., Araceae
*Àkùkọ funfun (*ou *dúdú)*	HELIOTROPIUM INDICUM L., Boraginaceae
Akúmálápá	BUTYROSPERMUM PARADOXUM (C. F. Gaertn.) Hepper subsp. PARKII (G. Don) Hepper, Sapotaceae
Àkún	UAPACA STAUDTII Pax, Euphorbiaceae
	UAPACA HEUDELOTII Baill., Euphorbiaceae
Àkútàpá	CAYAPONIA AFRICANA (Hook. f.) Exell, Cucurbitaceae
Àlá	Não consta
Alábẹ̀bẹ̀	Não consta
Alábẹ̀bẹ̀ wẹ́rẹ́	FICUS sp., Moraceae
Aládé	MYRIANTHUS ARBOREUS P. Beauv., Cecropiaceae
Aládégbó	Não consta
Aládé oko	RUNGIA GRANDIS T. Anderson, Acanthaceae
Aládẹ̀	DIOSCOREA ROTUNDATA Poir., Dioscoreaceae

Alándùn — Abrus precatorius L., Leguminosae Papilionoideae

Alàgbà — Raulvolfia caffra Sond., Apocynaceae

Aláháráhiri — Não consta

Aláhéréko — Ekebergia senegalensis A. Juss., Meliaceae

Aláìkó — Não consta

Alájàtièlè — Não consta

Alájé — Trichilia tessmannii Harms, Meliaceae

Alájére — Não consta

Àlà oko — Dioscorea rotundata Poir., Dioscoreaceae

Aláánú — Vitex thyrsiflora Baker, Verbenaceae

Alárán — Não consta

Alárẹ̀rẹ̀gosùn — Não consta

Áláàrò mẹ́ta — Ritchiea sp., Capparaceae

Aláṣẹ — Dissotis rotundifolia (Sm.) Triana, Melastomaceae

Aláṣọ lebalábá — Sabicea calycina Benth., Rubiaceae

Aláwefàn — Sterculia tragacantha Lindl., Sterculiaceae

Aláwéré — Talinum triangulare (Jacq.) Willd., Portulacaceae

Alàwòrò — Bombax buonopozense P. Beauv., Bombacaceae

Alàwọ̀nrọ̀nsànsàn — Não consta

Àlédó — Leea guineensis G. Don, Leeaceae

Alele — Nesogordonia papaverifera (A. Chev.) Capuron, Sterculiaceae

Alẹ̀ ọ̀dàn — Schwenkia americana L., Solanaceae

Àlóó — Dichapetalum toxicarium (G. Don) Baill., Dichapetalaceae

Àlogbókùtà — Leptoderris brachyptera (Benth.) Dunn, Leguminosae Papilionoideae

Àlọ̀ — Dioscorea cayenensis Lam., Dioscoreaceae

Àlọ̀ eléwé nlá — Jateorhiza macrantha (Hook. f.) Exell & Mendonça, Menispermaceae

Àlọ̀ eléwé oníkamẹ́ta — Jateorhiza macrantha (Hook. f.) Exell & Mendonça, Menispermaceae

Àlọ̀fọ̀ — Jateorhiza macrantha (Hook. f.) Exell & Mendonça, Menispermaceae

Àlọ̀fọhùn — Jateorhiza macrantha (Hook. f.) Exell & Mendonça, Menispermaceae
Torenia thouarsii (Cham. & Schltdl.) Kuntze, Scrophulariaceae

Àlọ̀fọ odò — Torenia thouarsii (Cham. & Schltdl.) Kuntze, Scrophulariaceae

Àlọ̀lọ̀	DIOSCOREA ROTUNDATA Poir., Dioscoreaceae
Àlùbọ́sà	ALLIUM CEPA L., Liliaceae
Àlùbọ́sà babẹ ìjíwèrè	ANTHERICUM spp., Anthericaceae
Àlùbọ́sà eléwé	ALLIUM AESCALONICUM L., Liliaceae
Àlùbọ́sà erin	PANCRATIUM TRIANTHUM Herb., Amaryllidaceae
Àlùbọ́sà gàmbàrí	ALLIUM CEPA L., Liliaceae
Àlùbọ́sà ìjíwèrè	ANTHERICUM spp., Anthericaceae
Àlùbọ́sà keta	ALLIUM CEPA L., Liliaceae
Àlùbọ́sà oníṣu	ALLIUM AESCALONICUM L., Liliaceae
Àlùbọ́sà tápà	Não consta
Àlùgànbí	SYNEDRELLA NODIFLORA (L.) Gaertn., Compositae
Àlùgbáàko	Não consta
Àlùgbinrin	TRICLISIA SUBCORDATA Oliv., Menispermaceae
Àlùgbókìtà	LEEA GUINEENSIS G. Don, Leeaceae
Àlùgbọ́nrọ̀n	TRICLISIA SUBCORDATA Oliv., Menispermaceae
Àlùkànràbà	KLAINEDOXA GABONENSIS Pierre ex Engl., Ixonanthaceae
Alukèrèsé	IPOMOEA INVOLUCRATA P. Beauv., Convolvulaceae
Alukèrèsé pupa	IPOMEA INVOLUCRATA P. Beauv., Convolvulaceae
Àlùki	ASPARAGUS AFRICANUS Lam., Liliaceae
Àlúpàyídà	URARIA PICTA (Jacq.) DC., Leguminosae Papilionoideae
Àlúpàyídà funfun	URARIA PICTA (Jacq.) DC., Leguminosae Papilionoideae
Àlúpàyídà ọsanyin	URARIA PICTA (Jacq.) DC., Leguminosae Papilionoideae
Àlùrọ	SCHRANKIA LEPTOCARPA DC., Legurninosae Papilionoideae
Amára fúyẹ́	GREWIA MOLLIS Juss, Tiliaceae
Amáramọ́	TRIUMFETTA CORDIFOLIA A. Rich., Tiliaceae
Amáranà	CHASMANTHERA DEPENDENS Hochst., Menispermaceae
Àmàti	TEPHROSIA ELEGANS Schumach., Leguminosae Papilionoideae
Amátọ̀ki	DESMODIUM GANGETICUM (L.) DC., Leguminosae Papilionoideae
Amókóle	TREMA ORIENTALIS (L.) Blume, Ulmaceae
Amórímọ́	ABUTILON MAURITIANUM (Jacq.) Medik., Malvaceae
Amórítanná	POLYCARPAEA LINEARIFOLIA (DC.) DC., Caryophyllaceae
	SPERMACOCE OCTODON (Hepper) Lebrun & Stork, Rubiaceae
Amọ̀nà eṣin	Não consta
Amó oyún	CALLICHILIA MONOPODIALIS (K. Schum.) Stapf, Apocynaceae
Amọ́wọ́ ayé kúrò	OCIMUM GRATISSIMUM L., Labiatae

Amú ewúwáyé	GOMPHRENA CELOSIOIDES Mart., Amaranthaceae
Amúgbá dúdú	CORCHORUS spp., Tiliaceae
Amùjẹ̀	HARUNGANA MADAGASCARIENSIS Lam. ex Poir., Rhizophoraceae
Amùjẹ̀ ńlá	HARUNGANA MADAGASCARIENSIS Lam. ex Poir., Rhizophoraceae
Amùjẹ̀ wẹ́wẹ́	BYRSOCARPUS COCCINEUS Schumach. & Thonn., Connaraceae
	CNESTIS LONGIFI.ORA Schellenb., Connaraceae
Àmújùsílẹ̀	HYGROPHILA AURICULATA (Schumach.) Heine. Acanthaceae
Àmúkàn	HIBISCUS SABDARIFFA L., Malvaceae
Àmúkàn	LANNEA spp., Anacardiaceae
Amúkú	MIMOSA DIPLOTRICHA C. Wright ex Sauvalle var. INERMIS (Adelb.) Verdc., Leguminosae Papilionoideae
Amúkúlọ	MIMOSA DIPLOTRICHA C. Wright ex Sauvalle var. INERMIS (Adelb.) Verdc., Leguminosae Papilionoideae
Amúnibímọ	PHYSALIS ANGULATA L., Solanaceae
Amúnimúyè	SENECIO ABYSSINICUS Sch. Bip., Compositae
Amúnú tutù	BASELLA ALBA L., Basellaceae
Amúnú tutù pupa	BASELLA ALBA L., Basellaceae
Amúpínyọ̀	PAVETTA CORYMBOSA (DC.) F. N. Williams, Rubiaceae
Àmùrè ọ̀dàgbà	Não consta
Amúrẹjú	SESBANIA PACHYCARPA DC. emend. Guill. & Perr., Leguminosae Papilionoideae
Amúsùnwáyé	Não consta
Amúwàgọ́na	ACALYPHA ORNATA Hochst. ex A. Rich., Euphorbiaceae
Amúwàgún	ACALYPHA ORNATA Hochst. ex A. Rich., Euphorbiaceae
Àmúyàn	KIGELIA AFRICANA (Lam.) Benth., Bignoniaceae
Amúyèwá	HYDROLEA GLABRA Schumach. & Thonn., Hydrophillaceae
Àmúyìn	PERICOPSIS LAXIFLORA (Benth.) Meeuven, Leguminosae Papilionoideae
Àmúyìnú	Não consta
Ànàmọ́ yáyá	IPOMOEA BATATAS (L.) Lam., Convolvulaceae
Ànàmọ́ ọ̀gà	IPOMOEA spp., Convolvulaceae
Anidọ	LEEA GUINEENSIS G. Don, Leeaceae
Anígbódigbó	HYMENOSTEGIA AFZELII (Oliv.) Harms. Leguminosae Caesalpinioideae
Ànìkàn gbẹ́jù	HOSLUNDIA OPPOSITA Vahl, Labiatae

Ànìkàn jẹran	Indigofera congesta Welw. ex Baker, Leguminosae Papilionoideae
Ànìkàn létì	Flabellaria paniculata Cav., Malpighiaceae
Ànìkàn ṣegbó	Microglossa pyrifolia (Lam.) Kuntze, Compositae
Àńkẹ́mi léti	Aristolochia ringens Vahl, Aristolochiaceae
Àńretí	Não consta
Àńsáré nú èkan	Imperata cylindrica (L.) P. Beauv., Gramineae
Àánú	Vitex thyrsiflora Baker, Verbenaceae
Àánú igbó	Convolvulaceae
Apá	Afzelia bella Harms, Leguminosae Caesalpinioideae
	Afzelia africana Sm. ex Pers., Leguminosae Caesalpinioideae
Apabimọ́lẹ̀	Não consta
Àpadà	Uraria picta (Jacq.) DC., Leguminosae Papilionoideae
Àpadà ọ̀sanyìn	Uraria picta (Jacq.) DC., Leguminosae Papilionoideae
Àpadò	Berlinia grandiflora (Vahl) Hutch. & Dalziel, Leguminosae Caesalpinioideae
Apagbẹ́	Chrysophyllum welwitschii Engl., Sapotaceae
	Phaulopsis falcisepala C. B. Clarke, Acanthaceae
Àpahá	Pentaclethra macrophylla Benth., Leguminosae Mimosoideae
Apá igbó	Afzelia bella Harms, Leguminosae Caesalpinioideae
Apá ìwọ̀fà	Synedrella nodiflora (L.) Gaertn., Compositae
Àpakó	Oxytenanthera abyssinica (A. Rich.) Munro, Gramineae
Apàko	Raphia vinifera P. Beauv., Palmae
Apakọ́	Cleistopholis patens (Benth.) Engl. & Diels, Annonaceae
Àpalá	Cucurbita Pepo L., Cucurbitaceae
Àpalá odò	Streptogyne crinita P. Beauv., Gramineae
Àpáǹkòló	Não consta
Apa oró	Anthocleista vogelii Planch., Loganiaceae
Apa ọgbẹ́	Phaulopsis falcisepala C. B. Clarke. Acanthaceae
Àpàpá	Não consta
Àpàpó	Lonchocarpus sericeus (Poir.) Kunth ex DC., Leguminosae Papilionoideae
Àpárà	Hexalobus crispiflorus A. Rich., Annonaceae
	Pentaclethra macrophylla Benth., Leguminosae Mimosoideae
Aparàn	Pleiocarpa picnantha (K. Schum.) Stapf, Apocynaceae
Apara oró	Anthocleista vogelii Planch., Loganiaceae

Aparun	Oxytenanthera abyssinica (A. Rich.) Munro, Gramineae
Apásá	Não consta
Apàṣà	Não consta
Apàṣà igba	Cordia senegalensis Juss., Boraginaceae
Apàṣà tàkùn	Não consta
Apátà	Microdesmis puberula Hook., Pandaceae
Apawèrè	Rauvolfia vomitoria Afzel., Apocynaceae
Apáwọ̀fà	Synedrella nodiflora (L.) Gaertn., Compositae
Apàwọ̀pàrùn	Morinda lucida Benth., Rubiaceae
Apejònú	Cnestis ferruginea DC., Connaraceae
Apépe	Dioscorea cayenensis Lam., Dioscoreaceae
Apépe	Pterocarpus Erinaceus Poir., Leguminosae Papilionoideae
Apépéré	Não consta
Aperejọ	Pedilanthus tithymaloides (L.) Poit., Euphorbiaceae
Apèsè	Não consta
Aápẹ́	Celtis integrifolia Lam., Ulmaceae
Aápẹ́ àjìjà	Celtis integrifolia Lam., Ulmaceae
Apẹga	Não consta
Apẹ̀jẹ̀	Não consta
Apẹ̀ta	Celtis integrifolia Lam., Ulmaceae
Apìkán	Datura metel L., Solanaceae
Apìkọ́	Tristema hirtum P. Beauv., Melastomataceae
Àpò	Cola acuminata (P. Beauv.) Schott & Endl., Sterculiaceae
Àpò ọmọdé ọkọ	Chlorophytum sp., Anthericaceae
Aporó	Clerodendrum polycephalum Baker, Verbenaceae
Apotopòró	Cola cordifolia (Cav.) R. Br., Sterculiaceae
Apọ (akipọ)	Não consta
Apọ̀ ibà	Dissotis rotundifolia (Sm.) Triana, Melastomataceae
Àpọngbè	Trilepisium madagascariense DC., Moraceae
Apọ́nkolo	Flabellaria paniculata Cav., Malpighiaceae
Apónlójúṣe	Antidfsma venosum E. Mey & Tul., Euphorbiaceae
Apọ́nṣaṣa niyanju	Não consta
Àràà	Pterocarpus erinaceus Poir., Leguminosae Papilionoideae
Àràbà	Ceiba pentandra (L.) Gaertn., Bombacaceae
Arádò	Daniellia ogea (Harms) Rolfe. Leguminosae Caesalpinioideae
Aráfẹ́rẹ̀	Não consta

Àáràgbá Bridelia atroviridis Müll. Arg., Euphorbiaceae

Eclipta alba (L.) Hassk., Compositae

Tridax procumbens L., Compositae

Àràkáníkáde Cleome rutidosperma DC., Capparaceae

Àràkòbalẹ̀ Celtis zenkeri Engl., Ulmaceae

Arán Pleiocarpa pycnantha (K. Schum.) Stapf, Apocynaceae

Àrànbolẹ̀ Martynia annua L., Martyniaceae

Àrànwálẹ̀ Pleiocarpa pycnantha (K. Schum.) Stapf, Apocynaceae

Ara pupa Ricinus communis L., Euphorbiaceae

Àáràsá Bridelia micrantha (Hochst.) Baill., Euphorbiaceae

Macaranga barteri Müll. Arg., Euphorbiaceae

Àáràsá ganigan Hylodendron gabunense Taub., Leguminosae Caesalpinioideae

Arasan Synedrella nodiflora (L.) Gaertn., Compositae

Àáràṣá Bridelia micrantha Baill., Euphorbiaceae

Bridelia atroviridis Müll. Arg., Euphorbiaceae

Àràṣe Baphia nitida Lodd., Leguminosae Papilionoideae

Aráwáyé Cochlospermum tinctorium A. Rich., Cochlospermaceae

Àrè Mallotus oppositifolius (Geiseler) Müll. Arg., Euphorbiaceae

Arère Annona senegalensis Pers., Annonaceae

Triplochiton scleroxylon K. Schum., Sterculiaceae

Arẹ̀dàn Daniellia ogea (Harms) Rolfe, Leguminosae Caesalpinioideae

Arẹ́hìnkosùn Scadoxus cinnabarinus (Decne) Friis & Nordal, Amaryllidaceae

Cyathula sp., Amaranthaceae

Arẹ́hìnkosùn ọmọ Cyathula prostrata (L.) Blume, Amaranthaceae

Arẹ́hìntegùn Não consta

Àrẹ̀mọ Não consta

Arẹmọlẹ́kún Acalypha ciliata Forssk., Euphorbiaceae

Arẹ́nikosùn Pandiaka heudelotii (Moq.) Hook. f., Amaranthaceae

Arère Annona senegalensis Pers., Annonaceae

Arẹ̀rẹ̀ dúdú Ficus thonningii Blume, Moraceae

Arẹ́sẹ̀kosùn Pandiaka heudelotii (Moq.) Hook. f., Amaranthaceae

Àrìdan Tetrapleura teraptera (Schumach. & Thonn.) Taub., Leguminosae Mimosoideae

Arìdan àbàtà Parkia bicolor A. Chev., Leguminosae Mimosoideae

Àrìdanpápá Amblygonocarpus andongensis (Welw. ex Oliv.) Exell & Torre, Leguminosae Mimosoideae

Àrìdan tóóró	CASSIA SIEBERIANA DC., Leguminosae Caesalpinioidea
Àrígbódigbó	HYMENOSTEGIA AFZELII (Oliv.) Harms. Leguminosae Caesalpinioideae
	COCCINIA BARTERI (Hook. f.) Keay, Cucurbitacea
Arilu	SECAMONE AFZELII (Schult.) K. Schum., Asclepiadaceae
Àrín	DIOCLEA RFFLEXA Hook. f., Leguminosae Papilionoideae
Àrínigo	MICRODESMIS PUBERULA Hook, Pandaceae
Àrínigo dúdú	MICRODESMIS PUBERULA Hook, Pandaceae
Àrín pẹlẹbẹ	Não consta
Arira	PTEROCARPUS ERINACEUS Poir., Leguminosae Papilionoideae
Àrìrààjù	PTEROCARPUS ERINACEUS Poir., Leguminosae Papilionoideae
Aríwó	MONODORA MYRISTICA (Gaertn.) Dunal, Annonaceae
Aró	DIOSCORA ROTUNDATA Poir., Dioscoreaceae
Aró ẹfun	Não consta
Arójòkú	ECLIPTA ALBA (L.) Hassk., Compositae
Arójòkú wẹrẹ	CYCNIUM CAMPORUM Engl., Scrophulariaceae
Àróníkin	Não consta
Arorò	Não consta
Àrọ́	CROSSOPTERYX FEBRIFUGA (Afzel.) Benth., Rubiaceae
Arọbí	Não consta
Arọ́kẹ́kẹ́	ADENIA CISSAMPELOIDES (Planch. ex Benth.) Harms, Passifloraceae
Àrọ́mọ	Não consta
Àrọ́mọ gbọ́mọpọ̀n	FICUS THONNINGII Blume, Moraceae
Arọrọ	ANTIDESMA VENOSUM E. Mey & Tul., Euphorbiaceae
Arúbọ̀	PHAULOPSIS FALCISEPALA C. B. Clarke, Acanthaceae
Arùn fọ́nfọ́n	DIOSCOREA ALATA L., Dioscoreaceae
Arùnjẹran	ACALYPHA CILIATA Forssk., Euphorbiaceae
Arùnjẹrun	ACALYPHA CILIATA Forssk., Euphorbiaceae
Arùn palẹ̀	Não consta
Arùn sánsán	AGERATUM CONYZOIDES L., Compositae
Arùn tantan	OCIMUM BASILICUM L., Labiatae
Àrùsọ̀ funfun	HYPTIS LANCEOLATA Poir., Labiatae
Asá	MALVASTRUM COROMANDELIANUM (L.) Garcke, Malvaceae
Àsábá	Não consta
Àságbà	Não consta

Àságbó	BRIDELIA GRANDIS Pierre ex Hutch., Euphorbiaceae
Àsálà wẹrẹ	Não consta
Asá òrìṣà	MALVASTRUM COROMANDELIANUM (L.) Garcke, Malvaceae
Àsáràgbá	BRIDELIA MICRANTHA (Hochst.) Baill., Euphorbiaceae
Asáwáwá	PAVETTA CORYMBOSA (DC.) F. N. Williams var. NEGLECTA Bremek., Rubiaceae
Àsẹmàgbó	Não consta
Àsímókó	Não consta
Asín	DICHAPETALUM MADAGASCARIENSE Poir., Dichapetalaceae
Asin àrùn wálẹ̀	SENNA PODOCARPA (Guill. & Perr.) Lock, Leguminosae Caesalpinioideae
Asobíabẹ	DALBERGIA SAXATILIS Hook. f., Leguminosae Papilionoideae
Asobíorí	SALACIA sp., Celastraceae
Asoféyẹjẹ	RAUVOLFIA VOMITORIA Afzel., Apocynaceae
Àsógbódò	MORELIA SENEGALENSIS A. Rich., Rubiaceae
Asógbódùn	MORELIA SENEGALENSIS A. Rich., Rubiaceae
Àsojá	CAMPYLOSPERMUM FLAVUM (Schumach. & Thonn.) Farron, Ochnaceae
Àsokára	DRYPETES FLORIBUNDA (Müll. Arg.) Hutch., Euphorbiaceae
Asòlẹ̀kẹ̀	BYRSOCARPUS COCCINEUS Schumach., Connaraceae
Asowálẹ̀	INDIGOFERA HIRSUTA L., Leguminosae Papilionoideae
Àsùnfúnrún	Não consta
Àsùnlera	MILLETTIA THONNINGII (Schumach.) Baker, Leguminosae Papilionoideae
Àsùnwọ̀n dúdú (gidi)	SENNA PODOCARPA (Guill. & Perr.) Lock., Leguminosae Caesalpinioideae
Àsùnwọ̀n èèbó	Não consta
Àsùnwọ̀n funfun	SENNA PODOCARPA (Guill. & Perr.) Lock., Leguminosae Caesalpinioideae
Àsùnwọ̀n òyìbó	SENNA PODOCARPA (Guill. & Perr.) Lock., Leguminosae Caesalpinioideae
Àsùrìn	ENTANDROPHRAGMA CANDOLLEI Harms, Meliaceae
Àṣá	BRIDELIA MICRANTHA (Hochst.) Baill., Euphorbiaceae BRIDELIA ATROVIRIDIS Müll. Arg., Euphorbiaceae
Àṣá gidi	BRIDELIA MICRANTHA (Hochst.) Baill., Euphorbiaceae
Àṣá ọmọde	TURRAEA VOGELII Hook. f., Meliaceae

Àṣáràgbá Bridelia micrantha (Hochst.) Baill., Euphorbiaceae

Bridelia atroviridis Müll. Arg., Euphorbiaceae

Àṣàṣà Telosma africanum (N. E. Br.) Colville, Asclepiadaceae

Margaritaria discoidea (Baill.) G. L. Webster, Euphorbiaceae

Àṣẹ Iodes africana Welw., lcacinaceae

Aṣẹ́fun Aerva lanata (L.) Juss., Amaranthaceae

Aṣẹ́mágbò Não consta

Àṣẹolongo Setaria longiseta P. Beauv., Gramineae

Àṣẹ òrìṣà Iodes africana Welw., Icacinaceae

Àṣẹ́sùn Não consta

Àṣẹwa Iodes africana WeIw., Icacinaceae

Àsímáwù Senna obtusifolia (L.) H. S. Irwin & Barneby, Leguminosae Caesalpinioideae

Aṣiyèlé Chrysophyllum welwitschii Engl., Sapotaceae

Aṣògànṣẹ́kẹ́ Diospyros monbuttensis Gürke, Ebenaceae

Aṣogbóṣató Dioscorea hirtiflora Benth., Dioscoreaceae

Aṣọyún Eremomastax speciosa (Hochst.) Cufod., Acanthaceae

Àṣúwọ̀lé Daniellia ogea (Harms) Rolfe, Leguminosae Caesalpinioideae

Ata Zanthoxylum senegalense DC., Rutaceae

Ata àbájọ̀sì Capsicum annuum L., Solanaceae

Ata àbáláyé Capsicum annuum L., Solanaceae

Ata àbùrẹ̀kù Capsicum annuum L., Solanaceae

Atábẹsẹ́ Não consta

Ata dúdú Zanthoxylum senegalense DC., Rutaceae

Ata ẹyẹ Capsicum frutescens L., Solanaceae

Ata gbásẹ̀jo Capsicum annuum L., Solanaceae

Ata ìjobì Aframomum mei.egueta (Roscoe) K. Schum., Zingiberaceae

Ata ìjọ̀sì Não consta

Ata ire Aframomum melegueta (Roscoe) K. Schum., Zingiberaceae

Àtàìrò Lipocarpa chinensis (Osborn) Kern, Cyperaceae

Ata ìsà Aframomum melegueta (Roscoe) K. Schum., Zingiberaceae

Ata ìṣènbáyé Capsicum annuum L., Solanaceae

Ata ìyérè Piper guineense Schumach. & Thonn., Piperaceae

Atá jíjẹ Capsicum annuum L., Solanaceae

Ata jọ̀sì Não consta

Àtakànrun Não consta

Àtakò	CELTIS ZENKERI Engl. vel. aff., Ulmaceae
Atakókó	MERREMIA HEDERACEA (Burm. f.) Hallier. f., Convolvulaceae
Ata kórúkọ	CAPSICUM ANNUUM L., Solanaceae
Àtàkú nìmọ̀mọ̀	MARISCUS ALTERNIFOLIUS Vahl, Cyperaeae
Àtalà	SACOGLOTTIS GABONENSIS (Baill.) Urb., Humiriaceae
Atalẹ̀	ZINGIBER OFFICINALE Roscoe, Zingiberaceae
Ataliyá	AFRAMOMUM MELEGUETA (Roscoe) K. Schum., Zingiberaceae
Ataná ọlọ̀run	MITRACARPUS HIRTUS (L.) DC. vel aff., Rubiaceae
Atani kunkun àpìrà	Não consta
Àtànká	CALOPOGONIUM MUCUNOIDES Desv., Leguminosae Papilionoideae
Atàn kálẹ̀	TRIANTHEMA PORTULACASTRUM L., Aizoaceae
Atańlá	Não consta
Ata olúigbó	PLEIOCARPA PYCNANTHA (K. Schum.) Stapf, Apocynaceae
Ata ọlọ́bẹ̀ nkan	CAPSICUM FRUTESCENS L., Solanaceae
Ata ọmọdé	CAPSICUM sp., Solanaceae
Ata ọmọlà	Não consta
Ata ọrọ̀	STRYCHNOS SPINOSA Lam., Loganiaceae
Atapàrà	PHAULOPSIS FALCISEPALA C. B. Clarke, Acanthaceae
	RAUVOLFIA VOMITORIA Afzel., Apocynaceae
Àtàpárajà	TRICALYSIA OKELENSIS Hiern, Rubiaceae
Àtàpàrí òbúkọ	CLAUSENA ANISATA (Willd.) Hook. f. ex Benth., Rutaceae
Atapatapìtì	Não consta
Àtàpọ́nìmọ̀mọ̀	MARISCUS ALTERNIFOLIUS Vahl, Cyperaceae
Ataare	AFRAMOMUM MELEGUETA (Roscoe) K. Schum., Zingiberaceae
Ataare ààjà	Não consta
Ata rere	AFRAMOMUM MELEGUETA (Roscoe) K. Schum., Zingiberaceae
Ata sísebẹ̀	CAPSICUM FRUTESCENS L., Solanaceae
Ara sẹ̀mbáyé	Não consta
Atayẹ̀	AFRAMOMUM MELEGUETA (Roscoe) K. Schum., Zingiberaceae
Àtẹ̀pẹ́	Não consta
Àtẹ́wọ́ ẹdun	IPOMOEA MAURITIANA Jacq., Convolvulaceae
Àtẹ́wọ́gbare	ADENIA LOBATA (Jacq.) Engl., Passifloraceae
Àtéwógbèrè yagà	ADENIA LOBATA (Jacq.) Engl., Passifloraceae
Ati	DIOSCOREA ALATA L., Dioscoreaceae
Àtìbà	RHIGIOCARYA RACEMIFERA Miers, Menispermaceae

Atikékeré hehín	ALTERNANTHERA PUNGENS Kunth, Amaranthaceae
Atikékeré hewú	MIKANIA CORDATA (Burm. f.) B. L. Rob., Compositae
Atinú ṣégun	HYLODENDRON GABUNENSE Taub., Leguminosae Caesalpinioideae
Atò	CHASMANTHERA DEPENDENS Hochst., Menispermaceae
Àtòrì	GLYPHAEA BREVIS (Spreng.) Monach., Tiliaceae
Atorìgbó	DESMODIUM sp., Leguminosae Papilionoideae
Àtòrì igbò	MALLOTUS OPPOSITIFOLIUS (Geiseler) Müll. Arg., Euphorbiaceae
Àtówò	CUCUMEROPSIS MANNII Naudin, Cucurbitaceae
Atoyipọ	TETRACERA POTATORIA Afzel. ex G. Don, Dilleniaceae
Atọ́	LAGENARIA SICERARIA (Molina) Standl., Cucurbitaceae
Àtúdàgbé	CALLIANDRA PORTORICENSIS (Jacq.) Benth., Leguminosae Mimosoideae
Atúfà	PERGULARIA DAEMIA (Forssk.) Chiov., Asclepiadaceae
Atúgun	CARDIOSPERMUM GRANDIFLORUM Sw., Sapindaceae
Atúlẹ̀	TELOSMA AFRICANUM (N. E. Br.) Colville, Asclepiadaceae
Atún ọmọtò	INDIGOFERA SUFFRUTICOSA Mill., Leguminosae Papilionoideae
Àwágbà	CELTIS WRIGHTII Planch., Ulmaceae
Àwárèrì	ERYTHROPHLEUM SUAVEOLENS (Guill. & Perr.) Brenan, Leguminosae Caesalpinioideae
Àwáṣẹ̀	ANTIARIS TOXICARIA (Rumph.) Lesch., Moraceae
Awàtọ̀sí	COMMELINA sp., Commelinaceae
Awayanrìn	VITEX THYRSIFLORA Baker, Verbenaceae
Awáyéèkú	PORTULACA QUADRIFIDA L., Portulacaceae
Awáyémákùú	DRACAENA LAXISSIMA Engl., Agavaceae
Awé	TRICHILIA PRIEURIANA A. Juss., Meliaceae
Awère pèpè	SPILANTHES FILICAULIS (Schumach. & Thonn.) C. D. Adams, Compositae
Àwéwì	BAPHIA NITIDA Lodd., Leguminosae Papilionoideae
	BAPHIA PUBESCENS Hook. f., Leguminosae Papilionoideae
Awẹ̀	Não consta
Aáwẹ́	PHYLLANTHUS sp., Euphorbiaceae
Awẹdẹ	DISSOTIS ROTUNDIFOLIA (Sm.) Triana, Melastomaceae
Àwẹ̀fín	OLAX SUBSCORPIOIDEA Oliv., Olacaceae
Awẹ́léso	MARGARITARIA DISCOIDEA (Baill.) G. L. Webster, Euphorbiaceae
Awẹ́niwá	ORMOCARPUM SENNOIDES (Willd.) DC., Leguminosae Papilionoideae

Àwíjàre	MERREMIA UMBELLATA (L.) Hallier f., Convolvulaceae
Àwíjẹ́	GLINUS OPPOSITIFOLIUS (L.) Aug. DC., Aizoaceae
Àwín	DIALIUM GUINEENSE Willd., Leguminosae Caesalpinioideae
	PERICOPSIS LAXIFLORA (Benth.) Meeuven, Leguminosae Papilionoideae
Àwíṣẹ	GOSSYPIUM ARBOREUM L., Malvaceae
Àwiyan	CROTALARIA RETUSA L., Leguminosae Papilionoideae
Awo erédé	ALTERNANTHERA PUNGENS Kunth, Amaranthaceae
Awonisàn	Não consta
Awòpá	SANSEVIERIA sp., Liliaceae
Awo rere	COLA MILLENII K. Schum., Sterculiaceae
Awórósó	CROTON PENDULIFLORUS Hutch., Euphorbiaceae
Awówèrè	RAUVOLFIA VOMITORIA Afzel., Apocynaceae
Awóworí	HIPPOCRATEA WELWITSCHII Oliv., Celastraceae
Àwòyè	Não consta
Awoyo	Não consta
Àwọ̀	LEPTODERRIS BRACHYPTERA (Benth.) Dunn. Leguminosae Papilionoideae
	LEPTODERRIS MICRANTHA Dunn, Leguminosae Papilionoideae
Àwọ̀nká	XYLOPIA VILLOSA Chipp, Annonaceae
Àwọ̀ òwú	COCHLOSPERMUM TINCTORIUM A. Rich., Cochlospermaceae
Àwọ̀ pupa	LEPTODERRIS sp., Leguminosae Papilionoideae
Àwọyì	LEPTODERRIS MICRANTHA Dunn, Leguminosae Papilionoideae
Awọ́yọyọ	GLINUS OPPOSITIFOLIUS (L.) Aug. DC., Aizoaceae
Àwùjẹ	DESPLATSIA DEWEVREI (De Wild. & T. Durand) Burret, Tiliaceae
	PHASEOLUS LUNATUS L., Leguminosae Papilionoideae
	LABLAB PURPUREUS (L.) Sweet, Leguminosae Papilionoideae
Àwùjẹ wẹrẹ	VIGNA sp., Leguminosae Papilionoideae
Awújú	SESBANIA PACHYCARPA DC. emend. Guill. & Perr., Leguminosae Papilionoideae
Awùn	ALSTONIA BOONEI De Wild., Apocynaceae
Awúrekùjẹ̀	CLEMATIS HIRSUTA Guill. & Perr., Ranuculaceae
Awùrè pèpè	SPILANTHES FILICAULIS (Schumach. & Thonn.) C. D. Adams, Compositae
Awùsá	PLUKENETIA CONOPHORA Müll. Arg., Euphorbiaceae
Àwúyà	TRICHILIA MONADELPHA (Thonn.) J. J. de Wilde, Meliaceae

Ayaba	Jatropha curcas L., Euphorbiaceae
Ayàdà	Stereospermum kunthianum Cham., Bignoniaceae
Àyàki	Melanthera scandens (Schumach.) Roberty, Compositae
Àyàn	Distemonanthus benthamianus Baill., Leguminosae Caesalpinioideae
	Pericopsis laxiflora (Benth.) Meeuven, Leguminosae Papilionoideae
Ayaná mọ́ igbó	Gloriosa simpiex L., Colchicaceae
Àyán olúpópó	Afzelia bipindensis Harms, Leguminosae Caesalpinioideae
Àyán olútoko	Afzelia bipindensis Harms, Leguminosae Caesalpinioideae
Ayé	Maranthes robusta (Oliv.) Prance, Chrysobalanaceae
	Morus mesozygia Stapf, Moraceae
Ayéni	Maranthes robusta (Oliv.) Prance, Chrysobalanaceae
Ayeye	Crossopteryx febrifuga (Afzel.) Benth., Rubiaceae
Ayẹ́	Sterculia rhinopetala K. Schum., Sterculiaceae
Àyín	Anogeissus leiocarpus (DC.) Guill. & Perr., Combretaceae
Ayìnrẹ́	Albizia spp., Leguminosae Mimosoideae
Ayìnrẹ́ bánábánà	Albizia corIaria Welw. ex Oliv., Leguminosae Mimosoideae
	Albizia ferruginea (Guill. & Perr.) Benth., Leguminosae Mimosoideae
Ayìnrẹ́ ìsìngédé	Albizia gummifera (J. F. Gmel.) C. A. Sm., Leguminosae Mimosoideae
Ayìnrẹ́ ọ́gọ (eṣu)	Albizia gummifera (J. F. Gmel.) C. A. Sm., Leguminosae Mimosoideae
Ayìnrẹ́ pópó	Albizia zygia (DC.) J. F. Macbr., Leguminosae Mimosoideae
Ayìnrẹ́ ṣemíṣe ọlọ́ṣẹ	Albizia ferruginea (Guill. & Perr.) Benth., Leguminosae Minnosoideae
Ayìnrẹ́tà	Albizia glaberrima (Schumach. & Thonn.) Benth., Leguminosae Milnosoideae
	Albizia zygia (DC.) J. F. Macbr., Leguminosae Mimosoideae
Ayìnrẹ́ were	Albizia adianthifolia (Schumach.) W. Wight, Leguminosae Mimosoideae
Ayìnrẹ́ yẹ	Albizia lebbek (L.) Benth., Leguminosae Mimosoideae
Ayìnyin	Trema orientalis (L.) Blume, Ulmaceae
Àyìwẹ́ igi oko	Margaritaria discoidea (Baill.) G. L. Webster, Euphorbiaceae
Ààyò	Não consta

Ayò	Caesalpinia bonduc (L.) Roxb., Leguminosae Caesalpinioideae
	Allium sativa L., Liliaceae
	Holoptelea grandis (Hutch.) Mildbr., Ulmaceae
	Corchorus olitorius L., Tiliaceae
Ayórun	Eulophia fulvopurpurea (Rchb. f.) Rolfe, Orchidaceae
Ayọká	Hippocratea indica Willd., Celastraceae
Ayù	Allium sativa L., Liliaceae
Ààyùn	Lannea sp., Anacardiaceae
Àyúnbọ̀	Parkia biglobosa (Jacq.) Benth., Leguminosae Mimosoideae
Ayùnrẹ́	Albizia spp., Leguminosae Mimosoideae
Bàbà	Sorghum sp., Gramineae
Bààká	Gladiolus sp., Iridaceae
Bámimú ọbuntun	Não consta
Bamomi	Solanum dasyphyllum Schumach. & Thonn., Solanaceae
Banabáná	Albizia adianthifolia (Schumach.) W. Wight, Leguminosae Mimosoideae
Bangá	Elaeis guineensis Jacq., Palmae
Bani	Acacia farnesiana (L.) Willd., Leguminosae Mimosoideae
Bàrà	Citrullus colocynthis (L.) Schrad., Cucurbitaceae
	Citrullus lanatus (Thunb.) Mansf., Cucurbitaceae
Bàrà àlùkù	Citrullus colocynthis (L.) Schrad., Cucurbitaceae
Bẹrẹ́fútù	Artocarpus communis J. R. Forst. & G. Forst., Moraceae
Bẹ́gán	Dalbergia sp., Leguminosae Papilionoideae
Bẹẹrẹ	Anadelphia afzeliana (Rendle) Stapf, Gramineae
Bẹ̀rẹ̀sí ògún	Não consta
Bẹ́sókè	Ehretia cymosa Thonn., Boraginaceae
Bíàlà	Não consta
Bímọbímọ	Scoparia dulcis L., Scrophulariaceae
Bîraná	Crotalaria pallida Aiton, Leguminosae Papilionoideae
Biyẹmẹ	Não consta
Bò	Jatropha curcas L., Euphorbiaceae
Bòbó	Solanum dasyphyllum Schumach. & Thonn., Solanaceae
Bòbó àwòdì	Solanum dasyphyllum Schumach. & Thonn., Solanaceae
	Capparis thonningii Schumach., Capparaceae
Bóíbóí	Napoleonaea imperialis P. Beauv., Lecythidaceae
	Napoleonaea vogelli Hook. & Planch., Lecythidaceae

Bójúrę̣	VERNONIA CINEREA (L.) Less., Compositae
Bòkóọ pupa	TRIUMFETTA RHOMBOIDEA Jacq., Tiliaceae
Bólẹ̀	SIDA LINIFOLIA Juss. ex Cav., Malvaceae
Bolo bóló	URENA LOBATA L., Malvaceae
Bolobóló	CLAPPERTONIA FILICIFOLIA (Willd.) Decne., Tiliaceae
Bómi dúró	Não consta
Bomọ́	SORGHUM sp., Gramineae
Bomubómú	CALOTROPIS PROCERA (Aiton) W. T. Aiton, Asclepiadaceae
Bongbong	NAPOLEONAEA IMPERIALIS P. Beauv., Lecythidaceae
Bóríbórí	NAPOLEONAEA IMPERIALIS P. Beauv., Lecythydiceae
Bóró	JATEORHIZA MACRANTHA (Hook. f.) Exell & Mendonça, Menispermaceae
Bòròmọ́	SORGHUM sp., Gramineae
Bótujẹ̀	JATROPHA CURCAS L., Euphorbiaceae
Bótujẹ̀ pupa	JATROPHA GOSSYPIIFOLIA L., Euphorhiaceae
Bótujẹ̀ ubo	JATROPHA CURCAS L., Euphorbiaceae
Bọki	DIOSCOREA ROTUNDATA Poir., Dioscoreaceae
Bọ́lọ	Não consta
Bọlọgi	SENECIO BIAFRAE Oliv. & Hiern. Compositae
Bonni	ACACIA FARNESIANA (L.) Willd., Leguminosae Mimosoideae
Brefú	ARTOCARPUS COMMUNIS J. R. Forst. & G. Forst., Moraceae
Bùjé	MORELIA SENEGALENSIS A. Rich., Rubiaceae
	ROTHMANNIA LONGIFLORA Salisb., Rubiaceae
Bùjé arúgbó	KEETIA LEUCANTHA (K. Krause) Bridson, Rubiaceae
Bùjé dúdú	MORELIA SENEGALENSIS A. Rich., Rubiaceae
Bùjé igbó	KEETIA LEUCANTHA (K. Krause) Bridson, Rubiaceae
Bùjé nlá	ROTHMANNIA LONGIFLORA Salisb., Rubiaceae
	ROTHIMANIA WHIFFIELDII (Lindl.) Dandy, Rubiaceae
Bùjé wẹ̀ẹ̀rẹ̀	ROTHMANNIA LONGIFLORA Salisb., Rubiaceae
	SORINDEIA WARNECKEI Engl., Anacardiaceae
Bùjé wẹ́wẹ́	CREMASPORA TRIFLORA (Thoms) K. Schum., Rubiaceae
Bunbun	DIOSCOREA ROTUNDATA Poir., Dioscoreaceae
Dàgbá	CLERODENDRUM VOLUBILE P. Beauv., Verbenaceae
	PLEIOCERAS BARTERI Baill., Apocynaceae
Dàgbà mániyèninú	SESBANIA PACHYCARPA DC. ernend Guill. & Perr., Leguminosae Papilionoideae

Dàgbà owú	MOTANDRA GUINEENSIS (Thonn.) Aug. DC., Apocynaceae
Dàgídàgí	DIOSCOREA ROTUNDATA Poir., Dioscoreaceae
Dàgìrì dobo	DATURA CANDIDA (Pers.) Saff., Solanaceae
Dágunró	ACANTHOSPERMUM HISPIDUM DC., Compositae
	ALTERNANTHERA PUNGENS Kunth, Amaranthaceae
	TRIBULUS TERRESTRIS L., Zygophillaceae
Dágunró gogoro	ACANTHOSPERMUM HISPIDUM DC., Compositae
Dágunró kékeré	ALTERNANTHERA PUNGENS Kunth, Amaranthaceae
Dágunró nlá	TRIBULUS TERRESTRIS L., Zygophillaceae
Dàìko	CISSUS sp., Vitaceae
Dájí	Não consta
Dáké	PAUSINYSTALIA TALBOTII Wenham, Rubiaceae
Dákúró	Não consta
Dámọnítọ̀	CYATHULA PROSTRATA (L.) Blume, Amaranthaceae
Dandan	DIOSCOREA BULBIFERA L., Dioscoreaceae
Dàńdòjé	MORELIA SENEGALENSIS A. Rich., Rubiaceae
	OXYANTHUS SUBPUNCTATUS (Hiern) Keay, Rubiaceae
Dàngbọ̀ngbọ̀n	PAVETTA CORYMBOSA (DC.) F. N. Williams var. CORYMBOSA, Rubiaceae
Dare	DESMODIUM sp., Leguminosae Papilionoideae
Darí darí	Não consta
Dàrìko	CISSUS sp., Vitaceae
Dasa nọdẹ	Não consta
Dẹ̀hìn bọlọ́run	PROTEA MADIENSIS Oliv., Proteaceae
Dẹ̀hìn kọlọ́run	PROTEA MADIENSIS Oliv., Proteaceae
Dẹ̀hìn kọ̀run	PROTEA MADIENSIS Oliv., Proteaceae
Dẹlẹ̀ fúnlẹ̀	Não consta
Di	Não consta
Dìdìkurdì	Não consta
Dìsókè	XYSMALOBIUM HEUDELOTIANUM Decne., Asclepiadaceae
Dobìsowó	PHYLLANTHUS AMARUS Schumach. & Thonn., Euphorbiaceae
Dòdo	CALLICHILIA sp., Apocynaceae
Dòdo (abo dòdo)	TABERNAEMONTANA PACHYSIPHON Stapf, Apocynaceae
Dòdo (dúdú)	RAUVOLFIA VOMITORIA Afzel., Apocynaceae
Dòdonlá	VOACANGA AFRICANA Stapf, Apocynaceae
Dodoro	DIOSCOREA ROTUNDATA Poir., Dioscoreaceae

Dòdo wẹẹrẹ	RAUVOLFIA VOMITORIA Afzel., Apocynaceae
Dògbò dògbò	KYLLINGA ERECTA Schumach., Cyperaceae
Dọdọ	ADENIA CISSAMPELOIDES (Planch. ex Benth.) Harms, Passifloraceae
Dọtánù	CAYAPONIA AFRICANA (Hook. f.) Exell, Cucurbitaceae
Dùdùkú	DIOSCOREA ALATA L., Dioscoreaceae
Dùgbẹ̀ dùgbẹ̀	Não consta
Ebo	KEAYODENDRON BRIDELIOIDES (Mildbr.) Leandri, Euphorbiaceae
Ebo dúdú	RHIGIOCARYA RACEMIFERA Miers, Menispennaceae
Ebòlò	CRASSOCEPHALUM TOGOENSE C. D. Adams, Compositae
	CRASSOCEPHALUM RUBENS (Juss.) S. Moore, Compositae
Ebòlò ọ̀sun	CRASSOCEPHALUM CRFPIDIOIDES (Benth.) S. Moore, Compositae
Èbúrẹ́	CRASSOCEPHALUM RUBENS (Juss.) S. Moore, Compositae
Edogbó	Não consta
Èéfín	Não consta
Efinrin	OCIMUM GRATISSIMUM L., Labiatae
Efínrín àjá	LIPPIA CHEVALIERI Moldenke, Verbenaceae
	OCIMUM BASILICUM L., Labiatae
	HYPTIS SUAVEOLENS Poit., Labiatae
Efínrín àjẹ́	HOSLUNDIA OPPOSITA Vahl, Labiatae
Efinrin ata	OCIMUM BASILICUM L., Labiatae
Efínrín gogoro	LIPPIA MULTIFLORA Moldenke, Verbenaceae
Efínrín igbó	Não consta
Efínrín márúgbó sányán	OCIMUM BASILICUM L., Labiatae
Efínrìn ńlá	OCIMUM GRATISSIMUM L., Labiatae
Efínrín óṣó	HOSLUNDIA OPPOSITA Vahl, Labiatae
	OCIMUM GRATISSIMUM L., Labiatae
Efínrín otu	OCIMUM CANUM Sims, Labiatae
Efínrín ọ̀dàn	LIPPIA MULTIFLORA Moldenke, Verbenaceae
Efínrín ọgaja	OCIMUM GRATISSIMUM L., Labiatae
Efínrín ọ̀papara	LIPPIA RUGOSA A. Chev., Verbenaceae
Efínrín wẹ́wẹ́	OCIMUM BASILICUM L., Labiatae
Èfò	PLEIOCERAS BARTERI Baill., Apocynaceae
Efùrù	DIOSCOREA ROTUNDATA Poir., Dioscoreaceae
Èfùyá	LAPORTEA AESTUANS (L.) Chew, Urticaceae

Ègbé	Não consta
Egbèé	Laccosperma secundiflorum (P. Beauv.) Kuntze, Palmae
	Trachyphrynium sp., Maranthaceae
Egbèjiró	Não consta
Ègbènrèn	Coelocaryon preussii Warb., Myristicaceae
Egbi	Pericopsis laxiflora (Benth.) Meeuven. Leguminosae Papilionoideae
Egbiho	Não consta
Égbìnrìn	Coelocaryon preussii Warb., Myristicaceae
Ègbodò	Dioscorea sp., Dioscoreaceae
Egbogbo	Não consta
Egbùrù	Calopogonium mucunoides Desv., Leguminosae Papilionoideae
Ègé	Dioclea reflexa Hook. f., Leguminosae Papilionoideae
Egin rin àgbàdo	Zea mays L., Gramineae
Ègo	Ximenia americana L., Olacaceae
Egu	Bombax buonopozense P. Beauv., Bombacaceae
Èègun	Ceiba pentandra (L.) Gaertn., Bombacaceae
Egungun ẹkùn	Balanites wilsoniana Dawe & Sprague, Balanitaceae
Egungun (ògún)	Ceiba pentandra (L.) Gaertn., Bombacaceae
Ègùnmọ̀	Solanum americanum Mill., Solanaceae
Ègùnmọ̀ agunmọgàrà	Solanum americanum Mill., Solanaceae
Ehólo	Gramineae
Ehùrù	Dioscorea rotundata Poir., Dioscoreaceae
Èjìgèdè	Não consta
Ejìnrìn	Momordica balsamina L., Cucurbitaceae
	Momordica foetida Schumach. & Thonn., Cucurbitaceae
Ejìnrìn àgbàdo	Zea mays L., Graminae
Ejìnrìn àjẹ̀	Ipomoea nil (L.) Roth, Convolvulaceae
Ejìnrìn olókun	Ipomoea nil (L.) Roth, Convolvulaceae
Ejìnrìn òdàn	Ipomoea nil (L.) Roth, Convolvulaceae
Ejìnrìn wẹ́wẹ̀	Momordica charantia L., Cucurbitaceae
Èjòkùn	Mucuna pruriens L., Leguminosae Papilionoideae
Ejò ògún	Senna hirsuta (L.) H. S. Irwin & Barneby, Leguminosae Caesalpinioideae
Ejọju	Anacardium occidentale L., Anacardiaceae

Èkajú	ANACARDIUM OCCIDENTALE L., Anacardiaceae
Èékán àwòdì	CAPPARIS THONNINGII Schumach., Capparaceae
Èékán ẹkùn	Não consta
Èékán igbó	ROTHMANNIA LONGIFLORA Salisb., Rubiaceae
Èékánná adyìẹ	PORTULACA QUADRIFIDA L., Portulacaceae
Èékánná ẹkun	ARGEMONE MEXICANA L., Papaveraceae
Èékánná magbo	SMILAX KRAUSSIANA Meisn., Smilacaceae
Èékánnásẹ̀ adyìẹ	STRYCHNOS SPINOSA Lam., Loganiaceae
	ZIZIPHUS MUCRONATA Willd., Rhamnaceae
Èké	AMPELOCISSUS LEONENSIS (Hook. f.) Planch., Vitaceae
Èkegùn	FICUS NATALENSIS Hochst., Moraceae
Èkí	LOPIURA ALATA Banks, Ochnaceae
Èkí agbárajọ	LOPHIRA ALATA Banks, Ochnaceae
Èkíkà	SPONDIAS MOMBIN L., Anacardiaceae
Èkíkà àjà	PSEUDOSPONDIAS MICROCARPA (A. Rich.) Engl., Anacardiaceae
Èkìkí	FICUS VOGELIANA (Miq.) Miq., Moraceae
Ekìtí	HIBISCUS ARTICULATUS Hochst. ex A. Rich., Malvaceae
Èkìyé	CLEOME GYNANDRA L., Capparaceae
Eko	Não consta
Ekóró	CNESTIS FERRUGINEA DC., Connaraceae
	CNESTIS CORNICULATA Lam., Connaraceae
	Não consta
Eku irin	Não consta
Èkùrọ́	ELAEIS GUINEENSIS Jacq., Palmae
Èkuru	WALTHERIA INDICA L., Sterculiaceae
Èkuru oko	SIDA CORDIFOLIA L., Malvaceae
Ekuso	PENTADESMA BUTYRACEA Sabine, Guttifereae
Èkùyá	CLEOME GYNANDRA L., Capparaceae
Èkùyá àjà	CLEOME RUTIDOSPERMA DC., Capparaceae
Èkùyáko	CLEOME GYNANDRA L., Capparaceae
Èkùyálẹ̀	CLEOME GYNANDRA L., Capparaceae
Èkùyá òrìṣa	CLEOME RUTIDOSPERMA DC., Capparaceae
Èkùyá pupa	CLEOME VISCOSA L., Capparaceae
Elégédé	CUCURBITA PEPO L., Cucurbitaceae
Elégún oko	Não consta
Elékikòbi	PHOENIX RECLINATA Jacq., Palmae

Elékù	Lantana rhodesiensis Moldenke, Verbenaceae
Elémù	Não consta
Elépo	Harungana madagascariensis Lam. ex Poir., Rhizophoraceae
Elétí	Kalanchoe crenata (Andr.) Haw., Crassulaceae
Eléwé ọbẹ̀	Pleiocarpa pycnantha (K. Schum.) Stapf, Apocynaceae
Elẹ́ntú (iṣu)	Dioscorea sp., Dioscoreaceae
Elúre	Scotellia coriacea A. Chev., Flacourtiaceae
Elúro orunge	Scotellia coriacea A. Chev., Flacourtiaceae
Èèmagbo	Pupalia lappacea (L.) Juss., Amaranthaceae
Emaso pupa	Não consta
Emi gbégbárí	Pseudocedrela kotschyi (Schweinf.) Harms, Meliaceae
Emi gbégbérí	Pseudocedrela kotschyi (Schweinf.) Harms, Meliaceae
Emi gbèjì	Pseudocedrela kotschyi (Schweinf.) Harms, Meliaceae
Emi gberi	Pseudocedrela kotschyi (Schweinf.) Harms, Meliaceae
Èmìmọ́	Cenchrus biflorus Roxb., Gramineae
	Desmodium gangeticum (L.) DC., Leguminosae Papilionoideae
	Desmodium canum (J. F. Gmel.) Schinz & Thell., Leguminosae Papilionoideae
Emìnà	Dioscore.a bulbifera L., Dioscoreaceae
Èèmọ́	Desmodium velutinum (Willd.) DC., Leguminosae Papilionoideae
	Pupalia lappaceae (L.) Juss., Amaranthaceae
	Setaria verticillata (L.) P. Beauv., Gramineae
	Pouzolzia guineensis Benth., Urticaceae
	Cenchrus biflorus Roxb., Gramineae
Èèmọ́ abéròdéfẹ̀	Desmodium gangeticum (L.) DC., Leguminosae Papilionoideae
	Desmodium canum (J. F. Gmel.) Schinz & Thell., Leguminosae Papilionoideae
Èèmọ́ àgbò	Pupalia lappacea (L.) Juss., Amaranthaceae
Èèmọ́ agbọ́ tọmọ	Pupalia lappacea (L.) Juss., Amaranthaceae
Èèmọ́ ẹyẹ	Setaria verticillata (L.) P. Beauv., Gramineae
Èèmọ́ wẹẹrẹ	Pouzolzia guineensis Benth., Urticaceae
Ènìà pọ́npọ́n	Mussaenda elegans Schumach. & Thonn., Rubiaceae
Eníbíyọ̀	Deinbollia pinnata Schumach. & Thonn., Sapindaceae
Enígbá ẹ́fun	Polycarpaea linearifolia (DC.) DC., Caryphyllaceae
Eníhóró	Crotalaria microcarpa Hochst., Leguminosae Papilionoideae
Eníkirikúkiri	Não consta

Enímògògùn	Não consta
Enímọgbọ́n	Não consta
Enini	KEETIA LEUCANTHA (K. Krause) Bridson, Rubiaceae
Enípòròyé	Não consta
Enípọ́n òjé	MORELIA SENEGALENSIS A. Rich., Rubiaceae
Enírekonku	Não consta
Enírun	ACALYPHA CILIATA Forssk., Euphorbiaceae
Enísà oògùn	RITCHIEA CAPPAROIDES (Andr.) Britten var. LONGIPEDICELLATA (Gilg) De Wolf, Capparaceae
Eníwà agogo	MIMOSA PIGRA L., Leguminosae Mimosoideae
Èpa	ALCHORNEA CORDIFOLIA (Schumach. & Thonn.) Müll. Arg., Euphorbiaceae
Èèpafọ	TRIUMFETTA RHOMBOIDEA Jacq., Tiliaceae
Epapa	Não consta
Eépín	FICUS ASPERIFOLIA Miq. var. EXASPERATA, Moraceae
Eépíndò	FICUS ASPERIFOLIA Miq. var. EXASPERATA, Moraceae
Epínrín	Não consta
Èpò (ewé)	MUSSAENDA ELEGANS Schumach. & Thonn., Rubiaceae
Epologun	KLAINEDOXA GABONENSIS Pierre ex Engl., Ixonanthaceae
Epuro	Não consta
Èrà mọrà	STYLOSANTHES FRUTICOSA (Retz.) Alston, Leguminosae Papilionoideae
Eéran	DIGITARIA sp., Gramineae
	DIGITARIA CILIARIS (Retz.) Koeler, Gramineae
	DIGITARIA HORIZONTALIS Willd., Gramineae
	DIGITARIA DEBILIS (Desf.) Willd., Gramineae
	CHLORIS PILOSA Schumach., Gramineae
Eéran awó	ERAGROSTIS CILIARIS (L.) R. Br., Gramineae
Eéran ẹṣin	ERAGROSTIS CILIARIS (L.) R. Br., Gramineae
Èèran ẹyẹ	RHYNCHELYTRUM REPENS (Willd.) C. E. Hubb., Gramineae
Eéran ọmọdé	BRACHIARIA VILLOSA Vanderyst, Gramineae
Eéranyìn	Não consta
Erèé	PHASEOLUS sp., Leguminosae Papilionoideae
	PHASEOLUS LUNATUS L., Leguminosae Papilionoideae
Erèé ahun	VIGNA UNGUICULATA (L.) Walp., Leguminosae Papilionoideae
Èrèhun	CHRYSOPHYLLUM WELWITSCHII Engl., Sapotaceae

Erèé igbó	VIGNA RACEMOSA (G. Don) Hutch. & Dalziel, Leguminosae Papilionoideae
Erépín	FICUS ASPERIFOLIA Miq. Var. EXASPERATA, Moraceae
Èrìhun	Ver *erehun*
Erin	HUNTERIA UMBELLATA (K. Schum.) Hall. f., Apocynaceae
Erín ìgbàdo	ZEA MAYS L., Gramineae
Erinkà	ZEA MAYS L., Gramineae
Erinmàdò	RICINODENDRON HEUDELOTII (Baill.) Pierre ex Heckel, Euphorbiaceae
Erinmi	HOSLUNDIA OPPOSITA Vahl, Labiatae
Erin mí àìtàn	CLEOME GYNANDRA L., Capparaceae
Erinmi òdè	RICINODENDRON HEUDELOTII (Baill.) Pierre ex Heckel, Euphorbiaceae
Eríran	Ver *eéran*
Eríwo	CLEOME RUTIDOSPERMA DC., Capparaceae
Erogbo	CALAMUS DEERRATUS G. Mann & H. Wendl., Palmae
Èrò ìjẹ̀bú	Não consta
Èrò kòsùn	WALTHERIA INDICA L., Sterculiaceae
Èrò kòsùn kàsì	WALTHERIA INDICA L., Sterculiaceae
Èrò odò	Ver *ewúro odò*
Èrò oko	Ver *ewúro oko*
Èrù	PACHYELASMA TESSMANNII (Harms) Harms, Leguminosae Caesalpinioideae
Eérúgbó	CALAMUS DEERRATUS G. Mann & H. Wendl., Palmae
Èrúlá oríta	ABELMOSCHUS ESCULENTUS (L.) Moench, Malvaceae
Èrùwà	ANDROPOGON TECTORUM Schumach. & Thonn., Gramineae
Èrùwà akọ	ANDROPOGON GAYANUS Kunth, Gramineae
Èrùwà arànwú	ANDROPOGON TECTORUM Schumach. & Thonn., Gramineae
Èrùwà dúdú	ANDROPOGON TECTORUM Schumach. & Thonn., Gramineae
Èrùwà funfun	ANDROPOGON GAYANUS Kunth, Gramineae
Èrùwàkè	Não consta
Èrùwà ọ̀dàn	Não consta
Èrùwà pupa	ANDROPOGON spp., Gramineae
Èésá	IMPERATA CYLINDRICA (L.) P. Beauv., Gramineae
Èsan	Não consta
Eésan	ELAEIS GUINEENSIS Jacq., Palmae

Èsì àgbọ̀nrín	Urera cordifolia Engl., Urticaceae
Èsìgalà	Urera cordifolia Engl., Urticaceae
Èsìn	Alchornea cordifolia (Schumach. & Thonn.) Müll. Arg., Euphorbiaceae
Èèsìn	Urera manii (Wedd.) Benth. & Hook. f., Urticaceae Mucuna pruriens (L.) DC., Leguminosae Papilionoideae
Èsin àbàtà	Alchornea cordifolia (Schumach. & Thonn.) Müll. Arg., Euphorbiaceae
Èèsìn àgbònò	Urera manii (Wedd.) Benth. & Hook. f., Urticaceae
Èèsìn ègèdè	Combretum platypterum (Welw.) Hutch. & Dalziel, Combretaceae
Esin mẹrin (iṣu)	Dioscorea sp., Dioscoreaceae
Èsìnrìn	Combretum platypterum (Welw.) Hutch. & Dalziel, Combretaceae
Èsìnsìn	Urera manii (Wedd.) Benth. & Hook. f., Urticaceae Mucuna pruriens (L.) DC., Leguminosae Papilionoideae
Èsìsé	Cnestis ferruginea DC., Connaraceae Mucuna pruriens (L.) DC., Leguminosae Papilionoideae Cnestis corniculata Lam., Connaraceae
Èsìsì àfín	Sida urens L., Malvaceae
Èsìsì àgbọ̀nrín	Urera cordifolia Engl., Urticaceae
Èsìsì (funfun)	Tragia benthamh Baker, Euphorbiaceae
Èsìsì gbọmọ lọ́wọ́ ẹdun	Laportea spp., Urticaceae
Èsìsì gogoro	Sida urens L., Malvaceae
Èsìsì ilẹ̀	Sida urens L., Malvaceae
Èsìsì moro	Não consta
Èsìsì ńtakú	Laportea ovalifolia (Schumach.) Chew, Urticaceae
Èsìsì pupa	Laportea aestuans (L.) Chew, Urticaceae
Èsìsì rorò	Não consta
Èsìsún	Pennisetum purpureum Schumach., Gramineae
Èsìsún funfun	Pennisetum purpureum Schumach., Gramineae
Èsìsún pupa	Pennisetum purpureum Schumach., Gramineae
Esiyin	Alchornea cordifolia (Schumach. & Thonn.) Müll. Arg., Euphorbiaceae
Èso	Hildegardia barteri (Mast.) Kosterm., Sterculiaceae

Èèsú	PENNISETUM PURPUREUM Schumach., Gramineae
	SACCHARUM SPONTANEUM L. var. AEGYPTIACUM (Wildd.) Hark., Gramineae
Eèsún	PENNISETUM PURPUREUM Schumach., Gramineae
Èèsún ẹréjà	Não consta
Eèsún funfun	PENNISETUM PURPUREUM Schumach., Gramineae
Eèsun pupa	PENNISETUM PURPUREUM Schumach., Gramineae
Èsùnsún	MICRODESMIS PUBERULA Hook., Pandaceae
Èsùrá	AGELAEA OBLIQUA (P. Beauv.) Baill., Connaraceae
	TRIUMFETTA CORDIFOLIA A. Rich., Tiliaceae
Èsúrú	DIOSCOREA DUMETORUM (Kunth) Pax, Dioscoreaceae
	DIOSCOREA ODORATISSIMA Pax, Dioscoreaceae
Èsúrú funfun	DIOSCOREA DUMETORUM (Kunth) Pax, Dioscoreaceae
Èsúrú ọrọ̀	DIOSCOREA DUMETORUM (Kunth) Pax, Dioscoreaceae
Èsúrú pupa	DIOSCOREA DUMETORUM (Kunth) Pax, Dioscoreaceae
Esùsú	SACCHARUM SPONTANEUM L. var. AEGYPTIACUM (Wildd.) Härk., Gramineae
Eṣín	CUCURBITA PEPO L., Cucurbitaceae
Eṣo	HILDEGARDIA BARTERI (Mast.) Kosterm., Sterculiaceae
	BOMBAX BUONOPOZENSE P. Beauv., Bombacaceae
Èṣùbìrì	Não consta
Eṣùṣu àpọ́n	DIOSPYROS SUAVEOLENS Gürke, Ebenaceae
Eṣùra	URENA LOBATA L., Malvaceae
Ètalùyà	AFRAMOMUM MELEGUETA (Roscoe) K. Schum., Zingiberaceae
Etarẹ́	CLEOME RUTIDOSPERMA DC., Capparaceae
Etí	CYMBOPOGON CITRATUS (DC.) Stapf, Gramineae
Etí ehoro	Não consta
Etí gbíre	Não consta
Etí ológbò	IPOMOEA HEDERIFOLIA L., Convolvulaceae
Etí ológbò pẹtẹ	IPOMOEA HEDERIFOLIA L., Convolvulaceae
Eti olóko	Não consta
Etí pẹ́tiran	Não consta
Ètìpọ́n ọlá	BOERHAVIA DIFFUSA L., Nyctaginaceae
Ètìpọ́n ọlá ahoro	Não consta
Etítare	GLINUS OPPOSITIFOLIUS (L.) Aug. DC., Aizoaceae
Etu	TAPINANTHUS sp., Loranthaceae

Eúre pèpè	CYATHULA PROSTRATA (L.) Blume, Amaranthaceae
Èwá owó	ALTERNANTHERA PUNGENS Kunth, Amaranthaceae
Ewàrígbó	HYMENOSTEGIA AFZELLI (Oliv.) Harms, Leguminosae Caesalpinioideae
Ewé adí	RHYNCHOSPORA CORYMBOSA (L.) Britt., Cyperaceae
Ewé àgbù ìgbò	MELANTHERA SCANDENS (Schumach. & Thonn.) Roberty, Compositae
Ewé ajé	AERVA LANATA (L.) Juss., Amaranthaceae
Ewé àjẹ́	GLORIOSA SIMPLEX L., Colchicaceae
Ewé aládùn	ABRUS PRECATORIUS L., Leguminosae Papdionoideae
Ewé àrán	SPIGELIA ANTHELMIA L., Loganiaceae
Ewé bíyemí	EUPHORBIA PROSRTRATA Aiton, Euphorbiaceae
Ewé dú	CORCHORUS OLITORIUS L., Tiliaceae
Ewé dú gànbe	CORCHORUS OLITORIUS L., Tiliaceae
Ewé egbée	Ver *egbée*
Ewé èèmọ́	DESMODIUM GANGETICUM (L.) DC., Leguminosae Papilionoideae
Ewé èpa	ALCHORNEA CORDIFOLIA (Schumach. & Thonn.) Müll. Arg., Euphorbiaceae
Ewé éran	DIGITARIA spp., Gramineae
Ewé ẹ̀là	ORCHIDACEAE Sp.
Ewé ẹso	ELYTRARIA MARGINATA Vahl, Acanthaceae
Ewé ibò	JATROPHA CURCAS L., Euphorbiaceae
Ewé ifin	SIDA RHOMBIFOLIA L., Malvaceae
Ewé ifin	WISSADULA ROSTRATA (Schumach.) Hook. f., Malvaceae
Ewé igbálẹ̀	MORINGA OLEIFERA Lam., Moringaceae
Ewé ihá	MOMORDICA CABRAEI (Cogn.) C. Jeffrey, Cucurbitaceae
Ewé ìlé	MORINGA OLEIFERA Lam., Moringaceae
Ewé ìlèmú	CITRUS AURANTIFOLIA (Christm.) Swingle, Rutaceae
Ewé iná	MUCUNA PRURIENS (L.) DC., Leguminosae Papilionoideae
	URERA MANII (Wedd.) Benth. & Hook. f., Urticaceae
Ewé ìpa	ALCHORNEA CORDIFOLIA (Schumach. & Thonn.) Müll. Arg., Euphorbiaceae
Ewé itẹ́	GLINUS OPPOSITIFOLIUS (L.) Aug. DC., Aizoaceae
Ewé mábo	JATROPHA CURCAS L., Euphorbiaceae
Ewé obì	HALLEA STIPULOSA (DC.) Leroy, Rubiaceae
Ewé òfó	DOMBEYA BUETTNERI K. Schum., Sterculiaceae

Ewé òfún	Ver *òfún*
Ewé òròmbó wẹ́wẹ́	CITRUS AURANTIFOLIA (Christm.) Swingle, Rutaceae
Ewé owó	AERVA LANATA (L.) Juss., Amaranthaceae
Ewé olálù pẹ́pẹ́	LOVOA TRICHILIOIDES (Sprague) Harms, Malvaceae
Ewé ọ̀sanyìn	ELYTRARIA MARGINATA Vahl, Acanthaceae
Ewére	Não consta
Ewo	DIOSCOREA SMILACIFOLIA De Wild. & T. Durand, Dioscoreaceae
Èwú ọmọ	DOMBEYA BUETTNERI K. Schum., Sterculiaceae
Ewùrà	DIOSCOREA ALATA L., Dioscoreaceae
Ewùrà ẹṣin	DIOSCOREA BULBIFERA L., Dioscoreaceae
Ewùrà funfun	DIOSCOREA ALATA L., Dioscoreaceae
Ewùrà igbó	ANONIDIUM MANII (Oliv.) Engl. & Diels, Annonaceae
Ewùrà pupa	DIOSCOREA ALATA L., Dioscoreaceae
Ewure pepe	SPILANTHES FILICAULIS (Schumach. & Thonn.) C. D. Adams, Compositae
Ewúro	VERNONIA AMYGDALINA Delile, Compositae
Ewúro dùn	Não consta
Ewúro ìgbín	ACALYPHA ORNATA Hochst. ex A. Rich., Euphorbiaceae
Ewúro ìjẹ̀bú	SOLANUM WRIGHTII Benth., Solanaceae
	SOLANUM ERIANTHUM D. Don, Solanaceae
Ewúro ilé	Não consta
Ewúro gidi	VERNONIA AMYGDALINA Delile, Compositae
Ewúro jíjẹ	VERNONIA AMYGDALINA Delile, Compositae
Ewúro odò	STRUCHIUM SPARGANOPHORA (L.) Kuntze, Compositae
	LUDWIGIA OCTOVALVIS (Jacq.) P. H. Raven, Onagraceae
Ewúro oko	VERNONIA ADOENSIS Sch. Bip., Compositae
	VERNONIA COLORATA (Willd.) Drake, Compositae
	VERNONIA AMYGDALINA Delile, Compositae
Ewúro ọ̀dàn	VERNONIA ADOENSIS Sch. Bip., Compositae
Ewúro ọgbọ́	Não consta
Eyọ́	CORCHORUS OLITORIUS L., Tiliaceae
Eyọ́ gànbe	CORCHORUS OLITORIUS L., Tiliaceae
Ẹ̀dà	DESMODIUM sp., Leguminosae Papilionoideae
Ẹ̀dàlé	DESMODIUM SALICIFOLIUM (Poir.) DC., Leguminosae Papilionoideae

Ẹ̀dẹ̀	Acacia polyacantha Willd. subsp. campylacantha (Hochst. ex A. Rich.) Brenan, Leguminosae imosoideae
Ẹ̀dẹ̀ ọbáṣe	Não consta
Ẹ̀dẹ̀ ṣùkú	Não consta
Ẹ̀dọ̀	Adenia cissampeloides (Planch. ex Benth.) Harms, Passifloraceae
Ẹ̀dọ̀ àgbọ̀nrín	Dioscorea sp., Dioscoreaceae
Ẹ̀dọ̀ ejò	Cissus producta Afzel., Vitaceae
Ẹdọ̀ ọ́gbọ́	Canthum spp., Rubiaceae
Édùn	Não consta
Ẹ̀dùnnmùsí	Ipomoea batatas (L.) Lam., Convolvulaceae
Ẹ̀ẹ̀là	Lophira alata Banks. Ochnaceae
Ẹfin	Não consta
Ẹ̀fọ́	Cassia sieberiana DC., Leguminosae Caesalpinioideae
Ẹ̀fọ́ èbùré	Crassocephalum rubens (Juss.) S. Moore, Compositae
Ẹfọ̀n	Dioscorea rotundata Poir., Dioscoreaceae
Ẹ̀fọ́ odò	Celosia argentea L., Amaranthaceae
Ẹ̀fọ́ òdú	Solanum americanum Mill. vel aff., Solanaceae
	Cassipourea barteri (Hook. f.) N. E. Br., Rhizophoraceae
Ẹ̀fọ́ òyìbó	Basella alba L., Basellaceae
Ẹ̀fọ́ ọ̀sún	Solanum macrocarpon L., Solanaceae
Ẹ̀fọ́ tẹ̀tẹ̀	Amaranthus hybridus L., subsp. incurvatus (Timeroy) Brenan, Amaranthaceae
Ẹ̀fù ìyá	Carapa procera DC., Meliaceae
Ẹfun kòjìyà	Psychotria peduncularis (Salisb.) Steyerm., Rubiaceae
Ẹfunlẹ̀	Evolvulus alsinoides (L.) L., Convolvulaceae
Ẹfun olele	Não consta
Ẹgbà	Rhizophora racemosa G. Mey., Rhizophoraceae
Ẹgbẹji	Não consta
Ẹ̀gbẹ̀sì	Sarcocephalus latifolius (J. E. Sm.) E. A. Bruce, vel. aff., Rubiaceae
Ẹ̀gbẹ̀sì ògún	Sarcocephalus latifolius (J. E. Sm.) E. A. Bruce, vel. aff., Rubiaceae
Ẹ̀gbọ́n adágudu	Calopogonuim mucunoides Desv., Leguminosae Papilionoideae
Ẹ̀gẹ́	Manihot esculenta Crantz, Euphorbiaceae
Ẹ̀gẹ́ funfun	Manihot esculenta Crantz, Euphorbiaceae

Ẹ̀gẹ́ gbókógbàlà	MANIHOT ESCULENTA Crantz, Euphorbiaceae
Ẹ̀gẹ́ ìgbàlódé	Não consta
Ẹ̀gẹ́lẹ	EUPHORBIA HIRTA L., Euphorbiaceae
Ẹ̀gẹ́ òkè	MANIHOT ESCULENTA Crantz, Euphorbiaceae
Ẹ̀gẹ́ òkun	Não consta
Ẹ̀gì	CYNOMETRA MEGALOPHYLLA Harms., Leguminosae Caesalpinioideae
Ẹgigun	CEIBA PENTANDRA (L.) Gaertn., Bombacaceae
Ẹ̀gọ́	ANCHOMANES DIFFORMIS (Blume) Engl., Araceae
Ẹ̀gọ́ ifá	ANCHOMANES DIFFORMIS (Blume) Engl., Araceae
Ẹ̀gún	ZANTHOXYLUM VIRIDE (A. Chev.) Waterman, Rutaceae
Ẹ̀gún abẹ́rẹ́	Não consta
Ẹ̀gún arìgbò	ARGEMONE MEXICANA L., Papaveraceae
Ẹ̀gún esúrú	DIOSCOREA PRAEHENSILIS Benth., Dioscoreaceae
Ẹ̀gúnjà	CEIBA PENTANDRA (L.) Gaertn., Bombaceae
Ẹ̀gún ọ̀run	CRATEVA ADANSONII DC., Capparaceae
Ẹ̀gúnwìn	LANTANA CAMARA L., Verbenaceae
Ẹ̀gúsí	CITRULLUS LANATUS (Thunb.) Mansf., Cucurbitaceae
Ẹ̀gúsí (agbe)	LAGENARIA SICERARIA (Molina) Standl., Cucurbitaceae
Ẹ̀gúsí (bàrà)	CITRULLUS LANATUS (Thunb.) Mansf., Cucurbitaceae
Ẹ̀gúsí (igbá)	LAGENARIA SICERARIA (Molina) Standl., Cucurbitaceae
Ẹ̀gúsí itoro	CUCUMEROPSIS MANII Naudin, Cucurbitaceae
Ẹ̀gúsí (kakamisin)	LAGENARIA BREVIFLORA (Benth.) Roberty, Cucurbitaceae
Ẹ̀gúsí (ṣẹ́rẹ́)	LAGENARIA sp., Cucurbitaceae
Ẹ̀hìn aríbo	DIODIA SCANDENS Sw., Rubiaceae
Ẹ̀hìn ẹdun	COLA MILLENII K. Schum., Sterculiaceae
Ẹ̀hìn mí ṣowó	PHYLLANTHUS AMARUS Schumach. & Thonn., Euphorbiaceae
Ẹ̀hìn ọlọ́bẹ̀	PHYLLANTHUS AMARUS Schumach. & Thonn., Euphorbiaceae
Ẹ̀hìn ọlọ́bẹ̀ funfun	PHYLLANTHUS sp., Euphorbiaceae
Ẹ̀hìn ọlóbẹ̀ pupa	PHYLLANTHUS ODONTADENIUS Müll. Arg., Euphorbiaceae
Ẹjá	MALLOTUS OPPOSITIFOLIUS (Geiseler) Müll. Arg., vel. aff., Euphorbiaceae
Ẹjá ọmọdé	Compositae
Ẹjá wẹ́wẹ́	Asclepiadaceae
Ẹ̀jẹ̀ arẹni	Não consta
Ẹ̀kan	IMPERATA CYLINDRICA (L.) P. Beauv., Gramineae

Ẹkan funfun	Calycobolus heudelotii (Baker) Heine, Convolvulaceae
Ẹké ilẹ	Melia azederach L., Meliaceae
Ẹké òyìbó	Melia azederach L., Meliaceae
Ẹké òsanyìn	Rutaceae
Ẹ̀kí	Dioscorea rotundata Poir., Dioscoreaceae
Ẹ̀ko òyìbó	Annona muricata L., Annonaceae
Ẹ̀kọ ọmọdé	Annona muricata L., Annonaceae
Ẹ̀kú	Ceratotheca sesamoides Endl., Pedaliaceae
	Sesamum radiatum Schumach. & Thonn., Pedaliaceae
	Cynometra nannii Oliv., Leguminosae Caesalpinioideae
	Brachystegia leonensis Burtt Davy & Hutch., Leguminosae Caesalpinioideae
	Brachystegia eurycoma Harms, Leguminosae Caesalpinioideae
Ẹ̀kú gogoro	Sesamum radiatum Schumach. & Thonn., Pedaliaceae
Ẹ̀kú igi	Sesamum indicum L., Pedaliaceae
Ẹku ìjẹ̀bú	Não consta
Ẹ̀kukù	Ceratotheca sesamoides Endl., Pedaliaceae
	Cynometra mannii Oliv., Leguminosae Caesalpinioideae
Ẹ̀kukù ilẹ	Ceratotheca sesamoides Endl., Pedaliaceae
Ẹ̀kukù ọ̀gẹ̀rẹ̀rẹ	Sesamum radiatum Schumach. & Thonn., Pedaliaceae
	Ceratotheca sesamoides Endl., Pedaliaceae
Ekún arúgbó	Acanthus montanus (Nees) T. Anderson. Acanthaceae
Eekún ahùn	Ananas comosus (L.) Merr., Bromeliaceae
Ẹkùn débẹ̀	Stylosanthes fruticosa (Retz.) Alston, Leguminosae Papilionoideae
Ẹkúnkún	Ananas comosus (L.) Merr., Bromeliaceae
Ẹkúnkún ahùn	Ananas comosus (L.) Merr., Bromeliaceae
Ẹkú pupa	Ampelocissus bombycina (Baker) Planch., Vitaceae
Ẹkúẹ	Laccosperma opacum (G. Mann & H. Wendl.) Drude, Palmae
	Lycopersicon esculentum Mill., Sulanaceae
Ẹkúẹ ọ̀gà	Laccosperma opacum (G. Mann & H. Wendl.) Drude, Palmae
Ẹ̀là	Calyptrochilum christyanum (Rchb. f.) Summerh., Orchidaceae
	Orchidaceae sp.
Ẹlédà wọ̀rọ̀	Panicum brevifolium L., Gramineae
Ẹlẹgbẹ́ ojú	Vernonia cinerea (L.) Less., Compositae
Ẹlẹgẹ́	Argemone mexicana L., Papaveraceae

Ẹlégùn ṣẹṣẹ̀ ERYTHRINA SENEGALENSIS A. DC., Leguminosae Papilionoideae

Ẹ́lẹ́mì DACRYODES EDULIS (G. Don) H. J. Lam., Burseraceae

Ẹlẹ́mọ̀ṣọ́ bẹ́gán DALBERGIA sp., Leguminosae Papilionoideae

Ẹlẹ́mú Não consta

Ẹlẹ́ntú Não consta

Ẹ̀lẹ̀ òdodo SETARIA BARBATA (Lam.) Kunth, Gramineae

Ẹlẹ́pẹ̀ẹ̀ ZEA MAYS L., Gramineae

Ẹlẹ́pẹ̀rẹ̀ ZEA MAYS L., Gramineae

Ẹlẹ́pọ̀n mẹ́ta MICROCOCCA MERCURIALIS (L.) Benth., Euphorbiaceae

Ẹlẹ́sà oògùn Não consta

Ẹlẹ́ṣin másọ BIDENS PILOSA L., Compositae

Ẹlọ òkè Não consta

Ẹ̀lú LONCHOCARPUS CYANESCENS (Schumach.) Benth., Leguminosae Papilionoideae

Ẹ̀lú àjà INDICOFERA sp., Leguminosae Papilionoideae

Ẹ̀lu àrẹ dúdú LONCHOCARPUS CYANESCENS (Schumach.) Benth., Leguminosae Papilionoideae

Ẹ̀lùbásà Ver *àlùbọ́sà*

Ẹ̀lú gbàwúrọ́ LONCHOCARPUS CYANESCENS (Schumach.) Benth., Leguminosae Papilionoideae

Ẹ̀lúrè JAUNDEA PINNATA (P. Beauv.) Schellenb., Connaraceae
SCOTELLIA CORIACEA A. Chev., Flacourtiaceae

Èlú wẹẹrẹ INDIGOFERA sp., Leguminosae Papilionoideae

Ẹmẹgbẹgi Não consta

Ẹ̀mẹ́yẹ̀ PENNISETUM GLAUCUM Rich., Gramineae

Ẹ̀mì BUTYROSPERMUM PARADOXUM (C. F. Gaertn.) Hepper subsp. PARKII (G. Don) Hepper, Sapotaceae

Ẹmidò MANILKARA OBOVATA (Sabine & G. Don) J. H. Hemsley, Sapotaceae
UAPACA GUINEENSIS Müll. Arg., Euphorbiaceae

Ẹ̀mìẹ̀mì BUTYROSPERMUM PARADOXUM (C. F. Gaertn.) Hepper subsp. PARKII (G. Don) Hepper, Sapotaceae

Ẹ̀mì gbẹ̀jì BUTYROSPERMUM PARADOXUM (C. F. Gaertn.) Hepper subsp. PARKII (G. Don) Hepper, Sapotaceae

Ẹ̀mì gidi BUTYROSPERMUM PARADOXUM (C. F. Gaertn.) Hepper subsp. PARKII (G. Don) Hepper, Sapotaceae

Ẹ̀mì igbó BAILLONELLA TOXISPFRMA Pierre, Sapotaceae

Ẹmílẹ̀	EUPHORBIA HIRTA L., Euphorbiaceae
Ẹ̀mì oko	Não consta
Ẹmìwò	EUPHORBIA HIRTA L., Euphorbiaceae
Ẹmọ̀sọ́ bẹ́gán	DALBERGIA sp., Leguminosae Papilionoideae
Ẹmú	OLDENLANDIA CORYMBOSA L., Rubiaceae
	BAISSEA AXILLARIS (Benth.) Hua, Apocynaceae
Ẹnu èkurè	EUPHORBIA LATERIFLORA Schumach. & Thonn., Euphorbiaceae
Ẹnu kò pa irè	EUPHORBIA LATERIFLORA Schumach. & Thonn., Euphorbiaceae
Ẹnu kò piyè	EUPHORBIA LATERIFLORA Schumach. & Thonn., Euphorbiaceae
Ẹnu marúgbó	PLEIOCARPA MUTICA Benth., Apocynaceae
Ẹnu òpírè	EUPHORBIA LATERIFLORA Schumach. & Thonn., Euphorbiaceae
Ẹnu òpoko	Não consta
Ẹnu pẹlẹ́nu	Não consta
Ẹ̀pà	ALCHORNEA CORDIFOLIA (Schumach. & Thonn.) Müll. Arg., Euphorbiaceae
Ẹ̀pà gidi	ARACHIS HYPOGAEA L., Leguminosae Papilionoideae
Ẹ̀pà abóro	ACHYRANTES ASPERA L., Amaranthaceae
Ẹ̀pà ikún igbó	DESMODIUM ADSCENDENS (Sw.) DC., Leguminosae Papilionoideae
Ẹ̀pà ilè	DESMODIUM ADSCENDENS (Sw.) DC., Leguminosae Papilionoideae
Ẹpakún	VIGNA SUBTERRANEA (L.) Verdc., Leguminosae Papilionoideae
Ẹ̀pà òyìbó	ARTOCARPUS COMMUNIS J. R. Forst. & G. Forst., Moraceae
	ARTOCARPUS UTTILIS, Moraceae
Ẹ̀pà rorò	VIGNA SUBTERRANEA (L.) Verdc., Leguminosae Papilionoideae
Ẹpẹ́	SPERMACOCE OCTODON (Hepper) Lebrun & Stork, Rubiaceae
Ẹpẹ́rẹ	Não consta
Ẹpẹ́rẹ funfun	Não consta
Ẹ́ẹ́pín	FICUS ASPERIFOLIA Miq., var. EXASPERATA, Moraceae
Ẹ̀ràmorà	ORCHIDACEAE
Ẹ̀rapò	LOUDETIA PHRAGMITOIDES (Peter) C. E. Hubb., Gramineae
Ẹrẹ́lù	VANGUERIOPSIS NIGERICA Robyns, Rubiaceae
Ẹ̀rìn	Não consta
Ẹ̀rìn ọ̀dàn	Não consta
Ẹ̀rọ̀ ìrókò	CHLOROPHORA EXCELSA (Welw.) Benth. & Hook., Moraceae
Ẹ̀rọ̀wọ̀ọ̀	Solanaceae
Ẹ̀rọ̀ yema	BRILLANTAISIA sp., Acanthaceae
	PEROTIS PATENS Gand., Gramineae

Ẹ̀ẹ̀rù Xylopia aethiopica (Dunal) A. Rich., Annonaceae

Ẹ̀rù Croton lobatus L., Euphorbiaceae

Ẹ̀rù alámọ Não consta

Ẹ̀rù àtòrì Grewia mollis Juss., Tiliaceae

Ẹ̀ẹ̀rù àwọ́nká Xylopia aethiopica (Dunal) A. Rich., Annonaceae

Ẹ̀rù baba ṣẹ̀jẹ̀ (ondo) Staudtia stipitata Warb., Myristicaceae

Ẹ̀rù bùjẹ́ Hura crepitans L., Euphorbiaceae

Ẹ̀rú dàìko Cyphostemma adenopodium (Sprague) Desc., Vitaceae

Ẹ̀rù èbùrẹ́ Cleome rutidosperma DC., Capparaceae

Ẹ̀rù ẹlẹ́ mọ̀sọ́ bẹ́gán Dalbergia sp., Leguminosae Papilionoideae

Ẹ̀ẹ̀rùgbó Uvaria chamae P. Beauv., Annonaceae

Ẹ̀ẹ̀rù ìjù Uvaria chamae P. Beauv., Annonaceae

Ẹ̀rú ìnàbò Tagetes sp., Compositae

Ẹrú irẹ̀ Pleioceras barteri Baill., Apocynaceae

Ẹrú ìṣákua Hibiscus asper Hook. f., Malvaceae

Ẹrú ìṣápá Cannabis sp., Cannabaceae

Ẹrú iyeyé Stereospermum acuminatissimum K. Schum., Bignoniaceae

Ẹ̀ẹ̀rùjù Uvaria chamae P. Beauv., Annonaceae

Ẹrù kún ẹrù Não consta

Ẹ̀rùmaki Xeroderris stuhlmannii (Taub.) Mendoça & E. C. Sousa, Leguminosae Papilionoideae

Ẹ̀rùmọgàlè Croton lobatus L., Euphorbiaceae

Ẹrùn Luffa cylindrica (L.) M. Roem., Cucurbitaceae
Erythrophleum suaveolens (Guill. & Perr.) Brenan, Leguminosae Caesalpinioideae

Ẹ̀ẹ̀rùnjẹ Xylopia aethiopica (Dunal) A. Rich., Annonaceae

Ẹrun ọ̀bọ Erythrophleum suaveolens (Guill. & Perr.) Brenan, Leguminosae Caesalpinioideae

Ẹrú òórùngọ̀ Hyptis suaveolens Poit., Labiatae

Ẹrú ọ̀dúndún Bryophyllum pinnatum (Lam.) Oken, Crassulaceae

Ẹrú ọparun Panicum maximum Jacq., Gramineae

Ẹrú tápà Não consta

Ẹ̀rùyán ntefé Ocimum canum Sims, Labiatae

Ẹsá Hibiscus asper Hook. f., Malvaceae

Ẹsá pupa	Hibiscus asper Hook. f., Malvaceae
Ẹsẹ̀	Não consta
Ẹsẹ̀ kanakáná	Eleusine indica (L.) Gaertn., Gramineae
Ẹsín	Não consta
Ẹsọ̀	Elytraria marginata Vahl, Acanthaceae
Ẹ̀ṣẹ̀	Não consta
Ẹtẹ̀kù	Ampelocissus africanus (Lour.) Merr., Vitaceae
Ẹtẹtu	Não consta
Ẹ̀tọ́	Dracaena surculosa Lindl., Agavaceae
Ẹ̀tọ ìgbó pẹ́láyé	Olyra latifolia L., Gramineae
Ẹ̀wà	Vigna unguiculata (L.) Walp., Leguminosae Papilionoideae
	Phaseolus lunatus L., Leguminosae Papilionoideae
Ẹ̀wà dúdú	Vigna unguiculata (L.) Walp., Leguminosae Papilionoideae
Ẹ̀wà ẹrẹwẹ	Vigna unguiculata (L.) Walp., Leguminosae Papilionoideae
Ẹ̀wà funfun	Vigna unguiculata (L.) Walp., Leguminosae Papilionoideae
Ẹ̀wà igún	Pavetta corymbosa var. neglecta (DC.) F. N. Williams Bremek., Rubiaceae
Ẹ̀wà lọ́dá	Não consta
Ẹ̀wà òkòdó	Mariscus alternifolius Vahl, Cyperaceae
Ẹ̀wà òrìṣà	Mariscus alternifolius Vahl, Cyperaceae
Ẹ̀wà ọ̀sanyìn	Cyperus sp., Cyperaceae
Ẹ̀wà ṣàngó	Mariscus alternifolius Vahl, Cyperaceae
Ẹ̀wẹ̀	Vigna unguiculata (L.) Walp., Leguminosae Papilionoideae
	Phaseolus lunatus L., Leguminosae Papilionoideae
Ẹ̀wọ̀n	Acacia ataxacantha DC., Leguminosae Mimosoideae
Ẹ̀wọ̀n adèlé	Acacia ataxacantha DC., Leguminosae Mimosoideae
	Lantana camara L., Verbenaceae
Ẹ̀wọ̀n agogo	Lantana camara L., Verbenaceae
Ẹ̀wọ̀n ehoro	Acacia sp., Leguminosae Mimosoideae
Ẹ̀wọ̀n ejò	Acacia kamerunensis Gand., Leguminosae Mimosoideae
Ẹ̀wọ̀n ekìrì	Capparis thonningii Schumach., Capparaceae
Ẹ̀wọ̀n funfun	Acacia kamerunensis Gand., Leguminosae Mimosoideae
Ẹwọ́rọ̀ ẹ̀yọ́nú	Senecio biafrae Oliv. & Hiern, Compositae
Ẹ̀wún ẹ̀gúngún	Typha domingensis Pers., Typhaceae
Ẹwújẹ	Phaseolus lunatus L., Leguminosae Papilionoideae
Ẹyẹ òbàléefinrin	Ocimum canum Sims, Labiatae

Ẹyìn	ELAEIS GUINEENSIS Jacq., Palmae
Ẹyìn àrìgbò	RAPHIA VINIFERA P. Beauv., Palmae
Ẹyìn ẹyẹ	TRICHILIA PRIEURIANA A. Juss., Meliaceae
Ẹyìn ìrẹ̀	POLYCARPAEA LINEARIFOLIA (DC.) DC., Caryophyllaceae
Ẹyìn ọ̀pẹ	ELAEIS GUINEENSIS Jacq., Palmae
Ẹ̀yọfọ̀	TEPHROSIA ELEGANS Schumach., Leguminosae Papilionoideae
Ẹ̀yún	CISSUS PETIOLATA Hook. f., Vitaceae
Ẹ̀yún họ̀ọ̀	CISSUS PETIOLATA Hook. f., Vitaceae
Ẹ̀yúnyún	CISSUS PETIOLATA Hook. f., Vitaceae
Fàfà	Não consta
Fara jọ̀yàn	VOACANGA AFRICANA Stapf, Apocynaceae
Fèrègèdè	VIGNA AMBACENSIS Welw., Leguminosae Papilionoideae
Fèrèmọ́mi	CLERODENDRUM CAPITATUM (Willd.) Schumach. & Thonn., Verbenaceae
Fèrè òdòdó	MARTYNIA ANNUA L., Martyniaceae
Férú	COCHLOSPERMUM TINCTORIUM A. Rich., Cochlospermaceae
Fèso ṣẹ̀jẹ̀	CAMPYLOSPERMUM FLAVUM (Schumach. & Thonn.) Farron, Ochnaceae
Fẹ̀jẹ̀ sẹ̀hìn	CAMPYLOSPERMUM FLAVUM (Schumach. & Thonn.) Farron, Ochnaceae
Fẹ́lẹ́	DIOSCOREA DUMETORUM (Kunth) Pax, Dioscoreaceae
Fẹ́mọ lójú tòkí	HYPTIS SUAVEOLENS Poit., Labiatae
Fẹnu mọ́nu	IPOMEA ASARIFOLIA (Desr.) Roem & Schult., Convolvulaceae
Fi àpò dẹrù	Não consta
Fìlà funfun	DICHAPETALUM MADAGASCARIENSE Poir., Dichapetalaceae
Fodu	DIOSCOREA ROTUNDATA Poir., Dioscoreaceae
Fòkí	Não consta
Fómù	COLA LAURIFOLIA Mast., Sterculiaceae
Fòròmọbà	Não consta
Fọ́dùn	OLYRA LATIFOLIA L., Gramineae
Fọ́lẹ̀ká	DIOSCOREA ROTUNDATA Poir., Dioscoreaceae
Fọnú fọnú	BRIDELIA MICRANTHA (Hochst.) Baill., Euphorbiaceae
Fuẹ̀ mọ́mi	CLERODENDRUM CAPITATUM (Willd.) Schumach. & Thonn., Verbenaceae
Funfun ọ̀wà	COBRETUM RACEMOSUM P. Beauv., Combretaceae
Gàìngain	CITRUS AURANTIFOLIA (Christm.) Swingle, Rutaceae

Gàìngain wẹ́wẹ́	CITRUS AURANTIUM L., Rutaceae
Gamugámú	DIOSCOREA ROTUNDATA Poir., Dioscoreaceae
Gàmùgamusù	ONCOBA SPINOSA Forssk., Flacourtiaceae
Ganà	Não consta
Ganagáná	CUSCUTA AUSTRALIS R. Br., Cuscutaceae
Gàngàràn	TRILEPISIUM MADAGASCARIENSE DC., Moraceae
Gàngàn	GARDENIA TERNIFOLIA K. Schum., Rubiaceae
Gànùngànùn	DIOSCOREA DUMETORUM (Kunth) Pax. Dioscoreaceae
Gbáàgúdá	MANIHOT ESCULENTA Crantz. Euphorbiaceae
Gbàbgà	SOLANUM AETHIOPICUM L., Solanaceae
Gbági	ELEUSINE INDICA (L.) Gaertn., Gramineae
Gbágó	MITRAGYNA CILIATA, Rubiaceae
Gbàjadà	MANIHOT ESCULENTA Crantz, Euphorbiaceae
Gbakọgbakọ	FICUS VOGELIANA (Miq.) Miq., Moraceae
Gbàlùwọ	ALCHORNEA LAXIFLORA (Benth.) Pax & K. Hoffm., Euphorbiaceae
Gbànlẹ́rọ̀	Não consta
Gba ọmọ lọ́wọ́ ẹdun	LAPORTEA OVALIFOLIA (Schumach.) Chew, Urticaceae
Gbá sẹ̀jọ	Não consta
Gbáwójọ	ACALYPHA CILIATA Forssk., Euphorbiaceae
Gbàwọ̀bọ̀	TITHONIA sp., Compositae
Gbégbé	ICACINA TRICHANTHA Oliv., Icacinaceae
Gbégbé ìrùn	ICACINA TRICHANTHA Oliv., Icacinaceae
Gbégbé manítigbé	ICACINA TRICHANTHA Oliv., Icacinaceae
Gbégbé mẹ́fà	ICACINA TRICHANTHA Oliv., Icacinaceae
Gbégbé ńlá	ICACINA TRICHANTHA Oliv., Icacinaceae
Gbẹ̀gbẹ̀rẹ̀	CARICA PAPAYA L., Caricaceae
Gbẹ́gi	ELEUSINE INDICA (L.) Gaertn., Gramineae
Gbẹ́gi dínà	ELEUSINE INDICA (L.) Gaertn., Gramineae
Gbẹ́hìnrà	DIOSCOREA ROTUNDATA Poir., Dioscoreaceae
Gbẹ̀jẹ̀dì	STEPHANIA ABYSSINICA (Dillon & A. Rich.) Walp., Menispermaceae
Gbẹ̀ngbẹ̀n	PTEROCARPUS SANTALINOIDES L'Hér. ex DC., Leguminosae Papilionoideae
Gbẹrẹfútù	ARTOCARPUS COMMUNIS J. R. Forst. & G. Forst., Moraceae
Gbẹ́wùtù	COCHLOSPERMUM TINCTORIUM A. Rich., Cochlospermaceae

Gbìngbìn	PTEROCARPUS SANTALINOIDES L'Hér. ex DC., Leguminosae Papilionoideae
Gbòò	CISSUS PRODUCIA Afzel., Vitaceae
Gbóde kádún	MOTANDRA GUINEENSIS (Thonn.) Aug. DC., Apocynaceae
Gbódogbodò	PTEROCARPUS MILDBRAEDII Harms, Leguminosae Papilionoideae
Gbòdògì	SARCOPHRYNIUM BRACHYSTACHYS (Benth.) K. Schum., Marantaceae
Gbogbònṣe	UVARIA AFZELII Scott-Elliot. Annonaceae
Gbógbórí	ACRIDOCARPUS SMEATHMANNII (DC.) Guill. & Perr., Malpighiaceae
Gbórogan málẹ̀	Não consta
Gbòyingbòyin	SORINDEIA WARNECKEI Engl., Anacardiaceae
Gbóyingbóyin	CNESTIS FERRUGINEA DC., Connaraceae
Gbọ́kọnisá	BEILSCHMIEDIA MANNII (Meisn.) Benth. & Hook. f., Lauraceae
Gbọ́lọgbọ́lọ	PARQUETINA NIGRESCENS (Afzel.) Bullock, Asclepiadaceae
Gbọ́lọ́gí	SENECIO BIAFRAE Oliv. & Hiern, Compositae
Gbọmọ lọ́wọ́ ẹdun	LAPORTEA OVALIFOLIA (Schumach.) Chew, Urticaceae
Gbọ́mọpọ̀n ′	DYSCHORISTE PERROTTETTII (Nees) Kuntze, Acanthaceae
Gbọ̀rọ̀ ayaba	IPOMOEA ASARIFOLIA (Desr.) Roem. & Schult., Convolvulaceae
Gbúre	TALINUM TRIANGULARE (Jacq.) Willd., Portulacaceae
Gbúre ọ̀sun	TALINUM sp., Portulacaceae
Gédégèdé pupa	CUSCUTA AUSTRALIS R. Br., Cuscutaceae
Gòdògbò	COMMELINA ERECTA L., Commelinaceae
Gòdògbò odò	ANEILEMA BENINENSE (P. Beauv.) Kunth, Commelinaceae
	COMMELINA DIFFUSA Burm. f., Commelinaceae
Gòdògbò pupa	COMMELINA ERECTA L., Commelinaceae
Gúábà	PSIDIUM GUAJAVA L., Myrtaceae
Gúáfà	PSIDIUM GUAJAVA L., Myrtaceae
Gudugbu	DIOSCOREA ROTUNDATA Poir., Dioscoreaceae
Gùdùgúdú	DIOSCOREA DUMETORUM (Kunth) Pax, Dioscoreaceae
Gúnòj(ẹ) ẹran	Não consta
Gúrọ́bà	PSIDIUM GUAJAVA L., Myrtaceae
Gúrọ́fà	PSIDIUM GUAJAVA L., Myrtaceae
Gwawọbọ	PSYCHOTRIA sp., Rubiaceae
Hai hai	HIBISCUS ROSTELLATUS Guill. & Perr., Malvaceae
Hetiti	LYCOPODIUM sp., Lycopodiaceae
Hewú hewù	COMBRETUM SMEATHMANII G. Don, Combretaceae
Hólo	ROTBOELLIA EXALTATA L. f., Gramineae

Húję húję	KYLLINGA ERECTA Schumach., Cyperaceae
Ibà	Não consta
Ìbà ìgbò	SYNEDRELLA NODIFLORA (L.) Gaertn., Compositae
Ìbàlé	Não consta
Ìbędęrę́	DISSOTIS ROTUNDIFOLIA (Sm.) Triana, Melastomataceae
Ìbę́pę	CARICA PAPAYA L., Caricaceae
Ìbę́pę dúdú	CARICA PAPAYA L., (verde) Caricaceae
Ìbíṣèrè	MYRIANTHUS ARBOREUS P. Beauv., Cecropiaceae
Ìbíyęmí	EUPHORBIA PROSTRATA Aiton, Euphorbiaceae
Ìbó	LANDOLPHIA DULCIS (R. Br. ex Sabine) Pichon, Apocynaceae
	LANDOLPHIA HIRSUTA (Hua) Pichon, Apocynaceae
	SABA FLORIDA (Benth.) Bullock, Apocynaceae
	LANDOLPHIA OWARIENSIS P. Beauv., Apocynaceae
Ìbò àgbà	ALAFIA BARTERI Oliv., Apocynaceae
Ìbò akítípá	SABA FLORIDA (Benth.) Bullock, Apocynaceae
Ìbò elékì	LANDOLPHIA HIRSUTA (Hua) Pichon, Allocynaceae
Ìbò elé kìtì	LANDOLPHIA HIRSUTA (Hua) Pichon. Apocynaceae
Ìbò gidi	ALAFIA MULTIFLORA (Staff) Slapf, Apocynacese
	SABA FLORIDA (Benth.) Bullock, Apocyrlaceae
	LANDOLPHIA OWARIENSIS P. Beauv., Apocynaceae
Ìbòsí	CASSIA sp., Leguminosae Caesalpinioideae
Ìbòtàbọn	LANDOLPHIA OWARIENSIS P. Beauv., Apocynaceae
Ìbọ̀tí	Não consta
Idà	MICROSORIUM PUNCTATUM (L.) Copel., Polypodiaceae
Ìdàgbà mánóye	MORINGA OLEIFERA Lam., Moringaceae
Ìdàgbà mọ́lóye	MORINGA OLEIFERA Lam., Moringaceae
Idàgbọ́n	PAUSINYSTALIA TALBOTII Werham, Rubiaceae
Idáìko	Não consta
Ìdákèré	CLEMATIS HIRSUTA Guill. & Perr., Ranunculaceae
Idà odó	SPOROBOLUS PYRAMIDALIS P. Beauv., Gramineae
Idà olómèrèmere	KYLLINGA ERECTA Schumach., Cyperaceae
Ida olómìrìnmirim	KYLLINGA ERECTA Schumach., Cyperaceae
Idà òrìṣà	HIBISCUS CANNABINUS L., Malvaceae
	SANSEVIERIA sp., Agavaceae
Ìdaṣę́nù	DIOCLEA REFLEXA Hook. f., Leguminosae Papilionoideae
Ìdè	Não consta

Ìdẹ̀ndẹ̀	CARICA PAPAYA L., Caricaceae
Idẹ wanran	JASMINUM PAUCIFLORUM Benth., Oleaceae
Idí	TERMINALIA GLAUCESCENS Planch. ex Benth., Combretaceae
Idí àpáta	MICRODESMIS PUBERULA Hook., Pandaceae
Ìdì ẹyìn	ELAEIS GUINEENSIS Jacq., Palmae
Idí igbó	TERMINALIA IVORENSIS A. Chev., Combretaceae
Idijọ	TERMINALIA GLAUCESCENS Planch. ex Benth., Combretaceae
Idílẹ̀	Malvaceae
Idí ọ̀dàn	TERMINALIA GLAUCESCENS Planch. ex Benth., Combretaceae
Ìdiyà	FICUS VOGELIANA (Miq.) Miq., Moraceae
Ìdò (dúdú)	CANNA INDICA L., Cannacea
Ìdòfin	CANNA INDICA L., Cannaceae
Ìdòfún	PARINARI CURATELLIFOLIA Planch. ex Benth., Chrysobalanaceae
Ìdòfún igbò	PAVETTA CORYMBOSA (DC.) F. N. Williams., Rubiaceae
Ìdò kìísawo àìlà	CANNA INDICA L., Cannaceae
Ìdò oko	Não consta
Ìdó pupa	CANNA INDICA L., Cannaceae
Ìdòrò	CANNA INDICA L., Cannaceae
	MARANTOCHLOA LEUCANTHA (K. Schum.) Milne-Redh., vel. aff., Marantaceae
Ìdọ̀fin	Não consta
Ìdọ̀gọ̀	INDIGOFERA HIRSUTA L., Leguminosae Papilionoideae
	INDIGOFERA DENDROIDES Jacq., Leguminosae Papilionoideae
Idu àgbọn	BORASSUS AETHIOPUM Mart., Palmae
Ìfà	Não consta
Ìfà ìnàkí	KLAINEDOXA GABONENSIS Pierre ex Engl., Ixonanthaceae
Ifà òkété	ANTROCARYON MICRASTER A. Chev. & Guillaumin, Anacardiaceae
Ìfàtọ́	CANAVALIA sp., Leguminosae Papilionoideae
Ìfẹ́	Não consta
Ifi	Não consta
Ifín	WISSADULIA ROSTRATA (Schumach.) Hook. f., Malvaceae
	CYPERUS ARTICULATUS L., Cyperaceae
	SIDA RHOMBIFOLIA L., Malvaceae
Ifín funfun	ABUTILON ANGULATUM (Guill. & Perr.) Mast., Malvaceae
Ifín wẹ́wẹ́	Não consta
Ifo	CASSIA SIEBERIANA DC., Leguminosae Caesalpinioideae

Ifọ TEPHROSIA VOGELII Hook. f., Leguminosae Papilionoideae

Ifọn OLAX SUBSCORPIOIDEA Oliv., Olacaceae

Ìfọsí GOUANIA LONGIPETALA Hemsl., Rhamnaceae

Ifù PHRAGMITES AUSTRALIS (Cav.) Trin., Gramineae

Ìfunfun lẹ́gbẹ́ Não consta

Igàndo EUPHORBIA PROSTRATA Aiton., Euphorbiaceae

Ìgángán DIOSCOREA CAYENENSIS Lam., Dioscoreaceae

Ìgárá LANNEA sp., Anacardiaceae

Ìgátà LICANIA ELAEOSPERMA (Mildbr.) Prance & While, Chrysobalanaceae

Igbá LAGENARIA SICERARIA (Molina) Standl., Cucurbitaceae
PARKIA BIGLOBOSA (Jacq.) Benth., Leguminosae Mimosoideae
SOLANUM INCANUM L., Solanaceae

Igbá adá lójú SALACIA sp., Celastraceae

Ìgbá ajá SOLANUM INCANUM L., Solanaceae

Ìgbàdo (lagos) ZEA MAYS L., Gramineae

Igibádù SALACIA sp., Celastraceae

Ìgbá dúdú RHIZOPHORA RACEMOSA G. Mey., Rhizophoraceae

Ìgbá ẹdun Não consta

Ìgbàgbá SOLANUM sp., Solanaceae

Ìgbágbó HALLEA STIPULOSA (DC.) Leroy, Rubiaceae
ELAEIS GUINEENSIS Jacq., Palmae

Igbagodo Não consta

Ìgbáigún SOLANUM INCANUM L., Solanaceae

Igbá irú PARKIA BIGLOBOSA (Jacq.) Benth., Leguminosae Mimosoideae

Igbá ìyèré PARKIA BIGLOBOSA (Jacq.) Benth., Leguminosae Mimosoideae

Ìgbálẹ̀ ọ̀dàn SCHWENKIA AMERICANA L., Solanaceae
WAHLENBERGIA PERROTTETTII (A. DC.) Thulin, Campanulaceae

Igbánláhun LAGENARIA SICERARIA (Molina) Standl, Cucurbitaceae

Igbantẹtẹ Não consta

Ìgbà òyìbó SOLANUM INCANUM L., Solanaceae

Igbà ọ̀pẹ̀ Não consta

Ìgbá ọrùndùn Não consta

Ìgbá ọ̀sun SOLANUM MACROCARPON L., Solanaceae

Igba roko Não consta

Ìgbárù PARKIA BIGLOROSA (Jacq.) Benth., Leguminosae Mimosoideae

Ìgbàsẹ̀jọ	Não consta
Ìgbàwó	ENTADA ABYSSINICA Steud. ex A. Rich., Leguminosae Mimosoideae
Ìgbàwọ́ ọ̀pọ̀lọ́	SOLENOSTEMON MONOSTACHYUS (P. Beauv.) Briq., Labiatae
	SOLENOSTEMON MONOSTACHYUS (P. Beauv.) Briq. subsp. MONOSTACHYUS, Labiatae
Ìgbá yìnrìn	SOLANUM ANOMALUM Thonn., Solanaceae
ẹlẹ́gún	SOLANUM TORVUM Sw., Solanaceae
Ìgbẹ́dẹrẹ́	DISSOTIS sp., Melastomataceae
Ìgbẹ̀hìn	RAPHIOSTYLIS BENINENSIS (Hook. f.) Planch. ex Benth., Icacinaceae
Ìgbẹ̀rí	DENETTIA TRIPETALA Baker f., Annonaceae
Igbó	CANNABIS SATIVA L., Cannabaceae
	QUASSIA UNDULATA (Guill. & Perr.) D. Dietr., Simaroubaceae
Ìgbó	SOLANUM INCANUM L., Solanaceae
Ìgbolé	STACHYTARPHETA ANGUSTIFOLIA (Mill.) Vahl, Verbenaceae
Igbósùn	Não consta
Igẹdú	ENTANDROPHRAGMA ANGOLENSE (Welw.) C. DC., Meliaceae
	ENTANDROPHRAGMA UTILE (Dawe & Sprague) Sprague, Meliaceae
Igi àbò	PARINARI CURATELLIFOLIA Planch. ex Benth., Chrysobalanaceae
Igi ajé	DISTEMONANTHUS BENTHAMIANUS Baill, Leguminosae Caesalpinioideae
Igi aka	LECANIODISCUS CUPANIOIDES Planch. ex Benth. & Hook., Sapindaceae
Igi dúdú	DIOSPYROS DENDO Welw., Ebenaceae
	DIOSPYROS MESPILIFORMIS Hochst. ex A. DC., Ebenaceae
	DIOSPYROS PISCATORIA Gürke, Ebenaceae
Igi eléèrà	PSYDRAX SUBCORDATUM (DC.) Bridson, Rubiaceae
Igígún	QUASSIA UNDULATA (Guill. & Perr.) D. Dietr., Simaroubaceae
Igi irú	PARKIA BIGLOBOSA (Jacq.) Benth. vel. aff., Leguminosae Mimosoideae
Igi nlá	ENTANDROPHRAGMA CANDOLLEI Harms, Meliaceae
Igi oko	Não consta
Igi ori àpáta	MICRODESMIS PUBERULA Hook., Pandaceae
Igi orò	TRIPLOCHITON SCLEROXYLON K. Schum., Sterculiaceae
Igi osun	BAPHIA NITIDA Lodd., Leguminosae Papilionoideae
Igi ọ̀gọ̀rọ̀	RAPHIA VINIFERA P. Beauv., Palmae
Igi ọkàn	COMBRETUM MICRANTHUM G. Don, Combretaceae

Igi ọ̀lẹ	Não consta
Igi ọ̀pẹ	ELAEIS GUINEENSIS Jacq., Palmae
Ígó	NAPOIEONAEA VOGELII Hook. & Planch., Lecythidaceae
Ìgọ	XIMENIA AMERICANA L., Olacaceae
Igọ̀	ANCHOMANES DIFFORMIS (Blume) Engl., Araceae
Ìgọtì	BORASSUS AETHIOPUM Mart., Palmae
Igùn	TEPHROSIA VOGELII Hook. f., Leguminosae Papilionoideae
	DIOSCOREA ROTUNDATA Poir., Dioscoreaceae
Ihá	MOMORDICA CABRAEI (Cogn.) C. Jeffrey, Cucurbitaceae
Ìjà àgbọ̀nrín	Não consta
Ajagbórunkú	Não consta
Ìjáhọ́n	Não consta
Ijàn	HIPPOCRATEA WELWITSCHII Oliv., Celastraceae
	ALCHORNEA LAXIFLORA (Benth.) Pax & K. Hoffm., Euphorbiaceae
	MALLOTUS OPPOSITIFOLIUS (Geiseler) Müll. Arg., Euphorbiaceae
Ijàn dú	ALCHORNEA LAXIFLORA (Benth.) Pax & K. Hoffm., Euphorbiaceae
Ijàn dúdú	ALCHORNEA LAXIFLORA (Benth.) Pax & K. Hoffm., Euphorbiaceae
Ijàn funfun	ALCHORNEA LAXIFLORA (Benth.) Pax & K. Hoffm., Euphorbiaceae
Ijàn ọ̀dàn	FICUS MUCUSO Welw., Moraceae
Ijàn pupa	ALCHORNEA LAXIFLORA (Benth.) Pax & K. Hoffm., Euphorbiaceae
Ìjà òkè	EHRETIA CYMOSA Thonn., Boraginaceae
Ìjẹ̀bẹ̀	Não consta
Ìjẹ̀bẹ̀ pupa	LAGENARIA SICERARIA (Molina) Standl., Cucurbitaceae
Ìjẹ̀bú	ENTANDROPHRAGMA ANGOLENSE (Welw.) C. DC., Meliaceae
	ENTANDROPHRAGMA UTILE (Dawe & Sprague) Sprague, Meliaceae
Ìjẹ̀bú kògbìn	SOLANUM ERIANTHUM D. Don, vel. aff., Solanaceae
Ìjẹja ọrẹ́	HOLARRHENA sp., Apocynaceae
Ijẹkẹ	DIOSCOREA ROTUNDATA Poir., Dioscoreaceae
Ìjẹ̀ẹ́rẹ́	ZEA MAYS L., Gramineae
Ìjòfi	DIOSCOREA ROTUNDATA Poir., Dioscoreaceae
Ìjógbó	Não consta
Ìjokùn	MUCUNA POGGEEI Taub., Leguminosae Papilionoideae
Ìjọyun	PERGULARIA DAEMIA (Forssk.) Chiov., Asclepiadaceae
Ìjòrùgbà	LAGENARIA SICERARIA (Molina) Standl., Cucurbitaceae
Ìka	Não consta

Ìka ẹ̀jù	SESBANIA PACHYCARPA DC. emend. Guill. & Perr., Leguminosae Papilionoideae
Ikako omu	Não consta
Ikakuẹ	Não consta
Ikàn	SOLANUM INCANUM L., Solanaceae
Ikàn àwòdì	CARRAPAIS THONNING II Schumach., Capparaceae
Ikàn ẹlẹ́pọ̀n àgbò	SOLANUM DASPHYLLUM Schumach. & Thonn., Solanaceae
Ikàn igún	SOLANUM TORVUM Sw., Solanaceae
Ikàn nlá	SOLANUM INCANUM L., Solanaceae
Ikàn òyìbó	SOLANUM INCANUM L., Solanaceae
Ikàn pupa	SOLANUM sp., Solanaceae
Ikàn wẹ́wẹ́	SOLANUM TORVUM Sw., Solanaceae
Ikàn yanrìn	SOLANUM ANOMALUM Thonn., Solanaceae
Ikàn yìnrìn	SOLANUM ANOMALUM Thonn., Solanaceae
Ìka òkùnrùn	CNESTIS FERRUGINEA DC., Connaraceae
Ìkasàn	SMILAX KRAUSSIANA Meisn., Smilacaceae
Ìkatè	CHRYSOBALANUS ICACO L., Chrysobalanaceae
Ìkegùn	Não consta
Ìkẹ́n	PENNISETUM PURPUREUM Schumach., Gramineae
Ikẹrẹ	Não consta
Ikí	CALAMUS sp., Palmae
Ikín	PANICUM MAXIMUM Jacq., Gramineae
	PANICUM sp., Gramineae
Ikín ẹṣin	PANICUM sp., Gramineae
Ikín ìrùkẹ̀	PANICUM MAXIMUM Jacq., Gramineae
Ikí pupa	PASPALUM AURICULATUM J. Presl. & C. Presl., Gramineae
Ìkó	RAPHIA VINIFERA P. Beaov., Palmae
Ìkóbé	BOSCIA ANGUSTIFOLIA A. Rich., Capparaceae
Ìkojú	DIOSCOREA HIRTIFLORA Benth., Dioscoreaceae
Ìkọ́	LACCOSPERMA SECUNDIFLORUM (P. Beauv.) Kuntze, Palmae
Ikọrọ	Não consta
Ikú ẹkùn	LEONOTIS NEPETIFOLIA (L.) W. T. Aiton var. AFRICANA (P. Beauv.) J. K. Morton, Labiatae
	LEONOTIS NEPETIFOLIA (L.) W. T. Aiton var. NEPETIFOLIA, Labiatae
Ìkù jẹ̀bú	POGA OLEOSA Pierre, Rhizophoraceae
Ikú jẹ́njó	DALBERGIA LACTEA Vatke, Leguminosae Papilionoideae

Ìkuùkù	Hyptis lanceolata Poir., Labiatae
Ìkuùkù erin	Cardiospermum grandiflorum Sw., Sapindaceae
Ìkuùkù ẹ̀rùn	Macrosphyra longistyla (DC.) Hiern, Rubiaceae
Iku málárère	Não consta
Ikú morí	Cissus polyantha Gilg & W. Brandt, Vitaceae
	Ampelocissus leonensis (Hook. f.) Planch., Vitaceae
Ikúpẹ̀rọ̀	Dichrocephala integrifolia (L. f.) Kuntze, Compositae
Ìkùréré elékù	Adenia cissampeloides (Planch. ex Benth.) Harms, Passifloraceae
Ikúyà	Não consta
Ikúyẹ̀	Não consta
Ilá	Abelmoschus esculentus (L.) Moench, Malvaceae
Ilá funfun	Asystasia gangetica (L.) T. Anderson, Acanthaceae
Ilagbà ọmọdé	Strophantus sarmentosus DC., Apocynaceae
Ilá ìrókò	Telfairea occidentalis Hook. f., Cucurbitaceae
Ilá káalẹ̀	Sterculia tragacantha Lindl., Sterculiaceae
Ilá káalẹ̀ ògún	Sterculia tragacantha Lindl., Sterculiaceae
Ìlákòsìn	Monodora brevipes Benth., Annonaceae
Ìlákòsìn igbó	Monodora myristica (Gaertn.) Dunal, Annonaceae
Ìlákọ̀ṣe	Monodora brevipes Benth., Annonaceae
Ilá òyìbó	Urena lobata L., Malvaceae
Ìlara	Ricinus communis L., Euphorbiaceae
Ìlarun	Ricinus communis L., Euphorbiaceae
Ìlasa	Abelmoschus esculentus (L.) Moench, Malvaceae
Ìlasa àgbọ̀nrín	Urena lobata L., Malvaceae
Ìlasadò	Abelmoschus esculentus (L.) Moench, Malvaceae
Ìlasa ògún	Hibiscus asper Hook. f., Malvaceae
Ìlasa òkú	Triumfetta rhomboidea Jacq., Tiliaceae
Ìlasa òyìbó	Urena lobata L., Malvaceae
Ìlasa ọmọdé	Urena lobata L., Malvaceae
	Triumfetta rhomboidea Jacq., Tiliaceae
Ìlasa	Abelmoschus esculentus (L.) Moench, Malvaceae
Iléfún	Não consta
Ìlèmú	Citrus aurantifolia (Christm.) Swingle, Rutaceae
Ịléwọ̀ ọlọ́sàn	Spondias mombin L., Anacardiaceae
Ìlẹ̀kẹ̀ ọ̀lọ̀pọ̀	Commelina erecta L., Commelinaceae

Ìlẹ̀wù	ACALYPHA RACEMOSA Wall., Euphorbiaceae
Ìlọ́sùn	PENNISETUM HORDEOIDES (Lam.) Steud., Gramineae
	PENNISETUM POLYSTACHION (L.) Schult., Gramineae
Ilọ̀lò	DIOCOREA ROTUNDATA Poir., Dioscoreaceae
Ìlutí	Não consta
Ìmani jéjé	Não consta
Imèrèmèrè	KYLLINGA ERECTA Schumach., Cyperaceae
Ìméyínfún	MICRODESMIS PUBERULA Hook., Pandaceae
Imí ẹṣú	AGERATUM CONYZOIDES L., Compositae
	ADENOSTEMMA PEROTTETTII DC., Compositae
Imí iyín	CHENOPODIUM AMBROSIOIDES L., Chenopodiaceae
Imí ológbò	LINDERNIA DIFFUSA (L.) Wsttst., Scrophulariaceae
Ìmọ̀	Não consta
Ìmọ̀ ènìní	Não consta
Ìmọ̀ ọ̀pẹ	Não consta
Ìmọ̀tú	CHAMAECRISTA KIRKII (Oliv.) Stand., Leguminosae Caesalpinioideae
Ìmú	BAISSEA AXILLARIS (Benth.) Hua, Apocynaceae
Ìmumu	CYPERUS ESCULENTUS L., Cyperaceae
Iná	URERA MANII (Wedd.) Benth. & Hook. f., Urticaceae
	MUCUNA PRURIENS (L.) DC., Leguminosae Papilionoideae
Iná apá	ROTHMANNIA LONGIFLORA Salisb., Rubiaceae
Ínábìí	PLUMBAGO ZEYLANICA L., Plumbaginaceae
Ìnábìrì	PLUMBAGO ZEYLANICA L., Plumbaginaceae
Ìnàbò	GLINUS OPPOSITIFOLIUS (L.) Aug. DC., Aizoaceae
Iná jòkó	HOLOPTELEA GRANDIS (Hutch.) Mildbr., Ulmaceae
Ìnàmú	Não consta
Iná orí	CROTALARIA MICROCARPA Hochst., Leguminosae Papilionoideae
Iná sua	PENNISETUM POLYSTACHION (L.) Schult., Gramineae
Ìninirin ou *ìnunurin*	DIOSCOREOPHYLLUM CUMMINSII (Stapf) Diels, Menispermaceae
Ineyinfun	Não consta
Ìnuwọ́ elépo	IPOMOEA ARGENTAURATA Hallier f., Convolvulaceae
Ìpa	ALCHORNEA CORDIFOLIA (Schumach. & Thonn.) Müll. Arg., Euphorbiaceae
Ìpàdé	PANDA OLEOSA Pierre, Pandaceae

Ìpahọ́n	LOPHIRA ALATA Banks, Ochnaceae
Ipá olómèrèmere	KYLLINGA ERECTA Schumach., Cyperaceae
Ìpàpó	LONCHOCARPUS SERICEUS (Poir.) Kunth ex DC., Leguminosae Papilionoideae
	CANARIUM SCHWEINFURTHII Engl., Burseraceae
Ìpàrokò	RINOREA WELWITSCHII (Oliv.) Kuntze, Violaceae
Ipè erin	ALBIZIA FERRUGINEA (Guill. & Perr.) Benth., Leguminosae Mimosoideae
	LAPORTEA AESTUANS (L.) Chew, Urticaceae
Ìpẹ̀tà	SECURIDACA LONGIPEDUNCULATA Fresen., Polygalaceae
Ipín	FICUS EXASPERATA Vahl, Moraceae
	FICUS ASPERIFOLIA Miq. var. EXASPERATA, Moraceae
	Leguminosae Papilionoideae
Ipín pupa	FICUS ASPERIFOLIA Miq. var. EXASPERATA, Moraceae
Ipín òrìṣà	FICUS EXASPERATA Vahl, Moraceae
Ipò	LAPORTEA AESTUANS (L.) Chew, Urticaceae
Ipò erin	ALOE spp., Aloeaceae
Ìra	BRIDELIA MICRANTHA (Hochst.) Baill., Euphorbiaceae
Irà	BRIDELIA FERRUGINEA Benth., Euphorbiaceae
Ìrá	RAUVOLFIA VOMITORIA Afzel., Apocynaceae
Irada	Não consta
Ìrá igbó	RAUVOLFIA VOMITORIA Afzel., Apocynaceae
Ìran	CHAMAECRISTA MIMOSOIDES (L.) Greene, Leguminosae Caesalpinioideae
Ìran àjì gbó	LEPTADENIA HASTATA (Pers.) Decne., Asclepiadaceae
Ìrànjẹ	SECURINEGA VIROSA Baill., Euphorbiaceae
Ìrànjẹ ẹ̀lùjù	SECURINEGA VIROSA Baill., Euphorbiaceae
Ìrànjẹ ògán	SECURINEGA VIROSA Baill., Euphorbiaceae
Ìran owó	SECURINEGA spp., Euphorbiaceae
Irà ọ̀dàn	BRIDELIA FERRUGINEA Benth., Euphorbiaceae
Ìràwé igbó	CHLOROPHORA EXCELSA (Welw.) Benth & Hook., Moraceae
Ìràwé ọ̀dàn	DANIELLIA OLIVERI (Rolfe) Hutch. & Dalziel, Leguminosae Caesalpinioideae
Ìràwọ̀ ilẹ̀	MITRACARPUS HIRTUS (L.) DC., Rubiaceae
Ire	Não consta
Ìrèké	SACCHARUM OFFICINARUM L., Gramineae

Iré (o) mi	Não consta
Ìrèpè	MUCUNA PRURIENS (L.) DC., Leguminosae Papilionoideae
Ìrèpè ọ̀dàn	MUCUNA spp., Leguminosae Papilionoideae
Ìrèrè ọparun	OXYTENANTHERA ABYSSINICA (A. Rich.) Munro, Gramineae
Iréré	FICUS spp., Moraceae (epífita)
Ìrẹ̀	HOLARRHENA FLORIBUNDA (G. Don) T. Durand & Schinz, Apocynaceae HOLARRHENA FLORIBUNDA (G. Don) T. Durand & Schinz, var. TOMENTELLA H. Huber., Apocynaceae
Irẹ́	FUNTUMIA ELASTICA (Preuss) Stapf, Apocynaceae
Ìrẹ̀ bàṣàbàṣà	HOLARRHENA FLORIBUNDA (G. Don) T. Durand & Schinz, Apocynaceae
Irẹ́bẹ́tẹ́	Não consta
Ìrẹ̀ ìbejì	HOLARRHENA FLORIBUNDA (G. Don) T. Durand & Schinz, Apocynaceae
Ìrẹ̀ná	HOLARRHENA FLORIBUNDA (G. Don) T. Durand & Schinz, Apocynaceae
Irẹ́nà	HOLARRHENA FLORIBUNDA (G. Don) T. Durand & Schinz, Apocynaceae
Ìrẹ̀ni	Não consta
Irẹ́nọ̀	HOLARRHENA FLORIBUNDA (G. Don) T. Durand & Schinz, Apocynaceae
Irẹ́nọ̀ kéreké	PLEIOCERAS BARTERI Baill., Apocynaceae
Ìrẹsì	ORYZA SATIVA L., Gramineae
Ìrẹ̀wù	STROPHANTUS SARMENTOSUS DC., Apocynaceae
Ìrẹyẹ	MORUS MESOZYGIA Stapf, Moraceae
Irin kóló	Não consta
Irin wanjan wanjan	MERREMIA HEDERACEAE (Burm.) Hallier. f., Convolvulaceae
Ìròhìn	AGELAEA OBLIQUA (P. Beauv.) Baill., Connaraceae
Ìrókò	CHLOROPHORA EXCELSA (Welw.) Benth. & Hook., Moraceae
Ìròkò aládé oko	CHLOROPHORA EXCELSA (Welm.) Benth. & Hook., Moraceae
Ìrókòdú	STRIGA ASIÁTICA (L.) Kuntze, Scrophulariaceae
Ìrókò ẹ̀wọ̀	CHILOROPHORA EXCELSA (Welw.) Benth. & Hook., Moraceae
Ìrókó òkun	CASSIPOUREA BARTERI (Hook. f.) N. E. Br., Rhizophoraceae
Ìrokóro	PLEIOCARPA PYCNANTHA (K. Schum.) Stapf, Apocynaceae

Ìròkosùn	DIALIUM GUINEENSE Wild., Leguminosae Caesalpinioideae
Ìromi	Não consta
Ìròrẹ́	Não consta
Ìrorò	TEPHROSIA BRACTEOLATA Guill. & Perr., Leguminosae Papilionoideae
Ìrorò ẹwẹ	PSEUDARTHRIA HOOKERI Wight & Arn., Leguminosae Papilionoideae
Ìrosùn	BAPHIA NITIDA Lodd., Leguminosae Papilionoideae
	PTEROCARPUS OSUN Craib, Leguminosae Papilionoideae
Ìròwò	CARDIOSPERMUM GRANDIFLORUM Sw., Sapindaceae
Iroba	Não consta
Irú	PARKIA BIGLOBOSA (Jacq.) Benth., Leguminosae Mimosoideae
Ìrù aláǹgbá	STACHYTARPHETA INDICA (L.) Vahl, Verbenaceae
Ìrù amùrè	STACHYTARPHETA INDICA (L.) Vahl, Verbenaceae
Ìrù àáyá	MARKHAMIA TOMENTOSA (Benth.) K. Schum., Bignoniaceae
Ìrù eku	STACHYTARPHETA CAYENNENSIS (L. C. Rich.) Vahl, Verbenaceae
Ìrù ẹkùn	DRACAENA LAXISSIMA Engl., Agavaceae
Ìrù ẹtu	HYPOESTES VERTICILLARIS (L. f.) Sol. ex Roem. & Schult., Acanthaceae
Irúgbá	PARKIA BIGLOBOSA (Jacq.) Benth., Leguminosae Mimosoideae
Irúgbá àbàtà	PARKIA BICOLOR A. Chev., Leguminosae Mimosoideae
Ìrùgbẹ́fọ̀n	ERAGROSTIS CILIARIS (L.) R. Br., Gramineae
Ìrùja	MALLOTUS OPPOSITIFOLIUS (Geiseler) Müll. Arg., Euphorbiaceae
Irújẹ̀ oko	DEINBOLLIA PINNATA Schumach. & Thonn., Sapindaceae
Ìrùkẹ̀ ẹfòn	FIMBRISTYLIS HISPIDULA (Vahl) Kunth., Cyperaceae
Ìrùkẹ̀ isà	Não consta
Irúko	Não consta
Irun awó	SPOROBOLUS FESTIVUS Hochst., Gramineae
Irungbọ̀n ẹfọ̀n	TRIPOGON MAJOR Hook. f., Gramineae
Irunmún ẹfọ̀n	PENNISETUM POLYSTACHION (L.) Schult., Gramineae
Ìrù òbèjé	ERAGROSTIS CILIARIS (L.) R. Br., Gramineae
Irú woro	PARKIA BIGLOBOSA (Jacq.) Benth., Leguminosae Papilionoideae
Isagere	STROPHANTUS HISPIDUS DC., Apocynaceae
Ìsàì	HOLARRHENA FLORIBUNDA (G. Don) T. Durand & Schinz, Apocynaceae
Ìsájú	BLEPHARIS MADERASPATENSIS (L.) Heyne, Acanthaceae

Isan	Não consta
Isà ọ̀dàn	Não consta
Iséko	Trichilia tessmannii Harms, Meliaceae
Ìsénà	Spondianthus preussii Engl., Euphorbiaceae
Ìsígùn	Gongronema latifolium Benth., Asclepiadaceae
Ìsígùn ẹ́fọ̀n	Gongronema latifolium Benth., Asclepiadaceae
Isin	Alchornea cordifolia (Schumach. & Thonn.) Müll. Arg., Euphorbiaceae
Isinko	Trichilia tessmannii Harms, Meliaceae
Iṣin ọ̀dàn	Blighia sapida J. König, Sapindaceae
Isin ògún	Rytiginia rubra Robyns, Rubiaceae
	Rytiginia umbellulata (Hiern) Robyns, Rubiaceae
Isinren	Syzygium guineense (Willd.) DC., Myrtaceae
Isoko	Cymbopogon citratus (DC.) Stapf, Gramineae
Ìsokùn	Não consta
Ìsọ́	Sida linifolia Juss. ex Cav., Malvaceae
Ìṣá	Imperata cylindrica (L.) P. Beauv., Gramineae
	Strophantus hispidus DC., Apocynaceae
Ìṣá gere	Strophantus hispidus DC., Apocynaceae
Ìṣà giri	Strophantus hispidus DC., Apocynaceae
Ìṣá kéreké	Strophantus sarmentosus DC., Apocynaceae
	Strophantus preussii Engl. & Pax, Apocynaceae
Iṣalamó	Indigofera deightonii Gillett. Leguminosae Papilionoideae
Ìṣá ògbùgbú	Strophantus hispidus DC., Apocynaceae
Ìṣápá	Hibiscus sabdariffa L., Malvaceae
Ìṣápá ìṣẹ́kú	Hibiscus cannabinus L., Malvaceae
Ìṣáwáwá	Acalypha ciliata Forssk., Euphorbiaceae
Ìṣá wẹ́wẹ́	Strophantus preussii Engl. & Pax, Apocynaceae
Iṣẹ́	Dioclea reflexa Hook. f., Leguminosae Papilionoideae
Iṣẹ́ dùn	Clerodendrum violaceum Gürke, Verbenaceae
Ìṣẹ̀lẹ̀	Desmodium setigerum (E. Mey.) Benth., Leguminosae Papilionoideae
Ìṣẹ́pẹ́ agbe	Chassalia kolly (Schumach.) Hepper, Rubiaceae
Ìṣẹ́pẹ́ àkèré	Pentodon pentandrus (Schumach. & Thonn.) Vatke, Rubiaceae
Ìṣẹ́polóhun	Maytenus senegalensis (Lam.) Exell, Celastraceae
Iṣẹ́rẹ́	Cucurbita pepo L., Cucurbitaceae

Işigo	Não consta
Işin	Blighia sapida J. König, Sapindaceae
Işin akọ	Blighia unijugata Baker, Sapindaceae
Işin jíjẹ	Blighia sapida J. König, Sapindaceae
Işin odò	Blighia sp., Sapindaceae
Işin oká	Blighia sapida J. König, Sapindaceae
Işin oko	Blighia unijugata Baker, Sapindaceae
	Eriocoelum kerstingii Gilg, Sapindaceae
Işin ọ̀dàn	Blighia sapida J. König, Sapindaceae
Işu	Dioscorea sp., Dioscoreaceae
Işu àlùbọ́sà	Dioscorea esculenta (Lour.) Burkill, Dioscoreaceae
Işu ànwán	Dioscorea praehensilis Benth., Dioscoreaceae
Işu àwán	Dioscorea praehensilis Benth., Dioscoreaceae
Işu baka	Não consta
Işu efùrù	Dioscorea rotundata Poir., Dioscoreaceae
Işu esúrú	Dioscorea praehensilis Benth., Dioscoreaceae
Işu ewùrà	Dioscorea alata L., Dioscoreaceae
Işu funfun	Dioscorea rotundata Poir., Dioscoreaceae
Işu igọ̀	Anchomanes difformis (Blume) Engl., Araceae
Işu kókò	Colocasia esculenta (L.) Schott, Araceae
Işukọ	Não consta
Işumẹ́ri	Crinum zeylanicum (L.) L., Amaryllidaceae
	Pancratium trianthum Herb., Amaryllidaceae
Işu òrìṣà funfun	Aristolochia albida Duch., Aristolochiaceae
Işu odẹ	Dioscorea praehensilis Benth., Dioscoreaceae
Işu ọ̀gẹ̀dẹ̀ odò	Crinum zeylanicum (L.) L., Amaryllidaceae
Işu pehín kòta	Não consta
Işu pupa	Dioscorea cayenensis Lam., Dioscoreaceae
Ità	Celtis zenkeri Engl., Ulmaceae
Ìtàbìrà	Trichilia megalantha Harms, Meliaceae
Ìtà funfun	Morus mesozygia Stapf, Moraceae
Ìtagbò	Homalium spp., Flacourtiaceae
Ità gidi	Celtis zenkeri Engl., Ulmaceae
Ità ità	Celtis zenkeri Engl., Ulmaceae
Itàkò	Celtis zenkeri Engl., Ulmaceae
Ìtako	Strombosia pustulata Oliv., Olacaceae

Ìtàkún abísu hó	Convolvulaceae
Ìtàkùn àìlu	SECAMONE AFZELII (Schult.) K. Schum., Asclepiadaceae
Ìtàkùn àrán	FLABELLARIA PANICULATA Cav., Malpighiaceae
Ìtàkùn arọ́ kẹ́kẹ́	ADENIA CISSAMPELOIDES (Planch. ex Benth.) Harms, Passifloraceae
Ìtàkùn asaragba	Não consta
Ìtàkùn dájí	CISSUS sp., Vitaceae
Ìtàkùn elégédé	CUCURBITA PEPO L., Cucurbitaceae
Ìtàkùn esì	Não consta
Ìtàkùn igbá	LAGENARIA SICERARIA (Molina) Standl., Cucurbitaceae
Ìtàkùn igbó	CISSUS POLYANTHA Gilg & W. Brandt, Vitaceae
Ìtàkùn kanranjangban	STACHYANTHUS ZENKERI Engl., Icacinaceae
Ìtàkùn olóko	PHYSALIS MICRANTHA Link, Solanaceae
Ìtàkùn ọ̀kẹ́rẹ́	GREWIA CARPINIFOLIA A. Juss., Tiliaceae
Ìtàkùn ọ̀pọ̀n	TETRACERA spp., Dilleniaceae
Ìtakúta	DIOSCOREA ROTUNDATA Poir., Dioscoreaceae
Ìtanná paoṣó	MIRABILIS JALAPA L., Nyctaginaceae
Ità oko	CELTIS ZENKERI Engl., Ulmaceae
Ità òyìnbó igbó	DRYPETES CHEVALIERI Beille, Euphorbiaceae
Ìtápará	RAPHIOSTYLIS BENINENSIS (Hook. f.) Planch. ex Benth., Icacinaceae
Ìtawere irú	PARKIA BIGLOBOSA (Jacq.) Benth., Leguminosae Mimosoideae
Ìtẹ́	GLINUS OPPOSITIFOLIUS (L.) Aug. DC., Aizoaceae
Ìtẹ́ àparò	PANICUM spp., Gramineae
Ìtẹ́ kùn	Não consta
Ìtẹ́ ọká	OPLISMENUS BURMANII (Retz.) P. Beauv., Gramineae
Itẹ̀tẹ̀	AMARANTHUS HYBRIDUS L., subsp. INCURVATUS (Timeroy) Brenan, Amaranthaceae
Ìtóò	MILLETTIA THONNINGII (Schumach.) Baker, Leguminosae Papilionoideae
Itó	LANDOLPHIA DULCIS (R. Br. ex Sabine) Pichon, Apocynaceae
Itọ́	LANDOLPHIA DULCIS (R. Br. ex Sabine) Pichon, Apocynaceae
Itọ́paire	COMMELINA ERECTA L., Commelinaceae
Itoro	CUCUMEROPSIS MANNII Naudin, Cucurbitaceae
Itọ	ADENOCARPUS BREVIFLORUS, Leguminosae Papilionoideae
	LANDOLPHIA spp., Apocynaceae

	LONCHOCARPUS GRIFFONIANUS, Leguminosae Papilionoideae
	MILLETTIA THONNINGII (Schumach.) Baker, Leguminosae Papilionoideae
	NAPOLEONAEA VOGELII Hook. & Planch., Lecythidaceae
Itọ́ ìpére	COMMELINA ERECTA L., Commelinaceae
Itọpére	COMMELINA ERECTA L., Commelinaceae
Itọ́ ọ̀pèré	ARTANEMA LONGIFOLIUM (L.) Vatke, Scrophulariaceae
Itosan	Não consta
Ìtúdè	CALLIANDRA PORTORICENSIS (Jacq.) Benth., Leguminosae Mimosoideae
Ìtù owòkọ̀	Não consta
Ìwàjá	ANCISTROCARPUS DENSISPINOSUS Oliv., Tiliaceae
Iwànràn wànràn	STERCULIA TRAGACANTHA Lindl., Sterculiaceae
Ìwàrẹ̀jẹ̀jẹ̀	CISSAMPELOS OWARIENSIS P. Beauv., Menispermaceae
Ìwásẹ̀ dúdú	STROPHANTUS HISPIDUS DC., Apocynaceae
Iwe	Não consta
Iwérénjéjé	ABRUS PRECATORRIS L., Leguminosae Papilionoideae
Iwín	DIALIUM GUINEENSE Willd., Leguminosae Caesalpinioideae
Iwó	GARCINIA KOLA Heckel, Guttiferae
Ìwo awó	ERAGROSTIS CILIARIS (L.) R. Br., Gramineae
Iwọ	MORINDA LUCIDA Benth., Rubiaceae
Ìwọkúwọ́	SMILAX KRAUSSIANA Meisn., Smilacaceae
Iyá	DANIELLIA OLIVERI (Rolfe) Hutch. & Dalziel, Leguminosae Caesalpinioideae
Ìyáfún	CYPERUS spp., Cyperaceae
Iyá funfun	STROPHANTUS PREUSSII Engl. & Pax, Apocynaceae
Iyagà	IPOMOEA spp., Convolvulaceae
Iyagba	Não consta
Ìyákéré gbodò	LEEA GUINEENSIS G. Do., Leeaceae
Ìyálóde	JATROPHA CURCAS L., Euphorbiaceae
Ìyálọ́mọ́	LAWSONIA INERMIS L., Lythraceae
Iyán	KIGELIA AFRICANA (Lam.) Benth., Bignoniaceae
Ìyànjú	CELOSIA TRIGYNA L., Amaranthaceae
Ìyawá	MIKANIA CORDATA (Burm. f.) B. L. Rob., Compositae
Ìyàwó	DIOSCOREA sp., Dioscoreaceae
Ìyàwó alaji	DIOSCOREA sp., Dioscoreaceae

Ìyàwó ọlọ́run	Dioscorea sp., Dioscoreaceae
Iye	Clerodendrum capitatum (Willd.) Schumach. & Thonn., Verbenaceae
Ìyèré	Piper capense L. f., Piperaceae
	Piper guineense Schumach. & Thonn., Piperaceae
Ìyèré gidi	Piper capense L. f., Piperaceae
Ìyèré igbó	Erythrococca anomala (Juss.) Prain, Euphorbiaceae
Iyero	Não consta
Ìyeyè	Spondias mombin L., Anacardiaceae
Ìyẹ́ ẹtù	Acroceras zizanioides (Kunth) Dandy, Gramineae
Ìyẹ̀fù erèé	Phaseolus sp., (pilado), Leguminosae Papilionoideae
Ìyẹ̀ròsùn	Baphia nitida Lodd., Leguminosae Papilionoideae
Iyọ̀ ẹṣin	Tridax procumbens L., Compositae
Iyùn òrìṣà	Psorospermum febrifugum Spach, Hypericaceae
Jáà	Ehretia cymosa Thonn., Boraginaceae
Jábà	Acroceras zizanioides (Kunth) Dandy, Gramineae
Jàgá	Corchorus aestuans L., Tiliaceae
Jàgà	Crassocephalum rubens (Juss.) S. Moore, Compositae
Jàganyìn	Citrus aurantium L., Rutaccae
Jàganyìn nlá	Não consta
Jàgbònrín	Urera cordifolia Engl., Urticaceae
Jàgbànùkùn	Não consta
Jàgbure	Citrus aurantium L., Rutaceae
Jàgùdà	Jatropha multifida L., Euphorbiacea
Jàlóre	Celtis zenkeri Engl., Ulmaceae
Jálù	Não consta
Jàngbórókún	Palisota hirsuta (Thunb.) K. Schum., Commelinaceae
Jànkóróṣè	Spermacoce octodon (Hepper) Lebrun & Stork, Rubiaceae
Jànyìn jànyìn	Dioscorea rotundata Poir., Dioscoreaceae
Jáókè	Ehretia cymosa Thonn., Boraginaceae
Jàórò	Não consta
Jàpìtì	Mikania cordata (Burm. f.) B. L. Rob. var. chevalieri C. D. Adams, Compositae
Jásókè	Ehretia cymosa Thonn., Boraginaceae
Jáwé	Dioscorea rotundata Poir., Dioscoreaceae
Jẹ̀dí jẹ̀dí	Vernonia cinerea (L.) Less., Compositae

Jẹ́lẹ́nu bẹ́nu	BIOPHYTUM PETERSIANUM Klotzsch, Oxalidaceae
Jẹmáníhò	IPOMOEA ARGENTAURATA Hall. f., Convolvulaceae
Jẹ́njókó	CISSAMPELOS OWARIENSIS P. Beauv., Menispermaceae
Jẹ́nrẹ́rin	SESBANIA PACHYCARPA DC. emend. Guill. & Perr., Leguminosae Papilionoideae
Jẹran jẹran	PHYLLANTHUS MUELLERIANUS (Kuntze) Exell, Euphorbiaceae
Jẹrin jẹrin funfun	Não consta
Jìn	COMMIPHORA AFRICANA (A. Rich.) Engl., Burseraceae
Jíre	SABICEA CALYCINA Benth., Rubiaceae
Jiwenen	INDIGOFERA DENDROIDES Jacq., Leguminosae Papilionoideae
Jíwere	INDIGOFERA DENDROIDES Jacq., Leguminosae Papilionoideae
Jiwinni	ACALYPHA CILIATA Forssk., Euphorbiaceae
Jobo	CAPERONIA LATIFOLIA Pax, Euphorbiaceae
Jogbó	HYPTIS PECTINATA (L.) Poit., Labiatae
	HYPTIS SPICIGERA Lam., Labiatae
	HYPTIS SUAVEOLENS Poit., Labiatae
Jogbó ọlátoríjẹ	HYPTIS SPICIGERA Lam., Labiatae
Jogbo nlóro	CANAVALIA ENSIFORMIS (L.) DC., Leguminosae Papilionoideae
Jókó dàgbà	SIDA spp., Malvaceae
Jókó jẹ́	CISSAMPELOS OWARIENSIS P. Beauv., Menispermaceae
Jọ́mọ ókure	CROTON LOBATUS L., Euphorbiaceae
Jọ̀yìn jọ̀yìn	DIOSCOREA ROTUNDATA Poir., Dioscoreaceae
Jọ̀yún	PERGULARIA DAEMIA (Forssk.) Chiov., Asclepiadaceae
Kádan kóbe	ASPARAGUS AFRICANUS Lam., Liliaceae
Kádan kódẹ	ASPARAGUS AFRICANUS, Lam., Liliaceae
Kádun kádún	GLORIOSA SIMPLEX L., Colchicaceae
Kajú	ANACARDIUM OCCIDENTALE L., Anacardiaceae
Kákámisín	LAGENARIA BREVIFLORA (Benth.) Roberty, Cucurbitaceae
Kákán dìká	FLACOURTIA FLAVESCENS Willd., Flacourtiaceae
Kakàṣẹ́miṣọlà awomi	PAULLINIA PINNATA L., Sapindaceae
Kàkàṣẹ́nlà	PAULLINIA PINNATA L., Sapindaceae
Kàkó	PENTACLETHRA MACROPHYLLA Benth., Leguminosae Mimosoideae
Kálèfimíṣe	CHAMAECRISTA MIMOSOIDES (L.) Greene, Leguminosae Caesalpinioideae
Kàndí kàndí	Não consta

Kàn ẹsẹ̀ adìẹ	Não consta
Kangara	SANTIRIA TRIMERA (Oliv.) Aubrév., Burseraceae
Kangì	DIOSCOREA ROTUNDATA Poir., Dioscoreaceae
Kangì ojúnlala	DIOSCOREA ROTUNDATA Poir., Dioscoreaceae
Kangu	Não consta
Kanjangban	Não consta
Kankan	CROTALARIA NARAGUTENSIS Hutch., Leguminosae Papilionoideae
	EUCLINIA LONGIFLORA Salisb., Rubiaceae
Kankan àyá	LUFFA ACUTANGULA Roxb., Cucurbitaceae
Kankan dìká	CALONCOBA GLAUCA (P. Beauv.) Gilg, Flacourtiaceae
	FLACOURTIA FLAVESCENS Willd., Flacourtiaceae
	ONCOBA SPINOSA Forssk., Flacourtiaceae
Kankan igbó	Não consta
Kankan òbàlé	Não consta
Kanoro	Não consta
Kanran	DIOSPYROS CRASSIFLORA Hiern, Ebenaceae
	DIOSPYROS MESPILIFORMIS Hochst., Ebenaceae
Kánránjangban	TRICLISIA SUBCORDATA Oliv., Menispermacese
Kànrìnkàn	LUFFA CYLINDRICA (L.) M. Roem., Cucurbitaceae
Kantí kantí	BRYOPHYLLUM PINNATUM (Lam.) Oken, Crassulaceae
Kàntòn ọ̀yọ́	ANACARDIUM OCCIDENTALE L., Anacardiaceae
Kanyanrìn	Não consta
Kànyìn kànyìn ayaba	LAGENARIA spp., Cucurbitaceae
	BAMBEKEA RACEMOSA Cogn., Cucurbitaceae
Kànyìn kànyìn dí	Não consta
Kànyìn kànyìn odò	LUFFA CYLINDRICA (L.) M. Roem., Cucurbitaceae
Kára	DICHROSTACHYS CINEREA (L.) Wight & Arn., Leguminosae Mimosoideae
Kara koro	KLAINEDOXA GABONENSIS Pierre ex Engl., Ixonanthaceae
Karo	Não consta
Kárùntán	TRICHILIA EMETICA Vahl, Malvaceae
Kasan	SMILAX KRAUSSIANA Meisn., Smilacaceae
Káṣè	PANICUM spp. L., Gramineae
Katemfe	THAUMATOCOCCUS DANIELLII (Benn.) Benth., Marantaceae
Kawó kawó	IPOMOEA HEDERIFOLIA L., Convolvulaceae

Káwọ́bi	LECANIODISCUS CUPANIOIDES Planch., Sapindaceae
Keké	HIBISCUS SCOTELII E. G. Baker, Malvaceae
Keké èkejì	SIDA URENS L., Malvaceae
Kékèké	HIBISCUS ASPER Hook. f., Malvaceae
Kekerenfe	THAUMATOCOCCUS DANIELLII (Benn.) Benth., Marantaceae
Kènkà	Não consta
Kere ìyàlẹ̀	PANICUM sp., Gramineae
Kere nṣele	Não consta
Kéréwùú	GOSSYPIUM sp., Malvaceae
Kètènfe	THAUMATOCOCCUS DANIELLII (Benn.) Benth., Marantaceae
Kẹngẹ́	DIOSCOREA ROTUNDATA Poir., Dioscoreaceae
Kẹ́kẹ́tu	Não consta
Kẹ̀nkẹ̀	LEUCAS MARTINICENSIS (Jacq.) W. T. Aiton, Labiatae
Kẹ̀nkẹ̀ rẹsù	AMPELOCISSUS spp., Vitaceae
Kẹ̀nkẹ̀ rusún	AMPELOCISSUS spp., Vitaceae
Kẹ́tu kẹ́tu igbó	PANICUM spp., Gramineae
Kíniafímíṣe	CHAMAECRISTA MIMOSOIDES (L.) Greene, Leguminosae Caesalpinioideae
Kòbò kòbò	GARDENIA TERNIFOLIA K. Schum., Rubiaceae
Kòbò yẹ́kẹ́	GARDENIA TERNIFOLIA K. Schum., Rubiaceae
Kọfi	COFFEA BREVIPES Hiern, Rubiaceae
Kò gbàgbé	AMPHIMAS PTEROCARPOIDES Harms, Leguminosae Papilionoideae
Kójúnpọ́n	SPHENOCENTRUM JOLLYANUM Pierre, Menispermaceae
Koóro	PANICUM MAXIMUM Jacq., Gramineae
Kókò	COLOCASIA ESCULENTA (L.) Schott, Araceae
	DIOSCOREA ROTUNDATA Poir., Dioscoreaceae
Koko aramfe	Não consta
Kókò àrìrà ọjà	XANTHOSOMA sp., Araceae
Kókò dúdú	PHAULOPSIS FALCISEPALA C. B. Clarke, Acanthaceae
Kókó efuẹ	COLOCASIA ESCULENTA (L.) Schott, Araceae
Koóko èsulẹ̀	PANICUM SADINII (Vanderyst) Renvoise, Gramineae
Kókò ẹ̀bọ́	COLOCASIA ESCULENTA (L.) Schott, Araceae
Koóko ẹṣin	ERAGROSTIS CILIARIS (L.) R. Br., Gramineae
Koóko ẹ̀wà	Não consta
Koókofà (fà)	ANDROPOGON sp., Gramineae
Kókò funfun	COLOCASIA ESCULENTA (L.) Schott, Araceae

Koóko hana háná	Hyparrhenia diplandra (Hack.) Stapf, Gramineae
Kókò ìdásí	Não consta
Koóko ìgbá	Cynodon dactylon (L.) Pers., Gramineae
Koóko igi	Não consta
Kòkòndó	Phaseolus lunatus L., Leguminosae Papilionoideae
Kókónìkó	Sterculia oblonga Mast., Sterculiaceae
Kókò oòduà	Caladium bicolor Vent., Araceae
Koóko òsà	Gramineae
Koóko ọba	Cymbopogon citratos (DC.) Stapf, Gramineae
Kókò ọbalùfọ̀n	Caladium bicolor Vent., Araceae
Kókò pupa	Colocasia esculenta (L.) Schott, Araceae
Kókò ṣọ̀pọ̀nná	Caladium bicolor Vent., Aracea
Kòkò wele	Não consta
Koóko wọ̀nrọ̀n wọ̀nrọ̀n	Não consta
Kòkò yaya	Não consta
Koniko	Sterculia oblonga Mast., Sterculiaceae
Koríko	Panicum maximum Jacq., Gramineae
Korí kòdí	Waltheria indica L., Sterculiaceae
Koríko ẹfun	Gramineae
Koríko òyìbó	Cymbopogon citratos (DC.) Stapf, Gramineae
Koríko ọba	Cymbopogon citratos (DC.) Stapf, Gramineae
Korokoromáwá	Não consta
Kórópọ̀n	Physalis angulata L., Solanaceae
	Bryophyllum pinnatum (Lam.) Oken, Crassulaceae
	Crotalaria sp., Leguminosae Papilionoideae
Kórópọ̀n ràkùrábà	Physalis angulata L., Solanaceae
Kòrù kórù	Não consta
Korúkọ	Capsicum annuum L., Solanaceae
Kòsí ohun tì áfimíṣe	Chamaecrista mimosoides (L.) Greene, Leguminosae Caesalpinioideae
Kòtisán	Dioscorea rotundata Poir., Dioscoreaceae
Kóyèjọ	Não consta
Kọfí	Coffea spp., Rubiaceae
Kọ́lé ọrọ́gbà	Pergularia daemia (Forssk.) Chiov., Asclepiadaceae
Kọlubú	Não consta

Kọ́nú nkọ́họ	Não consta
Kòrò	Não consta
Kúeré	DEINBOLLIA PINNATA Schumach. & Thonn., Sapindaceae
Kùjẹ̀ kùjẹ̀	MOLLUGO NUDICAULIS, Molluginaceae
	LYCOPODIUM CERNUM L., Lycopodiaceae
Kùkúmọ̀ rúgbó	DICHAPETALUM PALLIDUM (Oliv.) Engl., Dichapetalaceae
	DICHAPETALUM TOXICARIUM (G. Don) Baill., Dichapetalaceae
Kúkúndu	DIOSCOREA ROTUNDATA Poir., Dioscoreaceae
Kúkúndùnkún	IPOMOEA BATATAS (L.) Lam., Convolvulaceae
Kúmorí	CISSUS POLYANTRA Gilg & W. Brandt, Vitaceae
	AMPELOCISSUS LEONENSIS (Hook. f.) Planch., Vitaceae
Kúọ̀	STYLOCHITON spp., Araceae
Kúrè kúrè béte	ARTANEMA LONGIFOLIUM (L.) Vatke, Scrophulariaceae
Kúsì gbàgbé	AMPHIMAS PTEROCARPOIDES Harms, Leguminosae Papilionoideae
Kúyẹ̀	Não consta
Láà	RICINUS COMMUNIS L., Euphorbiaceae
Labẹ́labẹ́	SCLERIA NAUMANNIANA Boeck, Cyperaceae
	KYLLINGA ERECTA Schumach., Cyperaceae
	LIPOCARPA SPHACELATA (Vahl) Kunth, Cyperaceae
Labẹ́labẹ́ dò	SCLERIA DEPRESSA (C. B. Clarke) Nelmes, Cyperaceae
Lagbà ọmọdé	STROPHANTUS SARMENTOSUS DC., Apocynaceae
Lagbólagbó	FLABELLARIA PANICULATA Cav., Malpighiaceae
Lagbólagbó funfun	WISSADULA ROSTRATA (Schumach.) Hook. f., Malvaceae
Lagọ̀ lagọ̀	PAULLINIA PINNATA L., Sapindaceae
Lágudu	DIOSCOREA ROTUNDATA Poir., Dioscoreaceae
Lagun	Não consta
Lákíto	Não consta
Lákò sìn	MONODORA BREVIPES Benth., Annonaceae
Lákọ̀ṣẹ	MONODORA BREVIPES Benth., Annonaceae
Làkúta	TEPHROSIA VOGELLI Hook. f., Leguminosae Papilionoideae
Làálí	LAWSONIA INERMIS L., Lythraceae
Lámúlé	CASSIA ARERЕH Delile, Leguminosae Caesalpinioideae
Lánarí	ALLOPHYLUS AFRICANUS P. Beauv., Sapindaceae
Lángbòdó	ANCHOMANES DIFFORMIS (Blume) Engl., Araceae
Lánàsé	MANIHOT ESCULENTA Crantz, Euphorbiaceae
Lànṣẹ̀jẹ̀	DIOSCOREA ALATA L., Dioscoreaceae

Làpálàpá	Jatropha curcas L., Euphorbiaceae
Làpálàpá adẹ́tẹ̀	Ricinus communis L., Euphorbiaceae
Làpálàpá funfun	Jatropha curcas L., Euphorbiaceae
Làpálàpá pupa	Jatropha gossypiifolia L., Euphorbiaceae
Lárà	Ricinus communis L., Euphorbiaceae
Laragba	Não consta
Lárà pupa	Ricinus communis L., Euphorbiaceae
Lasanrin	Dioscorea rotundata Poir., Dioscoreaceae
Láṣẹ̀jẹ̀	Dioscorea alata L., Dioscoreaceae
Láṣinrin	Não consta
Lásubúsábà	Não consta
Láàtípà	Launaea taraxacifolia (Willd.) Amin ex C. Jeffrey, Compositae
Látoríjẹ	Não consta
Làùrò	Bombax buonopozense P. Beauv., Bombacaceae
Láyíbò	Não consta
Légún kúrò	Psorospermum febrifugum Spach, Hypericaceae
Légún ókò	Psorospermum febrifugum Spach, Hypericaceae
Lérè	Não consta
Lẹlẹurẹ	Não consta
Lẹ́n kosùn	Phyllanthus spp., Euphorbiaceae
Lẹ́wù	Lycopodium cernuum L., Lycopodiaceae
Liki	Não consta
Lísàn	Cylicodiscus gabunensis Harms, Leguminosae Mimosoideae
Lóbìrí	Asystasia gangetica (L.) T. Anderson, Acanthaceae
Lóbòtujẹ̀	Jatropha curcas L., Euphorbiaceae
	Jatropha gossypiifolia L., Euphorbiaceae
Lófun	Guarea cedrata (A. Chev.) Pellegr., Meliaceae
Lógbọ̀n kíyàn	Euadenia trifoliolata (Schumach. & Thonn.) Oliv., Capparaceae
Lókó lẹ́pòn	Hybanthus enneaspermus (L.) F. Muell., Violaceae
Lọ́fin	Guarea cedrata (A. Chev.) Pellegr., Meliaceae
Lọ̀ṣí erin	Gossweilerodendron balsamiferum (Verm.) Harms, Leguminosae Caesalpinioideae
Máfàjiná	Não consta
Má fi ọwọ́ ba ọmọ mi	Solanum dasphyllum Schumach. & Thonn., Solanaceae
Má fọwọ́ ba ọmọ mi	Solanum dasphyllum Schumach. & Thonn., Solanaceae

Má jẹ́ kẹ́hìn mi gbófo	Não consta
Mákọ̀	Abrus precatorius L., Leguminosae Papilionoideae
Malánganran	Bidens pilosa L., Compositae
Màngòrò	Mangifera indica L., Anacardiaceae
Manijeje	Hibiscus sp., Malvaceae
Manturusí	Chenopodium ambrosioides L., Chenopodiaceae
Màrìwò	Elaeis guineensis Jacq., Palmae
Màrìwò ọ̀pẹ	Elaeis guineensis Jacq., Palmae
Máró dòdò	Dioscorea roundata Poir., Dioscoreaceae
Másá	Não consta
Másánkú	Não consta
Másọmí dàgàn	Não consta
Màtìsàn	Cyperaceae
Mátọ̀ki	Pedaliaceae
Màyí	Pennisetum glaucum (L.) Br., Gramineae
Màyìn màyìn	Scoparia dulcis L., Scrophulariaceae
Mẹlẹhú	Schizachyrium brevifolium (Sw.) Nees, Gramineae
Mẹ́sẹ́n mẹsẹ̀n	Abrus precatorius L., Lsguminosae Papilionoideae
Mẹ́sẹ́n mẹsẹ̀n gogoro	Scoparia dulcis L., Scrophulariaceae
Mẹ́sẹ́n mẹsẹ̀n ìtàkùn	Abrus precatorius L., Leguminosae Papilionoideae
Mogbara	Daniellia ogea (Harms) Rolfe, Leguminosae Caesalpinioideae
Mogùn	Não consta
Moiya ṣe	Não consta
Mójúkúrò	Não consta
Morà	Gloriosa simplex L., Colchicaceae
Motisan	Panicum spp., Gramineae
	Sporobolus pyramidalis P. Beauv., Gramineae
Moyídà	Smeathmannia laevigata Sol. ex Br., Passifloraceae
	Smeathmannia pubescens Sol. ex Br., Passifloraceae
Móyún dúró	Não consta
Móyún mónú	Não consta
Mọbẹ̀jò	Não consta
Mọ́dárí	Não consta

Mọkí	Merremia aegyptica (L.) Urban, Convolvulaceae
Mọnigèdègédé	Não consta
Mọniròderòde	Alternanthera pungens Kunth, Amaranthaceae
Mọn turusí	Chenopodium ambrosioides L., Chenopodiaceae
Mùnú	Dioscorea rotundata Poir., Dioscoreaceae
Músaya	Não consta
Nàbò	Glinus appositifolius (L.) Aug. DC., Aizoaceae
Nàkénàké	Rinorea sp., Violaceae
Nàmù nàmù	Stictocardia beraviensis (Vatke) Hallier f., Convolvulaceae
Nàmù nàmù (mo mú òrànyìíjẹ)	Jateorhiza macrantha (Hook. f.) Exell & Mendonça, Menispermaceae
Nwẹ̀rẹ̀ wẹ̀rẹ̀	Pausinystalia talbotii Werhan, Rubiaceae
Òbàlé	Croton zambesicus Müll. Arg., Euphorbiaceae
Òbèlè	Não consta
Obì	Cola acuminata (P. Beauv.) Schott & Endl., Sterculiaceae
Obì àbàtà	Cola acuminata (P. Beauv.) Schott & Endl., Sterculiaceae
Obì àkàlà	Cola nitida Schott & Endl., Sterculiaceae
Obì àáyá	Cola millenii K. Schum., Sterculiaceae
Obì dun	Cola millenii K. Schum., Sterculiaceae
Obì ẹdun	Cola millenii K. Schum., Sterculiaceae
Obì gàrè	Cola millenii K. Schum., Sterculiaceae
Obì ifin	Cola acuminata (P. Beauv.) Schott & Endl., Sterculiaceae
Obì pupa	Cola acuminata (P. Beauv.) Schott & Endl., Sterculiaceae
Òbó	Ficus thonningii Blume, Moraceae
Òbò èkúté	Spondianthus preussii Engl. var. glaber (Engl.) Engl., Euphorbiaceae
Òbò ẹṣin	Asystasia gangetica (L.) T. Anderson, Acanthaceae
Obubu	Não consta
Òbúbúrú	Pterygota macrocarpa K. Schum., Sterculiaceae
Òbulè	Não consta
Òbúró	Aframomum alboviolaceum (Ridl.) K. Schum., Zingiberaceae
	Aframomum melegueta (Roscoe) K. Schum., Zingiberaceae
Òbùró dúdú	aframomum sceptrum (Oliv. & T. Hanb.) K. Schum., Zingiberaceae
Òbùró igbó	Aframomum sp., Zingiberaceae

Òbùró lela	SIPHONOCHILUS AETHIOPICUS (Schweinf.) B. L. Burtt, Zingiberaceae
	SIPHONOCHILUS NIGERICUS (Hepper) B. L. Burtt, Zingiberaceae
Òbùró nlá	SIPHONOCHILUS AETHIOPICUS (Schweinf.) B. L. Burtt. Zingiberaceae
	SIPHONOCHILUS NIGERICUS (Hepper) B. L. Burtt, Zingiberaceae
Òbùró ọ̀dàn	AFRAMOMUM ALBOVIOLACEUM (Ridl.) K. Schum., Zingiberaceae
Òbùró wáwá	AFRAMOMUM DANIELLII (Hook. f.) K. Schum., Zingiberaceae
Òde òwesè	CYLICODISCUS GABUNENSIS Harms, Leguminosae Mimosoideae
Odẹ	Não consta
Odi	Não consta
Odidi	Não consta
Odi eyìn	ELAEIS GUINEENSIS Jacq., Palmae
Odò	MANSONIA ALTISSIMA (A. Chev.) A. Chev., Sterculiaceae
Odòdó	CROTALARIA RETUSA L., Leguminosae Papilionoideae
Odòdó ẹlẹ́dẹ̀	MIRABILIS JALAPA L., Nyctaginaceae
Odòdó oko	IPOMOEA INVOLUCRATA P. Beauv., Convolvulaceae
Odòdó odò	IPOMOEA INVOLUCRATA P. Beauv., Convolvulaceae
Odòdó òkun	COMBRETUM PLATYPTERUM (Welw.) Hutch. & Dalziel, Combretaceae
Òdògbo	ANTHOSTEMA AUBRYANUM Baiil., Euphorbiaceae
	STROMBOSIA PUSTULATA Oliv., Olacaceae
Òdòko	SCOTELLIA CORIACEA A. Chev., Flacourtiaceae
Odò ọmọdé	MUSSAENDA ELEGANS Schumach. & Thonn., Rubiaceae
Òdú	SOLANUM AMERICANUM Mill., Solanaceae
	CASSIPOUREA BARTERI (Hook. f.) N. E. Br., Rhizophoraceae
Òdùdó	KLAINEDOXA GABONENSIS Pierre ex Engl., Ixonanthaceae
Òdùdú	KLAINEDOXA GABONENSIS Pierre ex Engl., Ixonanthaceae
Òdú kéké	Não consta
Òdùnkún	IPOMOEA BATATAS (L.) Lam., Convolvulaceae
Òdùnkún àdùnmọ́	IPOMOEA BATATAS (L.) Lam., Convolvulaceae
Òfé	GUAREA THOMPSONII Sprague & Hutch., Meliaceae
Òfèrègàmú	CONVOLVULUS SAGITTATUS Thunb., Convolvulaceae
Òfìà	LAPORTEA AESTUANS (L.) Chew, Urticaceae
Òfio	CYPERUS ESCULENTUS L., Cyperaceae
Òfo ọ̀dàn	HIBISCUS VITIFOLIUS L., Malvaceae

Òfùẹ̀fùẹ̀	LAPORTEA AESTUANS (L.) Chew, Urticaceae
Òfún	MANSONIA ALTISSIMA (A. Chev.) A. Chev., Sterculiaceae
	PSYDRAX PARVIFLORA (Afzel.) Bridson, Rubiaceae
Òfúyẹ́	GUAREA THOMPSONII Sprague & Hutch., Meliaceae
Ògàn	DIOSPYROS MONBUTTENSIS Gürke, Ebenaceae
Ògàn egbò	DIOSPYROS MONBUTTENSIS Gürke, Ebenaceae
Ògàn pa	DIOSPYROS MONBUTTENSIS Gürke, Ebenaceae
Ògàn pa olóbì	DIOSPYROS MONBUTTENSIS Gürke, Ebenaceae
Ògàn pupa	DIOSPYROS MONBUTTENSIS Gürke, Ebenaceae
Ogbada	Não consta
Ogbe àgùfọn	ERAGROSTIS CILIARIS (L.) R. Br., Gramineae
Ogbe àkùkọ	HELIOTROPIUM INDICUM L., Boraginaceae
Ogbigbi	Não consta
Ogbó	Não consta
Ogbo aga	Não consta
Ogbó dosùn	PHYTOLACCA DODECANDRA L'Hér., Phytolaccaceae
Ògbògbó	DETARIUM SENEGALENSE G. F. Gmel., Leguminosae Caesalpinioideae
Ògbòrògboro	GUAREA CEDRATA (A. Chev.) Pellegr., Malvaceae
Ògbùgbó	SYNEDRELLA NODIFLORA (L.) Gaertn., Compositae
Ògìgí	HIBISCUS ASPER Hook. f., Malvaceae
Ògìrìṣákọ́	ANCHOMANES DIFFORMIS (Blume) Engl., Araceae
Òglìṣákọ́	ANCHOMANES DIFFORMIS (Blume) Engl., Araceae
Ògò	HILLERIA LATIFOLIA (Lam.) H. Walter, Phytolaccaceae
Ògòdò	GOSSYPIUM BARBADENSE L., Malvaceae
Ògò ẹlẹ́wùjí	HILLERIA LATIFOLIA (Lam.) H. Walter, Phytolaccaceae
Ògò igbó	ACRIDOCARPUS SMEATHMANNII (DC.) Guill. & Perr., Malpighiaceae
Ogubọ	Não consta
Ògùgú	ANTHOCLEISTA VOGELII Planch., Loganiaceae
	COLA CORDIFOLIA (Cav.) R. Br., Sterculiaceae
Ògùmọ̀	Não consta
Ògùn bẹ̀rẹ̀	LEUCAENA LEUCOCEPHALA (Lam.) De Wit, Leguminosae Papilionoideae
Ògùn bẹ̀rẹ̀kẹ̀	DELONIX REGIA (Bojer ex. Hook.) Raf., Leguminosae Caesalpinioideae
Ògúndù	DALBERGIA SAXATILIS Hook. f., Leguminosae Papilionoideae

Ògúnèrè	MYRIANTHUS ARBOREUS P. Beauv., Cecropiaceae
Ọ̀gùngún	COLA GIGANTEA A. Chev. var. GLABRESCENS Brenan & Keay, Sterculiaceae
	COLA CORDIFOLIA (Cav.) R. Br., Sterculiaceae
Ògùnjá	DANIELLIA OGEA (Harms) Rolfe. Leguminosae Caesalpinioideae
Ògún jẹ́gẹ́dẹ́	Não consta
Ògún málárere	PTEROCARPUS sp., Leguminosae Papilionoideae
	MILLETTIA sp., Leguminosae Papilionoideae
Ògùn ṣẹ̀ṣẹ̀	ERYTHRINA SENEGALENSIS A. DC., Leguminosae Papilionoideae
Ogúróbẹ	ENTADA AFRICANA Guill. & Perr., Leguminosae Mimosoideae
Ògùrò	RAPHIA VINIFERA P. Beauv., Palmae
Ohun àìnù	Não consta
Ójà	Não consta
Òjé	Não consta
Òjíá	DANIELLIA OGEA (Harms) Rolfe, Leguminosae Caesalpinioideae
Òjíjí	DALBERGIA LACTEA Vatke, Leguminosae Papilionoideae
Òjíjí igi	DALBERGIA LACTEA Vatke, Leguminosae Papilionoideae
Òjíjí ìtàkùn	BRACHYSTEGIA EURYCOMA Harms, Leguminosae Caesalpinioideae
Òjíjí ọrọ́ta	DALBERGIA LACTEA Vatke, Leguminosae Papilionoideae
Òjíjí wẹẹrẹ	DALBERGIA HOSTILIS Benth., Leguminosae Papilionoideae
Ojíkán	Não consta
Ojogbon lóro	Não consta
Òjó lagbó	Não consta
Òjò òkùbá	Não consta
Ojúà	SENNA SOPHERA (L.) Roxb., Leguminosae Caesalpinioideae
Ojú àgbìgbò	DEINBOLLIA PINNATA Schumach. & Thonn., Sapindaceae
Ojú àgùtàn	MELASTOMASTRUM THEIFOLIUM (G. Don) A. Fern. & R. Fern., Melastomataceae
Ojú dálé	DESMODIUM SALICIFOLIUM (Poir.) DC., Leguminosae Papilionoideae
Ojú ẹja	RYTIGINIA RUBRA Robyns, Rubiaceae
	RYTIGINIA UMBELLULATA (Hiern) Robyns, Rubiaceae
Ojú ẹyẹlé	ABRUS PRECATORIUS L., Leguminosae Papilionoideae
Ojúgbẹ́	Não consta
Ojú ipá	Não consta
Ojú ísín	OLDENLANDIA CORYMBOSA L., Rubiaceae

Ojú ológbò	ABRUS PRECATORIUS L., Leguminosae Papilionoideae
Ojú omi	Não consta
Ojú oró	PISTIA STRATIOTES L., Araceae
Ojú oró wẹẹrẹ	Não consta
Ojúùsájú	PETIVERIA ALLIACEA L., Phytolacaceae
Okèlè ahun	DIOSCOREA HIRTIFLORA Benth., Dioscoreaceae
Òkérékéréníyẹ̀	HIPOESTES sp., Acanthaceae
Òkígbẹ́	LEPTODERRIS MICRANTHA Dunn, Leguminosae Papilionoideae
Òkikà	SPONDIAS MOMBIN L., Anacardiaceae
Òkikà àjà	PSEUDOSPONDIAS MICROCARPA (A. Rich.) Engl., Anacardiaceae
Òkìkí	Não consta
Okirili kirili	Não consta
Òko	BARTERIA NIGRITANA Hook. f., Passifloraceae
Okò	Não consta
Okó ajá	HEDRANTHERA BARTERI (Hook. f.) Pichon, Apocynaceae
Òkò asá	Não consta
Okodo	Não consta
Okó eṣúwù	PANICUM SADINII (Vanderyst) Renvoize, Gramineae
Okojú òrìṣà	MERREMIA AEGYPTIA (L.) Urban, Convolvulaceae
Okomado	DIOSCOREA ROTUNDATA Poir., Dioscoreaceae
Okonko	STERCULIA OBLONGA Mast., Sterculiaceae
Oko òfé	Não consta
Oko orí òwú	Convolvulaceae
Oko ọba	CYMBOPOGON CITRATUS (DC.) Stapf, Gramineae
Okonko	Não consta
Okorí òwú	Convolvulaceae
Òkò rogbín	PAVETTA CORYMBOSA (DC.) F. N. Williams, Rubiaceae
Okorówú	MIKANIA CORDATA (Burm. f.) B. L. Rob., Compositae
Òkùà	DRYPETES spp., Euphorbiaceae
Òkùkù	LACCOSPERMA SECUNDIFLORUM (P. Beauv.) Kuntze, Palmae
Okùn àgùtàn	HIBISCUS VITIFOLIUS L., Malvaceae
Okùn atúlẹ̀	TELOSMA AFRICANUM (N. E. Br.) Colville, Asclepiadaceae
Okún dúdú	COCCINIA Spp., Cucurbitaceae
Okún èmìnalẹ̀	DIOSCOREA sp., Dioscoreaceae
Okún epo	IPOMEA OBSCURA (L.) Ker Gawl., Convolvulaceae
Okùn ìkálẹ̀	ADENIA LOBATA (Jacq.) Engl., Passifloraceae

Okún ìrora	DIOCLEA REFLEXA Hook. f., Leguminosae Papilionoideae
Òkùnkùn	PHOENIX RECLINATA Jacq., Palmae
Okún olè	Convolvulaceae
Okùn owó	DISCOREA HIRTIFLORA Benth., Dioscoreaceae
Okùn òrẹ́	Asclepiadaceae
Okùn pupa	Não consta
Okùn sábá	GLYCINE WIGHTII (Wight & Arn.) Verdc., Leguminosae Papilionoideae
Òkúta	LYCOPODIUM spp., Lycopodiaceae
Òkùtù ọ̀pẹ	Toco de tronco de ELAEIS GUINEENSIS Jacq., Palmae
Okútúrùpá	POLYGALA ARENARIA Willd., Polygalaceae
Olísàn	CYLICODISCUS GABUNENSIS Harms, Leguminosae Mimosoideae
Olóbòntújẹ̀	JATROPHA CURCAS L., Euphorbiaceae
	JATROPHA GOSSIPIIFOLIA L., Euphorbiaceae
Olóbòrobò	RINOREA DENTATA (P. Beauv.) Kuntze, Violaceae
Olódì	Não consta
Olódodo	HEISTERIA PARVIFOLIA Sm., Olacaceae
Olófere	DIOSCOREA ROTUNDATA Poir., Dioscoreaceae
Olófun	GUAREA CEDRATA (A. Chev.) Pellegr., Meliaceae
Ológbè kuyàn	EAUDENIA TRIFOLIOLATA (Schumach. & Thonn.) Oliv., Capparaceae
Ológbò igbò	RICINODENDRON HEUDELOTII (Baill.) Pierre ex Heckel, Euphorbiaceae
Ológbò kíyàn	PLEIOCERAS BARTERI Baill., Apocynaceae
Ológbòmodù	MAMMEA AFRICANA Sabine, Guttiferae
Ológùn ṣẹ̀ṣẹ̀	ERYTHRINA SENEGALENSIS DC., Leguminosae Papilionoideae
Olóhun	MAESOBOTRYA BATERI (Baill.) Hutch., Euphorbiaceae
Olóhun àdùmmọ́	MERREMIA spp., Convolvulaceae
Olójò ngbòdú	COMMELINA ERECTA L., Commelinaceae
Olójú ejò	BYRSOCARPUS COCCINEUS Schumach., Connaraceae
Olójù ẹdun (o fruto)	DIOCLEA REFLEXA Hook. f., Leguminosae Papilionoideae
Olómi òjò	THEVETIA NERIIFOLIA Juss., Apocynaceae
Olómèrènmèren	KYLLINGA ERECTA Schumach., Cyperaceae
Olómìrìnmìrin	KYLLINGA ERECTA Schumach., Cyperaceae
Olómù yìnrìn	SCOPARIA DULCIS L., Scrophulariaceae
Olongo	Não consta

Olónkú	DIOSCOREA ROTUNDATA Poir., Dioscoreaceae
Olórà	Não consta
Olóràgbó	RAUVOLFIA VOMITORIA Afzel., Apocynaceae
Olore bójó	Não consta
Olórí jorí	KYLLINGA ERECTA Schumach., Cyperaceae
	LIPOCARPA SPHACELATA (Vahl) Kunth, Cyperaceae
Olórìn	Não consta
Olórí oyè	Cyperaceae
Olóròfo	Não consta
Olóórùn	HYPTIS SUAVEOLENS Poit., Labiatae
Olorungọ	Não consta
Olósán	CYLICODISCUS GABUNENSIS Harms, Leguminosae Mimosoideae
Olóótó	GONGRONEMA LATIFOLIUM Benth., Asclepiadaceae
Olówó nj̣ẹja funfun	TRIANTHEMA PORTULACASTRUM L., Aizoaceae
Olówó nj̣ẹja pupa	TRIANTTIEMA PORTULACASTRUM L., Aizoaceae
Olówùkọ	ANTIDESMA MEMBRANACEUM Müll. Arg., Euphorbiaceae
Olówùn	MAESOBOTRYA BARTERI (Baill.) Hutch., Euphorbiaceae
Òlù	Não consta
Olúfà	Não consta
Olúfànfà	Não consta
Olúfẹ́nfẹ́	Não consta
Olúfẹ́nká	Não consta
Olúgbẹ̀kán	CAMPYLOSPERMUM RETICULATUM (P. Beauv.) Farron, Ochnaceae
Olúgborò kankan	CHAMAECRISTA ROTUNDIFOLIA (Pers.) Greene, Leguminosae Caesalpinioideae
Olúkànbí	IPOMOEA ASARIFOLIA (Desr.) Roem. & Schult., Convolvulaceae
Olúkọ̀tún ẹyẹ igbó	MILLETTIA THONNINGII (Schumach.) Baker, Leguminosae Papilionoideae
Olú òkìtì	SYNEDRELLA NODIFLORA (L.) Gaertn., Compositae
Olú oníkánrin	Não consta
Olú orán	Não consta
Olúyẹ̀ẹ́rẹ́	ALBIZIA sp., Leguminosae Mimosoideae
Omi	BUTYROSPERMUM PARADOXUM (C. F. Gaertn.) Hepper, Sapotaceae
Omíjò	Não consta
Òmìmì	TURRAEA VOGELII Hook. f., Meliaceae
Òmìnì	CROTALARIA PALLIDA Aiton, Leguminosae Papilionoideae

Òmì ọ̀dàn	Urera repens (Wedd.) Rendle, Urticaceae
Òmì tútù	Brillantaisia lamium (Nees) Benth., Acanthaceae
Omorùn	Sterculia tragacantha Lindl., Sterculiaceae
Òmù	Pteris sp., Adiantaceae
Òmù ẹbẹ	Nephrolepis spp., Davalliaceae
Òmù ifá	Pteris togoensis Hieron., Adiantaceae
Òmù ìkàrikó	Pteris spp., Adiantaceae
Òmù ọ̀bàlùfọ̀n	Pteridophyta
Òmù ọ̀sùn	Pteris sp., Adiantaceae
Onẹ̀dò	Dioscorea alata L., Dioscoreaceae
Òngò dúdú	Não consta
Òнídọsàn	Chrysophyllum albidum G. Don, Sapotaceae
Onígbá ẹfun	Polycarpaea linearifolia (DC.) DC., Caryophyllaceae
Oní hóró	Crotalaria microcarpa Hoscht., Leguminosae Papilionoideae
Oní kiri kúkiri	Não consta
Oní mògún	Não consta
Oní mọgbón	Não consta
Òníní	Keetia leucantha (K. Krause) Bridson, Rubiaceae
Oní poróyè	Não consta
Onípọn òjé	Morelia senegalensis A. Rich., Rubiaceae
Oníre Kònkú	Não consta
Onírun	Acalypha ciliata Forssk., Euphorbiaceae
Ònísan míjánà	Não consta
Onísà oògùn	Ritchiea capparoides (Andr.) Britten var. longipedicellata (Gilg) De Wolf, Capparaceae
Onísẹ́ kọ̀jẹbẹ̀ dúdú	Justicia schimperi (Hochst.) Dandy, Acanthaceae
Oní ṣẹ́misẹ́	Não consta
Onìwà agogo	Mimosa pigra L., Leguminosae Papilionoideae
Oníyàn pọ́npọ́n	Dyschoriste perrottetii (Nees) Kuntze, Acanthaceae
Oníyèniyè	Hydrolea glabra Schumach. & Thonn., Hydrophillaceae
Onképè	Não consta
Òǹṣẹ̀	Acalypha ornata Hochst. ex A. Rich., Euphorbiaceae
Òpàràgà	Dioscorea cayenensis Lam., Dioscoreaceae
Òpèlé	Schrebera arborea A. Chev., Oleaceae
Òpeni níwuni	Solanum erianthum D. Don. vel. aff., Solanaceae
Òpèpè	Nauclea diderrichii (De Wild. & T. Durand) Merr., Rubiaceae

Òpèpè irà	NAUCLEA VANDERGUCHTII (De Wild.) E. Petit, Rubiaceae
Òpìpì	ACANTHUS MONTANUS (Ness.) T. Anderson, Acanthaceae
Òpìpì oko	ACANTHUS MONTANUS (Ness.) T. Anderson, Acanthaceae
Òpirè	EUPHORBIA LATERIFLORA Schumach. & Thonn., Euphorbiaceae
Òpiyè	EUPHORBIA LATERIFLORA Schumach. & Thonn., Euphorbiaceae
Opó èṣí	CLERODENDRUM SPLENDENS G. Don, Verbenaceae
Opó ọmọdé oko	Não consta
Òpòpó	FICUS POLITA Vahl, Moraceae
Òpòròpòrò	PTERYGOTA MACROCARPA K. Schum., Sterculiaceae
Oputu	DIOSCOREA ROTUNDATA Poir., Dioscoreaceae
Òórá	RAUVOLFIA VOMITORIA Afzel., Apocynaceae
Òórá igbó	GREWIA MOLLIS Juss., Tiliaceae
Òré	CYPERUS ARTICULATUS L., Cyperaceae
Ore	Não consta
Orere bojo	Não consta
Òrí	BUTYROSPERMUM PARADOXUM (C. F. Gaertn.) Hepper subsp. PARKII (G. Don) Hepper, Sapotaceae
	VITEX DONIANA Sweet, Verbenaceae
Orí eku	Não consta
Orí ẹtà	VITEX FERRUGINEA Schumach. & Thonn., Verbenaceae
Orígbó	CANARIUM SCHWEINFURTHII Engl., Burseraceae
Orígi	Não consta
Orí ìrà	SYZYGIUM GUINEENSE (Willd.) DC., Myrtaceae
Orí jìn	COMMIPHORA AFRICANA (A. Rich.) Engl., Burseraceae
Oríkan jàjàta	Não consta
Orí kòtẹ́ní	BYRSOCARPUS COCCINEUS Schumach., Connaraceae
Órilẹ̀	Não consta
Orín	VERNONIA AMYGDALINA Delile, Compositae
Òrínlá	VITEX DONIANA Sweet, Verbenaceae
Orín ọ̀dàn	ANOGEISSUS LEIOCARPUS (DC.) Guill. & Perr., Combretaceae
Oríonìṣé	Não consta
Orí ọ̀dàn	VITEX DONIANA Sweet, Verbenaceae
Orí ọká	MUKIA MADERASPATANA (L.) M. Roem., Cucurbitaceae
Òrírá	LUFFA ACUTANGULA Roxb., Cucurbitaceae
Oríre	BYRSOCARPUS COCCINEUS Schumach. & Thonn., Connaraceae
Òrìrì	VITEX DONIANA Sweet., Verbenaceae

	VITEX GRANDIFOLIA Gürke., Verbenaceae
Oriro	ANTIARIS TOXICARIA (Rumph.) Lesch., Moraceae
Oriro ọmọ olúugbó	ANTIARIS TOXICARIA (Rumph.) Lesch., Moraceae
Orísì	QUASSIA UNDULATA (Guill. & Perr.) D. Dietr., Simaroubaceae
Orísọ̀sọ́	Não consta
Orìṣe máyìn	TRIUMFETTA CORDIFOLIA A. Rich., Tiliaceae
Oríyá	Não consta
Oríyọnijù	Não consta
Òro	IRVINGIA GABONENSIS (Aubry-Lecomte ex O'Rorke.) Baill., Ixonanthaceae
Oró	STROPHANTUS HISPIDUS DC., Apocynaceae
Oro	ANTIARIS TOXICARIA (Rumph.) Lesch., Moraceae
Oróbẹ́ja	TEPHROSIA VOGELII Hook. f., Leguminosae Papilionoideae
	DIOSPYROS PHYSOCALYCINA Gürke, Ebenaceae
Òròbo	Não consta
Oró ejò	HUNTERIA spp., Apocynaceae
Oro ẹfun	ANTIARIS TOXICARIA (Rumph.) Lesch., Moraceae
Orógbó	GARCINIA KOLA Heckel, Guttiferae
Orógbo erin	ALLANBLACKIA FLORIBUNDA Oliv., Guttiferae
	PENTADESMA BUTYRACEA Sabine, Guttiferae
Òrokóro	PLEIOCARPA PYCNANTHA (K. Schum.) Stapf, Apocynaceae
Òro kòṣorò	QUASSIA GRANDIFLORA (Engl.) Noot., Simaroubaceae
Orókó tóhùn	BYRSOCARPUS COCCINEUS Schumach., Connaraceae
Orotokun	Não consta
Òrombeje	IRVINGIA GABONENSIS (Aubry-Lecomte ex O'Rorke), Ixonanthaceae
Òroṁbó	CITRUS spp., Rutaceae
Òroṁbó dídún	CITRUS AURANTIUM L., Rutaceae
Òroṁbó eṣin	CITRUS AURANTIUM L., Rutaceae
Òroṁbó igùn	CITRUS AURANTIUM L., Rutaceae
Òroṁbó jàgànyìn	CITRUS AURANTIUM L., Rutaceae
Òroṁbó làkúègbé	CITRUS AURANTIUM L., Rutaceae
Òroṁbó múmu	CITRUS AURANTIUM L., Rutaceae
Òroṁbó ńlá	CITRUS AURANTIUM L., Rutaceae
Òroṁbó ọ̀dàn	Não consta
Òroṁbó wẹ́wẹ́	CITRUS AURANTIFOLIA (Christm.) Swingle, Rutaceae

Òrómù Ekebergia senegalensis A. Juss., Meliaceae
Orona Não consta
Ototomu Não consta
Òro òyìbó Citrus aurantium L., Rutaceae
Òròpa Staudtia stipitata Warb., Myristicaceae
Ororò Tephrosia platycarpa Guill. & Perr., Leguminosae Papilionoideae
Òróró ẹ̀pà Arachis hypogaea L., Leguminosae Papilionoideae
Orọṣe Não consta
Òrótó Gardenia imperialis Schumach. & Thonn., Rubiaceae
Òrówó Maesobotrya barteri (Baill.) Hutch., Euphorbiaceae
Òrú Hippocratea welwitschii Oliv., Celastraceae
Òru Leucas martinicensis (Jacq.) W. T. Aiton, Labiatae
Òrùbú Vernonia adoensis Sch. Bip., Compositae
Orugba Não consta
Òórùngọ̀ Vernonia ambigua Kotschy & Peyr., Compositae
Vernonia cinerea (L.) Less., Compositae
Vernonia migeodii S. Moore, Compositae
Oòrún mú Malacantha alnifolia (Baker) Pierre, Sapotaceae
Òrúpa Hymenocardia acida Tul., Euphorbiaceae
Òrúpa ńṣòwò Hymenocardia acida Tul., Euphorbiaceae
Orùpẹ̀ Não consta
Òrúru Spathodea campanulata P. Beauv., Bignonaceae
Òrúwọ Morinda lucida Benth., Rubiaceae
Òrúwọ funfun Morinda lucida Benth., Rubiaceae
Òrúwọn Gardenia ternifolia K. Schum., Rubiaceae
Ósádó Não consta
Osè Adansonia digitata L., Bombacaceae
Osuho Não consta
Osùn Baphia nitida Lodd., Leguminosae Papilionoideae
Pterocarpus osun Craib, Leguminosae Papilionoideae
Osùn búkẹ Dracaena mannii Baker, Agavaceae
Dracaena arborea (Willd.) Link, Agavaceae
Osùn dúdú Pterocarpus erinaceus Poir., Leguminosae Papilionoideae
Osùn ẹlẹ́dẹ̀ Bixa orellana L., Bixaceae
Osùn pupa Pterocarpus osun Craib, Leguminosae Papilionoideae

Oṣè	ADANSONIA DIGITATA L., Bombacaceae
Oṣé	TAPINANTHUS sp., vel aff., Loranthaceae
Oṣè ìgbẹ́ ẹ̀lùjù	ADANSONIA DIGITATA L., Bombacaceae
Òṣí bàtà	NYMPHAEA LOTUS L., Nymphaeaceae
Oṣó	PARKIA BICOLOR A. Chev., Leguminosae Mimosoideae
Oṣòdù	OXYANTHUS TUBIFLORUS DC., Rubiaceae
Oṣu	DIOSCOREA ROTUNDATA Poir., Dioscoreaceae
Oṣùdá	Não consta
Òtílí	CAJANUS CAJAN (L.) Millsp., Leguminosae Papilionoideae
Ótińgbó	STROMBOSIA PUSTULATA Oliv., Olacaceae
Òtìtì	Não consta
Ótó	Não consta
Òtòró	STACHYTARPHETA INDICA (L.) Vahl vel aff., Verbenaceae
Òótọ́ igbó	Não consta
Òturu	HOMALIUM LETESTUI Pellegr., Flacourtiaceae
Òtutu	NESOGORDONIA PAPAVERIFERA (A. Chev.) Capuron, Sterculiaceae
	MANSONIA ALTISSIMA (A. Chev.) A. Chev., Sterculiaceae
Òtutù	STERCULIA RHINOPETALA K. Schum., Sterculiaceae
Òwè	SPONDIANTHUS PREUSSII Engl. var. GLABER (Engl.) Engl., Euphorbiaceae
Òwè ahun	Leguminosae Papilionoideae
Òwè olúgbó	VIGNA UNGUICULATA (L.) Walp. subsp. STENOPHYLLA (Harvey) Maréchal & al., Leguminosae Papilionoideae
Owéré njénje	ABRUS PRECATORIUS L., Leguminosae Papilionoideae
Òwèwè	SPATHODEA CAMPANULATA P. Beauv., Bignoniaceae
Òwìwí	BAPHIA NITIDA Lodd., Leguminosae Papilionoideae
Owọ́nṣó	Não consta
Òwú	GOSSYPLUM sp., Malvaceae
Òwú dúdú	CHASSALIA CRISTATA (Hiern) Bremek., Rubiaceae
Òwú ẹlẹ́pà	GOSSYPIUM HERBACEUM L., Malvaceae
Òwú ẹyẹ	RHYNCHELYTRUM REPENS (Willd.) C. E. Hubb., Gramineae
Òòyà	BIDENS PILOSA L., Compositae
Òòyà ilẹ̀	THONNINGIA SANGUINEA Vahl, Balanophoraceae
Òòyàlẹ̀	THONNINGIA SANGUINEA Vahl, Balanophoraceae
Oyan	CNESTIS FERRUGINEA DC., Connaraceae
Òye	RYTIGINIA NIGERICA (S. Moore) Robyns, Rubiaceae

Òyì	Não consta
Òyìbó òtòsì	ELEUSINE AFRICANA Kenn.-O'Byrne, Gramineae
Òyìgí	CHRYSANTHELLUM INDICUM (L.) Vatke, var. AFROMERICANUM Turner, Compositae
Oyin	IRVINGIA GABONENSIS (Aubry-Lecomte ex O'Rorke), Baill., Ixonanthaceae
Òyìyà	LINOCIERA NILOTICA Oliv., Oleaceae
Oyúnínú	DYSCHORISTE PERROTTETTII (Nees) Kuntze, Acanthaceae
Ọbà	Não consta
Ọbalabí	SPHENOCENTRUM JOLLYANUM Pierre, Menispermaceae
Ọbanabé	SPHENOCENTRUM JOLLYANUM Pierre, Menispermaceae
Ọ̀bẹ	HIBISCUS CONGESTIFLORUS Hochr., Malvaceae
Ọ̀bẹ̀ké oko	MUCUNA POGGEI Taub., Leguminosae Papilionoideae
Ọbẹlẹ̀ ìlú	LONCHOCARPUS CYANESCENS (Schumach.) Benth., Leguminosae Papilionoideae
Ọ̀bọ̀	ERYTHROPHLEUM SUAVEOLENS (Guill. & Perr.) Brenan, Leguminosae Caesalpinoideae
Ọbọ́	TRAGIA sp., Euphorbiaceae
Ọ̀bọ́	Não consta
Ọ̀bọ̀ àgbà	ALAFIA BARTERI Oliv., Apocynaceae
Ọ̀bọ̀bọ́	FICUS MUCUSO Welw., Moraceae
	FICUS PLATYPHYLLA Delile, Moraceae
Ọ̀bọ́lẹ̀	SIDA LINIFOLIA Juss. ex Cav., Malvaceae
Ọ̀bọ lókó lẹ́pọ̀n	SIDA LINIFOLIA Juss. ex Cav., Malvaceae
Ọbọ́lọ	Não consta
Ọ̀bọ́níbi	SIDA LINIFOLIA Juss. ex Cav., Malvaceae
Ọ̀bọ yin	Não consta
Ọdán	FICUS sp. L., Moraceae
	FICUS THONNINGII Blume, Moraceae
Ọdán àdán	FICUS THONNINGII Blume, Moraceae
Ọdán adẹ́tẹ̀	FICUS NATALENSIS Hochst., Moraceae
Ọdán adíjà	SCHWENKIA AMERICANA L., Solanaceae
Ọdán arẹ̀rẹ̀	Não consta
Ọdán ẹ̀gà	FICUS POLITA Vahl, Moraceae
Ọdán ẹ̀kì	FICUS THONNINGII Blume, Moraceae
Ọdán ẹ̀kì erédé	Não consta

Ọdán ilé	Ficus sp. L., Moraceae
Ọdán oko	Ficus sp. L., Moraceae
Ọdán wẹ́wẹ́	Ficus sp. L., Moraceae
Ọ̀dọ	Dioscorea rotundata Poir., Dioscoreaceae
Ọ̀dọ̀fin igbó	Trichilia prieuriana A. Juss., Meliaceae
Ọ̀dọ̀fin ilé	Blighia unijugata Baker, Sapindaceae
Ọ̀dọ̀fin oko	Trichilia prieuriana A. Juss., Meliaceae
Ọ̀dọ̀fin ọrun	Dichapetalum sp., Dichapetalaceae
Ọ̀dún	Discoglypremna caloneura (Pax) Prain, Euphorbiaceae
Ọ̀dúndún	Kalanchoe crenata (Andr.) Haw., Crassulaceae
Ọ̀dúndún etídòfẹ	Emilia coccinea (Sims) G. Don, Compositae
Ọ̀dúndún odò	Emilia coccinea (Sims) G. Don, Compositae
Ọ̀dúndún olókun	Emilia coccinea (Sims) G. Don, Compositae
Ọ̀dùn nì wọ̀nrọ̀n	Spermacoce ruelliae DC., Rubiaceae
Ọ̀fà	Não consta
Ọ̀fá ẹtu	Olyra latifolia L., Gramineae
Ọ̀fà inúyáyá	Não consta
Ọ̀fẹ́	Não consta
Ọ̀fẹ́rẹ̀gẹgẹ	Não consta
Ọ̀fin	Abutilon mauritianum (Jacq.) Medik., Malvaceae
Ọ̀fún òkè	Tetrorchidium didymostemom (Baill.) Pax & K. Hoffm., Euphorbiaceae
Ọ̀gà	Laccosperma opacum (G. Mann & H. Wendl.) Drude, Palmae
Ọ̀gàn	Combretum recemosum P. Beauv., Combretaceae
	Combretum platypterum (Welw.) Hutch. & Dalziel, Combretaceae
Ọ̀gàn àjà	Dalbergia hostilis Benth., Leguminosae Papilionoideae
Ọ̀gàn àjànà	Combretum hispidum Lawson, Combretaceae
Ọ̀gàn àkùkọ	Stachytarpheta angustifolia (Mill.) Vahl, Verbenaceae
Ọ̀gàn àparò	Sabicea calycina Benth., Rubiaceae
Ọ̀gàn búlẹ̀	Combretum constrictum (Benth.) Lawson, Combretaceae
Ọ̀gàn dúdú	Combretum platypterum (Welw.) Hutch. & Dalziel, Combretaceae
Ọ̀gàn dúró	Gaertenera paniculata Benth., Loganiaceae
Ọ̀gàn egbò	Não consta
Ọ̀gàn funfun	Quisqualis indica L., Combretaceae

Ọ̀gàngan	STACHYTARPHETA ANGUSTIFOLIA (Mill.) Vahl, Verbenaceae
Ọ̀gàn ibúlẹ̀	COMBRETUM CONSTRICTUM (Benth.) Lawson, Combretaceae
Ọ̀gàn igbó	QUISQUALIS INDICA L., Combretaceae
Ọ̀gàn jọ́ dùndùn	DESMODIUM ADSCENDENS (Sw.) DC., Leguminosae Papilionoideae
Ọ̀gàn lara	SENNA OCCIDENTALIS (L.) Link, Leguminosae Caesalpinoideae
Ọ̀gàn ńlá	COMBRETUM RACEMOSUM P. Beauv., Combretaceae
Ọ̀gàn pa olóbì	Não consta
Ọ̀gàn pupa	COMBRETUM RACEMOSUM P. Beauv., Combretaceae
Ọ̀gàn sọ̀pọ̀nná	COMBRETUM sp., Combretaceae
Ọ̀gànwó	KHAYA GRANDIFOLIOLA C. DC., Meliaceae
	KHAYA SENEGALENSIS (Desv.) A. Juss., Meliaceae
Ọ̀gbá	MONDIA WHITEI (Hook. f.) Skeels, Asclepiadaceae
Ọ̀gbágbá	FICUS SAUSSUREANA DC., Moraceae
	FICUS PLATYPHYLLA Delile, Moraceae
Ọ̀gbálágbé	SPHENOCENTRUM JOLLYANUM Pierre, Menispermaceae
Ọgbẹdẹrẹ	DISSOTIS spp.
Ọ̀gbẹ̀lẹ̀ iló	Não consta
Ọgbẹ́ okujẹ́	PAULLINIA PINNATA L., Sapindaceae
Ọ̀gbọ̀gbọ̀	DETARIUM SENEGALENSE G. F. Gmel., Leguminosae Caesalpinoideae
Ọgbọ́	NERVILIA UMBROSA (Rchb. f.) Schlt., Orchidaceae
	PARQUETINA NIGRESCENS (Afzel.) Bullock, Asclepiadaceae
Ọgbọ́ dúdú	DRYPETES sp., Euphorbiaceae
Ọgbọ́ funfun	PARQUETINA NIGRESCENS (Afzel.) Bullock, Asclepiadaceae
Ọ̀gbọ̀lọ̀	GREWIA MOLLIS P. Beauv., Tiliaceae
	CISSUS POPULNEA Guill. & Perr., Vitaceae
Ọ̀gbọ̀ngbọ̀n	Não consta
Ọgbọ́ pupa	PARQUETINA NIGRESCENS (Atzel.) Bullock, Asclepiadaceae
Ọ̀gbun	AVICENNIA GERMINANS (L.) Stearn, Avicenniaceae
Ọ̀gbùngbùn	CEIBA PENTANDRA (L.) Gaertn., Bombacaceae
Ọ̀gẹ̀dẹ̀	MUSA SAPIENTUM L., Musaceae
Ọ̀gẹ̀dẹ̀ abo	MUSA SAPIENTUM L., Musaceae
Ọ̀gẹ̀dẹ̀ àgbagbà	MUSA SAPIENTUM var. PARADISIACA, Musaceae
Ọ̀gẹ̀dẹ̀ àpántà	MUSA SAPIENTUM var. PARADISIACA, Musaceae
Ọ̀gẹ̀dẹ̀ dedò	MUSA SCHWEINFURTHII Schum. & Warb., Musaceae
Ọ̀gẹ̀dẹ̀ dúdú	MUSA SAPIENTUM var. PARADISIACA, Musaceae

Ọ̀gẹ̀dẹ̀ lóbóyọ̀	Musa sapientum L., Musaceae
Ọ̀gẹ̀dẹ̀ ntiti òyìbó	Musa cavendishii Lamb., Masaceae
Ọ̀gẹ̀dẹ̀ odò	Crinum zeylanicum (L.) L., Amaryllidaceae
Ọ̀gẹ̀dẹ̀ ọ̀mìnì	Musa sapientum L., Musaceae
Ọ̀gẹ̀dẹ̀ òyìbó	Ananas comosus (L.) Merr. Bromeliaceae
Ọ̀gẹ̀dẹ̀ páránta	Musa sapientum L., Musaceae
Ọ̀gẹ̀dẹ̀ ṣúṣú ìpọrọ̀	Não consta
Ọ̀gẹ̀dẹ̀ wẹẹrẹ	Musa sapientum var. paradisiaca, Musaceae
Ọ̀gẹ̀gẹ́	Não consta
Ọ̀gọ̀dọ̀mọ́yọ̀	Dioscorea rotundata Poir., Dioscoreaceae
Ọ̀gọ̀mọ̀ ọ̀pẹ̀	Elaeis guineensis Jacq., Palmae
Ọ̀gọ̀rọ̀	Raphia vinifera P. Beauv., Palmae
Ọgun ọ̀run	Não consta
Ọ̀gùrọ̀	Ficus vallis-choudae Delile, Moraceae
Ọ̀hàhà	Porterandia cladantha (K. Schum.) Keay, Robiaceae
Ọ́jà	Quassia undulata (Guill. & Perr.) D. Dietr., Simaroubaceae
Ọ̀jà àkókó	Chlorophytum sp., Anthericaceae
Ọ̀jáfèrè	Sherbournia millenii (Wernham) Hepper, Rubiaceae
Ọ̀jà ìkòokò	Sansevieria senegambica Baker, Liliaceae
	Sansevieria liberica Gérôme & Labroy, Liliaceae
	Hibiscus cannabinus L., Malvaceae
Ọ̀já kòokò	Sansevieria sp., Liliaceae
Ọ̀já kòrikò	Sansevieria senegambica Baker, Liliaceae
	Sansevieria liberica Gérôme & Labroy, Liliaceae
Ọ̀jè dúdú	Mikania cordata (Burm. f.) B. L. Rob., Compositae
Ọ̀jẹ̀lẹ̀	Tapinanthus sp., Loranthaceae
Ọ̀jẹ̀rẹ̀ ìlú	Lonchocarpus cyanescens (Schumach.) Benth., Leguminosae Papilionoideae
Ọjọ́	Palisota hirsuta (Thunb.) K. Schum., Commelinaceae
Ọjọsẹ	Não consta
Ọká	Scadoxus sp., vel. aff., Amaryllidaceae
Ọkà	Sorghum sp., Gramineae
Ọkà (gibu)	Zea mays L., Gramineae
Ọ̀kà	Leonotis nepetifolia (L.) W. T. Aiton var. africana (P. Beauv.) J. K. Morton, Labiatae
	Leonotis nepetifolia (L.) W. T. Aiton var. nepetifolia, Labiatae

Ọkàbàbà	SORGHUM sp., Gramineae
Ọkàeèrà	PANICUM FLUVIICOLA Steud., Gramineae
Ọkà ẹṣin	ERAGROSTIS CILIARIS (L.) R. Br., Gramineae
Ọkààgbò	STERCULIA TRAGACANTHA Lindl., Sterculiaceae
Ọkà ìṣí	SORGHUM sp., Gramineae
Ọ̀kàkà	Não consta
Ọkán	COMBRETUM SMEATHMANNII G. Don, Combretaceae
	COMBRETUM MICRANTHUM G. Don. Combretaceae
	CALAMUS DEERRATUS G. Mann. & H. Wendl., Palmae
	CANTHIUM sp., Rubiaceae
Ọkànli	PASPALUM SCROBICULATUM L., Gramineae
Ọkán pupa	TERMINALIA GLAUCESCENS Planch. ex Bench., Combretaceae
Ọkà olongo	ARISTIDA ADSCENSIONIS L., Gramineae
Ọkà pupa	SORGHUM BICOLOR (L.) Moench., Gramineae
Ọ̀kàrà kàrà	PORTERANDIA CLADANTHA (K. Schum.) Keay, Rubiaceae
Ọ̀kẹ́	CLEISTOPHOLIS PATENS (Benth.) Engl. & Diels, Annonaceae
Ọkọ̀	POLYGONUM SENEGALENSE Meisn., Polygonaceae
Ọ̀kọn	SORINDEIA JUGLANDIFOLIA (A. Rich.) Planch., Anacardiaceae
Ọ̀kún	PHOENIX RECLINATA Jacq., Palmae
Ọ̀kún dùn	SALACIA sp., Celastraceae
Ọkùn kùn	PALMAE sp.
Ọ̀lá à	FICUS OVATA Vahl, Moraceae
Ọládìgágá	Não consta
Ọlá dúdú	LANNEA sp., Anacardiaceae
Ọlá fòmọ́gi	FICUS sp., Moraceae
Ọlálù pẹ́pẹ́	LOVOA TRICHILIOIDES (Sprague) Harms, Meliaceae
Ọlájàngbàlú	COMMELINA ERECTA L., Commeliaceae
Ọláṣígọ̀gọ̀	Não consta
Ọlá sìkìtì síkítí	Não consta
Ọlá tabẹ́sé	Não consta
Ọlá takúrà	Não consta
Ọlátògẹ́gẹ́	ABRUS PRECATORIUS L., Leguminosae Papilionoideae
Ọlátọrìjẹ	HYPTIS PECTINATA (L.) Poit., Labiatae
Ọláworokoko	DESMODIUM GANGETICUM (L.) DC., Leguminosae Papilionoideae
Ọlẹ̀ẹ́	ANTIDESMA LACINIATUM Müll. Arg. var. MEMBRANACEUM Müll. Arg., Euphorbiaceae

Ọ̀lọ̀	DIOSCOREA CAYENENSIS Lam., Dioscoreaceae
Ọlọ́jà ebana	TRICHILIA PRIEURIANA A. Juss., Meliaceae
Ọlọ́pàpà àlàgà	COCHLOSPERMUM PLANCHONII Hook. f., Cochlospermaceae
Ọlọ́pàpà mèràgà	COCHLOSPERMUM PLANCHONII Hook. f., Cochlospermaceae
Ọlọ́pàpà nìràgà	TACCA LEONTOPETALOIDES (L.) Kuntze, Taccaceae
Ọlọ́pàpà ràgà	COCHLOSPERMUM PLANCHONII Hook. f., Cochlospermaceae
Ọlọ́rin	XYLOPIA AETHIOPICA (Dunal) A. Rich., Annonaceae
Ọlọ́run kùn mí lẹ́fun	WALTHERIA INDICA L., Sterculiaceae
Ọlọ́sàn	SPONDIAS MOMBIN L., Anacardiaceae
Ọlọ́tun	DIOSCOREA ROTUNDATA Poir., Dioscoreaceae
Ọlọ̀tun iyangban	DIOSCOREA ROTUNDATA Poir., Dioscoreaceae
Ọlọ́wànràn sánsán	MALVASTRUM COROMANDELIANUM (L.) Garcke, Malvaceae
Ọlọ́yẹ̀rẹ́	Não consta
Ọlọ́yìn	STRIGA ASIATICA (L.) Kuntze, Scrophulariaceae
Ọloku	DIOSCOREA ROTUNDATA Poir., Dioscoreaceae
Ọ̀mọ̀	CORDIA MILLENII Baker, Boraginaceae
Ọ̀mọ̀ ààjà	Não consta
Ọ̀mọ̀dàn	RICINODENDRON HEUDELOTII (Baill.) Pierre ex Heckel, Euphorbiaceae
Ọ̀mọ̀lé	Não consta
Ọmọ lègbè	Não consta
Ọmọní gèdègédé	CUSCUTA AUSTRALIS R. Br., Cuscutaceae
Ọmọní gèlègélé	CUSCUTA AUSTRALIS R. Br., Cuscutaceae
Ọmọní gìnìgíní	CUSCUTA AUSTRALIS R. Br., Cuscutaceae
Ọmoní jèjé	Não consta
Ọmọní rògan rògan	COMMELINA AFRICANA L., Commelinaceae
Ọmọní rògan rògan àtòjò àtẹ̀rún	COMMELINA DIFUSA Burm. f., Commelinaceae
Ọmọní ṣẹ̀ rẹ́	Não consta
Ọmọní sẹ̀ sẹ̀kí	DYSCHORISTE PERROTTETTII (Nees) Kuntze, Acanthaceae
Ọmọní yìndín	CHROLOPHYTUM MACROPHYLLUM (A. Rich.) Asch., Anthericaceae
Ọmọ òyígí	CALYPTROCHILUM CHRISTYANUM (Rchb. f.) Summerh., Orchidaceae
Ọ̀mu	CYPERUS ESCULENTUS L., Cyperaceae
Ọmú ẹsin	SORINDEIA WARNECKEI Engl., Anacardiaceae

Ọmú ọ̀bàlùfọ̀n	Não consta
Ọnà pupa	GLORIOSA SIMPLEX L., Colchicaceae
Ọ̀pá	DISSOTIS sp., Melastomataceae
Ọpa	OXYTENANTHERA ABYSSINICA (A. Rich.) Munro, Gramineae
Ọ̀pá àbíkú	WALTHERIA INDICA L., Sterculiaceae
Ọ̀pá àwọ̀n funfun	ERIOSEMA PSORALEOIDES (Lam.) G. Don, Leguminosae Papilionoideae
Ọ̀pá emèrè	WALTHERIA INDICA L., Sterculiaceae
Ọ̀pá èṣù	Não consta
Ọ̀pá ikú	SENNA OBTUSIFOLIA (L.) H. S. Irwin & Barneby, Leguminosae Caesalpinioideae
Ọ̀papà	STACHYTARPHETA INDICA (L.) Vahl, Verbenaceae
Ọ̀papà pahùndà	INFIGOFERA HIRSUTA L. var. HIRSUTA, Leguminosae Papilionoideae
Ọ̀papara	STACHYTARPHETA INDICA (L.) Vahl, Verbenaceae
Ọ̀papara igbó	LIPPIA MULTIFLORA Moldenke, Verbenaceae
Ọ̀pàràgà	DIOSCOREA CAYENENSIS Lam., Dioscoreaceae
	DIOSCOREA ROTUNDATA Poir., Dioscoreaceae
Ọparun	OXYTENANTHERA ABYSSINICA (A. Rich.) Munro, Gramineae
Ọ̀pàsúpà	CLERODENDRUN POLYCEPHALUM Baker, Verbenaceae
Ọ̀pá tábà	MACROSPHYRA LONGISTYLA (DC.) Hiern, Rubiaceae
Ọ̀pẹ̀	ELAEIS GUINEENSIS Jacq., Palmae
Ọ̀pẹ̀ alárùn	ELAEIS GUINEENSIS Jacq., Palmae
Ọ̀pẹ̀ arúnfó	ELAEIS GUINEENSIS Jacq., Palmae
Ọ̀pẹ̀ èrúwà	ELAEIS GUINEENSIS Jacq., Palmae
Ọ̀pẹ̀ ẹlẹ́ran	ELAEIS GUINEENSIS Jacq., Palmae
Ọ̀pẹ̀gọ̀	ANCHOMANES DIFFORMIS (Blume) Engl., Araceae
Ọ̀pẹ̀ ifá	ELAEIS GUINEENSIS Jacq. var. IDOLATRICA A. Chev., Palmae
Ọ̀pẹ̀ igọ́	CYTOSPERMA SENEGALENSE (Schott.) Engl., Araceae
Ọ̀pẹ̀ ikin	ELAEIS GUINEENSIS Jacq. var. IDOLATRICA A. Chev., Palmae
Ọ̀pẹ̀ ipánkóró	ELAEIS GUINEENSIS Jacq., Palmae
Ọ̀pẹ̀ kannakánná	DRACAENA MANNII Baker, Agavaceae
	DRACAENA ARBOREA (Willd.) Link, Agavaceae
Ọ̀pẹ̀ kanna kánná	ELAEIS GUINEENSIS Jacq. var. IDOLATRICA A. Chev., Palmae
Ọ̀pẹ̀ ẹ́tẹ̀	Não consta
Ọ̀pẹ̀kin	ELAEIS GUINEENSIS Jacq. var. IDOLATRICA A. Chev., Palmae
Ọ̀pẹ̀lẹ̀	SCHREBERA ARBOREA A. Chev., Oleaceae

Ọ̀pẹ̀ olífá	ELAEIS GUINEENSIS Jacq. Var. IDOLATRICA A. Chev., Palmae
Ọ̀pẹ̀ ọlọ́wá	ELAEIS GUINEENSIS Jacq., Palmae
Ọ̀pẹ̀ orúwá	ELAEIS GUINEENSIS Jacq., Palmae
Ọ̀pẹ̀ òyìbó	ANANAS COMQSUS (L.) Mem, Bronteliaceae
Ọpẹ ọkunkun	BORASSUS AETHIOPUM Mart., Palmae
Ọ̀pẹ ọlọ́wá	ELAEIS GUINEENSIS Jacq., Palmae
Ọ̀pẹ̀ pánkóró	ELAEIS GUINEENSIS Jacq., Palmae
Ọ̀pẹ̀ peku pẹyẹ	ELAEIS GUINEENSIS Jacq., var. IDOLATRICA A. Chev., Palmae
Ọ̀pẹ̀pẹ̀tilẹ̀sọ	Não consta
Ọ̀pẹ̀pẹ̀ tilẹ̀yo dọ̀rọ̀ dọ̀rọ̀	GEOPHILA REPENS (L.) I. M. Johnst., Rubiaceae
Ọ̀pẹ̀ tẹ́rẹ́rẹ́ erékè àdó	ELAEIS GUINEENSIS Jacq. var. IDOLATRICA A. Chev., Palmae
Ọ̀pẹ̀ yalayàla	ELAEIS GUINEENSIS Jacq. var. IDOLATRICA A. Chev., Palmae
Ọ̀pẹ̀ yìbó	ANANAS COMOSUS (L.) Merr., Bromeliaceae
Ọ̀pọ̀n	UAPACA HEUDELOTII Baill., Euphorbiaceae
	RINOREA SUBINTEGRIFOLIA (P. Beauv.) Kuntze, Violaceae
	LANNEA ACIDA A. Rich., Anacardiaceae
Ọ̀pọ̀n àtàkùn	UAPACA HEUDELOTII Baill., Euphorbiaceae
Ọ̀pọ̀n òyìbó	ANANAS COMOSUS (L.) Merr., Bromeliaceae
Ọpọ ọki	Não consta
Ọ̀pọ̀tó	FICUS SUR Forssk., Moraceae
Ọ̀pọ̀tọ́ funfun	FICUS VALLIS-CHOUDAE Delile, Moraceae
Ọ̀pọ̀tọ̀ ìdájà ọlọ́run	FICUS SUR Forssk., Moraceae
Ọ̀pọ̀tọ̀ pìtì	AMORPHOPHALLUS ABYSSINICUS (A. Rich.) N. E. Br., Araceae
Ọ̀pọ̀tọ́ wẹẹrẹ	FICUS sp., Moraceae
Ọ̀ráfunfun	GREWIA CARPINIFOLIA A. Juss., Tiliaceae
Ọrẹ́	GREWIA MOLLIS Juss., Tiliaceae
Ọ̀rẹ̀ ẹ̀wọ̀ọ̀	GLYPHAEA BREVIS (Spreng.) Monach., Tiliaceae
Ọrọ́	NESOGORDONIA PAPAVERIFERA (A. Chev.) Capuron, Sterculiaceae
	STERCULIA RHINOPETALA K. Schum., Sterculiaceae
Ọrọ́ adẹ́tẹ̀	EUPHORBIA POISSONII Pax, Euphorbiaceae
Ọ̀rọ́ agogo	EUPHORBIA KAMERUNICA Pax, Euphorbiaceae
Ọ̀rọ́ alàbẹ̀bẹ̀	Não consta
Ọ̀rọ́ aláìdan	EUPHORBIA sp., Euphorbiaceae
Ọ̀rọ̀dò	COLA LATERITIA K. Schum., Sterculiaceae

	Sterculia oblonga Mast., Sterculiaceae
	Sterculia rhinopetala K. Schum., Sterculiaceae
Ọ̀rọ́ eléwé	Euphorbia kamerunica Pax, Euphorbiaceae
Ọ̀rọ́ ẹnunkòpiyè	Euphorbia lateriflora Schumach. & Thonn., Euphorbiaceae
Ọ̀rọ́gi	Não consta
Ọrọ́ kùmú	Euphorbia poissonii Pax, Euphorbiaceae
Ọrọmọdàn	Ricinodendron heudelotii (Baill.) Pierre ex Heckel, Euphorbiaceae
Ọrọ́ nlá	Nesogordonia papaverifera (A. Chev.) Capuron, Sterculiaceae
Ọrọ́ odò	Sterculia oblonga Mast., Sterculiaceae
Ọrọ́ onígun mẹ́ta	Euphorbia kamerunica Pax, Euphorbiaceae
Ọrọ́ ọ̀pẹ̀	Pteris sp., Adiantaceae
Ọrọ́ sátípó	Euphorbia kamerunica Pax, Euphorbiaceae
Ọrọ́ sápó	Euphorbia kamerunica Pax, Euphorbiaceae
Ọrọ́ wẹẹrẹ	Euphorbia lateriflora Schumach. & Thonn., Euphorbiaceae
Ọ̀run òpewé	Asclepiadaceae
Ọ̀sà	Drypetes sp., Euphorbiaceae
	Entada pursaetha DC., Leguminosae Mimosoideae
Ọsá	Monodora brevipes Benth., Annonaceae
Ọ̀ságbó	Indigofera hirsuta L., Leguminosae Papilionoideae
Ọ̀sagì	Euclinia longiflora Salisb., Rubiaceae
Ọsàn	Citrus sp., Rutaceae
Ọsàn àgbalùmọ̀	Chrysophyilum albidum G. Don. Sapotaceae
Ọsàndò	Não consta
Ọsàn edun	Chrysophyllum perpulchrum Mildbr. ex Hutch. & Dalziel, Sapotaceae
Ọsàn ẹyẹ	Dichapetalum madagascariense Poir., Dichapealaceae
Ọsàngbòlà	Chrysophyllum prunifolium Baker, Sapotaceae
Ọsàngìngín	Citrus aurantifolia (Christm.) Swingle, Rutaceae
Ọsàn gódó	Morelia senegalensis A. Rich., Rubiaceae
Ọsàn igbó	Pachystela brevipes (Baker) Engl., Sapotaceae
Ọsànko	Chrysophyllum perpulchrum Mildbr. ex Hutch. & Dalziel, Sapotaceae
Ọsàn làkúègbe	Citrus medica L., Rutaceae
Ọsàn múmu	Citrus aurantium L., Rutaceae
Ọsàn ńlá	Citrus aurantium L., Rutaceae

Ọsàn odò	PACHYSTELA BREVIPES (Baker) Engl., Sapotaceae
Ọsàn òyìbó	CITRUS AURANTIUM L., Rutaceae
Ọsàn ọ̀dàn	MALACANTHA ALNIFOLIA (Baker) Pierre, Sapotaceae
Ọsàn ọlọ́mo wẹ́wẹ́	CHRYSOPHYLLUM ALBIDUM G. Don. Sapotaceae
Ọsàn pàlàmbì	CHRYSOPHYLLUM PERPULCHRUM Mildbr. ex Hutch & Dalziel, Sapotaceae
Ọsàn wẹ́wẹ́	CITRUS AURANTIFOLIA (Christm.) Swingle, Rutaceae
Ọsanyìn	ELYTRARIA MARGINATA Vahl., Acanthaceae
Ọsaọka	Não consta
Ọsìn	Não consta
Ọ̀sùn	SOLANUM MACROCARPON L., Solanaceae
Ọ̀sùn bọgọ etídò	SOLANUM MACROCARPON L., Solanaceae
Ọ̀súnsún	CARPOLOBIA LUTEA G. Don. Polygalaceae
Ọṣẹ	Urticaceae
Ọ̀ṣẹ́ pòtu	SIDA CORYMBOSA R. E. Fr., Malvaceae
Ọ̀ṣẹ́ pùtu	SIDA CORYMBOSA R. E. Fr., Malvaceae
Ọ̀ṣẹ̀rè	FLACOURTIA FLAVESCENS Willd., Flacourtiaceae
	MANILKARA OBOVATA (Sabine & G. Don) J. H. Hemsley, Sapotaceae
Ọ̀ṣẹ́rẹ́	FLACOURTIA FLAVESCENS Willd., Flacourtiaceae
Ọṣún	CARPOLOBIA LUTEA G. Don, Polygalaceae
Ọ̀ṣúnṣún igbó	CARPOLOBIA LUTEA G. Don, Polygalaceae
Ọ̀ṣúnṣún ró	DRYPETES CHEVALIERI Beille, Euphorbiaceae
Ọ̀takìtí	Não consta
Ọ̀tọ̀ igbó	Não consta
Ọ̀tọ̀kọ̀	SCOTELLIA CORIACEA A. Chev., Flacourtiaceae
Ọ̀wà	Não consta
Ọ̀wàlẹ̀	OXYANTHUS SUBPUNCTATUS (Hiern) Keay, Rubiaceae
Ọ̀wànrànsànsàn	Não consta
Ọ̀wàrìwà	MACARANGA HURIFOLIA Beille, Euphorbiaceae
Ọ̀watẹ̀tẹ̀	TRICHILIA MONADELPHA (Thonn.) J. J. de Wilde, Meliaceae
Ọ̀wàwà	Não consta
Ọ̀wẹ́rẹ́	TETRACERA POTATORIA Afzel., Dilleniaceae
Ọ̀wọ̀	BRILLANTAISIA NITENS Lindau, Acanthaceae
	BRILLANTAISIA LAMIUM (Nees) Benth., Acanthaceae
	BRILLANTAISIA PATULA T. Anderson, Acanthaceae
Ọwọ́ agbe	HEDRANTHERA BARTERII (Hook. f.) Pichon, Apocynaceae

Owó elégbédé	Não consta
Ọ̀wọ́ ide	COFFEA sp., Rubiaceae
Ọ̀wọ léwá	MACARANGA HURIFOLIA Beille, Euphorbiaceae
Ọ̀wọ́n	CHASMANTHERA DEPENDENS Hochst., Menispermaceae
Ọ̀wọ́n dúdú	Não consta
Ọ̀wọ́n pabidà	Não consta
Ọ̀wọ̀ ọ̀dàn	Não consta
Ọ̀wun	STERCULIA TRAGACANTHA Lindl., Sterculiaceae
Ọyàn àjẹ́	CNESTIS FERRUGINEA DC., Connaraceae
Ọ́ọ́yọ́	CORCHORUS OLITORIUS L., Tiliaceae
Ọ́ọ́yọ́ àjẹ́	CORCHORUS AESTUANS L., Tiliaceae
Ọ́ọ́yọ́lẹ̀	CORCHORUS sp., Tiliaceae
Ọ́ọ́yọ́ mìrìn	CORCHORUS OLITORIUS L., Tiliaceae
Ọyọ́yọ́	CORCHORUS OLITORIUS L., Tiliaceae
Pabipabi	Não consta
Padímọ́	MIMOSA PUDICA L., Leguminosae Mimosoideae
	MIMOSA PIGRA L., Leguminosae Mimosoideae
Pafúrọbà	MANIHOT GLAZOVII Müll. Arg., Euphorbiaceae
Pàgbẹ̀dẹ	PHAULOPSIS FALCISEPALA C. B. Clarke, Acanthaceae
Pàkálà	LABLAB PURPUREUS (L.) Sweet, Leguminosae Papilionoideae
Pákí	MANIHOT ESCULENTA Crantz, Euphorbiaceae
Pakiti	Não consta
Pákò	VERNONIA AMYGDALINA Delile, Compositae
Pàko	RAPHIA VINIFERA P. Beauv., Palmae
Pakó	OXYTENANTHERA ABYSSINICA (A. Rich.) Munro, Gramineae
Pàkùn àṣe	IODES AFRICANA Welw., Icacinaceae
Pákùn ọbarìṣà	ABRUS PRECATORIUS L., Leguminosae Papilionoideae
Palà	PENTACLETHRA MACROPHYLLA Benth., Leguminosae Mimosoideae
Pàlùfọ̀n	XYLOPIA QUINTASII Engl. & Diels, Annonaceae
Pàlùfọ̀n dúdú	XYLOPIA VILLOSA Chipp, Annonaceae
Pamàmọ́ àlùrọ	MIMOSA PUDICA L., Leguminosae Mimosoideae
Páńdọ̀rọ̀	KIGELIA AFRICANA (Lam.) Benth., Bignoniaceae
Panipani	STACHYTARPHETA INDICA (L.) Vahl, Verbenaceae
Pankẹ́rẹ́ egbè	ONCOCALAMUS WRIGHTIANA Hutch., Palmae
Pánsá	LAGENARIA SICERARIA (Molina) Standl., Cucurbitaceae
Panṣágà	DIOSCOREA CAYENENSIS Lam., Dioscoreaceae

Pánṣẹ́kẹ́	DELONIX REGIA (Bojer ex Hook.) Raf., Leguminosae Caesalpinioideae
Pápá	TRICHILIA EMETICA Vahl, Meliaceae
Pápánlà	CANAVALIA ENSIFORMIS (L.) DC., Leguminosae Papilionoideae
Pápá ọ̀dàn	TRICHILIA EMETICA Vahl, Meliaceae
Pápásan	PORTULACA OLERACEAE L., Portulacaceae
Papẹ́	DIOSCOREA ROTUNDATA Poir., Dioscoreacea
Pàpó	CANARIUM SCHWEINFURTHII Engl., Burseraceae
Pápò	PHYSALIS ANGULATA L., Solanaceae
Pàrán	DALBERGIELLA WELWITSCHII (Baker) Baker f., Leguminosae Papilionoideae
Pàrán funfun	Não consta
Pàràn pupa	Não consta
Párántà	Não consta
Pàrún	Não consta
Pasalókè	STACHYTARPHETA CAYENNENSIS (L. C. Rich) Vahl, Verbenaceae
Pàṣán kòríkò	SANSEVIERIA SENEGAMBICA Baker, Liliaceae
Patọnmọ́	MIMOSA PUDICA L., Leguminosae Mimosoideae
	BIOPHYTUM PETERSIANUM Klotzch, Oxalidaceae
	MIMOSA PIGRA L., Leguminosae Mimosoideae
Patọnmọ́ wẹẹrẹ	Não consta
Pawín pawín	EHRETIA CYMOSA Thonn., Boraginaceae
Pawópawó	MORINDA sp., Rubiaceae
Payùn payùn	Não consta
Pe iri	Não consta
Pegunrun	Não consta
Pèrègún	DRACAENA FRAGRANS (L.) Ker Gawl., Agavaceae
Pèrègún ifá	DRACAENA ARBOREA (Willd.) Link., Agavaceae
Pèrègún lẹ́sẹ̀	DRACAENA sp., Agavaceae
Pèrèjọ	Não consta
Pésìkìtì	CROTALARIA CEPHALOTES Steud. ex A. Rich., Leguminosae Papilionoideae
Pẹkẹ́ pẹkẹ́	CROTALARIA sp., Leguminosae Papilionoideae
Pẹ́pẹ́	ALCHORNEA LAXIFLORA (Benth.) Pax & K. Hoffm., Euphorbiaceae
Pẹpẹ	DIALIUM GUINEENSE Willd., Leguminosae Caesalpinioideae
Pẹ̀tẹ̀	Não consta

Pindún	Gramineae
Pipi	Não consta
Pirigidi	ERIOSEMA PSORALEOIDES (Lam.) G. Don, Leguminosae Papilionoideae
Pìtángà	EUGENIA UNIFLORA L., Myrtaceae
Po erin	Não consta
Pónpóla	BOMBAX BUONOPOZENSE P. Beauv., Bombacaceae
	BOMBACOPSIS GLABRA (Pasq.) A. Robyns. Bombacaceae
Pònṣẹ́	ONCOBA SPINOSA Forssk., Flacourtiaceae
Pònṣẹ́rẹ́	ONCOBA SPINOSA Forssk., Flacourtiaceae
Pòpò	ADENIA LOBATA (Jacq.) Engl., Passifloraceae
Pòpò elérò	ADENIA LOBATA (Jacq.) Engl., Passifloraceae
Pòpòjíwàrà	LEEA GUINEENSIS G. Don, Leeaceae
Popola	Ver *pónpóla*
Pòpòndó	PHASEOLUS LUNATUS L., Leguminosae Papilionoideae
	CANAVALIA ENSIFORMIS (L.) DC., Leguminosae Papilionoideae
Pòpòndó así nyùn mọ́wọ́	CANAVALIA ENSIFORMIS (L.) DC., Leguminosae Papilionoideae
Pòpònlá	CANAVALIA ENSIFORMIS (L.) DC., Leguminosae Papilionoideae
Pópónlóro	ANDROPOGON sp., Gramineae
Pòròpòrò	PTERYGOTA MACROCARPA K. Schum., Sterculiaceae
Pòrògún	Ver *pèrègún*
Póto pòto	RICINODENDRON HEUDELOTII (Baill.) Pierre ex Benth., Euphorbiaceae
Pọbà	TERMINALIA MACROPTERA Guill. & Perr., Combretaceae
Pọgbẹ́ pọgbẹ́	CYATHULA PROSTRATA (L.) Blume, Amaranthaceae
Pọnhàn	Não consta
Ponjú òwìwí	HIPPOCRATEA INDICA Willd., Celastraceae
Pọnmọ sẹ̀sẹ̀kí	DYSCHORISTE PERROTTETTII (Nees) Kuntze. Acanthaceae
Pònṣẹ́	Não consta
Putu putu	RICINODENDRON HEUDELOTII (Baill.) Pierre ex Heckel, Euphorbiaceae
Rajéraje	AERVA LANATA (L) Juss., Amaranthaceae
Rakùràgbà	PHYSALIS MICRANTHA Link, Solanaceae
Ráwáyé	COCHLOSPERMUM TINCTORIUM A. Rich., Cochlospermaceae
Rayùnrẹ́	Não consta

Réré	SENNA OCCIDENTALIS (L.) Link, Leguminosae Caesalpinioideae
	TRICHILIA MONADELPHA (Thonn.) J. J. de Wilde, Meliaceae
Réré igbó	TRICHILIA MONADELPHA (Thonn.) J. J. de Wilde, Meliaceae
Réré pupa	SENNA HIRSUTA (L.) H. S. Irwin & Barneby, Leguminosae Caesalpinioideae
Rẹ̀kù rẹ̀kù	TORENIA THOUARSII (Cham. & Schltdl.) Kuntze, vel aff., Scrophulariaceae
Rẹ̀kù rẹ̀kù àbàfẹ̀	CHAMAECRISTA ROTUNDIFOLIA (Pers.) Greene, Leguminosae Caesalpinioideae
Rẹ̀ku rẹ̀kù igbó	ZORNIA GLOCHIDIATA Rchb. ex DC., Leguminosae Papilionoideae
	ZORNIA LATIFOLIA Sm., Leguminosae Papilionoideae
Rẹ̀kù rẹ̀kù ònà	Não consta
Rẹsi	ORYZA SATIVA L., Gramineae
Ríbaba lọ́run	Não consta
Ríjáríjà	STEREOSPERMUM KUNTHIANUM Cham., Bignoniaceae
Rinrin	PEPEROMIA PELLUCIDA (L.) Kunth, Piperaceae
Robo	STRYCHNOS SPINOSA Lam., Loganiaceae
Rògan rògan	STANSFIELDIELLA OLIGANTHA (Mildbr.) Brenan, Commelinaceae
Rogbo àgùntàn	PALISOTA HIRSUTA (Thunb.) K. Schum., Commelinaceae
Rorò	TEPHROSIA PLATYCARPA Guill. & Perr., Leguminosae Papilionoideae
	TEPHROSIA BRACTEOLATA Guill. & Perr., Leguminosae Papilionoideae
Rorò funfun	TEPHROSIA BRACTEOLATA Guill. & Perr., Leguminosae Papilionoideae
Rorò ọ̀dàn	TEPHROSIA sp., Leguminosae Papilionoideae
Rọ̀rọ̀wọ̀	SENECIO BIAFRAE Oliv. & Hiern, Compositae
Rutúrutú	COCHLOSPERMUM PLANCHONII Hook. f., Cochlospermaceae
Sádi	Não consta
Ságere	STROPHANTUS HISPIDUS DC., Apocynaceae
Sajé	Não consta
Sàjéjé	ALTERNANTHERA PUNGENS Kunth, Amaranthaceae
Sákániwáre	Não consta
Sánbọrùn	LEEA GUINEENSIS G. Don, Leeaceae
Sanrín	SIDA CORYMBOSA R. E. Fr., Malvaceae
Sánsán ọ̀nà	PAROPSIA GUINEENSIS Oliv., Passifloraceae

Sárá ọrọ́bà	IPOMOEA HEDERIFOLIA L., Convolvulaceae
Sánsángbakú	Não consta
Sáwáwá	SANTIRIA TRIMERA (Oliv.) Aubrév., Burseraceae
Sawewe	ALTERNANTHERA PUNGENS Kunth, Amaranthaceae
Sèsé	PHASEOLUS LUNATUS L., Leguminosae Papilionoideae
Sèsédò	XYLOPIA AETHIOPICA (Dunal) A. Rich., Annonaceae
Ségi dúdú	MARISCUS ALTERNIFOLIUS Vahl, Cyperaceae
Sìda	LOVOA TRICHILIOIDES (Sprague) Harms, Meliaceae
Síẹ	ACACIA SIEBERIANA DC., Leguminosae Mimosoideae
Sìkìtìmó èso	AIDIA GENIPIFLORA (DC.) Dandy, Rubiaceae
Sìkìtìmónso	AIDIA GENIPIFLORA (DC.) Dandy, Rubiaceae
Sìnkìnrínminì	BARLERIA sp., Acanthaceae
Sofini	DIOSCOREA ROTUNDATA Poir., Dioscoreaceae
Sọkọdọyà	RHYNCHELYTRUM REPENS (Willd.) C. E. Hubb., Gramineae
Sokúdalé	CISSUS PRODUCTA Afzel., Vitaceae
Solúdegbùrù	ERIOSEMA PSORALEOIDES (Lam.) G. Don, Leguminosae Papilionoideae
Sọpá sọpá	THEVETIA NERIIFOLIA Juss., Apocynaceae
Sọsọ	Não consta
Sunkúnbá	Não consta
Sunkúnkúntara	Não consta
Súnrebámi	CARPOLOBIA LUTEA G. Don, Polygalaceae
Súntọ̀wọ́n	Não consta
Sùúrú	DIGITARIA EXILIS (Kippist) Stapf, Gramineae
Ṣàgéré	STROPHANTUS HISPIDIUS DC., Apocynaceae
Ṣaja	DIOSCOREA ROTUNDATA Poir., Dioscoreaceae
Ṣájúwáyé	CYATHULA ACHYRANTHOIDES (Kunth) Moq., Amaranthaceae
Ṣalamọ́	INDIGOFERA DEIGHTTONII Gillett, Leguminosae Papilionoideae
Ṣánga	AEGLOPSIS CHEVALIERI Swingle., Rutaceae
Ṣanga	AFRAEGLE PANICULATA (Schumach.) Engl., Rutaceae
Ṣápó	ANTHOCLEISTA VOGELII Planch., Loganiaceae
Ṣápónlá	ANTHOCLEISTA LIEBRECHTSIANA De Wild. & T. Durand, Loganiaceae
Ṣaṣara	SCHWENKIA AMERICANA L., Solanaceae
Ṣawerepèpè	CYATHULA PROSTATA (L.) Blume., Amaranthaceae
Ṣawéwé	ALTERNANTHERA PUNGENS Kunth, Amaranthaceae

Ṣaworo	TRILEPISIUM MADAGASCARIENSE DC., Moraceae
	CARDIOSPERMUM GRANDIFLORUM Sw., Sapindaceae
	CROTALARIA sp., Leguminosae Papilionoideae
Ṣàwọ̀bọ̀lọ̀jọ̀	Não consta
Ṣáyò	CAESALPINIA BONDUC (L.) Roxb., Leguminosae Caesalpinioideae
Ṣenṣè	INDIGOFERA NUMULARIFOLIA (L.) Livera ex Alston, Leguminosae Papilionoideae
Ṣeṣe	Não consta
Ṣèyìbó	CARICA PAPAYA L., Caricaceae
Ṣéyọ̀ọlọ́pọ́n	CAESALPINIA BONDUC (L.) Roxb., Leguminosae Caesalpinioideae
Ṣẹbiṣore	PSITANTHES EBRACTEOLATA Hiern, Rubiaceae
Ṣẹ́dun	PERICOPSIS LAXIFLORA (Benth.) Meeuven, Leguminosae Papilionoideae
Ṣẹfun ṣẹfun	AERVA LANATA (L.) Juss., Amaranthaceae
Ṣẹgba	CUCURBITA PEPO L., Cucurbitaceae
Ṣẹ́gisórí	DICHAPETALUM MADAGASCARIENSE Poir., Dichapetalaceae
Ṣẹ́gun ṣẹ́tẹ̀	PORTULACA OLERACEA L., Portulacaceae
Ṣẹ̀jẹ̀ṣóró	BASELLA ALBA L., Basellaceae
Ṣẹ́kẹ́ ṣẹkẹ̀	CASSIA sp., Leguminosae Caesalpinioideae
Ṣẹ́kíṣẹ́kí	Não consta
Ṣẹ́kogbọ̀nà	SPOROBOLUS PYRAMIDALIS P. Beauv., Gramineae
Ṣẹkúnwin	LYCOPERSICON ESCULENTUM Mill., Solanaceae
Ṣẹ́kú ṣẹ́kú	MALVASTRUM COROMANDELIANUM (L.) Garcke, Malvaceae
Ṣẹ́kú ṣẹ́kú ọmọdé	CROTALARIA sp., Leguminosae Papilionoideae
Ṣẹmíṣẹ ọlóṣẹ	ALBIZIA FERRUGINEA (Guill. & Perr.) Benth., Leguminosae Mimosoideae
Ṣẹ́mọlẹ́ṣẹ̀	PORTULACA OLERACEA L., Portulacaceae
Ṣẹ́mọ lọ́wọ́	PORTULACA OLERACEA L., Portulacaceae
Ṣẹ́nifínràn	SESBANIA PACHYCARPA DC. emend. Guill. & Perr., Leguminosae Papilionoideae
Ṣẹ́nrígùn	JATROPHA CURCAS L., Euphorbiaceae
Ṣẹnṣe	Não consta
Ṣẹnugbọ̀ọ̀rọ̀	CORCHORUS OLITORIUS L., Tiliaceae
Ṣẹ́nwo	CAESALPINIA BONDUC (L.) Roxb., Leguminosae Caesalpinioideae
Ṣẹ́rẹ́	LAGENARIA sp., Cucurbitaceae
Ṣẹrẹnpẹn	VOACANGA AFRICANA Stapf, Apocynaceae

Ṣéri	MANGIFERA INDICA L., Anacardiaceae
Ṣépo lóhùn	MAYTENUS SENEGALENSIS (Lam.) Exell, Celastraceae
Ṣèṣè	Não consta
Ṣèṣèkí	DYSCHORISTE PERROTTETII (Nees) Kuntze, Acanthaceae
Ṣèṣèkí oko	DYSCHORISTE PERROTTETII (Nees) Kuntze, Acanthaccae
Ṣẹwo	Não consta
Ṣéwọ́ ṣẹ́ṣẹ̀ pẹ́pẹ́	ALCHORNEA LAXIFLORA (Benth.) Pax & K. Hoffm., Euphorbiaceae
Ṣìgo	CUSSONIA ARBOREA Hochst. ex A. Rich., Araliaceae
Ṣigorolú	CUSSONIA ARBOREA Hochst. ex A. Rich., Araliaceae
Ṣigun	CARICA PAPAYA L., Caricaceae
Ṣìkìṣìkì	Não consta
Ṣòbòhẹ̀ẹ̀ funfun	ASYSTASIA GANGETICA (L.) T. Anderson, Acanthaceae
Ṣò bò yẹyẹ̀ẹ̀rìgò	Não consta
Ṣògun ṣẹgẹ́	KEETIA VENOSUM (Oliv.) Bridson, Rubiaceae
Ṣòkunkuntàrà	Não consta
Ṣòkuṣógwò	DISCOGLYPREMNA CALONEURA (Pax) Prain, Euphorbiaceae
Ṣorí jìwìnni	DALBERGIA HOSTILIS Benth., Leguminosae Papilionoideae
Ṣoṣokí	SORGHUM sp., Gramineae
Ṣọ̀fín	CITRULLUS LANATUS (Thunb.) Mansf., Cucurbitaceae
Ṣọ̀gùnrùn ṣegé	OLDENLANDIA CORYMBOSA., Rubiaceae
Ṣọkọ̀tọ̀	CELOSIA ARGENTEA L., Amaranthaceae
Ṣọkọyọ̀kọ̀tọ̀	CELOSIA ARGENTEA L., Amaranthaceae
Ṣọmọkúlu	Não consta
Ṣọ̀nágbùrù	TRICLISIA SUBCORDATA Oliv., Menispermaceae
Ṣọṣọ ẹyìn	ELAEIS GUINEENSIS Jacq., Palmae
Tábà	NICOTIANA TABACUM L., Solanaceae
Tàbà èṣù	NICOTIANA TABACUM L., Solanaceae
Tábà (i) lẹ̀	VERONONIA AMBIGUA Kotschy & Peyr., Compositae
Tàgìrì	LAGENARIA BREVIFLORA (Benth.) Roberty, Cucurbitaceae
Tàgîrì ẹkùn	LUFFA CYLINDRICA (L.) M. Roem., Cucurbitaceae
Takọ takọ	RYTIGINIA LAURENTII (De Wild.) Robyns, Cucurbitaceae
Tàkù elégédé	CUCURBITA PEPO L., Cucurbitaceae
Tamọ lábíyá	CRATEVA ADANSONII DC., Capparaceae
Tanilábiyá	CRATEVA ADANSONII DC., Capparaceae
Tanipópóró	MERREMIA KENTROCAULOS (C. B. Clarke) Rendle, Convolvulaceae
Tani yàà	CRATEVA ADANSONII DC., Capparaceae

Tanjánrìn	Citrus nobilis Lour., Rutaceae
Tanná jọ̀gbẹ́	Hoslundia opposita Vahl, Labiatae
Tanná pakú	Mirabilis jalapa L., Nyctaginaceae
Tanná poṣó	Mirabilis jalapa L., Nyctaginaceae
Tanná powó	Mirabilis jalapa L., Nyctaginaceae
Tanná tanná	Mirabilis jalapa L., Nyctaginaceae
Taponúrin	Artocarpus integrifolia L. f., Moraceae
Taporúrin	Artocarpus integrifolia L. f., Moraceae
Tegúndè	Dioscorea rotundata Poir., Dioscoreaceae
Tèmitìe dọ́run	Ficus thonningii Blume, Moraceae
Tẹ́bò	Não consta
Tẹ̀hìn bọ̀run	Eriosema pulcherrima Taub., Leguminosae Papilionoideae
Tèhìnso	Phyllanthus amarus Schumach. & Thonn., Euphorbiaceae
Tẹlároko	Não consta
Tẹ̀sùbíyù	Coix lacryma-Jobi L., Gramineae
Tẹ̀tẹ̀	Amaranthus hybridus L. subsp. incurvatus (Timeroy) Brenan, Amaranthaceae
Tẹ̀tẹ̀ àtètè dáyé	Amaranthus viridis L., Amaranthaceae
Tẹ̀tẹ̀ àtẹ̀lè dánjí	Amaranthus viridis L., Amaranthaceae
Tẹ̀tẹ̀ ẹ̀gún	Costus afer Ker Gawl., Costaceae
Tẹ̀tẹ̀ ègúndò	Costus afer Ker Gawl., Costaceae
Tẹ̀tẹ̀ ẹlẹ́gún	Amaranthus spinosus L., Amaranthaceae
Tẹ̀tẹ̀ gbọ́lọ́gí	Amaranthus viridis L., Amaranthaceae
Tẹ̀tẹ̀gún dẹrú ọlákalẹ̀	Não consta
Tẹ̀tẹ̀ kékeré	Amaranthus viridis L., Amaranthaceae
Tẹ̀tẹ̀ nlá	Amaranthus hybridus L. subsp. incurvatus (Timeroy) Brenan, Amaranthaceae
Tẹ̀tẹ̀ òyìbó	Amaranthus hybridus L. subsp. incurvatus (Timeroy) Brenan, Amaranthaceae
Tẹ̀tẹ̀ ọsàn	Não consta
Tẹ̀tẹ̀ ọyágadé	Amaranthus viridis L., Amaranthaceae
Tẹ̀tẹ̀ pópó	Amaranthus hybridus L. subsp. incurvatus (Timeroy) Brenan, Amaranthaceae
Tẹ̀tẹ̀ pupa	Amaranthus viridis L., Amaranthaceae
Tẹ̀tẹ̀rẹ̀gún	Costus afer Ker Gawl., Costaceae

Tẹtú	Não consta
Tẹ̀yọ	Não consta
Tîì	CYMBOPOGON CITRATUS (DC.) Stapf, Gramineae
Tìpẹ̀	FRIESODIELSIA GRACILIS (Hook. f.) Steenis, Annonaceae
Tìpẹ̀ tìpẹ̀	DESMODIUM GANGETICUM (L.) DC., Leguminosae Papilionoideae
Tìpẹ̀tírán	DESMODIUM SALICIFOLIUM (Poir.) DC., Leguminosae Papilionoideae
Tíràngi	PLATYCERIUM STEMARIA (P. Beauv.) Desv., Polypodiaceae
Tìrẹ	AESCHYNOMENE sp., Leguminosae Papilionoideae
Títíro	BOMBAX BUONOPOZENSE P. Beauv., Bombacaceae
Tókí	Não consta
Tòmátì	LYCOPERSICON ESCULENTUM Mill., Solanaceae
Tòjúṣe	Não consta
Tòlò	PENNISETUM HORDEOIDES (Lam.) Steud, Gramineae
Tonápọṣó	HEINSIA CRINITA (Afzel.) G. Taylor, Rubiaceae
Tònitòni	Não consta
Tótó	MARANTOCHLOA LEUCANTHA (K. Schum.) Milne-Redh., Marantaceae
Tòtó	HUGONIA PLANCHONII Hook. f., Linaceae
Tòtó gbindin	SCADOXUS CINNABARINUS (Decne.) Friis & Nordal, Amaryllidaceae
Tòtó odò	SCADOXUS CINNABARINUS (Decne.) Friis & Nordal, Amaryllidaceae
Tópèmú	PAVETTA CORYMBOSA (DC.) F. N. Williams, Rubiaceae
Túbèká	ACALYPHA CILIATA Forssk., Euphorbiaceae
Túdè	CALLIANDRA PORTORICENSIS (Jacq.) Benth., Leguminosae Mimosoideae
Túẹranká	ACALYPHA CILIATA Forssk., Euphorbiaceae
Tùmátì	LYCOPERSICON ESCULENTUM Mill., Solanaceae
Túnpèmú	Não consta
Tutùù	IPOMOEA ASARIFOLIA (Desr.) Roem. & Schult., Convolvulaceae
Úbò	JATROPHA CURCAS L., Euphorbiaceae
Ùbọ́ bipàn	CLITANDRA CYMULOSA Benth., Apocynaceae
Úbuban	VITEX RIVULARIS Gürke, Verbenaceae
Ùjòbè	UAPACA GUINEENSIS Müll. Arg., Euphorbiaceae
Uyán	KIGELIA AFRICANA (Lam.) Benth., Bignoniaceae
Wà	Sapindaceae
Wànràn wànràn	STERCULIA TRAGACANTHA Lindl., Sterculiaceae

Wára wàra ọ̀dàn	Waltheria indica L., Sterculiaceae
Wàwá	Sapindaceae
Wáwá jí	Dioscorea rotundata Poir., Dioscoreaceae
Wáwá pupa	Não consta
Wáyanrin	Vitex thyrsiflora Baker, Verbenaceae
Wenren wenren	Pausinystalia talbotii Wernham, Rubiaceae
Wérénjéjé	Abrus precatorius L., Leguminosae Papilionoideae
Wèrèpè	Mucuna sloanei Fawc. & Rendle, Leguminosae Papilionoideae
	Mucuna pruriens (L.) DC., Leguminosae Papilionoideae
Wèrèpèpè	Cyathula prostrata (L.) Blume, Amaranthaceae
Wẹ̀dosún	Não consta
Wẹ̀jẹ̀	Tephrosia linearis (Willd.) Pers., Leguminosae Papilionoideae
Wẹkún wẹkún	Não consta
Wẹ́rẹ́	Tephrosia vogelii Hook. f., Leguminosae Papilionoideae
Winni winni	Não consta
Wòmìrìn	Cayaponia africana (Hook. f.) Exell, Cucurbitaceae
Wònawòna	Phaulopsis barteri (T. Anderson) Lindau, Acanthaceae
Wonjọ	Hibiscus surattensis L., Malvaceae
	Hibiscus physaloides Guill. & Perr., Malvaceae
Wònròn wònròn	Sterculia tragacantha Lindl, Sterculiaceae
Woro	Parkia biglobosa (Jacq.) Benth., Leguminosae Mimosoideae
Worowóró	Cola millenii K. Schum., Sterculiaceae
Wòwò	Hippocratea welwitschii Oliv., Celastraceae
Wọnjo	Não consta
Wọ́rẹ̀wọ́rẹ̀	Smilax kraussiana Meisn., Smilacaceae
Wọ̀rọ̀	Não consta
Wọ̀rọ̀mobà	Ocimum gratissimum L., Labiatae
Wọ̀ọ̀rọ̀wọ́	Senecio biafrae Oliv. & Hiern, Compositae
Wọwọ	Não consta
Wúrewúre	Pergularia daemia (Forssk.) Chiov., Asclepiadaceae
Yagà	Adenia lobata (Jacq.) Engl., Passifloraceae
	Ipomoea sp., Convolvulaceae
Yàngàmú ọ̀dàn	Gloriosa simplex L., Colchicaceae
Yangan	Zea mays L., Gramineae
Yàn mọ̀tí	Sesamum indicum L., Pedaliaceae
Yánrin	Launaea taraxacifolia (Willd.) Amin ex C. Jeffrey, Compositae

Yánrin oko	Lactuca capensis Thunb., Compositae
Yanyà hólo	Antidesma membranaceum Müll. Arg., Euphorbiaceae
Yaru	Enantia chlorantha Oliv., Annonaceae
Yàwé	Piper umbellatum L., Piperaceae
Yáyá	Não consta
Yàyàngán	Eragrostis ciliaris (L.) R. Br., Gramineae
Yéré	Uapaca heudelotii Baill., Euphorbiaceae
	Uapaca guineensis Müll. Arg., Euphorbiaceae
Yèrèpè	Mucuna sloanei Fawc. & Rendle., Leguminosae Papilionoideae
	Mucuna pruriensis (L.) DC., Leguminosae Papilionoideae
Yèrèpè ọ̀dàn	Mucuna spp., Leguminosae Papilionoideae
Yèrèpè ọparun	Oxytenanthera abyssinica (A. Rich.) Munro, Gramineae
Yeye	Uapaca heudelotii Baill, Euphorbiaceae
	Uapaca guineensis Müll. Arg., Euphorbiaceae
Yéyémùyé	Chlorophytum macrophyllum (A. Rich.) Asch., Anthericaceae
Yẹ̀kẹ̀wú	Não consta
Yẹmọ́rọ́	Hibiscus cannabinus L., Malvaceae
Yẹwúrú	Hibiscus cannabinus L., Malvaceae
Yin din yíndín	Não consta
Yólòbá	Phyllanthus amarus Schumach. & Thonn., Euphorbiaceae
Yóyó	Corchorus olitorius L., Tiliaceae
Yunríyun	Aspilia africana (Pers.) C. D. Adams, Compositae
Yunríyun funfun	Blainvillea prieuriana DC., Compositae
Yunríyun gbodò	Melanthera scandens (Schumach. & Thonn.) Roberty, Compositae
Yún yun	Aspilia africana (Pers.) C. D. Adams, Compositae
Yún yun ńlá	Aspilia africana (Pers.) C. D. Adams, Compositae

GLOSSÁRIO DE PLANTAS

NOMES CIENTÍFICOS — IORUBÁS

— Abelmoschus esculentus (L.) Moench, Malvaceae	*Ìlasa*	Quiabo
	Ilá	
	Ìlasadò	
	Erúlá (irúlá)	
	Ìròkò	
— Abrus precatorius L., Leguminosae Papilionoideae	*Aládùn*	Olho-de-cabra
	Mẹ́sẹ́nmẹsẹ̀n	Olho-de-pombo
	Makọ̀	Cipó-de-alcaçuz
	Mísínmisìn	Fruta-de-conta
	Ojú ológbò	Jequiriti
	Wérénjéjé	Jiquiriri
	Pákùn ọbarìṣà	Tentinho
	Ọlátògẹ́gẹ́	Tento
	Adágbé	
	Ewè aládùn	
	Mẹ́sẹ́nmẹsẹ̀n ìtàkùn	
	Ojú ẹyẹlé	
— Abutilon angulatum (Guill. & Perr.) Mast., Malvaceae	*Ifín funfun*	
— Abutilon mauritianum (Jacq.) Medik., Malvaceae	*Ọ̀fin*	
	Amórímọ́	
— Acacia sp., Leguminosae Mimosoideae	*Ẹ̀wọ̀n ehoro*	
— Acacia ataxacantha DC., Leguminosae Mimosoideae	*Ẹ̀wọ̀n adèlé*	
	Ẹ̀wọ̀n	

— ACACIA FARNESIANA (L.) Willd., Leguminosae Mimosoideae	*Bọnni* *Bani*	Esponjeira Aroma Coronácris Coronha Espinho Espinilho Esponja
— ACACIA KAMERUNENSIS Gand., Leguminosae Mimosoideae	*Ẹ̀wọ̀n funfun* *Ẹ̀wọ̀n ejò*	
— ACACIA POLYACANTHA Willd. subsp. CAMPYLACANTHA (Hochst. ex A. Rich.) Brenan, Leguminosae Mimosoideae	*Ẹ̀dẹ̀*	
— ACACIA SIEBERIANA DC., Leguminosae Mimosoideae	*Síẹ*	
— ACALYPHA CILIATA Forssk., Euphorbiaceae	*Jiwinni* *Ìṣáwáwá* *Gbáwójọ* *Arùnjẹran* *Arẹmọlẹ́kún* *Onírun* *Túbèká* *Túẹranká*	
— ACALYPHA ORNATA Hochst. ex A. Rich., Euphorbiaceae	*Òǹṣẹ̀* *Ewúro ìgbìn* *Amúwàgọ́na* *Amúwàgún*	
— ACALYPHA RACEMOSA Wall., Euphorbiaceae	*Ìlẹ̀wù*	

— Acanthospermum hispidum DC.,	*Dágunró*	Carrapicho-rasteiro
Compositae	*Dágunró gogoro*	
— Acanthus montanus (Nees)	*Ahọ́n ẹkùn (dúdú)*	Falso-cardo
T. Anderson, Acanthaceae	*Ekùn arúgbó*	
	Òpìpì	
	Òpìpì oko	
— Achyrantes aspera L.,	*Abòro*	
Amaranthaceae	*Ẹ̀pà abòro*	
— Acridocarpus smeathmannii	*Gbógbórí*	
(DC.) Guill. & Perr.,	*Gborígborí*	
Malpighiaceae	*Ògo igbó*	
— Acroceras zizanioides (Kunth)	*Ìyẹ́ ẹtù*	
Dandy, Gramineae	*Jábà*	
— Adansonia digitata L.,	*Oṣè*	Baobá
Bombacaceae	*Oṣè ìgbéèlùjù*	Calabaceira
— Adenia cissampeloides	*Ẹ̀dọ̀*	
(Planch. ex Benth.) Harms,	*Arọ́ kẹ́kẹ́*	
Passifloraceae	*Dọdọ*	
	Ìtàkùn arọ́ kẹ́kẹ́	
	Ìkùréré èlùkù	
— Adenia lobata (Jacq.) Engl.,	*Yagà*	
Passifloraceae	*Àtẹ́wọ́gbare*	
	Okùn ìkálẹ̀	
	Àjádigi	
	Pòpò elérò	
	Pòpò	
	Àtẹ́wọ́gbare yagà	

— Adenocarpus breviflorus, Leguminosae Papilionoideae	*Itọ*
— Adenostemma perottettii DC., Compositae	*Imi eṣú*
— Aeglopsis chevalieri Swingle, Rutaceae	*Ṣàngà*
— Aerva lanata (L.) Juss., Amaranthaceae	*Aṣẹ́fun* *Ajé* *Ṣẹfun ṣẹfun* *Rajéraje*
— Aeschynomene sp., Leguminosae Papilionoideae	*Tìrẹ*
— Afraegle paniculata (Schumach.) Engl., Rutaceae	*Ṣàngà*
— Aframomum sp., Zingiberaceae	*Òbùró igbó*
— Aframomum alboviolaceum (Ridl.) K. Schum., Zingiberaceae	*Òbùró* *Òbùró ọ̀dàn*
— Aframomum daniellii K. Schum., Zingiberaceae	*Òbùró wáwá*

— Aframomum melegueta (Roscoe) K. Schum., Zingiberaceae	*Ataare* *Òbùró* *Ata* *Ata ire* *Atayẹ́* *Atayẹ́ liya (Abẹ́òkuta)* *Atayẹ́ isa* *Atayẹ́ ìjobì* *Atayẹ́ rere* *Ẹtalúyà (ìjẹ̀bú)*	Amomo
— Aframomum sceptrum (Oliv. & T. Hanb.) K. Schum., Zingiberaceae	*Òbùrò dúdú*	
— Afzelia africana Sm. ex Pers., Leguminosae Caesalpinioideae	*Apá* *Akọ apá*	
— Afzelia bella Harms, Leguminosae Caesalpinioideae	*Apá* *Apá igbó*	
— Afzelia bipindensis Harms, Leguminosae Caesalpinioideae	*Ayan olúpópó* *Ayan olútoko*	
— Agelaea obliqua (P. Beauv.) Baill., Connaraceae	*Èsùrá*	
— Ageratum conyzoides L., Compositae	*Àrún sánsán* *Imí eṣú* *Akọ yúnyun*	Metrasto

— Aidia genipiflora (DC.) Dandy, Rubiaceae	*Sìkìtì móèso* *Sìkìtì mọ́ǹso*	Catinga-de-bode Erva-de-são-joão Maria-preta
— Alafia barteri Oliv., Apocynaceae	*Àbò òsúpè* *Agbárí ẹtu* *Ìbò àgbà* *Ọ̀bọ̀ àgbà*	
— Alafia multiflora (Stapf) Stapf, Apocynaceae	*Àgbà* *Ìbò gidi*	
— Albizia spp., Leguminosae Mimosoideae	*Ayìnrẹ́* *Ayùnrẹ́* *Olúyẹ̀ẹ́rẹ́*	
— Albizia adianthifolia (Schumach.) W. Wight, Leguminosae Mimosoideae	*Ayìnrẹ́* *Ayùnrẹ́ wẹẹrẹ* *Banabáná*	
— Albizia coriaria Welw. ex Oliv., Leguminosae Mimosoideae	*Ayìnrẹ́* *Ayìnrẹ́ bonnabọ́nná*	
— Albizia ferruginea (Guill. & Perr.) Benth., Leguminosae Mimosoideae	*Ayìnré* *Ayìnrẹ́ bonnabọ́nná* *Ayìnrẹ́ ṣemíse ọlọ́ṣẹ* *Ipèrin* *Ipè erin*	
— Albizia glaberrima (Schumach. & Thonn.) Benth., Leguminosae Mimosoideae	*Ayìnrẹ́* *Ayìnrẹ́ta*	

— ALBIZIA GUMMIFERA (J. F. Gmel.)	*Ayìnrẹ́*	
C. A. Sm., Leguminosae	*Ayìnrẹ́ ìsingédé*	
Mimosoideae	*Ayìnrẹ́ ọ̀gọ̀*	
— ALBIZIA LEBBEK (L.) Benth.,	*Ayìnrẹ́*	Coração-de-negro
Leguminosae Mimosoideae	*Ayìnrẹ́ye*	
— ALBIZIA ZYGIA (DC.) J. F. Macbr.,	*Ayùnrẹ́*	
Leguminosae Mimosoideae	*Ayìnrẹ́ta*	
	Ayìnrẹ́ popo	
	Àkúdìnrín	
	Ọlọ́ta	
— ALCHORNEA CORDIFOLIA	*Isin*	
(Schumach. & Thonn.) Müll.	*Ìpa*	
Arg., Euphorbiaceae	*Ẹ̀pà*	
	Esin	
	Esiyin	
	Esin àbàtà	
— ALCHORNEA LAXIFLORA (Benth.)	*Ijàndú*	
Pax & K. Hoffm., Euphorbiaceae	*Ijàndúdú*	
	Gbàlùwo	
	Ijàn pupa	
	Ṣẹ́wọ́ ṣẹ́ṣẹ̀ pẹ́pẹ́	
	Ijàn	
	Ijàn funfun	
	Pẹ́pẹ́	
— ALLANBLACKIA FLORIBUNDA Oliv.,	*Orógbó erin*	
Guttiferae		
— ALLIUM AESCALONICUM L.,	*Àlùbọ́sà eléwé*	Cebolinha-branca
Liliaceae	*Àlùbọ́sà oníṣu*	Chalota-das-cozinhas
		Echalota

— Allium cepa L., Liliaceae	*Àlùbọ́sà* *Àlùbọ́sà gàm̀bàrí* *Àlùbósà kẹ́tá* *Ẹ̀lùbásà*	Cebola
— Allium sativa L., Liliaceae	*Ayò* *Ayù*	Alho
— Allophylus africanus P. Beauv., Sapindaceae	*Àkànrò* *Àkàrà àfín* *Àkàrà èṣù* *Lánarí*	
— Aloe spp., Aloeaceae	*Ipòlerin* *Ipè erin*	Babosa
— Alstonia boonei De Wild., Apocynaceae	*Ahùn erihùn* *Ahùn* *Awùn*	
— Alstonia congensis Engl., Apocynaceae		
— Alternanthera pungens Kunth, Amaranthaceae	*Atikékeréheyín* *Dágunró (Kékeré)*	Erva-de-pinto
— Alternanthera sessilis (L.) DC., Amaranthaceae	*Sawéwé* *Ṣawéwé* *Ẹ̀wáowó* *Awo erédé* *Mọni ròderòde* *Sàjéjé*	Periquito Alecrim Manjericão Manjerico

— Amaranthus hybridus L., subsp. incurvatus (Timeroy) Brenan, Amaranthaceae	*Ẹ̀fọ́ tẹ̀tẹ̀* *Tẹ̀tẹ̀* *Tẹ̀tẹ̀ ńlá* *Tẹ̀tẹ̀ òyìnbó* *Tẹ̀tẹ̀ pòpó*	Cauda-de-raposa
— Amaranthus spinosus L., Amaranthaceae	*Tẹ̀tẹ̀ ẹlẹ́gùn ún*	Bredo-de-espinho
— Amaranthus viridis L., Amaranthaceae	*Tẹ̀tẹ̀ àtètèdáyé* *Tẹ̀tẹ̀ ateledánji* *Tẹ̀tẹ̀ ọyágade* *Tẹ̀tẹ̀ kékéré* *Tẹ̀tẹ̀ gbọlọgí* *Tẹ̀tẹ̀ pupa*	Bredo Caruru-de-porco
— Amblygonocarpus andongensis (Welw. ex Oliv.) Exell & Torre, Leguminosae Mimosoideae	*Ànìdan*	
— Amorphophallus abyssinicus (A. Rich.) N. E. Br., Araceae	*Ọ̀pọ̀tọ́ pìtì*	
— Amorphophallus dracontioides (Engl.) N. E. Br., Araceae	*Akúfọ́dẹwá*	
— Ampelocissus africanus (Lour.) Merr., Vitaceae	*Etèkù*	
— Ampelocissus bombycina (Baker) Planch., Vitaceae	*Ẹkọ̀ pupa*	

— Ampelocissus leonensis (Hook. f.) Planch., Vitaceae	*Ẹ̀ké* *Abísówò funfun* *Ikúmorí* *Kúmọrí*	
— Ampelocissus multistriata (Baker) Planch., Vitaceae	*Abèékánná mánún*	
— Amphimas pterocarpoides Harms, Leguminosae Papilionoideae	*Kògbàgbé* *Kúgbàgbé* *Kúsìgbàgbé*	
— Anacardium occidentale L., Anacardiaceae	*Ẹ̀jọjú* *Ẹ̀kajú* *Kajú*	Cajueiro Caju Castanha-de-caju
— Anadelphia afzeliana (Rendle) Stapf, Gramineae	*Bẹrẹ* *Bẹẹrẹ*	
— Ananas comosus (L.) Merr., Bromeliaceae	*Ẹ́ẹ́kún ahùn* *Ẹkúnkún ahùn* *Ẹkúnkún* *Ọ̀gẹ̀dẹ̀ òyìnbọ́* *Ọ̀pẹ̀ òyìnbọ́* *Ọ̀pẹyìbó* *Ọ̀pọ̀n òyìnbó*	Abacaxi Ananás Nanás Ananaseiro
— Anchomanes difformis (Blume) Engl., Araceae	*Ọ̀gìrìṣákọ́* *Ẹ̀gọ́* *Iṣu igọ̀* *Láńgbòdó* *Ẹ̀gọ́ ifá*	

— Ancistrocarpus densispinosus Oliv., Tiliaceae	*Ìwàjá*	
— Ancylobotris amoena Hua, Apocynaceae	*Sábíá*	
— Andropogon sp., Gramineae	*Èrùwà pupa* *Kókofá (fa)* *Kókofià* *Koríko ifá* *Pópóǹlóro*	
— Andropogon gayanus Kunth, Gramneae	*Èrùwà* *Èrùwà funfun* *Èrùwà akọ* *Èrùwà akọ funfun*	
— Andropogon tectorum Schumach. & Thonn., Graminae	*Abo èrùwà* *Èrùwà dúdú* *Èrùwà arànwú*	
— Aneilema beninense (P. Beauv.) Kunth, Commelinaceae	*Gọ̀dọ̀gbọ̀ odò*	
— Annona glabra L., Annonaceae	*Afe*	Pinha-do-brejo Araticum-do-brejo Jaca-de-pobre
— Annona muricata L., Annonaceae	*Ẹ̀kọ òyìnbó* *Ẹ̀kọ ọmọdé*	Jaca-de-pobre Cherimólia Graviola-do-norte
— Annona senegalensis Pers., Annonaceae	*Àbo* *Arère* *Àfọ̀n*	Araticum-da-areia

— ANOGEISSUS LEIOCARPUS (DC.) Guill. & Perr., Combretaceae	*Àyìn* *Orínọ̀dàn*
— ANONIDIUM MANII (Oliv.) Engl. & Diels., Annonaceae	*Ewùrà igbó*
— ANTHERICUM spp., Anthericaceae	*Àlùbọ́sà ìjíwèrè* *Àlùbọ́sà babẹ́ ìjíwèrè*
— ANTHOCLEISTA LIEBRECHTSIANA De Wild. & T. Durand, Loganiaceae	*Ṣápónlá*
— ANTHOCLEISTA VOGELLI Planch., Loganiaceae	*Apa oró* *Ogùgù* *Ṣápó*
— ANTHONOTHA MACROPHYLLA P. Beauv., Leguminosae Caesalpinioideae	*Abàkè* *Abàre*
— ANTHOSTEMA AUBRYANUM Baill., Euphorbiaceae	*Òdògbo*
— ANTIARIS TOXICARIA (Rumph.) Lesch., Moraceae	*Oriro* *Oro* *Oro ẹfun* *Aborí kẹfun* *Àwáṣẹ̀* *Oriro ọmọ olúugbó*
— ANTIDESMA LACINIATUM Müll. Arg. var. MEMBRANACEUM Müll. Arg., Euphorbiaceae	*Ọlẹ̀ẹ́*

— ANTIDESMA MEMBRANACEUM	*Olówùkọ*	
Müll. Arg., Euphorbiaceae	*Yanyà hólo*	
— ANTIDESMA VENOSUM E. Mey &	*Apọ́nlójúṣẹ̀ṣẹ̀*	
Tul., Euphorbiaceae	*Arorò*	
— ANTROCARYON MICRASTER	*Ifá òkété*	
A. Chev. & Guillaumin,		
Anacardiaceae		
— ARACHIS HYPOGAEA L.,	*Ẹ̀pà (gidi)*	Amendoim-verdadeiro
Leguminosae Papilionoideae	*Òróré ẹ̀pàda*	
— ARGEMONE MEXICANA L.,	*Ẹ̀lẹ́gẹ́*	Cardo-santo
Papaveraceae	*Èékánná ẹkùn*	Cardo-do-méxico
	Ẹ̀gún arìgbò	Figueira-do-inferno
— ARISTIDA ADSCENSIONIS L.,	*Ọ̀kà olongo*	
Gramineae		
— ARISTOLOCHIA ALBIDA Duch.,	*Iṣu òrìṣà funfun*	
Aristolochiaceae		
— ARISTOLOCHIA RINGENS Vahl,	*Ànkémi létí*	Mil-homens
Aristolochiaceae		Jarrinha
		Papo-de-peru
— ARTANEMA LONGIFOLIUM (L.)	*Ìtọ́ọ̀pèré*	
Vatke, Scrophulariaceae	*Kúrè kúré béte*	
— ARTOCARPUS COMMUNIS J. R. Forst	*Bẹrẹfutu*	Fruta-pão
& G. Forst, Moraceae	*Burẹfu*	
	Gbẹ̀rẹ̀ fútù	
— ARTOCARPUS INTEGRIFOLIA L. f.,	*Tapónurin*	Jaqueira
Moraceae	*Apáòka*	

— Asparagus africanus Lam., Liliaceae	*Alùkí* *Kádankóbe* *Kádankódẹ̀*	
— Aspilia africana (Pers.) C. D. Adams, Compositae	*Yúnyun* *Akọ yúnyun* *Yunríyun* *Yúnyun ńlá*	
— Aspilia helianthoides (Schumach. & Thonn.) Oliv. & Hiern, Compositae	*Yunríyun funfun*	
— Asystasia sp., Acanthaceae	*Ṣòbòhẹ̀ẹ́ funfun*	
— Asystasia gangetica (L.) T. Anderson, Acanthaceae	*Ilá funfun* *Lọ́bìrí* *Òbò ẹṣin* *Abẹ́ṣúkalẹ̀* *Ṣòbòhẹ̀ẹ́ funfun*	
— Aubrevillea kerstingii (Harms) Pellegr., Leguminosae Mimosoideae	*Àkààkàtán*	
— Avicennia germinans (L.) Stearn, Avicenniaceae	*Ògbun*	Mangue-siriúba Mangue-amarelo Árvore-dos-siris
— Azadirachta indica A. Juss., Meliaceae	*Afóforo òyìnbó*	Margosa
— Baillonella toxisperma Pierre, Sapotaceae	*Ẹmi igbó*	

— Baissea sp., Apocynaceae	*Akẹ òkun*	
— Baissea axillaris (Benth.) Hua, Apocynaceae	*Ẹ̀mú* *Ìmú*	
— Balanites wilsoniana Dawe & Sprague, Balamitaceae	*Egungun ẹ̀kún*	
— Bambekea racemosa Cogn., Cucurbitaceae	*Kànyìn kànyìin ayaba* *Àjàraẹ́*	
— Baphia nitida Lodd., Leguminosae Papilionoideae	*Igiòsùn* *Ìròsùn* *Àwèwí* *Òwìwí* *Àràse* *Ajọláwọ̀ ìròsùn*	
— Baphia pubescens Hook. f., Leguminosae Papilionoideae	*Àwẹ̀bí*	
— Barleria sp., Acanthaceae	*Sìnkínminì*	
— Barteria nigritana Hook. f., Passifloraceae	*Ọ̀kọ́*	
— Basella alba L., Basellaceae	*Ẹ̀fọ́ òyìnbó* *Ṣẹ̀jẹ̀ sòrò* *Amúnú tutù* *Amúnú tutù pupa*	Bertalha
— Beilschmiedia mannii (Meisn.) Benth. & Hook. f., Lauraceae	*Gbọ́kọ́ nisá*	

— Berlinia grandiflora (Vahl) Hutch. & Dalziel, Leguminosae Caesalpinioideae	*Àdùgbìn* *Àpadó*	
— Bidens pilosa L., Compositae	*Ẹ̀lẹ́ṣin másọ* *Akẹ́ṣin másọ* *Ọyà* *Maláńganran* *Abẹ́rẹ́ olóko* *Agamáyàn* *Agaran mọ̀yàn* *Àgbẹ̀de dudu oko* *Ajísọmọbíàlá*	Picão Carrapicho-de-agulha
— Biophytum petersianum Klotzsch, Oxalidaceae	*Patọnmọ́* *Jẹ́lẹ́nubẹnu*	
— Bixa orellana L., Bixaceae	*Osùn ẹlẹ́dẹ̀*	Urucum Urucuzeiro Açafroa Açafroeira-da-terra Anato Amato
— Blainvillea prieuriana DC., Compositae	*Yuriyun funfun*	
— Blepharis maderaspatensis (L.) Heyne, Acanthaceae	*Ìṣájú*	
— Blighia Sp., Sapindaceae	*Iṣin odò*	

— Blighia sapida J. König, Sapindaceae	*Ișin* *Ișin jíjẹ* *Ișin ọká* *Ișin ọ̀dàn*	Castanheiro-da-áfrica
— Blighia unijugata Baker, Sapindaceae	*Ișin akọ* *Akọ isin* *Odọ̀fin ilé* *Akọișin*	
— Boerhavia sp., Nyctaginaceae	*Àjàgbọ́ọnni*	
— Boerhavia coccinea Mill., Nyctaginaceae	*Ètìpọ́nọlá*	
— Boerhavia diffusa L., Nyctaginaceae	*Ètìpọ́nọlá*	Erva-tostão Barriguinho Pega-pinto Solidônia Tangaracá
— Bombacopsis glabra (Pasq.) A. Robyns, Bombacaceae	*Póǹpóla*	
— Bombax buonopozense P. Beauv., Bombacaceae	*Pópóla* *Póǹpóla* *Èșo* *Ẹ̀gún*	Poilão-forro
— Bonamia thunbergiana (Roem. & Schult.) F. N. Williams, Bombacaceae	*Ọtọ́ igbó*	

— Borassus aethiopum Mart., Palmae	*Àgbọn olódù* *Àgbọn enídù* *Àgbọn onídù* *Àgbọn ẹyẹ* *Àgbọn ọ̀dàn* *Àgbọn gàm̀bàrí* *Idu àgbọn* *Ọpẹ̀ òkùnkùn*
— Boscia angustifolia A. Rich., Capparaceae	*Ìkọ́bẹ́*
— Bowringia mildbreadii Harms, Leguminosae Papilionoideae	*Apépe*
— Brachiaria villosa Vanderyst, Gramineae	*Eéran ọmọdé*
— Brachystegia eurycoma Harms, Leguminosae Caesalpinioideae	*Òjíjí ìtàkùn* *Akóló* *Ẹku (n)*
— Brachystegia leonensis Burtt Davy & Hutch., Leguminosae Caesalpinioideae	*Ẹkukù ilẹ̀* *Ẹkukù* *Ẹku*
— Brachystegia nigerica Hoyle & A. P. D. Jones, Leguminosae Caesalpinioideae	*Àgùnrí* *Akolodo*
— Bridelia atroviridis Müll. Arg., Euphorbiaceae	*Àáràgbá* *Àṣá* *Àáràsá* *Àsáràgbà*
— Bridelia ferruginea Benth., Euphorbiaceae	*Irà ọ̀dàn* *Irà*

— Bridelia grandis Pierre ex Hutch., Euphorbiaceae	*Àságbó*	
— Bridelia micrantha (Hochst.) Baill., Euphorbiaceae	*Àsáràgba* *Àṣá* *Àṣá gidi* *Àáràsá* *Ìra* *Fọnú fọnú*	
— Brillantaisia sp., Acanthaceae	*Ẹ̀rọ̀ yewa*	
— Brillantaisia lamium (Nees) Benth., Acanthaceae	*Ajíromi* *Ọ̀wọ̀* *Omi tútù*	
— Brillantaisia patula T. Anderson, Acanthaceae	*Ọ̀wọ̀* *Ewé ọ̀wọ̀*	
— Bryophyllum pinnatum (Lam.) Oken, Crassulaceae	*Àbámodá* *Ẹrú ọ̀dúndún* *Kantíkantí* *Kóropọ̀n*	Folha-da-fortuna Árvore-da-fortuna Coitama Diabinho Folha-da-costa Milagre-de-são-joaquim Saião
— Butyrospermum paradoxum (C. F. Gaertn.) Hepper subsp. parkii (G. Don) Hepper, Sapotaceae	*Ẹ̀mí* *Ẹ̀mí èmí* *Ẹ̀mí gidi* *Akúmálápá* *Órí* *Ẹ̀mígbẹ́gi*	Limo da costa

— Byrsocarpus coccineus	*Àdó*	
Schumach., Connaraceae	*Amùjẹ́ wẹ́wẹ́*	
	Oíire	
	Oríkòtẹ́ni	
	Asòlẹ̀kẹ̀	
	Olójúejò	
	Orókò tóhùn	
— Caesalpinia bonduc (L.) Roxb.,	*Ṣáyó*	Olho-de-gato
Leguminosae Caesalpinioideae	*Ṣẹ́ńwò*	Ariós
	Sẹ́yò ọlọ́pọ́n	Carniça
	Àyò	Juquerionano
		Silva-da-praia
— Cajanus cajan (L.) Millsp.,	*Òtili*	Andu
Leguminosae Papilionoideae		
— Caladium bicolor Vent.,	*Kóókò oòduà*	Tinhorão
Araceae	*Kóókò ṣọ̀pọ̀nná*	
	Kóókò ọbàlùfọ̀n	
— Calamus sp., Palmae	*Ikí*	
— Calamus deerratus G. Mann &	*Èrogbó*	Vime
H. Wendl., Palmae	*Eérúugbó*	
— Calliandra portoricensis	*Túdè*	
(Jacq.) Benth., Leguminosae	*Ìtúdè*	
Mimosoideae	*Àtúdàgbé*	
— Callichilia sp., Apocynaceae	*Dòdo*	
— Callichilia monopodialis (K.	*Abóbì dọ́yọ̀ó òrìṣà*	
Schum.) Stapf, Apocynaceae	*Amọ́ oyún*	

— Caloncoba glauca (P. Beauv.) Gilg, Flacourtiaceae	*Kánkán dìká*	
— Calopogonium mucunoides Desv., Leguminosae Papilionoideae	*Ẹ̀gbọ́n adágudu* *Egburu* *Atanka*	Falso-oró Jequitirana
— Calotropis procera (Aiton) W. T. Aiton, Asclepiadaceae	*Bomubómú*	Flor-de-seda
— Calycobolus heudelotii (Baker) Heine, Convolvulaceae	*Ẹ̀kan funfun*	
— Calytrochilum christyanum (Rchb. f.) Summerh., Orchidaceae	*Ẹ̀là* *Ọmọ òyígí*	
— Campylospermum flavum (Schumach. & Thonn.) Farron, Ochnaceae	*Ajíbẹ́po* *Fẹ̀jẹ̀ sẹ̀hìn* *Fẹ̀ṣọ̀ ṣẹ̀jẹ̀jẹ́* *Àsojá*	
— Campylospermum reticulatum (P. Beauv.) Farron, Ochnaceae	*Olúgbẹ̀kán* *Agbárí ẹtu*	
— Canarium schweinfurthii Engl., Burseraceae	*Àkó* *Orígbó* *Pàpó* *Ìpàpó*	
— Canavalia sp., Leguminosae Papilionoideae	*Ìfàtọ́*	

— Canavalia ensiformis (L.) DC.,	*Jogbonlóro*	
Leguminosae Papilionoideae	*Pópóǹdó*	
	Pòpòǹlá	
	Pápáńlá	
	Pòpòǹdó asínyùn	
	mọ́wọ̀	
— Cannabis sp., Cannabaceae	*Ẹrú ìṣápá*	Mangalô
		Fava-branca
		Feijão-de-porco
		Mangalô-da-costa-da-
		-áfrica
— Cannabis sativa L.,	*Igbó*	Maconha
Cannabaceae		Cânhamo-verdadeiro
— Canna indica L., Cannaceae	*Ìdòfin*	Cana-de-jardim
	Ìdò (dúdú)	Cana-florífera
	Ìdò pupa	Erva-conteira
	Ìdòrò	
	Ìdòìíi ṣawo àìlà	
— Canthium spp., Rubiaceae	*Abojúmátì*	
	Ẹ̀dọ̀ọgbọ́	
— Caperonia iatifolia Pax,	*Jobo*	
Euphorbiaceae		
— Capparis thonningii Schumach.,	*Èékán àwòdì*	
Capparaceae	*Ẹ̀wọ̀n ẹ̀kìrì*	
	Ikàn àwòdì	
	Bòbó àwòdì	
— Capsicum sp., Solanaceae	*Ata ọmọdé*	

— Capsicum annuum L., Solanaceae	*Ata ìṣẹ̀nbáyé*	Pimentão
	Ata jíjẹ	Pimentão-doce
	Ata gbásẹ̀jọ	
	Kórùúkọ	
	Ata àbùrẹkù	
	Ata àbáláyé	
	Ata abaìjọ̀si	
— Capsicum frutescens L., Solanaceae	*Ata ọlọ́bẹ̀ńkàn*	Malagueta
	Ata ẹyẹ	Pimenta-malagueta
	Ata sísebẹ̀	
— Carapia procera DC., Meliaceae	*Abo ọ̀gànwó*	Andiroba
	Èfù ìyá	
— Cardiospermum grandiflorum Sw., Sapindaceae	*Ṣaworo*	Ensacadinha
	Akọ ejìnrìn	Balãozinho
	Ìkúùkù ẹrin	Chumbinho
	Ìròwò	Coração-da-índia
	Atúgun	
— Carica papaya L., Caricaceae	*Ìbẹ́pẹ*	Mamoeiro
	Ìbẹ́pẹ dúdú	Mamão
	Ìṣígùn	
	Gbègbèrè	
	Ṣígù	
— Carica papaya L. var. microcarpa Jacq., Caricaceae	*Akọ ìbẹ́pẹ*	
— Carpolobia lutea G. Don, Polygalaceae	*Ọ̀súnsún*	
	Ọ̀ọ́sún	
	Ọ̀súnsún igbó	
	Àdóomú	
	Súnrebámi	

— Cassia sp., Leguminosae Caesalpinioideae	*Ṣẹ́kẹ́ṣẹkẹ̀* *Ìbòsí*	
— Cassia arereh Delile, Leguminosae Caesalpinioideae	*Lámúlè*	
— Cassia sieberiana DC., Leguminosae Caesalpinioideae	*Èfò* *Ìfò* *Àrìdan tọ́ọ́rọ́*	
— Cassipourea barteri (Hook. f.) N. E. Br., Rhizophoraceae	*Òdú* *Ìrókò òkun*	
— Cayaponia africana (Hook. f.) Exell, Cucurbitaceae	*Wòmìrìn* *Àkútàpá* *Dọ̀tánù*	
— Ceiba pentandra (L.) Gaertn., Bombacaceae	*Àràbà* *Ẹ̀gungun ògún* *Ẹ̀ẹ́gun (owú ẹ̀ẹ́gun)* *Ògbùngbùn*	Mafumeira Poilão Polão Sumaumeira
— Celosia argentea L., Amaranthaceae	*Ṣọkọ̀tọ̀* *Ṣọkọ yọ̀kọ̀tọ̀* *Ẹ̀fọ́ odò*	Amaranto-branco Veludo-branco
— Celosia isertii C. C. Towns., Amaranthaceae	*Àjẹfọ́wọ* *Ajítàn* *Ìyànjú*	
— Celtis integrifolia Lam., Ulmaceae	*Aápẹ* *Aápẹ àjìjà* *Apẹ̀ta*	

— Celtis wrightii Planch., Ulmaceae	*Àwágbà*	
— Celtis zenkeri Engl., Ulmaceae	*Ità* *Arakòbalẹ̀* *Jàlóre* *Ità oko*	
— Cenchrus biflorus Roxb., Gramineae	*Èmìmọ́* *Èèmọ́*	
— Centaureae senegalensis DC., Compositae	*Àhèhe*	
— Ceratotheca sesamoides Endl., Pedaliaceae	*Ẹ̀kú* *Ẹ̀kukù* *Ẹ̀kukù ilẹ̀*	
— Chamaecrista kirkii (Oliv.) Standl., Leguminosae Caesalpinioideae	*Ìmọ̀tú*	
— Chamaecrista mimosoides (L.) Greene, Leguminosae Caesalpinioideae	*Kálẹ̀fimíṣe* *Akọ kíni àáfimíṣe* *Kíni àáfimíṣe* *Kòsíohun tíàáfimíṣe* *Ìran*	Mimosa Sensitiva
— Chamaecrista rotundifolia (Pers.) Greene, Leguminosae Caesalpinioideae	*Rẹ̀kùrẹ̀kù abàfẹ̀* *Abàfẹ̀ ilẹ̀* *Olúgboró kànràn*	Fedegoso
— Chasmanthera dependens Hochst., Menispermaceae	*Atò* *Amaranà*	

— CHASSALIA CRISTATA (Hiern) Bremek., Rubiaceae	*Òwú dúdú*	
— CHASSALIA KOLLY (Schumach.) Hepper, Rubiaceae	*Ìsépẹ́ agbe*	
— CHENOPODIUM AMBROSIOIDES L., Chenopodiaceae	*Mańturusí* *Mọníturusí* *Imi iyín*	Erva-de-santa-maria Ambrósia-do-méxico Erva-formigueiro Mentruz Quenopódio
— CHLORIS PILOSA Schumach., Gramineae	*Eéran*	
— CHLOROPHORA EXCELSA (Welw.) Benth. & Hook., Moraceae	*Ẹ̀rọ̀ ìrókò* *Ìrókò* *Ìrókò alédé oko* *Ìràwé igbó* *Ìrókò ẹ̀wọ̀*	
— CHLOROPHYTUM spp., Anthericaceae	*Àpò ọmọdè oko* *Ọ̀jáàkókò*	
— CHLOROPHYTUM MACROPHYLLUM (A. Rich.) Asch., Anthericaceae	*Ọmọníyìndín* *Yéyémùyé*	
— CHRYSANTHELLUM INDICUM (L.) Vatke, Var. AFROAMERICANUM Turner, Compositae	*Ajèrè* *Òyígí* *Abílẹ̀rẹ̀*	
— CHRYSOBALANUS ICACO L., Chrysobalanaceae	*Ìkatè*	

— CHRYSOPHYLLUM ALBIDUM G. Don, Sapotaceae | *Ọsàn àgbálùmọ̀*
Ọsàn ọlọ́mọ wẹ́wẹ́
Onídọ̀sàn
Àgbálùmọ̀ ọlọ́mọ

— CHRYSOPHYLLUM PERPULCHRUM Mildbr. ex Hutch. & Dalziel, Sapotaceae | *Ọsàn ẹ̀dùn*
Ọsàn palambì
Ọsànko

— CHRYSOPHYLLUM PRUNIFOLIUM Baker, Sapotaceae | *Ọsàn gbólà*

— CHRYSOPHYLLUM WELWITSCHII Engl., Sapotaceae | *Àṣíyèlẹ́*
Apagbẹ́
Èrèhun
Èrìhun

— CISSAMPELOS MUCRONATA A. Rich., Menispermaceae | *Jókóòjẹ́ẹ́*
Jẹ́njókòó
Ìwàrẹ̀jẹ́jẹ́

— CISSUS sp., Vitaceae | *Dàìko*
Dàrìko
Ìtàkun dájì

— CISSUS ARALIOIDES (Welw. ex Baker) Planch., Vitaceae | *Abèékánná màrùún*

— CISSUS PETIOLATA Hook. f., Vitaceae | *Abẹ alárùn*
Ẹ̀yún
Ẹ̀yún họ̀ọ̀
Ẹ̀yúnyún

— Cissus polyantha Gilg & W. Brandt, Vitaceae	*Ìtàkùn igbó* *Kúmorí* *Ikúmorí*	
— Cissus populnea Guill. & Perr., Vitaceae	*Àjà* *Àjàrà* *Ọgbọ̀lọ̀*	
— Cissus producta Afzel., Vitaceae	*Àbíràgbá* *Ẹ̀dọ̀ ejò* *Gbòò* *Sọkúdalẹ́*	
— Citrullus colocynthis (L.) Schrad., Cucurbitaceae	*Bàrà* *Bàrà àkùkù*	Coloquinto
— Citrullus lanatus (Thunb.) Mansf., Cucurbitaceae	*Bàrà* *Ègúsí* *Ẹ̀gúnsí* *Egusi* *Ògìrì* *Ṣọ̀fín*	Melancia
— Citrus sp., Rutaceae	*Ọ̀sàn* *Òróǹbó*	
— Citrus aurantifolia (Christm.) Swingle, Rutaceae	*Ọ̀sàn wẹ́wẹ́* *Òroǹbó wẹ́wẹ́* *Ìlèmú* *Ewé ìlèmú* *Ewé óróǹbó wẹ́wẹ́* *Gàn-ín gàn-ín wẹ́wẹ́* *Ọ̀sàn gingin*	Limeira-da-pérsia

— CITRUS AURANTIUM L., Rutaceae	*Jàganyìn*	Laranjeira
	Ọsàn ńlá	Laranja-da-terra
	Òroṁbó	Laranja-sevilhana
	Òroṁbó igún	Pomo de ouro
	Ọsàn òyìnbó	
	Òroṁbó-dídùn	
	Ọsàn múmu	
	Òroṁbó múmu	
	Òro óyìbó	
	Gàn-ín gàn-ín	
	Òroṁbó làkúègbé	
	Jàgbure	
	Òroṁbó efin	
	Òroṁbó jagànyin	
— CITRUS MEDICA L., Rutaceae	*Ọsàn làkúègbé*	Lima
		Bergamota
		Cidreira
		Lima-de-umbigo
		Limoeiro-galego
— CITRUS NOBILIS Lour., Rutaceae	*Ta-n jarîini*	Tangerina
		Laranja-cravo
— CLAPPERTONIA FILICIFOLIA	*Bolobólò*	
(Willd.) Decne., Tiliaceae	*Àgbọ̀rín ìlasa*	
— CLAUSENA ANISATA (Willd.) Hook.	*Àgbásá*	Anis
f. ex Benth., Rutaceae	*Àtàpàrí òbúkọ*	
	Àtàpàrí òrúkọ	
	Agbárí òbúkọ	
— CLEISTOPHOLIS PATENS (Benth.)	*Àpakọ́*	
Engl. & Diels, Annonaceae	*Ọ̀kẹ́*	

— Clematis hirsuta Guill. & Perr., Ranunculaceae	*Awúrekùjẹ́* *Adápópo* *Ìdakèré*	
— Cleome gynandra L., Capparaceae	*Èkùyá* *Erimi aìtàn* *Èkùyáko* *Èkíyé* *Èkù yálé*	Muçambé-cor-de-rosa Muçambé-de-cinco--folhas
— Cleome rutidosperma DC., Capparaceae	*Eriwo* *Erú èbùrẹ́* *Èkùyá àjà* *Etarẹ́* *Àràkáníkáde* *Èrùyá òrìṣà*	
— Cleome viscosa L., Capparaceae	*Èkùyá* *Èkùyá pupa*	
— Clerodendrum capratum (Willd.) Schumach. & Thonn, Verbenaceae	*Iye* *Fèrèmọ́mi* *Fuèmọ́mi*	
— Clerodendrum japonicum (Thunb.) Sweet, Verbenaceae	*Adinu másọ̀rọ̀ igbó*	
— Clerodendrum polycephalum Baker, Verbenaceae	*Aporó* *Ọ̀pà súpà*	
— Clerodendrum splendens G. Don. Verbenaceae	*Adabi* *Opó-èṣí*	

— CLERODENDRUM VIOLACEUM Gürke, Verbenaceae	*Iṣẹ́dùn*
— CLERODENDRUM VOLUBIIE P. Beauv., Verbenaceae	*Dagbà*
— CLITANDRA CYMULOSA Benth., Apocynaceae	*Ùbọ́ bipàn*
— CNESTIS CORNICULATA Lam., Connaraceae	*Èsìse* *Ekóró*
— CNESTIS FERRUGINEA DC., Connaraceae	*Ọyàn àjẹ́* *Àkàrà àjẹ́* *Àkàrà oṣó* *Èsìsẹ́* *Ekóró* *Gbọ̀nyìngbọ̀nyìn* *Àpèjonu* *Ìká ọ̀kùnrùn*
— CNESTIS LONGIFLORA Schellenb., Connaraceae	*Amùjẹ̀ wẹ́wẹ́*
— COCCINIA spp., Cucurbitaceae	*Okùn dúdú*
— COCCINIA BARTERI (Hook. f.) Keay, Cucurbitaceae	*Àrígbódigbó*

— Cochlospermum planchonii Hook. f., Cochlospermaceae	*Adóṣù*	
	Adóṣùṣù	
	Ọlọ́pàpà mèràgà	
	Ọlọ́pàpà àlàgà	
	Ọlọ́pàpà ràgà	
	Ajodò	
	Ruturutú	
— Cochlospermum tinctorium A. Rich., Cochlospermaceae	*Àwọ̀ òwú*	
	Férú	
	Gbéwùtù	
	Ráwáyé	
	Aráwáyé	
— Cocos nucifera L., Palmae	*Àgbọn*	Coqueiro-da-bahia
— Coelocaryon preussii Warb., Myristicaceae	*Ègbènrèn*	
	Ègbìnrìn	
— Coffea spp., Rubiaceae	*Ọwọ́ idẹ*	Café
	Kọfí	
— Coix lacryma-jobi L., Gramineae	*Tésúbíyù*	Capim-de-nossa--senhora
— Cola acuminata (P. Beauv.) Schott & Endl., Sterculiaceae	*Obì*	Coleira
	Obì ifin	Colateira
	Obì pupa	Castanha-de-cola
	Obì àbàtà	Noz-de-cola
		Cola
— Cola cordifolia (Cav.) R. Br., Sterculiaceae	*Ògùgú*	
	Ògùngún	
	Apotopòróò	

— Cola gigantea A. Chev. var. glabrescens Brenan & Keay, Sterculiaceae	*Ògùngún*	
— Cola lateritia K. Schum., Sterculiaceae	*Ọrọ́dò*	Cola
— Cola laurifolia Mast., Sterculiaceae	*Fọ́mù*	
— Cola millenii K. Schum., Sterculiaceae	*Obì ẹdun* *Obì aya* *Worowówò* *Obìdun* *Aworere* *Ẹhin ẹdun* *Obìgàrè*	
— Cola nitida Schott & Endl., Sterculiaceae	*Obì àkàlà*	Noz-de-cola Abajá Café-do-sudão Obí Orobó Oubi
— Colocasia esculenta (L.) Schott, Araceae	*Kókò* *Kókò ẹbọ* *Kókò funfun* *Kókò pupa* *Iṣu kókò* *Kókò ẹfúẹ*	Inhame Inhame-branco Inhame-da-costa Inhame-taioba
— Combretum sp., Combretaceae	*Ọgàn ṣọ̀pọ̀nná*	

— COMBRETUM COLLINUM Fresen., Combretaceae	*Ajáńtiro*
— COMBRETUM CONSTRICTUM (Benth.) Lawson, Combretaceae	*Ọ̀gàn búlẹ̀* *Ọ̀gàn ìbúlẹ̀*
— COMBRETUM HISPIDUS Lawson, Combretaceae	*Ọ̀gàn àjànà*
— COMBRETUM MICRANTHUM G. Don, Combretaceae	*Ọkàn* *Igi ọkàn*
— COMBRETUM PLATYPTERUM (Welw.) Hutch. & Dalziel, Combretaceae	*Ọ̀gàn* *Ọ̀gàn dúdú* *Òdòdó òkun* *Ẹ̀sìnrìn* *Èsín ẹ̀gẹ́dẹ̀*
— COMBRETUM RACEMOSUM P. Beauv., Combretaceae	*Ọ̀gàn* *Ọ̀gàn pupa* *Ọ̀gàn ńlá* *Funfun ọ̀wà*
— COMBRETUM SMEATHMANNII G. Don, Combretaceae	*Hewú hewù* *Abẹ̀ẹ́*
— COMMELINA sp., Commelinaceae	*Àìkú (jegúrè)* *Àkò* *Awàtọ̀sí*
— COMMELINA AFRICANA L., Commelinaceae	*Ọmọní rògan rògan*

— COMMELINA DIFFUSA Burm. f., Commelinaceae	*Ọmọnírọ̀ganrọ̀gan*	Marianinha
	Àtòjò àtẹ̀rùn	Capim-gomoso
	Gọ̀dọ̀gbọ̀ odò	Maria-mole
— COMMELINA ERECTA L., Commelinaceae	*Ìlẹ̀kẹ̀ ọ̀pọ̀lọ́*	
	Itọ́ ìpére	
	Itọ́ ìpére	
	Itọ́pa ire	
	Olójòǹgbòdú	
	Ọlájàǹhgbàlú	
— COMMIPHORA AFRICANA (A. Rich.) Engl., Burseraceae	*Jín*	
	Oríjìn	
— CONVOLVULUS SAGITTATUS Thunb., Convolvulaceae	*Ọ̀fẹ̀rẹ̀ gàmú*	
— CONYZA SUMATRENSIS (Retz.) E. Walker, Compositae	*Agẹmọ kogun*	Capiçoba
		Erva-lanceta
— CORCHORUS spp., Tiliaceae	*Ọ́yọ́lẹ̀*	
	Amúgbà dúdú	
— CORCHORUS AESTUANS L., Tiliaceae	*Ọ́yọ́ àjẹ́*	Caruru-da-bahia
	Abojàjà	
	Jàgá	
	Àjẹgbẹhìn	

— CORCHORUS OLITORIUS L., Tiliaceae	*Ayó* *Ọ́ọ́yọ́* *Ọyọ́yọ́* *Eyọ́* *Eyó gànbẹ* *Yọ́yọ́* *Ewéédú* *Ewéédú gànbe* *Oọ́yọ́ mìrìn* *Ṣẹnu gbọọrọ*	Juta
— CORDIA MILLENII Baker, Boraginaceae	*Ọ̀mọ̀*	
— CORDIA PLATYTHYRSA Baker, Boraginaceae	*Akolédò*	
— CORDIA SENEGALENSIS Juss., Boraginaceae	*Apàṣà igba*	
— CORYNANTHE PACHYCERAS K. Schum., Rubiaceae	*Akọ wẹnrẹnwẹ́nrẹ̀n* *Akọ ìdágbọ́n* *Akọ nwẹrẹwẹrẹ*	
— COSTUS AFER Ker Gawl., Costaceae	*Tẹ̀tẹ̀rẹ̀gún* *Tẹ̀tẹ̀ egún* *Tẹ̀tẹ̀ẹ̀gúndò*	Cana-de-macaco Sangoloro
— CRASSOCEPHALUM CREPIDIOIDES (Benth.) S. Moore, Compositae	*Ebòlò ọ̀ṣun*	

— Crassocephalum rubens (Juss.) S. Moore, Compositae	*Ebòlò* *Èbùrẹ́* *Ẹ̀fọ́ èbùrẹ́* *Jágà*	
— Crassocephalum togoense C. D. Adams, Compositae	*Ebòlò*	
— Crateva adansonii DC., Capparaceae	*Ẹ̀gún ọrún* *Tani yàà* *Tamọ lábíá*	Tapiá
— Cremaspora triflora (Thoms) K. Schum., Rubiaceae	*Bùjé wẹ́wẹ́*	
— Crinum zeylanicum (L.) L., Amaryllidaceae	*Iṣuméri* *Ọ̀gẹ̀dẹ̀ odò*	
— Crossopteryx febrifuga (Afzel.) Benth., Rubiaceae	*Àrọ́* *Ayeye*	
— Crotalaria sp., Leguminosae Papilionoideae	*Koropọ̀n* *Pẹkẹ́ pẹkẹ́* *Sawaro* *Ṣẹ́kú ṣẹ́kú* *Ọmọdé*	
— Crotalaria cephalotes Steud. ex A. Rich., Leguminosae Papilionoideae	*Pésìkìtì*	
— Crotalaria goreensis Guill. & Perr., Leguminosae Papilionoideae	*Àgbòoríta*	

— Crotalaria lachnophora Hochst ex A. Rich., Leguminosae Papilionoideae	*Abíríkolo*	
— Crotalaria microcarpa Hochst., Leguminosae Papilionoideae	*Eníhóró* *Ináorí*	
— Crotalaria naragutensis Hutch., Leguminosae Papilionoideae	*Kankan*	
— Crotalaria pallida Aiton, Leguminosae Papilionoideae	*Òmìni* *Bîìránà* *Àjàemilẹ̀*	
— Crotalaria retusa L., Leguminosae Papilionoideae	*Òdòdó* *Àwíyán*	Xiquexique Cascavel Chocalho Maracá
— Croton lobatus L., Euphorbiaceae	*Ẹ̀rù* *Jọ́mọ óruke* *Ẹ̀rùmọgàlè*	
— Croton zambesicus Müll. Arg., Euphorbiaceae	*Àjẹ́ kòbàlé* *Àjẹ́ òfòlé* *Afẹ́lóru* *Ọ̀bàlé*	
— Cucumeropis manni Naudin, Cucurbitaceae	*Itorò* *Àtówò* *Ẹ̀gúsí ìtórò*	

— CUCURBITA PEPO L., Cucurbitaceae	*Elégédé* *Àpalá* *Tàkùn elégédé* *Ẹ̀ṣìn* *Ìtàkùn elégédé* *Iṣẹ́rẹ́* *Ṣẹ̀gbá*	Jerimum Abóbora-amarela Abóbora-moranga Abóbora-da-guiné Abóbora-porqueira
— CULCASIA SCANDENS P. Beauv., Araceae	*Àgúnmọ̀n*	
— CUSCUTA AUSTRALIS R. Br., Cuscutaceae	*Gédégédé pupa* *Ọmọní gèdègédé* *Ọmọní gìnìgíní* *Ọmọní gèlègélé* *Gannagánnà*	
— CUSSONIA ARBOREA Hochst. ex A. Rich., Araliaceae	*Ṣìgo* *Ṣìgo* *Ṣìgorolú*	
— CYATHULA sp., Amaranthaceae	*Arẹ́hìn kosùn*	
— CYATHULA ACHYRANTHOIDES (Kunth.) Moq., Amaranthaceae	*Ṣájúwayé*	
— CYATHULA PROSTRATA (L.) Blume, Amaranthaceae	*Eúre pèpè* *Ṣawere pèpè* *Pòògbẹpòògbẹ* *Dámọnítọ̀* *Arẹ́hìn kosùn ọmọ*	
— CYCNIUM CAMPORUM Engl., Scrophulariaceae	*Arójòkú wẹ́rẹ́*	

— CYLICODISCUS GABUNENSIS Harms, Leguminosae Mimosoideae	*Àjà igi* *Ọlọ́sàn* *Lísàn* *Ọ̀dẹ̀òwẹ̀sẹ̀* *Olísàn*	
— CYMBOPOGON CITRATUS (DC.) Stapf, Gramineae	*Koríko ọba* *Koríko òyìnbó* *Koóko ọba* *Oko ọba* *Tîi* *Etí* *Ìsokò*	Capim-santo Capim-cidrão Capim-cidreira Capim-limão Erva-cidreira Falsa-erva-cidreira
— CYNODON DACTYLON (L.) Pers., Gramineae	*Koóko ìgbá*	Capim-de-burro Grama Pata-de-galinha
— CYNOMETRA MANNII Oliv., Leguminosae Caesalpinioideae	*Eèkù* *Èkùkù*	
— CYNOMETRA MEGALOPHYLLA Harms, Leguminosae Caesalpinioideae	*Ẹ̀gì*	
— CYPERUS Sp., Cyperaceae	*Ẹ̀wà ọ̀sanyìn* *Ìyáfún* *Ajípàtẹ*	
— CYPERUS ARTICULATUS L., Cyperareae	*Ifin* *Òré*	Junco-bravo

— Cyperus esculentus L., Cyperaceae	*Òfio* *Ọ̀mu* *Ìmumu*	Junça Coco-capim Junquinha-mansa Junquinho-rio-grande
— Cyphostemma adenopodium (Sprague) Desc., Vitaceae	*Ẹrú dàìko*	
— Cyphostemma senegalense (Schott) Engl. Araceae	*Ọ̀pẹ̀ ìgọ́*	
— Dacryodes edulis (G. Don) H. J. Lam, Burseraceae	*Ẹlẹmì*	
— Dalbergia sp., Leguminosae Papilionoideae	*Ẹlẹ́mọ̀sọ́ ọ̀bẹ́gán* *Ẹrú ẹlẹ́mọ̀sọ́ ọ̀bẹ́gán* *Bẹ́gán*	
— Dalbergia hostilis Benth., Leguminosae Papilionoideae	*Ọ̀gàn àjà* *Ṣorí jìwìnnì* *Òjíjí wẹ́ẹ̀rẹ́*	
— Dalbergia lactea Vatke, Leguminosae Papilionoideae	*Òjíjí ọrọ́ta* *Ikújẹ́ǹjó* *Òjíjí igi* *Òjíjí*	
— Dalbergia saxatilis Hook. f., Leguminosae Papilionoideae	*Ògúndù* *Asobíabẹ*	
— Dalbergiella welwitschii (Baker) Baker f., Leguminosae Papilionoideae	*Pàrán* *Adi ọ̀kẹ́rú*	

— Daniellia ogea (Harms) Rolfe, Leguminosae Caesalpinioideae	*Arèdàn* *Òjíá* *Aṣúnwọlé* *Arádò* *Àṣúwọ̀lé* *Mugbara* *Ògùnjá*	
— Daniellia oliveri (Rolfe) Hutch & Dalziel, Leguminosae Caesalpinioideae	*Iyá* *Ìràwé ọ̀dàn*	
— Datura candida (Pers.) Saff., Solanaceae	*Dàgìrì dobo*	Trombeteira Trombeta-branca Trombeta-roxa
— Datara metel L., Solanaceae	*Apìkán*	
— Deinbollia pinnata Schumach. & Thonn., Sapindaceae	*Ojú àgbìgbò* *Kúèré* *Abẹ orò* *Ẹníbíyọ̀* *Irújẹ̀ oko*	
— Delonix regia (Bojer ex Hook.) Raf., Leguminosae Caesalpinioideae	*Ògùn bẹ̀rẹ̀kẹ̀* *Pa-nṣẹkẹ*	Flamboyant
— Denettia tripetala Baker f., Annonaceae	*Ìgbèrí*	
— Desmodium sp., Leguminosae Papilionoideae	*Atorígbó* *Ẹ̀dà* *Dare*	

— Desmodium adscendens (Sw.) DC., Leguminosae Papilionoideae	*Ẹ̀pà ikúnígbó* *Ẹ̀pà ilẹ̀* *Ọ̀gànsọ̀ dùndún* *Àjádìí*	Carrapicho-de-beiço- -de-boi
— Desmodium canum (J. F. Gmel.) Schinz. & Thell., Leguminosae Papilionoideae	*Èmìmọ́* *Abéròdéfẹ̀* *Èèmọ́ abéròdéfẹ̀* *Abálòdéfẹ̀* *Zẹnali*	
— Desmodium gangeticum (L.) DC., Leguminosae Papilionoideae	*Abéròdéfẹ̀* *Èèmọ́ abéròdéfẹ̀* *Èmìmọ́* *Tìpẹ̀tìpẹ̀* *Amátọ̀ki* *Ewé èèmọ́* *Ọláworokoko*	
— Desmodium linearifolium G. Don, Leguminosae Papilionoideae	*Èèmọ́*	
— Desmodium ramosissimum G. Don, Leguminosae Papilionoideae	*Abéròdéfẹ̀ gidi*	
— Desmodium salicifolium (Poir.) DC., Leguminosae Papilionoideae	*Tìpẹ̀tìrán* *Ẹdálé* *Ojúdálé* *Akìtìpà*	

— Desmodium setigerum (E. Mey.) Benth., Leguminosae Papilionoiddae	*Ìṣẹ̀lẹ̀*
— Desmodium velutinum (Willd.) DC., Leguminosae Papilionoideae	*Èèmọ́* *Abàṣóko*
— Desplatsia dewevrei (De Wild. & T. Durand) Burret, Tiliaceae	*Àwùjẹ*
— Detarium senegalense J. F. Gmel., Leguminosae Caesalpinioideae	*Ọgbọọgbọ*
— Dialium guineense Willd., Leguminosae Caesalpinioideae	*Àwín* *Iwín* *Pẹpẹ* *Ìròkòsùn*
— Dichapetalum sp., Dichapetalaceae	*Ọ̀dọ̀fin ọ̀run*
— Dichapetalum madagascariense Poir., Dichapetalaceae	*Asín* *Ọsàn ẹyẹ* *Fìlà funfun* *Sẹ́gi sórí*
— Dichapetalum pallidum (Oliv.) Engl., Dichapetalaceae	*Kùkúmọ̀rúgbó*
— Dichapetalum toxicarium (G. Don) Baill., Dichapetalaceae	*Àlóó* *Kùkúmọ̀rúgbó*

— DICHROCEPHALA INTEGRIFOLIA (L. f.) Kuntze, Compositae	*Ikúpẹ̀rọ̀*	
— DICHROSTACHYS CINEREA (L.) Wight & Arn., Leguminosae Mimosoideae	*Kará*	
— DIGITARIA CILIARIS (Retz.) Koeler, Gramineae	*Eéran*	
— DIGITARIA DEBILIS (Desf.) Willd., Gramineae	*Eéran*	
— DIGITARIA EXILIS (Kippist) Stapf, Gramineae	*Sùúrù*	
— DIGITARIA HORIZONTALIS Willd., Gramineae	*Eéran*	
— DIOCLEA REFLEXA Hook. f., Leguminosae Papilionoideae	*Iṣẹ́* *Okún ìrora* *Àgbáàrín* *Ègé* *Ìdàṣẹ́nu* *Olójú ẹdun*	Feijão-bravo
— DIODIA SCANDENS Sw., Rubiaceae	*Ẹ̀hìn arìbo* *Ajagun mọlọ́wìwí*	
— DIOSCOREA sp., Dioscoreaceae	*Ẹ̀dọ̀ àgbọ̀nrín* *Okùn emìnalẹ̀* *Iṣu* *Ègbodò*	Inhame

— DIOSCOREA ALATA L., Dioscoreaceae	*Arùn fọ̀nfọ̀n*	Inhame
	Ewùrà	Cará
	Ègbodò	Inhame-bravo
		Inhame-da-china
		Inhame-da-índia
		Inhame-de-cariolá
		Inhame-de-lisboa
		Inhame-de-são-tomé
— DIOSCOREA BULBIFERA L., Dioscoreaceae	*Emìnà*	Cará-de-sapateiro
	Ewùrà ẹ̀ṣin	Inhame-de-são-tomé
	Dandan	
— DIOSCOREA CAYENENSIS Lam., Dioscoreaceae	*Àlọ̀*	Cará-do-pará
	Ìgángán	Inhame-da-guiné-branco
	Agándan	
	Apépe	
	Ọ̀pàràgà	
	Pa-nṣágà	
	Ọ̀lọ̀	
	Aginipa	
	Aginito	
— DIOSCOREA DUMETORUM (Kunth) Pax, Dioscoreaceae	*Èsúrú*	
	Èsúrú ọ̀rọ̀	
	Esúrú funfun	
	Gùdùgúdú	
	Èsúrú pupa	
— DIOSCOREA ESCULENTA (Lour.) Burkill, Dioscoreaceae	*Iṣu àlùbọ́sà*	Inhame-de-são-tomé

— DIOSCOREA HIRTIFLORA Benth., Dioscoreaceae	*Òkèlè ahun* *Aṣogbóṣatọ́* *Okùn owó* *Ìkojú*	
— DIOSCOREA ODORATISSIMA Pax, Dioscoreaceae	*Èsúrú*	Inhame-da-guiné--branco
— DIOSCOREA PRAEHENSILIS Benth., Dioscoreaceae	*Ègún èsúrú* *Akọ̀ọ̀ṣu* *Iṣu àwán* *Iṣu ọdẹ* *Iṣu anwan* *Iṣu èsúrú*	
— DIOSCOREA ROTUNDATA Poir., Dioscoreaceae	*Àbájẹ* *Iṣu funfun* *Iṣu efùrù* *Ẹ̀fọ̀n* *Jànyìn jànyin* *Agogó* *Wáwá jí* *Mùnú* *Ọ̀pàràgà* *Olótun iyangban* *Oluku* *Ọgọdọmọyọ* *Ọ̀dọ̀* *Olonku* *Afẹgiagagake* *Agbemọ* *Agẹmọ okun* *Ahunẹ*	Inhame-da-guiné--branco

— Dioscorea smilacifolia De Wild. & T. Durand, Dioscoreaceae	*Èwó*	
— Dioscoreophyllum cumminsii (Stapf) Diels, Menispermaceae	*Ininirim* *Inunurim*	
— Diospyros crassiflora Hiern, Ebenaceae	*Kanran*	Ébano
— Diospyros dendo Welw., Ebenaceae	*Igi dúdú*	
— Diospyros mespiliformis Hochst. ex A. DC., Ebenaceae	*Igi dúdú* *Kanran*	
— Diospyros monbuttensis Gürke, Ebenaceae	*Ògàn* *Ọ̀gàn ègbò* *Ọ̀gàn-anpa* *Ọ̀gàn pupa* *Ọ̀gàn paolóbì* *Àgàn egbò* *Aṣọ̀gànṣẹ́kẹ́* *Aṣogùn*	
— Diospyros physocalycina Gürke, Ebenaceae	*Oróbẹ́ja* *Aró àbàjẹ*	
— Diospyros piscatoria Gürke, Ebenaceae	*Igi dúdú* *Ìsodúdú* *Keso* *Ogwagwa*	

— Diospyros suaveolens Gürke, Ebenaceae | *Èṣùṣu àpọ́n*, *Ẹ̀rúkọ́ya*

— Discoglypremna caloneura (Pax) Prain, Euphorbiaceae | *Akikagbá*, *Ṣòkùnṣowó*, *Ọ̀dùn*

— Dissotis sp., Melastomataceae | *Ajagunmaráṣè*, *Ìgbẹ́dẹrẹ́*, *Ọ̀pá*

— Dissotis rotundifolia (Sm.) Triana, Melastomaceae | *Ajagunráṣè*, *Awẹde*, *Apọ́ ibà*, *Ìbéderẹ́*, *Alaṣẹ*

— Distemonanthus benthamianus Baill., Leguminosae Mimosoideae | *Àyàn*, *Igi ajé*

— Dombeya buettneri K. Schum., Sterculiaceae | *Ewu ọmọ*, *Ewé òfó*, *Òfó*

— Dombeya quinquiseta (Delile) Exell, Sterculiaceae | *Àìdan àbàtà*

— Dracaena arborea (Willd.) Link, Agavaceae | *Pèrègún ifá*, *Ọ̀pẹ́ kannakánná*, *Osùn búkẹ*

— Dracaena fragrans (L.) Ker Gawl., Agavaceae	*Pèrègún* *Pèrègún lẹsẹ*	Coqueiro-de-vênus--nativo
— Dracaena laxissima Engl., Agavaceae	*Ìrù ẹkùn* *Awáyémákùú*	
— Dracaena mannii Baker, Agavaceae	*Ọ̀pẹ́ kannakánná* *Osùn búkẹ*	
— Dracaena surculosa Lindl., Agavaceae	*Ẹ̀tọ́*	
— Drypetes spp., Euphorbiaceae	*Ọgbọ́ dúdú* *Òkùà* *Ọ̀sà*	
— Drypetes chevalieri Beille, Euphorbiaceae	*Ìtà òyìnbó igbó* *Ọ̀súnsún ìrò* *Aya*	
— Drypetes floribunda (Müll. Arg.) Hutch., Euphorbiaceae	*Àsokára*	
— Dyschoriste perrottettii (Nees) Kuntze, Acanthaceae	*Oyúnínú* *Pọnmọ sẹ̀sẹ̀kí* *Sẹ̀sẹ̀kí oko* *Ọmọní sẹ̀sẹ̀kí* *Oníyàn pọ́npọ́n* *Abọ́mọpọ̀n*	
— Echinops longifolius A. Rich., Compositae	*Àgbé* *Àgbẹ́*	

— ECLIPTA ALBA (L.) Hassk.,	*Arójòkú*	Erva-botão
Compositae	*Àáràgbá*	
	Abíkolo	
— EHRETIA CYMOSA Thonn.,	*Jásókè*	
Boraginaceae	*Adáwínwín*	
	Bẹ́sókè	
	Jáà	
	Jáókè	
	Pawín	
	Jásókè	
	Ìjáókè	
— EKEBERGIA SENEGALENSIS A. Juss.,	*Òrómù*	
Meliaceae	*Aláhéréko*	
— ELAEIS GUINEENSIS Jacq., Palmae	*Ọ̀pẹ̀*	Dendezeiro
	Igi ọ̀pẹ̀	
	Imọ̀ ọ̀pẹ̀	
	Ẹyìn	
	Báǹga	
	Eésan	
	Èètán	
	Èkúrọ́	
	Idi ẹyìn	
	Odi ẹyìn	
	Àko	
	Màriwò	
	Ọ̀pẹ̀ ọlọ́wá	
	Ọ̀gọ́mọ̀ ọ̀pẹ̀	
	Sọsọ ẹyìn	

— Elaeis guineensis Jacq. var. communis A. Chev., Palmae	*Ọpẹ̀ páǹkóró* *Ìpáǹkóró* *Ọpẹ̀ arùnfó* *Ọpẹ̀ èrùwà* *Ọpẹ̀ alárùn* *Ọpẹ̀ ẹlẹ́ran* *Ọpẹ̀ òrùwá*	Dendezeiro
— Elaeis guineensis Jacq. var. idolatrica A. Chev., Palmae	*Ọpẹ̀* *Ọpẹ̀ ifá* *Ọpẹ̀ olífà* *Ọpẹ̀ kin* *Ọpẹ̀ ikin* *Ọpẹ̀ yálayàla* *Ọpẹ̀ peku pẹ yẹ* *Ọpẹ̀ kannakánná* *Ọpẹ̀ tẹ́mẹ́rẹ́ erékè adó*	Dendezeiro
— Eleusine africana Kenn.-O'Byrne, Graminae	*Ajílékegé* *Òyìnbó òtòsì*	
— Eleusine indica (L.) Gaertn., Gramineae	*Gbági* *Gbégi* *Ẹsẹ̀ kannakánná* *Gbẹ́gidínà*	Pata-de-galinha Capim-pé-de-galinha Flor-de-grama
— Elytraria marginata Vahl, Acanthaceae	*Ọ̀sanyìn* *Ewé ọ̀sanyìn* *Ewé ẹsọ̀* *Ẹsọ̀*	
— Emilia coccinea (Sims) G. Don, Compositae	*Ọ̀dúndún olókun* *Ọ̀dúndún etídòífẹ̀* *Ọ̀dúndún odò*	Pincel Pincel-de-estudante

— Enantia chlorantha Oliv., Annonaceae	*Yaru*	
— Entada abyssinica Steud. ex A. Rich., Leguminosae Mimosoideae	*Ìgbáwó*	
— Entada africana Guill. & Perr., Leguminosae Mimosoideae	*Igba òyìnbó* *Agúróbẹ* *Ogúróbẹ*	
— Entada gigas (L.) Fawc. & Rendle, Leguminosae Mimosoideae	*Agbaà*	
— Entada pursaetha DC., Leguminosae Mimosoideae	*Ọ̀sà*	
— Entandrophragma angolense (Welw.) C. DC., Meliaceae	*Ìjẹ̀bú* *Igẹdú*	Cipó-da-beira-mar
— Entandrophragma candollei Harms, Meliaceae	*Àsùrìn* *Igińlá* *Igi aṣẹ*	
— Entandrophragma utile (Dawe & Sprague) Sprague, Meliaceae	*Ìjẹ̀bú* *Igẹdú*	
— Eragrostis cilianensis (All.) Vignolo, Gramineae	*Akọ yayangan*	

— ERAGROSTIS CILIARIS (L.) R. Br., Gramineae	*Èran ẹṣin* *Kóoko ẹṣin* *Àgbàdo ẹṣin* *Ọkà ẹṣin* *Ẹran awó* *Iwo awó* *Ọgbe àgùnfọn* *Yayangan* *Irungbọn ẹfọn*	Capim-de-rola
— EREMOMASTAX SPECIOSA (Hochst.) Cufod., Acanthaceae	*Asọyún*	
— ERIOCOELUM KERSTINGII Gilg, Sapindaceae	*Iṣin oko*	
— ERIOSEMA PSORALEOIDES (Lam.) G. Don, Leguminosae Papilionoideae	*Ọ̀pá àwọ̀n funfun* *Sọlúdẹ̀gbùrù* *Pirigidi*	
— ERIOSEMA PULCHERRIMA Taub., Leguminosae Papilionoidea	*Tẹ̀hìnbọ̀run*	
— ERYTHRINA EXCELSA Baker var. SENEGALENSIS, Leguminosae Papilionoideae	*Ẹlẹ́gùn ṣẹ̀ṣẹ̀*	
— ERYTHRINA SENEGALENSIS A. DC. var. EXCELSA, Leguminosae Papilionoidea	*Ológùn ṣẹ̀ṣẹ̀* *Ògùn ṣẹ̀ṣẹ̀*	
— ERYTHROCOCCA ANOMALA (Juss.) Prain, Euphorbiaceae	*Ìyèré igbó*	

— Erythrophleum suaveolens (Guill. & Perr.) Brenan, Leguminosae Caesalpinioideae	*Àwárèrì* *Ọ̀bọ̀* *Ẹ̀run* *Ẹ̀run ọ̀bọ̀*	
— Euadenia trifoliolata (Schumach. & Thonn.) Oliv., Capparaceae	*Lógbònkíyàn* *Olόgbè kuyàn*	
— Euclinia longiflora Salisb., Rubiaceae	*Ọ̀sagì* *Kankan*	
— Eugenia uniflora L., Myrtaceae	*Pìtángà*	Pitanga Pitangueira-vermelha
— Eulophia fulvopurpurea (Rchb. f.) Rolfe, Orchidaceae	*Ayọ́run*	
— Euphorbia sp., Euphorbiacea	*Ọrọ́ aláìdan*	
— Euphorbia convolvuloides Hochst., Euphorbiaceae	*Ẹgẹ́lẹ* *Ẹmilẹ̀* *Ẹ̀mìwò*	Erva-andorinha
— Euphorbia kamerunica Pax, Euphorbiaceae	*Ọrọ́ agogo* *Ọrọ́ onígun mẹ́ta* *Ọrọ́ ṣâpó* *Ọrọ́ ṣàtìpó* *Ọrọ́ eléwé*	

— Euphorbia lateriflora Schumach. & Thonn., Euphorbiaceae	*Ọrọ́ ẹnu kòpiyè* *Ẹru-òpire* *Ẹru-èkurè* *Ọrọ́ wẹẹrẹ* *Ẹnu kòpaire*	
— Euphorbia poissonii Pax, Euphorbiaceae	*Ọrọ́ adẹ́tẹ̀* *Ọrọ́ kùmú*	
— Euphorbia prostrata Aiton, Euphorbiaceae	*Ewé bíyẹmí* *Ìbíyẹmí* *Ajídirù* *Igàndo*	Quebra-pedra Erva-de-santa-luzia
— Evolvulus alsinoides (L.) L., Convolvulaceae	*Ẹfunlẹ̀*	Corre-corre
— Ficus sp., Moraceae	*Àba* *Ọdán* *Ọ̀pọ̀tọ́* *Iréré* *Ọdán ilé* *Ọdán oko* *Ọdán wẹ́wẹ́* *Àfòmọ́ àpẹ́* *Ọ̀pọ̀tọ́ wẹ́rẹ́* *Ọláfòmọ́gi* *Alábẹ wẹ́rẹ́*	
— Ficus artocarpoides Warb., Moraceae	*Àjaréré*	

— Ficus asperifolia Miq. var. exasperata, Moraceae	*Eépín* *Ẹpín* *Iípín* *Erépín* *Epíndò* *Iípín pupa*
— Ficus exasperata Vahl, Moraceae	*Iípín* *Iípín òrìṣà*
— Ficus mucuso Welw., Moraceae	*Àbò ọmọ* *Ijàn ọ̀dàn*
— Ficus natalensis Hochst., Moraceae	*Àba ọdán* *Àbadán* *Èkegùn* *Ọdán adẹ́tẹ̀*
— Ficus ovata Vahl, Moraceae	*(Ọ̀)láà*
— Ficus platyphylla Delile, Moraceae	*Ọ̀gbágbá*
— Ficus polita Vahl, Moraceae	*Ọdán ẹ̀gà* *Ọ̀pòpó*
— Ficus saussureana DC., Moraceae	*Ọ̀gbágbá*
— Ficus sur Forssk., Moraceae	*Ọ̀pọ̀tọ́* *Àkàrà ọdán* *Ọ̀pọ̀tọ́ ìdájà ọlọ́rum*

— Ficus thonningii Blume,	*Ọdán ẹ̀kì*	
Moraceae	*Ọdàn*	
	Àrọ́mọgbọ́mọpọ̀n	
	Arẹ̀rẹ̀ dúdú	
	Tèmitìẹ dọ́run	
	Òbó	
	Ọ̀dán àdán	
— Ficus vallis-choudae Delile,	*Ọ̀gùrọ̀*	
Moraceae	*Ọ̀pọ̀tọ́ funfun*	
— Ficus vogeliana (Miq.) Miq.,	*Ìdiyà*	
Moraceae	*Ẹ̀kìkí*	
	Gbakọgbakọ	
— Fimbristylis hispidula (Vahl) Kunth, Cyperaceae	*Ìrùkẹ̀ ẹfọ̀n*	
— Flabellaria paniculata Cav.,	*Ìtàkùn àrán*	
Malpighiaceae	*Akéti àpàrà*	
	Anìkàn léti	
	Apọ́nkolo	
	Lagbólagbó	
	Anìkànlété	
	Àjídèrè	
— Flacourtia flavescens Willd.,	*Ọ̀sẹ́rẹ́*	
Flacourtiaceae	*Kánkándìká*	
— Friesodielsia gracilis (Hook. f.) Steenis, Annonaceae	*Tìpẹ̀*	
— Fuirena umbellata Rottb.,	*Abo làbẹ̀làbẹ̀*	Tiririca
Cyperaceae	*Akọgbẹ́gi*	Dandá

— Funtumia africana (Benth.) Stapf, Apocynaceae	*Akọ irẹ́*	Pau-cadeira
— Funtumia elastica (Preuss) Stapf, Apocynaceae	*Irẹ́*	
— Gaertenera paniculata Benth., Loganiaceae	*Ọ̀gàn dúró*	
— Galactia tenuiflora (Willd.) Wight & Arn., Leguminosae Papilionoideae	*Ajítòrò*	Feijão-bravo Jequirana-de-goiás
— Garcinia kola Heckel, Guttiferae	*Orógbó* *Iwó*	
— Gardenia imperialis Schumach. & Thonn., Rubiaceae	*Òrótó*	
— Gardenia ternifolia K. Schum., Rubiaceae	*Kòbòyẹ́kẹ́* *Gàngàn* *Òrúwọ* *Kòbòkòbò*	
— Geophila repens (L.) I. M. Johnst., Rubiaceae	*Ọ̀pẹ̀pẹ̀ tilẹ̀yọ dọ̀rọ̀ dọ̀rọ̀*	
— Gladiolus sp., Iridaceae	*Bààká*	Palma-de-santa-rita Gladíolo
— Glinus oppositifolius (L.) Aug. DC., Aizoaceae	*Àwíjẹ́* *Awọ́ yọyọ* *Ewé itẹ́* *Ìnàbò* *Etítare*	

— GLORIOSA SIMPLEX L., Colchicaceae	*Mọrà* *Àgànẹrigbo* *Ayánà mọ́igbó* *Ewé àjẹ́* *Yàngàmú ọ̀dàn* *Ọna pupa* *Kádùnkódun*	Gloriosa-dos-jardins Aranha
— GLYCINE WIGHTH (Wight & Arn.) Verdc., Leguminosae Papilionoideae	*Okùn sábá*	
— GLYPHAEA BREVIS (Spreng.) Monach., Tiliaceae	*Ọ̀rẹ̀ ẹ̀wòò* *Àtòrì*	
— GOMPHRENA CELOSIOIDES Mart., Amaranthaceae	*Amúewú wáyé*	
— GONGRONEMA LATIFOLIUM Benth., Asclepiadaceae	*Olóótọ́* *Oloto* *Ìsígùn* *Ìsígùn ẹ̀fọ̀n*	
— GOSSWEILERODENDRON BALSAMIFERUM (Verm.) Harms, Leguminosae Caesalpinioideae	*Lọ̀ṣí erin*	
— GOSSYPIUM sp., Malvaceae	*Òwú* *Kéréwùú*	Algodoeiro
— GOSSYPIUM ARBOREUM L., Malvaceae	*Akẹ̀ṣẹ* *Àwíṣẹ*	Algodão-gigante Algodoeiro

— GOSSYPIUM BARBADENSE L., Malvaceae	*Àgbẹ̀dẹ* *Òwú* *Kéréwùú*	Algodoeiro
— GOSSYPIUM HERBACEUM L., Malvaceae	*Òwú ẹlẹ́pà*	
— GOUANIA LONGIPETALA Hemsl., Rhamnaceae	*Ìfọ̀sí*	
— GREWIA CARPINIFOLIA Juss., Tiliaceae	*Ìtàkùn ọ̀kẹ́rẹ́* *Ọ̀rá funfun* *Ìtàkùn ọ̀kẹ́rẹ́* *Ẹkẹ́ ilé*	
— GREWIA MOLLIS Juss., Tiliaceae	*Amára fúyẹ́* *Òórà igbó* *Afóforo igbó* *Ẹrú àtòrì*	
— GREWIA VENUSTA Fresen., Tiliaceae	*Ọ̀gbọ̀lọ̀*	
— GUAREA CEDRATA (A. Chev.) Pellegr., Meliaceae	*Olófun* *Lófun* *Ògbòrògboro* *Lọ́fīn*	
— GUAREA THOMPSONII Sprague & Hutch., Meliaceae	*Òfé* *Òfúyẹ́*	
— HALLEA STIPULOSA (DC.) Leroy, Rubiaceae	*Àburà* *Ewé obì* *Ìgbágbó*	

— HAPLORMOSIA MONOPHYLLA (Harms) Harms, Leguminosae Papilionoideae	*Àkòríko*	
— HARUNGANA MADAGASCARIENSIS Lam. ex Poir., Rhizophoraceae	*Amùjẹ̀* *Amùjẹ̀ńlá* *Elépo*	
— HAUMANIASTRUM LILACINUM (Oliv.) J. K. Morton, Labiatae	*Abíríkolo*	
— HEDRANTHERA BARTERI (Hook. f.) Pichon, Apocynaceae	*Ajítàlà* *Ọwọ́ agbe* *Agbalé* *Okó ajá* *Àgbo ọmọdé*	
— HEINSIA CRINITA (Afzel.) G. Taylor, Rubiaceae	*Tonapoṣo*	
— HEISTERIA PARVIFOLIA Sm., Olacaceae	*Olódodo*	
— HELIOTROPIUM INDICUM L., Boraginaceae	*Àgógo igún* *Ògún* *Ogbe àkùkọ* *Àkùkọ dúdú* *Àkùkọ funfun*	Crista-de-galo Heliotrópio indiano
— HEXALOBUS CRISPIFLORUS A. Rich., Annonaceae	*Àbàdọ* *Àpárà* *Abádúró*	
— HIBISCUS sp., Malvaceae	*Maníjeje*	

— Hibiscus articulatus Hochst. ex A. Rich., Malvaceae	*Ekìtì*	
— Hibiscus asper Hook. f., Malvaceae	*Ògìgí* *Kékèké* *Ahọ́n ẹkùn* *Ìlasagún* *Ẹrú ìṣápa* *Ẹ̀ṣá pupa* *Ẹ̀ṣá*	Cânhamo-brasileiro
— Hibiscus cannabinus L., Malvaceae	*Ìṣápá ìṣẹkú* *Ọ̀já ikookò* *Idà òrìṣà* *Yẹmọ́rọ́* *Yẹwúrú*	Cânhamo-brasileiro
— Hibiscus congestiflorus Hochr., Malvaceae	*Ọ̀bẹ* *Abolàlúpàyídà*	
— Hibiscus physaloides Guill. & Perr., Malvaceae	*Wọnjọ* *Wọ́njọ̀*	
— Hibiscus rostellatus Guill. & Perr., Malvaceae	*Akéèrí* *Háíhái* *Ahùrù*	

— Hibiscus sabdariffa L.,	*Àmúkàn*	Azedinha
Malvaceae	*Ìṣápá*	Caruru-azedo
	Ìṣápá funfun	Caruru-da-guiné
		Quiabo-azedo
		Quiabo-de-angola
		Quiabo-róseo
		Quiabo-roxo
		Rosela
		Vinagreira
— Hibiscus surattensis L.,	*Wọnjọ*	
Malvaceae	*Ahọ́n ẹkùn*	
	Akọ ìrèmọra	
	Akóiremọ́ra	
— Hibiscus vitifolius L.,	*Òfo ọ̀dàn*	Cânhamo-brasileiro
Malvaceae	*Okùn àgùntàn*	
— Hildegardia barteri (Mast.)	*Ẹ̀ṣọ*	
Kosterm., Sterculiaceae	*Eso*	
— Hilleria latifolia (Lam.) H.	*Ògò*	
Walter, Phytolaccaceae	*Ògò ẹlẹ́wùjí*	
— Hippocratea sp., Celastraceae	*Abílókun*	
— Hippocratea indica Willd.,	*Ayọká*	
Celastraceae	*Pọ́njú òwìwí*	
— Hippocratea pallens Planch. ex	*Àfíndò*	
Oliv., Celastraceae		

— Hippocratea welwitschii Oliv., Celastraceae	*Wòwò* *Awóworí* *Ijàn* *Òrù* *Abẹ̀bẹ̀ òjé* *Àkọmu*
— Holarrhena sp., Apocynaceae	*Ìjẹja ọrẹ*
— Holarrhena floribunda (G. Don) T. Durand & Schinz, Apocynaceae	*Akọ irẹ́* *Irẹ́nà* *Irẹ́* *Irénọ̀* *Irẹ́bàṣàbàṣà* *Irẹ́bàṣàbàṣà* *Irẹ́ ìbejì* *Ìṣaì*
— Holarrhena floribunda (G. Don) T. Durand & Schinz var. tomentella H. Huber, Apocynaceae	*Irẹ́*
— Holoptelea grandis (Hutch.) Mildbr., Ulmaceae	*Ayó* *Iná jókòó*
— Homalium spp., Flacourtiaceae	*Ìtagbò*
— Homalium letestui Pellegr., Flacourtiaceae	*Abo àkó* *Òtúrù*

— HOSLUNDIA OPPOSITA Vahl, Labiatae	*Ànìkàn gbéjù* *Efinrin àjẹ́* *Efinrin oṣó* *Agbo ewú ọ̀hàhà* *Agbìjalẹ̀* *Tannájọ́gbẹ́* *Ànìkàn gbíjù* *Erìnmì*	
— HUGONIA PLANCHONII Hook. f., Linaceae	*Tòtó* *Fẹmọlójú toto*	
— HUNTERIA spp., Apocynaceae	*Oró ejò*	
— HUNTERIA UMBELLATA (K. Schum.) Hall. f., Apocynaceae	*Erin*	
— HURA CREPITANS L., Euphorbiaceae	*Ẹru bujé*	Açacu
— HYBANTHUS ENNEASPERMUS (L.) F. Muell., Violaceae	*Abíwẹ́rẹ́* *Lókólẹ́pọ̀n*	
— HYDROLEA GLABRA Schumach. & Thonn., Hydrophillaceae	*Oníyeyè* *Amúyèwá*	
— HYGROPHILA AURICULATA (Schumach.) Heine, Acanthaceae	*Àmújùsílẹ̀*	
— HYLODENDRON GABUNENSE Taub., Leguminosae Caesalpinioideae	*Àràsà-ganigan* *Atinúṣégun*	

— Hymenocardia acida Tul., Euphorbiaceae	*Òrúpa* *Òrúpa-ǹsọ̀wọ̀*	
— Hymenostegia afzelii (Oliv.) Harms, Leguminosae Caesalpinioideae	*Ànígbódigbó* *Àrígbódigbó* *Ẹwàrígbó*	
— Hyparrhenia diplandra (Hack.) Stapf, Gramineae	*Kóokò hanahánà* *Kóokò wọ̀nrọ̀nwọ̀rọ̀n* *Àjìjà ọ̀dàn*	
— Hypoestes sp., Acanthaceae	*Àgbé ọmọ* *Òkerekere níyẹ̀ẹ́*	
— Hypoestes verticillaris (L. f.) Sol. ex Roem. & Schult., Acanthaceae	*Ìrù ẹtu*	
— Hypselodelphys violaceae (Ridl.) Milne-Redh., Marantaceae	*Àgbéyíká egbè*	
— Hyptis lanceolata Poir., Labiatae	*Ìkúùkù* *Àrùsọ̀ funfun*	
— Hyptis pectinata (L.) Poit., Labiatae	*Jógbó* *Ọlátoríjẹ*	Neves Macaé Mercúrio-do-campo Poejo-do-brejo
— Hyptis spicigera Lam., Labiatae	*Jógbó ọlátoríjẹ*	

— Hyptis suaveolens Poit., Labiatae	*Ẹrú òórùngọ̀*	Erva-cidreira
	Fẹ́mọ lójú tòkí	Mentrasto-do-grande
	Olóórun	Mentrasto-iguaçu
	Efinrin àṣá	
	Jógbó	
— Icacina trichantha Oliv., Icacinaceae	*Gbégbé*	
	Gbégbé manítigbe	
	Gbégbé ńlá	
	Gbégbé ìrùn	
	Gbégbé mẹ́fà	
— Imperata cylindrica (L.) P. Beauv., Gramineae	*Ẹ̀kan*	
	Ìṣá	
	Èéṣá	
— Indigofera sp., Leguminosae Papilionoideae	*Ẹ̀lú àjà*	
	Ẹ̀lú wẹẹrẹ	
— Indigofera congesta Welw. ex Baker, Leguminosae Papilionoideae	*Ànìkànjẹran*	
— Indigofera deightonii Gillett, Leguminosae Papilionoideae	*Ṣalamọ́*	
— Indigofera dendroides Jacq., Leguminosae Papilionoideae	*Ìdọ̀gọ̀*	
	Jiwẹnẹn	
	Jíwere	

— Indigofera hirsuta L.,	*Ìdọ̀gọ̀*	
Leguminosae Papilionoideae	*Ọ̀sàgbó*	
	Ìdọ̀gọ̀	
	Asowálẹ̀	
	Ọ̀pàpàpahùndà	
	Akirifijàlọ̀	
— Indigofera leprieurii Baker f.,	*Ajagun*	
Leguminosae Mimosoideae		
— Indigofera nummulariifolia	*Ṣẹ̀ǹṣẹ̀*	
Livera ex Alston, Leguminosae		
Papilionoideae		
— Indigofera stenophylla	*Akọ rọ̀rọ̀*	
Guill. & Perr., Leguminosae		
Papilionoideae		
— Indigofera suffruticosa Mill.,	*Atúnọmọtò*	Anileira-verdadeira
Leguminosae Papilionoideae		Anil-roxo
		Anileiro-da-índia
		Andu-do-mato
— Iodes africana Welw.,	*Pákùn àṣẹ*	
Icacinaceae	*Àṣẹ òrìṣà*	
	Àṣẹ	
	Àṣẹwàá	
— Ipomoea spp., Convolvulaceae	*Ànàmú ọ̀gà*	
	Iyagà	
	Yagà	
— Ipomoea argentaurata Hallier	*Ìnuwọ́ elépo*	
f., Convolvulaceae	*Jẹmáníhò*	

— Ipomoea asarifolia (Desr.) Roem & Schult., Convolvulaceae	*Gbọ̀rọ̀ ayaba* *Tutúù* *Fẹnumọ́nu* *Olúkànbi*	
— Ipomoea batatas (L.) Lam, Convolvulaceae	*Kúkúǹdùnkú* *Ọ̀dùnkún* *Ànàmọ́ yáyá* *Ọ̀dúnkùn àdùnmọ́* *Ẹ̀dunmùsí*	Batata-doce
— Ipomoea cairica (L.) Sweet, Convolvulaceae	*Ajífàbí àlá*	
— Ipomoea hederifolia L., Convolvulaceae	*Kawókawó* *Sárá ọ̀rọ́bà* *Etí ológbò* *Etí ológbò pẹ́tẹ́*	Jitirana Primavera-de-caiena
— Ipomoea involucrata P. Beauv., Convolvulaceae	*Àlùkérése* *Àlùkérése pupa* *Afàkájù* *Òdódó oko* *Òdódó odò*	
— Ipomoea mauritiana Jacq., Convolvulaceae	*Ajígbàwà* *Àtẹ́wọ́ ẹdun*	Campainha-vermelha
— Ipomoea nil (L.) Roth, Convolvulaceae	*Akínsalẹ̀* *Ejìnrìn ọ̀dàn* *Ejìnrìn olókun* *Ejìnrìn àjẹ́*	Jeticuçu Juá-pitanga

— Ipomoea obscura (L.) Ker Gawl., Convolvulaceae	*Okùn epo*	
— Irvingia gabonensis (Aubry-Lecomte ex O'Rorke) Baill., Ixonanthaceae	*Àbẹ̀jẹ́* *Òro*	
— Isolona campanulata Engl. & Diels, Annonaceae	*Àkílà*	
— Jasminum pauciflorum Benth., Oleaceae	*Abẹ́rẹ́* *Idẹwanran*	
— Jateorhiza macrantha (Hook. f.) Exell & Mendonça, Menispermaceae	*Bóró* *Àlọ̀ eléwé oníkamẹ́ta* *Àlọ̀ eléwé ńlá* *Àlọ̀ fọhùn* *Àlọ̀fọ̀ odó* *Nàmùnámú momú ọ̀rán-íjẹ*	
— Jatropha curcas L., Euphorbiaceae	*Olóbòntujẹ̀* *Ìyálóde* *Làpálàpá lá* *Ewé ibò* *Bòtujẹ̀* *Bòtujė ubo* *Lóbòtujẹ̀*	Pinhão Pinhão-dos-barbados Pinhão-de-purga
— Jatropha gossypiifolia L., Euphorbiaceae	*Làpálàpá pupa* *Bòtujẹ pupa* *Lóbòtújẹ* *Olóbóntújẹ* *Akọ làpá làpá*	Batata-de-teiú Jalapão Pinhão-roxo

— Jatropha multifida L., Euphorbiaceae	*Jàgùdà*	Flor-de-coral Árvore-de-bálsamo Coral-dos-jardins Flor-de-sangue
— Jaundea pinnata (P. Beauv.) Schellenb., Connaraceae	*Èlúre*	
— Justicia schimperi (Hochst.) Dandy, Acanthaceae	*Oníṣẹ̀ Kọ̀jẹbẹ dúdú*	
— Kalanchoe crenata (Andr.) Haw., Crassulaceae	*Ọ̀dúndún* *Elétí*	Folha-da-costa Folha-da-fortuna
— Keayodendron bridelioides (Milldbr.) Leandri, Euphorbiaceae	*Ebo*	
— Keetia leucantha (K. Krause) Bridson, Rubiaceae	*Oníní* *Bùjé arúgbo* *Bùjé igbó*	
— Keetia venosum (Oliv.) Bridson, Rubiaceae	*Ṣọ̀gùn ṣẹgẹ́*	
— Khaya grandifoliola C. DC., Meliaceae	*Ọ̀gànwó*	
— Khaya senegalensis (Desv.) A. Juss., Meliaceae	*Ògànwó*	
— Kigelia africana (Lam.) Benth., Bignoniaceae	*Páńdọ̀rọ̀* *Uyàn* *Àmúyàn*	

— KLAINEDOXA GABONENSIS Pierre ex Engl., Ixonanthaceae	*Òdúdú* *Karakóro* *Òdùdó* *Àlúkànrábà* *Ifá ìnàkí* *Epologun* *Apépére*	
— KOSTELETZKYA ADOENSIS (Hochst. ex A. Rich.) Mast., Malvaceae	*Àgélété*	
— KILLINGA ERECTA Schumach., Cyperaceae	*Dògbòdògbò* *Olóríjorí* *Imèrèmèrè* *Ọlọ́mẹ̀rẹ̀nmẹrẹn* *Ipa ọlọ́mẹ̀rẹ̀nmẹrẹn* *Ida ọlọ́mẹ̀rẹ̀nmẹrẹ* *Hújẹhújẹ̀* *Làbẹlàbẹ*	Capim-de-cheiro Capim-cheiroso Capim-cidreira Capim-limão Capim-santo
— LABLAB PURPUREUS (L.) Sweet, Leguminosae Papilionoideae	*Awújẹ* *Pàkálà*	Mangalô
— LACCOSPERMA OPACUM (G. Mann BC H. Wendl.) Drude, Palmae	*Ọ̀gà* *Ẹkúẹ* *Ẹkúẹ Ọ̀gà*	
— LACCOSPERMA SECUNDIFLORUM (P. Beauv.) Kuntze, Palmae	*Egbè* *Egbèé* *Ikọ́* *Òkúkú*	
— LACTUCA CAPENSIS Thunb., Compositae	*Abílẹ̀rẹ́ wẹ́wẹ́* *Yánrin-oko*	

— LAGENARIA sp., Cucurbitaceae	*Ṣẹ́rẹ́*
	Ẹ̀gúsí ṣẹ́rẹ́
— LAGENARIA BREVIFLORA (Benth.) Roberty, Cucurbitaceae	*Ahá*
	Kákámisín
	Oníkirikúkiri
	Ẹ̀gúsí kákámisín
— LAGENARIA SICERARIA (Molina) Standl., Cucurbitaceae	*Atọ́*
	Igbáńláhun
	Àdó igbá
	Ijurògbá
	Ìtàkùnigbá
	Igbá
	Páńsá
	Ẹgúsí igbá
	Agbè
	Ẹ̀gúsí agbé
— LAGGERA ALATA (D. Don) Sch. Bip., Compositae	*Agẹmọ Kògùn*
	Agẹmọ ògo
— LANDOLPHIA DULCIS (R. Br. ex Sabine) Pichon, Apocynaceae	*Itó*
— LANDOLPHIA HIRSUTA (Hua) Pichon, Apocynaceae	*Àkàkí*
	Ìbò
	Ìbò elékìtì
	Ìbò elékì
— LANDOLPHIA OWARIENSIS P. Beauv., Apocynaceae	*Ìbò*
	Ìbò tàbon
	Ìbò gidi

— Landolphia togolana (Hall. f.) Pichon, Apocynaceae	*Agba*	
— Lannea spp., Anacardiaceae	*Àmúkàn* *Ìgárá* *Aàyùn* *Ọlá dúdú*	
— Lannea acida A. Rich., Anacardiaceae	*Ọpọ̀n*	
— Lannea nigritiana (Scott-Elliot) Keay var. pubescens Keay, Anacardiaceae	*Aka ẹ̀gì*	
— Lantana camara L., Verbenaceae	*Ẹ̀wọ̀n àdèle* *Ẹ̀wọ̀n agogo* *Ẹ̀gúnwín*	Cambará-de-espinho Cambará-vermelho
— Lantana rhodesiensis Moldenke, Verbenaceae	*Elékù*	Cambará-roxo
— Laportea spp., Urticaceae	*Èsìsì gbomọ* *Lọ́wọ́ ẹdun*	
— Laportea aestuans (L.) Chew, Urticaceae	*Òfìà* *Òfùẹ̀fùẹ̀* *Ipẹ̀ erin* *Èsìsì pupa* *Èfùyá* *Ipò*	Cansação Urtiga-de-folha-grande

— Laportea ovalifolia (Schumach.) Chew, Urticaceae	*Èsìsìntakú* *Gba ọmọ lọ́wọ́ ẹdun* *Gbọmọ*	
— Launaea taraxacifolia (Willd.) Amin ex C. Jeffrey, Compositae	*Yánrin* *Ẹ̀fọ́ yánrin* *Làtípà*	Língua-de-vaca
— Lawsonia inermis L., Lythraceae	*Làálì* *Làálì funfun* *Ìyálọ́mọ*	
— Lecaniodiscus cupanioides Planch. ex Benth. & Hook., Sapindaceae	*Akika* *Aka* *Aka ișin* *Igi aka* *Aka múmu* *Aika* *Akika* *Akẹka* *Káwọ́bi*	
— Leea guineensis G. Don, Lecaceae	*Àlédó* *Àlùgbókìtà* *Ìyákérégbodó* *Pòpòjìwàrà* *Anidọ* *Ṣánbọrùn*	
— Leersia hexandra Sw., Gramineae	*Abẹ́ko* *Abẹ́ìko*	Arroz-bravo

— LEONOTIS NEPETIFOLIA (L.) W. T. Aiton var. AFRICANA (P. Beauv.) J. K. Morton, Labiatae	*Ikú ẹkùn* *Ọ̀kà*	Cordão-de-frade Cordão-de-são-francisco Pau-de-praga
— LEPRADENIA HASTATA (Pers.) Decne., Asclepiadaceae	*Ìranàjìgbo*	
— LEPTODERRIS sp., Leguminosae Papilionoideae	*Aágba pupa* *Àwọ̀ pupa*	
— LEPTODERRIS BRACHYPTERA (Benth.) Dunn, Leguminosae Papilionoideae	*Àwọ̀* *Akítì* *Àlògbókùtà*	
— LEPTODERRIS MICRANTHA Dunn, Leguminosae Papilionoideae	*Àwọ̀* *Àwọ̀yì* *Òkígbẹ́*	
— LEUCAENA LEUCOCEPHALA (Lam.) De Wit, Leguminosae Papilionoideae	*Ògùn bẹ̀rẹ̀*	
— LEUCAS DEFLEXA Hook. f., Labiatae	*Ajagbalu*	
— LEUCAS MARTINICENSIS (Jacq.) W. T. Aiton, Labiatae	*Òru* *Kẹ̀nkẹ̀*	Cordão-de-frade
— LICANIA ELAEOSPERMA (Mildbr.) Prance & White, Chrysobalanaceae	*Ìgátà*	
— LINDACKERIA DENTATA (Oliv.) Gilg, Flacourtiaceae	*Ajíwóògùn*	

— Lindernia diffusa (L.) Wettst., Scrophulariaceae	*Imí ológbò*	Douradinha Broma-branca Caatãia Dourada Douradinha-do-campo Erva-ferro Gritadeira-do-campo Mata-canã Matucana Orelha-de-rato Papa-terra
— Lipocarpa chinensis (Osborn) Kern, Cyperaceae	*Àtàìrò*	
— Lipocarpa sphacelata (Vahl) Kunth, Cyperaceae	*Làbẹlàbẹ* *Olórí jorí*	
— Lippia chevalieri Moldenke, Verbenaceae	*Efinrin àjà*	
— Lippia multiflora Moldenke, Verbenaceae	*Arùnfánfán* *Ọ̀pápárá igbó* *Efinrin ọ̀dàn* *Efinrin gògàrà*	
— Lippia rugosa A. Chev., Verbenaceae	*Efinrin ọ̀pápárá*	
— Lonchocarpus cyanescens (Schumach.) Benth., Leguminosae Papilionoideae	*Ẹ̀lú* *Ọ̀bẹ̀lẹ̀ ìlú* *Ẹ̀lúgbáwúrọ̀* *Ẹ̀lú àrẹdúdú* *Ọ̀jẹ̀rẹ́ ìlú*	

— Lonchocarpus sericeus (Poir.) Kunth ex DC., Leguminosae Papilionoideae	*Àpàpó* *Ìpàpó*	Pau-carrapato Ingá-bravo
— Lophira alata Banks, Ochnaceae	*Èélá* *Èkì* *Èkì agbárajọ* *Ìpahọ́n*	
— Loudetia phragmitoides (Peter) C. E. Hubb., Gramineae	*Ẹ̀rapò*	
— Lovoa trichilioides (Sprague) Harms, Meliaceae	*Akòko ẹ̀lùjù* *Akòko igbó* *Ewé ọlálù pẹ́pẹ́* *Sída*	
— Ludwigia octovalvis (Jacq.) P. H. Raven, Onagraceae	*Akọ ewúro odò* *Ewúro odò*	Cruz-de-malta
— Luffa acutangula (L.) Roxb., Cucurbitaceae	*Òrírá* *Kankan aya*	Bucha-de-purga
— Luffa cylindrica (L.) M. Roem., Cucurbitaceae	*Kànrìnkàn* *Kànyìnkànnyìn odò* *Ẹrun* *Tàńgìrì ẹkùn*	Bucha-dos-paulistas
— Lycopersicon esculentum Mill., Solanaceae	*Ṣẹkúnwin* *Ẹkúẹ* *Tòmátì* *Tùmátì*	Tomate-grande

— LYCOPODIUM sp., Lycopodiaceae	*Hẹtìtì* *Òkúta*	
— LYCOPODIUM CERNUUM L., Lycopodiaceae	*Lẹ́wù*	Pé-de-macaco Pinheirinho-de-sala Pinheirinho-do-campo
— MACARANGA BARTERO Müll.Arg., Euphorbiaceae	*Àráràsá*	
— MACARANGA HURIFOLIA Beille, Euphorbiaceae	*Ọ̀wàrìwà* *Ọ̀wọ́lẹ̀wá*	
— MACROSPHYRA LONGISTYLA (DC.) Hiern, Rubiaceae	*Ọ̀patàbà* *Ìkúùkù ẹkùn*	
— MAESOBOTRYA BATERI (Baill.) Hutch., Euphorbiaceae	*Olóhun* *Olówùn* *Orówo* *Ọdun*	
— MALACANTHA ALNIFOLIA (Baker) Pierre, Sapotaceae	*Oòrúnmú* *Afúnnikúnre* *Akálà* *Akálà Ọ̀dàn* *Ọsàn ọ̀dàn*	
— MALLOTUS OPPOSITIFOLIUS (Geiseler) Müll.Arg., Euphorbiaceae	*Àtòrì igbó* *Ẹjá* *Àrè* *Ìrùja*	

— Malvastrum coromandelianum (L.) Garcke, Malvaceae	*Asa* *Ọlọ́wọ̀nrànsánsán* *Sẹkúsẹ́kú* *Asa òrìṣà* *Abórìṣàwáyé*	
— Mammea africana Sabine, Guttiferae	*Ológbòmodú*	
— Mangifera indica L., Anacardiaceae	*Máńgòrò* *Ṣẹ́ri*	Mangueira
— Manihot esculenta Crantz, Euphorbiaceae	*Ẹ̀gẹ́ funfun* *Ẹ̀gẹ́ òkè* *Ẹ̀gẹ́* *Gbàgùúdá* *Ẹ̀gẹ́ gbokogbààlà* *Gbàjadà* *Pákí* *Gbágùúdá dále joró* *Gbágùúdá funfun* *Gbágùúdá pupa* *Ẹ̀gẹ́ kàragbá* *Ẹ̀gẹ́ gbokogbáàlà* *Ẹ̀gẹ́ ọlọ́wọ́kúnbọ́* *Ẹ̀gẹ́ atú* *Lánàsé*	Mandioca
— Manihot glaziovii Müll.Arg., Euphorbiaceae	*Pafúrọbà*	Maniçoba-do-ceará
— Manilkara multinervis (Baker) Dubard, Sapotaceae	*Ẹmidò* *Akọ ẹmidò*	

— Manilkara obovata (Sabine & G. Don) J. H. Hemsl., Sapotaceae	*Ẹmidò* *Akọ ẹmidò*
— Mansonia altissima (A. Chev.) A. Chev., Sterculiaceae	*Odò* *Òfún* *Òtutù*
— Maranthes polyandra (Benth.) Prance, Chrysobalanaceae	*Akọ ìdòfún*
— Maranthes robusta (Oliv.) Prance, Chrysobalanaceae	*Ayé* *Ayẹ́ni* *Àgègè*
— Marantochloa ramossissima (Bench.) Hutch. vel. aff., Marantaceae	*Tótó* *Ìdòrò*
— Margaritaria discoidea (Baill.) G. L. Webster, Euphorbiaceae	*Àṣàṣà* *Àwẹ́léso* *Àyìwẹ́ igi oko*
— Mariscus alternifolius Vahl, Cyperaceae	*Àtàpónìmọ̀mọ̀* *Sẹ̀gi dúdú* *Ẹ̀wà òkòdó* *Ẹ̀wà òrìṣà* *Ẹ̀wà ṣàngó*
— Markhamia tomentosa (Benth.) K. Schum., Bignoniaceae	*Ìrú àáyá*
— Martynia annua L., Martyniaceae	*Àrànbolẹ̀*

— Maytenus senegalensis (Lam.) Exell, Celastraceae	*Ìṣẹ́polóhun*	
— Megaphrynium macrostachyum (Benth.) Milne-Redh., Celastraceae	*Gbòdògi*	
— Melanthera elliptica O. Hoffm., Compositae	*Abo yunríyun* *Yunríyun gbódò* *Ewé Àgbù ìgbò*	
— Melanthera scandens (Schumach. & Thonn.) Roberty, Compositae	*Ajídarí* *Àyàki* *Àbọ̀bá dúdú*	
— Melastomastrum theifolium (G. Don) A. Fern. & R. Fern., Melastomataceae	*Ojú àgùntàn*	
— Melia azedarach L., Meliaceae	*Afóforo òyìnbó* *Ẹkẹ́ òyìnbó* *Ẹkẹ́ ilẹ̀* *Afóforo ìgbàlódé*	Amargoseira Cinamomo Jasmim-da-terra Jasmim-de-caiena Paraíso Para-raio Sabonete-de-soldado
— Merremia spp., Convolvulaceae	*Olóhun àdùnmọ́*	
— Merremia aegyptia (L.) Urban, Convolvulaceae	*Okojú òrìṣà* *Mọkí*	Jetirara

— Merremia hederacea (Burm. f.) Hallier f., Convolvulaceae	*Àdèrè èkó* *Ata kókó* *Irin wanjanwànjàn*
— Merremia kentrocaulos (C. B. Clarke) Rendle, Convolvulaceae	*Tanipoporo*
— Merremia umbellata (L.) Hallier f., Convolvulaceae	*Àwíjàre*
— Micrococca mercurialis (L.) Benth., Euphorbiaceae	*Ẹlẹ́pọ̀n mẹ́ta*
— Microdesmis puberula Hook., Pandaceae	*Àpáta* *Idi àpáta* *Igi orí àpáta* *Àrín ìgò* *Àrín ìgò dúdú* *Iméyínfun* *Akanjú ilé* *Èsùnsùn*
— Microglossa pyrifolia (Lam.) Kuntze, Compositae	*Ànìkàn ṣẹgbó tòrìṣà* *Ànìkàn ṣẹgbó*
— Microsorium punctatum (L.) Copel., Polypodiaceae	*Ìdà*
— Mikania cordata (Burm. f.) B. L. Rob., Compositae	*Ọ̀jẹ̀ dúdú* *Akọeélá* *Ìyàwa* *Okorówú*

— MIKANIA CORDATA (Burm. f.) B.	*Atikékeré hewú*	
L. Rob. var. CHEVALIERI C. D.	*Japati*	
Adams, Compositae		
— MILLETTIA sp., Leguminosae	*Ògún máláréré*	
Papilionoideae		
— MILLETTIA THONNINGII	*Ìtóò*	
(Schumach.) Baker,	*Àsùnlera*	
Leguminosae Papilionoideae	*Abẹ wẹ́rẹ́wẹ́rẹ́ orí ito*	
	Àgbàwí kowéè	
	Olúkọ̀tún ẹyẹ igbó	
— MIMOSA DIPLOTRICHA C. Wright	*Amúkú*	Malícia-das-mulheres
ex Sauvalle var. INERMIS	*Amúkúlọ*	
(Adelb.) Verdc., Leguminosae		
Papilionoideae		
— MIMOSA PIGRA L., Leguminosae	*Patọnmọ́*	Unha-de-gato
Mimosoideae	*Paìdímọ́*	Calumbi
	Oníwà agogo	Juquiri
— MIMOSA PUDICA L., Leguminosae	*Patọnmọ́*	Malícia-das-mulheres
Mimosoideae	*Pamámọ́ àlùrọ*	Dormideira
	Paìdímọ́	Sensitiva
— MIRABILIS JALAPA L.,	*Tannápọṣọ́*	Maravilha
Nyctaginaceae	*Òdòdó ẹlẹ́dẹ̀*	Beijos-de-frade
	Tannápakú	Bonina
	Tannátanná	
	Tannápowó	
	Tanná pa ọṣọ́	

— Mitracarpus hirtus (L.) DC. vel aff., Rubiaceae	*Ìràwọ̀ ilẹ̀* *Ataná ọlọ̀run* *Ìràwọ̀ ilẹ̀*	
— Mollugo nudicaulis Lam., Aizoaceae	*Àgègè* *Agègè*	
— Momordica balsamina L., Cucurbitaceae	*Ejìnrìn*	Balsamina-de-purga
— Mormordica cabraei (Cogn.) C. Jeffrey, Cucurbitaceae	*Ahárá* *Ewé ihá*	
— Mormordica charantia L., Cucurbitaceae	*Ejìnrìn wẹ́wẹ́*	Fruto-de-cobra Melão-de-são-caetano
— Momordica cissoides Planch. ex Benth., Cucurbitaceae	*Akọ ejìnrìn*	
— Momordica foetida Schumach. & A Thonn., Cucurbitaceae	*Ejìnrìn* *Àjà funfun*	
— Mondia whitei (Hook. f.) Skeels, Asclepiadaceae	*Ọ̀gbà*	
— Monodora myristica (Gaertn.) Dunal, Annonaceae	*Abàlàkọ̀ṣẹ* *Aríwó* *Ilákọ̀sìn igbó*	Falsa-moscadeira
— Monodora tenuifolia Benth., Annonaceae	*Lákọ̀sìn* *Lakọ̀ṣẹ* *Ìlákọ̀sìn* *Ilákọ̀ṣẹ*	

— Morelia senegalensis A. Rich.,	*Bùjé dúdú*
Rubiaceae	*Dàńdòjé*
	Ọsàngodó
	Àsógbódùn
	Àsógbódò
	Onípowòjé
— Moringa sp., Rubiaceae	*Pawópawó*
— Moringa lucida Benth.,	*Òrúwọ*
Rubiaceae	*Òrúwọ funfun*
	Apàwọ́pàrùn
	Iwọ
— Moringa oleifera Lam.,	*Ewé ilé*
Moringaceae	*Ewé ìgbálẹ̀*
	Ìdàgbà mánòyé
	Ìdàgbà mọlóye
— Morus mesozygia Stapf,	*Ayé*
Moraceae	*Ìtà funfun*
— Motandra guineensis (Thonn.)	*Dagba owu*
Aug. DC., Apocynaceae	*Egbadoje*
	Gbódekádún
— Mucuna spp., Leguminosae	*Yèrèpè ọ̀dàn*
Papilionoideae	*Ìrépé ọ̀dàn*
— Mucuna poggei Taub.,	*Ìjòkùn*
Leguminosae Papilionoideae	*Ọ̀bẹ̀kẹ̀ oko*

— MUCUNA PRURIENS (L.) DC., Leguminosae Papilionoideae	*Èjòkún* *Yèrèpè* *Èèsìn* *Èsìnsìn* *Ẹ̀ṣìṣe* *Ewé iná* *Ìrèpè* *Wèrèpè*	Pó-de-mico Café-de-mato-grosso Fava-café Fava-coceira Feijão-café Feijão-inglês Olhos-de-burrico Ingá Mucunã
— MUCUNA SLOANEI Fawc. & Rendle, Leguminosae Papilionoideae	*Yèrèpè* *Wèrèpè*	Olho-de-boi Mucunã-cabeluda
— MUKIA MADERASPATANA (L.) M. Roem., Cucurbitaceae	*Orí ọká*	
— MUSA sp., Musaceae	*Àgbagbà*	
— MUSA CAVENDISHII Lamb., Musaceae	*Ọ̀gẹ̀dẹ̀-ntiti* *Òyìnbó*	Bananeira-nanica
— MUSA SAPIENTUM L., Musaceae	*Ọ̀gẹ̀dẹ̀* *Ọ̀gẹ̀dẹ̀ abo* *Ọ̀gẹ̀dẹ̀ lóbóyọ̀* *Ọ̀gẹ̀dẹ̀ ọ̀mìnì* *Àgbagbà*	Bananeira Banana
— MUSA SAPIENTUM var. PARADISIACA, Musaceae	*Ọ̀gẹ̀dẹ̀ àgbagbà* *Ọ̀gẹ̀dẹ̀ àpántà* *Ọ̀gẹ̀dẹ̀ dúdú* *Ọ̀gẹ̀dẹ̀ wẹẹrẹ*	Banana-da-terra

— MUSA SCHWEINFURTHII K. Schum. & Warb., Musaceae	*Ọ̀gẹ̀dẹ̀ dedò*	
— MUSANGA CECROPIOIDES R. Br., Moraceae	*Agà* *Agbàwọ̀*	
— MUSSAENDA ARCUATA Lam. ex Poir., Rubiaceae	*Akékakara*	
— MUSSAENDA ELEGANS Schumach. & Thonn., Rubiaceae	*Odò ọmọdé* *Èpó*	
— MYRIANTHUS ARBOREUS P. Beauv., Cecropiaceae	*Aládé*	Pernambuco
— NAPOLEONAEA IMPERIALIS P. Beauv., Lecythidaceae	*Bóíbói* *Boríborí* *Bóńgibóńgi*	
— NAPOLEONAEA VOGELLI Hook. & Planch., Lecythidaceae	*Ìgo* *Bóíbói* *Boríborí*	
— NAUCLEA DIDERRICHII (De Wild. & T. Durand) Merr., Rubiaceae	*Òpèpè*	
— NAUCLEA VANDERGUCHTII (De Wild.) E. Petit, Rubiaceae	*Òpèpè irà*	
— NEPHROLEPIS spp., Davalliaceae	*Òmù ẹ̀bẹ̀*	
— NERVILIA UMBROSA (Rchb. f.) Schlt., Orchidaceae	*Ọgbọ́*	

— NESOGORDONIA PAPAVERIFERA (A. Chev.) Capuron, Sterculiaceae	*Ọrọ́* *Òtùtù* *Alele* *Orónlá*	
— NEWBOULDIA LAEVIS Seem., Bignoniaceae	*Akòko*	
— NICOTIANA TABACUM L., Solanaceae	*Tábà* *Tàbà èṣù*	Fumo
— NYMPHAEA LOTUS L., Nymphaeaceae	*Òṣíbàtà*	Lótus
— OCIMUM sp., Labiatae	*Akéroro*	
— OCIMUM BASILICUM L., Labiatae	*Efínrín ata* *Efínrín wẹ́wẹ́* *Efínrín àjà* *Efínrín márúgbóṣányán* *Arùntantan*	Manjericão-de-alfavaca Alfavaca-cheirosa Alfavaca-do-campo Basílico Manjericão-de-molho Manjericão-dos--cozinheiros Manjericão-grande Quioiô Remédio-de-vaqueiro
— OCIMUM CANUM Sims, Labiatae	*Èrùyánntẹfẹ́* *Efinrin òtu* *Ẹyẹ ọ̀bàlé efinrin* *Efinrin wẹ́wẹ́*	Alfavaca Manjericão-cheiroso Manjericão-de-folha--larga Quioiô

— OCIMUM GRATISSIMUM L., Labiatae	*Efínrín ńla* *Efínrín ọ̀ṣọ́* *Efínrín ọ̀gàjà* *Amọ́wọ́kúrò ayé* *Wọ̀rọ̀mọbà* *Efínfín ńlá* *Efínrín*	
— OLAX SUBSCORPIOIDEA Oliv., Olacaceae	*Ifọ́n* *Àwẹ̀fín*	
— OLDENLANDIA CORYMBOSA L., Rubiaceae	*Ẹ̀mú* *Ṣọ̀gùnrùn ṣẹgẹ́* *Ojú ìsín*	Caaxira
— OLYRA LATIFOLIA L., Gramineae	*Ọfà ẹtu* *Fọ́dùn* *Ẹ̀tọ́ ìgbó pẹ́ láyé*	Taquarinha
— OMPHALOCARPUM PROCERUM Oliv., Sapotaceae	*Akìṣápó*	
— ONCOBA SPINOSA Forssk., Flacourtiaceae	*Kákándìká* *Pọ́ǹṣẹ́* *Pọ́ǹṣẹ́ré* *Ajíṣabẹ́rẹ́* *Gùmùgumusù*	
— ONCOCALAMUS WRIGHTIANA Hutch., Palmae	*Pankẹ́rẹ́ egbè*	
— OPLISMENUS BURMANII (Retz.) P. Beauv., Gramineae	*Itẹ́ ọká*	

— Ormocarpum sennoides (Willd.) DC., Leguminosae Papilionoideae	*Ajípọ̀rẹrẹ* *Awẹ́niwá*	
— Oryza sativa L., Gramineae	*Rẹsì* *Ìrẹsì*	Arroz
— Ouratea sp., Ochnaceae	*Àkóodò*	
— Oxyanthus subpunctatus (Hiern) Keay, Rubiaceae	*Ọ̀wàlẹ̀* *Dàńdòjé*	
— Oxyanthus tubiflorus DC., Rubiaceae	*Oṣòdù*	
— Oxytenanthera abyssinica (A. Rich.) Munro, Gramineae	*Àpako* *Pakó* *Aparun* *Ọparun* *Ọpa*	Bambu
— Pachyelasma tessmannii (Harms) Harms, Leguminosae Caesalpinioideae	*Ẹru*	
— Pachystela brevipes (Baker) Engl., Sapotaceae	*Ọsàn igbó* *Ọsàn odò*	
— Palisota hirsuta (Thunb.) K. Schum., Commelinaceae	*Ọjọ́* *Rogbo àgùntàn* *Jàńgbórókún*	
— Pancratium trianthum Herb., Amaryllidaceae	*Àlùbọ́sà erin* *Iṣuméri*	

— Panda oleosa Pierre, Pandanaceae	*Ìpàdé*	
— Pandanus candelabrum P. Beauv., Pandaceae	*Ekunkun*	Vacuá
— Pandiaka heudelotii (Moq.) Hook. f., Amaranthaceae	*Arẹ́sẹ̀kosùn* *Arẹ́níkosùn*	
— Panicum sp., Gramineae	*Ìtẹ́ àparò* *Motisan* *Kereiyàlẹ̀* *Kásè* *Esin* *Kẹ́tukẹ́tu igbó*	
— Panicum brevifolium L., Gramineae	*Ẹlẹ́dà wọ̀rọ̀*	Capim-mimoso
— Panicum fluviicola Steud., Gramineae	*Ọkàeèrà*	
— Panicum maximum Jacq., Gramineae	*Ikín* *Ikín ìrùkẹ̀* *Kóóko* *Ẹru ọparun*	Capim-guiné Capim-colonião
— Panicum sadinii (Vanderyst) Renvoise, Gramineae	*Kááko esúlẹ̀* *Oko eṣúwù*	

— Parinari curatellifolia Planch.	*Afún lẹ́hìn*	
ex Benth., Chrysobalanaceae	*Ìdòfún*	
	Àbo ìdòfún	
	Igiàbò	
	Àbo	
— Parkia bicolor A. Chev.,	*Irúgbá àbàtà*	
Leguminosae Mimosoideae	*Àrìdan àbàtà*	
	Oṣó	
— Parkia biglobosa (Jacq.) Benth.,	*Irúgbá*	
Leguminosae Mimosoideae	*Ìgbárú*	
	Atawere irú	
	Ayúnbọ̀	
	Ìgbá	
	Agbánirè	
	Irú	
	Igi-irú	
	Ìgbá ìyére	
	Irúworo	
	Ìgbá irú	
	Woro	
— Paropsia guineensis Oliv.,	*Sánsán ọ̀nà*	
Passifloraceae		
— Parquetina nigrescens (Afzel.)	*Ogbọ́*	Orelha-de-macaco
Bullock, Asclepiadaceae	*Asọgbókan*	
	Asọ́bomọ	
	Ogbọ́ pupa	
	Gbọ́lọgbọ̀lọ	
	Ọgbọ funfun	

— Paspalum auriculatum J. Presl. & C. Presl., Gramineae	*Ikí pupa*	
— Passiflora foetida L., Passifloraceae	*Abíirunpo*	Maracujá
— Paullinia pinnata L., Sapindaceae	*Kàkàṣẹnlà* *Ọgbẹ́ okujẹ́* *Kakàṣẹ́mi ṣọlá awòmí* *Lagọlagọ*	Cipó-curucu Guaraná-cipó Mata-fome
— Pausinystalia johimbe (K. Schum.) Pierre ex Dupoy & Beille, Rubiaceae	*Idágbọn*	
— Pausinystalia macroceras (K. Schum.) Pierre ex Beille, Rubiaceae	*Abo idágbọn*	
— Pausinystalia talbotii Wernham, Rubiaceae	*Idágbọn* *Dake* *Nwẹrẹwẹrẹ* *Wẹnrẹnwẹnrẹn*	
— Pavetta corymbosa (DC.) F. N. Williams, Rubiaceae	*Òkórogbín* *Ìdòfún igbò* *Dànagbọ̀ngbọn*	
— Pavetta corymbosa (DC.) F. N. Williams var. neglecta Bremek., Rubiaceae	*Ẹ̀wà igùn* *Asáwáwá* *Topèmú* *Amúpínyọ̀*	

— Pedilanthus tithymaloides (L.) Poit., Euphorbiaceae	*Aperejọ*	Dois-amores Coração-negro Sapatinho-de-judeu Sapatinho-do-diabo
— Pennisetum glaucum (L.) Br., Gramineae	*Ẹmẹyẹ̀* *Máyí*	
— Pennisetum hordeoides (Lam.) Steud., Gramineae	*Ìlọ́sùn* *Tòlò* *Arodosun*	
— Pennisetum polystachion (L.) Schult., Gramineae	*Ìlọ́sùn* *Inásua* *Irunmunú ẹfọ̀n*	Capim-rabo-de-mucura
— Pennisetum purpureum Schumach., Gramineae	*Eèsún* *Eèsún funfun* *Eèsún pupa* *Ìkẹ́n* *Èsìsún* *Eèsú*	Capim-elefante
— Pentaclethra macrophylla Benth., Leguminosae Mimosoideae	*Àparà* *Àpahà* *Palà* *Kàkó*	Sucupira Pracaxi-de-folha-grande
— Pentadesma butyracea Sabine, Guttifereae	*Orógbó* *Ekuso* *Kuro*	

— Pentodon pentandrus (Schumach. & Thonn.) Vatke, Rubiaceae	*Ìṣẹ̀pẹ́ àkèré*	
— Peperomia pellucida (L.) Kunth, Piperaceae	*Rinrin*	Jabuti-membeca
— Pergularia daemia (Forssk.) Chiov., Asclepiadaceae	*Wúrewúre* *Kólé orogbà* *Jòyún* *Atufà*	
— Pericopsis laxiflora (Benth.) Meeuven, Leguminosae Papilionoideae	*Àyán* *Ṣẹ́dùn* *Àwín* *Àmúyìn* *Ṣẹ́dùn* *Egbi*	
— Perotis patens Gand., Gramineae	*Ẹ̀rọ̀ yéwa*	
— Petersianthus macrocarpus (P. Beauv.) Liben, Lecythidaceae	*Akásùn*	
— Petiveria alliacea L., Phytolacaceae	*Ojúùsájú*	Erva-de-alho Erva-da-guiné Guiné Raiz-de-guiné Tipi-verdadeiro
— Phaseolus sp., Leguminosae Papilionoideae	*Erèé*	Feijão-de-lima

— PHASEOLUS LUNATUS L., Leguminosae Papilionoideae	*Erèé*	Feijão-de-lima
	Awújẹ	Fava-belém
	Ẹwújẹ	Fava-de-lima
	Ẹ̀wà	
	Ẹwẹ	
	Pópóǹdó	
	Kókóǹdó	
	Sèsé	
	Ẹwẹ	
— PHAULOPSIS BARTERI (T. Anderson) Lindau, Acanthaceae	*Wonáwoná*	
— PHAULOPSIS FALCISEPALA C. B. Clarke, Acanthaceae	*Atapàrà*	
	Arúbò	
	Kòkò dúdú	
	Pagbẹ́de	
	Apagbẹ́	
— PHOENIX RECLINATA Jacq., Palmae	*Òkùnkùn*	Tamareira
	Elékikòbi	Tâmara
— PHRAGMITES AUSTRALIS (Cav.) Trin., Gramineae	*Ifù*	Junco
		Cana-de-vassoura
— PHYLLANTHUS sp., Euphorbiaceae	*Ẹ̀yìnolobe funfun*	
	Aáwẹ́	
	Lénkosùn	
— PHYLLANTHUS AMARUS Schumach. & Thonn., Euphorbiaceae	*Hinso*	Erva-pombinha
	Ẹ̀hìnolobe	Quebra-pedra
	Obìsowó	
	Ẹ̀hìnmíṣowó	

— PHYLLANTHUS FRATERNUS G. L. Webster, Euphorbiaceae	*Yólòbá*	Erva-pombinha Quebra-pedra
— PHYLLANTHUS MUELLERIANUS (Kuntze) Exell, Euphorbiaceae	*Jẹran*	
— PHYLLANTHUS ODONTADENIUS Müll.Arg., Euphorbiaceae	*Ẹ̀hìn olobe pupa* *Ẹ̀hìn funfun*	
— PHYSALIS ANGULATA L., Solanaceae	*Amúnibímọ* *Kórópòó rákùrágbà* *Kóropọ̀n* *Pàpó*	Camapu Juá Juá-de-capote
— PHYSALIS MICRANTHA Link, Solanaceae	*Rákùrágbà* *Itàkùn olóko*	
— PHYTOLACCA DODECANDRA L'Hér., Phytolaccaceae	*Ogbódosùn*	Tintureira-vulgar
— PICRALIMA NITIDA (Stapf) T. Durand. & H. Durand., Apocynaceae	*Àgègè*	
— PILIOSTIGMA THONNINGII (Schumach.) Milne - Redh., Caesalpinioideae Leguminosae	*Abàfẹ̀*	
— PIPER CAPENSE L. f., Piperaceae	*Ìyèré* *Ìyèré gidi* *Ata ìyèré*	
— PIPER GUINEENSE Schumach. & Thonn., Piperaceae	*Ìyèrè*	

— Piper umbellatum L., Piperaceae	*Yàwé*	Mático Caapeba Malvaísco
— Piptadeniastrum africanum (Hook. f.) Brenan, Leguminosae Mimosoideae	*Àgbọnyìn* *Àga-igi*	
— Pistia stratiotes L., Araceae	*Ojú oró*	Flor-d'água Alface-d'água
— Platycerium stemaria (P. Beauv.) Desv., Polypodiaceae	*Tìrángi*	
— Pleiocarpa mutica Benth., Apocynaceae	*Ẹnu marúgbó*	
— Pleiocarpa pycnantha (K. Schum.) Stapf, Apocynaceae	*Òrokóro* *Ata olúigbó* *Eléwé ọbẹ̀* *Aparán* *Arán* *Ìrokóro*	
— Pleioceras barteri Baill., Apocynaceae	*Ẹrú irẹ̀* *Èfò* *Dagbà* *Irẹ̀nà kékeré* *Ológbò iyàn* *Afẹ́ni*	
— Plukenetia conophora Müll. Arg., Euphorbiaceae	*Awùsá*	

— PLUMBAGO ZEYLANICA L., Plumbaginaceae	*Ìnábìrì* *Ìnábìi*	
— POGA OLEOSA Pierre, Rhizophoraceae	*Ìkùjẹ̀bú*	
— POLYCARPAEA LINEARIFOLIA (DC.) DC., Caryphyllaceae	*Amórítanná* *Ẹyin ìrẹ̀* *Onígbá ẹfun*	
— POLYGALA ARENARIA Willd., Polygalaceae	*Okútúrùpà*	
— POLYGONUM SENEGALENSE Melsn., Polygonaceae	*Ọkọ̀*	
— PORTERANDIA CLADANTHA (K. Schum.) Keay, Rubiaceae	*Ọ̀kàràkàrà* *Ọ̀háhá*	
— PORTULACA OLERACEA L., Portulacaceae	*Pápásan* *Ṣẹ́gunsẹ́tẹ̀* *Sẹ́mọlẹ́sẹ̀* *Akọ́rẹ́lọ́wọ́*	Beldroega-pequena Amor-crescido Beldroega Beldroega-verdadeira Beldroega-vermelha Bredo-fêmea Caaponga Bredo-da-horta Bredo-de-porco Ora-pro-nóbis Porcelana Verdolaga
— PORTULACA QUADRIFIDA L., Portulacaceae	*Awáyekú* *Èékánná adìẹ*	

— Pouzolzia guineensis Benth., Urticaceae	*Abólóko pínran* *Èèmọ́wẹrẹ*	
— Protea madiensis Oliv., Proteaceae	*Dẹ̀hìnkọ̀run* *Dẹ̀hìnkọlọ́run* *Dẹ̀hìnbọlọ́run*	
— Pseudarthria hookeri Wight e Arn., Leguminosae Papilionoideae	*Ajíjuneérú* *Ìroro ẹkẹ*	
— Pseudocedrela kotschyi (Schweinf.) Harms, Meliaceae	*Ẹmi gbẹ̀gì* *Ẹmi gbẹ́rí* *Ẹmi gbẹ́gbárí* *Ẹmi gbẹ́gbẹ́rí*	
— Pseudospondias microcarpa (A. Rich.) Engl., Anacardiaceae	*Òkìkà àjà* *Èkikà àjà*	
— Psidium guajava L., Myrtaceae	*Gúábà* *Gúáfà* *Gúrọ́bà* *Gúrọ́fà*	Goiabeira Goiaba
— Psilanthes ebracteolata Hiern, Rubiaceae	*Sẹbìṣooro*	
— Psorospermum febrifugum Spach, Hypericaceae	*Légún ókò* *Iyùn òrìṣà* *Légun kúrò*	
— Psychotria sp., Rubiaceae	*Akówọ̀* *Gwawọbọ*	

— Psychotria peduncularis (Salisb.) Steyerm., Rubiaceae	*Ẹfun kòjìyà*
— Psychotria vogeliana Benth., Rubiaceae	*Àbẹ̀bẹ̀ ọ̀dàn* *Adáná pápá*
— Psydrax parviflora (Afzel.) Bridson, Rubiaceae	*Òfún*
— Psydrax subcordatum (DC.) Bridson, Rubiaceae	*Ajẹ̀léèrà* *Ajíléèrà* *Igi eléèrà*
— Pteris sp., Adiantaceae	*Òmù ọ̀ṣun* *Òmù*
— Pteris togoensis Hieron., Adiantaceae	*Òmù ifá*
— Pterocarpus sp., Leguminosae Papilionoideae	*Ògún málárerè*
— Pterocarpus erinaceus Poir., Leguminosae Papilionoideae	*Àrìrà* *Àrìrájù* *Apépe* *Ààrà* *Osùn dúdú*
— Pterocarpus mildbraedii Harms, Leguminosae Papilionoideae	*Gbódògbódò*

— PTEROCARPUS OSUN Craib, Leguminosae Papilionoideae	*Ìròsùn* *Osùn* *Osùn pupa*	
— PTEROCARPUS SANTALINOIDES L'Hér. ex DC., Leguminosae Papilionoideae	*Gbẹ̀ngbẹ̀n* *Gbẹ̀ngbẹ̀ndò* *Gbìngbìn*	Mututi-da-várzea
— PTERYGOTA MACROCARPA K. Schum., Sterculiaceae	*Pòròpòrò* *Òbúbúrú* *Òpòròpòrò*	
— PUPALIA LAPPACEA (L.) Juss., Amaranthaceae	*Ẹ̀ẹ̀mọ́ àgbò* *Èèmàgbò* *Ẹ̀ẹ̀mọ́ agbotọ̀mọ* *Àgbọngbọ̀n*	
— PYCNANTHUS ANGOLENSIS (Welw.) Warb., Myristicaceae	*Àkọmu*	
— PYCNOBOTRYA NITIDA Benth., Apocynaceae	*Abèsokọ̀rọ̀*	
— QUASSIA GRANDIFLORA (Engl.) Noot., Simaroubaceae	*Òro kòṣorò*	
— QUASSIA UNDULATA (Guill. & Perr.) D. Dietr., Simaroubaceae	*Ọ̀jà* *Igbó* *Igigún* *Orísì*	
— QUISQUALIS INDICA L., Combretaceae	*Ọ̀gan funfun* *Ọ̀gan igbó*	Arbusto-milagroso Madagascar

— Raphia hookeri G. Mann & H. Wendl., Palmae	*Àìko*	
— Raphia vinifera P. Beauv., Palmae	*Ìko* *Apàko* *Pàko* *Ògùrọ̀* *Igi ọ̀gùrọ̀* *Ẹyìn àgbìgbò* *Ẹyìn àrìgbò*	Jupati
— Raphiostylis beninensis (Hook. f.) Planch. ex Benth., Icacinaceae	*Àjásílẹ̀* *Itápara* *Ìgbẹ̀hín*	
— Rauvolfia caffra Sond., Apocynaceae	*Alàgbà*	
— Rauvolfia vomitoria Afzel., Apocynaceae	*Asoféyẹjẹ* *Dòdo* *Awowèrè* *Irá* *Irá igbó* *Òóra* *Dòdo dúdú* *Àkànta* *Apawèrè* *Olóràgbó*	
— Rhigiocarya racemifera Miers, Menispermaceae	*Àtìbà* *Èbó dúdú*	

— Rhizophora racemosa G. Mey.,	*Ègbà*	Mangue
Rhizophoraceae	*Ìgbá dúdú*	Apareíba
		Árvore-do-caranguejo
— Rhus natalensis Bernh.,	*Jìn*	
Anacardiaceae	*Oríjìn*	
— Rhynchelytrum repens (Willd.)	*Eéran ẹyẹ*	
C. E. Hubb., Gramineae	*Òwú*	
	Sọdọkọya	
— Rhynchosia sp., Leguminosae	*Àjàdì*	
Papilionoideae		
— Rhynchospora corymbosa (L.)	*Ajítàdí*	
Britt., Cyperaceae	*Ewé àdí*	
— Ricinodendron heudelotii	*Erínmadò*	
(Baill.) Pierre ex Haeckel,	*Erinmọdàn*	
Euphorbiaceae	*Ọrọ*	
	Ọmọdàn	
	Pótopòto	
	Putuputu	
	Ológbò ígbò	
	Ajágbó	
— Ricinus communis L.,	*Lárà*	Mamona
Euphorbiaceae	*Lárà pupa*	Rícino
	Ilárà	
	Ilárùn	
	Làpálàpá adẹ̀tẹ́	
	Arà pupa	

— Rinorea sp., Violaceae	*Nàkénàké* *Abàfín*
— Rinorea dentata (P. Beauv.) Kuntze, Violaceae	*Olóbòrobò* *Abòṣùlọ̀lọ̀*
— Rinorea subintegrifolia (P. Beauv.) Kuntze, Violaceae	*Ọpọ́n*
— Rinorea welwitschii (Oliv.) Kuntze, Violaceae	*Ìpàrokò*
— Ritchiea sp., Capparaceae	*Aláàrò mẹ́ta*
— Ritchiea capparoides (Andr.) Britten var. longipedicellata (Gllg) De Wolf, Capparaceae	*Onísà oògùn*
— Rothmannia longiflora Salisb., Rubiaceae	*Bùjé* *Bùjé ńlá* *Bùjé wẹ́rẹ́* *Iná apá* *Ẹ̀kàn igbó*
— Rothmannia whiffieldii (Lindl.) Dandy, Rubiaceae	*Bùjé ńlá*
— Rottboellia exaltata L. f., Gramineae	*Hólo*
— Rungia grandis T. Anderson, Acanthaceae	*Aládé oko*

— Rytiginia laurentii (De Wild.) Robyns, Cucurbitaceae	*Takotako*	
— Rytiginia nigerica (S. Moore) Robyns, Rubiaceae	*Òye*	
— Rytiginia rubra Robyns, Rubiaceae	*Àgbàdo olúgbó* *Isìn ògún* *Ojúẹ̀ja*	
— Saba florida (Benth.) Bullock, Apocynaceae	*Ìbò* *Ìbó akítípá* *Ìbò gidi*	
— Sabicea calycina Benth., Rubiaceae	*Ọ̀gàn àparò* *Jíire* *Aláṣọ labalábá*	
— Saccharum officinarum L., Gramineae	*Ìrèké*	Cana-de-açúcar
— Saccharum spontaneum L., var. aegyptiacum (Wildd.) Härk., Gramineae	*Esùsú* *Eèsú*	
— Sacoglottis gabonensis (Baill.) Urb., Humiriaceae	*Àtalà*	
— Salacia sp., Celastraceae	*Ọ̀kúndùn* *Asobíorí* *Igbádù* *Igbá adálójú*	

— SALACIA PALLESCENS Oliv., Celastraceae	*Ajàlugbàgbà*	
— SANSEVIERIA sp., Agavaceae	*Ọ̀já ìkòokò* *Idà òrìṣà*	Espada-de-ogum
— SANSEVIERIA LIBERICA Gérôme & Labroy, Liliaceae	*Ọjá kòríkò* *Ọjá ìkòokò* *Pàṣán kòríkò* *Agbọmọlọ́wọ́ibi*	Espada-de-são-jorge Espada-de-ogum
— SANTIRIA TRIMERA (Oliv.) Aubrév., Burseraceae	*Sáwáwá* *Kangara*	
— SARCOCEPHALUS LATIFOLIUS (J. E. Sm.) E. A. Bruce, Rubiaceae	*Ẹ̀gbẹ̀sì* *Ẹ̀gbẹ̀sì àbìsí* *Ẹ̀gbẹ̀sì ògún*	
— SARCOPHRYNIUM BRACHYSTACHYS (Benth.) K. Schum., Marantaceae	*Gbòdògì*	
— SCADOXUS sp., vel. aff., Amaryllidaceae	*Ọká*	
— SCADOXUS CINNABARINUS (Decne.) Friis & Nordal, Amaryllidaceae	*Tòtó odó* *Tòtó gbindin* *Arẹ́hìnkosùn*	
— SCHIZACHYRIUM BREVIFOLIUM (Sw.) Nees, Gramineae	*Mẹlẹhú*	Capim-péua
— SCHRANKIA LEPTOCARPA DC., Leguminosae Papilionoideae	*Àlùrọ*	Malícia Juquiri-carrasco

— SCHREBERA ARBOREA A. Chev., Oleaceae	*Òpèlé*	
— SCHWENKIA AMERICANA L., Solanaceae	*Ṣaṣara* *Ìgbálẹ̀ ọ̀dàn* *Alẹ̀ ọ̀dàn* *Ọdán adíjà*	
— SCLERIA DEPRESSA (C. B. Clarke) Nelmes, Cyperaceae	*Làbẹ̀làbẹ̀dò*	
— SCLERIA NAUMANNIANA Boeck, Cyperaceae	*Làbẹ̀làbẹ* *Akánjúméjẹ̀*	
— SCOPARIA DULCIS L., Scrophulariaceae	*Ọ̀mísínmìsín gogoro* *Mẹṣẹ́nmẹṣẹ̀n gogoro* *Olómù yìnrín* *Bímọbímọ* *Màyìnmàyìn*	Vassourinha Vassourinha-doce Tapixaba
— SCOTELLIA CORIACEA A. Chev., Flacouniaceae	*Òdòko* *Ẹlúrọ-ọ̀rùngẹ* *Ẹlúre* *Ọ̀tọ̀kọ̀*	
— SECAMONE AFZELLI (Schult.) K. Schum., Asclepiadaceae	*Àrìlu* *Àìlu* *Ìtàkùnàìlu*	
— SECURIDACA LONGIPEDUNCULATA Fresen., Polygalaceae	*Ìpẹtà*	
— SECURINEGA sp., Euphorbiaceae	*Ìran owó*	

— Securinega virosa Baill.,	*Ìrànjé*	
Euphorbiaceae	*Ìrànjé ẹ̀lùjù*	
	Ìrànjé ọ̀gán	
	Ìrànjé	
— Senecio abyssinicus Sch. Bip.,	*Amúnimúyè*	
Compositae		
— Senecio biafrae Oliv. & Hiern,	*Bọ́lọ́gí*	
Compositae	*Gbọ́lọ́gí*	
	Rọ̀rọ̀wọ́	
	Wọ̀ọ̀rọ̀wọ́	
	Ẹwọ́iọ̀ ẹ̀yọ́nú	
— Senna alata (L.) Roxb.,	*Àsùnwọ̀n*	Maria-preta
Leguminosae Caesalpinioideae		
— Senna hirsuta (L.) H. S. Irwin	*Ejò ògún*	Fedegoso
& Barneby, Leguminosae	*Réré pupa*	Sene-do-campo
Caesalpinioideae		Boi-gordo
— Senna obtusifolia (L.) H. S.	*Akọ réré*	Mata-pasto
Irwin & Barneby, Leguminosae	*Ọ̀pá ikú*	
Caesalpinioideae	*Àṣìmáwù*	
— Senna occidentalis (L.) Link,	*Abo réré*	Fedegoso-verdadeiro
Leguminosae Caesalpinioideae	*Réré*	
	Adáwẹ́rẹ́ṣewẹ́rẹ́	
	Réré	
	Ọ̀gànlara	

— SENNA PODOCARPA (Guill. & Perr.) Lock, Leguminosae Caesalpinioideae	*Àjànrere* *Àsùnwọ̀n dúdú* *Àsùnwọ̀n òyìnbó* *Àsùnwọ̀n funfun* *Asinàrùnwálẹ̀*	
— SENNA SOPHERA (L.) Roxb., Leguminosae Caesalpinioideae	*Ojúà*	Tararucu
— SESAMUM INDICUM L., Pedaliaceae	*Yànmọ̀tí* *Ẹ̀kù igi*	Gergelim Sésamo
— SESAMUM RADIATUM Schumach. & Thonn., Pedaliaceae	*Ẹ̀kù gogoro* *Afàjò* *Ẹ̀kù* *Ẹ̀kùkù ọ̀gẹ̀rẹ̀rẹ̀*	
— SESBANIA PACHYCARPA DC. emend. Guill. & Perr., Leguminosae Papilionoideae	*Dàgbàmánìíyènínú* *Ìka ẹ̀jù* *Amúrẹjú* *Jẹ́ńrẹ̀rìn-ín* *Ṣẹ́nifíràn*	
— SETARIA BARBATA (Lam.) Kunth, Gramineae	*Ẹ̀lẹ̀ òdodo*	
— SETARIA LONGISETA P. Beauv., Gramineae	*Àṣẹ olongo*	
— SETARIA SPHACELATA (Schumach.) Stapf & C. E. Hubb., Gramineae	*Orísọ̀ṣọ́*	
— SETARIA VERTICILLATA (L.) P. Beauv., Gramineae	*Èèmọ́ ẹyẹ*	Capim-de-cabra

— Sherbournia millenii (Wernham) Hepper, Rubiaceae	*Ọ̀jáfẹ̀rẹ̀*	
— Sida sp., Malvaceae	*Jókódàgbà*	
— Sida acuta Burm. f., Malvaceae	*Agidimagbáyin* *Ọ̀ṣẹ́ pòtu* *Ọ̀ṣẹ́ pùtu* *Sanrín*	Vassourinha
— Sida cordifolia L., Malvaceae	*Ẹ̀kuru oko*	Malva-branca Guaxima
— Seda corymbosa R. E. Fr., Malvaceae	*Ọ̀ṣẹ́ pòtu* *Ọ̀ṣẹ́ pùtu* *Sanrín*	
— Sida linifolia Juss. ex Cav., Malvaceae	*Ọ̀bọ́níbi* *Ìsọ́* *Ọ̀bọ́lẹ̀* *Ọ̀bọ́lọ́kólẹ́pọ̀n*	Guaxima Malva-língua-de-tucano
— Sida rhombifolia L., Malvaceae	*Ifin* *Ewé ifin*	Relógio Vassoura-relógio Alcaçus-da-terra Guaxima
— Sida stipulata, Malvaceae	*Agidimagbáyin*	Vassourinha
— Sida urens L., Malvaceae	*Èsìsì gogoro* *Èsìsì àfín* *Èsìnsì ilẹ̀* *Keké èkejì*	

— Sida veronicifolia Lam., Malvaceae	*Èsìsì ilẹ̀*	Vassourinha
— Siphonochilus aethiopicus (Schweinf.) B. L. Burtt, Zingiberaceae	*Òbùró ńlá* *Òbùró lela*	
— Smeathmannia laevigata Sol. ex Br., Passifloraceae	*Moyídà*	
— Smeathmannia pubescens Sol. ex Br., Passifloraceae	*Moyídà*	
— Smilax kraussiana Meisn., Smilacaceae	*Ka(n) san* *Ika(n) san* *Èékánná màgbó* *Wọ́rẹ̀wọ́rẹ̀* *Ìwọ̀kúwọ̀*	
— Solanum sp., Solanaceae	*Ikàn pupa* *Ìgbàgbá*	
— Solanum aethiopicum L., Solanaceae		
— Solanum americanum Mill. vel aff., Solanaceae	*Ègùnmọ̀* *Ègùnmọ̀ agunmo gàrà* *Òdú*	Erva-moura Maria-preta Pimenta-de-galinha
— Solanum anomalum Thonn., Solanaceae	*Ikàn-yànrìn* *Ikàn-yìnrìn* *Ìgbá-yìnrìn ẹlẹ́gún* *Ìgbá-ǹyẹ̀rẹ̀*	

— SOLANUM DASYPHYLUM Schumach. & Thonn., Solanaceae	*Ikànẹlẹ́pọ̀n àgbò* *Bamòni* *Máfọwọ́bàmọ̀mí* *Bòbó* *Bòbó àwòdì* *Máfi ọwọ ba ọmọ mi*	
— SOLANUM ERIANTHUM D. Don, vel aff., Solanaceae	*Ewúro ìjẹ̀bú* *Ìjẹ̀bú kògbìn* *Òpeniníwùni*	Fruta-de-lobo
— SOLANUM INCANUM L., Solanaceae	*Ìgbá ajá* *Ìgbá igún* *Ìgbó* *Ìgbá* *Ìgbá òyìnbó* *Ikàn* *Ikàn ńlá* *Ikàn òyìnbó*	
— SOLANUM MACROCARPON L., Solanaceae	*Ọ̀sùn* *Ọ̀sùn bọ̀gọ́ etídò* *Ìgbá ọ̀sùn* *Èfọ́ ọ̀sùn*	
— SOLANUM TORVUM Sw., Solanaceae	*Ikàn wẹ́wẹ́* *Ikàn igún* *Ìgbá yìnrìn ẹlẹ́gún*	Jurubeba
— SOLANUM WRIGHTII Benth., Solanaceae	*Ewúro ìjẹ̀bú* *Àsìáwùmádàìlà* *Ewúro ìgbàlódé*	

— Solenostemon monostachyus (P. Beauv.) Briq., Labiatae	*Ìgàwọ́ ọ̀pọ̀lọ́*	
— Sorghum sp., Gramineae	*Bàbà* *Ọkà bàbà* *Ọkà isi* *Ọkà* *Bòmọ́* *Bòromọ́* *Ṣọṣokí*	
— Sorghum bicolor (L.) Moench, Gramineae	*Ọkà pupa* *Bàbà* *Ọkà bàbà*	
— Sorindeia juglandifolia (A. Rich.) Planch., Anacardiaceae	*Ọ̀kọn*	
— Sorindeia warneckei Engl., Anacardiaceae	*Ọmú ẹṣin*	
— Spathodea campanulata P. Beauv., Bignonaceae	*Òrúru* *Òwèwè*	Tulipeira-da-áfrica Tulipeira-do-gabão Espatódea
— Spermacoce octodon (Hepper) Lebrun & Stork, Rubiaceae	*Ẹpẹ́* *Amórítanná* *Jàǹkóróṣè*	
— Spermacoce ruelliae DC., Rubiaceae	*Ọ̀dùnnìwọ̀nrọ̀n*	

— Sphenocentrum jollyanum Pierre, Menispermaceae	*Akéréjùpọ̀n pupa* *Ọbalabí* *Ọbanabé* *Ọgbalagbe*	
— Spigelia anthelmia L., Loganiaceae	*Ewé aràn*	Lombrigueira
— Spilanthes filicaulis (Schumach. & Palmae Thonn.) C. D. Adams, Compositae	*Awerepèpè* *Ewerepèpè*	Agrião-do-brasil Agrião-do-pará Abecedária-jambu Mastruço Pimenta-da-costa
— Spondianthus preussii Engl., Euphorbiaceae	*Ìsénà*	
— Spondianthus preussii Engl. var. glaser (Engl.) Engl., Euphorbiaceae	*Òwè* *Òbó èkúté*	
— Spondias mombin L., Anacardiaceae	*Ẹ̀kikà* *Òkikà* *Ìyeyè* *Ọlọ́sán* *Ilẹ́wọ̀ ọlọ́sán*	Cajazeira
— Sporobolus festivus Hochst., Gramineae	*Irun awó*	
— Sporobolus pyramidalis P. Beauv., Gramineae	*Motisan* *Ṣẹ́kogbọ̀nà* *Idà odò*	

— STACHYANTHUS ZENKERI (Engl.) Engl., Icacinaceae	*Ìtàkùn kanranjángbán*	
— STACHYTARPHETA ANGUSTIFOLIA (Mill.) Vahl, Verbenaceae	*Ọ̀gàn àkùkọ* *Ọgángán* *Ìgbólé*	
— STACHYTARPHETA CAYENNENSIS (L. C. Rich.) Vahl, Verbenaceae	*Ìrù eku* *Pasalókè*	Gervão Chá-do-brasil Verônica
— STACHYTARPHETA INDICA (L.) Vahl. vel aff., Verbenaceae	*Ọpapa* *Ọpapara* *Panipani* *Akìtipà* *Ìrù aláǹgbá* *Ìrù amore* *Aagba* *Agogo igún*	
— STANSFIELDIELLA OLIGANTHA (Mildbr.) Brenan, Commelinaceae	*Ròganrògan*	
— STAUDTIA STIPITATA Warb., Myristacaceae	*Afo* *Òrópa* *Ẹrúbabaṣẹ̀jẹ̀*	
— STEPHANIA ABYSSINICA (Dillon & A. Rich.) Walp., Menispermaceae	*Gbẹ̀jẹ̀di* *Gbẹ̀jẹ̀gì*	

— Sterculia oblonga Mast., Sterculiaceae | *Ọrọ́dò*
Kókónìkó
Òkóǹkó

— Sterculia rhinopetala K. Schum., Sterculiaceae | *Ayẹ̀*
Ọrọ́dò
Òtutù
Ọrọ́

— Sterculia tragacantha Lindl., Sterculiaceae | *Ọwun*
Ọmọrùn
Aláwẹfàn
Iwànrànwànràn
Wànrànwànràn
Ìkákáàlẹ́
Ìkákáàlẹ́ ògún
Ọkààgbò

— Stereospermum acuminatissimum K. Schum., Bignoniaceae | *Ẹrú ìyèyè*

— Stereospermum kunthianum Cham., Bignoniaceae | *Ajadẹ*
Ayàdà
Ríjàríjá

— Stictocardia beraviensis (Vatke) Hallier f., Convolvulaceae | *Nàmùnàmù*
Dìgbàró
Abeèsún dìgbàró

— Streptogyne crinita P. Beauv., Gramineae | *Àpalà odò*

— Striga asiatica (L.) Kuntze, Scrophulariaceae	*Ìrókòdú* *Ọlọ́yìn*
— Strombosia pustulata Oliv., Olacaceae	*Ìtako* *Òtìngbo* *Odògbò*
— Strophantus hispidus DC., Apocynaceae	*Ìṣá* *Ìṣá gidi* *Ìṣá ògbùgú* *Ìṣá gìrì* *Ìṣá gèrè* *Oró* *Ìwàsẹ̀ dúdú* *Sàgéré*
— Strophantus preussii Engl. & Pax, Apocynaceae	*Ìyá funfun* *Iṣá wéwe* *Iṣá kékeré*
— Strophantus sarmentosus DC., Apocynaceae	*Ìrẹ̀wù* *Ilagbá ọmọdé* *Ìṣá kékeré* *Lagbà ọmọdé*
— Struchium sparganophora (L.) Kuntze, Compositae	*Ewúro odò*
— Strychnos spinosa Lam., Loganiaceae	*Robo* *Èékánnásẹ̀ adìyẹ* *Ata ọrọ̀*
— Stylochiton spp., Araceae	*Kúọ̀*

— STYLOSANTHES FRUTICOSA (Retz.) Alston, Leguminosae Papilionoideae	*Ẹkùn débẹ̀* *Ẹ̀ràmọra*	
— SYMPHONIA GLOBULIFERA L. f., Guttiferae	*Agbérigbédè*	
— SYNEDRELLA NODIFLORA (L.) Gaertn., Compositae	*Apá ìwọ̀fà* *Àlùgànbí* *Apàwọ̀fà* *Arasan* *Ògbùgbó* *Ìbà ìgbò*	
— SYNSEPALUM DULCIFICUM (Schumach. & Thonn.) Daniell, Sapotaceae	*Àgbáyun* *Àgbaro àáyá*	
— SYZYGIUM GUINEENSE (Willd.) DC., Myrtaceae	*Adérèé* *Orí ìrà* *Isinren*	
— TABERNAEMONTANA PACHYSIPHON Stapf, Apocynaceae	*Dòdo* *Abo dòdo*	
— TACCA LEONTOPETALOIDES (L.) Kuntze, Taccaceae	*Ọlọ́pàpánìràgà*	
— TAGETES Sp., Compositae	*Ẹrú ìnàbò*	Cravo-de-defunto
— TALINUM sp., Portulacaceae	*Gbúre ọ̀sun*	

— TALINUM TRIANGULARE (Jacq.) Willd., Portulacaceae	*Aláwéré* *Gbúre* *Ajígbọ́rere*	Beldroega-grande Bredo-major-gomes Língua-de-vaca Manjongome
— TAMARINDUS INDICA L., Leguminosae Caesalpinioideae	*Àjàgbọn*	
— TAPINANTHUS sp., vel aff., Loranthaceae	*Àfòmọ́* *Oṣé* *Ẹtu* *Àfọ̀mọ́ ọlọ́ bòrújẹ̀* *Ọ̀jẹ̀lẹ́*	
— TAPINANTHUS HETEROMORPHUS (A. Rich.) Danser, Loranthaceae	*Àfọ̀mọ́ aáwẹ́*	
— TAPINANTHUS PENTAGONIA (DC.) Tiegh, Loranthaceae	*Àfọ̀mọ́ ọ̀gẹ̀dẹ̀*	
— TAPINANTHUS TRUNCATUS (Engl.) Danser, Loranthaceae	*Àfọ̀mọ́ àbo*	
— TELFAIREA OCCIDENTALIS Hook. f., Cucurbitaceae	*Ilá ìròkò*	
— TELOSMA AFRICANUM (N. E. Br.) Colville, Asclepiadaceae	*Atúlẹ̀* *Aṣaṣa* *Okùn atúlẹ̀*	
— TEPHROSIA sp., Leguminosae Papilionoideae	*Rorò ọ̀dàn*	

Species	Yoruba names
— Tephrosia bracteolata Guill. & Perr., Leguminosae Papilionoideae	*Akọrorò* *Rorò* *Rorò funfun* *Ìrorò*
— Tephrosia elegans Schumach., Leguminosae Papilionoideae	*Àmàtì* *Ẹ̀yọfó*
— Tephrosia linearis (Willd.) Pers., Leguminosae Papilionoideae	*Wẹ̀jẹ̀*
— Tephrosia platycarpa Guill. & Perr., Leguminosae Papilionoideae	*Rorò* *Ororò* *Abororò*
— Tephrosia vogelii Hook. f., Leguminosae Papilionoideae	*Igùn* *Làkúta* *Agbá odò* *Òró bẹ́ja* *Wẹrẹ* *Ifọ*
— Teramnus labialis (L. f.) Spreng., Leguminosae Papilionoideae	*Adágbudu*
— Terminalia glaucescens Planch. ex Benth., Combretaceae	*Idí* *Idí ọ̀dàn* *Idíjọ*
— Terminalia ivorensis A. Chev., Combretaceae	*Idígbó* *Idíigbó* *Afàrà dúdú*

— Terminalia macropera Guill. & Perr., Combretaceae	*Pọbà*	
— Terminalia superba Engl. & Diels, Combretaceae	*Afàrà* *Àfà*	
— Tetracera sp., Dilleniaceae	*Ahọn ekùn* *Ìtàkùn ọ̀pọ̀n*	
— Tetracera potatoria Afzel. ex G. Don, Dilleniaceae	*Ọ̀wẹ́rẹ́* *Atòyìpò*	
— Tetrapleura tetraptera (Schumach. & Thonn.) Taub., Leguminosae Mimosoideae	*Àrìdan* *Aìdan*	
— Tetrorchidium didymostemon (Baill.) Pax & K. Hoffm., Euphorbiaceae	*Ọ̀fún òkè*	
— Thaumatococcus daniellii (Benn.) Benth., Marantaceae	*Katemfe* *Kètènfe* *Kèkerenfe*	
— Thevetia neriifolia Juss., Apocynaceae	*Olómi òjò* *Sọpá sọpá*	Chapéu-de-napoleão Fava-elétrica Jorro-jorro
— Thonningia sanguinea Vahl, Balanophoraceae	*Adé ilẹ̀* *Adélẹ̀* *Òyàilẹ̀* *Òyàlẹ̀*	
— Tithonia sp., Compositae	*Gbàwọ̀bọ̀*	

— Torenia thouarsii (Cham. & Schltdl.) Kuntze, Scrophulariaceae	*Alọ̀fọ̀* *Àlọ̀fọ̀hùn* *Rẹ̀kù rẹ̀kù*
— Trachyphrynium sp., Marantaceae	*Egbèé*
— Tragia sp., Euphorbiaceae	*Ọbọ́*
— Tragia benthamii Baker, Euphorbiaceae	*Èsìsì funfun*
— Treculia africana Decne., Moraceae	*Àfọ̀n*
— Trema orientalis (L.) Blume, Ulmaceae	*Àfẹ̀ẹ̀* *Afóforo* *Afóforo àfè* *Afèrè* *Amókóle* *Àyínyín* *Àférí* *Àfẹ́ẹ̀rí*
— Trianthema portulacastrum L., Aizoaceae	*Alówónjẹja funfun* *Alówó njẹja pupa* *Akísan* *Akisa* *Atànkálẹ̀* *Afákalè*
— Triaspis stipulata Oliv., Malpighiaceae	*Abẹ̀bẹ̀ ọ̀dàn*

— Tribulus terrestris L., Zygophyllaceae	*Dágunró* *Dágunró nlá*
— Tricalysia okelensis Hiern, Rubiaceae	*Àtàpárajà*
— Trichilia sp., Meliaceae	*Ajígbagbó*
— Trichilia emetica Vahl, Meliaceae	*Pápá* *Pápá ọ̀dàn* *Kárùntán*
— Trichilia megalantha Harms, Meliaceae	*Ìtàbìrà*
— Trichilia monadelpha (Thonn.) J. J. de Wilde, Meliaceae	*Réré* *Akọ réré* *Ọ̀watẹ̀tẹ̀* *Àwúyà* *Réré igbó*
— Trichilia prieuriana A. Juss., Meliaceae	*Awé* *Ọ̀dọ̀fin igbó* *Ọlọ́jà ebana* *Ẹyin ẹyẹ* *Ọ̀dọ̀fin oko*
— Trichilia tessmannii Harms, Meliaceae	*Iséko* *Isinko* *Ajé* *Alájé*
— Trichilia subcordata Oliv., Menispermaceae	*Àlùgbọnrọn* *Ṣọ̀ná gbùrù*

— TRIDAX PROCUMBENS L., Compositae	*Iyọ̀ ẹṣin* *Ààràgbá*	
— TRILEPISIUM MADAGASCARIENSE DC., Moraceae	*Àpọngbè* *Gàngàran* *Ṣaworo* *Ìkóbé*	
— TRIPLOCHITON SCLEROXYLON K. Schum., Sterculiaceae	*Arère* *Igioro*	
— TRIPOGON MAJOR Hook. f., Gramineae	*Irungbọ̀n ẹfọ̀n*	
— TRISTEMMA HIRTUM P. Beauv., Melastomataceae	*Apìkọ́*	
— TRISTEMMA LITTORALE Benth., Melastomataceae	*Àjàlúgborógàn*	
— TRIUMFETTA CORDIFOLIA A. Rich., Tiliaceae	*Èsùra* *Akẹ̀riri* *Amáramọ́* *Orísẹmáyìn*	Carrapicho-da-calçada Carrapichinho
— TRIUMFETTA RHOMBOIDEA Jacq., Tiliaceae	*Ìlasa òkú* *Ìlasa ọmọdé* *Akọ bolo bólò* *Bòkóò pupa* *Èèpafọ*	Carrapicho-da-calçada Barba-de-boi
— TURRAEA VOGELII Hook. f., Meliaceae	*Ahá ọmodé* *Aṣa ọmodé* *Òmìmì*	

— Tylophora sylvatica Decne., Dioscoreaceae	*Afẹ̀jẹ̀ kosùn*	
— Typha domingensis Pers., Typhaceae	*Ẹ̀wú ẹgúngún*	
— Uapaca guineensis Müll.Arg., Euphorbiaceae	*Àjẹgbé*	
	Ujobe	
	Abo ẹmidò	
	Yeyè	
	Yèré	
	Ẹmido	
— Uapaca heudeloth Baill., Euphorbiaceae	*Ọ̀pọ̀n*	
	Yéré	
	Yeye	
	Àkún	
	Abo àkún	
	Abo ẹmido	
	Ọ̀pọ̀n àtàkùn	
— Uraria picta (Jacq.) DC., Leguminosae Papilionoideae	*Àlúpayídà funfun*	
	Àlúpayídà ọsanyin	
	Àpadà	
	Àlúpayídà	
— Urena lobata L., Malvaceae	*Ìlasa ọmọdé*	Guaxima-roxa
	Ìlasa àgbọ̀nrín	
	Ìlasa oyìbó	
	Akérí	
	Aké ìrí	
	Aké rìrí	
	Bolobólò	

— Urera cordifolia Engl., Urticaceae	*Èsìgalà* *Èsàgbọ̀nrín* *Èsìsì àgbọ̀nrín* *Jàgbọ̀nrín*
— Urera manii (Wedd.) Benth. & Hook. f., Urticaceae	*Ewé iná* *Èèsìn* *Ésinsin* *Esín agbóná* *Iná*
— Urera repens (Wedd.) Rendle, Urticaceae	*Omi ọ̀dàn*
— Uvaria afzelii Scott-Elliot, Annonaceae	*Gbogbònsẹ*
— Uvaria chamae P. Beauv., Annonaceae	*Àgáko* *Ẹ̀ẹ̀rù ijù* *Ẹ̀ẹ̀rùjù* *Ẹ̀ẹ̀rùgbò*
— Vangueriopsis nigerica Robyns, Rubiaceae	*Ẹrẹ́lù*
— Vernonia adoensis Sch.Bip., Compositae	*Éro oko* *Ewúro oko* *Ewúro ọ̀dàn* *Òrùbú*
— Vernonia ambigua Kotschy & Peyr., Compositae	*Tábalẹ̀* *Òórùngọ̀*

— VERNONIA AMYGDALINA Delile, Compositae	*Ewúro jíje* *Ewúro gidi* *Ewúro oko* *Ewúro* *Pákò* *Orín*	Alumã
— VERNONIA CINEREA (L.) Less., Compositae	*Jẹ̀dí jèdí* *Bójúrẹ́* *Òórùngọ̀*	
— VERNONIA COLORATA (Willd.) Drake, Compositae	*Ewúro oko*	
— VERNONIA MIGEODII S. Moore, Compositae	*Òórùngọ̀*	
— VIGNA sp., Leguminosae Papilionoideae	*Awújẹ wẹrẹ*	
— VIGNA AMBACENSIS Welw. ex Baker, Leguminosae Papilionoideae	*Fèrègẹ̀dè* *Sègẹ̀dèré*	
— VIGNA RACEMOSA (G. Don) Hutch. & Dalziel, Leguminosae Papilionoideae	*Erèé igbó*	

— VIGNA SUBTERRANEA (L.) Verdc.,	*Ẹ̀pà rorò*	
Leguminosae Papilionoideae	*Ẹ̀pá òrubu*	
	Ẹ̀pà lórùbú	
	Ẹ̀pà ruburubù	
	Ẹ̀pá olójúkan	
	Ẹ̀pá bọrọ́	
	Ẹ̀pá ọ̀bọrọ́	
	Ẹ̀pá okúta	
	Parúrù	
	Epakún	
— VIGNA UNGUICULATA (L.) Walp.,	*Erèé ahun*	Feijão-de-corda
Leguminosae Papilionoideae	*Ẹ̀wà*	Feijão-de-vaca
	Ẹwẹ	Feijão-fradinho
	Ẹ̀wà funfun	Feijão-macaçar
	Ẹ̀wà dudu	Feijão-verde
	Ẹ̀wà ẹrẹwẹ	
— VIGNA UNGUICULATA (L.) Walp.	*Òwè olúgbọ*	
subsp. STENOPHYLLA (Harvey)		
Maréchal & al., Leguminosae		
Papilionoideae		
— VITEX DONIANA Sweet,	*Òrì*	
Verbenaceae	*Òrì nlá*	
	Òrì ọdan	
— VITEX FERRUGINEA Schumach. &	*Orí ẹtà*	
Thonn., Verbenaceae		
— VITEX GRANDIFOLIA Gürke,	*Òrì*	
Verbenaceae		

— Vitex rivularis Gürke, Verbenaceae	*Ububan*	
— Vitex thyrsiflora Baker, Verbenaceae	*Àánú* *Aláánú* *Aayanrìn*	
— Voacanga africana Stapf, Apocynaceae	*Dòdo nlá* *Ako dòdo* *Ajík(un) ẹfun* *Farajọ̀yàn*	
— Wahlenbergia perrottetii (A. DC.) Thulin, Campanulaceae	*Ìgbálẹ̀ ọ̀dàn*	
— Waltheria indica L., Sterculiaceae	*Èròkòsùnkàsì* *Èkuru* *Ọlọ́run kùnmí lẹ́fun* *Wára wára ọ̀dàn* *Òpá emèrè* *Koríkodì* *Ọ̀pá abíkú* *Agamágọ̀*	Malva-branca Malva-branca-de--santarém Malva-flor Malva-sedosa Malva-veludo
— Wissadula rostrata (Schumach.) Hook. f., Malvaceae	*Ifín* *Ewé ifín* *Lagbó lagbó funfun*	Malvaísco Malva-branca Rabo-de-foguete
— Xanthosoma sp., Araceae	*Kókò àrìrà ọ̀jà*	
— Xeroderris stuhlmannii (Taub.) Mendonça & E. C. Sousa, Leguminosae Papilionoideae	*Ẹ̀rùmaki*	

— Ximenia americana L., Olacaceae	*Ìgo* *Ègo*	Ameixa-da-bahia Ameixa-da-terra Ameixa-de-espinho
— Xylopia aethiopica (Dunal) A. Rich., Annonaceae	*Ẹ̀ẹ̀rù* *Ẹ̀ẹ̀runjẹ* *Ọlọ́rin*	Pimenta-do-reino Malagueta-preta Pimenta-da-guiné
— Xylopia parviflora (A. Rich.) Benth., Annonaceae	*Sésédò*	
— Xylopia quintasii Engl. & Diels, Annonaceae	*Pàlúfọ̀n*	
— Xylopia villosa Chipp, Annonaceae	*Àwọ̀nká* *Pàlùfọ̀n dúdú*	
— Xysmalobium heudelotianum Decne., Asclepiadaceae	*Dìsókè*	
— Zanthoxylum senegalense DC., Rutaceae	*Ata* *Ata dúdú*	
— Zanthoxylum viride (A. Chev.) Waterman, Rutaceae	*Èègùn*	

— Zea mays L., Gramineae	*Àgbàdo* *Àgbàdo* *Ìgbàdo* *Ọkà* *Yangan* *Erinigbado* *Erinkà* *Eginrin àgbado* *Ẹlẹ́pèè* *Ìjẹ̀ẹ̀rẹ́*	Milho
— Zingiber officinale Roscoe, Zingiberaceae	*Atalẹ̀*	Gengibre
— Ziziphus mucronata Willd., Rhamnaceae	*Èékánnásẹ̀ adìẹ*	
— Zornia glochidiata Rchb. ex DC., Leguminosae Papilionoideae	*Rẹ̀kù rẹ̀kù igbó*	Carrapicho Urinária
— Zornia latifolia Sm., Leguminosae Papilionoideae	*Ẹ̀mú*	Carrapicho

Notas

PREFÁCIO [pp. 15-6]

1. Ver artigo "Automatisme et communication du savoir chez les yoruba", *L'Homme*, Paris, v. XII, n. 2, abr./jun. 1972.

INTRODUÇÃO [pp. 17-22]

1. Seus nomes são: *ogbè, ọ̀yẹ̀kú, ìwòrì, òdí, ìrosùn, ọ̀wọ́nrìn, ọ̀bàrà, ọ̀kànràn, ògúndá, ọ̀sá, ìká, òtúrúpọ̀n, òtúrá, ìrẹtẹ̀, ọ̀ṣẹ́, òfún.*
2. Seus nomes são: *èjì ogbè, ọyẹ̀kú méjì, ìwòrì méjì* etc.
3. Seus nomes são: *ogbè ọ̀yẹ̀kú, ogbè iwóri, ogbè òdí* etc.
4. Pó obtido da madeira da árvore BAPHIA NITIDA, Leguminosae Papilionoideae.
5. Expressão empregada por Roger Bastide (1971), p. 35.
6. Vernant (1971), p. 83.
7. Granet (1968), pp. 54-60.
8. In: *Paris Match*, 8 jun., 1989.

A AÇÃO DAS PLANTAS E A PALAVRA ATUANTE [pp. 23-57]

1. A palavra *ìyámi*, "minha mãe", normalmente é grafada com um acento agudo sobre a segunda sílaba, mas quando se refere às "mães poderosas", como no presente caso, a ortografia adotada é *ìyàmi.*
2. Horton (1967), p. 157.

3. Bascom (1969), p. 130.

4. Dalziel (1948), p. 530.

5. Beier (1959), p. 31.

6. Maupoil (1943), p. 619.

7. Dalziel (1948), p. 494.

8. Verger (Gravação XVII), p. 88.

9. Verger (Gravação XXIV), p. 19.

10. Mauss (1950), p. 70.

11. Bascom (1969), p. 130.

12. Lavondès (1963), p. 109.

13. Beier (1959), p. 31.

14. Ottino (1966), p. 6.

15. Renou (1949), p. 266.

16. Rouget (1971), p. 35.

17. Huc (1962), pp. 11-193.

18. Verger (1957), p. 116.

19. Burkill (1985), p. 58.

20. Burkill (1985), p. 59.

21. Dalziel (1948), p. 366.

22. O verbo atuante é *ru* (crescer), mas o *ọfọ̀* retoma a totalidade do nome da folha, explicitando-o e exprimindo o resultado esperado.

23. Verger e Anthony (1989), Conferência Metz.

24. Verger e Anthony (1989), Conferência Strasbourg.

25. Verger e Anthony (1993), Conferência Heidelberg.

RECEITAS MEDICINAIS E MÁGICAS [pp. 85-467]

1. O mesmo nome em iorubá pode referir-se também à LAPORTEA AESTUANS, Urticaceae.

2. Ou VITEX DONIANA, Verbenaceae.

3. Ou URENA LOBATA, Malvaceae.

4. Ou VERNONIA CINEREA, Compositae, ou ainda VERNONIA MIGEODII, Compositae.

5. Ou KHAYA SENEGALENSIS, Meliaceae.

6. Ou PENNISETUM POLYSTACHION, Gramineae.

7. Ou KHAYA SENEGALENSIS, Meliaceae.

8. Ou Imperata cylindrica, Gramineae.
9. Ou Imperata cylindrica, Gramineae.
10. Ou Cola cordifolia, Sterculiaceae.
11. Ou Cola cordifolia, Sterculiaceae.
12. Ou Grewia mollis, Tiliaceae.
13. Ou Cissus polpunea, Vitaceae.
14. Ou Lagenaria siceraria, Cucurbitaceae, ou ainda Parkia biglobosa, Leguminosae Mimosoideae.
15. O mesmo nome em iorubá pode referir-se também à Hibiscus asper, Malvaceae, ou à Tetracera sp., Dilleniaceae.
16. Pode tratar-se também da Phaseolus lunatus, Leguminosae Papilionoideae ou da Lablab purpureus, Leguminosae Papilionoideae.
17. Ou Cnestis longiflora, Connaraceae.
18. Ou Triumfetta rhomboidea, Tiliaceae.
19. Ou Parkia biglobosa, Leguminosae Mimosoideae, ou ainda Solanum incanum, Solanaceae.
20. Ou Pennisetum polystachion, Gramineae.
21. Ou Cola cordifolia, Sterculiaceae.
22. Ou Pericopsis laxiflora, Leguminosae Papilionoideae.
23. Ou Phaseolus lunatus, Leguminosae Papilionoideae, ou ainda Lablab purpureus, Leguminosae Papilionoideae.
24. Ou Orchidaceae sp.
25. Ou Afzelia africana, Leguminosae Caesalpinioideae.
26. O mesmo nome em iorubá pode referir-se também à Digitaria ciliaris, Digitaria horizontalis, Digitaria debilis, ou Chloris pilosa, todas Gramineae.
27. Ou Cyathula sp., Amaranthaceae.
28. Ou Sterculia rhinopetala, Sterculiaceae.
29. Ou Rinorea subintegrifolia, Violaceae, ou ainda Lannea acida, Anacardiaceae.
30. Ou Piper guineense, Piperaceae.
31. Ou Ceiba pentandra, Bombacaceae.
32. Ou Alafia multiflora, Apocynaceae.
33. Ou Piper guineense, Piperaceae.
34. Ou Piper guineense, Piperaceae.
35. Ou Ziziphus mucronata, Rhamnaceae.
36. Ou Piper guineense, Piperaceae.
37. Ou Piper guineense, Piperaceae.

38. Ou SIDA STIPULATA, Malvaceae.

39. Ou CROTALARIA LACHNOPHORA, Leguminosae Papilionoideae.

40. Ou COLA GIGANTEA var. GLABRESCENS, Sterculiaceae.

41. Ou STROPHANTUS HISPIDUS, Apocynaceae.

42. Ou COLA CORDIFOLIA, Sterculiaceae.

43. Ou ANTHOCLEISTA VOGELII, Loganiaceae.

44. Ou ORCHIDACEAE sp.

45. Ou ORCHIDACEAE sp.

46. Ou PANCRATIUM TRIANTHUM, Amaryllidaceae.

47. Ou ORCHIDACEAE sp.

48. Ou PHASEOLUS sp., Leguminosae Papilionoideae.

49. Ou BAPHIA NITIDA, Leguminosae Papilionoideae.

50. Ou VERNONIA CINEREA, Compositae.

51. Ou ADENOSTEMMA PEROTTETTII, Compositae.

52. Ou CROTALARIA LACHNOPHORA, Leguminosae Papilionoideae.

53. Ou HAUMANIASTRUM LILACINUM, Labiatae.

54. Ou AFZELIA AFRICANA, Leguminosae Caesalpinioideae.

55. Ou PARQUETINA NIGRESCENS, Asclepiadaceae.

56. Ou ALCHORNEA LAXIFLORA, Euphorbiaceae, ou ainda MALLOTUS OPPOSITIFOLIUS, Euphorbiaceae.

57. Ou HAUMANIASTRUM LILACINUM, Labiatae.

58. Ou PTEROCARPUS OSUN, Leguminosae Papilionoideae.

59. Ou NERVILIA UMBROSA, Orchidaceae.

60. Ou HAUMANIASTRUM LILACINUM, Labiatae.

61. Ou DIOSCOREA ROTUNDATA, Dioscoreaceae.

62. Ou PIPER GUINEENSE, Piperaceae.

63. Ou SCOTELLIA CORIACEA, Flacourtiaceae.

64. Ou PHASEOLUS sp., Leguminosae Papilionoideae.

65. Ou PTEROCARPUS OSUN, Leguminosae Papilionoideae.

66. Ou PIPER GUINEENSE, Piperaceae.

67. Ou BIOPHYTUM PETERSIANUM, Oxalidaceae, ou ainda MIMOSA PIGRA, Leguminosae Mimosoideae.

68. Ou PIPER GUINEENSE, Piperaceae.

69. Ou HAUMANIASTRUM LILACINUM, Labiatae.

70. Ou FICUS THONNINGII, Moraceae.

71. Ou COMBRETUM PLATYPTERUM, Combretaceae.

72. Ou DIOSCOREA ODORATISSIMA, Dioscoreaceae.

73. Ou KYLLINGA ERECTA, Cyperaceae, ou ainda LIPOCARPA SPHACELATA, Cyperaceae.

74. Ou COMBRETUM MICRANTHUM, Combretaceae, CALAMUS DEERRATUS, Palmae, ou ainda CANTHIUM sp., Rubiaceae.

75. Ou CYATHULA sp., Amaranthaceae.

76. Ou PARKIA BIGLOBOSA, Leguminosae Mimosoideae, ou ainda SOLANUM INCANUM, Solanaceae.

77. Ou KYLLINGA ERECTA, Cyperaceae, ou também LIPOCARPA SPHACELATA, Cyperaceae.

78. Ou COLA CORDIFOLIA, Sterculiaceae.

79. Ou MILLETTIA sp., Leguminosae Papilionoideae.

80. Ou COLA GIGANTEA var. GLABRESCENS, Sterculiaceae.

81. Ou ALTERNANTHERA PUNGENS, Amaranthaceae, ou também TRIBULUS TERRESTRIS, Zygophillaceae.

82. *Ṣìgìdì* é o espírito contido na figura de barro usada pelo babalaô.

83. Ou PLEIOCERAS BARTERI, Apocynaceae.

84. Ou HEXALOBUS CRISPIFLORUS, Annonaceae.

85. Ou CASSIPOUREA BARTERI, Rhizophoraceae.

86. Ou PARINARI CURATELLIFOLIA, Chrysobalanaceae.

87. Ou MUCUNA PRURIENS, Leguminosae Papilionoideae.

88. Ou HIBISCUS SURATTENSIS, Malvaceae, ou também HIBISCUS ASPER, Malvaceae.

89. Ou HIBISCUS PHYSALOIDES, Malvaceae.

90. Ou TORENIA THOUARSII, Scrophulariaceae.

91. Ou PARINARI CURATELLIFOLIA, Chrysobalanaceae.

92. Ou UAPACA GUINEENSIS, Euphorbiaceae.

93. Ou RAUVOLFIA VOMITORIA, Apocynaceae.

94. Ou LANDOLPHIA HIRSUTA, Apocynaceae, SABA FLORIDA, pocynaceae, ou ainda LANDOLPHIA OWARIENSIS, Apocynaceae.

95. Ou ORCHIDACEAE sp.

96. Ou ORCHIDACEAE sp.

97. Ou PIPER GUINEENSE, Piperaceae.

98. Ou COMBRETUM PLATYPTERUM, Combretaceae.

99. Ou IPOMOEA sp., Convolvulaceae.

100. O mesmo nome em iorubá pode referir-se também à DIGITARIA CILIARIS, DIGITARIA HORIZONTALIS, DIGITARIA DEBILIS, Gramineae, ou CHLORIS PILOSA, todas Gramineae.

101. Este trabalho é classificado como *àwúre* (benéfico) em vez de *ibimọ* (gravidez e nascimento) porque, de fato, ter gêmeos é considerado boa sorte, benéfico.

102. Ou PARINARI CURATELLIFOLIA, Chrysobalanaceae.

103. Ou PARQUETINA NIGRESCENS, Asclepiadaceae.

104. Ou DIGITARIA CILIARIS, Gramineae, DIGITARIA HORIZONTALIS, DIGITARIA DEBILIS, ou ainda CHLORIS PILOSA, Gramineae.

105. Ou BAISSEA AXILLARIS, Apocynaceae.

106. Ou PARINARI CURATELLIFOLIA, Chrysobalanaceae.

107. Ou TRIPLOCHITON SCLEROXYLON, Sterculiaceae.

108. Ou TRIPLOCHITON SCLEROXYLON, Sterculiaceae.

109. Ou JATROPHA GOSSIPIIFOLIA, Euphorbiaceae.

110. Ou DIGITARIA CILIARIS, DIGITARIA HORIZONTALIS, DIGITARIA DEBILIS, ou ainda CHLORIS PILOSA, Gramineae.

111. Ou TORENIA THOUARSII, Scrophulariaceae.

112. Ou COLOCASIA ESCULENTA, Araceae.

113. Ou FICUS PLATYPHYLLA, Moraceae.

114. Ou MUCUNA PRURIENS, Leguminosae Papilionoideae.

115. Ou PTEROCARPUS OSUN, Leguminosae Papilionoideae.

116. Ou DIOSCOREA ODORATISSIMA, Dioscoreaceae.

117. Ou MUCUNA PRURIENS, Leguminosae Papilionoideae.

118. Ou ECLIPTA ALBA, Compositae, ou ainda TRIDAX PROCUMBENS, Compositae.

119. Ou OCIMUM GRATISSIMUM, Labiatae.

120. Ou HAUMANIASTRUM LILACINUM, Labiatae.

121. Ou VITEX DONIANA, Verbenaceae.

122. Ou MUCUNA PRURIENS, Leguminosae Papilionoideae.

123. Ou ECLIPTA ALBA, Compositae, ou ainda TRIDAX PROCUMBENS, Compositae.

124. Ou QUASSIA UNDULATA, Simaroubaceae.

125. Ou PANCRATIUM TRIANTHUM, Amaryllidaceae.

126. Ou MOMORDICA FOETIDA, Cucurbitaceae.

127. Ou HAUMANIASTRUM LILACINUM, Labiatae.

128. Ou ECLIPTA ALBA, Compositae, ou ainda TRIDAX PROCUMBENS, Compositae.

129. Ou MIMOSA PIGRA, Leguminosae Mimosoideae.

130. Ou ECLIPTA ALBA, Compositae, podendo ser também TRIDAX PROCUMBENS, Compositae.

131. Ou PARINARI CURATELLIFOLIA, Chrysobalanaceae.

132. Ou ALAFIA MULTIFLORA, Apocynaceae.

133. Ou Adenostemma perottettii, Compositae.

134. Ou Dioscorea rotundata, Dioscoreaceae.

135. Ou Pennisetum hordeoides, Gramineae.

136. Ou Eclipta alba, Compositae, ou também Tridax procumbens, Compositae.

137. Ou Piper guineense, Piperaceae.

138. Ou Parinari curatellifolia, Chrysobalanaceae.

139. Ou Parinari curatellifolia, Chrysobalanaceae.

140. Ou Parinari curatellifolia, Chrysobalanaceae.

141. Ou Brillantaisia nitens, Acanthaceae, ou também Brillantaisia patula, Acanthaceae.

142. Ou Pterocarpus osun, Leguminosae Papilionoideae.

143. Ou Haumaniastrum lilacinum, Labiatae.

144. Ou Dioscorea rotundata, Dioscoreaceae.

145. Ou Parinari curatellifolia, Chrysobalanaceae.

Índice das receitas

OÒGÙN, RECEITAS DE USO MEDICINAL

ÌBÍMỌ, RECEITAS RELATIVAS À GRAVIDEZ E AO NASCIMENTO

ÒRÌṢÀ, TRABALHOS RELATIVOS ÀS DIVINDADES

ÀWÚRE, TRABALHOS DE USO BENÉFICO

ÀBÌLÙ, TRABALHOS DE USO MALÉFICO

ÌDÁÀBÒBÒ, TRABALHOS DE PROTEÇÃO CONTRA TRABALHOS MALÉFICOS

Índice das ilustrações

Referências bibliográficas

ANTHONY, Ming ver VERGER.

BASCOM, William. *Ifa Divination: Communication between Gods and Men in West Africa*. Bloomington: Indiana University Press, 1969.

BASTIDE, Roger. Prefácio a AMADO, Jorge. *Les Deux Morts de Quinyuin la Flotte*. Paris: Stock, 1971.

BEIER, Ulli; GBADAMOSI, Bakare. *Yoruba Poetry*. Ibadan: General Publications Section/ Ministry of Education, 1959.

BURKILL, H. M. *Useful Plants of West Tropical Africa*. Londres: Royal Botanic Gardens, 1985.

DALZIEL, J. M. *The Useful Plants of Tropical West Africa*. Londres: The Crown Agents for the Colonies, 1948.

GRANET, Marcel. *La Pensée chinoise*. Paris: Albin Michel, 1968.

HORTON, Robin. "African Traditional Thought and Western Sciences". *Africa*, v. XXXVII, n. 2, 1967.

HUC, Évariste Régis. *Souvenirs d'un voyage dans la Tartarie et le Thibet pendant les années 1844, 1845 et 1846*. Paris: Librairie Général Française, 1962.

LAVONDÉS, Henn. "Magie et langage". *L'Homme*, Paris, v. III, 1963.

LÉVI-STRAUSS, Claude. *La Pensée sauvage*. Paris: Plon, 1962.

MAUPOIL, Bernard. *La Géomancie à l'ancienne Côte des Esclaves*. Paris: Institut d'Ethnologie, 1943.

MAUSS, Marcel. *Sociologie et anthropologie*. Paris: Presses Universitaires de France, 1950.

OTTINO, Paul. "Un Procédé de littérature malayo-polynésienne". *L'Homme*, Paris, v. IV, 1966.

RENOU, L.; SILBURN, L. "Un Hymne à enigme du Rigveda". *Journal de Psychologie Normale et Pathologique*, 1949.

ROUGET, Gilbert. "Court Songs in Porto Novo and Abomey". *Essays on History and Music in Africa.* Evanston: Northwestern University Press, 1971.

VERGER, Pierre. *Notes sur le culte des Orisha et vodoun à Bahia, la Baie de Tous les Saints au Brésil, et à l'ancienne côte des esclaves en Afrique.* Dakar: IFAN, 1957.

_____. *Enregistrements* XXIV-19. Salvador: Fundação Pierre Verger.

VERGER, Pierre; ANTHONY, Ming. "Étude sur les plantes stimulantes". Conferência apresentada em março de 1989 em Metz.

_____. "Étude sur les plantes calmantes". Conferência apresentada em junho de 1989 em Strasbourg.

_____. "Étude sur les plantes agissant sur la mémoire". Conferência apresentada em março de 1993 em Heidelberg.

VERNANT, Jean-Pierre. "Aspects mystiques de la mémoire en Grèce". *Mythe et pensée chez les grecs*. Paris: Maspe, 1971.

1ª EDIÇÃO [1995] 7 reimpressões
2ª EDIÇÃO [2025]

ESTA OBRA FOI COMPOSTA PELA SPRESS EM NOTO SERIF E IMPRESSA EM OFSETE
PELA LIS GRÁFICA SOBRE PAPEL PÓLEN NATURAL DA SUZANO S.A.
PARA A EDITORA SCHWARCZ EM OUTUBRO DE 2025

FSC
www.fsc.org
MISTO
Papel | Apoiando o manejo florestal responsável
FSC® C112738

A marca FSC® é a garantia de que a madeira utilizada na fabricação do papel deste livro provém de florestas que foram gerenciadas de maneira ambientalmente correta, socialmente justa e economicamente viável, além de outras fontes de origem controlada.